U0457334

黑龙江历史文化研究工程项目（01ZD1302）

黑龙江移民史

IMMIGRATION HISTORY
OF
HEI LONG JIANG

石方 著

社会科学文献出版社
SOCIAL SCIENCES ACADEMIC PRESS (CHINA)

费孝通教授关于黑龙江移民问题研究的两次讲话（代序）[*]

费孝通教授在同黑龙江社科院和哈尔滨市社科所有关同志座谈时的讲话摘要

（一九八三年八月六日）

人口问题也需要综合治理。计划生育固然十分重要，但也得承认客观上存在的限度，因为人口的控制最后必须建立在自觉的基础上，这就和教育水平与文化程度有密切关系。我国计划生育在城市里，特别在知识分子中进行得比较顺利就是这个道理。现在推广计划生育比较困难的地方是农村，原因还是文化不发达，不能不多依赖行政措施，效果不是理想的。

我们还必须看到，即使我们能顺利地按计划控制人口，到2000年，至少还得增加两亿人。把这两亿人放到哪里去？我曾谈到要下活人口这块棋需做两个眼，即要有两条出路。一是发展小城镇，即发展二至五万人口的城镇，把小城镇作为人口的"蓄水库"，改变目前大量人口向大城市集中的情况，以减轻大城市的人口压力；二是向边区发展，这是不可避免的，是历史的必然。

中国人口到底多不多，也不是说绝对地多了，生产发展了，人口也许就不多了。人既有智力，又有劳力。中国还有60%的土地可以开发利用。过去国家曾经在这方面采取过一些措施，但是那种上山下乡的办法是行不通的，反而在人力物力和政治上都造成了损失。现在应当搞一个正确的有计划的劳

---

* 引自李德滨、石方《黑龙江移民概要》，黑龙江人民出版社，1987。

1

力支边办法，制定一项行之有效的人口流动战略方针。

内蒙、新疆都有可开发利用的资源，但那里涉及民族问题，要复杂些。黑龙江这些年进来不少人，大部分人已经安置下来了，成了劳力资源。但"盲流"还不少。盲目流入不行，不符合社会主义的计划原则。黑龙江省每年用于解决"盲流"问题的人力财力物力都不少，但看来效果不算理想。如何解决这个问题？我们可以进行一些研究工作，请省领导、研究机关考虑一下。

黑龙江的人口不仅从历史上看绝大部分是从外地流入的，即是以近年的情形说，流入的人口还是大量的。黑龙江解放时是一千万人，自然增长一千万，外面流入一千万，现在一共有三千万人。解放后外来的一千万人是从哪里来的？为什么来？怎样来？如何定居下来的？对黑龙江的发展起了什么作用？为什么每年仍有大量人口流入黑龙江？"盲流"的消极作用有哪些？怎样合理遣返？用什么办法可以有组织地根据需要输入智力和劳力？流动人口问题的解决对其他问题的解决又有何影响？

以上这些问题都可以好好研究一番。先要搞一个调查研究的计划，提出要调查哪些问题，在哪里搞调查，如何调查等。然后，先在小范围里搞些探索性调查，摸出点经验，再全面推广。

我这次到黑龙江来，只想和当地的朋友们交换交换意见，探索一下有没有可能开展这方面的研究。这个研究项目从发展上来看是全国性的。这里研究人口流动问题比内蒙、新疆简单一些，因为较少涉及民族问题。所以我想从这里做起，作为一个起点。但是这项研究，必须以本地方的力量为主。我们只能做倡议、推动、支援的工作。所以希望这次来黑龙江能找到一些积极分子，并从实际工作中培养一批人才，建立一支队伍，学会怎样做调查研究。

费孝通教授同哈尔滨、内蒙的有关科研人员
谈开展人口流动问题的研究（记录稿）

（一九八三年十月二十二日）

去年七、八月份我到过一趟内蒙，路上看到很多人在淘金，据说其中相当一部分是外省流入此地的，他们靠淘金"发了财"，现在都盖起了新房子。这一批人完全靠劳动生活，为内蒙创造了财富，所以内蒙也不反对他们来。

另外还有一部分人搂发菜、挖甘草，把草原破坏了，他们到哪里草原就破坏到哪里。因而这批人不受欢迎。那时我就感到这个问题值得研究。内蒙解放时只有六百万人口，现在是三个六百万。今年八月，我又到黑龙江摸了一下人口流动的情况，得知黑龙江是三个一千万，解放初人口一千万，自然增长一千万，外省流入一千万，比例与内蒙几乎一样，三十年中进去的人口占三分之一。因此我就感到这是一个应由社会学、人口学、经济学及其他学科共同来研究的问题。从历史上讲，东北最早是少数民族地区，后来汉人进去，成立了汉人旗。内蒙也很早就有汉人进去。有人曾对这段历史进行了研究，写成一本《东北简史》。从外面进去的主要是汉人，少数民族很少。乾隆之后东北人口有个大发展，主要原因是关内农村生活较苦，加上连年战祸。难民们闯关东的情况持续了几百年。汉族人从关内到了关外是怎样适应的？他们怎样生活？又怎样发展？今年我去了东北后，更觉得这个问题很具体，很现实。移到东北去的人中，有三种情况：一种是定居下来，安居乐业，如黑龙江省甘南县，有个被称为彩电队的兴十四大队就是从山东移民过去的；一种是没有安置的叫做"盲流"；还有一种是住住就回来了，如"文革"中上山下乡的知识青年，留下的就不多。第一种是多数；第二种目前还有几十万，他们没有户口，很难管理。当地的政策是对这部分人口加以清理，并遣送回原籍，这个政策的依据亦是我们要研究的问题。"文革"中在移民工作方面的确有很多教训，上山下乡的一批知识青年很不稳定，国家花了不少钱，留下来的人极少，遗留下的问题却不少，搞得当地领导群众很头疼。现有的几十万"盲流"没有户口，但地方又需要这批劳力，赶也赶不走。"盲流"不能享受正式居民的权利，也不遵守当地的各种法规，造成很多社会问题。甚至有些人流入别的地区是为了多生孩子，据说有个"盲流"十年中生了七个孩子。由此可见，无论从哪个方面来讲人口流动问题都值得研究。我们不是研究如何移民，而是研究人口流动本身有什么规律，有什么问题，如何安置这批人，解决他们的问题。我同黑龙江省委谈了以后，觉得有必要更科学地提出这样一个问题来探讨，不要让人误以为是研究那里能容纳多少人。目前省领导和群众对移民的某些看法是有其历史原因的。要承认过去的问题，要理解他们的苦衷。首先要把研究的对象搞清楚，我们要研究的是已经进去的人，考察他们是怎么进去的，怎样生活下来的，其中有成功的方面，总的来看，移民给移入地区提供了很大的生产力，劳力和智力都有。知识分子进去就是很好的智力资源，但此项工作我们没有做好。现在变成恶性循环了（流进廉价劳动力，智力资源流出）。要总结这类教训。我们要弄清是哪些人在流动，为什么流动，流入流出的渠道是什么，到了流入地后是如何安置下来的，各个时期的安置办法有何不同。要分阶段去研究，时间上不要搞得太远，范围不宜太广，从解放以来的情况开始摸，弄清五十年代、六十年代、七十年代及后来的几次人口流动浪潮。对各次浪潮的历史背景、当时的政策，都要实事求是地加以考察。起初不必搞得太全面，因为我们力量有限。选几个重点题目，找典型的地区分门别类，作调查。

探索性调查研究可从黑龙江开始，但我们的目的不在于研究黑龙江，而要研究全国人口流动问题。全国人口分布太不均匀，假如从哈尔滨到昆明画条线，大约90%的人口在东侧，10%在西侧，要建设富强的社会主义中国，这样一种人口分布模式是不行的。我们的想法与耀邦同志提出的开发大西北、种草种树、实现建设重点转移的方针是一致的。耀邦同志提出本世纪末、下世纪初我国建设的重心转移到大西北，这是很有意义的。若干年后，我们的中心也许又回到我们早期文化发展的摇篮中去。当然现在那里条件很差，什么时候能成为中心还不知道。最近有人去西北看了，那里确实是水土流失，生态破坏，发生了恶性循环。黑龙江还没有这个问题，内蒙还没有象甘肃青海那样出现自然条件的大恶变。在黑龙江研究人口流动问题比较容易，因为那里民族问题不明显。要接触民族问题就要到内蒙。民族问题是一个很重要的问题，人口流动影响了民族关系，怎么办？这个问题必须认真对待。人口流动是个现实存在的问题，要因势利导，不能硬挡。而是要研究并发展这个趋势的积极方面，防止与矫治其中的弊害。"文化大革命"中大量的外来移民在内蒙表现不太好，给少数民族坏的印象，至今很多少数民族同胞在感情上还留有痕迹。这是完全可以理解的，不要去批评，而是要把真正的矛盾所在找出来。要通过调查研究，在今后的工作中避免重复历史上已有的错误。我们现在蹲下去，认真总结过去的经验教训。把矛盾讲出来大家就清楚了。要弄清什么是客观规律，什么是挡不住的趋势，问题出在哪里。有了科学的调查与总结，我们才能因势利导，调节人口，就是说组织受欢迎的劳力与智力去支边，不受欢迎的人不让去。也就是说，不要"盲流"，要有目的的人口流动，要为发展经济文化而流动。我们要研究人口流动问题，要把道理讲清楚。我们不是去强迫移民，不是一去就说那里的资源丰富，可容纳多少人。当地省委也是要研究这个问题的，总的目标是为整个中国发展的大事业。开展研究工作对地方也是有利的。

我想，这个课题的研究可从黑龙江开始，那里问题比较单纯而明显。西北的问题要复杂些。但我们研究的目的还是在于开发大西北。听了耀邦同志的讲话，我很高兴。西北将来要大发展。第一步是种草种树、保护环境。第二步是人，问题就多了。没有人，种草种树就种不成。我想从中找出一个规律来。少数民族地区开发时应该要人家去，而不是怕人家去，这里是有规律的。江苏现在有很多人到边远地区搞建筑，大庆的建筑都是江苏人包了。这就看出一个苗头，这实际上也是一种移民。我想到加拿大的情况。加拿大的农民现在倒过来流动了：冬天到美国去避寒，春天来了回去工作。我们组织人到边远地区，把房子造好了再让他们回去也可以嘛。江苏人多，供给你们几万人。（黑龙江、内蒙的同志谈到很多南方人到他们那里做工）实际上，这是一种隐蔽式的移民。这个问题要探讨。近两年，隐蔽式的移民大量涌现。这是劳动力的移动，不是纯粹的人口流动。往后要搞劳力支边，边区劳力不够嘛，要发展，要开矿，修铁路，都需要劳动力，什么叫短期迁移，长期迁移，这个问题不好说，这不是个户口登记的问题，各种形式的人口移动都会产生一些矛盾，这就是社会学要研究的。我们去观察，了解矛盾产生与发展的过程，研究如何使人口移动符合社会主义建设的需要，这就是我们的任务。社会学为社会主义服务是具体的，不是空说一套，不是仅写几篇文章，而是要提出解决实际问题的建议。

人口流动这个问题很实际。我们现在着手研究，这项研究有没有用处，要待我们拿出东西来，大家看一看，让大家来评价。这项工作需要得到当地的支持。目前有不同意见不要紧，我们将来把研究成果拿出来让他们去评价。我们还可以到移民出发的地方去看一看，了解他们为什么要移出。要在黑龙江、内蒙调查研究探索出经验的基础上，再确定下一步的工作。下一步要到甘肃、宁夏、青海作调查研究，然后是新疆。逐步摸出大西北人口流动的总规律，并把握这个规律。要扎扎实实地做，不要大轰大嗡。可以比小城镇研究更有步骤、更稳一点。要吸收真正有兴趣、愿意下去的人来做。要认识清楚调查研究的意义，要准备花一番工夫。种草种树也是这样。现在问题已经提出来了。要弄清楚种什么树、种什么草，在哪里种。不要种下去不长。这就得作科学调查。

到下个世纪，还有 17 年，调查研究工作不能等。要搞出一个 17 年的大体计划。大事从小事做起。开发大西北，人口是开发的主要因素之一。人力资源问题有两方面，一是当地的力量应该怎样使用。二是还需要吸收什么力量。要全国一盘棋，从大局着眼去解决问题。我们到江苏去是研究另外一个问题，我们吴江县的土地上生产的粮食，一半拿出去给人家。假如不拿出去，把这一半变成经济作物，就要增加一倍的收入，但那样做不行，必须种粮食，养活我们这批人。如果到黑龙江再开发一下，粮食问题是否可以解决？那么我们到西北去搞草地，搞牛羊，就不要去种粮食了。这可以讨论。我们从小事做起，抓住人这个因素。边远地区总是进去的人多，例如当初内蒙并没有多少人。当然，内蒙有个民族问题。我想，要承认当地同胞的权利，不要去顶。但要发展就要人，人要创造出新的东西来，这个意义大着呢。人口流动是挡不住的，是必要的。搞好了能解决大问题。目前仍然是自发流动，如何加以控制、干预。怎样利用人口流动为社会主义建设服务，这就需要认真研究。

大庆要造房子，不请外边的人去，就造不起来。大庆那边人力不够，而我们有些地方人太多了。特别是生产责任制实行以来，家里不用那么多人了，劳动力过剩。他们必然要向外流动，这是符合经济规律的。

总之，人口流动有多种形式。安徽人流入北京当保姆的越来越多，江苏省的人外出搞建筑。吴江县生产电梯，就派人到各地去销售、安装。现在每个城市都有些外来手艺人走街串巷找活干，如此等等，都值得做一番调查研究。人口流动是个大题目。但要从小题目做起。每个人只能选择其中一个方面、一个部分、一个专题去开展调查研究，切实弄清情况、找出规律、提出看法。

目　录

下 篇

黑龙江区域的现代移民

绪　论

　　黑龙江区域①是中华民族古代文明的摇篮之一。白山黑水之间的广大地区，在无文字可考的历史阶段就有了远古人类的活动，成为古代先民劳动、生息、繁衍的沃土，这可从黑龙江考古发掘出土的旧石器时代文化遗存中得以证实。他们在历史长河岁月的磨蚀下，由原始群、氏族、氏族部落到部落联盟，最终形成了东胡、濊貊、肃慎黑龙江古代民族的三大族系，又经过数千年演进，不间断地发展、迁徙、融合、嬗变、进化，到了近代基本上奠定了汉、满、蒙古、达斡尔、赫哲、锡伯、鄂伦春、鄂温克等族的民族格局。这些民族及其祖先，为开发和经营黑龙江区域做出了不可磨灭的贡献，其筚路蓝缕、艰苦开发的业绩，将永远彪炳于中华民族的光辉史册，更在黑龙江地方历史上熠熠生辉。

一　黑龙江区域先民缘起的相关诸说

　　欲做黑龙江区域移民史研究，首先遇到的就是关于黑龙江区域先民的源起问题，因为直至现在的科学研究还没有认定黑龙江区域就是人类发源地，那么最初的先民来自何方，很自然地就成为问题。然而，迄今为止尽管中外学者围绕这个问题做了大量研究，但结果都是有倾向性的，还不能说真正解决了问题。若对论文著述加以归纳，大致有如下相关诸说。

（一）南来说

　　我国东北史专家金毓黻先生在其《东北通史》一书中，旁征博引后得出

---

① 这里使用黑龙江区域这个地理概念，主要是由于屡屡变更的行政划分。有清一代直至民国松花江以南仍属于吉林管辖，松花江以北隶属黑龙江辖治，另有大兴安岭及蒙古地方，很难用现在的行政区划厘清划一。使用黑龙江区域的概念，就是把这一范围纳入统一论述。

"推断虽未必然，按之事理，实有可能"东北先民源于山东的结论，他认为：

> 就吾国古史料求之，即居于东北最早之肃慎族，亦有于先史时代自山东半岛移植之可能。近据顷学者考究之结果，今旅顺老铁山与登州之海程间，本有无数小岛连续不绝，如果古代海面低于现代时，则自登州与旅顺间，可成一脊，以为由山东通于辽东之捷径，即使不能全通，亦可藉数小岛渡水通之，而大易于今日。审是则居于山东半岛之居民，从海道以移入东北，实较幽营一路为顺便，此得于地理之助之一种推断也……又考左氏昭九年传，有"肃慎燕亳吾北土也"一语，若谓古代之肃慎族居于今宁古塔一带，则与燕亳之地隔绝太甚，何以与之并言。愚因疑最古之肃慎族，当起于山东半岛，再由登州之海中之脊而移居于东北……①

另有国外学者使用文化人类学方法考察验证，亦主张黑龙江人口南来说。俄罗斯汉学家 C. M. 希罗科戈罗夫（中文名字史禄国）受俄罗斯科学院和俄国中亚与东亚民族调查委员会的委派，于1912年开始对通古斯人②进行民族调查，并以调查素材为基础写就了《北方通古斯的社会组织》一书，其主张：

> 应该到"中国本部去寻找通古斯人的发源地"，并推测通古斯人的原始故乡当在"黄河和长江的中游和部分下游地区"。为了证实这种推测，他提出了如下三条证据：（1）北方通古斯的服饰如敞襟外衣、兜肚、平膝短裤和护膝等与中国华南、华北以及东北汉人的服饰相近，而不像古亚细亚民族服饰那样便于御寒；（2）通古斯人对西伯利亚环境适应的结果，采用或者发明了眼罩，说明他们来自南方不适应当地长期积雪的反光作用。（3）他从汉人中找到了一种被称为伽玛（γ）型的体质类型，而伽玛型是北方通古斯人最普通的类型，这种类型之所以在华北和华东的汉人中能找到，是因为众多的汉人同化了遗留在这里的通古斯

---

① 金毓黻：《东北通史》，社会科学战线杂志社翻印本，第52页。
② 通古斯 - 满语族是发源于贝加尔湖附近的一个古老的民族共同体，如今属于这个语族的包括满族、锡伯族、赫哲族、鄂伦春族、鄂温克族及俄罗斯境内的奥罗奇人、那乃人、乌德盖人等。

人的结果。①

（二）西来说

苏联学者对通古斯族源的探讨，已有相当长的历史。"但由于他们对这一地区各民族接触很晚，对 17 世纪以前这些民族的活动几乎一无所知。因此，他们只得依靠民族学、语言学、考古学和人类学的资料进行研究。由于这些学科所积累的资料尚十分欠缺，他们的研究不能不长期停留在推论阶段，无法取得一致认识。"② 如可见的研究成果认为：

> Г. М. 瓦西列维奇认为通古斯人最初起源于贝加尔湖沿岸及其毗邻地区。又，据安加拉河和勒拿河岸考古调查，在新石器时代及青铜时代之初，约当 3500——4000 年前，在贝加尔湖岸居住着狩猎民或渔猎民。他们在一些重要的特征方面与 17 世纪、18 世纪俄国学者、旅行者对这里原住民的通古斯族所观察到的东西相近，或者说"持有酷似的文化"。③

如果说 Г. М. 瓦西列维奇的学术见解是因为"资料的欠缺，停留在推论阶段上"，那么苏联科学院院士，长期从事西伯利亚和远东地区考古研究的 А. П. 奥克拉德尼科夫，在其研究著述中大量引用中国历史文献的相关记载，又刻意强调"远东各民族有着渊源极其久远的自成一体的文化"的见解，意在指出"这里不是某个巨大文化中心的外围"，充满了强烈的政治故意：

> 我们远东土著居民的独特无双的文化特点显而易见，远东部落文化的独特性和独立性、这些部落数千年来的文化自主性，表现在一切方面……这里不是某个巨大文化中心的外围，而是一个独立发展的策源地。④

---

① 转引自高凯军《通古斯族系的兴起》，中华书局，2006，第 24—25 页。
② 干志耿主编《探赜索隐集》，黑龙江人民出版社，1993，第 90 页。
③ Г. М. 瓦西列维奇：《关于通古斯人民起源的语言、民俗和民族学资料》；А. П. 奥克拉德尼科夫：《苏联远东考古学新发现》，转引自干志耿主编《探赜索隐集》，黑龙江人民出版社，1993，第 93 页。
④ А. П. 奥克拉德尼科夫：《从最新考古成就看苏联的远东地区》，转引自《苏联考古文选》，文物出版社，1980。

（三）土著说

我国有研究者根据旧石器时代早、中、晚三期遗址在我国东北及俄国远东地区所呈现的"南早北晚""南多北少"的分布态势，以考古发掘为一手资料，著有著述说：

> 长期以来，我们固守一种观念：中原文化又称黄河文化是中华文化的核心，它向周边包括东北地区不断"辐射"，才给这些地区带来了文化。这实际是制造了一种中原文化"中心说"……据考古发现统计，全国已发现古人类百万年以上的遗址有10处，在吉林省前郭尔罗斯蒙古族自治县王府屯遗址，即是其中之一。说东北地区是中国人类的"发源地"之一，亦不为过。距今30万年上下的辽宁营口"金牛山人"的头骨化石及大量遗物，大体与北京周口店猿人处于同步发展阶段，能说"金牛山人"一定是来自"周口店人"吗？此类遗址遍布东北大地，只是时间不同罢了。但可以肯定，这些古人类源于东北本土。①

对于上述诸种说法，客观上学界的大多数人还是认可金毓黻先生的"南来说"的，且该种说法不断有新学科的研究成果予以"加固夯实"。如古地质学、古生物学研究者的相关成果告诉我们，"我国东北地区以及俄罗斯西伯利亚地区和滨海边区的原始人类不是土生土长的，而是通过陆路或当时曾多次外露的渤海和北黄海大陆架等途径，陆续来自华北、山东一带，通古斯人只能是这些远古移民的一个分支，除此之外，不可能做出别的解释"。② 而一些地质学工作者则通过本学科的方法，取得富有见地的研究成果做如是说：

> 由于深海钻孔岩芯的同位素研究和大陆堆积以及大陆上钻孔沉积物中的古植物孢粉、古土壤研究的进展，古地质学家一般认为：在过去170万年中曾发生过约17次冰期和间冰期。冰期中，陆上冰流形成并扩张，使几千万立方公里体积的海水以冰雪形式储存于陆上，导致世界海面大幅度下降，大陆边缘出现广泛海退，宽几十公里至几百公里的大陆

---

① 李治亭主编《东北通史》，中州古籍出版社，2003，第6页。
② 高凯军：《通古斯族系的兴起》，中华书局，2006，第27页。

架暴露为陆地。近年渤海、黄海等海域的海洋考古新发现为上述见解提供了新的证据。1980年考古学家在大连以南约100公里的黄海70米深处发现了披毛犀和猛犸象化石。1983年和1989年又分别在庙岛群岛和长岛附近海域发现过距今2—3万年前的猛犸象化石。1990年国家海洋局第一海洋研究所和中科院海洋研究所证明：在一万八千年前的玉木冰期时代，渤海曾是茫茫沙漠，呈植被稀疏的荒漠景观，直到一万年前被海水淹没为止。[①]

关于黑龙江区域先民源起学界的说法大致如此，尽管多种观点和假说并存，尽管是我们认同金毓黻先生的"南来说"，尽管有古地质学、古生物学研究成果的"加固夯实"，但若缺少区域考古学的研究对象、手段、方法、成果的强力支撑，所有的认同、可能、推论与假说，都将显得"苍白无力"。

二 史料记载与考古发掘成果的相互印证

对此，黑龙江地方的研究者们经过了40年的田野考古调查、发掘和研究，得出了与金毓黻先生"南来说"近似的结论。而金毓黻先生的"南来说"，是以丰富的典籍史料记载为基石的。

（一）典籍史料的记载

黑龙江区域是中华民族古代文化的摇篮之一。其白山黑水的广袤土地，也是古代民族赖以劳动、生息、繁衍的栖息地。黑龙江区域古代史实际上就是一部民族史，而我国卷帙浩繁的历史典籍完整地记录了从上古直到清代末年的这部民族历史。

《史记》卷一一〇《匈奴列传》载：

> 晋北有林胡、楼烦之戎，燕北有东胡、山戎。〔〈集解〉《汉书音义》曰："乌丸，或云鲜卑。"〈索隐〉服虔云："东胡，乌丸之先，后为鲜卑。在匈奴东，故日东胡。"案《续汉书》曰："汉初，匈奴冒顿灭其国，余类保乌丸山，以为号。俗随水草，居无常处。以父之名字为

---

① 参见杨怀仁等《新生代地球气候变化及海面升降研究》，载《第四纪冰川与第四纪地质论文集》第2集，地质出版社，1985；张镇洪：《北黄海披毛犀和猛犸象化石的新发现》，《中国第四纪研究》1980年第5卷第1期；《新华文摘》1990年第3期；《人民日报》1990年8月19日的相关报道。

姓。父子男女悉髡头为轻便也。"〕各分散居谿谷,自有君长,往往而聚者百有余戎,然莫能相一。

对于这一记载,史家的解释是:东胡是我国古代北方少数民族之一,它兴起于战国末期,因分布在匈奴(胡)以东而得名。公元前209年,匈奴冒顿击败东胡,"余类保乌丸山,以为号"①。而作为东胡系统或称为东胡北支兴起晚于乌丸的鲜卑部落集团,则活动在额尔古纳河和大兴安岭北段一带。②

《诗经》卷十八《大雅·韩奕》载:

> 溥彼韩城,燕师所完,以先祖受命,因时百蛮。王锡韩侯,其追其貊,奄受北国,因以其伯。〔韩侯之先祖,武王之子也,因时百蛮,长是蛮服之百国也。追、貊、戎狄国也。奄,抚也。《笺》云……其后追也、貊也,为猃狁所逼,稍稍东迁。《毛诗传疏》云:追、濊声相近,疑追即濊。〕

这是典籍对濊貊族的最早记载,有研究者考证后认为,"濊貊的方位,据文献记载可约略得知,在东胡之东、肃慎之南、燕之北。如果根据汉代濊貊系统诸族的分布,则可以有更具体的设想,如夫余在松嫩平原,则夫余本濊貊之地,有濊城,出濊王印,而且夫余为濊之衍读,故此地应是濊地;有人考证貊即发,发在今吉林辉发河流域……吉林、黑龙江两省的松嫩平原正是濊貊活动的重要地区之一"③。

《史记》卷四十七《孔子世家》载:

> 有隼集于陈廷而死,楛矢贯之,石砮,矢长尺有咫。〔〈集解〉韦昭曰:"隼,鸷鸟,今之鹗也。楛,木名。砮,镞也,以石为之。八寸曰咫,楛矢贯之,坠而死。"〕陈湣公使使问仲尼。仲尼曰:"隼来远矣,

---

① 关于乌丸山所在,学术界说法不一。一说是张穆在《蒙古游牧记》中提到,乌丸山即今阿鲁科尔沁旗西北百四十里的乌辽山;一说是马长寿在《乌桓与鲜卑》中认为,辽代的乌州即汉乌丸地,在辽长春州与永州间,在今归流河附近;一说是张博泉在《乌桓的起源地与赤山考》一文中写道:赤山在辽东西北数千里,当为今肯特山。
② 干志耿、孙秀仁:《黑龙江古代民族史纲》,黑龙江人民出版社,1987,第88页。
③ 干志耿、孙秀仁:《黑龙江古代民族史纲》,黑龙江人民出版社,1987,第94页。

此肃慎之矢也。〔〈正义〉《肃慎国记》云：'肃慎，其地在夫余国东北。可六十日行。其弓四尺，强劲弩射四百步，今之靺鞨国方有此矢。'〕昔武王克商，通道九夷百蛮，〔〈集解〉王肃曰：'九夷，东方夷有九种也。百蛮，夷狄之百种也。'〕使各以其方贿来贡，〔〈集解〉王肃曰：'各以其方面所有之财贿而来贡。'〕使无忘职业。于是肃慎贡楛矢石砮，长尺有咫。先王欲昭其令德，以肃慎矢分大姬，〔〈集解〉韦昭曰：'大姬，武王元女也。'〕配虞胡公而封诸陈。分同姓以珍玉，展亲；〔〈集解〉韦昭曰：'展，重也。玉谓若夏后氏之璜。'〕分异姓以远职，使无忘服。〔〈集解〉王肃曰：'使无忘服从于王也。'〕故分陈以肃慎矢。"试求之故府，果得之。

这是我国典籍的记载，它告诉我们的是肃慎人向中原进贡楛矢石砮的史实。可解作：春秋末期处于发达青铜时代和向铁器时代过渡的中原地区，久已告别了新石器时代的诸种器物。即便是陈惠公这样的贵族也已经不认识亡隼身上的楛矢石砮了，派人求教于学识渊博的孔子。孔丘将其解释为"隼来远矣"，"其地在夫余国东北"。"此肃慎之矢也"，同时也表明肃慎人还在使用着楛矢石砮。"武王克商"后，肃慎氏以楛矢石砮来贺，武王将其分赐"异姓诸侯"，果然在陈惠公的府库中找到了此物，验证了孔丘对楛矢石砮鉴定的准确，也验证了黑龙江区域肃慎先民存在的史实。

我国典籍对黑龙江古代民族的记载，是现代研究者的基本素材，然仅有此还不够，尚需要根据古代人类活动遗留下来的物质资料即田野调查、发掘所得遗存加以证实。也就是说，只有在充分习学典籍文献的基础上与考古所获相互参证，我们的史学研究才能收到事半功倍之效。

（二）考古发掘的成果

考古工作者在20世纪80年代初论及黑龙江区域远古人群的分布与迁徙问题时，依据考古发掘成果将其清楚地表述为：

从旧石器时代晚期的石片文化的传播来看，存在着古人类从华北地区向黑龙江地区的迁徙；从楔状石核文化的延布状况来看，证明了又一次自南而北的人口迁徙。旧石器时代晚期，在本区范围内至少存在过两次以上的较大规模的人口迁徙……人类出现在第四纪大冰期，并于此期间发展起来。在中国为大理水期，而黑龙江地区为诺敏河冰期。当时黑龙江的气候比晚近的年平均温度低摄氏 7—8° 以上。古人类要在这种环境下生存下去，就要发展自己征服自然的能力。在末次冰期以后，狩猎经济已成为主要的生活方式，与此相适应，使用间接打制方法产生的各种石器和石核为标志的压琢石器开始出现和流行起来，人类活动地域明显地扩大了，最北的旧石器地点达到北纬71°。当时，东北亚和北美都处在冰川和冰缘的地理环境之中，耐寒的猛犸象、披毛犀动物群就在深林和草原环境中迅速繁殖起来，而且分布越来越广，遍布于欧亚大陆的北部和北美的北部。黑龙江流域向以蕴藏和出土丰富的第四纪哺乳动物化石而著称。被发现的猛犸象、披毛犀、东北野驴等古生物化石不仅数量多，而且有完整的骨架出土，如富拉尔基的披毛犀，三站、顾乡屯、扎赉诺尔等地出土的松花江猛犸象和真猛犸象化石等。饶河小南山出土的真猛犸象化石与石器、骨器一起出土，而且化石均为碎块，表明正是古代人们吃完肉后扔下的碎骨聚成了碎骨堆。不少地方出土的骨器大都是用动物骨骼制作的，有些骨器已成化石。这些恰好说明当时在这片广阔的原野上，有成群的猛犸象、披毛犀、东北野牛以及马、鹿、羊等野生动物驰骋奔突。随着冰河的后退，这些野生动物跟进北来，诱引古猎人们一批批北上。丰富的野生动物群，给早期生活在黑龙江流域的古人们提供了取之不尽，用之不竭的衣食之源。而当时的人群凭着原始的技术装备和顽强坚定的意志力，克服重重困难和障碍，穿越林莽、沙漠、沼泽、山川和冰缘地带，同大自然搏斗，使自己生存下来并获得发展。由华北地区迤逦北进的古人，有的向西伯利亚、北美阿拉斯加和日本北海道继续蔓延。所谓在中纬度站稳脚跟，向高纬度继续挺进，形成了后来黄色人种，即蒙古人种在世界范围内，特别是在东北亚和北美分布的格局。在黑龙江地区居住下来的华北古人后来形成为北亚蒙古种族类型集团，就是形成本地区古代土著原始民族的人群。后来的所谓"白山黑水之间，种族繁矣"，盖源自这种猎取猛犸象、披毛犀的古猎人，其至少应是后来本区原始民族的主源主流。①

以上是考古工作者数十年来研究工作的结晶，是数十年来风餐露宿、殚精竭虑的文字总结，是以数十个旧石器时代、新石器时代的文化遗存为强力

---

① 干志耿、孙秀仁：《黑龙江古代民族史纲》，黑龙江人民出版社，1987，第37—39页。

支撑的科学论断。考古发掘成果为我们的历史研究提供了宝贵的实物资料。

　　黑龙江区域旧石器时代的考古应该起源于 1931 年。其时，北平地质调查所的尹赞勋先生主持了哈尔滨顾乡屯古生物化石现场发掘工作，根据出土的遗存得出的结论为该地是一遗存丰富的第四纪哺乳动物化石埋藏地。随后的 1936 年，俄国学者 Б. В. 包诺索夫、А. Г. 马良夫今、В. 佛奥费洛夫及 В. В. 摩摩特等人开始对黄山进行古生物、古人类以及史前文化调查。30 年后，为了进一步弄清两处旧石器时代遗址情况，地质、古生物、考古工作者对上述遗址进行了再考察并取得了突破性进展。对顾乡屯遗址出土的松枝化石进行碳 14 测定，几组数据显示年代均在距今 4 万年以上，由此可以确定顾乡屯的地质年代属于晚更新世。而在黄山遗址的剖面上，发现了有人工打击痕迹的石片及云杉化石，对云杉化石的碳 14 年代测定为 30000 ± 700 年。"从而可据以确认顾乡屯以及黄山有关地点确实存在旧石器晚期文化。"① 而在满洲里的扎赉诺尔，因早年有被学界称作"扎赉诺尔人"的头骨化石的发现被人们注意。1973 年以后，这里又有 6 件头骨化石出土，均为蒙古人种。其遗物的碳 14 测定为距今 11460 ± 230 年，"人头骨化石及其共存遗物均发现于第四层，其年代约在一万年左右"②。随后在考古工作者的努力下，又相继发现漠河老沟河、塔河十八站、昂昂溪大兴、五常学田、哈尔滨阎家岗等属于旧石器时代晚期遗存达 23 处之多，③ 从中发掘出大量的遗物、遗迹、人骨化石及与其共生的哺乳动物化石。"第四纪哺乳动物化石，种类多、数量大，分布几乎遍及全省。这里著名的披毛犀——猛犸象动物群，曾经与旧石器时代晚期的人类同时生存。这个时期正当人类狩猎活动活跃的时期，人们正是以这种动物作为狩猎对象和生活资料的来源，所以在发现古生物化石的同时，要注意发现人类活动遗迹和文化遗物，把古动物化石和古人类的活动联系起来。"④

　　20 世纪 30 年代初，我国著名的考古学家梁思永先生率队在齐齐哈尔昂昂溪五福（C）地点对 2 座墓葬进行发掘考察，据此写出了《昂昂溪史前遗址》，奠定了我国北方新石器时代考古研究的基础。在随后的数十年，黑龙

---

　　① 谭英杰等：《黑龙江区域考古学》，中国社会科学出版社，1991，第 11—12 页。

　　② 黑龙江省博物馆、黑龙江文物考古工作队：《黑龙江文物考古三十年主要收获》，《文物考古工作三十年》，文物出版社，1979，第 113 页。

　　③ 干志耿：《黑龙江考古与民族历史》，《民族研究动态》1988 年第 3 期。

　　④ 谭英杰等：《黑龙江区域考古学》，中国社会科学出版社，1991，第 20 页。

江区域又相继发现了密山新开流遗址（距今 5430±90 年）、饶河小南山遗址、牡丹江莺歌岭遗址（距今 3025±90 年）、宁安石灰场遗址、亚布力北沙场遗址等新石器时代文化遗址。伴随着新石器时代考古工作的进展，建筑遗物、文化遗存不断增多，新石器时代文化自身的内涵、分布、类型、序列渐渐清晰。对此，考古工作者的结论是：

> 在旧石器时代晚期和中石器时代活动于黑龙江地区的古代人群，属蒙古人种，都来自华北地区。蒙古人种是汉族，同时也是中国北方古代民族，其中包括黑龙江地区古代各族的共同远祖。这些从华北地区远来黑龙江流域的属于蒙古人种的古代人群，与当地土著民族的形成有着直接的渊源关系。当然，这并不能排斥民族迁徙的因素，即其以后也仍有其他民族北徙至此，与当地土著族人融合而形成新的原始民族。从中石器时代以后，种族类型集团大致分化形成。①

三　黑龙江区域三大族系的文明史痕

人类社会由最早的原始群经过氏族、氏族部落向部落群过渡，标志着原始民族已经形成，而与之相对应的是旧石器时代向新石器时代的过渡。若进一步表述则是，到了新石器时代的中、晚期黑龙江区域的三大族系已经形成。那么，它们如何在这里唱响各自的英雄史诗？考古工作者依据田野发掘、研究工作的成果做出了如下表述。

黑龙江历史上三大族系的缘起与延续，如下：

> 西部的东胡—鲜卑—室韦—契丹—蒙古系。
> 中部的濊貊—索离—夫余—豆莫娄系。
> 东部的肃慎—挹娄—勿吉—靺鞨—女真系。

他们在这里留下各自的文明史痕，由西向东呈现为铜钵好赍、昂昂溪、新开流三种不同的原始文化类型。

---

① 干志耿、孙秀仁：《黑龙江古代民族史纲》，黑龙江人民出版社，1987，第 50 页。

（一）铜钵好赉文化

铜钵好赉文化分布较为广泛，1975 年在新巴尔虎左旗、新巴尔虎右旗、陈巴尔虎旗、鄂温克族自治旗和额尔古纳右旗发现了 80 余处遗址，其中以新巴尔虎左旗铜钵好赉遗址最具代表性。该遗址位于呼伦贝尔新巴尔虎左旗铜钵庙以北 11 公里处，出土物极为丰富。有以玛瑙、燧石、石髓、蛋白石、黑曜石、石英等为原料制作的石镞、长刮削器、圆头刮削器、石叶、敲砸器、“钻”式石核、圆柱石核、石核刮削器，以及石锤、石杵和石磨盘等。石器以砸制为主，少见压制，而不见磨制；数量不多的陶片，主要为手制素面夹砂黄褐陶。按出土比例，如石器以千计，则陶片仅见数例；古墓群中的墓葬多为土坑墓，以单人屈肢葬为主，偶见直肢葬，而其骨骼未见石化。土坑墓中少见随葬品，仅在胸前放置数枚河蚌而已。

对于这些文化遗存的出土，考古研究者认为，铜钵好赉文化说明当时存在原始渔猎生产，与之并存少量的原始农耕经济。从出土的石器看，其文化类型应属于新石器时代中期，而未见石化的骨髓，“显然晚于扎赉诺尔文化，而且应是它的接续者，可能属东胡先世文化……其绝对年代，据出土文物的原始性状观察，应在距今 6000 年左右”①。

（二）昂昂溪文化

昂昂溪文化的发现，起源于我国近现代田野考古学奠基人之一的梁思永先生。解放后经地方考古工作者的多次发掘，得出了昂昂溪原始文化遗存有早晚之分的结论。“早期以五福（C）地点的 2 座墓葬为代表，随葬陶器有罐、碗以及石器、骨器等。石器以碧玉、石髓、玛瑙等制作，有石镞、尖状器、刮削器、切割器、石凿、石叶、打制的‘锛形器’磨制的石锛等，这些是昂昂溪类型的重要生产工具。在该地区发现的红衣陶片、鬲足、支、陶范等则为晚期遗物……”② 昂昂溪文化主要分布在以齐齐哈尔为中心的嫩江流域地区③，而根据这些出土的文化遗存，专业人员做出了如下解释：

> 昂昂溪文化类型遗址多位于河湖附近的沙岗地或台地上，有适宜渔猎的良好自然环境。出土的石器和骨器，主要是用于渔猎生产的工具。

① 干志耿、孙秀仁：《黑龙江古代民族史纲》，黑龙江人民出版社，1987，第 76 页。
② 黑龙江省博物馆、黑龙江文物考古工作队：《黑龙江文物考古三十年主要收获》，《文物考古工作三十年》，文物出版社，1979，第 114 页。
③ 黑龙江省博物馆：《昂昂溪新石器时代遗址调查》，《考古》1974 年第 2 期。

遗址中还常常见到兽骨、鱼骨等。这正反映了渔猎经济生活。但遗址的文化层堆积很薄，一般在腐植土以下 30 厘米左右，表明当时从事渔猎生产的人们不能在一个地点定居很久，而必须常常迁徙，人们过着相对定居的生活……从族属上看，其文化应是濊貊先世的遗留和创造。①

(三) 新开流文化

新开流遗址位于密山兴凯湖地界，文化堆积分上、下两层。上层为墓葬，下层多为鱼窖，出土器物有石器、骨器、陶器等。从其器物形状、纹饰、用途分析，一支以捕鱼为主兼营狩猎的氏族在这里定居。对该遗址上层 5 号墓人骨进行碳 14 测年，测定距今 5430 ± 90 年（半衰期 5730 年），树轮校正年代为距今 6080 ± 130 年。继之而后的莺歌岭遗址位于宁安镜泊湖南端，文化层堆积亦分为上、下两层。下层出土陶器、石器、骨器等，特别是石器中已有有肩石锄、亚腰形石锄。上层有陶纺轮、穿孔刀、狍角锄及陶猪、陶狗、陶熊等原始工艺品。证明"这里的氏族部落居民使用石器、骨器和陶器等，从事原始农业、畜牧业，兼事渔猎，农业已进至锄耕阶段，并有了简单的手工纺织；从出土的多个陶猪的形态来判断，当时居民已知养猪。这是他们主要的肉食之源。从陶猪的形象看，头占全身的 1/3，脊部鬃毛高耸，当处于野猪到家庭豢养的家猪之间的过渡体态。猪的饲养必须以相对稳定的原始农业为基础，大量农业生产工具的出土证明当时的氏族部落已经过着比较稳定的原始农业生活。长身打制石斧及箭镞、骨鱼钩等的出土，反映渔猎经济还占较大比重。黑曜石压制的石镞和青石磨制的石镞，可能就是文献记载中的'石砮'。原始社会的人们还修筑了半地穴式的简易住房，'穴地而居'以抵御北方的严寒"。② 人们"根据这种文化类型的分布范围，与后来肃慎族的居住地相应，故新开流原始文化类型的居民可能是肃慎族的先世"。

研究远古时代先民的状况，仅就文献典籍记载的神话和传说是远远不够的，何况黑龙江地区的类似记载寥若晨星，这逼迫着研究者只好去充分地利用考古资料。考古资料这一富矿所蕴含的内容，不仅数量多，而且它所反映的社会情况，无论深度还是广度，都远远超过了那寥若晨星的文献典籍记载。特别是考古工作者的严谨推论，更是让门外的研究者不敢有丝毫的"僭

---

① 干志耿、孙秀仁：《黑龙江古代民族史纲》，黑龙江人民出版社，1987，第 78 页。
② 戚玉箴、孙进己：《肃慎和挹娄的考古文化》，《学习与探索》1984 年第 5 期。

越"，这也是我们对上面大段引用并继续引用考古成果做出的解释。对于黑龙江区域三种原始文化类型，考古工作者的结论是简单明了的：

> 以上三种文化类型的存在时间，大致距今六千——五千年之间，相当于公元前四十——三十世纪，与中原地区新石器时代的中、晚期相一致，均处于不见文献直接记载的"传说时代"。其经济类型都属渔猎经济，而原始农业则可能在西部和东部均已发生。从生产工具看，均有大量压制石器，亦见磨制石器，但数量不多，而东部稍多一些。从生活器皿看，西部地区陶器极少，且多素面，东部和中部地区虽器形单一，但已普遍使用，且纹饰丰富多采，而新开流尤其丰富且制作较精。从社会形态看，即或新开流遗址所反映的氏族成员已有地位高低之分，但不能说已出现贫富分化。不同地区的不同文化类型表明已有了不同的族的存在，而且出土器物证明他们之间存在着文化交流和相互影响，而不是互相隔绝的。这三种分布在西、中、东部地区的文化类型具有共性，然而小于其个性，即各有其自身的物质文化特征，这种特征正是不同族的存在的集中反映，标明黑龙江地区原始民族的形成过程，并是以后黑龙江地区三大族系的先民。①

尽管我们是赞同黑龙江区域先民"南来说"的观点，史料撷取、资料运用也多围绕于此进行，但考古研究的新成果又不得不令此说"存疑"，起码在时限上大为提前。在黑龙江省文物考古研究所 2011 年编著的《考古·黑龙江》出版物中，"交界洞穴遗址"条下记载：

> 遗址位于阿城区交界镇东北 0.5 公里处的一个石灰岩采矿场内……从化石种群和石化程度看，其年代比"故乡屯化石群"为早。遗址出土石制品 100 件，大多以黑色板岩制成，加工方法主要为锤击法和砸击法，有二次加工疤。种类主要有石片、石核、刮削器、砍砸器，石制品工艺粗糙，形体都较大。用地层中出土的梅氏犀牙齿进行铀系法测定，年代为距今 17.5 万年（+2.2 万年——-1.8 万年）。如果这个年代无误且石制品可靠的话，那么其意义非同寻常。其一，这是我省迄今发现的最早

---

① 干志耿、孙秀仁：《黑龙江古代民族史纲》，黑龙江人民出版社，1987，第 82—83 页。

的遗址，说明这一地区旧石器时代早期就有了人类活动；其二，这是我省首次发现的旧石器时代洞穴遗址，也是目前发现的我国最东北的一处旧石器时代早期遗址；其三，梅氏犀生活在温暖湿润的气候环境中，在我国北纬 45 度以北系首次出土，说明距今 20 万年左右我省气候还处于较温暖的时期，这对于研究我国东北地区古气候和古地理环境的变迁亦有重要价值。[①]

如此，我们认为文中"其意义非同寻常"不仅有其三，似乎还应有其四，即以 10 万年计地改写了黑龙江区域的相关历史。

四　黑龙江区域——罕见的双向移民区

历史上的黑龙江区域是北方游牧民族的聚居区，仅从大规模的人口迁移角度讲，黑龙江区域三大族系东胡、濊貊、肃慎的后裔就从这里走出，形成了鲜卑、渤海、女真、蒙古、满等民族，或君临全国，或占据半壁江山，或偏安一隅，或融合于其他民族，在中华民族的舞台上唱出了一幕幕悲喜剧，也为绚丽多彩的中华文化增添了自己浓墨重彩的一笔。

（一）历史上少数民族的内迁

拓跋氏是鲜卑部落联盟中的一个构成单位，其原居地在额尔古纳河和大兴安岭北段一带，呼伦贝尔的克鲁伦河、海拉尔河、额尔古纳河、达赉湖等地发现的早于鲜卑的压制石器、陶器、石板墓葬群等遗存，就是拓跋鲜卑文化的实物例证。拓跋鲜卑历史序幕的掀起应是在东汉初年，经过几代"推寅"的努力，"山高水深，九难八阻"，"历年乃出，始居匈奴之故地"，最终由他们统一北方建立了北魏政权，唱响了自己的英雄史诗。

渤海国的建立是黑龙江区域历史上的一件大事，从严格意义说，作为肃慎后裔的勿吉人到了隋唐之际改称靺鞨，他们分为七部，其大致的地理位置，专家们给出的结论是，在今牡丹江下游、松花江下游、阿什河流域、拉林河流域、第一松花江及延边附近的广大地域内。[②] 在民族间的不断征战中，粟末靺鞨投奔了隋朝被安置在柳城（后为营州，今辽宁朝阳）一带。契丹人营州作乱，在唐王朝的重兵围剿下兵败，靺鞨人在酋长乞乞仲象等率领下东

---

① 黑龙江省文物考古研究所编著《考古·黑龙江》，文物出版社，2011，第 47—48 页。
② 孙进己、干志耿、庄严：《勿吉和靺鞨的物质文化》，《博物馆研究》1985 年第 1 期。

渡辽水，返回靺鞨故地。乞乞仲象之子大祚荣骁勇善战，率众在东牟山"树壁自固"，筑城以居，是为"旧国"，今地为吉林敦化敖东城。渤海国以"旧国"作为王都近半个世纪后，到了大钦茂时期决定迁都显州即后来的中京（今吉林和龙县西古城）。756 年（唐天宝末），又迁都上京龙泉府（今黑龙江省宁安市渤海镇）。之后虽也有迁都之举，但都为时不长，到契丹灭渤海时上京龙泉府为渤海京城有 170 余年之久。926 年契丹灭渤海后，渤海遗民大批逃往女真、高丽、新罗、中原，加之被强制迁移到契丹内地及辽东地方的渤海人口，这无疑是一次大规模的人口迁移。

女真人，一般认为与肃慎、挹娄、勿吉、靺鞨有历史渊源，同属现代民族学分类的通古斯 – 满洲语族。《三朝北盟汇编》卷三载："女真，古肃慎国也，本名朱理申，番（契丹）讹为女真……《三国志》所谓挹娄，元魏所谓勿吉，隋谓之黑水部，唐谓之黑水靺鞨者……契丹阿保机乘唐衰乱，开国北方，并合诸番三十有六，女真其一焉。"此后，女真这一族称代替了靺鞨。辽朝统一了黑龙江区域后，徙渤海遗民于辽之内地，"其在南者，籍契丹，号熟女真"，"其在北者，不在契丹籍，号生女真"。生女真各部"散居野处，各不统属"，处在原始社会末期阶段。史载："黑水旧俗，无室庐，负山随坎地，梁木其上，覆以土，夏则出随水草而居，冬则入处其中，迁徙不常。"① 后来，完颜部首领完颜阿骨打统一女真各部，继而起兵反辽，于 1115 年在上京会宁府（今哈尔滨市阿城区）建立金王朝。金王朝在随后的用兵过程中，曾不断地劫掠中原人口并将其安置在上京，谓之"实内地"，使初始封建制的女真社会生产力大为发展。女真兵锋所指摧枯拉朽，于 1125 年灭辽，1127年灭北宋，先后迁都中都（今北京）、汴京（今河南开封）。此间，金政权从利于统治角度出发，把大批女真户"自本部徙居中土"，"令下之日，比屋连村，结屯而起"，形成了又一次大规模的民族迁徙。

蒙古族及其先世是我国古代的北方民族，其活动范围包括了黑龙江上游地区，尤其是呼伦贝尔地区。蒙古民族有着悠久的历史，7 世纪唐朝北疆望建河（今额尔古纳河）畔有唐朝所属室韦诸部之一的"蒙兀（蒙瓦）室韦"，即是蒙古族的直接先世。波斯史学家拉施特·哀丁在其收集大量蒙古传说的《史集》中，认为被突厥人征服的早期蒙古人在额尔古纳昆山中避难。对于这个"昆"字有多种解释，拉施特·哀丁认为"昆"是山中的意

① 《金史·世纪》卷一。

思，说明古代蒙古人原是居于额尔古纳河流域山林中的"百姓"。另有一种解释认为"昆"是蒙古语"人"的意思，"额尔古纳昆"即额尔古纳河地方的百姓之意。还有人从生活方式上划分，蒙古族可以分为游牧的草原部落和以渔猎为生的森林部落，"最早的蒙古人并不是生活在草原上的牧民，而是生活在森林地区的山民，从广泛地使用木车这一点来看，他们是从森林中走出的。直至今天，蒙古人与草原上的哈萨克人仍然不同，他们依然使用着小木桶，而不是皮袋"①。离开了额尔古纳河密林西迁的蒙古部，渡腾汲思海（今呼伦湖）到鄂嫩河的不儿罕山（今大肯特山）时，又兼并融合了东胡系统的乌桓、鲜卑、柔然、室韦、契丹，突厥系统的薛延陀、回纥、黠嘎斯等，以此为基础形成了蒙古族共同体。13世纪初，成吉思汗建立蒙古汗国，在东及兴安岭，南至金朝，西接阿尔泰山，北至贝加尔湖的地域内实行"领户分封"，实际上也就是民族间的调动迁徙。1233年蒙古灭"东真国"，统一了东北地区。1234年蒙古灭金，统一了中国北方。1272年蒙古灭南宋，中国复归大一统局面。而此间的蒙古民族迁徙则为经常的事情。

元末明初，金之内迁所遗女真人分为海西、建州、野人三大部，它们的地理分布是：海西女真大部居住在吉林扶余（伯都讷）以北的松花江大曲折后的江南以及黑龙江省哈尔滨市东边的阿什河流域，建州女真分布在长白山北部，牡丹江、绥芬河流域，野人女真则遍居于从精奇里江下游直到库页岛的整个黑龙江南北广大区域。在蒙古人的不断侵扰及明政府的连续招抚下，"原来居住在黑龙江流域和松花江下游的女真人掀起了一次长达百余年的民族南迁运动"②。到了明中叶，建州女真迁于浑河上游的赫图阿拉，海西女真几经迁徙定居在辽东地区的大、小清河流域，吉林的辉发河流域。而野人女真留居原地的有之，迁入建州、海西故地的有之，虽然发展缓慢，但从族源上它们属于同一民族共同体。故而，有人指出："曰海西、曰建州，就其居处言；曰野人，则就其文化言。"③ 明末，女真人后金政权的建立，完全切断了中央政权与东北边地的联系，使明王朝的奴儿干都司在黑龙江区域的设置基本上名存实亡。努尔哈赤及其子皇太极三次用兵于黑龙江，对这里的各族居民进行恩威并施的招抚和军事征讨，终使"自东北海滨（鄂霍次克海），

---

① 〔法〕勒内·格鲁塞：《草原帝国》，国际文化出版公司，2010，第139页。
② 李治亭主编《东北通史》，中州古籍出版社，2003，第347页。
③ 徐中舒：《明初建州女真居地迁徙考》，《历史语言研究所集刊》第六册，台北：中研院历史研究所，1987。

迄西北海滨（贝加尔湖），其间使犬、使鹿之邦，及产黑狐、黑貂之地，不事耕种、渔猎为生之俗，厄鲁特部落，以及斡难河源，远迩诸国，在在臣服"①。编入"伊彻"（新）满洲的黑龙江区域土著居民是要服从朝廷征调的，在近 30 年的明清战争中，在清王朝定都北京"尽族西迁"中，在清王朝历次平叛勤王中，黑龙江区域的土著居民与八旗官兵"俱在行间"，这无疑又是一次大规模的民族迁徙运动。

清王朝因各种缘由在极力征调黑龙江人口的同时，却从狭隘的民族统治利益出发将东北封禁起来。以黑龙江区域计，在有清一代 276 年的统治史中，其被封禁时间竟长达 194 年（1667—1861 年）之久。长时间的人口频繁征调，损耗了这里人口的自然增长，长时间的实施封禁政策，阻止了这里人口的机械增长，以致偌大的一个黑龙江区域，在嘉庆十七年（1812）时，人口却只有 444009 人②，人口密度为 0.73 人/公里²③。如此的人口数字，如此的人口密度，使得黑龙江区域在世界资本主义扩张之际难免受强邻垂涎觊觎。

（二）近现代以来的"闯关东"移民

1840 年以后，华夏大地上有"闯关东""走西口""下南洋"的中国近代社会人口"三大流向"。河北、山东、山西等北方诸省的穷苦百姓，在土地兼并、人口压力、自然灾害等天灾人祸的交相侵逼下，不顾清廷禁令向东三省迁移。其人口迁移规模之大、影响之广、持续之长久、意义之深远，为世界移民历史所罕见。

清末民初之际，黑龙江区域是帝国主义列强的角逐场。俄国人借修筑中东铁路之机，把这里的许多地方变成了铁路附属地然后移民于此。日本人假黑龙江部分地方开埠通商之时，大量商民移居这里经商谋利，更有武装占领后"百万户移民侵略计划"的实施。另据 1922 年日本驻哈尔滨总领事馆统计，时哈尔滨人口为 34 万人，其中外国人口 16 万人以上，占城市总人口的47%，包括了俄、日、英、美、德、法、丹、比、意、荷、澳、瑞、葡、南、罗等 30 多个国家的侨民麋集于此，故当时的哈尔滨有"国际人种博览会"

---

① 《清太宗实录》卷六十一。
② 《盛京通志·户口》卷三十五；《嘉庆朝大清会典·户部》卷十一。
③ 此数字见梁方仲《中国历代户口、田地、田赋统计》，上海人民出版社，1980，第 273 页。这应该是一个人口密度偏低的统计数字，因为没有将黑龙江区域吉林将军所辖部分计算在内。

之称。①

新中国成立后，黑龙江区域既作为人口安置区又作为经济开发区交替使用，在"共和国长子"的名义下，接受了"十万官兵""二十万支边青年""百余万知识青年"等各种名目、各种形式的移民以及进行"突破高寒禁区"的林业开发、"铁人精神"的石油开发、"创业精神"的北大荒开发等，还有那难以计数的自流人口在此谋生。

黑龙江区域移民到底有多少，应该有一个大体数据可循。嘉庆十七年（1812）黑龙江区域人口有44万人，光绪三十三年（1907）人口有257万人，宣统三年（1911）人口有324万人，1930年人口有601万人，1949年人口有1013万人。②参照清末、民国、日伪统治时期及三年内战时期的社会变迁，如此一种人口增长速度，应该是以人口的机械增长为主。至于解放后黑龙江区域的移民数字学术界常以"三个一千万"来描述，即"解放初人口一千万，自然增长一千万，外省流入一千万"。③对于这一提法学界也有质疑，许多人认为"三个一千万"提法不确切。如中国社会科学院人口研究中心马侠研究员撰文，认为1949—1982年黑龙江净迁入人口为764.4万人。又如，郝守忠先生在《从第三次人口普查看黑龙江人口变动与经济发展的关系》一文中，指出1949—1982年黑龙江人口的机械增长数字为747万人。再如，胡焕庸、张善余在《中国人口地理》一书中，提及1954—1979年黑龙江全省累计净迁入人口650万人。复如，李德滨先生等在其《黑龙江移民概要》著述里，指出1949—1982年黑龙江净移入人口数为774万人，年平均净移入人口22万人。④ 综合以上数据，若将统计时限上的误差扣除，700余万人应该是一个可取的数字。

如此，历史上黑龙江区域走出了鲜卑人、渤海人、女真人、蒙古人、满族人，他们或君临全国或占据半壁江山。如何评述他们的功过得失？由此想到翦伯赞先生在《秦汉史》中对大月氏与北匈奴迁中亚、欧洲时的精彩论述：

---

① 转引自赵德久《哈尔滨近代对外经贸关系史略》，华文出版社，1993，第132页。

② 参见《黑龙江省志·人口志》第57卷，黑龙江人民出版社，1996。

③ 《费孝通教授同哈尔滨、内蒙的有关科研人员谈开展人口流动问题的研究》，李德滨等《黑龙江移民概要》，黑龙江人民出版社，1987，第3页。

④ 上引数字均见李德滨等《黑龙江移民概要》，黑龙江人民出版社，1987，第173页。

大月氏，是中国历史运动压抑中第一次抛掷出去的历史碎片，也可以说是中国这个太阳系统中的一颗流星，这颗流星，降落在中亚，象陨石一样，落在妫水流域。然而它在妫水流域，却大放光明……

北匈奴是中国历史运动压抑中第二次抛掷出去的一块历史碎片，也就是中国这个太阳系统中第二颗流星。这颗流星后来降落在欧罗巴的原野，成为四世纪西欧历史的动力。①

黑龙江区域先民鲜卑人、渤海人、女真人、蒙古人、满族人等就是在中原农耕文化的吸附下"抛掷出去的一块块历史碎片"，在中原地方与汉族文化碰撞、混化、融合，为绚丽多彩的中华文化增添异彩。而到了近现代，汉族人口在各种原因的综合作用下，源源不断地移民黑龙江区域，为巩固边疆、开发边疆，做出了不可磨灭的贡献。而由于历史原因，以各种形式出现在黑龙江区域的外国移民，更是给这里增添了异域色彩，其功与过、美与丑、罪与罚自有历史评说。这样一个罕见的双向移民区，是需要进行认真研究的。研究的路径是以历史脉络为主线，以典籍文献为依据，尽量使用已掌握的社会学、人类学方法和田野调查资料，尝试着将其做成一部活生生的黑龙江区域移民史。

---

① 翦伯赞：《秦汉史》，北京大学出版社，1983，第163页。

黑龙江区域的历史移民

黑龙江区域历史上是一个以少数民族聚居为主的地方，然其古代民族早在商周时期就已经臣服于中原王朝。这种臣服主要表现在两个方面，一是向中原王朝进贡方物，二是接受中原王朝的册封，历史典籍中的"楛矢石砮"①与"肃慎、燕亳，吾北土也"②的记载便是针对此而言的。黑龙江区域的古代民族正是在这种时断时续的与中原王朝的交往中求得发展、演变、融合的，而为了达到这一目的人口迁徙是其间必不可少的环节。

黑龙江区域古代移民史应该包括鲜卑、渤海、女真、蒙古、满族等人的几次较大规模的民族迁徙活动，其论述的重点是民族迁徙与民族融合，当然这种迁徙与融合是以民族征战为前提的，也正是由于"旋兴旋灭"的民族征战、人口迁徙、相互通婚，才发展了不同民族间的政治、经济、文化交往与联系，落后者接受先进者的熏陶和感染，后进者对先进者既有因袭又有变革，在相互同化与融合的过程中推动了中华民族的向前发展。当然，这种较大规模的民族迁徙对黑龙江区域来说后果是严重的，故地人口减耗，长期发展起来的社会经济文化顿遭中辍，后来者"不得不于原始社会末期重新起步，重新跨进文明的入口"③，这也是黑龙江区域社会文明起源早，然其物质和精神文明及文化传统基本上未能承继的原因之一。

---

① 《国语·鲁语下》载："仲尼在陈，有隼集于陈侯之庭而死，楛矢贯之，石砮，其长尺有咫。陈惠公使人以隼如仲尼之馆，问之，仲尼曰：隼之来也，远矣！此肃慎之矢也。"
② 《左传·昭公九年》。
③ 干志耿、孙秀仁：《黑龙江古代民族史纲》，黑龙江人民出版社，1987，第278页。

第一章

由鲜卑族众内迁建立的北魏政权

在有文字记载的历史上，黑龙江区域古代民族的第一次较大规模迁移要属鲜卑民族的内迁，他们历经"山高水深""九难八阻"，"始居匈奴故地"，继而"逞志于中原"，并在那里建立了北魏政权，史书上也称其为后魏、拓跋魏、元魏。398年建都平城（今山西大同），旋改号称帝。逐步吞并后燕、夏、北燕、北凉，439年统一北方，与南朝对峙。随后孝文帝迁都洛阳，修官制、改汉姓，推行汉化运动。其疆域北至蒙古高原，西至新疆东部，东北至辽西，南境初以黄河为界，随后逐渐扩展至秦岭、淮河，进一步据有淮南地。这是黑龙江区域的古代民族第一次统一中国北方，此举，不仅推动了南北文化交流，而且鲜卑贵族的不断汉化开了南北方民族融合的先河，是黑龙江区域向中原地区抛出的第一块"历史碎片"，为中华民族的灿烂文化做出了自己的贡献。

第一节 鲜卑故地的历史遗迹

黑龙江区域迁移出去的鲜卑族众建立的北魏政权，除了文献典籍记载、后人的研究成果之外，另有黑龙江区域的鲜卑遗迹和文化遗存加以证实。只有文献学、民族志和考古发掘相互印证，才能使我们的研究难题有了探索的可能，结论也更加接近历史或完全与历史吻合。

一 典籍文献记载下的鲜卑

我国的典籍文献记载鲜卑历史的很多，这与其辉煌历程有关。如《后汉书》《三国志》《魏书》《通典》《翰苑》《太平寰宇记》等都有鲜卑族史的相关记载，为后来者的研究工作提供了基本素材。

《后汉书·乌桓鲜卑列传》载：

> 鲜卑者，亦东胡之支也，别依鲜卑山，故因号焉。其语言习俗与乌桓同……汉初，亦为冒顿所破，远窜辽东塞外，与乌桓相接，未常通中国焉。

《三国志·魏书·乌丸鲜卑东夷传》载：

> 鲜卑亦东胡之余也，别保鲜卑山，因号焉。其言语习俗与乌丸同。其地东接辽水，西当西城。常以季春大会，作乐水上……鲜卑自为冒顿所破，远窜辽东塞外，不与余国争衡，未有名通于汉，而（由）自与乌丸相接。

《魏书·礼志》载：

> 魏先之居幽都也，凿石为祖宗之庙于乌洛侯国西北。自后南迁，其地隔远。真君中，乌洛侯国遣使朝献，云石庙如故，民常祈请，有神验焉。其岁，遣中书侍郎李敞诣石室，告祭天地，以皇祖先妣配。

《通典·边防》载：

> 鲜卑，亦东胡之支也。别依鲜卑山，因号焉……和帝永元中大将军窦宪，遣右校尉耿夔击匈奴，北单于遂走，留者尚十余万落。鲜卑因此徙居其地而有其人，由此渐盛。

《太平寰宇记·乌洛侯》载：

> 乌洛侯亦曰乌罗浑国，后魏通焉，在地豆于之北。太武帝真君四年来朝，称其国西北有魏先帝旧墟石室，南北九十步，东西四十步，高七十尺，室有神灵，人多祈祷。太武帝遣中书侍郎李敞告祭焉，刊祝文于石室之壁而还。

实际上，早在晚清时，我国学者张穆、魏源、何秋涛、曹廷杰、丁谦、屠寄、徐宗亮等在边疆史地著述中，就对鲜卑的历史有所涉猎。至于现代致力于鲜卑史或民族志的研究的学者，日本满蒙学派白鸟库吉应算一个，其在20世纪30年代出版的《东胡民族考》中说："该书系统的对我国东北和内蒙古东部的鲜卑历史进行了系统研究，指出东胡与通古斯并非同一族系，进而遍考东胡诸族之部别、地名、姓氏、语言等等。"① 1962年，我国著名的史学家、民族学家马长寿先生出版了《乌桓与鲜卑》一书，书中专门有章节论述拓跋鲜卑的起源与迁徙、拓跋部和以拓跋部为中心的部落联盟的形成等，是鲜卑学史上的里程碑之一。林惠祥先生的《中国民族史》及吕思勉先生的《中国民族史》里面，都有专门章节对鲜卑民族进行研究探讨。1986年，于志耿、孙秀仁先生的《黑龙江古代民族史纲》一书出版，系统地研究了东胡、山戎和鲜卑的关系，拓跋鲜卑的文化遗存和社会，早期鲜卑的物质文化特征，鲜卑文化之再发现，等等，是一难得的民族史学著述。1993年张博泉先生的《鲜卑新论》、1994年米文平先生的《鲜卑史研究》和陈志贵先生的《乌桓·鲜卑文化史》、2003年田余庆先生的《拓跋史探》等相继出版，把鲜卑民族史研究推向了高潮，也开拓了鲜卑研究的新领域。

而关于典籍记载所反映的几个关键词，即"鲜卑，东胡之支也""别依鲜卑山""魏先之居幽都也""刊祝文于石室之壁而还"等，是开展研究工作的基本素材，在此基础上突破性的研究成果主要来自考古工作者的辛勤工作，鲜卑文化遗存的发现使探索拓跋鲜卑早期历史的一系列难题成为可能。

二　考古发掘的鲜卑文化遗存

黑龙江地方的考古发掘有独到之处。现有的考古成果证明，在黑龙江上游的大兴安岭嘎仙洞文化遗址、扎赉诺尔鲜卑墓葬群均有拓跋鲜卑文化遗存，在呼伦贝尔草原的呼伦湖周围和海拉尔河、伊敏河两岸，则更是广泛分布着大量的汉代鲜卑文化遗址遗迹。同样或类似的墓葬群在内蒙古地方也多有发现，从某种意义上可以说后者是前者的延续和发展。这种鲜卑历史文化遗址遗迹的地理分布，正与该民族的迁徙路线相吻合。

1952年和1956年，内蒙古考古工作队在乌兰察布盟察右旗二兰虎沟调查发现的古墓群，先被推断为东汉时期的匈奴文物，后被专家们认为"是扎

---

① 于志耿、孙秀仁：《黑龙江古代民族史纲》，黑龙江人民出版社，1987，第124页。

赍诺尔的延续和发展"。特别是西晋时期拓跋鲜卑文物的发现,更验证了史料典籍的记载无误。《文物考古工作三十年》一书中记载:

> 西晋时期的拓跋鲜卑文物,最重要的发现是1956年在凉城县小坝子滩沙虎子沟出土的一批窖藏金银器,有"晋鲜卑归义侯"金印、"晋乌丸归义侯"金印、"晋鲜卑率善中郎将"银印、兽形金饰牌、兽形金饰件和兽形饰金戒指等等。这些兽形纹饰,颇似狼狐,应是一种图腾。其中一件四兽形金饰牌的背面錾刻有"猗𥾅金"三字,得知他为西晋时拓跋鲜卑的"大人"猗𥾅所有。史籍记载拓跋禄官时分拓跋鲜卑为三部,"以文帝之长子桓皇帝讳猗𥾅统一部居代郡之参和陂北"。[1]

1961年和1963年内蒙古文物工作队在陈巴尔虎旗的完工和扎赍诺尔地方清理了一东汉时期的鲜卑墓葬群,表明黑龙江区域的古代文化与呼伦贝尔草原上的古代文化存在密切的联系。对此,《黑龙江区域考古学》一书做了专业的阐述:

> 完工墓群为土坑竖穴墓,底部和四壁铺木板、桦树皮,除随葬器物之外,还用牛、马、狗头骨以至完整的马匹等殉葬。墓主人为家族长老,为仰身直肢葬,周围丛葬其他成员的骨骼……扎赍诺尔墓群均为土坑竖穴墓。桦木棺,木棺多系四角立柱,棺板两端做出榫头,插入立柱的卯眼,一般均无棺底,棺盖则以桦树枝铺叠一至三层。除随葬死者生前用的生产工具、武器及生活用具外,并以马、牛、羊的头和蹄殉葬。普遍实行单人葬,并有男女合葬和母子合葬墓。
>
> 随葬器物中石器减少,铜器增多,有釜、动物牌饰、螺旋形饰等。骨器有镞、弓弭、带扣、衔、鸣镝等。木弓和桦树皮弓囊富有特色。特别重要的是出土许多铁器,如环首刀、镞、矛、马衔等。扎赍诺尔墓葬所出规矩镜、"如意"纹饰、木胎漆奁等,是中原地区东汉时期的产品,可作为这个墓群的断代标志。
>
> 比较完工和扎赍诺尔两处墓地的器物和葬俗,表明二者有继承关

---

[1] 文物编辑委员会:《文物考古工作三十年》,文物出版社,1979,第76页。

系，完工墓群年代较早。①

同时，该书还指出完工和扎赉诺尔墓葬群的发掘，验证了《魏书·帝纪·序纪》所载"拓跋鲜卑的祖先推寅时代，从大鲜卑山'南迁大泽，方千余里，厥土昏冥沮洳'。大鲜卑山即今大兴安岭，鲜卑从大兴安岭向西南迁徙，进入呼伦贝尔大草原，呼伦湖至今仍是那一带的大湖泊，该湖所在的草原地带至今仍有广阔的沼泽地带，也就是史籍上所谓的'沮洳之地'"②。

1979 年及 1980 年先后在海拉尔南伊敏河流域的伊敏车站和车站东的孟根楚鲁的 11 座墓葬中，发现了不少拓跋鲜卑的遗物，其羊、马的殉葬习俗与扎赉诺尔的 M10、M29 的情况相同，出土的百余件铜、铁器较完工、扎赉诺尔时期发达。考古工作者认为：

> 伊敏车站和孟根楚鲁出土的遗物，与完工、扎赉诺尔的出土遗物，文化性质是相同的……其上限都在东汉晚期，也正是第二推寅（邻）南迁至"大泽"的时期，不过比完工、扎赉诺尔墓葬的年代略晚。③

正是根据这些考古发掘的成果，研究者才认为："东部鲜卑和拓跋鲜卑最初的起源可能是相同的，但越到后来，分别越大。"④ 还有人认为："史籍所载，'别依鲜卑山，故因号焉'，这是东部鲜卑。'国有大鲜卑山，因以为号'，这是北部鲜卑。"而陈巴尔虎旗的完工和扎赉诺尔墓葬群与乌兰察布盟察右旗二兰虎沟墓葬群比较，"表现出器物类型上的悉同和文化上的同一性，证明两部鲜卑是同源的"⑤。然后在其各自的南下或西进中，每到一驻足地，往往以"鲜卑山"称之。他们迁到哪里，哪里的山就被称为"鲜卑山"，系因族名山，而非因山名族。故而专家指出，"鲜卑山如此之多，与汉、魏时鲜卑人的到处迁徙有关。在辽东、辽西二郡内之鲜卑山，应当都是后起的，非鲜卑原始分布之所在"⑥。

①　谭英杰等：《黑龙江区域考古学》，中国社会科学出版社，1991，第 59 页。
②　文物编辑委员会：《文物考古工作三十年》，文物出版社，1979，第 75 页。
③　林干：《拓跋鲜卑、秃发、乞伏三部的早期历史及其南迁路线的初步探索》，《北方文物》1989 年第 3 期。
④　马长寿：《乌桓与鲜卑》，上海人民出版社，1962，第 13 页。
⑤　干志耿编著《探赜索隐集》，黑龙江人民出版社，1993，第 81 页。
⑥　马长寿：《乌桓与鲜卑》，上海人民出版社，1962，第 175 页。

即便如此，拓跋鲜卑的初始地并非完工、扎赉诺尔，典籍上把鲜卑民族的"初始地"记载为"幽都之北"，那么这个"幽都之北"具体所指系哪里？对这一问题历史上有很多说法，但其真正揭秘亦不过是 30 年前的事情。

关于这个"幽都"，《魏书·礼志一》中有如下记载：

> 魏先之居幽都也，凿石为祖宗之庙于乌洛侯国西北。自后南迁，其地隔远。真君中，乌洛侯国遣使朝献，云石庙如故，民常祈请，有神验焉。其岁，遣中书侍郎李敞诣石室，告祭天地，以皇祖先妣配。祝曰："天子焘谨遣敞等用骏足、一元大武敢昭告皇天之灵。自启辟之初，佑我皇祖，于彼土田。历载亿年，聿来南迁。惟祖惟父，光宅中原。克翦凶丑，拓定四边。冲人篡业，德声弗彰。岂谓幽遐，稽首来王。具知旧庙，弗毁弗亡。悠悠之怀，希仰余光。王业之兴，起自皇祖。绵绵瓜瓞，时惟多祜。敢以丕功，配飨于天。子子孙孙，福禄永延。"敞等既祭，斩桦木立之，以置牲体而还。后所立桦木生长成林，其民益神奉之。咸谓魏国感灵祇之应也。石室南距代京可四千余里。

对于这一史实，《魏书·乌洛侯传》中亦有类似记载：

> 世祖真君四年来朝，称其国西北有国家先帝旧墟，石室南北九十步，东西四十步，高七十尺，室有神灵，民多祈请。世祖遣中书侍郎李敞告祭焉，刊祝文于室之壁而还。

三 鲜卑旧墟石室（嘎仙洞）的发现

典籍中记载的鲜卑"幽都""旧墟""石室"，实际上就是被当地人称作"嘎仙洞"的一天然山洞，其位于内蒙古自治区呼伦贝尔市鄂伦春自治旗阿里河镇西北 10 公里处。地理经纬度为北纬 50°38′，东经 123°36′。海拔高度为 520 米左右。1980 年 7 月 30 日，呼伦贝尔盟文物管理站米文平等经过多次考察，终于在大兴安岭北部山岭中的嘎仙洞内石壁上，发现了北魏太平真君四年（443）的刻石文字，为北魏太武帝拓跋焘派遣中书侍郎李敞到此地致祭所刻祝文，由此得以确认嘎仙洞为典籍中记载的鲜卑"幽都""旧墟""石室"。米文平在《鲜卑石室的发现与初步研究》一文中写道：

拓跋鲜卑旧墟石室，很早见于我国古代文献。但石室位置究在何处，多少年来，中外学者屡有考证，诸说纷纭，迄无定论。近一年来，我们呼伦贝尔盟文物管理站，对大兴安岭北部丛山密林中的嘎仙洞，经过多次调查，反复考证，终于在1980年7月30日，于洞内石壁上找到了北魏太平真君四年（443年）石刻。内容为北魏第三代皇帝拓跋焘派遣中书侍郎李敞来这里致祭时所刻之祝文。经拓印，大部清晰可辨。可以确证，嘎仙洞即北魏拓跋鲜卑祖先居住的旧墟石室。这是在大兴安岭北部边疆地区，迄今已知最早的有确切纪年并见于文献记载的少数民族遗迹。它无可争辩地证实，我国古代民族鲜卑人自古以来就住在这里。石室的发现，结束了历史学界长期以来对拓跋鲜卑发源地和大鲜卑山方位的争论，解决了北方民族史上多年未决的一桩学术公案，为研究东胡系诸部族的地理、历史等问题，提供了一个准确的地理座标和科学的依据……这一带林海苍茫，峰峦层迭，古木参天，松桦蔽日。嘎仙洞在一道高达百米，巍然陡立的花岗岩峭壁上，离平地25米。洞口略呈三角形，高12米、宽19米，方向朝南偏西30度。洞内宽阔，南北长92、东西宽27—28米，穹顶最高处达20多米。宏伟有如大厅……

在洞内西侧距洞口15米的花岗岩石壁上发现石刻祝文："刻词为竖行，所占面积高70厘米，宽120厘米见方，共十九行，每行十二至十六字不等。字大小不一，约3—6厘米。全文二百零一字。汉字体势介乎隶楷之间，隶意犹重，古朴苍然，清晰可辨。"[①] 现将其全文录下，与前引《魏书·礼志一》相对照，可见其大体之相同意：

维太平真君四年癸未岁七月廿五日
天子臣焘使谒者仆射库六官
中书侍郎李敞傅菟用骏足一元大武
柔毛之牲敢昭告于
皇天之神启辟之初祐我皇祖于彼土田
历载亿年聿来南迁应受多福

---

①　干志耿、孙秀仁：《黑龙江古代民族史纲》，黑龙江人民出版社，1987，第149页。

光宅中原惟祖惟父拓定四边庆流
后胤延及冲人阐扬玄风增构崇堂剋
揃凶丑咸置四荒幽人忘退稽首来王始
闻旧墟爰在彼方悠悠之怀希仰余光王
业之兴起自皇祖绵绵瓜瓞时惟多祜
归以谢施推以配天子子孙孙福禄永
延荐于
皇皇帝天
皇皇后土
皇祖先可寒配
皇妣先可敦配
尚飨
东作帅使□凿①

　　鲜卑旧墟石室（嘎仙洞）的发现，"是我国东北边疆少数民族地区重大考古发现之一。它在考古学上的重要价值可以归结为三点：1. 确定无疑地证实了《魏书》记载的真实性；2. 为研究黑龙江地区历史地理和古代民族分布提供了一个新的座标；3. 解决了鲜卑族的发源地问题"②。

第二节　西进南迁的鲜卑族众

　　鲜卑即古之东胡系统的族裔之一，到了汉代改称鲜卑而不称东胡，其主要是因为东胡部落为匈奴所破，而其一部拓跋氏活动在鲜卑山一带，以山为号，故典籍上有"鲜卑者，亦东胡之支也，别依鲜卑山，故因号焉"③的记载。实际上，鲜卑有东部鲜卑与北部鲜卑的区别，东部鲜卑游牧在内蒙古草原，北部鲜卑活跃于大兴安岭北段。而东胡被匈奴冒顿击破后向北逃遁时，乌桓一支转向西北的乌桓山，东部鲜卑转向东北大兴安岭南段的鲜卑山。有学者认为，这"绝非偶然，可能是想投靠或靠近自己的同种拓跋鲜

① 米文平：《鲜卑石室的发现与初步研究》，《文物》1981年第2期。
② 谭英杰等：《黑龙江区域考古学》，中国社会科学出版社，1991，第60页。
③ （唐）陆贽：《翰苑集》。

卑"①。西汉逐匈奴，遂有"东部鲜卑南迁，北部鲜卑西进"的民族迁徙，拓跋鲜卑是北部鲜卑进入匈奴故地以后的称呼。

一　拓跋鲜卑的"南迁大泽"

拓跋氏是鲜卑族部落联盟中的一个构成单位。关于拓跋鲜卑的历史与生活状态，史载："昔黄帝有子二十五人，或内列诸华，或外分荒服，昌意少子，受封北土，国有大鲜卑山，因以为号。其后，世为君长，统幽都之北，广漠之野，畜牧迁徙，射猎为业，淳朴为俗，简易为化，不为文字，刻木纪契而已，世事远近，人相传授，如史官纪录焉。"②拓跋鲜卑历史正剧的序幕揭起，正是在成帝拓跋毛时期。其"聪明武略，远近所推，统国三十六，大姓九十九，威震北方，莫不率服"③。这里所说的"统国三十六"，应是指三十六个部落结成的部落联盟，而这三十六个部落应是由九十九个大氏族所构成的。拓跋鲜卑到了宣帝拓跋推寅（第一个推寅）时，正是东汉初年。而此时强悍的匈奴在汉武帝的连年打击下，"北匈奴西迁，南匈奴保塞"，匈奴故地出现了真空状态，鲜卑族众在拓跋推寅的带领下，开始了"南迁大泽，方千余里，厥土昏冥沮洳。谋更南徙，未行而崩"。④关于"这个大泽，有人说是今天内蒙古呼伦贝尔盟的呼伦湖"⑤。拓跋鲜卑在呼伦湖又居住了七代，到了献帝拓跋邻即位后，"时有神人言于国曰：此土荒遐，未足以建都邑，宜复徙居"⑥。然而由于献帝拓跋邻"时年衰老，乃以位授子"，鲜卑族众迁徙的事情搁置下来。但拓跋邻是因其智慧而被族众称作"第二推寅"的人，而在鲜卑语里是只把"肯钻研问题的人"称作"推寅"的。圣武帝拓跋诘汾即位后，"献帝命南移，山谷高深，九难八阻，于是欲止。有神兽，其形似马，其声类牛，先行导引，历年乃出。始居匈奴之故地"⑦。关于此次民族迁徙，《魏书·序纪》还记载道：

---

① 林干：《鲜卑拓跋、秃发、乞伏三部的早期历史及其南迁路线的初步探索》，《北方文物》1989年第3期。

② 《魏书·序纪》卷一。

③ 《魏书·序纪》卷一。

④ 《魏书·序纪》卷一。

⑤ 王仲荦：《魏晋南北朝史》，上海人民出版社，1980，第510页。

⑥ 《魏书·序纪》卷一。

⑦ 《魏书·序纪》卷一。

其迁徙策略，多出宣、献二帝，故人并号曰"推寅"，盖俗云"钻研"之义。初，圣武帝尝率数万骑田于山泽，欻见辎軿自天而下。既至，见美妇人，侍卫甚盛。帝异而问之，对曰："我，天女也，受命相偶。"遂同寝宿。旦，请还，曰："明年周时，复会此处。"言终而别，去如风雨。及期，帝至先所田处，果复相见。天女以所生男授帝曰："此君之子也，善养视之。子孙相承，当世为帝王。"语讫而去。子即始祖也。故时人谚曰："诘汾皇帝无妇家，力微皇帝无舅家。"

《魏书》是官修正史，尽管有些是追记，依托的半属子虚，但其在言明"君权神授"道理的同时，还指出了鲜卑人民族迁移的策略是出自"宣、献二帝"的。但拓跋鲜卑的早期历史多有脱误，其先祖"推寅"是何时人？又是在什么时候南迁大泽的？这个大泽又在什么地方？诘汾又是在何时西迁至匈奴故地的？这些都是"不为文字，刻木纪契而已，世事远近，人相传授，如史官纪录焉"的语焉不详。根据历史文献记载来推算，从毛至推寅为六世，共110年，约公元前1世纪40年代。就是说，推寅南迁至大泽，是在公元前1世纪40年代。从推寅至邻为八世，共120年左右，当公元1世纪80年代左右。也就是说，邻让位于诘汾由大泽迁至"匈奴故地"，是在公元1世纪80年代。而《后汉书》中与这一时段相对应的记载，正是在汉章帝、汉和帝（76—106年）的连续打击下北匈奴逃遁，穿越大兴安岭在呼伦湖（大泽）休养生息了一段历史时期后的拓跋鲜卑才趁势迁居"匈奴故地"。

二 拓跋氏迁居后的自强自立

迁居漠北的拓跋力微开始时还不能自立，只能依附于没鹿回部大人窦宾。其后"尽并其众，诸部大人，悉皆款服，控弦上马二十余万"[①]。由此，拓跋力微确立了在鲜卑部落联盟的领导权，进而巩固了世袭大酋长地位。295年，力微少子禄官统部，仿匈奴旧制，分国人为三部：禄官自为大酋，居上谷之北、濡源之西（今河北省沽源县东南），为东部；力微长子沙漠汗之子猗𢙏，居代郡参合陂（今内蒙古自治区凉城县西北）北，为中部；猗𢙏弟猗卢居定襄之盛乐故城（今内蒙古自治区和林格尔县北），为西部。308

---

① 《魏书·序纪》卷一。

年，猗卢统领三部，"控弦骑士四十余万"，成为西晋王朝倚重的力量。310年，晋封猗卢为代公。314年又晋封为代王，并析陉岭以北（今山西代县西勾注山以北）马邑、阴馆、楼烦、繁峙、崞5县之地予以猗卢，这基本上奠定了鲜卑民族的强国地位。虽然以后的继任者时有兴衰，但到了太祖拓跋珪时亦能和前秦、后燕等国抗衡，并在相互争斗中成为塞外的唯一强国。这里所说强国的主要表现是在军事上，因为在诸国混战期间，军事上的强盛才是得以存在的基础。有人曾做过统计，"力微时，控弦上马者有二十万人，禄官时，控弦骑士有四十万人，及至郁律时，控弦上马者，将近百万。在游牧社会中，成年男子，既是牧民，也是上马作战的兵士，上言数字，应是指拓跋部成年男子增加的情况"①。拥有百万兵力的拓跋郁律虽顾忌中原，但向草原发展确有余力，于是"西兼乌孙故地，东吞勿吉以西"，势力大为拓展。这也从另一面说明了游牧中的拓跋鲜卑发展壮大过程，是要在频繁的征战中以吞并融合其他族众为前提的。

鲜卑皇权传至拓跋什翼犍时出现了大的转机，因其曾为质子于后赵有十年之久，深受汉文化浸润。其即代王位后，"始置百官，分掌众职"，启用汉人，定都云中盛乐宫，代国有了自己的定居的政治中心，结束了昔日的迁徙之俗。376年，前秦苻坚出兵击代，什翼犍溃败，部落离散，逃跑中的什翼犍被人所杀，秦遂灭代。什翼犍死后，其孙拓跋珪先后流寓于独孤部与贺兰部，借淝水之战纠合旧部于386年即代王位。398年，拓跋珪用兵中原，攻掠晋阳、中山邺等重镇，尽占今山西、河南两省之地，定都平城（今山西省大同市），建立北魏政权，是为太祖魏道武帝。423年，被太祖拓跋珪称作"成吾业者，必此子也"②的世祖太武皇帝拓跋焘即位，431年灭匈奴夏赫连氏，436年倒北燕冯氏，439年剿卢水胡北凉沮渠氏，一举统一了黄河流域，与江东的刘宋王朝分庭抗礼，形成了南北朝对峙的局面。

从东汉初年拓跋推寅的"南迁大泽"算起到拓跋珪定都平城，历时近400年，可见鲜卑族众迁徙之途的"山谷高深，九难八阻"，然在智者"推寅"的统领下，鲜卑终于完成了民族迁徙的大业，在中华民族的历史舞台上唱响了黑龙江古代民族走出去后的历史正剧。

---

① 韩国磐：《魏晋南北朝史纲》，人民出版社，1983，第416页。
② 《魏书·世祖纪》卷四。

第三节　孝文帝的汉化运动与民族融合

从西晋末到刘宋初，为304年刘渊称王起到439年北魏统一北方的时期，也就是历史上的五胡十六国时期。在这一时期里，由黑龙江区域迁徙出去的拓跋鲜卑唱响了民族历史的最强音。

一　由鲜卑人建立的政权

五胡十六国时期由鲜卑人建立的政权有七个，他们分别为：一是慕容皝于337年建立的前燕政权，初都龙城（今辽宁朝阳），又迁都蓟（今北京西南），三迁都邺（今河北临漳西南），据有今辽宁、河北、山东、安徽、江苏的一部分，370年被前秦所灭；二是慕容垂建立于384年的后燕政权，建都中山（今河北定州），据有今河北、山东、山西、河南、辽宁的一部分，407年被北燕所灭；三是慕容泓于384年建立的西燕政权，初定都长安，复迁都长子（今山西长治），据有今山西一带，394年被后燕所灭；四是乞伏国仁于385年建立的西秦政权，都苑川（今甘肃榆中），据有今甘肃西南部，431年被夏所灭；五是秃发乌孤于397年建立的南凉政权，初都西平（今青海西宁），复迁都乐都（今青海乐都），据有今青海一部分和甘肃西部，414年被西秦所灭；六是慕容德于398年建立的南燕政权，初都滑台（今河南滑县），复迁都广固（今山东青州），据有今山东、河南的一部分，410年被东晋所灭；七是拓跋猗卢于315年建立的代政权，都盛乐（今内蒙古和林格尔），376年被前秦所灭，386年拓跋珪复建北魏政权。在由鲜卑人建立的七个政权里，拓跋鲜卑存在的时间最长，其从310年拓跋猗卢同西晋并州刺史刘琨结盟，共同对抗石勒，被西晋封为大单于、代公，315年又建立代国，置百官建立代政权起到534年北魏开始分裂为东西魏止，历时200余年。它之所以没有像其他鲜卑政权走马灯般的"旋兴旋灭"，北魏孝文帝时的汉化运动应该为一主要原因。

二　北魏孝文帝的汉化运动

北魏政权建立后，孝文帝为了适应社会经济的发展，掀起了汉化运动。汉化运动也就是通过各种措施，强制促进民族融合推行封建化。而实际上，鲜卑族众的民族融合早在其西进南迁的途中就已经发生了。由于迁入草原的鲜卑人与匈奴残部杂处婚媾产生胡父鲜卑母的铁弗匈奴，在阴山以北出现了以高车为养父鲜卑为养子的乞伏鲜卑，与南匈奴单于之后宇文氏、慕容氏结合衍生出宇文鲜卑、慕容鲜卑等。这些，都是人口迁移引发的民族融合。

　　另外，由于拓跋鲜卑军事上的胜利，胜利者经常从中原与蒙古草原强制性地迁来大批被征服的各族人民。如《北史·魏道武帝纪》记载："天兴元年（398）正月，徙山东六州人吏及徒何（鲜卑慕容氏）高丽杂夷、三十六署百工伎巧十余万口，以充京师……诏给内徙新户耕牛，计口授田。"《北史·魏明元帝纪》记载："永兴五年（413）七月，前军奚斤等破越勒倍泥部落于跋那山西，徙二万余家而旋……八月甲寅，帝临白登山，观降人，数军实，置新人于大宁（今河北怀安县东南），给农器，计口授田。"《北史·魏明元帝纪》记载："泰常三年（418）四月己巳，徙冀定幽三州徒何于京师。"《北史·魏太武帝纪》："神䴥二年（429）四月，车驾……蠕蠕（柔然）……绝迹西走。冬十月，振旅凯旋于京师……列置新人于漠南，东至濡源（今河北沽源县东南滦河），西暨五原阴山，竟三千里。"经过如此强制性迁移的一系列移民，在东起濡源，经大宁，越代郡、阴馆（今山西山阴县西南），西至五原、阴山、稠阳塞（今内蒙古包头市东）的塞上"分土定居"。

　　不同民族在相同环境下杂居，给民族融合提供了先决条件。因为他们之间相处得越久，维系民族联系的"宗"的血族性质就越弱，代之是"党"的地域性质越巩固。而氏族组织向地域组织的转变，就是游牧经济转向农业经济的过程，也就是他们间相互接受的过程。正如史学家白寿彝先生所说："魏晋南北朝隋唐时期，中国的封建社会进入了第二阶段，是封建社会发展阶段。所谓发展阶段，其中一个重要标志，是民族杂居地区进入了封建社会。在北方，魏晋南北朝时期北方民族大量南迁。魏孝文帝提倡'汉化'，按其本质来说就是封建化。"[①]

　　如果谈到鲜卑族众的民族融合，北魏孝文帝元宏的汉化运动是功不可没的，它涵盖经济、政治、文化、社会习俗等各个领域。如政治上的迁都、改革官制，经济上的均田制、减租赋等，为其汉化运动奠定了坚实的基础。

---

① 白寿彝：《关于中国民族关系史上的几个问题——在中国民族关系史研究学术座谈会上的讲话》，《北京师范大学学报》1981年第6期。

三 在民间推行汉化的具体措施

孝文帝的汉化运动中真正在下层社会起作用的是那自上而下强制推行的社会习俗的变革,它广泛又深远地影响着北魏社会的方方面面。

1. 禁鲜卑语

北魏初定中原,操着本民族语言的统治者号令着各族人民,为宦于各级政府的汉人仕者,或习鲜卑语或置"传译"以应官场之需。但鲜卑语言在经济、政治、文化等方面的表达远逊于汉语,农耕文化的一些词用鲜卑语言根本无法表达,加之鲜卑人口较汉族人口少,统治者的强权在汉文化的强势面前变成了劣势。孝文帝迁都洛阳后,面对鲜卑语言的尴尬境地,索性下令禁用鲜卑语与其他各族语言,以汉语为北魏社会唯一通用的"正音"强制推行。对此史载:①

> 孝文引见朝臣,诏断北语,一从正音,禧赞成其事。于是诏:"年三十已上,习性已久,容或不可卒革。三十已下,见在朝廷之人,语言不听依旧。若有故为,当降爵黜官。若仍旧俗,恐数世之后,伊洛之下,复成被发之人。"②

2. 禁胡服

拓跋鲜卑起自塞外,其俗编发右衽,迁都洛阳前都把袴褶(胡服)作为朝贺大会的礼服,为此孝文帝指派专人议定衣冠,并因服制未定下诏停止了太和十五年(491)、太和十六年(492)小岁贺和元旦朝贺。太和中,制定了官吏的冠服,对大抵模仿南朝妇女的服饰也有了规定。下面是孝文帝与官员的对话,从中可见其对禁胡服的关切程度:

> 高祖曰:"营国之本,礼教为先。朕离京邑以来,礼教为日新以不?"澄对曰:"臣谓日新。"高祖曰:"朕昨入城,见车上妇人冠帽而著小襦袄者,若为如此,尚书何为不察?"澄曰:"著犹少于不著者。"高

---

① 《北史》。
② 古代戎狄披发。据说周代辛有看见洛阳附近有人披发而祭,他预言此地不及百年要成为戎人的土地。孝文帝用此典故,表示了他对鲜卑旧俗的歧视。

祖曰："深可怪也！任城意欲令全著乎？一言可以丧邦者，斯之谓欤？可命史官书之。"①

3. 改鲜卑复姓

《说文》注释："姓，人所生也。"姓字从女从生，表明了出生的血缘关系，清楚地说明同姓的人都是一位女性祖先的子孙，是母系氏族社会有相同血缘关系人群的标志。血缘组织向地缘组织的过渡、游牧经济向农耕经济的转化、家长奴隶制向封建社会制的进步，自然地使孝文帝这样的政治家在汉化运动中消除鲜卑民族所存在的一切落后东西，尽快地融入汉族中去，主要办法是把鲜卑民族多缀语的复姓改成汉字单姓。太和二十年（496）孝文帝下诏：

> 北人谓土为拓，后为跋。魏之先出于黄帝，以土德王，故为拓跋氏。夫土者黄中之色，万物之元也，宜改姓元氏。诸功臣旧族自代来者，姓或重复，皆改之。于是始改跋拔氏为长孙氏，达奚氏为奚氏，乙旃氏为叔孙氏，丘穆陵氏为穆氏，步六孤氏为陆氏，贺兰氏为贺氏，独孤氏为刘氏，贺楼氏为楼氏，勿忸于氏为于氏，尉迟氏为尉氏。其余所改，不可胜纪。②

4. 禁止鲜卑同姓通婚

中原社会从西周时起，便遵守着"同姓不婚"的原则。因为在上古时期同姓必同宗，出于生理和伦常两方面考虑故实行同姓不婚。《国语·晋语》中载："同姓不婚，惧不殖也。"《左传·僖公二十三年》中亦载："男女同姓，其生不蕃。"孝文帝推行的汉化运动就是向先进文化看齐，太和七年（483）诏令曰：

> 淳风行于上古，礼化用乎近叶。是以夏殷不嫌一族之婚，周世始绝同姓之娶。斯皆教随时设，治因事改者也。皇运初基，中原未混，拨乱经纶，日不暇给，古风遗朴，未遑釐改，后遂因循，迄兹莫变。朕属百

---

① 《魏书·任城云传》卷十九。
② 《资治通鉴·齐纪六》卷一四〇。

年之期，当后仁之政，思易质旧，式昭惟新。自今悉禁绝之，有犯以不道论。①

5. 推行不同民族间的婚姻

民族融合仅有本民族间同姓不婚的原则是远远不够的，真正的融合是血统上的融合。故而，孝文帝在禁止鲜卑民族同姓通婚的同时，不仅自己率先垂范，而且积极在上层推行鲜卑贵族与汉族大姓间的婚姻。对此史载：

> 魏主雅重门族，以范阳卢敏、清河崔宗伯、荥阳郑羲、太原王琼四姓，衣冠所推，咸纳其女，以充后宫。陇西李冲以才识见任，当朝权贵，所结姻连，莫非清望，帝亦以其女为夫人。
>
> 于时，王国舍人应取八族及清修之门，禧取任城王隶户为之，深受高祖所责。诏曰："夫婚姻之义，曩叶攸崇，求贤择偶，绵綟代斯慎，故刚柔著于《易经》，鹊巢载于《诗》典，所以重夫妇之道，美尸鸠之德，作配君子，流芳后昆者也……以皇子茂年，宜简令正，前者所纳，可为妾媵。将以此年为六弟娉室。长弟咸阳王禧可娉故颍川太守陇西李辅女，次弟河南王干可娉故中散代郡穆明乐女，次弟广陵王羽可娉骠骑谘议参军荥阳郑平城女，次弟颍川王雍可娉故中书博士范阳卢神宝女，次弟始平王勰可娉廷尉陇西李冲女，季弟北海王详可娉吏部郎中荥阳郑懿女。"②

正是北魏孝文帝在中原地方掀起的鲜卑族众汉化运动，通过禁鲜卑语、禁胡服、改汉姓、禁同姓婚、推行不同民族间的婚姻等措施，鲜卑族在自身封建化的过程中，逐步缩小与其他民族的差异，逐渐消除与其他民族间的矛盾，进而达到不同民族间的融合统一。我们在这里之所以不厌其烦地"引经据典"，就是想说明黑龙江区域先民鲜卑族众"南迁大泽""九难八阻"，历时近400年完成了民族迁徙，经过北魏孝文帝的汉化运动，最终由塞外西进南迁的鲜卑族众归宿何方，能否将典籍史料记载与当代学者的田野调查成果结合，并且尝试做一文化人类学方面的考察。

---

① 《魏书·高祖纪》卷七。
② 《资治通鉴·齐纪六》卷一四〇；《魏书·咸阳王禧传》卷二十一。

第四节　拓跋鲜卑的文化人类学考察

文化人类学的研究对象大多是弱势族群和少数团体，在研究方式上也大多注重"质"而非"量"，现象的观察亦多是"特例"而非"通识"。此学科有助于对民族融合后消失族群的考察。

一　文化人类学实例二则

曾祥委先生的《东南宗族单姓村聚落成因研究》是一篇极为生动的论文，他的报告很有意思，例如他提到单姓宗族是由一个多姓村慢慢演变而来，形成一个人口众多的单姓大聚落，其过程是因大姓欺负小姓，小姓被迫改姓，然后变成大姓宗族的成员。这样一个个案的研究相当精彩……因为这样的现象即便在广东客家地区，福建闽西、闽南地区，甚至更远的浙东温州地区，都相当普遍。

> 庄英章：《重视人类学理论建构的探讨》，载《人类学与当代
> 中国社会——人类学高级论坛 2002 年卷》

广东省鹤山市龙口镇霄山村有 100 多"源"姓居民，在香港、澳门等地也有"源"姓 1000 多人，总数共有 3000 多人。"源"姓在北宋成书的《百家姓》中没有记载，在《清稗类钞·僻姓》中始见收录，现代《续百家姓》中可见有"源"姓。由于"源"姓人数很少，又偏居一隅，过去很少有人知晓，对其姓氏来历、族属及历史渊源更是无从谈起，其得到社会的关注纯因一个偶然的机遇。"香港中文大学一位社会人类学教授在上课点名时，发现有一位女生姓源，便对她说：'你很可能是鲜卑人的后裔！'女学生便让家人回乡查找族谱，探究姓氏来历。几经周折，终于找到了散佚数十年的《源氏大宗族谱》，查知'源族受姓始于北魏……宋代咸淳甲戌（1274）……由南雄珠玑巷迁居鹤邑霄乡……'相传的霄乡源氏为鲜卑后裔之说，从此公诸于世。"1999 年 5月，霄乡村医生源可就受全村源氏的委托，代表 3000 多源姓人专程到大兴安岭阿里河嘎仙洞拜祭祖先。香港电台教育电视部 2 名编导记录了源可就到嘎仙洞祭祖的情况，并制作电视专题片《中国人》，公开报道源

氏为鲜卑人后裔。《广州日报》、《澳门日报》等多家媒体对此也进行了
宣传报道。①

赵玉明：《源姓秃发鲜卑考》，载《中国魏晋南北朝史
国际学术研讨会论文集》

上述两则实例，是当代文化人类学者田野调查的成果。一则说明在不同
族群融合中"大姓欺负小姓，小姓被迫改姓"，大姓宗族的形成过程；另一
则是在说明民族融合中姓氏的消失过程。如此精彩的描述在其他学科不多
见。它似乎在告诉人们历史文献与田野调查相结合是民族学研究屡试不爽的
好方法。

二　史料记载中鲜卑"元"（源）氏的消失过程

显赫一时的鲜卑族众在孝文帝的汉化运动中不断地融入汉民族之中，在
自唐以后的历史典籍中难觅其踪影，他们的兴起、发展、消融的轨迹是什么
样的？我们以上述"源"姓氏族为个案在典籍史料上寻觅，得到的答案如下
所示。

《魏书》卷四十一《源贺传》载：

> 源贺，自署河西王秃发傉檀之子也。傉檀为乞伏炽磐所灭，贺自乐
> 都来奔。贺伟容貌，善风仪。世祖素闻其名，及见，器其机辩，赐爵西
> 平侯，加龙骧将军。谓贺曰："卿与朕源同，因事分姓，今可为源氏。"

"汉唐以来，封建帝王常用赐姓表示对于臣仆的'殊宠'……因而赐姓
成了历代统治者的一种'驭人'之术。"②查《晋书·秃发乌孤传》载："秃
发乌孤，河西鲜卑人也，其先与后魏同出。八世祖匹孤率其部自塞北迁于河
西……"其世系表可为：匹孤—（子）寿阗—（孙）树机能—（弟）务

---

① 李文华：《鹤山鲜卑人寻根鄂伦春》，《南方日报》1999 年 7 月 7 日；李文华：《鲜卑后人
寻根梦》，《广州日报》1999 年 7 月 7 日；李文华：《鲜卑后人在鹤山》，《鹤山日报》
1999 年 7 月 9 日；李文华：《鹤山山民竟是鲜卑后人》，《羊城晚报》1999 年 7 月 10 日；
曾永武、黄晓东：《我从呼伦贝尔大草原来》，《江门日报》2000 年 1 月 4 日；鲁颖：《鹤
山源氏为鲜卑族后裔》，《澳门日报》1999 年 7 月。
② 陈述：《金史拾补五种》，科学出版社，1960，第 179 页。

丸—（孙）推斤—（子）思复鞬—（子）乌孤—（弟）利鹿孤—（弟）傉檀。秃发族系起于八世祖匹孤，终于南凉秃发傉檀，"赞曰：秃发弟兄，擅雄群虏。开疆河外，清氛西土。傉檀杰出，腾驾时英"①。由此可知，傉檀之子源贺之姓的来龙。然而事不止于此，更需要我们探究的是源姓氏族的去脉。

《魏书》卷四十一《源贺传》又载：

> （源贺）薨，年七十三。赠侍中、太尉、陇西王印绶……长子延，性谨厚好学……卒，赠凉州刺史、广武侯，谥曰简。子鳞袭。延弟思礼，后赐名怀，谦恭宽雅，有大度……诏怀受父爵，拜征南将军……长子规，字灵度。中书学生、羽林监，袭爵。年三十三卒……规弟荣，字灵并，年三十二，卒于司徒掾，赠光州刺史。荣弟徽，字灵祚。年二十八，卒于直阁将军，特赠洛州刺史，谥曰质。徽弟玄凉……卒，赠代郡太守。玄凉弟子雍，字灵和。少好文雅，笃志于学，推诚待士，士多归之……子雍战败被害，年四十。朝野痛惜之。赠车骑大将军、仪同三司、雍州刺史……长子延伯，出后从伯。次子士则，早亡。士则弟士正、士规，并坐事死。次楷，字士质，小字那延，袭……子雍弟子恭，字灵顺，聪慧好学。初辟司空参军事。司徒祭酒、尚书北主事客郎中，摄南主客事……兴和二年，赠都督徐兖二州诸军事、骠骑大将军、尚书左仆射、司空公、兖州刺史，谥曰文献。子彪，字文宗。子恭存日，转授临颍县开国侯。武定末，太子洗马。彪弟文瑶，武定中，袭襄城县开国男。怀弟奂，子思周，少而谨密。初为中书学生。随父讨敕勒，有斩获之功，迁中散。前后使检察州镇十余所，皆有功绩。除长乐太守，以母老解官归养。卒，无子。史臣曰：源贺堂堂，非徒武节而已，其翼戴高宗，庭抑禅让，殆社稷之臣也。

关于源氏世袭《魏书·源贺传》所载即此，其族系的下衍应循序到《北齐书》《隋书》《旧唐书》等典籍史料的传记中去寻觅。

《北齐书》卷四十三《源彪传》载：

---

① 《晋书》卷一二六《秃发乌孤传》。

　　源彪，子文宗，西平乐都人也。父子恭，魏中书监、司空、文献公。文宗学涉机警，少有名誉……乾明初，出为范阳郡守……武平二年，征领国子祭酒。三年，迁秘书监……武平七年……授仪同大将军、司成下大夫。隋开皇初，授莒州刺史，至州，遇疾去官。开皇六年卒，年六十六……子师，少好学，明辨有识悟，尤以吏事知名。河清初，司空参军事，历侍御史、太常丞、尚书左外兵郎中。隋开皇中尚书比部、考功侍郎。大业初，卒于大理少卿。文宗弟文举，亦有才干，历尚书比部、二千石郎中，定州长史，带中山郡守。卒于太尉长史。文宗从父兄楷，字那延，有器干，善草隶书。历尚书左民部郎中、治书侍御史、长乐、中山郡守、京畿长史、黄门郎、假仪同三司。

《隋书》卷六十六《源师传》载：

　　源师字践言，河南洛阳人也。父文宗，有重名于齐。开皇初，终于莒州太守。师早有声望，起家司空府参军事，稍迁尚书左外兵郎中，又摄祠部……炀帝即位，拜大理少卿……转刑部侍郎。师居职强明，有口辩，而无廉平之称。未几，卒官，有子岷玉。

《旧唐书》卷九十八《源乾曜传》载：

　　源乾曜，相州临漳人，隋比部侍郎师之孙也。父直心，高宗时为司刑太常伯，坐事配流岭南而卒。乾曜举进士，景云中，累迁谏议大夫……八年春，复为黄门侍郎、同中书门下三品，寻加银青光禄大夫，迁侍中……乾曜后扈从东封，拜尚书左丞相，仍兼侍中……十九年，驾幸东都，乾曜以年老辞疾，不堪扈从，因留京养疾。是年冬卒，诏赠幽州大都督，上于洛城南门举哀，辍朝二日。乾曜从孙光裕，亦有令誉，历职清谨，抚诸弟以友义闻。初为中书舍人……历刑部户部二侍郎、尚书左丞，累迁郑州刺史，称为良吏，寻卒。光裕子洧，亦早有美称，闺门雍睦，士友推之，历践清要……天宝中，为给事中、郑州刺史、襄州刺史、本道采访使。及安禄山反，既犯东京，乃以洧为江陵郡大都督府长史、本道采访防御使、摄御史中丞……洧至镇卒。

《旧唐书》卷一百二十七《源休传》载：

> 　　源休，相州临漳人，京兆尹光誉之子也。休以干局，累授监察御史、殿中侍御史、青苗使判官，迁虞部员外郎。出潭州刺史，入为主客郎中，迁给事中、御史中丞、左庶子。其妻，即吏部侍郎王翊之女也。因小忿而离，妻族上诉，下御史台验理，休迟留不答款状，除名，配流溱州。久之，移岳州……会泾原兵叛，立朱泚为王。初但称太尉，朝官谒泚者，悉劝奉迎銮驾，既不合泚意而退。及休至，遂屏人移时，言多悖逆，盛陈成败，称述符命，劝令僭号。泚悦其言，以休为宰相，判度支。休遂为谋主，至于兵食军资，迁除补拟，内外咨谋，一禀休画。故时人云："源休之逆，甚于朱泚。"朝廷大臣之奔窜不获者，多为休所诱致，以至戮辱，职休而为，盖非一焉。又劝泚锄翦宗室，以绝人望，命万年县贼曹尉杨偡专其断决，诸王子孙遇害不可胜数。泚败走，休随至宁州。泚死，休走凤翔，为其部曲所杀，传首来献。休三子并斩于东市，籍没其家。

上述记载，向人们展示了"源"姓氏族自源贺（430—479 年）起，经源彪（521—586 年）、源师（580 年前后）、源乾曜（？—731 年）至源休（780 年前后），历时近 400 年的历史。如此几代正史有传记，若以 25 年为一代人的话，源氏应是有 14 代以上的大姓望族。然而，就是这样一个大姓望族，自唐以后销声匿迹，在正史里面难得觅见。出现这种情况的可能很多，然其最大的可能就是源休协人谋反失败后，一是族人遭朝廷诛杀，一是族人避杀戮外逃，一是族人恐株连改姓，在几方面的作用下盛极一时的源氏消失得难觅踪迹。据《源氏大宗族谱》的记载，在北宋的宣和年间（1119—1125年）源乾曜的后代源潜夫、源潜傅兄弟带领族人居住在广东北部的南雄府保昌县沙水村珠玑巷，后又被官府牵连被迫迁移，几经周折落脚在今天的广东省鹤山市龙口镇霄乡村。在其地发现的历史文化遗存中，还有"北魏同源远南雄衍泽长""簪缨传北魏事业纪西平""发源由北魏晋爵纪西平"等记载，人们还把村中祠堂面北而建，遥祭故土，缅怀先人。①

---

① 赵玉明：《源姓秃发鲜卑考》，《中国魏晋南北朝史国际学术研讨会论文集》，商务印书馆，2004，第 445 页。

实际上，北魏后的民族融合不仅如此，另有研究者认为西魏时期许多拓跋氏被赐予李氏姓氏，这部分人大多分布在今天的甘肃、陕西、山西一带；元氏，北魏高祖孝文帝改帝姓"拓跋"为"元"，后帝族遂以之为姓，其族人分布较分散，唐代元稹、金代元好问等皆出于此；袁氏也出自帝支元氏，北魏孝文帝的后人改姓为"袁"，其人在湖北、四川有分布，在字派中有"德、光、基、庭、邦"者即是，而明代湖北公安的袁宏道即出于此。

第二章

辽灭渤海国后的人口迁移

当鲜卑人西进南迁远离故土,在中原舞台奏响民族凯歌之际,当濊貊族系的后裔夫余人式微并入融合其他民族之时①,黑龙江区域三大族系的另一支肃慎人后裔也在高弹着自己的强者之音,他们以白山靺鞨、粟末靺鞨为主体建立了渤海国。如此一个谋求奋斗发展的民族,却经历了靺鞨"内属"、靺鞨"东奔"、靺鞨国建立、渤海国兴起的艰难过程。

第一节 靺鞨诸部迁徙重组与靺鞨国的建立

历史上的肃慎人向以"楛矢石砮"而自豪,以致"肃慎"与"楛矢石砮"发展成了相互关联的"一语双意",只要提到肃慎,便自然联系到"楛矢石砮",反之亦然,只要记载"楛矢石砮"就必然提及肃慎。"楛矢石砮",不仅是社会生产力发展到一定阶段的产物,还是肃慎族系骁勇尚武的表现。

一 史料记载中的肃慎人及其后裔

历史典籍中多有肃慎"人皆工射,弓长四尺,劲强"[2]"多勇力,善射"[3]

---

① 干志耿在《古代橐离研究》中指出:"夫余系统诸族的归向又如何呢?概略地说,夫余有一部分与勿吉融合,即是浮瑜靺鞨,后称粟末靺鞨粟末即濊貊之音转;一部分与慕容鲜卑融合,如东晋永和二年(346)北燕慕容皝破夫余,'虏其王及部落五万余口而还';还有一部分与高句丽融合,如北魏太和十八年(494),夫余王及妻孥以国降高句丽。东夫余国多次被高句丽攻破,自然会有相当部分融于高句丽……"该文载于《民族研究》1984 年第 2 期。
② 《山海经·海内东经第十七卷》,上海古籍出版社,2007。
③ (唐)李泰:《括地志辑校》卷四,中华书局,1980。

"种众虽少，而多勇力"① "其人劲悍，于东夷最强"② 等记载。这样一个崇力尚武的民族，在社会发展进程中与其他部族发生冲突是不可避免的。但这种冲突应该是相当原始的，如《隋书·东夷传》所载："两阵相当，勇者三五人出前跳噪，交言相骂，因相击射。如其不胜，一军皆走……"虽然这是过于简单原始的描述，但"一军皆走"应该就是败者的唯一出路，由此也成为人口迁移的一种动因。而分布在今浑江流域和鸭绿江中游一带的高句丽人，是我国东北地区南部的古老民族，也曾是东北亚最强大的势力之一。史载："其人性凶急，有气力，习战斗。"③ "句丽作国，依大水而居，西安平县北有小水，南流入海，句丽别种依小水作国，因名之为小水貊，出好弓，所谓貊弓是也。"④ 如此两个民族，常因壤地相接或相近产生摩擦纠葛进而寻衅，相向交兵的事时有发生，兵败落荒逃走或被俘成为"附庸"亦为常事，而这些都与人口迁移有关。

《三国史记》载，西川王十一年（280）十月，肃慎与高句丽发生战事，高句丽将领达贾把肃慎族众600余家迁于夫余南乌川，"降六七个肃慎部落为附庸"。然而，肃慎毕竟是一个古老而强大的民族，并非一两次的战事失利便可屈从于人的民族，仍然时时以其力量威胁着高句丽。如《三国史记》载，烽上王即位（292）后，因高句丽将领达贾在族人中德高望重，烽上王疑而杀之，国人因此说："微安国君，民不能免梁貊、肃慎之难，今其死矣，其将焉讬。"⑤ 从中可见高句丽人对肃慎族的忌惮。另高句丽好太王碑中亦载："八年戊戌（398）教遣偏师观帛（息）慎（即肃慎——笔者）土谷，因便抄得莫斯罗城、加泰罗谷男女三百余人。"⑥ 可见，两相交恶已是不争的事实。

北魏时有勿吉的兴起。"勿吉"按语言为"窝集"的音转，满语为森林之意，即林中人。《魏书·勿吉传》称其为"旧肃慎国也"。因此，勿吉也是肃慎的一部分，应该是肃慎与勿吉并存了一段时间。勿吉见于史的时间是延兴中（471—476 年）到武平三年（572），史载勿吉七部曰粟末部，曰伯咄

① 《后汉书·东夷传》卷八十五。
② 《魏书·勿吉传》卷一〇〇。
③ 《后汉书·东夷传》卷八十五。
④ 《三国志·高句丽传》卷三十。
⑤ 《三国史记·高句丽本纪第五·西川王纪、烽上王纪》卷十七。
⑥ 转引自马大正等《古代中国高句丽历史丛论》，黑龙江教育出版社，2003，第93页。

部，曰安车骨部，曰拂涅部，曰号室部，曰黑水部，曰白山部。勿吉七部又
称靺鞨七部，关于他们大致分布的地理位置，专家们给出的结论是：

黑水部——其地应在今牡丹江下游及松花江下游；

号室部——其地应在今牡丹江上游；

安车骨部——其地应在今阿什河流域；

拂涅部——其地应在今拉林河流域；

粟末部——其地应在今吉林附近的松花江流域（也有人认为在今牡
丹江及第一松花江）；

伯咄部——其地应在今吉林九台、德惠、榆树等地；

白山部——传统看法认为在延边附近。①

进入 5 世纪后，族称已改为勿吉的肃慎后裔与高句丽的关系日益恶化。
太和初年（477），勿吉遣使乙力支朝贡北魏，"自云其国先破高句丽十
落"②。北魏正始年间（504—508 年），高句丽使臣芮悉弗朝贡北魏，谈及臣
附高句丽的夫余人"为勿吉所逐"③。到了隋时，已称靺鞨的勿吉人其粟末靺
鞨地与高句丽地相接，更是"每寇高丽中"④。时有战事发生的勿吉、高句丽
两族，到了隋初时形势发生变化，靺鞨七部中的白山、伯咄、安车骨、号室
四部及一部分粟末靺鞨相继被高句丽征服，即《旧唐书·靺鞨传》记载中的
"其白山部，素附于高丽……伯咄、安车骨、号室，亦因高丽破后奔散微
弱"。一部分粟末靺鞨不甘心受高句丽的威胁和统治，转而向南内属隋朝。

二　粟末靺鞨的"内属"

隋朝年间（581—618 年），世居粟末水流域的粟末靺鞨为避高句丽人的
掠略，曾多次南迁至辽西柳城（即后来的营州，今辽宁朝阳）一带。对此，
《太平寰宇记》引《北蕃风俗记》载："初，开皇中，粟末靺鞨与高丽战不
胜。有厥稽部渠长突地稽者，率忽使来部、窟突始部、悦稽蒙部、越羽部、
步护赖部、破奚部、步步括利部，凡八部，胜兵数千人，自扶余城西北，举

---

① 孙进己、干志耿、庄严：《勿吉和靺鞨的物质文化》，《博物馆研究》1985 年第 1 期。

② 《魏书·勿吉传》卷一。

③ 《魏书·高句丽传》卷一。

④ 《隋书·靺鞨传》卷八十一。

部落向关内附，处之柳城。"《隋书·靺鞨传》载："炀帝初与高丽战，频败其众，渠帅度地稽率其部来降。拜为右光禄大夫，居之柳城。"《旧唐书·靺鞨传》载："有酋帅突地稽者，隋末率其部千余家内属，处之于营州，炀帝授突地稽金紫光禄大夫、辽西太守。"迁徙营州后的靺鞨人，在隋唐王朝与高句丽的斗争中悉听调遣，屡屡参与对高句丽的征讨。《隋书·靺鞨传》载："及辽东之役，度地稽率其徒以从，每有战功，赏赐优厚。"

612 年、613 年、614 年隋王朝三次征高句丽未果，基业也在天下大乱中消失殆尽。取而代之的唐王朝亟须休养生息，与高句丽先是维持了数十年的和平，后又相互忌惮，经过了 645 年、647 年、648 年唐太宗三征高句丽，650 年唐高宗即位后的数次征讨，668 年高句丽灭亡。而其辖下的高句丽人、靺鞨人、契丹人、汉人等达到 69.7 万户，约 349 万人。[①]有人研究，高句丽辖下的人口大致流向是：迁往中原地区的有 22 万人左右，进入新罗的有 18 万人左右，留在朝鲜半岛的有 18 万人左右，留在辽东地区的人口有 26 万人左右。后来唐又一次迁徙高句丽人到河南、陇右诸州，其数量不会少于 5 万人，投向靺鞨人居住地区 10 多万人，留在高句丽故地的也只有 10 余万人。[②]在这几次大规模的人口迁徙中，又有大量的靺鞨人以不同的身份掺杂其中，如《旧唐书·渤海传》载："渤海大祚荣者，本高丽别种也。高丽即灭，祚荣率家属徙居营州。"有的学者根据这些典籍记载，归纳总结出隋末唐初粟末靺鞨的大规模南迁主要有三次：

第一次为隋初开皇年间，应指隋文帝开皇九年（589）隋与高丽交兵，靺鞨助其役，后因隋兵失利而迁避辽西"营州"。《旧唐书》和《册府元龟》中记载的隋大业中，突地稽"率其间内属于营州……拜辽西太守。"并不是指突地稽两次南迁，而是指隋大业年间，在突地稽原"光禄大夫"上加授"扶余侯"并重置"辽西郡"，以其为辽西太守。即唐贾耽所说："炀帝（大业）八年为置辽西郡，以突地稽为太守。"

第二次为唐高祖武德年间，又有靺鞨道使朝贡并内属，唐朝以所属的靺鞨部置"燕州"，"仍以突地稽为总管"。突地稽成为跨隋唐两代，向化归附的粟末靺鞨的奠基人和唐在辽西"营州"的封疆重臣。

① 郑永振、李东辉、尹铉哲：《渤海史论》，吉林文史出版社，2011，第 52 页。
② 耿铁华：《中国高句丽史》，吉林人民出版社，2002，第 323—330 页。

第三次则为唐总章元年，平定高丽之后，由唐朝迁徙的粟末靺鞨大姓，以实"营州"之地。这一次南迁的粟末靺鞨部，与前两次南迁有所不同，即《新唐书》所说，渤海靺鞨"本粟末靺鞨附高丽者，姓大氏"。所以总章以后第三次靺鞨的南迁或西迁，带有被动性质。①

隋与唐初靺鞨南迁的路线走的是哪条道，对此众说纷纭。有人认为靺鞨的南迁之路，应是自牡丹江上游西南，进入第二松花江中、上游，沿着桦甸苏密城向西南行，溯辉发河谷道进入今天的海龙一带，再由海龙西行进入辉发河上游的古"扶余城"。或稍北溯东辽河上游，进入今天的四平或昌图北境，继续西行，进入草原之道的契丹腹地和古辽西"营州"之境。如此一条古交通道得到了考古工作者的调查证实，"是一条历代相沿的古交通道。因此推定，隋与唐初粟末靺鞨南迁'营州'的路线，亦应是上述辽代的这条草原之道，即《唐书》所谓'扶余——契丹道也'"②。

高句丽势力衰亡了，但另一支力量在悄然崛起。契丹人在隋末唐初时即已由古八部演变成以大贺氏为首的八部部落联盟，他们居住在"潢河之西，土河之北的奇首可汗故壤"③，总人口在 20 万人以上。唐初，东北诸族与中原王朝保持着密切的联系，相继有室韦都督府、黑水都督府、渤海都督府的设立，贞观末年因契丹人的"来降"与"咸请内属"，又有了松漠都督府的设立，他们"初皆隶于营州都督"。④ 这种相对平和的民族关系维系时间不长，由于营州都督赵文翙骄横和刚愎自用，不但"视酋长如奴仆"，"数侵侮其下"⑤，而且"契丹饥，不加赈给"⑥，由此引发契丹等族人不满。696 年（唐万岁通天元年），松漠都督、武卫大将军李尽忠联络归诚州刺史孙万荣率契丹族众反，"举兵杀翙，据营州作乱"⑦。唐武则天"怒其叛乱，下诏改万荣名为万斩，尽忠为尽灭"⑧，派重兵讨伐，几经挫折后终于于第二年的秋天

---

① 王绵厚：《隋与唐初粟末靺鞨的南迁及其驻地考》，《东北古族古国古文化研究》（中卷），黑龙江教育出版社，2000，第 240 页。
② 王绵厚：《隋与唐初粟末靺鞨的南迁及其驻地考》，《东北古族古国古文化研究》（中卷），黑龙江教育出版社，2000，第 245 页。
③ 《辽史·营卫志中》卷三十二。
④ 《新唐书·地理志下》卷四十三。
⑤ 《新唐书·契丹传》卷二一九。
⑥ 《资治通鉴·唐纪二十一》卷二〇五。
⑦ 《旧唐书·契丹传》卷一九九。
⑧ 《旧唐书·契丹传》卷一九九。

平定了营州叛乱。

在契丹人营州乱起之际，"内属"的"五六万靺鞨人口"是否参与其间，有的学者回答是肯定的，这也是大祚荣率领靺鞨人"东奔"的根本所在。魏国忠等人的《渤海国史》载：

鉴于营州地区的靺鞨人与契丹人的处境和遭遇大体接近，而在此前的一个世纪中又有过多次合作共事、并肩参战的经历，如共同支持营州刺史高宝宁对抗北周和隋师，一道支持营州都督韦冲击退高丽人的进攻以及共同参加唐初的辽东之战等等，故当契丹人发难之际，他们之卷入那场暴动自然也就在情理之中了。有关的史载也提供了这方面的佐证，其一是9世纪末新罗人崔致远在其《谢不许北国居上表》中明谓："大祚荣等至武后临朝之际，自营州作孽而逃"，并有"始与契丹济恶，旋于突厥通谋"之讯，文中的"作孽"与"济恶"之谓，都是其参与营州叛乱的有力注脚；二是《五代会要》卷30渤海条载："至万岁通天中，契丹……反，攻营府，有高丽别种大舍利乞乞仲象与靺鞨反人乞四比羽，走保辽东"，文中的"靺鞨反人"之谓，必与营州之乱相联系；三是《新唐书·渤海传》称：营州乱后，则天女皇"封乞四比羽为许国公，乞乞仲象为震国公，赦其罪"，这里所说的"罪"显指彼等参与"营州"叛乱而言，当然，在唐朝看来，他们就成了"契丹余党"，于是在乱平后遭到唐军的讨伐，即如《旧唐书·渤海靺鞨传》所载："李楷固率兵讨其余党，先破斩乞四比羽，又度天门岭以迫祚荣"；四是《武经总要》称："万岁通天中，契丹攻营府，靺鞨酋人反，据辽东。"凡此种种，足见靺鞨人确实卷入叛乱无疑。[①]

另外，《五代会要》有对"大舍利乞乞仲象"的注解："大，姓；舍利，官；乞乞仲象，名也。"皆表明乞乞仲象曾任"舍利"之职。而《辽史·国语解》对"舍利"的释义为："舍利，契丹豪民要裹头巾者，纳牛驼十头，马百匹，乃给官名曰舍利。后遂为诸帐官，以郎君系之。"由此，更加坐实接受了契丹官职的靺鞨人卷入叛乱的可能。关于靺鞨人是否参与了营州叛乱，自然还有不同说法，如张碧波先生在《重审渤海建国史——兼评"依附

---

① 魏国忠、朱国忱、郝庆云：《渤海国史》，中国社会科学出版社，2006，第13—14页。

说"、"白山说"、"叛乱说"》一文中，便不主此说。①

三 靺鞨人"东奔"

无论靺鞨人参与还是没参与叛乱，万岁通天二年（697）六月，在唐王朝与突厥人的屡次打击下营州局势突变，契丹人的败局已定，孙万荣本人也被"其家奴所杀，余党大溃"②。虽然，唐王朝对靺鞨人有"册封"和"赦其罪"等种种举措，但害怕报复的乞乞仲象、乞四比羽等还是分别率领族众踏上了"东奔"回归"靺鞨故地"之路。唐王朝绝不允许这种连续背叛行为的发生，派契丹降将李楷固追杀了乞四比羽，余部纷纷投靠了乞乞仲象。不久，乞乞仲象病逝，在李楷固的追击下，靺鞨人群龙无首显得更为慌乱。危难之际，乞乞仲象之子大祚荣挺身而出，史载：其以骁勇善战与远见卓识，"引残痍遁去，楷固穷蹙，度天门岭，祚荣因高丽、靺鞨兵拒楷固，楷固败还……祚荣即并比羽之众，恃荒远，乃建国，自号震国王，遣使交突厥，地方五千里，户十余万，胜兵数万，颇知书契，尽得扶余、沃沮、弁韩、朝鲜海北诸"③。这一记载透露出三个问题，即："恃荒远，乃建国"；"地方五千里，户十余万，胜兵数万"；"颇知书契，尽得扶余、沃沮、弁韩……"。对这些问题加以探究，渤海建国前的事情也就些许得以澄清。

一是"恃荒远，乃建国"，换句话说，说明了最初的"靺鞨国"建立在什么地方。大祚荣率领"东奔"队伍，一路亡命"度天门岭"（今辽宁阜新蒙古族自治县北境努鲁儿虎山余脉东麓、海拔482米的八楼子南山一带，为新开河、绕阳河与务欢河诸水域的分水岭），但战事不是发生在这里，因为"度"是过了的意思。因此有学者认为，大祚荣对追兵的设伏地"似在今辽北的开原与铁岭交界处的丘陵、山区某地，很可能就在当时的延津城（今天的开原市南20多公里马家塞村后山上）和城东十六七公里处海拔615米的象牙山高地及其附近一带"④。大祚荣在这里击溃李楷固摆脱追兵后，率领族众继续向着"粟末靺鞨故地"即粟末水的中上游一带"东奔"。路线应该还

① 张碧波：《重审渤海建国史——兼评"依附说"、"白山说"、"叛乱说"》，《民族研究》2001年第5期。
② 《旧唐书·则天皇后纪》卷六。
③ 《新唐书·渤海传》卷二一九。
④ 魏国忠、朱国忱、郝庆云：《渤海国史》，中国社会科学出版社，2006，第43页。

是走的那条"扶余－契丹道","只是反其方向而行之罢了"。①698 年,大祚荣在东牟山地方"树壁自固,筑城以居",建立靺鞨国,拉开了"海东盛国"的序幕。关于其初期王都"东牟山"的位置,学界争论很多,有"城山子山城说""敖东城说""永胜遗址说"等,不一而足。"但是经过长期研究和考证,学者们大致认同东牟山在今天吉林省敦化市的观点,而在东牟山上修建的成山子山城又是渤海国所建的第一个王都。况且不论是敖东城、城山子山城还是永胜遗址都在敦化市附近。所以我们可以确定'旧国'是在敦化市附近。我们赞同刘晓东关于'旧国很可能是个较大的区域性概念'的判断,认为'旧国'应是指渤海国迁都中京前的政治中心,而不是单指某一城。"②如此,靺鞨国的"荒远建国"地是在今吉林敦化市地方。

二是"地方五千里,户十余万,胜兵数万",此应指靺鞨国时期(698—713 年)的人口数。户十余万究竟是多少?魏国忠先生在《渤海国史》中写道:

> 所谓的"户十余万"究竟指多少?以最保守的估计也将在十三四万至十四五万户左右,而如以每户 5 口计之,则当时人口至少在 70 万以上。这一估断显然是有根据的。因为第一,《新五代史·渤海条》曾谓:"仲象子祚荣立,因并有比羽之众,其众四十万人。"《宣和奉使高丽图经》也称:"祚荣立,因有其众四十万。"而《五代会要·渤海条》又称:"胜兵丁户四十余万。"乍看,"四十万人",远远小于前述的 70 万以上,其实,并无多大矛盾。因为这里所说的 40 万"众",而"众"在这里显指部众而言,并不包括他们的妻儿老小在内;如果再加上家属的话,则其人口总数少说也在七八十万之间,即与上面的估断大体相当。第二,靺鞨国的居民显以靺鞨人为主体,据推算,隋时靺鞨七部的人口约 20 万以上;到唐初贞观年间,显有很大的增长,从唐与高丽之战中高丽政权一次就调集靺鞨参战人员至数万人,则估计附于高丽诸部的靺鞨人口少说也在二三十万以上;如果再加上保持"完疆"状态(即独立地位)的黑水靺鞨等未附于高丽的诸部人口,以及内附内属于唐的诸部靺鞨人口,其总数则有可能达到四五十万以上。其后又经过近半个世纪的

---

① 魏国忠、朱国忱、郝庆云:《渤海国史》,中国社会科学出版社,2006,第 45 页。
② 杨雨舒、蒋戎:《唐代渤海国五京研究》,香港:香港亚洲出版社,2008,第 10 页。

自然增殖，到靺鞨国建立之后，靺鞨人口的总数少说也在六七十万左右，如减去其中的黑水靺鞨十六部以及留唐未归的靺鞨人，则靺鞨国境内的靺鞨人口少说也在四五十万以上。又，其境内的高丽遗民，也有很大的数量。查高丽灭亡之际其人口为 69.7 万户、约 350 万口，减去被唐廷迁入中原内地及南投新罗、东渡日本列岛者以及留在原高丽故地南境而逐渐沦于新罗者，则留居在高丽故地北境的遗民少说在 20 万左右，其中绝大部分都成为靺鞨国的编户。最后，还要加上进入这一地区的汉人、契丹以及其他各族人等。故当时人口总数达到七八十万之间是确有可能的。[①]

根据上述人口推算数字，我们从"七八十万"人口中减去"留居在高丽故地北境的遗民 20 万"人、保持"完疆"状态的"黑水靺鞨"人口 20 万人，另外还有"内属"或"附于"其他民族的靺鞨族众没有完全"随之"，大祚荣率领下"东奔"集团的迁徙人口总数"似在五六万之间"[②] 或者更多一些。当然，这也只是一个推算数字。

三是"颇知书契，尽得扶余、沃沮、弁韩……"。大祚荣率领下的"东奔"集团由营州而来，受汉文化影响数十年，其较高的文明程度和丰富的政治斗争经验，远非其他土著民族可比。在"东奔"的队伍里有"高丽别种"或"附高丽者"的白山靺鞨人，也有"靺鞨酋"与"靺鞨反人"的粟末靺鞨人，还有"高丽余烬"及"高丽逋残"的高句丽遗民，还有汉人、契丹人、奚人、九姓杂胡人等。显然，靺鞨人是这支迁徙队伍的主体。靺鞨国建立后，在不断地"斥大土宇""开大境宇"过程中，又融入了拂涅、虞娄、铁利、越喜、率宾、达姤等民族，但这并没有改变靺鞨人为渤海国主体民族的地位。在日本被日本人尊为学问之神的遣唐使菅原道真，其《类聚国史·殊俗部·渤海》中就有"处处有村里，皆靺鞨部落。其百姓者靺鞨多"的记载。

第二节　渤海国的四迁其都与发展

在渤海国存续的 228 年历史中，为图自强发展国都曾几易其址。而每一

---

① 魏国忠、朱国忱、郝庆云：《渤海国史》，中国社会科学出版社，2006，第 194—195 页。
② 魏国忠、朱国忱、郝庆云：《渤海国史》，中国社会科学出版社，2006，第 30 页。

次迁都，都是政治、经济、文化中心的转移，进而导致人口迁移，使渤海国域内社会有了普遍发展，史载：渤海国特产"俗所贵者，曰太白山之菟，南海之昆布，栅城之豉，扶余之鹿，鄚颉之豕，率宾之马，显州之布，沃州之绵，龙州之绸，位城之铁，卢城之稻，湄沱湖之鲫。果有九都之李，乐游之梨"①。这些种植、养殖、手工业产品的出现并在一定区域内享有盛誉，表明了渤海国经济的长足进步。

一 初都东牟山

698年，大祚荣建立靺鞨国，"据东牟山，筑城以居之"，史称此城为"旧国"，是渤海早期的王都，其范围是以东牟山城为重心的今吉林省敦化盆地一带。其城山子山城（东牟山）、敖东城遗址、永胜遗址、寺庙址、六顶山古墓群渤海国二十四块石遗址等文化遗存，验证了靺鞨国开国之初的简陋与艰辛。我们既然同意"旧国很可能是个较大的区域性概念"，就有理由将区域内的文化遗存一一述来。

城山子山城，位于敦化市西南12.5公里处的一座海拔为600米的孤山上，北侧是牡丹江支流大石河，在半山上随山的走势建有周长为2000米左右呈椭圆形的城墙。刘忠义、冯庆余先生著有《渤海东牟山考》，他们认为"这里就是大祚荣建国时的东牟山"，其根据为：一是地理位置符合"东牟山在营州东二千里"的史料记载；二是城山子是肃慎后裔挹娄故地，与《新唐书·渤海传》中的"率众保挹娄之东牟山"相吻合；三是史料中有"以其所统为忽汗州"的记载，忽汗州以忽汗河为名，而忽汗河即今天的牡丹江，城山子山城就在牡丹江支流大石河的北侧。另外，在山城内还有演兵场，并有铁矛、铁刀、铁镞等文物出土，说明这里曾有重兵驻防，可为大祚荣"树壁自固"的佐证。②

永胜遗址，位于敦化市南8公里处的冲积平原上，距城山子山城5公里，距六顶山古墓群3公里。遗址南北长1000米，东西宽700多米，周长为3400米。遗址中心有数座建筑遗迹，出土了一些唐代铜钱。"在建筑址上，采集一块瓦当，从残留的纹饰迹象辨认，近于饕餮纹。这种瓦当，在六顶山第一

---

① 《新唐书·渤海传》卷二一九。
② 转引自杨雨舒、蒋戎《唐代渤海国五京研究》，香港：香港亚洲出版社，2008，第7—8页。

墓区曾出土一完整件，直径 14 厘米、厚 2 厘米。""笔者还采集到一块红褐色的绳纹板瓦块，与在六顶山渤海国墓群附近采集到的瓦块相同。这样的瓦块可以肯定是渤海国初期的瓦块，而不是辽、金时期的滴水（檐瓦）。"① "永胜遗址被认为是敦化市规模最大的渤海国早期遗址。在永胜遗址东北 3 千米处就是六顶山渤海国古墓群，按中国古代王陵在北，王都居南的惯例，永胜遗址最符合这个条件。"②

敖东城遗址，位于敦化市南牡丹江左岸的盆地上，亦谓鄂多里城。敖东城遗址为长方形，有内外城之分，内城为正方形，边长 80 米，外城长 400 米、宽 200 米。遗址清理有炕灶，粗砂砾、泥质陶片，铁镰，铁釜，铁镞，唐宋钱币等。有学者据此认为："敖东城是渤海国的古城址，辽金时曾沿用。"③而"牡丹江流经的谷道是当年旧国与上京（龙泉府，今黑龙江宁安东京城）之间的通路，这一带发现的山城和'二十四块石遗存，反映了渤海首府的防御体制和前期王族归葬旧国的一些风习……'1949 年在敦化六顶山发现的贞惠公主墓，是渤海考古的重大收获，对于认识渤海的历史和文化具有重要意义。贞惠公主是渤海第三代王大钦茂的女儿，墓中出土有石狮、墓碑、玉璧、鎏金铜器和陶器等许多珍贵文物。石狮的造型与唐乾陵前的石狮非常相象，只是形体稍小而已。墓碑是用唐代标准的楷书刻制的一篇骈体文，立于 780 年，是今存唯一的渤海石刻文字，证明渤海使用汉字，擅长书法，谙习中原典章制度和文学艺术。碑文还使我们得由确定，六顶山墓群是渤海前期王族的墓地，敦化敖东城是渤海前期都城旧国的所在地"④。而"贞惠公主陪葬于珍陵之西原。渤海史学界多认为珍陵为大钦茂之父、贞惠公主的祖父大武艺的陵墓，即敦化六顶山墓群的第一墓区的六号墓。著名东北史学家王承礼先生认为：'就像唐永泰公主李仙蕙陪葬在祖父唐高宗李治的乾陵一样，贞惠公主也是孙女陪葬祖父'"⑤，验证了"六顶山墓群是渤海前期王族墓地"的推断。

通过对城山子山城、永胜遗址、敖东城遗址的阐述，我们更加赞同

① 李健才：《渤海初期都城考》，《北方文物》2002 年第 3 期。
② 杨雨舒、蒋戎：《唐代渤海国五京研究》，香港：香港亚洲出版社，2008，第 9 页。
③ 王承礼：《吉林敦化牡丹江上游渤海遗址调查记》，《考古》1962 年第 11 期。
④ 吉林省考古研究所、吉林省文物工作队：《统一的多民族国家的历史见证》，《文物考古工作三十年》，文物出版社，1979，第 107 页。
⑤ 梁玉多：《渤海国编年史》，黑龙江人民出版社，2004，第 56 页。

"'旧国很可能是个较大的区域性概念'的判断,认为'旧国'应是指渤海国迁都中京前的政治中心,而不是单指某一城"这一见解具有准确性。由此,是否可以做如下推断:大祚荣率领"东奔"队伍至东牟山后,依照山势"树壁自固",构建了用于防御的军事堡垒?而随着与唐王朝关系的改变,即接受册封与称藩于唐,来自外部的军事威胁减少,地处孤山的都城农田不足、产品有限,无法满足军需民食的供给,严重迟滞了渤海经济社会的发展。为此,将都城从山城迁往地处盆地的敖东城已成为必然。考古发掘已经证实,敖东城晚于城山子山城,而永胜遗址则是一水路交通便捷、利于发展的平原城。渤海国以这一区域为都城约 50 年,经历了渤海高王大祚荣时期、武王大武艺时期及文王大钦茂早期,渤海国初期许多重大事件发生在这里,彰显了"旧国"在渤海国 228 年历史上的奠基作用。

二 迁都显州

唐玄宗天宝年间(742—756 年),渤海国第一次迁都。《新唐书·地理志》载"显州,天宝中王所都",说明在 742—756 年的某年间,渤海国国都从东牟山迁到了显州。显州位于渤海"旧国"东南方,即今吉林省和龙县西古城遗址。关于渤海国迁都的历史背景,应该从以下几个方面进行综合分析。

1. 大钦茂是一位有远见卓识的政治家

经过了大祚荣、大武艺两代人近 40 年的努力,到了第三代王大钦茂时其国力已远非昔日可比,其疆域明显扩大,渤海国成为东北亚势力角逐中不可小视的新生力量,但为此也付出了沉重代价,因为连年的彰显武力让"黑水臣服、新罗畏惧",同时也耗费了巨大的人力物力,使民众承受沉重负担而怨声载道,潜在的社会危机时时威胁着渤海国政权。大钦茂即位后,以政治家的眼光和韬略一改高王、武王时对外诉诸武力的扩张政策,强力推行"文治",在全国"偃武修文,锐意改革,事唐恭谨,全面唐化"。为了摆脱常年鞍马征战、恃功自傲的武官的控制与干扰,大钦茂决定迁都避让,这不能不说是一个巩固内部统治的好方法。

2. 国都新址有着良好的地理环境与方便的交通条件

渤海新迁的国都位于吉林延边自治州和龙市东北 25 公里处的西古城,今天的地理坐标是东经 128°22′42″—129°24′17″,北纬 41°59′44″—42°57′15″。西古城地处长白山区,地貌类型复杂多样,西部多高山峻岭,西高东低,南

岗山脉横亘中部，中北部河谷盆地海拔为 500 米，最低处海拔为 250 米。地
貌类型分为山区、丘陵、台地、谷地、河谷平原，开阔的海兰江冲积平原更
加满足新王都发展的空间需求。据对国都新址的考古发掘，其遗址由外城和
内城两部分组成，在内城的中部和北部发现呈"T"字形排列的 5 座宫殿址，
清理出 3 组建筑基址及其附属建筑。专家给出的结论是："相对独立又彼此
相接成为同一建筑布局的有机组成部分，反映了渤海人的建筑理念中，借用
了中原土木工程注重平面布局组合的建筑传统。"① 1971 年在和龙西古城南 4
公里的河南屯古城中清理了一座夫妇合葬的渤海贵族墓，出土了大量贵重而
精美的黄金制品，其工艺、形制、花纹和风格都与今西安一带出土的唐代金
制饰物相似。"对照史书记载，唐朝最高统治者曾多次将'紫袍金带'赐赠
渤海王室贵族，这批华贵的金器很可能来自中原。"② 另外，国都新址的水陆
交通十分发达，加强了渤海国与唐朝、日本、新罗的交往。利用临近出海口
的便利条件加强与外界交往，也是渤海国迁都的原因之一。

3. 国都新址的自然条件有利于农业经济的发展

渤海人口经过了高王、武王时期的发展，其数量已由"靺鞨国"时期的
"户十余万，胜兵数万"，增长到专家推算的"当时人口至少在 70 万以上"。
武王之世，"斥大土宇"，虽然其穷兵黩武的过程对人口是一种损耗，但新划
入地方的人口也不断加入渤海国编户，所以"当时的人口也该远远超过 100
万以上，似至少在 120—130 万之间"。③ 人口的快速发展，对粮食产生了极
大的需求，而海兰江冲积平原的土壤、气候、水资源等非常充足，为农业生
产的发展提供了坚实基础。事实上，"渤海人充分利用了这一点，把中京显
德府开发建设成渤海国时期的三个主要的农业地区之一"④。

三　二迁上京龙泉府

然而，颇费周折的迁都之举后将显州作为渤海国都也就短短几年光景
（749—756 年）⑤，周边形势的骤然变化迫使大钦茂做出了新的选择。天宝末

---

① 转引自杨雨舒、蒋戎《唐代渤海国五京研究》，香港：香港亚洲出版社，2008，第 49 页。
② 吉林省考古研究所、吉林省文物工作队：《统一的多民族国家的历史见证》，《文物考古工作三十年》，文物出版社，1979，第 108 页。
③ 魏国忠、朱国忱、郝庆云：《渤海国史》，中国社会科学出版社，2006，第 194、196 页。
④ 杨雨舒、蒋戎：《唐代渤海国五京研究》，香港：香港亚洲出版社，2008，第 64 页。
⑤ 关于此次迁都时间史书没有明载，梁玉多先生的《渤海国编年史》将时间定为 749 年，故采用此说。

年（756），渤海国第二次迁都。《新唐书·渤海传》载："天宝末，钦茂徙上京，直旧国三百里忽汗河之东。"忽汗河即今牡丹江，上京龙泉府即今黑龙江省宁安市渤海镇。关于此次迁都，学界的认识较为统一，其基本观点可用下引文字表述之：

> 天宝末年，安禄山起兵叛乱欲取天下。当时，日本的淳仁天皇听到安禄山叛乱的消息后也怕祸及日本并做了防范。与唐地接壤的渤海，为了躲避战乱，把都城迁到更远的地方，也是其重要的防范措施。加之上京龙泉府所处为一盆地之中，四周群山环抱，是一处理想的军事战略要地。而肥沃的土地及附近的忽汗河（牡丹江）、忽汗海（镜泊湖），也是利于农作的有利条件。渤海的第二次迁都是适应当时的形式及渤海长远发展的举措。①

渤海国在存续 228 年的历史上，先后以上京龙泉府为国都达 160 余年之久（756—785 年、794—926 年），虽然其间有所断续，但如此长时间的国都经营，对黑龙江区域的影响是不可低估的，况且渤海遗民也多从这里迁出，故在后面用专门章节予以介绍。

四　三迁东京龙原府

唐贞元时，大钦茂"东南徙东京"，第三次迁都。"贞元"为唐德宗年号（785—805 年），而大钦茂死于贞元九年（793），故可推断迁都时间应在 785 至 793 年。"经过学术界多年的研究，基本认定此次迁都应是贞元初年的 785 年。"② 785 年，渤海国都由上京龙泉府迁到东京龙原府，东京龙原府位于今吉林省珲春市八连城遗址。关于此次迁都，多数人认为大钦茂是为了谋求向海上发展，"以尽收鱼盐之利"，更是为了加强与日本的联系。如此选择亦因形势所迫，当时的态势是：西有契丹掣肘，北面气候严寒不利于农业发展，南有新罗阻挡，而东濒海既可联系日本，又有取之不竭的丰富资源。东京龙原府虽然为渤海国都的时间不长，但唐朝先进文化在这里有着尽致的体现。1972 年，东北史学家李健才先生踏查珲春濒海古城，其在调查考证中写道：

① 郭素美：《渤海国历史与文化》，黑龙江人民出版社，2002，第 39 页。
② 梁玉多：《渤海国编年史》，黑龙江人民出版社，2004，第 57 页。

"在八连城内，渤海瓦块很多，多是印有文字的灰色板瓦和手指斜押纹、圆圈纹板瓦，以及绿釉筒瓦残块……其形制以及出土文物，和宁安东京城、和龙西古城子基本相同。从其地理位置来看，八连城在东京城（渤海上京龙泉府）的东南，'东南濒海'和文献所载渤海东京龙原府的地理位置相符。"[1] 1980 年发现了大钦茂第四女贞孝公主墓，仅以其墓志 18 行，728 字论，涉及儒家典籍达数十种之多，运用中国传统经典娴熟自如，可见儒家文化在渤海国内已得到相当程度的推崇。

五　复还上京龙泉府

793 年，渤海国国王大钦茂病逝，因继承王位的问题，统治集团内部发生了争斗残杀。《新唐书·渤海传》对此载道："钦茂死，私谥文王。子宏临早死，族弟元义立一岁，猜虐，国人杀之，推宏临子华玙为王，复还上京，改年中兴。"根据这一记载分析，渤海文王大钦茂死于 793 年四月十八日，"族弟元义立一岁"也就是 794 年，是年应该是大华玙的即位之年。虽然大华玙在位时间不足一年，但其"复还上京，改年中兴"之举，酿就了渤海国于此 132 年的存续史。关于大华玙"复还上京"的作为，有学者分析原因道：

　　一、从地缘政治考虑，上京龙泉府更适宜为都。渤海国的南方和北方，分别是强大的唐和突厥，东南方的新罗虽然相对弱小，但已立国数百年，根基深厚，且有唐的支持，亦不可小视，只有北方和东北方尚有发展的余地，而上京龙泉府地处渤海版图中心。地理位置和自然条件又适宜为都，有利于对渤海全境的控制，可保证渤海的长治久安。

　　二、与日本的交往的形势有了改变。上京龙泉府与东京龙原府相比，遣使去日本要远一些，但到文王后期，渤海遣使聘日受到了日本的种种限制。日本为了维护自身的经济利益，对渤海通使期限、入境地点、国书格式等严加限定，因此，双方通使次数越来越少，间隔时间越来越长，使东京龙原府在渤、日交往中的地理作用也随之降低。

　　三、为了避开大元义残余势力，巩固自己的地位。[2]

---

① 李健才：《东北史地考略》，吉林文史出版社，1986，第 67 页。
② 梁玉多：《渤海国编年史》，黑龙江人民出版社，2004，第 66 页。

这是屡次迁都的渤海人最后一次迁都，经历过形势逼迫、出于无奈、谋求发展、欲与争先的渤海人终于安定了下来，在此谱写着中华民族的华彩篇章。虽然每一次迁都，都是政治家做出的抉择，但在客观上带来了人口的聚集、工商经济的发展、都市的繁荣。如在渤海国五京中的上京龙泉府、中京显德府、东京龙原府都曾为国都，但这都是作为国都以后的称谓，在其以前或者是名不见经传的乡里，或者是具有一定规模的城镇因某种原因而中辍，而再度发展崛起完全是成为国都以后的事情。例如，渤海国五京制度的实施，是其学习、引进唐朝先进制度的结果，其中也与渤海国的屡屡迁都有关。故而有学者指出："实际情况也是如此：渤海国虽然已迁都至中京显德府，但并未以'中京显德府'相称，而是称为'显州'；同样，虽然已迁都至上京龙泉府，也未以'上京龙泉府'相称（以何相称待考证）。"①如此表明，是迁都促进了人口的聚集、工商经济的发展、都市的繁荣。另外，每一次迁都无异于一次大规模的人口迁移。关于渤海国各京、府、州、县具体的人口资料我们无从考证，所谓"大规模的人口迁移"也仅限于推论。可以试想，国都迁移，与之相随的必有保证国家机器正常运转的政权机构的迁移，仅此就是一个数量庞大的人口迁移队伍。根据《新唐书·渤海传》记载的渤海国官制，"官有宣诏省，左相、左平章事、侍中、左常侍、谏议居之。中台省，右相、右平章事、内史、诏诰舍人居之。政堂省，大内相一人，居左右相上；左、右司政各一，居左、右平章事之下，以比仆射；左、右允比二丞。左六司，忠、仁、义部各一卿，居司政下，支司爵、仓、膳部，部有郎中、员外；右六司，智礼信部，支司戎、计、水部，卿、郎准左，以比六官。中正台，大中正一，比御史大夫，居司正下；少正一。又有殿中寺、宗属寺，有大令。文籍院有监。令、监皆有少。太常、司宾、大农寺，寺有卿。司藏、司膳寺，寺有令、丞。胄子监有监长。巷伯局有常侍等官。其武员有左右猛贲、熊卫、罴卫，南左右卫，北左右卫，各大将军一、将军一"。而在金毓黻先生的《渤海国志长编》中，除此之外另有："武职凡十卫、补内官（太尉、司徒、司空、长史，兵署少正，和干苑使，检校官）。补外官（都督，节度使，刺史、县丞）。杂职（押鞑鞨使，虞娄蕃长，押衙官）。出使职（大使、副使，大判官，少判官，大录事、中录事、少录事，译官，品官，首领）。文散阶（紫绶大夫、青绶大夫、英绪大夫）。武散阶（辅国大将

---

① 杨雨舒、蒋戎：《唐代渤海国五京研究》，香港：香港亚洲出版社，2008，第26页。

军、慰军大将军、云麾大将军、归德将军、忠武将军、宁远将军、义游将军)。勋官与五等爵(上柱将,开国公、开国侯、开国伯、开国子、开国男)。"仅此吏员队伍规模已相当可观,但"吏员队伍规模"绝非仅此,如正堂部下属"六部十二司"皆为其分支机构,而其下另有具体职能部门履职执政;又如,诸台、寺、院、监、局、署等中枢机构下,还有相应机构的建制。例如,在渤海太常寺下没有其他的机构设置,"但诸如太庙、诸陵、太乐、太医、太卜的职事不可能完全没有"[1];又如,巷伯局等同于唐朝的内侍省,其下应辖有掖庭、宫闱、奚官、内仆、内府、内坊等官,渤海国的巷伯局尽管有所简化,但也不至于仅此而已。另外,在迁徙队伍里,还应有大小吏员人数不等的家眷、家丁、奴仆、用人随之。对于这种迁都产生的移民队伍,用"浩浩荡荡""络绎不绝""前后不得相望"来描述似不为过分。

第三节　典籍记载的考古学视域下上京龙泉府的繁荣

在渤海国228年历史中,上京龙泉府(今黑龙江省宁安市南15公里处的渤海镇)曾两次为都,时间长达160余年。在这里渤海国的辉煌表现尽致,其全盛时期的疆域"南界至泥河一线及浿水一带,与新罗为邻;北界到那河即今东流松花江及黑龙江中游一带,分别与南室韦及黑水靺鞨诸部接壤;东至日本海,尽有今俄罗斯的南滨海地区;西北至今吉林省农安、梨树、昌图一带与契丹地相连;西南方面则达到辽河东岸"[2]。在如此号称"地方五千里"的地域内,渤海国在盛唐文明的影响下迅速封建化,政治、经济、文化等方面都有了长足进步。官制仿唐有三省六部,建制仿唐有五京、十五府、六十二州及百余县,军制仿唐有十卫及常备军,人口最多时达300多万人,被誉为"海东盛国"。这对于黑龙江区域来说,也是历史发展的重要时期。

一　典籍记载的上京龙泉府的繁荣

渤海国的迅速封建化,是与渤海国统治者积极主动吸收盛唐文明分不开的,即所谓的全面"宪象中原"。渤海文王大钦茂即位后即锐意学习中原文

---

① 魏国忠、朱国忱、郝庆云:《渤海国史》,中国社会科学出版社,2006,第309页。
② 魏国忠、朱国忱、郝庆云:《渤海国史》,中国社会科学出版社,2006,第182页。

化，其具体如抄写唐书，传播汉文化，"数遣诸生诣京师太学，习识古今制度"，① 派贵族、世家子弟到长安抄回《汉书》《三国志》《晋书》《三十六国春秋》《唐礼》等典籍文献。② 为了更好地传播汉文化，在渤海国王都上京城"设文籍院，以储图书；设胄子监以教诸子弟，稽古右文，颇极一时之盛"。③ 渤海官员、王公贵戚"多擅文艺"，皆能以汉文吟诗作赋，并经常唱和唐代、日本文人。金毓黻在其《渤海国志长编》卷十六中记道：

> 唐诗人温庭筠有《送渤海王子归国》，韩翃有《送王诞渤海使赴李太守行营》。又，高元固及乌炤度、光赞父子，以宾贡入唐应举，乌氏父子皆登第。元固则谓彼国得诗人徐寅《斩蛇剑》、《御沟水》、《人生几何》诸赋，皆以金书列为屏障。聘日本诸臣如杨承庆、杨泰师、王孝廉、周元伯、杨成规、裴颋及其子璆，皆以文酒唱酬，才长应对，为所引重。而擅长雕刻、绘画者，亦有之。此皆渤海濡染唐风之证也。

文中提到的杨泰师、王孝廉、裴颋等人都是汉文化造诣颇深的渤海文人，杨泰师的《夜听捣衣诗》、王孝廉的《对月思乡诗》等，颇有李白、杜甫的韵律和意境。而在渤海王大玄锡时代（872—893 年）出任文籍院少监的裴颋，更是熟练掌握唐诗韵律，在出使日本时被日本人尊为"学问之神"的菅原道真誉其有"七步之才"（寓意曹植"七步赋诗"）。

渤海国统治者的"宪象中原"不仅仅如此，更为主要的体现在官制、兵制及都城制度的学习仿效上。渤海官制模仿唐制设立了三省、六部、十二司、一台、八寺、一院、一监、一局，由这些部门的职官构成了上层官僚集团。渤海军制模仿唐的府兵制，建有"左、右神策军，左、右三军"。但似乎不完全一样，因为 1960 年在上京都城西南角发现了"天门军之印"，这应是渤海国军队的新建制。然而，盛唐文化在渤海国的尽致体现是都城的建设，关于渤海五京制度与唐朝的关系，学界的见解趋于一致。有学者认为，该制度"并非渤海首创，五京制的始作俑者是唐朝，渤海是仿效唐朝而设"。④ 也有学者认为，渤海国五京的设置，"确切的说，是学习当时中原地

---

① 《新唐书·渤海传》卷二一九。
② 《唐会要》卷三十六；《玉海》卷一五四。
③ 金毓黻：《渤海国志长编·族俗考》卷十六。
④ 孙玉良：《渤海迁都浅议》，《北方论丛》1983 年第 3 期。

区唐王朝五京制度的结果"。① 还有学者认为，"渤海实行五京制度不是偶然的历史现象，而是中原文化的五行观念长期发展的必然结果……唐朝创制五京，渤海紧随其后，时间上的相近，吸收上的迅速，有力证明渤海五京制度是根据国内的迫切需要，积极自觉地从唐朝学习过来的"。下面我们以渤海国为都时间最长的上京龙泉府为例，看一看盛唐文化对渤海国都城制度的影响。

渤海国都城仿效唐制的结论，是有典籍记载和考古发掘证明的，"其五京中规模最大的上京城的建筑制度就是严格遵循唐都城长安的范例而制定的"。② 上京龙泉府乃五京之首，为渤海国都 160 余年。同时也因其是规模宏大的中心城市，而得到后代文人的记载。如清代流人张缙彦、张贲、杨宾、吴桭臣等，都对之有精彩的文字记录。

张缙彦的《宁古塔山水记·东京》中载：

东面城址，土墙高丈余，以石为基，城门石路，车辙宛然。大河绕城而东，其古渡尚有坏桥乱石，横亘水中。其宫殿三重，在前者规模颇宏，台址三尺，柱础如盘者计一十有六，后二重稍逊焉。殿东西二门，正中无甬道，阶墀陛□（城），纷错可识，败瓦断砖，虽野烧之余，尚有存者。且丹绿琉璃，间有夷汉字号，土人□取为玩。其别馆回廊周环者不可细辨。前有五台，石垒叠起，高可二丈，似五凤楼制度，内有小城，颇仿皇城焉。在右有石井二，首石甃八角，雨水淳泓，尚可牛饮。□（明）堂以外，九陌三衢，依稀可睹。旁石垒似部落军伍所舍，或为列肆贸易之所。城以南有古浮屠，高丈六，佛面虽有风雨侵蚀，过之者尚稽首焉。前有石塔，八面玲珑，庄严精巧，尤非塞外所有。此地平旷数十里，似为都会之地。其西七八里许，有石碛数区，各围方三四里，其为屯操刍牧之处无疑矣。又有古坟石，方丈者数坂，土人掘地，得石兽，其白如玉，必辇而至者，非此中物也。西南十余里有长溪，芰菱、茅苇、芙蓉生焉。夏秋之交，荷花红数十里，灿若云锦，土人探莲者，荡小舟入之，浮游如画，真东京美景也。宁古胜概，此为第一。

---

① 魏国忠：《唐代渤海五京制度考》，《博物馆研究》1984 年第 3 期。
② 干志耿、孙秀仁：《黑龙江古代民族史纲》，黑龙江人民出版社，1987，第 261 页。

张贲的《白云集·东京记》中载：

宁公台西南六十里，曰沙岭，岭东十余里，有古城焉。土人相传曰，东京……故城甃石为基，土墉高丈许，无复雉堞，颓然短垣也。围可三十里，城门石路，车辙宛然，南门故址，似宫殿三重，前一重规模宏伟，础方广三尺余，计一十有六，后二重无存焉。殿南向，正中无驰道，东西二阙门，阶墀陛城，层级可辨。前列五台，今高二丈许，似京师凤阙遗制。后有小城，似宫禁。左右井二，白石甃砌，八角形。明堂以外，九陌九衢，依稀可识，旁石垒如部落军伍所舍，或官署环列如拱。城内，今宫室无存，败瓦乱迹，在榛莽中，时有丹碧琉璃，错出间杂，存汉字款识，土人取以为玩，掘地得断碑，"下瞰台城儒生盛于东观"十字，皆汉文，字书庄楷，盖国学碑也……城外大河，绕城而东，有圮桥乱石，横亘水中，城南有古寺，镂石为大佛，高丈有六，法相尊严，镂凿工巧，今坠其首，好事者装而复之。前有石浮屠，八角形。郭外平旷数十里……盖松花江以东风土之美，莫若东京云。

杨宾的《柳边纪略》中载：

宁古塔西南六十里沙阑，南有旧城址，大于今京城等。内紫禁城，石砌女墙，下犹完好。内外街道隐然，瓦砾遍地，多金碧色，土人呼为东京……沙阑城内存石塔一，石观音一。康熙初，观音首脱，鼻端微损，新乡张司空坦公琢而小之，今高九尺，而石座又三尺余……又，往时存一紫石碑，康熙初，大兴刘侍御命人往观，其人椎而碎之，取一角还，仅十三字，作四行。首行曰"深契"，次曰"圣"，次曰"儒生盛于东观"，次曰"下瞰阙庭"。书类率更令，盖国学碑也。又土人云：城内虽无居人，远望之犹有王气。城北十余里有两石桥，桥九洞，今石虽圮，柱尚在。又将军安珠瑚使人浚井，得朱漆井亭木方尺，颜色甚鲜。

吴桭臣的《宁古塔纪略》中载：

石壁之上，别有一朗岗，即宁古镇城进京大路。一百里至沙岭，第一站，有金之上京城。临马耳河，宫殿基址尚存。殿前有大石台，有八角井，有国学碑，仅存"天会纪元……"数字，余皆剥蚀，不可辨识。禁城外，有莲花石塔，微向东欹。塔之北有石佛，高二丈许。又有莲花池，长数里。

张缙彦、张贲、杨宾、吴桭臣等都是流人中的文人学者，他们在流放地内，或长歌当哭，或登山邻水，或搜集逸闻，或凭吊古迹，写出了一部部地方志书，为后人的研究提供了信实的第一手资料。不仅如此，即便是一些京中为官者，也有著述描绘上京龙泉府，如康熙二十一年（1682），"圣祖东巡，高士奇以文学之士从之……归后，将途中所记，加工润色"，成就了《扈从东巡日录》，书中写道：

沙林……东南十五里曰火茸城……广四十余里，中间禁城可里余，三殿基址皆在，碎碧瓦棋布其上。禁城外有大石佛，高可三丈许，莲花承之，前有石塔。向东小欹出大城，而西则芰荷弥渚，逶迤绵渺，莫穷其际。渚间有亭榭遗迹，岂当时之阙庭苑囿耶！

通过上面文人的表述可知，他们记载的是同一个地方，尽管其有"沙阗""沙林""沙岭""火茸城"等不同的称谓与写法。分歧较大的是"清代稽古之士，多以今之东京城，为金之上京会宁府"①。清末，著名的历史地理学家曹廷杰经过深入细致的考证，提出"东京城"就是上京龙泉府。为辨误，金毓黻先生也于1933年夏，"亲往东京城旅行，凡驻半月，踏勘殆遍张贲所记，大致不误。惟其宫殿遗址之所在，实为子城，在大城之北部，至石佛之所在，则为大城之中而偏南。所谓石浮屠者，或称石灯，饰于佛前，以供焚香楮者。宫殿附近残瓦极多，上有文字，或一字或二字不等，殆为瓦工之记识。从事发掘，颇有采获……东京城，即渤海上京之所在，亦即所谓渤海王城也"②。时光荏苒，人去物非，时下距清人的文献记载已有300余年之久，上京龙泉府的遗址遗迹在地表上已不多见，只有进行科学的考古调查发掘，才能使之成为探索渤海国都城上京龙泉府繁荣发展的实证资料。

---

① 金毓黻：《东北通史》，社会科学战线杂志社翻印本，1980，第289页。
② 金毓黻：《东北通史》，社会科学战线杂志社翻印本，1980，第284—285页。

二　考古学视域下的上京龙泉府的繁荣

由于黑龙江区域地处祖国北疆，我国传世古文献中关于这一地区的记载远远不如中原卷帙浩繁及清晰可辨。但仍有一些方志与私家著述用实地踏查的办法，对黑龙江区域的历史地理、城池沿革、民族分布、历史遗迹等做了记述，尽管其亦为传世不朽的学术著作，但这些踏查还是不属于现代意义上的考古学范畴。20 世纪一二十年代，现代意义上的考古学引入黑龙江区域，近百年来成果丰硕，许多结论前所不及。科学地利用考古资料结合文献典籍记载去寻求历史文化的谜点，能够使一些问题清晰起来。

黑龙江省文物考古研究所对上京龙泉府遗址连续多年进行了颇具功力、颇有见地的考察论证，使之成为渤海研究的显学，而对其城址的研究考证更是引起中外学者的关注。据载，在 20 世纪初至今的百余年里，围绕着上京龙泉府遗址进行的大规模的考古发掘被学界分为如下四个阶段。

第一阶段的考古发掘。对上京龙泉府的考古调查，开始于 20 世纪初的1910 年，适时日本学者白鸟库吉在渤海上京龙泉府遗址踏查，发现了宝相花纹砖，认定其为唐代遗物。1926 年，日本学者鸟山喜一、哈尔滨市特别行政区博物馆的 Б.В. 包诺索夫等一行人，在遗址处采集到砖瓦、泥塑佛像残件等，肯定了白鸟库吉的判断，"推断是唐代渤海龙泉府城址，初次把这处考古遗存同文献记载印证起来"。1933 年，日本东京帝国大学的原田淑人假"东亚考古学会"之名，对遗址的城墙、宫殿、寺院、房屋等文化遗存进行调查发掘，于 1939 年在东京发表了《东京城——渤海国上京龙泉府遗址の发掘调查》，为这一阶段的考古发掘画上了句号。

第二阶段的考古发掘。1964 年中国科学院考古研究所与朝鲜社会科学院联合发掘了渤海上京龙泉府遗址，取得了重大成果。但"1966 年开始的'文化大革命'是中国历史上的悲哀时期。这一时期，在中国所有的学术研究几乎被停止，渤海史研究也几乎被中断"[①]。然而，朝鲜方面却充分地利用了这些发掘材料，相继有朝鲜社会科学院的《中国东北地方遗迹发掘报告》（朝鲜社会科学出版社，1966）、朱荣宪的《渤海文化》（朝鲜社会科学出版社，1971）等著述出版。而直到 1997 年，中国社会科学院考古研究所才以《六顶山与渤海镇——唐代渤海国的贵族墓地与都城遗址》的著述，发表了 30

---

① 郑永振、李东辉、尹铉哲：《渤海史论》，吉林文史出版社，2011，第 4 页。

余年前考古发掘的全部成果。学界对该书的评价为，"是迄今内容最为充实、资料最为可靠的一本关于渤海国的考古学专著"。另"本报告以大规模的科学发掘、丰富的实物资料和详密的分析研究为基础，逻辑严密，文字准确，为研究渤海文化的唯一考古著作"[1]。

第三阶段的考古发掘。1981—1985年，黑龙江文物工作队对渤海上京龙泉府遗址进行了清理发掘。"发掘了1、2号房址和2、3、4号门址。对'午门'一殿台基和部分宫城城墙进行了清理工作，并找出了宫城的护城河（但在通门处没有发现建桥的遗迹，推测可能使用木吊桥）。另外对一殿前的广场和宫城西墙进行了钻探，并对宫城、御苑及内城进行了实测。探掘了一殿西廊南北向段基础、东西向段和2号门南端入口处门道等，基本掌握了这些遗迹的基础构筑情况。"[2]

第四阶段的考古发掘。1998—2007年，黑龙江省文物考古研究所连续十年对渤海上京龙泉府遗址进行了有计划的大规模发掘。"新发现了郭城第11号门址，内城夹墙及御花园东城墙外的道路，在城内白庙子村发现了七层套的舍利函，发掘了渤海上京城遗址宫城的第2、3、4、5号宫殿基址和宫城的第50号建筑基址及附属建筑，郭城正南门、郭城正北门，皇城南门和中轴大街等。成果集中体现在《渤海上京城——1998—2007年度考古发掘调查报告》（文物出版社，2009）一书中。"[3]

经过上述"四个阶段的大规模调查发掘，基本上探明了渤海上京城的形制与格局，对城内街道里坊以及宫殿、官衙、佛寺等分布及建筑形式亦有了相当程度的了解，特别是第四阶段对宫城中心区域的科学发掘，搞清了宫殿建筑形制及特点，并纠正了当年日本人的一些失误"[4]。累积渤海上京龙泉府考古工作四个阶段的研究成果，先将考古学视域下的上京龙泉府做一介绍。

1963年10月，中国科学院考古研究所东北考古工作队在黑龙江省宁安县渤海镇上京龙泉府遗址进行调查。1964年6月，又开始对这里进行正式发掘，10月发掘工作结束，对城的建制和布局、各种建筑物的形制与结构和内涵、文化遗物等有了全面了解。其对皇城街道、坊市的考察为其他研究所难以企及：

---

[1] 中国社会科学院考古研究所编著《六顶山与渤海镇——唐代渤海国的贵族墓地与都城遗址》一书的专家推荐意见、学术委员会评审意见，中国大百科全书出版社，1997。
[2] 谭英杰等：《黑龙江区域考古学》，中国社会科学出版社，1991，第67页。
[3] 黑龙江省文物考古研究所编著《考古·黑龙江》，文物出版社，2011，第166页。
[4] 李陈奇、赵虹光：《渤海上京城考古的四个阶段》，《北方文物》2004年第2期。

街道

在勘查工作中，共发现九条街道，五条为南北向的，四条为东西向的，都是全街呈一直线，没有任何偏斜和曲折。街道的宽度，计有 110 米、92 米、78 米、65 米、28—34 米五种。所有街道都系土筑，由于行人和车马的践踏、碾压，路面形成一层坚硬的"路土"，一般厚约 5 厘米左右。街道两侧是否有排水沟，未能探查清楚。兹将各街道的位置、经由及形制等分述如下。

第一号街

自外郭城南面居中城门通至皇城的南门，全长 2195 米。南北向，方向 3 度。除街的南端以外，两侧里坊的墙垣保存良好。街的宽度以两侧坊墙之间的距离计算，为 110 米。此街居全城中央而略为偏西，将全城划分为东、西二半城。此街可称"朱雀大街"。

……

坊市

上京龙泉府的坊制相当规整。根据勘探出来的完整的和基本上可以复原的许多坊的情况看来，各坊都呈长方形，四面有墙，在坊的内部又有墙垣将全坊分隔成若干部分或若干院落……

西半城各坊的遗迹保存甚好，勘探出来的完整的及可以复原的坊共有二十个，根据它们的排列规律，得以恢复西半城的全部坊制……南北排列的各坊称列，东西排列的各坊称排。可以判断，西半城共有四十一个坊，以列计算为四列，以排计算为十一排。[①]

关于上京龙泉府城的建筑和布局，包括外郭城、宫城、皇城、禁苑及其他的考古发掘，黑龙江省文物考古研究所是下了气力的。早在 20 世纪 50 年代，黑龙江省文物考古工作队就在牡丹江中游、下游及镜泊湖地区的考古调查中，对渤海遗迹、遗物屡有发现。1981—1985 年、1998—2007 年黑龙江省文物考古工作队和黑龙江省文化考古研究所两次对上京龙泉府遗址进行清理发掘工作，其中 1998—2007 年的发掘成果揭示如下：

---

① 中国社会科学院考古研究所编著《六顶山与渤海镇——唐代渤海国的贵族墓地与都城遗址》，中国大百科全书出版社，1997，第 52 页。

渤海上京城由郭城、皇城、宫城三部分组成……渤海上京城宫城中心区内共有 5 座宫殿，自南向北排列在中轴线上……主要发掘工作有：宫城第 2 号宫殿及其附属建筑基址；宫城第 3 号、第 4 号宫殿基址及其附属建筑基址；宫城第 5 号宫殿基址及其附属遗迹；"御花园" 50 号建筑基址；外城 "朱雀大街" 基址；皇城南门基址；郭城正南门基址；郭城正北门基址。

第 1 号宫殿位于宫城正南门北侧 175 米处，台基东西 55.5、南北 24、高 2.7 米，面阔 11 间、进深 4 间……

第 2 号宫殿位于宫城中心，是宫城内规模最大的宫殿，系有正殿、披门、廊庑组成的建筑群。正殿基址坐北朝南，进深 4 间、面阔 19 间……

第 3、4 号宫殿是宫城中轴南起第三、四重宫殿。两殿之间有过廊相连，从功能和布局看应为同一宫殿的前后两部分……

第 5 号宫殿正殿台基呈长方形，东西 40.4、南北 20.4 为一面阔 11 间、进深 5 间的建筑。该殿为 "满堂柱" 式两层的阁楼建筑……

禁苑（俗称御花园）位于宫城东部，为南北向长方形，其内有水池、建筑址、假山等遗迹。水池的北岸有一处较大的建筑群体，1963—1964 年中国科学院考古所将其编号为 50 号建筑基址。第 50 号建筑基址位于上京城宫城东侧 "禁苑" 内，由正殿、东西部廊、亭组成，其附属建筑有房址、石墙等……其功用是渤海王室贵族宴飨游乐之地……

中轴大街贯穿皇城南门和郭城正南门，将郭城划分为东、西两部分，全长 2195 米。大街两侧排列着整齐的街坊，经实测，其东、西坊墙内侧的垂直间距为 110.2 米，合中唐时期的唐尺（0.29 米）约为 373 唐尺，应为路的实际宽度。在 110 米范围内，可能只有中间的 50 米左右，是实际通行的道路。

皇城南门址是一座单体建筑，门址台基两侧直接和皇城东、西侧南墙连接。台基东西长 30、南北宽 11.35 米……在台基上自南向北分布三列大型础石，每列均匀分布 8 块。即台基上建筑东西面阔 7 间，南北进深 2 间……

郭城正南门由中央正门、东西两个侧门址及其间两段连接墙组成。整个门址长 57.6 米。中央门址由门道及两侧门墩组成，宽 26.6 米，其中门道宽 4.7 米。郭城正南门是渤海上京城南向的门户，也是渤海国的礼仪之门。此门采用了三门一体的组合形制，中间门址建筑宏大、门道规整，可能是一些重要活动和外交事件中的重要活动场所，而两侧的门规模较小，可能是日常通行的门。

郭城正北门址是由中央台基址、东西两侧门址和其间相联结的两段短墙组成的建筑遗址。整个遗址东西长 52.12、南北宽 30.8 米，中央台基南端长 21.9、北端长 22.6 米，南北宽 18.4、使用高度 0.75 米，四壁收分约 4 度。台基上建筑东西面阔 5 间，南北进深 4 间……

渤海上京城在当时是东北亚屈指可数的大城市之一，使用时间较长，横跨了自盛唐至五代的漫长时空。其规划、设计和建筑，均取法于唐王朝，尤为重要的是，在同时期的都城遗址中，渤海上京城保存极为完整，城垣、街坊、道路、佛寺、宫殿清晰可辨。①

渤海上京龙泉府的考古发掘工作取得了可喜的成果，与此相关的研究也有了长足进步。如孙秀仁的《唐代渤海上京龙泉府城址》，景爱的《东京城——渤海都城上京龙泉府故址》，陈显昌的《唐代渤海上京龙泉府遗址》，刘晓东、魏存成的《渤海上京城营筑时序与形制渊源研究》《渤海上京城主体格局演变》等论文发表，他们以考古发掘为素材，在上京龙泉府的规模、形制、地理位置、地理环境、交通路线、营筑过程、建筑布局等多方面进行了研究，探讨了其兴衰历程。有学者宏观指出，"上京遗址的进一步研究表明，渤海上京城在某种意义上可以说是渤海文化发展序列的一个缩影"②。特别是朱国忱、魏国忠在《渤海史稿》一书中，对上京龙泉府的繁荣更是做了精彩的论述：

> 上京龙泉府是渤海百城之首，规模巨大宏伟，街坊规则整齐，宫殿、官廨、寺庙林立，是当时东北地区最大而又繁华的通都大邑。据上京城址实测，外城周长约一万六千三百米，内城（王城）与宫城（紫禁城）在外城北部居中。宫城里中间中轴线上今排列五重殿址其中第一、

---

① 黑龙江省文物考古研究所编著《考古·黑龙江》，文物出版社，2011，第 166—188 页。
② 张高：《渤海文化史宏观研究诸问题》，《北方文化研究》第 1 集（内部版），黑龙江省社会科学院，1983。

二号殿址规模宏敞，台基高大，巨大础石排列其上，想见当日宫殿高耸壮丽，金碧辉煌。各殿两侧或其间均以回廊相连，宏伟壮阔。宫城东侧是"内苑"址，面积约十余万平方米，内有池泊、亭榭、假山、殿阁等，穷极华丽。城外开辟"禁苑"，范围很大，游玩射猎，驰骋击鞠。如此规模都邑的营筑和豪华壮丽宫禁之建造，是渤海社会经济文化发展水平的重要标志。上京城无疑始筑于"天宝末"年以前。文王住此三十余年，"贞元"时迁至东京，不久华玙为王复迁上京。自文王讫彝震之世以上京为都约八十余年，前后凡经八世国王经营宫室，当有一定规模。至彝震时国力增强，已感旧有宫室不足用，故"拟建宫阙"，更当豪华气魄。今存上京宫城殿址规模和状况，大体为彝震"拟建宫阙"后之遗存。①

　　这里我们不惜篇幅地引证文献记载与考古成果，从一定意义上说上京龙泉府的繁荣是以人口为基础的，所谓的政治、经济、文化中心无一不与人口重心相关联。因为将要论述渤海遗民的外迁，故而以上京龙泉府为中心的渤海人口数量显得尤为重要。而在所看到的资料中对渤海国的人口数量没有确切的记载，从建制、疆域方面来推算人口虽方法可取，但亦非易事。如此，以国都的繁荣去"管中窥豹"探究人口数量，似可作为一种尝试。有学者据《辽史·兵卫志》中"天显元年，灭渤海国，地方五千里，兵数十万，五京、十五府、六十二州，尽有其众"所载，推算全盛时期的"渤海之达到或超过300万人口当不会令人感到奇怪"②。以此为基数来推算上京龙泉府的人口数，大家知道"筑城造郭，营建都邑"为任何政权的"国之大事"，都邑一成，即为国家的政治、经济、文化中心所在。从人口构成上看，应有皇亲国戚、官僚贵族、驻守京师的卫戍部队、富商大贾、手工业者、城市平民、僧人巫觋、雇佣劳动者、奴婢下人、无业游民、城居地主、农民等五行八作、三教九流各色人等，由此构成了城市社会；从建筑构成上看，有宫殿、官廨、寺庙、商铺、街坊等，而"建筑宏大、门道规整""巨大宏伟、街坊整齐""金碧辉煌、高耸壮丽""豪华雄浑、气势磅礴"等词句充斥于考古报告与研究文章中；从城市布局上看，由郭城、皇城、宫城、禁苑、"朱雀大

---

① 朱国忱、魏国忠：《渤海史稿》，黑龙江省文物出版社，1984，第82页。
② 魏国忠、朱国忱、郝庆云：《渤海国史》，中国社会科学出版社，2006，第198页。

街"、坊里区组成，整个都城布局匀称，整肃有致，交错栉比，初步形成棋盘式街道布局，规范至极；从城市形制上看，渤海国的"宪象中原"在国都的建设上也有尽致的体现，"其规划、设计和建筑，均取法于唐王朝"，研究者记载其为"仿效隋唐长安城""成功地效仿了唐长安的形制""充分吸收了唐长安城建筑精华"等。

那么，唐长安城的规模与人口状况如何？宋代《长安志》载，城内长安、万年两县共有 8 万户，其中包括许多人口众多的贵族官僚大府邸，此外还有大量寺观内的僧道，教坊内的舞伎、乐工，常驻军官兵，总人口近百万人。城市人口密度很低，约为 120 人/公顷，但除去宫城（占总用地 1/6）、宽度很广的道路及官府寺庙，实际上一般市民居住密度并不低。[①] 参照唐代长安的人口数量与人口密度，有学者对上京的人口情况进行了推算，"上京的全部人口大约在 15 万至 20 万之间。如果这种推算接近实际的话，那么上京龙泉府的人口约占渤海全盛时期全部人口（300 万左右）的 6—7%"。[②] 不过，这应是一个过低的人口推算数量，曾 160 余年作为国都地的上京龙泉府似不应仅有 20 万人口。仅从 926 年契丹攻陷扶余的消息传到上京后，渤海王大諲撰急派老相（失名）率兵 3 万人迎敌的史料[③]推断，如果我们仍按前面的民兵之比 10∶1 进行计算，那么仅此人口就应在 30 万人以上。

第四节　渤海灭亡前后的人口迁移

926 年二月，雄踞东北亚 228 年，拥有五京十五府六十二州建制、300 余万人口、数十万军队的"海东盛国"渤海王朝，在契丹人的军事打击下轰然坍塌。虽然为了便于统治，契丹人曾一度以"东丹国"代之，但其为时不长。此间，即契丹与渤海战争期间及东丹南迁后的一段时日里，大量的渤海人沦为"俘户"被赏赐给契丹贵族成为部曲、奴婢或仆役而随之迁徙，另有众多的渤海人或躲避兵燹或不甘于受契丹统治而逃亡，形成了规模巨大的渤海遗民迁移潮流。总的看来，渤海灭亡前后的人口迁移可粗略分为三个阶段：初始为契丹进攻渤海期间，契丹军队沿途的抢掠杀伐，令众多的渤海

---

① 转引自戴均良主编《中国城市发展史》，黑龙江人民出版社，1992，第 154 页。
② 朱国忱、金太顺、李砚铁：《渤海故都》，黑龙江人民出版社，1996，第 360 页。
③ 《辽史·萧敌鲁传》卷七十三。

人因避战乱而逃离故地；继之是渤海灭亡后，大量的渤海人成为契丹贵族的"俘户"被强制迁往内地；最后是东丹南迁之际，渤海豪右与平民随之迁往契丹内地或逃散。而在渤海人口的迁移流向上，我们根据典籍记载将其分为下列数种。

一 投奔高丽的渤海遗民

渤海国的灭亡是有缘由的，大諲撰在位时渤海社会的矛盾已经到了极其严重的地步，其内部的分裂与动荡导致了契丹人的"因彼离心，乘衅而动"。在契丹、渤海激战犹酣之际，就发生了"以裴璆为首的聘日使团返国之际，竟有四名成员'遁留'日本不归的事件"①，而上层率众出走者更是不可胜数。渤海末期内部的争斗导致了大批失利者的逃亡，历史的渊源与地理的便利使王氏高丽成为部分渤海人的去处。待契丹灭渤海后，投奔高丽的渤海遗民更是数以万计。而此时刚刚建国的王氏高丽经过了前朝暴政，是"人耗土虚，曝骨荒野"，亟须休养生息，所以对逃亡投奔的渤海人是持欢迎态度的。金毓黻先生的《渤海国志长编·宗臣列传》中载：

> 大陈林，不详其世。末王二十年正月，奉使朝贡于后唐，同行一百十六人……四月，至唐，其国已亡，遂奔高丽。
>
> 大和钧，于末王时官礼部卿。末王二十年国亡，与同族暨民户百余奔高丽。
>
> 大均老，于末王时官礼部卿。国亡，与大和钧同奔高丽。
>
> 大元钧，于末王时官政堂省司政，与大和钧等同奔高丽。
>
> 大福谟，于末王时官工部卿，与大和钧等同奔高丽。
>
> 大审理，于末王时官左右卫将军，与大和钧等同奔高丽。
>
> 大光显，末王之世子也。契丹兵攻下上京龙泉府，光显及将军申德等率其余众数万户，先后奔高丽。高丽王待之甚厚，赐光显姓王继，附之宗籍，授元甫，守白州，以奉其祀。又予僚佐爵，军士田有差。

《渤海国志长编·诸臣列传》中载：

---

① 魏国忠、朱国忱、郝庆云：《渤海国史》，中国社会科学出版社，2006，第549页。

申德，官将军。末王諲撰二十年，国亡，奔高丽，同行五百余人。

冒豆干，末王时之小将也。諲撰二十年，国亡，奔高丽。

朴渔，爵检校开国男。末王諲撰二十年，国亡，奔高丽。

吴兴，官工部卿。末王諲撰二十年，国亡。明年三月，兴奔高丽，又有僧载雄等六十人，与兴同行。

以上所记，都是渤海亡国前后投奔高丽的渤海宗臣、诸臣，他们或是在残酷的内部斗争中失利率众投奔高丽，或是在渤海国破后不愿侍奉新主恨而转投高丽。另有一些渤海吏员是转仕于东丹国苟且偷生，但他们并没有得到契丹人的重视，官场上的失意使之终日郁郁寡欢，特别是他们被强迁至西部契丹内地和辽东地区后，天福城的被毁，动荡的社会环境，"且说妻儿皆散去，何乡犹曳买臣衣"[①] 的悲惨境地，迫使转投高丽者日众。

金毓黻先生的《渤海国志长编·遗裔列传》中记载：

渤海陁失，遗裔也。其先亡入高丽，以渤海为姓。

刘忠正，遗族也。初仕高丽，官左侍郎中知银台事，与阁门舍人庚行简俱有宠于高丽穆宗。

大道李卿，疑王裔也……圣宗太平十年五月，投大延琳，被围于东京……乃奔高丽，同行六人。

大道行郎，亦疑王裔也。仕于辽，为渤海军监门军。太平十年八月，兴辽国灭。十一月，辽大徙渤海遗族于来、隰、迁、润四州及上京东北等处。道行郎等不获安居，乃于七月投高丽，同行十四人，自是相继来投者甚重。

高真祥，遗族也。仕于辽，为渤海军判官。景福元年七月，持牒投高丽。

王光禄，遗族也。仕于辽，为渤海军孔目。景福元年同高真祥投高丽。

沙志明童，遗族也。兴宗重熙元年正月，自辽投高丽，同行二十九人。

---

① 诗句出自 929 年冬裴璆出使日本之际，其友人藤原雅量曾赠以《重和东丹裴大使公公馆言志之诗本韵》。金毓黻：《渤海国志长编·文征》卷十八，黑龙江人民出版社，1995。

史通，遗族也。重熙元年二月，自辽投高丽，同行十七人。

萨五德，遗族也。重熙元年五月，自辽投高丽，同行十五人。

亏音若己，遗族也。重熙元年六月，自辽投高丽，同行十二人。

所乙史，遗族也。重熙元年六月，自辽投高丽，同行十七人。

高城，遗族也。重熙元年七月，自辽投高丽，同行二十人。

李南松，遗族也。重熙元年十月，自辽投高丽，同行十人。

首乙分，遗族也。重熙二年四月，自辽投高丽，同行十八人。

可守，遗族也。重熙二年四月，自辽投高丽，同行三人。

正奇叱火，遗族也。仕于辽，为渤海军监门队。重熙二年四月，自契丹投高丽，同行十九人。

先宋，遗族也。重熙二年六月，自辽投高丽，同行七人。

奇叱火，遗族也。重熙二年十二月，自辽投高丽，同行十一人，高丽处于国之南鄙。

开好，遗族也。重熙十九年四月，自辽投高丽。

金毓黻先生是我国著名的历史学家、古文献学家、东北史研究的奠基人。其在著述《渤海国志长编》之前，集数年之功，进行了大量的文献收集、整理和考证工作，将古今中外有关渤海史资料搜求几尽，终成《渤海国志长编》一书。金毓黻先生的著述是建立在对史学的深入研究和细致考证基础上的，如朝鲜古文献《高丽史》《东国通鉴》等对渤海遗民投奔高丽的事情有较为详细的记载：

高丽太祖八年（925）九月丙申，渤海将军申德等五百人来投。庚子，渤海礼部卿大和钧、均老、司政大元均、工部卿大福谟、左右卫将军大审理等率民一百户来附……十二月戊子，渤海左前卫小将冒豆干，检校开国男朴渔等率民一千户来附。

十年……三月甲寅，渤海工部卿吴兴等五十人，僧载雄等六十人来投。

十一年……三月戊申，渤海人金神等六十户来投……七月辛亥，渤海人大儒范率民来附……九月丁酉，渤海人隐继宗等来附，见于天德殿。

十二年……六月庚申，渤海人洪见等，以船二十艘载人物来附……

九月丙子，渤海正近等三百余人来投。(《高丽史》卷一，世家一，太祖该年该月条)

十七年……七月渤海国世子大光显率数万来投，赐姓名王继，附之宗籍，特授元甫，守白州以奉其祀……十二月，渤海陈林等一百六十人来附。

二十一年……渤海人朴升以三千余户来投。(《高丽史》卷二，世家二，太祖该年该月条)

高丽景宗四年 (979) ……是岁，渤海人数万来投。(《高丽史》卷二，世家二，景宗该年该月条)

渤海既为丹兵破，其世子大光显等，以我国举义而兴，领其余众数万户，日夜间道来奔。(《高丽史·崔承老传》，卷六)

高丽天授九年春，契丹灭渤海……于是渤海世子大光显及将军申德、礼部卿大和钧、均老、司政大元钧、工部卿大福谟，左右卫将大审理、小将冒豆干、检校开国男朴渔、工郎卿吴兴等，率其众前后来奔高丽者数万户。(《东国通鉴》，卷十二)

两相比较后，金毓黻先生的文献收集、整理和考证工作可谓做到了家，日本学者岛田好、外山军治、稻叶岩吉等也都撰文予之好评，许多著述是治渤海史者的案头必备之物。当然，金毓黻先生的《渤海国志长编》更多的史料是源自《旧唐书》《新唐书》《旧五代史》《新五代史》《宋史》《辽史》《金史》《文献通考》《册府元龟》《五代会要》《资治通鉴》《太平寰宇记》《太平御览》《契丹国志》等历朝的典籍文献，《渤海国志长编》被视为集此前渤海史研究之大成的著作，对后世学者有深远影响。

另外，现代韩国学者对渤海遗民也做了精心的研究，对一些可能是遗民、遗裔的人进行了身份上的考证，如韩圭哲在 1994 年版的《渤海对外关系史》中的列表 (见表 2-1)。

表 2-1　渤海遗民身份考证

高丽纪年 (公历)	月日	内容	规模	渤海遗民的 可能性	备注
显宗七年 (1016)	二月壬午	王美、延相等	7 人	*	来奔
	二月甲辰	曹恩、高忽等	6 人	*	来投
	五月辛亥	马儿、保良、王保、可新等	13 户	**	

续表

高丽纪年（公历）	月日	内容	规模	渤海遗民的可能性	备注
显宗七年（1016）	五月	耍豆等	3 人		
	五月戊寅	志浦等	3 人	*	
	五月乙酉	张烈、公现、申豆、猷儿、王忠等	30 户	**	
	五月丁巳	由道、高宗等	9 人	*	
	八月	朱简、从道等	8 人	*	
	九月	罗垦等	5 人	**	
	九月辛亥	奉大、高里等	19 人	*	
	十一月	匡父儿等	10 人		
	十一月乙未	瑟弗达等	6 人		
显宗八年（1017）	七月戊戌	光正等	7 户	**	
	七月	买瑟、多乙、郑新等	14 人		
	八月癸酉	果许伊等	3 户	**	
	九月甲辰	群其昆会（女真孤这）等	10 户	**	
	九月壬子	乌豆等	8 人	**	
显宗九年（1018）	二月丙戌	张正等	4 人	**	
	三月甲午	宋匡袭	1 人		
	三月甲午	伊盖等	10 余人		
	五月乙丑	史夫	1 人	**	
	十二月壬辰	王遂	1 人	**	
显宗十三年（1022）	二月壬子	孟留、演举等	4 人		来奔
	九月戊子	首甘昧、乌于乙等	19 人	**	来投
	十二月辛丑	弗大等	11 人		
显宗十四年（1023）	正月戊寅	焦福等	11 户	**	
	五月丁丑	马许底等	3 户	**	
	五月壬寅	大世奴，齐化郡等	8 人	**	
显宗十五年（1024）	正月	马史刀等	3 人	**	
显宗二十年（1029）	四月	曹兀	1 家	**	来奔
显宗二十一年（1030）	五月乙丑	大道李卿等	6 人	**	来投
	十月	契丹，系哥	1 人		

续表

高丽纪年（公历）	月日	内容	规模	渤海遗民的可能性	备注
显宗二十二年（1031）	三月	契丹，渤海民	40 余人	**	
	十月	王守男等	19 人	**	
德宗元年（1032）	三月癸酉	高真成、高善悟、大光、崔运符、李运衡等	18 人	**	
	四月戊申	契丹，系家、内乙古等	27 人		来投
	十月壬子	刘信男等	5 人	**	来奔
	十月丙寅	济乙男等	10 人		来奔
	十二月甲辰	罗骨等	10 人	**	来投
德宗二年（1033）	正月乙未	仇乃等	18 人		来奔
	三月	系家、古耍等	11		来投
靖宗六年（1040）	四月丙戌	东京民巫仪老、吴知桀等	20 余人	*	
	十二月丁酉	东京民	20 余户	**	
文宗元年（1047）	六月乙丑	高无诸等	1（?）	**	
文宗四年（1050）	十一月辛未	汉儿、曹一等	2 人		
文宗九年（1055）	七月	康庆尊等	15 人		
文宗十三年（1059）	十月甲申	多干伊、多干陵	2 人	*	
文宗十八年（1064）	十二月	高奴等	3 人	**	
萧宗十年（1105）	九月癸卯	霜丘	1 人		
睿宗十一年（1132）	二月	高胥	1 人	**	
	四月戊寅	来远、抱州二城遗民	数百人	**	
	四月乙卯	遗民男女	20 人	**	
	十二月	契丹人等	33 人		
睿宗十二年（1133）	正月壬辰	契丹人等	18 人		

**为渤海遗民的可能性很高，*为可能是渤海遗裔。

资料来源：转引自郭素美、梁玉多、宁波《辽金时期的渤海遗民研究》，黑龙江人民出版社，2012，第 27—29 页。

对于渤海遗民投奔高丽的过程与缘由，有学者将其断续地进行的近200年的人口流动分为5个阶段并解析为：（1）925—929年，渤海灭亡前后，在其残酷的内部斗争下，失利者率众投奔高丽，他们以王族、贵族、官僚集团为主体；（2）934—938年，被视为渤海复国势力代表的大光显、朴升等率众投奔高丽；（3）972—1029年，定安国和兀惹城，"是十世纪中叶渤海遗民反辽斗争的主要基地和重要组成部分"①，他们的反抗斗争失败后部分人投奔高丽；（4）1029—1035年，东京舍利军详稳渤海王族遗裔大延琳率部起义，失败后一些人投奔了高丽；（5）1116—1117年，东京渤海人高永昌起义建立了"大元"政权，失败后部分渤海人出走投高丽。②

还有学者将渤海遗民外逃王氏高丽的过程分为4个阶段，并具体解释为：第一阶段，即渤海灭亡前后，起925年，约延续到938年，渤海国统治集团内部争斗失败者外逃，迁东丹民实契丹内地渤海人外逃，如此，在渤海国破前后的十年多一点时间里，外逃高丽的渤海人的数量已相当可观；第二阶段，辽保宁七年（975）黄龙府卫将渤海人燕颇"杀都监张据以叛"，在契丹军的镇压下"渤海灭亡五十余年后又一次出现了外逃高潮"；第三阶段，即大延琳叛辽起义至失败，时间上系指1030—1033年，原因显然是起义者失败后为逃避契丹人的镇压；第四阶段，1116年，辽东京裨将、渤海后裔高永昌称帝，响应者四起，失败后部分追随者投奔高丽。③

虽然对于渤海遗民投奔王氏高丽的时段，还有其他的一些划分方法，但基本上大同小异。学者另外予以关注的是，投奔高丽的渤海遗民数量有多少。于此，史料没有明载，只是"来投""来附""来奔""投奔"等字句充斥其间。研究者更是言人人殊，有出自史料的数万户说，也有据此推算的数十万人说。如《高丽史·崔承老传》载："渤海既为丹兵破，其世子大光显等，以我国举义而兴，领其余众数万户，日夜间道来奔。"有人以此为据，推断逃到高丽的渤海遗民总数有10余万人④，与这一数字相接近的有10万—20万人说⑤。另有人认为，"《高丽史》记载的渤海居民数是高丽政府登记在册

①　朱国忱、魏国忠：《渤海史稿》，黑龙江省文物出版社，1984，第105页。
②　参见郑永振、李东辉、尹铉哲《渤海史论》，吉林文史出版社，2011，第134页。
③　参见杨保隆《辽代渤海人的逃亡与迁徙》，《民族研究》1990年第4期。
④　韩国学者柳得恭、徐炳国均持此说，转引自郭素美、梁玉多、宁波《辽金时期的渤海遗民研究》，黑龙江人民出版社，2012，第29页。
⑤　杨保隆：《辽代渤海人的逃亡与迁徙》，《民族研究》1990年第4期。

之后又通过一定措施得出的，仅登记在册的渤海遗民在 50 年间就达十几万人。但实际上迁入高丽的渤海人数可能远远超过这一数目，至少达到二十几万或三十万人以上"①。还有人针对《高丽史》的记载指出："由于渤海人习惯于聚族而居，每户人口大体上为 10 人左右，'数万户'也即数十万人，我们的理解是，大光显无论如何也绝不可能一次率领数万户即数十万人南逃，故这一数字应是渤海灭亡后其遗民陆续南逃到高丽境内的总数，即从高丽太祖天授九年（926）至二十一年（938）间，渤海遗民先后投奔高丽境内的总数约达数万户或数十万人之多。"②不过，应该有理由对此说进行商榷，前引史料证明渤海遗民逃亡高丽断续进行近 200 年，如果仅 926—938 年就"约达数万户或数十万人"的话，那么整个过程投奔高丽的渤海遗民数量一定要大于此。

二　西迁辽内地和辽东的渤海遗民

926 年初，契丹国皇帝耶律阿保机率部征战渤海，一路攻城略地、"检核户口"，统治者深知征服地"男子多智谋，骁勇出他国右，至有'三人渤海当一虎'"③的民谚，所以总是将战争中的"俘户"，随时迁到上京临潢府周围以便于控制。契丹灭渤海后，其疆域尽收于契丹版图内。为治理新纳入的广大渤海地区，统治者于其地建立东丹国，改上京龙泉府为天福城，以耶律羽之任右次相辖治。时隔不久，耶律阿保机病死在返回上京临潢府（今内蒙古昭盟巴林左旗）的路上，契丹上层统治者的争斗遂激烈起来。辽太宗天显三年（928），诏遣耶律羽之迁东丹于东平，以渤海户实之，升东平郡为南京（后改东京，今辽阳地）。关于强制迁徙渤海人的真正目的，在耶律羽之写给辽太宗耶律德光的奏折中有尽致的体现，折中清晰写道：

> 渤海昔畏南朝，阻险自卫，居忽汗城。今去上京辽邈，既不为用，又不罢戍，果何为哉？先帝因彼离心，乘衅而动，故不战而克。天授人与，彼一时也。遗种浸以蕃息，今居远境，恐为后患。梁水之地乃其故

---

① 郑永振：《渤海国的灭亡与其遗民的流向》，《延边大学合校十周年纪念延大史学论集》，延边大学出版社，2006，第 52 页。

② 魏国忠、朱国忱、郝庆云：《渤海国史》，中国社会科学出版社，2006，第 578 页。另，朱国忱、魏国忠的《渤海史稿》也主此说。

③ （宋）洪皓：《松漠纪闻》。

乡，地衍土沃，有木铁盐鱼之利，乘其微弱，徙还其民，万世长策也。彼得故乡，又获木铁盐鱼之饶，必安居乐业。①

契丹统治者两次强制性迁移渤海人口的规模很大，其战争下的强制姑且不论，而在"迁东丹民以实东平"的强制中，为绝遗民后路竟下令焚毁了天福城，使这一渤海人营造了 200 余年的繁华都市化为灰烬。在如此暴政的驱使下，辽内地和辽东地方迁入了百余万人的渤海遗民。

关于这两次强制迁徙的渤海遗民，正史上记载很多。《辽史·地理志·上京道》中载：

长泰县。本渤海国长平县民，太祖伐大諲撰，先得是邑，迁其人于京西北，与汉民杂居。户四千。

定霸县。本扶余府强师县民，太祖下扶余，迁其人于京西，与汉人杂处，分地耕种……户二千。

保和县。本渤海国富利县民，太祖破龙州，尽徙富利县人散居京南……户四千。

潞县。本幽州潞县民，天赞元年，太祖破蓟州，掠潞县民，布于京东，与渤海人杂处。隶崇德宫。户三千。

易俗县。本辽东渤海之民，太平九年，大延琳结构辽东夷叛，围守经年，乃降，尽迁于京北，置县居之。是年，又徙渤海叛人家属置焉。户一千。

迁辽县。本辽东诸县渤海人，大延琳叛，择其谋勇者置之左右。后以城降，戮之，徙其家属于京东北，故名，户一千。

渤海县。本东京人，因叛，徙置。

兴仁县。开泰二年置。

宣化县。本辽东神化县民，太祖破鸭渌府，尽徙其民于京师之南。

……

祖州……太祖秋猎多于此，始治西楼……班院祗候蕃、汉、渤海三百人，供给内府取索。

……

① 《辽史·耶律觌烈传》卷七十五。

怀州……天赞中，从太祖破扶余城，下龙泉府，俘其人，筑寨居之。

……

扶余县。本龙泉府。太祖迁渤海扶余县降户于此，世宗置县。户一千五百。

显理县。本显理府人，太祖伐渤海，俘其王大諲撰，迁民于此，世宗置县。户一千。

富义县。本义州，太宗迁渤海义州民于此。

……

永州……长宁县。本显德府县名。太祖平渤海，迁其民于此。户四千五百。

义丰县。本铁利府义州。辽兵破之，迁其民于南楼之西北，仍名义州。

……

降圣州……永安县。本龙原府庆州县名。太祖平渤海，破怀州之永安，迁其人置寨于此，建县。户八百。

饶州……长乐县。本辽城县名。太祖伐渤海，迁其民，建县居之。户四千，内一千户纳铁。

临河县。本丰永县人，太宗分兵伐渤海，迁于潢水之曲。户一千。

安民县。太宗以渤海诸邑所俘杂置。户一千。

《辽史·地理志·东京道》中载：

东京辽阳府……神册四年，葺辽阳故城，以渤海、汉户建东平郡，为防御州。天显三年，迁东丹国民居之，升为南京……天显十三年，改南京为东京，府曰辽阳。

……

辽阳县。本渤海国金德县地……渤海为常乐县。户一千五百。

仙乡县……渤海为永丰县……户一千五百。

鹤野县……渤海为鸡山县……户一千二百。

析木县……渤海为花山县。户一千。

紫蒙县……后拂涅国置东平府，领蒙州紫蒙县……渤海复为紫蒙县。户一千。

兴辽县……渤海改为长宁县。唐元和中，渤海王大仁秀南定新罗，北略诸部，开置郡邑，遂定今名。户一千。

肃慎县。以渤海户置。

……

开州……渤海为东京龙原府……太祖平渤海，徙其民于大部落，城遂废……

开远县。本栅城地……渤海因之……民户一千。

盐州。本渤海龙河郡，故县四：海阳、接海、格川、龙河，皆废。户三百……

穆州……本渤海会农郡，故县四：会农、水歧、顺化、美县，皆废。户三百。

……

贺州……本渤海吉理郡，故县四：洪贺、送诚、吉理、石山，皆废。户三百。

……

辰州……渤海改为盖州……辽徙其民于祖州，除曰长平军。户二千。

卢州……本渤海杉卢郡，故县五：山阳、杉卢、汉阳、白岩、霜岩，皆废。户三百……

铁州……渤海置州，故县四：位城、河端、苍山、龙珍，皆废。户一千……

兴州……渤海置州，故县三：盛吉、蒜山、铁山，皆废。户二百……

汤州……渤海置州，故县五：灵峰、常丰、白石、均谷、嘉利，皆废。户五百……

崇州……渤海置州，故县三：崇山、沩水、绿城，皆废。户五百……

海州……渤海号南京南海府……故县六：沃沮、鹫岩、龙山、滨海、升平、灵泉，皆废。太平中，大延琳叛，南海城坚守，经岁不下，别部酋长皆被擒，乃降。因尽徙其人于上京，置迁辽县，移泽州民实之。户一千五百……

耀州……本渤海椒州，故县五：椒山、貂岭、澌泉、尖山、岩渊，皆废。户七百……

渌州……渤海号西京鸭渌府……故县三：神鹿、神化、剑门，皆废……

丰州，渤海置盘安郡，故县四：安丰、渤恪、隰壤、硖石，皆废。户三百……

康州……世宗迁渤海率宾府人户置……

沈州……本挹娄国地。渤海建沈州，故县九，皆废……

广州……渤海为铁利郡。太祖迁渤海人居之，建铁利州……

辽州……本拂涅国城，渤海为东平府……太祖伐渤海，先破东平府，迁民实之……

黄龙县。本渤海长平县，并富利、佐慕、肃慎置。

迁民县。本渤海永宁县，并丰水、扶罗置。

湖州……渤海置……

渤州……渤海置……统县一：贡珍县。渤海置。

《辽史·地理志》中的记载，清晰地显现了契丹灭渤海后频繁地强制移民的轨迹。准确地说，这些出现在辽内地与辽东地方的渤海遗民，并非都来自上京龙泉府及其附近的黑龙江区域。即便如此，还在使用这些史料无非想说明，在契丹人的强制集团性迁徙措施下，旧有的渤海国五京十五府六十二州一百三十县的建制或荡然无存或在新的迁徙地内沿用。渤海国在今黑龙江区域内建制可考者及可知移民去向的主要有以下几处。

上京龙泉府领有龙、湖、渤三州。龙州领有县三：永宁、肃慎、富利。龙州为首州，当在渤海镇。永宁县依郭。肃慎县在上京西南 30 里肃慎城地。宁安县大牡丹屯渤海国城址或为富利县治。湖州以湖得名，镜泊湖北岸平房店北山之城墙砬子当为湖州治所。渤州距龙州未远，领贡珍县，牡丹江市北郊桦林乡南城子古城或为渤州治所。这些渤海遗民的去向是，龙泉府治的忽汗城民，除部分被耶律阿保机掠走安置在今内蒙古巴林左旗外，其大部分被迁往今辽阳市；龙州所属，部分被迁往今辽阳附近，置肃慎县统之，部分被迁到今吉林农安，将其与从湖州迁来的渤海遗民混合安置在黄龙、迁民等县；湖州民大部分被迁往今辽宁义县附近，仍以原州名置州。另有部分湖州民被迁至农安，与龙州民混置黄龙、迁民等县；至于渤州民去向，《辽史·地理志·东京道》中有"渤州……渤海置……统县一：贡珍县。渤海置"的记载，此渤州应是渤海遗民的迁入地。

郏颉府领郏、高二州。府治在今阿城，郏州与府同治，高州在今宾县一带。郏、高二州的渤海遗民去向是，辽太宗徙郏州民至今辽宁昌图县境，置三河、榆河二州安置，后辽圣宗合二州置韩州（治所在昌图县西北八面城）；高州附近的渤海人似也被迁到昌图县附近。

东平府领伊、蒙、沱、黑、比五州。府治当在宁安以东，兴凯湖以西地。府下诸州多环兴凯湖分布。这些渤海遗民的去向，只知蒙州渤海人一千户被辽太宗迁离故地，设紫蒙县安置，在今辽阳市附近，其余无考。

铁利府领广、汾、蒲、海、义、归六州。府治在今依兰县城西牡丹江西岸、松花江南岸的马大屯。广州与府同治。其他五州当在依兰附近。这些渤海遗民，辽太祖时即迁走了广州民和归州"降户"，而《辽史·地理志·上京道》则有"富义县……太宗迁渤海义州民于此"的记载，富义县治在今内蒙古翁牛特旗东的西拉木伦河旁。①

率宾府领有华、益、建三州。曹廷杰、金毓黻等大家都认为，渤海的率宾府在今俄罗斯的双城子，以后学者大都采用此说。近年考古发现，黑龙江省东宁县大城子位于绥芬河南4里，在东宁县东南10余里。城址周长3570米，城为长方形，无马面，该地出土文物均为典型的渤海文物。因而张泰湘定此为渤海率宾府址。② 其所领华州在今东宁大城子古城，益州在今东宁县金厂乡村南土城，建州在今俄罗斯的乌苏里斯克（即双城子）。③《辽史·地理志》中的"盖州当为渤海之益州。如是，则渤海益州民被辽太宗迁今辽宁盖县境内"④。

怀远府领达、越、怀、纪、富、美、福、邪、芝九州。达州领怀福、豹山、乳水三县。富州领富寿、新兴、优富三县。美州领山河、黑川、麓川三县。金毓黻《渤海国志长编》卷十四载："其地盖在今俄领滨海省东部瀕海之处，为渤海所并，于其地设怀远、安远两府。均以远命名，即以其处于极

①　高恩林：《黑龙江政区沿革纪略》，黑龙江人民出版社，1990，第9页；杨保隆：《辽代渤海人的逃亡与迁徙》，《民族研究》1990年第4期。
②　张泰湘：《唐代渤海率宾府辨》，《历史地理》第2辑，上海人民出版社，1982，第178页。
③　孙进己、冯永谦总纂《东北历史地理》上册，黑龙江人民出版社，2013，第554页。
④　杨保隆：《辽代渤海人的逃亡与迁徙》，《民族研究》1990年第4期。

东边远之地。""怀远府领达、怀、美、福等九州，被辽太宗南迁可考知的只有达、美二州。达州所属怀福、豹山、乳水三县民，辽迁其至今吉林省怀德县一带至信州统之。美州民被徙居今辽宁彰武县西北置遂州。又，考辽上京道也有怀、福二州，但据载，辽怀州虽居有渤海人，却是阿保机迁来的上京龙泉府和扶余府民，与怀远府之怀州无关。"①

东北民族史家杨保隆先生，在其《辽代渤海人的逃亡与迁徙》一文中，把黑龙江区域渤海遗民的强制性集团迁徙的去向归纳为：

上京龙泉府（府治在今黑龙江省宁安县渤海镇）民被阿保机掳走的，居今内蒙古巴林左旗境。被辽太宗强迫迁离的，大部分居今辽阳市及附近地区，一部分分散到巴林左旗和今吉林省农安县、辽宁义县等地。被迁到辽阳地区的，辽圣宗又将其一部分再迁巴林左旗，一部分移住今河北抚宁县东北。

……

郑颉府（府治在今黑龙江省阿城县境）民，只知太宗时徙其一部居今辽宁昌图县西北。

定理府（府治无考，其地约在今兴凯湖东）所统，主要在太宗时被强徙到今沈阳市及辽宁省铁岭县西南。

率宾府（治所在今苏联沿海州乌苏里斯克）的渤海人，阿保机迁其被"停户"于今辽宁盖县地，辽世宗又移其一部分于北镇县。迁盖县的，后又被再徙巴林左旗西南。

东平府（治所约在今黑龙江省密山县境）辖民，以阿保机时迁移最多，分居于今辽宁新民、开原、康平三县境。太宗时徙其蒙州紫蒙县民于辽阳附近。

铁利府（治所在今黑龙江省依兰县境）民先后被迁地点为，部分被阿保机移居今沈阳市西南，部分被辽太宗迁到今内蒙古翁牛特旗东的西拉木伦河旁，兴宗时又徙其部分居民至今吉林省农安县东北境。

怀远府（府治故址无考，其地应在今乌苏里江以东的附近地区）所属，阿保机迁其富州所辖二县民到今辽宁省铁岭县。辽太宗移其达州三县民居今吉林省怀德县一带，美州民居辽宁彰武县西北境。

---

① 杨保隆：《辽代渤海人的逃亡与迁徙》，《民族研究》1990 年第 4 期。

安远府（府治无考，其地应在乌苏里江以东靠近日本海的地区）民被迁，只知辽太宗徙原属慕州的到今吉林省浑江市北。

对于辽强迁渤海遗民数量，典籍上没有记载，而研究者也没有统一的说法。有人认为，辽上京道迁入渤海遗民 4 万户，中京道迁入 1 万户，合计 5 万余户，[①]若按传统的每户 5 人计，迁入人口数量在 25 万人左右，但其缺少重点迁入区东京道的渤海遗民数量。也有人认为，辽所强迁渤海遗民数量有 94000 余户，47 万余人。[②]还有人认为契丹人强迁渤海遗民数量多达 190 余万人，[③]对于这一数字也有人质疑道："从多方面考虑，强迁到辽内地和辽东地区接受契丹直接统治的渤海遗民不可能达到 190 万，最多不过 100 万以内。"[④] 如此悬殊的人口数量姑且不论，更为困难的是在悬殊的数量中推定出黑龙江区域的渤海遗民数量。我们把辽强迁黑龙江区域的渤海遗民数量推定为 80 万人左右的理由是：（1）前面我们把上京龙泉府人口推定为 30 万人左右，东丹国南迁时统治者将天福城焚毁，人口或被强迁或四散逃离，如减去战争对人口的损耗及投奔高丽者，所剩人口亦应有 20 余万人；（2）这 20 余万人亦只是理论上的推定数字，实际人口应大于此数，因为契丹与渤海交恶有年，双方交恶地方的渤海人口逃亡应是经常发生的，远离战争地的渤海国政治、经济中心的上京龙泉府以及更北的地方，应该是逃亡人口流向之一；（3）西迁辽内地和辽东的渤海遗民的原居地遍及黑龙江区域，在渤海国的五京十五府六十二州的行政建制中占有相当比例，其计数的结果应该是一京（上京）七府（龙泉府、郿颉府、率宾府、东平府、铁利府、怀远府、安远府）三十二州（龙州、湖州、渤州、郿州、高州、华州、益州、建州、伊州、蒙州、沱州、黑州、比州、广州、汾州、蒲州、海州、义州、归州、达州、越州、怀州、纪州、富州、美州、福州、邪州、芝州、宁州、湄州、慕州、常州），在如此一个行政建制几乎占渤海国一半地域里的渤海遗民数量，应该在辽强迁渤海遗民中占有较大比重。

综合几方面考虑，渤海国全盛时期的推算人口数量是 300 万人左右，去

---

① 孙进己：《唐代渤海民族的分布及渤海人的西迁》，《高句丽渤海研究集成》，哈尔滨出版社，1997。
② 王承礼：《渤海简史》，黑龙江人民出版社，1984，第 177 页。
③ 魏国忠、朱国忱：《渤海人口考略》，《求是学刊》1983 年第 1 期。
④ 郑永振、李东辉、尹铉哲：《渤海史论》，吉林文史出版社，2011，第 138 页。

战争损耗及投奔高丽者，所剩人口亦应在 200 万人上下。虽然黑龙江区域苦寒边远，但对于为国都 160 余年的上京龙泉府及其附近地区，人口的增长也是必然的。特别值得注意的是，黑龙江区域占有渤海国行政建制一半左右，应该是渤海遗民的主要迁出区。据此，我们把辽强迁黑龙江区域的渤海遗民数量推定为 80 万人或者更多一些，似乎可以令人接受。当然，这也只是一个推断数字。

三　投奔女真或留居原地的渤海遗民

渤海亡国后其民呈鸟兽散状，除了逃亡高丽与被契丹人强制迁徙外，还有一部分人投奔女真或留居原地。渤海、女真的渊源关系，是你中有我、我中有你，针对于此金太祖阿骨打曾说："女直渤海本同一家，盖其初皆勿吉之七部也。"① 而现代学者则直接论述道："建立金朝的完颜部即为生女真的一支，亦是黑水靺鞨的直系后裔。黑水靺鞨后裔是生女真的主体。广义地说，辽代女真人是黑水靺鞨的后裔和部分靺鞨系渤海遗民的混合体。"② 正是因为历史的渊源，所以在渤海灭亡际投奔女真，也是一部分渤海遗民主动的选择。在投奔女真的渤海人中，也不乏先仕于辽又不满于契丹人统治，趁女真兴起之际转投于金朝者。金毓黻先生的《渤海国志长编·遗裔列传》中载：

> 高桢，遗族也……金将斡鲁来攻……桢遂自东京潜出降金……金以桢同知东京留守事，授猛安。
>
> 六哥……金将斡鲁攻下东京，六哥率其乡人迎降，金以为榆河州千户，久之告老。
>
> 梁福，遗族也。金太祖二年十月，次来流城，召福与斡答剌，使之伪亡去，招谕其乡人，曰：女真、渤海，本同一家，我兴师伐罪，不乱及无辜。
>
> 杨朴，遗族也。先世迁居铁州。朴登辽进士第，累官校书郎。高永昌建国时，降女真，颇用事，劝阿骨打称皇帝，是为金太祖，建元天辅，以旻为名，国号大金。

---

① 《金史·太祖纪》卷二。
② 于志耿、孙秀仁：《黑龙江古代民族史纲》，黑龙江人民出版社，1987，第 354 页。

乙塞补，遗族也。辽末，居于宁江州。金太祖以兵取宁江州，乙塞补降，从破黄龙府，战于达鲁古城。

高庆裔（裔一作绪），遗族也，仕于金。

李善庆，遗裔也，仕于金。

高随，遗裔也，仕于金。

大迪乌，王裔也，仕于金。

大良顺，王裔也，仕金。

大家奴，王裔也，为金初猛安六谋克之一。

大臭，一名挞不野，王裔也。居于辽阳，世仕辽，有显者。

六斤，遗裔也。金海陵王时，为完颜亨家奴。

达怀忠，王裔也。于金海陵王时，官点检。

完颜亨妻大氏，王裔也，为亨之次妃。

完颜昂妻大氏，王裔也，又为金海陵王从母姐。

金海陵王母大氏，王裔也。

金海陵王妃大氏，初称第二娘，后进封为贵妃。

金世宗元妃张氏，渤海遗族也。父玄征，母高氏，与世宗母贞懿皇后葭莩亲，世宗纳为次室，生赵王永中而氏卒。大定二年，追封宸妃。是年十月，追进惠妃。十九年追进元妃。

金世宗元妃大氏，渤海遗族，符宝郎磐之妹也。世宗大定五年，在宫中为宝林。宝林者，内官也，次于才人。后进位柔妃。卒，陪葬坤后陵。

　　…………

另，《渤海国志长编·附录一·渤海遗裔考》中载：

张寿昌，《大金国志》熙宗天会十三年窝里嗢自燕山入见，卒于路。兀木赴丧，娶其妻寿昌娘子归于黎阳。寿昌小名，姓张，渤海人也。

郭药师及子安国，事具《金史》本传。传云：药师，渤海铁州人也。凡《金史》之例，渤海人之迁居他处者，曰某处渤海人。如高桢曰辽阳渤海人，是也。惟药师则曰渤海铁州人，盖以铁州为渤海诸州故耳。然渤海之铁州，辽初亦已南徙，非其故地。药师之所籍，盖亦迁居后之铁州也。

高松，事具《金史》本传。曾充管押东京路渤海万户，必渤海遗族也。

高德基及子锡，事具《金史》本传。传云，德基，辽阳渤海人。高
及孙宪，衍事具《金史》本传。传云，衍辽阳渤海人。

张浩及其六子，事具《金史》本传。传云，浩，辽阳渤海人。

张玄素及侄汝弼，事具《金史》本传。传云，玄素与浩同曾祖。

大简之，《图绘宝鉴》云：金大简之，渤海人，工松石小景。

高竑，事具《金史》本传。传云，竑，渤海人。

…………

这些多是正史入传的渤海遗民，但在辽时，"自涑沫之北，宁江之东北，
地方千余里，户口十余万，散居山谷间，依旧界外野处，自推雄豪尊长，小
者千户，大者数千户，则谓之生女真"①。如此广阔的地方，正是渤海国的龙
泉府、郑颉府、率宾府、东平府、铁利府、怀远府、安远府辖地，留居原地
或躲避契丹强迁的渤海遗民，加入正在勃兴的女真部族亦是常理之中的事
情。《辽史·太宗纪》中亦有"诏遣耶律羽之迁东丹民以实东平，其民或亡
入新罗、女直"的记载，据此有人写道："从渤海国的民族构成中靺鞨人占
多数，靺鞨人又分七个不同部的情况考虑，辽灭渤海后位于渤海北部和东北
部的靺鞨部居民仍留在原地，与他们相邻的渤海人可能多亡入这些地区。亡
入女真地区的渤海人数也必数以万计，或说相差无几。"②

由于多年受中原文化影响，辗转投奔中原的渤海遗民亦有人在。但在投
奔中原人口的数量上，由于中原与渤海国之间有大片辽占领区的间隔，要比
投奔高丽和女真的人数少许多，史料上也没有过多的记载。翻检史料约得三
次渤海遗民投奔中原实例，其两次出自《宋史·列传·渤海国》条下载：

周显德初（954），其酋豪崔乌斯等三十人来归，其后隔绝不能通
中国。

太平兴国四年（979），太宗平晋阳，移兵幽州，其酋帅大鸾河率小
校李勋等十六人、部族三百骑来降，以鸾河为渤海都指挥使。

---

① 徐梦莘：《三朝北盟会编·政宣上帙三》卷三。
② 郑永振、李东辉、尹铉哲：《渤海史论》，吉林文史出版社，2011，第141页。

另一次渤海遗民投奔中原的实例，出自《辽史·圣宗纪》载：

> 辽统和四年（986）……癸丑，以艾正、赵希赞及应州、朔州节度副使、奚军小校隈离辖、渤海小校贯海等叛入于宋。

如此，辽灭渤海国前后的人口迁徙有规模大、流向多的特点。那么，可以根据众之说对渤海遗民的流向、流量做一计量分析，也就是说，全盛时期约300万渤海人都去了哪里？在渤海遗民人口四个流向上，约有一半的人口留居原地或逃往女真地区，契丹统治者强迁百万渤海遗民于辽内地和辽东地区，投奔高丽的渤海遗民数量为30万人左右[①]，投奔中原与战争损耗的即便很少亦应有数万或十数万人之多。至于黑龙江区域的渤海遗民迁徙数量，推定应该为80万—100万人，因为"约有一半左右的人口留居原地或逃亡女真地区"的渤海遗民并没有离开黑龙江区域，当然这也只是一个推定数字。

第五节　渤海遗民的历史作用与民族融合

以数百万计的渤海遗民，或西迁辽内地与辽东地方，或逃往女真与高丽，他们当中的精英非但没有销声匿迹，反而以自己较高的汉文化造诣作用于迁入地的政治、经济、社会、文化等各个方面。下面从渤海遗民与金朝兴起及不同民族通婚融合两个方面予以考察。另，无法独立成为章节又不得不一叙的"辽时期的汉族人口北迁"于后补言。

一　渤海遗民——"金朝之功臣"

列传是纪传体史书的一种体裁，用以记载历史人物的乡里、宗谱、生卒、历官、言行、著述等史实，有较高的史料价值。由于没有纪传体渤海史的编撰，列传中的渤海遗民只能到其他正史中去寻找。有人做过统计，《辽史》所载渤海遗民71人，《金史》所载渤海遗民63人，其中以大氏与高氏为多。《辽史》中大氏有20人，高氏有9人，《金史》中大氏有20人，高氏

---

① 郑永振：《渤海国的灭亡与其遗民的流向》，《延边大学合校十周年纪念延大史学论集》，延边大学出版社，2006，第58页。

有 14 人。①大家知道，在渤海社会大氏为王族，而高氏是地位仅次于王族的"右姓"大族。正如洪皓的《松漠纪闻》中载："其王旧以大为姓，右姓曰高、张、杨、窦、乌、李，不过数种。"能有如此之多的大氏、高氏渤海遗民进入《辽史》《金史》的列传，说明即便是遗民其也在各自的政治领域里发挥着重要作用。如前所述，渤海国灭亡后，一些渤海人先在东丹国仕辽，后又迁到辽内地或辽东地区充当辽朝高官吏员，文官武将均有，对辽政权的建设与社会经济发展起到了积极作用。如《辽史·高模翰传》载：

> 高模翰，一名松，渤海人。有膂力，善骑射，好谈兵。初，太祖平渤海，模翰避地高丽，王妻以女。因罪亡归。坐使酒杀人下狱，太祖知其才，贳之。
>
> 天显十一年七月，唐遣张敬达、杨光远帅师五十万攻太原……模翰与敬达军接战，败之……上谕模翰曰："朕自起兵，百余战，卿功第一，虽古名将无以加。"乃授上将军，会同元年，册礼告成，宴百官及诸国使于二仪殿。帝指模翰曰："此国之勇将，朕统一天下，斯人之力也。"群臣皆称万岁。

《辽史·大康乂传》载：

> 大康乂，渤海人。开泰间，累官南府宰相，出知黄龙府，善绥抚，东部怀服。榆里底乃部长伯阴与榆烈比来附，送于朝。且言蒲卢毛朵界多渤海人，乞取之。诏从其请。康乂领兵至大石河驼准城，掠数百户以归。

《辽史·列传·能吏》载：

---

① 〔韩〕徐炳国：《渤海遗民史研究》；郭素美、梁玉多、宁波：《辽金时期的渤海遗民研究》，黑龙江人民出版社，2012，第 190 页。另，学者王世莲在《渤海遗民与金之勃兴徙》文中统计，"虽然金兴于渤海亡后的二百年，但渤海人显仕于金者却要高出仕辽者的数倍以上。据对辽、金二史列传人物统计，渤海人在《辽史》中立传者不满十人，而《金史》有传者却达三十五人以上，且不包括在金建国之初起过重要作用的渤海人杨朴、高庆裔等。虽然辽、金二史详略不同，但也反映出渤海、女真的不平常关系"。《求是学刊》1983 年第 4 期。

　　大公鼎，渤海人，先世籍辽阳率兵府。统和间，徙辽东豪右以实中京，因家于大定……公鼎幼庄愿，长而好学。咸雍十年，登进士第，调沈州观察判官。时辽东雨水伤稼，北枢密院大发濒河丁壮以完堤防。有司承令峻急，公鼎独曰："边障甫定，大兴役事，非利国便农之道。"乃疏奏其事。朝廷从之，罢役，水亦不为灾。濒河千里，人莫不悦。改良乡令，省徭役，务农桑，建孔子庙学，部民服化。累迁兴国军节度副使。

　　以上仅是渤海遗民中入史的几个武将、文官、能吏的实例，他们反映的是确有相当一部分仕辽的渤海人以其聪明才智促进契丹经济社会的发展。但不可否认的是，由于契丹人奴役、掠夺的残暴统治，渤海遗民的反辽斗争也一直没有停止过。从定安国到大渤海国、从燕颇到大延琳的反抗斗争此起彼伏，然更应引人注意的是由于渤海与女真的渊源关系，女真民族勃兴之际，许多仕辽的渤海人纷纷倒戈加入了金王朝的建国大业。这固然与女真杰出领袖阿骨打对渤海人的深信不疑有关，但"金伐辽，渤海来归"更是一个不可忽视的民族因素。在文献典籍中有传的渤海遗民，或为金王朝"国之元老"，或为"功勋之臣"，或"以策于太祖"，或"建言于国制"，其佼佼者如是。

　　徐梦莘《三朝北盟会编·政宣上帙三》载：

　　有杨朴者铁州（渤海）人，少第进士，累官至秘书郎，说阿骨打（改作阿固达）曰：匠者与人规矩，不能使人必巧；师者，人之模范，不能使人必行。大王创兴师旅，当变家为国，图霸天下，谋万乘之国，非千乘所能比也。诸部兵众皆归大王，今力可拔山填海，而不能革故鼎新，愿大王册帝号，封诸番，传檄响应，千里而定。东接海隅，南连大宋，西通西夏，北安辽国之民，建万世之□基，兴帝王之社稷，行之有疑，则祸如发矢，大王如何？

　　关于渤海人杨朴在阿骨打创业之初劝其登基称帝一事，在《辽史》《契丹国志》《大金国志》等中亦均有记载。《辽史·天祚皇帝纪》载："女直阿骨打用铁州杨朴策，即皇帝位，建元天辅，国号金。"《大金国志·太祖武元皇帝上》亦载："有杨朴者，辽东铁州人也。本渤海大族，少第进士，累官校书郎。高永昌叛时，降女真，颇用事。是冬，阿骨打用杨朴策，始称皇帝，建元天辅，以王为姓，以旻为名，国号大金。"在女真建国事上杨朴是立有大功者，因为在此前宗翰、完颜希尹、吴乞买、撒改、辞不失等权臣都曾进言阿骨打上尊号，只是阿骨打听了杨朴言后"甚是高兴，吴乞买等女真大贵族也都以杨朴的话为是，于是在1115年正月元旦阿骨打即帝位，国号大金，改元收国"①。女真建国后，阿骨打让杨朴出任枢密院内相，几为大金国重要谋臣。《大金国志·太祖武元皇帝上》载：

> 是年，知枢密院内相杨朴建议以为陛下肇登大宝，混一封疆，应天顺人，奄宅天命，而六宫未备，殊失四方观瞻，欲乞备日，册命正后妃之位，国主从之……知枢密院杨朴建言："惟我国家兴自遐荒，朝仪、典章犹所未备，以中朝言之威仪、侍卫尊无二上，诸亲从、诸王部族尊贵者驰驱戎行，虽不可尽责，其自番汉群臣以下宜致敬尽礼，所合定朝仪、建典章，上下尊卑粗有定序。"国主从之。

对金王朝做出贡献的渤海人并非仅杨朴一人，还有辽阳渤海人张浩及其子孙，他们显仕于有金一代。张浩本人历事太祖、太宗、海陵王、世宗四朝，"练达政务"，每朝均有建树。据传"他太宗时任朝官初定朝仪，熙宗时详定内外仪式，以后历任户、工、礼三部侍郎"②，为金"国之元老"。《金史·张浩传》载：

> 张浩字浩然，辽阳渤海人。本姓高……曾祖霸，仕辽而为张氏。天辅中，辽东平，浩以策于太祖，太祖以浩为承应御前文字。天会八年，赐进士及第，授秘书郎。太宗将幸东京，浩提点缮修大内，超迁卫尉卿，权签宣徽院事，管勾御前文字，初定朝仪……海陵召为户部尚书，拜参知政事……进拜尚书右丞……贞元元年，海陵定都燕京……浩进拜平章政事，赐金带玉带各一，赐宴于鱼藻池……未几，改封蜀王，进拜左丞相……浩拜太傅、尚书令，进封秦国公……世宗即位于辽阳……初，近侍有欲罢科举者，上曰："吾见太师议之。"浩入见，上曰："自古帝王有不用文学者乎？"浩对曰："有。"曰："谁欤？"浩曰："秦始

① 张博泉：《金史简编》，辽宁人民出版社，1984，第66页。
② 〔日〕外山军治：《金朝史研究》，黑龙江朝鲜民族出版社，1988，第113页。

皇。"上顾左右曰："岂可使我为始皇乎。"……是岁，薨。上辍朝一日。诏左宣徽使赵兴祥率百官致奠，赙银千两、重彩五十端、绢五百匹。谥曰文康。明昌五年，配享世宗庙廷。泰和元年，图像衍庆宫。

按《金史》载，张浩为金之四朝权臣，其"以策于太祖"，"管勾御前文字"，"立朝仪主政务"，"赐宴拜相"，"图像衍庆宫"，真正为金王朝做到了"鞠躬尽瘁死而后已"。说到渤海遗民中的"金之功臣"，有一人不得不说，即为《金史》编撰者点赞的"郭药师者，辽之余孽，宋之历阶，金之功臣也。以一臣之身而为三国之祸福，如是其不侔也"。对于如此之人，《金史·郭药师传》载：

> 郭药师，渤海铁州人也。辽国募辽东人为兵，使报怨于女直，号曰"怨军"，药师为其渠帅。斡鲁古攻显州，败药师于城下。辽帝亡保天德，耶律捏里自立，改"怨军"为"常胜军"，擢药师诸卫上将军。捏里死，其妻萧妃称制，药师以涿、易二州归于宋。药师以宋兵六千人奄至燕京，甄五臣以五千人夺迎春门，皆入城……太祖割燕山六州与宋人，宋使药师副王安中守燕山。及安中不能庇张觉而杀之，函其首以与宗望，药师深尤宋人，而无自固之志矣。宗望军至三河，药师等拒战于白河。兵败，药师乃降……太宗以药师为燕京留守，给以金牌，赐姓完颜氏。从宗望伐宋，凡宋事虚实，药师尽知之。宗望能以悬军深入，驻兵汴城下，约质纳币，割地全胜以归者，药师能测宋人之情，中其肯綮故也。

对于相继仕辽、宋、金，集"余孽""历阶""功臣"大相径庭评价于一身，一人"而为三国之祸福"的渤海遗民郭药师，《金史》编撰者用"不侔"一词予以了肯定。"不侔"意为"不相等""不等同"，系指功劳不等、作用不一，如是恰当的解释应该说是公允的。此解，同样可以适用于那些先仕辽后归金，为金之社会发展做出贡献的渤海遗民。

当然，对金之社会有贡献的不仅限于上述几个人传的渤海人，在金蓬勃发展的"百年基业"中，早已融入了"本同一家"的渤海遗民文化。渤海的农耕文化对女真人生产的影响，习俗文化对女真社会的影响，诸如此类，在金之艺术、哲学、科学、宗教等领域都有不同程度的体现。

二　金宗室与渤海氏族的联姻

一般认为，中国的"豪族"势力始于西汉中期，偏重于东汉社会。由门第观念划分社会阶层、党派分野，形成的宗室豪族的婚姻圈，成为维系家族间关系之重要凭借，往往也被用作政治手段，演变成"百姓和亲，国家安宁"的大势，而所谓"和亲"是指两个不同民族出于"为我所用"的目的所进行的联姻，尽管双方和亲的最初动机不完全一致，但总的来看，都是为了避战言和，保持长久的和好，结果是促进了民族融合。这种盛行于中原的汉文化，在金宗室与渤海氏族中也有尽致的体现。

金毓黻《渤海国志长编·族俗考·姓氏》载："自曹魏置九品中正，以为官人之法，东晋以后，偏安江左，始竞以门第相高，其风播于河朔，历隋及唐，而世族谱牒之学兴焉。渤海盛时，濡染唐风，亦有右姓。据洪皓《松漠纪闻》所述，王族之外，右姓有六，高、张、杨、窦、乌、李是也。"一个社会的王族自不必说，渤海社会"右姓"，可能是跟随大祚荣奋起创业的开国元勋后代，也可能是权倾朝野的吏员高官，还可能是财可敌国的富商大贾，正是这样一些人相互联姻，相互勾结，相互攀缘，相互提携，形成了累世显贵的豪族集团，并在上层社会里占有相当比例。有学者求证"在王族以外留有姓名的一百多位渤海官员中，此六姓人氏竟达到五六十人之多，约占总数的一半左右"①。渤海灭亡后，遗民中的"右姓"多以与金宗室联姻方式去维系昔日的辉煌，虽然有些在性质上是被动的。

与金宗室联姻的渤海"右姓"，主要是迁居辽阳的大氏、李氏、张氏等豪族。《金史·后妃传》载，源自渤海的后妃有 10 人，金朝 9 帝中有海陵母大氏、第二娘子大氏，世宗母李氏、元妃张氏、元妃李氏，章宗元妃李氏，卫绍王母李氏，宣宗母刘氏、皇后王氏等，她们都是渤海后裔。关于金宗室与渤海联姻的情况，日本学者外山军治先生撰文做了详解：

> 太祖天辅年间金的势力刚刚波及以辽阳为中心的辽东半岛，金廷就从辽阳渤海人名流家族女子中选有姿德者作宗室诸王的侧室。这一方面是出于怀柔渤海人的目的，另一方面，也是金廷对渤海人的中国式教养颇感兴趣的缘故。在辽代也有渤海人女子作宗室妻妾，甚至作皇妃的先

---

① 魏国忠、朱国忱、郝庆云：《渤海国史》，中国社会科学出版社，2006，第 353 页。

例，但其情形与金代有所不同，金廷入选渤海女子是有计划的，由于采取这一措施，想必在金宗室中形成尊重中国式教养的风气。这些渤海女子中最有名的是太祖的庶长子宗干的次室大氏以及宗辅的次室李氏。大氏所生迪古乃后来成为第四代皇帝海陵王，李氏所生乌禄后来在辽阳自立并取代海陵王，成为第五代皇帝金世宗。金世宗在辽阳自立时得到辽阳渤海人的大力支持。如上所述，海陵王与世宗两代皇帝的生母都是渤海人，而世宗与辽阳渤海人的关系更为密切，这些都使渤海人尤其是入仕金朝的渤海人处于十分有利的地位。世宗在即位前因其母李氏与张玄征之妻高氏的关系，将玄征之女选为次室，她生下赵王允中后不久去世。世宗在即位前后又选其母弟李石（李石在世宗自立时起很大作用）之女为侧室，她就是郑王允蹈、卫绍王允济、潞王允德的生母（《金史卷六十四》元妃李氏传）。其中卫绍王允济成了第七代皇帝，不过在位时间很短。世宗还有一个柔妃，她也是大氏出身。她的祖父大臭在辽阳归附金朝前已经降金，后来因经略华北有功擢升宰相。当然大臭也是渤海王裔。①

金宗室与渤海"右姓"联姻，固然有政治上怀柔目的，但更为主要的应与渤海人所具有的较高的汉文化素养有关。典籍记载的宗室豪族联姻终为可数，真正能起到民族融合作用的联姻还是在民间。如是，还需统治者在诏令、民俗方面下番功夫。

女真建国后，从太祖的"其余事无大小，一依本朝旧制"② 到熙宗的"天眷新制"改革，在其封建化过程中不断地颁布诏令，变奴隶制旧俗为封建新制，而其中许多关联到婚姻习俗。如天辅元年（1117）五月丁巳："诏自收宁江州以后，同姓为婚者，杖而离之。"③ 又如，天辅八年（1124）五月癸卯："诏令，禁继父继母之男女无相嫁娶。"④ 再如，天会五年（1127）四月乙丑："诏曰，合苏馆诸部与新附人民，其在降附之后，同姓为婚者，离之。"⑤ 这些诏令的颁布表明，在女真封建化的过程中还保留着群婚制的残

---

① 〔日〕外山军治：《金朝史研究》，黑龙江朝鲜民族出版社，1988，第 117 页。
② 《金史·太宗纪》卷三。
③ 《金史·太祖纪》卷二。
④ 《金史·太宗纪》卷三。
⑤ 《金史·太宗纪》卷三。

余，即所谓"父死则妻其母，兄死则妻其嫂，叔伯死，则侄亦如之"的烝婚制。在婚姻关系上，尚不排斥不同辈分，也不排斥亲族间同姓为婚的习俗。而在其封建化过程中，先是阻止了同姓为婚，继之又禁绝了不同辈分及兄弟姐妹同辈间的婚配，进一步消除了原始群婚制的残余。特别是在婚姻习俗上，渤海与女真人的历史渊源及相近的生产生活方式，使之有十分近似的婚姻形态。如大定十七年（1177）十二月戊辰："以渤海旧俗男女婚娶多不以礼，必先攘窃以奔，诏禁绝之，犯者以奸论。"① 可知，"抢婚"习俗在渤海社会的盛行，以致金统治者不得不颁布"诏令"加以禁绝。实质上，女真人也有类似的"抢婚""偷婚"习俗，洪皓的《松漠纪闻》中载："金国治盗甚严。每捕获，论罪外，皆七倍责偿，唯正月十六日则纵偷一日以为戏，妻女、宝货、车马为人所窃，皆不加刑……亦有先与室女私约至期而窃去者。女愿留则听之，自契丹以来皆然，今燕亦如此。""抢婚"实例在《大金国志·兀室传》《金史·欢都传》中也有记载。有如此相似的习俗，想必民间渤海女真互为婚姻的事情应该是普遍的。

战争，无论是正义的或相反，迁徙亦不管是主动的或是强制的，结果都是造成了不同民族间政治、经济、文化的交往与联系。同一地域与文化相近的大背景，犹如一碾碎民族差别的大磨坊，金宗室与渤海"右姓"联姻结成新的势力集团，而民间普遍形成的相互血亲关系促成了新的民族融合。渤海国灭亡了，"但其遗民的绝大多数后裔却在后来的历史演变中，分别与契丹、女真和汉族等融合并最后大多融入于汉族之中"②。女真史后已经少见渤海的记载，元朝统治者更是把渤海、契丹、女真、北方汉族统一作为汉族看待，称其"汉人"或"汉儿"，此时的渤海族已经成为"汉姓八种"③ 之一，渤海与汉族完成了最后的融合。声名显赫、威震我国东北及东北亚地区200余年的渤海国已不复存在了，但其历史作用永昭史册，在肃慎－满洲民族史的发展链条上渤海是不可或缺的一环。

三 辽时期的汉族人口北迁

汉族人口何时定居黑龙江区域，这在学术界争论已久。其上溯不敢妄

① 《金史·世宗纪》卷七。
② 魏国忠、朱国忱、郝庆云：《渤海国史》，中国社会科学出版社，2006，第594页。
③ 陶宗仪：《南村辍耕录·氏族》卷一，上海古籍出版社，2012。

言，然至晚在辽时已有汉族人口在黑龙江区域聚居。《辽史·地理志》载："渤海、女直、汉人配流之家七百余户，分居镇、防、维三州。"另"会同二年冬十月丁未，以乌古部水草丰美，诏北、南院徙三石烈户居之"。"会同三年八月乙亥，诏以于谐里河、胪胸河（今克鲁伦河）之近地，给赐南院欧董突吕、乙斯勃，北院温纳何刺三石烈人为农田。"[①] 有学者指出，这里的"胪胸河不仅是指克鲁伦河，在辽代还包括了今额尔古纳河和黑龙江上游"[②]。同一史实《辽史·食货志》中载："太宗会同初……寻诏有司劝农桑，教纺绩。以乌古之地水草丰美，命瓯昆石烈居之，益以海勒水（今海拉尔河）之善地为农田。"另外，辽泰州是东北统军司驻地，也是辽之北方一重镇。《辽史·地理志》载：泰州下辖"兴国县。本山前之民，因罪配递至此，兴宗置县。户七百"。关于兴国县位置，张博泉等人在《东北历代疆域史》中说："兴国县，在今黑龙江省泰来县塔子城旧址。"谭其骧先生在《中国历史地图集》第六册《辽上京道》图幅中，将兴国县定点标注在今黑龙江省泰来县塔子城。以孙进己、冯永谦为总纂的《东北历史地理》载："辽泰州，应以塔子城古城为是。"黑龙江区域的西部和西北部原是契丹二十部族的游牧地，辽统治者为了开发这一地区，将"渤海、女真及汉人的流配之家"迁移到这里。由此，将典籍的记载与后人的研究综合，结论应是辽之屯垦及流放之民中确有相当的汉族人口进入了黑龙江区域。

仅此，仍难以使持有异议者信服，还要借助考古资料加以重申。黑龙江省文物考古研究所 2011 年版的《考古·黑龙江》中"泰来塔子城"条下载：

> 塔子城位于齐齐哈尔市泰来县塔子城镇，嫩江支流绰尔河畔。塔子城略呈正方形，周长 4563 米。城墙由夯土筑成，顶宽 1—1.25 米、底宽 20—30、残高 5 米。城内南北五条街道纵横相通，四面正中各有 1 座瓮门，城墙设有马面、角楼，城外有两道护城壕……城内出有"大安七年"（1091）刻残碑，碑系用青灰色的泥灰岩石刻成。碑长 23.4、宽 16.9、厚 3.6 厘米。因其残断，原碑正文已失，只剩下碑记 16 行文字，文字中刻有"泰州河堤"、"建办塔事"和 47 个汉人姓氏。

---

① 《辽史·太宗纪》卷四。

② 刘凤翥、于志耿、孙进己：《辽朝北界考》，《北方论丛》1979 年第 5 期。

从城址形制和出土文物结合文献等考察，城址始建于辽代，为辽泰州治所。辽泰州属上京道辖，隶兴宗延庆宫，兵事属东北统军司，控制着大兴安岭东西地区的少数民族。

"'大安七年'刻石是我国历史上汉人北徙黑龙江流域进行开发垦殖的第一次高潮的历史见证"①，而用汉字刻石则表明了汉文化在这里的主导地位和影响力。残断刻石现藏于黑龙江省博物馆，文字竖行排列，自右而左读，凡16行，可得如下166字：

大安七年次辛□
纠首西头供奉官泰州河堤□
同建办塔事弟右班殿直□
提点塔事前管内僧政讲经沙门□
崔建　王惟则　田亨　张守先　王□
崔太整　张公顺　王惟整　杨利亨　刘□
聂公孝　张孝立　王惟进　张□□　□文□
邑长武备　右承制刘□
王全备　周公才　田世兹　杨公　田甫　张兹孝　高士清
女邑刘氏　郑氏　刘氏　苑氏　崔氏　崔氏
刘氏　张氏　王氏　崔氏　王氏　王氏
女邑长高氏　马氏　日氏　王□　马氏　张氏　王氏　张氏
□　田氏　王氏　张氏　□

"大安七年"刻石的出土，无疑为研究汉族移民进入黑龙江区域问题提供了有明确纪年的实物证据。从碑文中的"泰州河堤"、"建办塔事"、"提点塔事"及"僧政讲经沙门"的记述来看，应该是临河而建泰州城，时受水患威胁，故修河堤以避祸。而泰州城西南有辽建佛塔（1953年坍塌），佛教盛行可见一斑。碑文所记汉人以女性为多，推为"因河堤工程告竣，寺僧与善男信女们集资建造浮屠塔刹以禳灾祈福"②。契丹人的原始宗教是萨满教，

---

① 干志耿、孙秀仁：《黑龙江古代民族史纲》，黑龙江人民出版社，1987，第322页。
② 孙秀仁：《再论绰尔城（塔子城）历史地理诸问题》，《求是学刊》1980年第4期。

"阿保机在建国前后，曾俘掠了大批信奉佛教的汉人，从此佛教便传入契丹"①。而在辽之偏远的泰州地方，佛教能如此盛行，不能说与大批的汉族移民到来没有关系。

---

① 杨树森：《辽史简编》，辽宁人民出版社，1984，第 307 页。

第三章

女真人的南迁与汉族人口的"实内地"

女真与靺鞨有同源的关系，女真完颜部是起源于黑水靺鞨，并以其为主吸收其他不同祖源和语系的氏族部落而形成的一个统一的民族。其英雄时代的全景图：在中国北部建立了区域性政权，历时 120 年，与偏安一隅的南宋政权（1127—1234 年）并存了百余年。我们这里要论及的是生女真完颜部的由来与迁徙、辽宋战争时的劫掠汉族人口"实内地"、金上京会宁府的发展与人口估算、女真人的南迁中原等移民问题。

第一节　生女真部族的分布与迁徙

一　生女真部族的地理分布

女真，广义上源起于肃慎、挹娄、勿吉、靺鞨，一脉相承，绵延发展。到了辽代后期经过了一系列迁徙后，开始强势崛起，在阿什河畔"灭辽勘宋"入主中原。

族系绵延到靺鞨时分七部，其活动范围大致是：东流松花江南、黑龙江下游（包括中游一部分）南北、牡丹江、乌苏里江、第二松花江流域，东及东北濒日本海、鄂霍次克海，西南至松花江、嫩江合流处及靺鞨西南山（萨哈亮山脉），南至长白山一带。其后以粟末靺鞨为主吸收其他族众建立渤海国，而黑水靺鞨则改称女真，部分为渤海所役属。辽灭渤海后将大批渤海人南迁，黑水靺鞨乘机迁徙占据了渤海地，契丹称这部分黑水靺鞨为女真。《金史·世纪》载："黑水靺鞨居肃慎地……五代时，契丹尽取渤海地，而黑水靺鞨附属于契丹。其在南者籍契丹，号熟女直；其在北者不在契丹籍，号生女直。生女直地有混同江、长白山，混同江亦号黑龙江，所谓'白山、黑水'是也。"《大金国志·纪年二十二》载:"其居混同江之上,初名曰女真,乃黑水遗种。"《松漠纪闻》载:"女真,即古肃慎国也。东汉谓之挹娄,元魏谓之勿吉,隋唐谓之靺鞨……其属分六部,有黑水部,即今之女真。"由此可见,女真源于黑水靺鞨应无疑义,而其活动地域统而言之在今长白山、小兴安岭、松花江中下游一带。

在女真各部中生女真最为强盛,而生女真各部更以完颜部为主要构成部分,其生活状态据《金史·世纪》载:"黑水旧俗,无室庐,负山水坎地,梁木其上,覆以土,夏则出随水草以居,冬则入处其中,迁徙不常。"史载:"始祖至完颜部,居久之。"说明先有生女真完颜部,后有自高丽来的函普。关于函普的身世,有学者指出:"函普原是女真人,后其地被高丽所据,因谓自高丽来,他是从外地迁来加入完颜部为氏族成员的。"①

始祖函普初"居完颜部仆干水之涯"。仆干水,也作仆燕水,《得胜陀瘗碑记》记作布尔噶水,即瑚尔哈河,今牡丹江。②《金史·世纪》载:其子"昭祖稍以条教为治,部落寝强……诸部犹以旧俗,不肯用条教。昭祖耀武至于青岭、白山,顺者抚之,不从者讨伐之,入于苏滨、耶懒之地,所至克捷。还经仆燕水……行至姑里甸"。此处透露的几处地名,后人考证为,"苏滨,今绥芬河;姑里,即元时的古(谷)州,在今牡丹江下游马大屯(斡里朵)之南,宁安之北,牡丹江西……耶懒,水名,于元、明时为牙兰,清前期仍为雅兰,嘉庆时始称为苏城河。《筹办洋务始末》嘉庆朝,第八十四卷记载,一八六〇年吉林将军景淳奏称:'苏城,即古之雅兰城,在吉林东南二千余里,其地崇山峻岭,滨临东海,尚有古城旧迹。'《珲春边界地方图》标注云:'苏城一名雅兰城','苏城河一名雅兰河'"③。这时的女真人仍坚守着"黑水旧俗","无室庐","迁徙不常"。独有"献祖乃徙居海姑水,耕垦树艺,始筑室,有栋宇之制,人呼其地为纳葛里。'纳葛里'者,汉语居室也。至此遂定居于安出虎水之侧矣"④。一般认为,海姑水即今哈尔滨市阿城区东北的海沟河,而安出虎水即今阿城区的阿什河。这里便成为生女真完颜部的发祥圣地,而其他黑龙江区域的"生女真"以及靠近海的"东海女真"还在"迁徙不常"。《三朝北盟会编·政宣上帙三》载:生女真"有七

---

①　张博泉:《金史简编》,辽宁人民出版社,1984,第25页。
②　曹廷杰:《东三省舆地图说·得胜陀瘗碑记》。
③　张博泉:《金史论稿》,吉林文史出版社,1986,第61、62页。
④　《金史·本纪》卷一。

十二部落，无大君长，其聚落各酋豪分治之"。其分布的大致状况如下：

（1）孩懒水乌林答部（蒲卢毛朵部）及孩懒水完颜部，今黑龙江省宁安市北境有海浪河，当即此孩懒水乌林答部所在。

（2）苏滨含国部及斡准、职德部，在今黑龙江省兴凯湖附近。一说含国部在的斡豁城在兴凯湖偏东北，今乌苏里江上游与福尔图河间，约在苏联滨海基洛夫斯克隔江之东。

（3）安出虎水完颜部，一般认为是在今黑龙江省哈尔滨市阿城区的阿什河。《东三省舆图说》以海姑水为今阿什河支流海沟，在今阿城东北20里，该部当在此。

（4）安出虎水源胡凯山南之完颜部，此胡凯山是当今阿什河之源，有人说为今哈尔滨市阿城区（原阿城县）老母猪顶子，此部当在山之南。

（5）神隐水完颜部，此部应在安出虎水至兀勒部（今牡丹江松花江合流处）途中，正应为今蜿蜒河。在这里活动的部落应该包括神隐水完颜部。

（6）兀勒部，在今乌苏里江与黑龙江合流处东近海地方。

（7）术虎部，约在今黑龙江省五常市冲河附近。

（8）术甲部，一说在今黑龙江省五常市一带，一说在今黑龙江省木兰县之佛特库河。

（9）帅水唐括部（亦作唐古部），一说在今黑龙江省呼兰河之流通肯河，一说在今巴彦县五岳河（旧称隈鸦河）东北。

（10）尼庞古部，一说在今黑龙江省巴彦县境，一说在今黑龙江省海伦市境的通肯河一带。

（11）斡勒部，元明时斡朵里部在牡丹江入松花江处之西，即金之斡朵里部音转。

（12）主偎部，在今黑龙江省萝北县佛山附近的札伊芬河。

（13）秃答部，以居秃答水得名，秃答水即今松花江下游之都尔河。

（14）蹩故德部，约在布库河流域及黑龙江与松花江汇流处之东北。

（15）五国部之蒲奴里，在今黑龙江省依兰县。

（16）五国部之越里笃，在今黑龙江省富锦西南约90里的宛里，即倭罗郭屯或万里霍通。

（17）五国部之奥里米，清称鄂里米古城，在今黑龙江省绥滨县西9公里。

（18）五国部之越里吉，在今天俄罗斯的伯力附近。另一说在今黑龙江省依兰县。

（19）五国部之剖阿里，在今天俄罗斯的伯力东北。另干志耿、孙秀仁在《黑龙江古代民族史纲》一书中认为："女真东北与五国为邻，五国之东接大海，指明了五国部的大体位置在黑龙江地区的东北境。"

（20）吉里米部，清时的飞牙喀人，今之吉里雅克人，在今黑龙江下游。

（21）兀的改部，在今乌第河至黑龙江口处。

（22）直撅里部，在黑龙江下游近海地方。

（23）温都部，在今拉林河以南及蜚克图河以北地方。

（24）裴满部，一说在今黑龙江省五常市境内，一说在今图们江附近。

（25）加古部，在今黑龙江省五常市境内。

（26）婆卢木部，婆卢木即蒲卢买，今黑龙江省木兰县布雅密河。

（27）乌萨札部，此部位于来流水附近，当在今黑龙江省哈尔滨市双城区境。①

以上是生女真诸部在黑龙江区域以及靠近海的"东海女真"的大致分布，他们主要散居在江河与山谷之间，以游牧渔猎为生，诸部之间相隔很远，相互也少于往来，但在"迁徙不常"中应该偶有接触。他们并不一定是完全纯正的生女真部族，不排除其他部族因生存等原因加入，时日一久就成了生女真部族，生女真部族也就是以本族为主体吸收其他族人发展和扩大起来的。但是生女真部族整体进化水平并不高，如许多部族的姓氏以数字、人体与动物及自然界现象命名，这反映了母系社会血亲观念及人们对自然、动物信仰的图腾崇拜。血缘复仇这种发生在原始社会解体时的事情，在此时的生女真社会经常发生。如"金之始祖讳函普……至完颜部，居久之，其部人

---

① 参阅张博泉的《金史简编》《金史论稿》，孙进己、孙泓的《女真民族史》，孙进己、冯永谦的《东北历史地理》以及黑龙江省文物考古研究所编著的《考古·黑龙江》中的相关章节。

尝杀它族之人，由是两族交恶，哄斗不能解"①。函普正是调节了这种血缘复仇，才成为完颜部成员，并被选为联盟的首领的。"函普成为完颜部始祖后，出现父子相识的关系，并以男系来计算血缘关系，证明至少从这个时候起已进入父系氏族制的相当发展时期。"②

二 女真建国前的征伐与人口迁移

同其他民族一样，女真完颜部在统一各部族的过程中，是先尽一切努力使本部族强大起来，然后再对其他部族采取"顺者抚，逆者讨"的恩威并重的措施，征服、吞并、迁徙、聚集，千方百计地为庞大的军事联盟组织的产生创造必要条件，经历了一个由分散的部族发展为统一的民族和国家的历史过程，其民族的统一和国家的建立也是几代人不懈努力的结果。

10世纪初，女真完颜部始祖函普被推选为首领，统领着族人迈向了父系氏族社会的更高阶段，使家族社会有了私有财产，习惯法规定下的贫穷者沦为了奴隶，从而加速了女真氏族社会的财产分化，奴隶制萌芽开始出现。

11世纪初，献祖绥可为部落联盟首领时，率领完颜部定居安出虎水，在那里耕垦树艺，剁木为器，制造舟车，烧炭冶铁，大兴栋宇之制，使劳动生产率大为提高，经济社会有了长足进步。

而昭祖石鲁则全力改革女真旧俗，创立新的"条教"，"约束""检制"女真诸部。《金史·谢里忽传》载："昭祖将定法制……及来流水乌萨扎部杀完颜部人，昭祖往乌萨扎部以国俗治之，大有所获。"这里的"国俗"，即昭祖石鲁创立的"条教"，不仅在完颜部实行，其他部族也要受其制约。

景祖乌古乃接受了辽朝授予的"生女直节度使"的封号，利用这一职位加快了女真部族的统一，还经常地收拢"逃亡者"，并利用辽朝的兵威收容"拒服"的族众。史载："景祖稍役属诸部，自白山、耶悔、统门、耶懒、土骨论之属，以至五国之长，皆听命。是时，辽之边民有逃而归者。及辽以兵徙铁勒、乌惹之民，铁勒、乌惹多不肯徙，亦逃而来归……是时，邻部虽稍从，孩懒水乌林答部石显尚拒阻不服。攻之，不克。景祖以计告于辽主，辽主遣使责嚷石显……景祖之谋也。"③ 正是在乌古乃的不断努力下，一个强大

---

① 《金史·本纪》卷一。
② 张博泉：《金史简编》，辽宁人民出版社，1984，第38页。
③ 《金史·本纪》卷一。

持久的军事部落联盟形成，相继被征服、吞并，迁徙、聚集到这个部落联盟的有：泰神忒保水完颜部、神隐水完颜部、雅达澜水完颜部、统门水温迪痕部、斡泯水蒲察部、耶悔部、耶懒部、土骨论部、五国部、温都部、裴满部、加古部、驼满部、术甲部、术虎部、不术鲁部、唐括部等。①

世祖劾里钵即位后，出现了部落联盟分裂瓦解与维护部落联盟统一的斗争，世祖因势利导反而使完颜部在军事部落联盟中的核心地位更为稳固。《金史·世纪》载："世祖天性严重，有智识……袭位之初，内外溃叛，缔交为寇。世祖乃因败为功，变弱为强，即破桓赧、散达、乌春、窝谋罕，基业至此大矣。"经过了世祖屡次征战，张广才岭岭东岭西诸部落皆服，这进一步扩大了完颜部的实际控制范围。

肃宗"自幼机敏善辩……用兵之际，屡当一面……麻产尚据直屋铠水，营堡完缮，招纳亡命，招之，不听"；肃宗派康宗与阿骨打攻打，杀麻产，除其党羽，族众归附。随后，肃宗又"遣太祖以偏师伐泥庞古部帅水抹离海村跋黑、播立开，平之，自是寇贼皆息"②，今松花江以北呼兰河、通肯河一带尽为完颜部统一。

穆宗盈歌嗣位后，进一步加快了女真民族的统一步伐。在其兄劾者子撒改及世祖第二子阿骨打的辅佐下，亲率大军统一了今之延边地区。《大金集礼》卷三载："穆宗孝平皇帝，法令归一，恢复洪业，尽服四十七部之众。"穆宗在用兵统一部落联盟的同时，还十分注重法令的创制，努力去追求民族号令的一致。《金史·世纪》载："初，诸部各有信牌，穆宗用太祖议，擅置牌号者置于法，自是号令乃一，民听不疑矣。"

由此看来，许多高于其他部落的号令、法制、习俗、惯制自女真完颜部的诸位先人发出，对其他部族产生的吸附力，加速了女真统一的地域、民族共同的经济、心理、语言状态的形成。史载："自景祖以来，两世四主，志业相因，卒定离析，一切治以本部法令，东南至于乙离骨、曷懒、耶懒、土骨论，东北至于五国、主隈、秃苔，金盖盛于此。"③

从统一地域分析，随着女真军事部落联盟的形成，分散在丛林山谷间的部族逐渐地向着统一的共同的地域集结，而这个地域自然就是完颜部经营了

---

① 张博泉：《金史论稿》，吉林文史出版社，1986，第196页。
② 《金史·本纪》卷一。
③ 《金史·本纪》卷一。

百余年的安出虎水及其附近地区，所以《金史》曾谓"金之旧土"。虽然对于生女真人迁徙性的集结，史书上只有"役属诸部""逃而来归""族众归附""愿附者众"等种种记载，但我们仍可从安出虎水及其附近地区经济社会发展中求得旁证。据《金史》和《三朝北盟会编》记载，"教人烧炭冶铁""耕垦树艺""始筑室有栋宇之制""遂定居于安出虎水之侧"等几件大事与献祖绥可时代的事并举，其内在联系表明铁器使用、农耕经济、城市出现、生产方式变革、人口迁徙聚集的巨大变化。

三 冶铁对金代早期社会的影响

1961—1962 年，黑龙江考古工作队在阿什河流域进行金代遗址普查，其结果堪称重大发现。在阿城东南部与五常毗邻的半山区小岭、五道岭一带山岭广泛分布着金代早期冶铁遗址，10 余处古矿洞、50 余处冶炉群遗迹漫布于连绵起伏的山峦的缓坡上。从遗址中的文物分析，当时的采矿技术成熟发达，"矿洞中有采矿和选矿的不同作业区，井壁有洞灯，洞内遗有铁锤、铁钻等采矿工具。从矿坑深阔度及冶炉附近堆积层看，该冶铁基地开采甚久，开采总量据估当有五、六十万吨。矿洞附近分布着许多炼铁炉遗址……铁矿开始采掘的上限可以追溯到绥可时代"[①]。如此大量的冶铁产量，肯定不是仅仅用于兵器制造，应该有相当部分用在农业生产上，而农业生产也由于铁器的普遍使用而有了飞跃发展。在黑龙江省的大部分地区发现了金代铁器，它们都应是从"安出虎水之侧"向四方扩散出去的。在这些铁制器具中，农业生产用具占有相当比重，有犁铧、犁镜、趟头、锄、镬、铲、锹、扎刀、垛叉、手镰等。铁制农具的使用，扩大了土地耕种面积，提高了农作物产量，而大面积的土地开发必然要有人口的相对聚集，由此引发了一系列的人口迁移。在金朝建国前，女真人的农业主要集中在阿什河与拉林河流域，这里自然也就成为人口聚集区。而仅仅几年的工夫，安出虎水地方土地已显"瘠卤"，"人满为患"迫使统治者不得不通过人口迁移来维持均衡。《金史·食货志》载："天辅五年，以境土既拓，而旧部多瘠卤，将移其民于泰州……遂摘诸猛安谋克中民户万余，使宗人婆卢火统之，屯种于泰州。婆卢火旧居阿注虎水，又作按出虎。至是迁焉。"有学者针对此论述道："据金史记载，

---

① 干志耿、孙秀仁：《黑龙江古代民族史纲》，黑龙江人民出版社，1987，第 358 页。

金初上京会宁府有 31370 户，如果每户 10 口人的话，那么就有 30 余万人。"①

铁器的使用，使生产力有了飞跃发展，农业生产成为经济生活中的主要部门，又使"栋宇之制"的定居生活成为可能，人口的相对聚集使城镇社会随之兴起。关于它们之间的相互关系，早在 19 世纪时美国杰出的民族学家路易斯·亨利·摩尔根（Lewis Henry Morgan，1818—1881 年）就做过精辟的阐释：

> 由农业而发生的无限制的食物之生活：
>
> 用兽力以补充人类筋力的家畜，对于人类的进步上提供了一个有最高价值的新因素。从时间的进行上而言，铁的生产给予人类以带有铁尖头的犁、优良的锹及斧。随着这些发明和从前的园艺而来的便是农业，由于农业，人类第一次获得了无限制的食物的生活。借动物力来曳引犁，可以视为是一种新的技术的创始。现在有了这种新的技术，人类才开始具有一种开拓森林和推广适于栽培的土地的思想。进而在有限制的地域中而能容纳稠密的人口一现象，才有可能。在农业发明以前，发展到五十万以上的人口并将其统一在一个政府之下的事实，在地球上任何地方都是不可能有的现象。②

恩格斯根据摩尔根的《古代社会》于 1884 年写就了《家庭、私有制和国家的起源（就路易斯·亨·摩尔根的研究成果而作）》一书，其中有与摩尔根近似的论述：

> 首先，我们在这里初次看到了带有铁铧的用牲畜拉的犁；有犁以后，大规模耕种土地，即田野农业，从而生活资料在当时条件下实际上无限制地增加，便有可能了；从而也能够清除森林使之变为耕地和牧场了，这一点，如果没有铁斧和铁锹，也不可能大规模进行。但这样一来，人口也开始迅速增长起来，稠密地聚居在不大的地域内。而在田野农业产生以前，除非有极其特殊的条件才能把 50 万人联合在一个统一

---

① 李延铁、孙秀仁、干志耿：《黑龙江古代农业概论》，《学习与探索》1981 年第 5 期。
② 〔美〕摩尔根：《古代社会》第 1 册，商务印书馆，1971，第 40 页。

的中央领导下；这样的事大概从来都没有过。①

生女真完颜部自献祖绥可时代起，在安出虎水之畔唱响了自己的英雄史诗，并以这里为中心向周边迅速扩散着，金代铁器遍布黑龙江省的主要江河流域，在阿什河、呼兰河、乌裕尔河、嫩江、松花江、汤旺河等流域的考古发掘中，都有铁制器具的出土。摩尔根、恩格斯所描述的铁器使用后的种种变化，在这里真实地上演并向着更高级阶段进化。

第二节　"实内地"的汉族人口与上京会宁府经济社会的发展

金政权在对辽、宋用兵过程中，曾不断地把中原地区的汉人及辽本土的渤海人、契丹人迁往黑龙江的上京会宁府地方，统称"实内地"。金之"迁徙人口，以实内地"的政策，并非女真人所创，早在辽初时便已有。辽太祖之征渤海，每下一城，即尽徙其民，以实其上京临潢府之地，是为自东而西。女真人仿效契丹之策，将契丹、渤海人自西而东地迁入上京会宁府，更将中原汉人自南而北地实"金源内地"，如此的人口大迁徙，特别是移民中多职官、富户、商贾、工匠、僧道，带来了上京会宁府地方的空前繁荣。

一　"实内地"的汉族人口

早在金建国初时，收国（元年为1115年）"二年正月戊子，（太祖）诏曰：'自破辽兵，四方来降者众，宜加优恤。自今契丹、奚、汉、渤海、系辽籍女直、室韦、达鲁古、兀惹、铁骊诸部官民，已降或为军所俘获，逃遁而还者，勿以为罪，其酋长仍官之，且使从宜居处'"②。在这一政策的导引下，各族人民降金者众，但仅此不够，为了加速上京会宁府经济社会的开发，金太祖阿骨打采取了进一步移民措施，当然是以汉族移民为主，因为上京会宁府"内地"缺少的是先进的汉文化元素。《金史·张觉传》载："太祖每收城邑，往往徙其民以实京师。"这是对金初时统治者人口政策的真实写照。以上京会宁府为中心的"金源内地"，尽管女真人发祥肇兴于此，但

---

① 《马克思恩格斯选集》第4卷，人民出版社，1995，第23页。
② 《金史·本纪》卷一。

在初起之时，这里不过是一个较大的防御性城堡，就这个时期城市功能及作用而言，在许多方面是微不足道的。简陋卑小的"皇帝寨"内，是"国有大事，适野环坐，画灰而议"。① 至于其他，礼仪不具，商贾不齐，文教不兴，更没有皇宫的内城外郭，与国都的政治、经济、文化中心要求相去甚远。为了尽快引入中原文化元素，对"实内地"的人口的素质提出了要求，换句话说并不是所有人都可以迁入上京会宁府的，只有那些工匠技人、富商大贾、辽宋旧臣、文人墨客、僧尼道姑等在精神和物质文化上有作为的人，才能进入阿骨打等金统治者的"移民队伍"之列。见于历史记载的规模较大的人口迁移有如下几次：天辅六年（1122），金太祖阿骨打"既定山西诸州，以上京为内地，则移其民实之……七年，以山西诸部族近西北二边……复命皇弟昂与孛堇稍喝等以四千兵护之，处之岭东……七年取燕京路，二月，尽徙六州氏族富强工技之民于内地"；② 天会元年（1123），"师初入燕……燕京豪族工匠，由松亭关徙之内地"。③

文献典籍记载比较详细的一次强制性移民，发生在宋靖康元年（1126，金天会四年），其时金兵攻克汴京，将徽、钦二帝及其后妃、公主、宗室、群臣以及技艺工匠数千人北徙。实际上，金人除掠走人员外，同时掠走的还有代表着中原文化的精神与物质文明。史载：

> 乙卯，金人来索内侍、伶官、医工、妓女、后苑作、文思院、修内司、将作监工匠、广固搭材役卒、百工技艺等数千人……
>
> 乙未，金人索朝服、祭器、尚方药饵，下至博弈之具，车载而往者，不可数计……
>
> 庚申，金人索九鼎八宝，天下图籍，本朝开国登位赦书……④

这里所记载的仅是宫中杂役，而跟随徽、钦二帝北迁的皇族宗室仍数以千计。托名（南宋）宇文懋昭撰述的《大金国志·金国检视大宋库藏》《大金国志·金国取去大宋宝印》《大金国志·宗族随二帝北迁》篇里，对此有着更为详细的描述。虽然有人质疑出自宋人传闻，但其内容多为正史所不

---

① 《大金国志·兵制》卷三十六。
② 《金史·食货志》卷四十六。
③ 《金史·太祖纪》卷二。
④ （南宋）李心传：《建炎以来系年要录》卷一。

载，亦是十分珍贵的史料。

《大金国志·金国检视大宋库藏》

绢五千四百万匹　　　　　大物缎子一千五百万匹
金三百万锭　　　　　　　银八百万锭
珍宝未见实数

《大金国志·金国取去大宋宝印》

皇帝殿宝十四

承天修，延万亿，永无极　受命于天，既寿永昌
天子之宝　　　　　　　　天子行宝
天子信宝　　　　　　　　皇帝之宝
皇帝行宝　　　　　　　　皇帝信宝
御书之宝　　　　　　　　御书之印
无字宝　　　　　　　　　皇帝恭膺天命之宝
宣和御书之宝　　　　　　皇帝恭膺天命之印

青玉二

传国宝　　　　　　　　　受命于天，既寿且康

金九

御前之宝　　　　　　　　宣和殿宝
御书之宝　　　　　　　　天下同文之宝
天下合同之宝印中书下省文字　御前之宝御宣
御前锡赐之宝印赐月茶药合　书诏之宝印诏书
皇帝钦崇国祀之宝印香合词表

银一

尚书内省出纳之印印破除

皇后殿金一

皇后之宝

太子殿金一

皇太子宝

太子妃金一

太子妃印

《大金国志·宗族随二帝北迁》

太上道君皇帝

太上皇后

钦宗皇帝

皇后

皇太子谌

郓王楷　夫人朱氏　男三人　女宗姬六人

肃王枢　夫人任氏　男二人　女宗姬二人

景王杞　夫人田氏　女宗姬二人

济王栩　夫人曹氏

康王构不在京　夫人邢氏

祁王模　夫人曹氏

莘王（桂）〔植〕　夫人严氏

徐王棣　夫人王氏

沂王樗

和王（械）〔栻〕

信王榛

未出阁王公

安康郡王椹乔贵妃位　建安郡王楧任婉容位

嘉国公椅任婉容位　瀛国公樾乔贵妃位

温国公栋小王婕妤位　相国公梴王贵妃位

昌国公柄王婉容位仪　国公桐大王婕妤位

韩国公相关婉容位

已出降帝姬

嘉德帝姬都尉曹（寅）〔夤〕　安德帝姬都尉宋邦光

（崇）〔荣〕德帝姬都尉

曹（成）〔晟〕　茂德帝姬都尉蔡鞗

成德帝姬都尉向子房　洵德帝姬都尉田丕

顺德帝姬都尉向子扆　显德帝姬都尉刘文彦

未出降帝姬

华福帝姬乔贵妃位　惠福帝姬乔贵妃位

令福帝姬王婉容位　　　　　纯福帝姬小王婕妤位

宁福帝姬崔美人位　　　　　永福帝姬崔美人位

柔福帝姬莘王府位

　诸妃嫔

王贵妃　　　　　　　　　　乔贵妃

韦贵妃　　　　　　　　　　王贵妃

王婉容　　　　　　　　　　关婉容

王婕妤　　　　　　　　　　小王婕妤

　五王宫

燕王（偲）〔俣〕　　　　　越王（俣）〔偲〕

吴王似　　　　　　　　　　和义郡王（伟）〔有奕〕

永宁郡王

妃嫔共一千二百人

另有学者根据文献记载，将女真人从燕京、汴京掠回金上京的珠宝、文物、人员整理简记为：

甲、人员——王室、后宫、太学博士、太学生、僧侣、内侍、伶官、医工、伎女、后苑作、将作监工匠、百工、技艺、司天监阴阳官、大晟乐工等数千人。

乙、文物——法驾、仗卫、内库香药犀象、朝服、祭器、天文仪器、尚方药饵、九鼎、八宝、天下图籍、宋朝开国登位诏书、西夏进贡书本、珍宝无数、博弈之具。①

靖康元年（1126）金兵克汴京后，以徽、钦二帝为首的强制性移民究竟有多少，难得见到一个准确可靠的数字，数千人有之，数万人亦有之，还有"华人男女驱而北者，无虑十余万"②的记述，更有"天会时掠致宋国男、妇不下二十万"③的记载。若加以厘清，可以认为"数千人之"说是特指，

① 陶晋生：《女真史论》，台北：食货出版社，1981，第32—33页。
② （南宋）李心传：《建炎以来系年要录》卷四。
③ （南宋）确庵、耐庵：《靖康稗史笺证·呻吟语》引《燕人麈》语。

"十余万之"说、"不下二十万"说亦并非指悉数迁入了金上京会宁府。《靖康稗史·宋俘记》中载:"天会四年十一月二十五日,即平赵宋,俘其妻孥三千余人,宗室男、妇四千余人,贵戚男、妇五千余人,诸色目三千余人,教坊三千余人,都由开封府列册津送,诸可考索。入寨后丧逸二千人,遣释二千人,廑行万四千人。"与此数字类似的记载,还出自《青宫译语笺证——宋高宗母韦太后北迁纪实》一文中,作者综合《呻吟语》《南征录汇》《宋俘记》《窃愤录》《燕人麈》等著述对《青宫译语》予以笺注,依其所载宋人北迁队伍共分七起:

> 首起,宋室贵戚男丁二千二百余人,妇女三千四百余人,濮王、晋康、平原、和义、永宁四王,皆预焉,都统阇母押解。
>
> 二起,昏德(即宋徽宗)妻韦氏,相国、建安两子,郓、康两王妻妾,富金、嬛嬛两帝姬,郓、康两王女,共五十三人。真珠大王设野母(粘没喝长子)、盖天大王赛里(名宗贤)、千户国禄、千户阿替计押解。
>
> 三起,重昏妻妾、珠珠帝姬、柔嘉公主,共三十七人。宝山大王斜保(原注粘没喝次子)押解。天会五年四月初一自斋宫起程,十八日抵燕山,居愍忠祠。十月与昏德会。
>
> 四起:昏德公、燕越,郓、肃、景、济、益、莘、徐、沂、和、信十一王、安康、广平、二郡王、瀛、嘉、温、英、仪、昌、润、韩八国公、诸王孙驸马、昏德妻妾奴婢,共一千九百四十余人,万户额鲁观(原注:名宗儁)、左司萧庆,孛堇葛思美押解。
>
> 五起,帝姬王妃等一百有三人,侍女一百四十二人,二皇子元帅斡离不(原注:名宗望)押解。
>
> 六起:贡女三千一百八十人,诸色目三千四百十二人,右监军固新(原注谷神名布衣),左监军达赉(原注即挞懒名昌)。
>
> 七起:重昏侯、太子祁王,缨络帝姬及从官十二人,侍女一百四十四人,国相元帅粘没喝(原注即粘罕名宗翰)右司高庆裔,都统余观(原注即伊都)押解。[1]

在这数起的迁徙队伍里,人数已逾万人。迁徙路途遥远,历尽艰辛磨

① 傅乐焕:《辽史丛考》,中华书局,1984,第315—317页。

难，《汴都记》载："初，男女北迁者，以五百人为队，虏以数骑驱之，如驱羊豕。京师人不能徒走远涉，稍不前，即敲杀，遗骸蔽野。"《靖康皇族陷虏记》载："被掠宗室女，见在北人家作奴婢者，金国已降赦官中二人换一人，出作百姓，自在居住。"《燕云录》载：御寨"供作唤使，南人居半"。可见，北迁的汉人绝大多数抵达了上京会宁府。

二 上京会宁府经济社会的长足进步

由于数万名汉族人口的迁入，上京会宁府的经济社会有了长足进步，其中固然有女真民族长期追求封建化的因素，但不可忽视中原文化通过移民作用于其中的结果。女真建国前后的数年间，其国都上京会宁府的礼仪、官制、宫室等是贫乏的，会宁府虽说是都城，然无可观之宫殿楼阁。宣和二年（1120，金天辅四年），北宋马政父子等出使上京，见阿骨打与妻大夫人于炕上设金装交椅二副并坐。阿骨打对南使说："我家自祖上留传只有如此风俗，不会奢侈，只有这个房屋冬暖夏凉，不别修宫殿，劳费百姓，南使勿笑。"① 而时隔数年，金上京会宁府的情况依然如此，《大金国志·熙宗孝成皇帝二》载：

> 女真之初，尚无城郭，星散而居。国主晟尝浴于河，牧于野，屋舍、车马、衣服、饮食之类与其下无异。金主所独享者，惟一殿，名曰乾元，所居四外栽柳，以作禁围而已。其殿宇绕壁，尽置（火炕）〔大炕〕，平居无事则锁之，或时开钥，则与臣下杂座于（坑）〔炕〕，后妃躬侍饮食。或国主复来臣下之家，君臣宴乐，携手握臂，咬颈扭耳，至于同歌共舞，无复尊卑……

这里的"国主晟"，应该是金太宗吴乞买，他于1123年（天会元年）即位，也就是说太祖阿骨打时代无暇顾及上京会宁府的建设。天会二年（1124），金人开始营造新城和宫殿，久居于辽后降金的汉人卢彦伦，成为上京会宁府城市建设的规划设计者。《金史·卢彦伦传》载："天会二年，知新城事。城邑初建，彦伦为经画，民居、公宇皆有法。"有了城市规划设计者，金统治者可以在"金源内地"大兴土木了。天会三年（1125），宋朝廷因金

---

① 徐梦莘：《三朝北盟会编·政宣上帙四》卷四。

太宗即位，遣龙图阁学士许亢宗往贺，事后有《宣和乙巳奉使行程录》一书记载了金上京皇城宫室的营造状况：

> 次早，馆伴同行。马可五七里，一望平原旷野，间有民居千余家，星罗棋布。更无城郭，里巷率皆背阴向阳。又三里，命去伞，近阙。北（乍）〔当作行〕百步，有阜宿围绕三数顷，并高丈余，云皇城也……山棚之左曰桃源洞，右曰紫微洞，中作大牌，曰翠微宫，高五七丈，建殿七栋，甚壮，榜额曰乾元殿，阶高四尺。阶前土坛，方阔数丈，名曰龙墀。殿内，以兵数（千）〔十〕人分两壁立。四面兴筑，架屋数千百间。①

《三朝北盟会编》又将其记载为，"日役数千人兴筑，已架屋数千百间，未就，规模亦甚伟也"，由此更展现了上京会宁府初建时的规模。在这"日役数千人"之中，肯定有不少是从中原和辽东地方迁来的汉族工匠与渤海、契丹人等。

迄金太宗之世，金建国已 20 年，政权基本巩固，此间金破辽五京和宋都开封，将无数的金银珠宝珍玩、绫罗绸缎丝帛和人数众多的技艺工匠席卷而东，源源不断地运往"金源内地"，上京会宁府的城市建设亦随之进入了繁荣时期。天眷元年（1138），金熙宗诏令"命少府监卢彦伦营建宫室，止从俭素"②。皇统二年（1142）在新一轮的扩建工程中，上京会宁府增加了"五云楼、重明等殿"③。皇统六年（1146），上京会宁府又进行了大规模的营建。《大金国志》载："春三月，上以上京会宁府旧内太狭，才如郡治，遂役五路工匠，撤而新之。规模虽仿汴京，然仅得十之二三而已。"北宋都城东京开封（汴京）是历史悠久的古城，位于我国著名六大古都之列，上京会宁府虽"仅得十之二三"，但仍不失为北方繁盛的大都会。这应是金统治者对上京会宁府的最后一次营建，因为几年后海陵王完颜亮即迁都燕京。

经过了太祖、太宗、熙宗 30 余年营建的上京会宁府，已经拥有翠微宫、庆元宫、明德宫、永寿宫、永宁宫，乾元殿、明德殿、敷德殿、宵衣殿、稽古殿、重明殿、五云楼、东华殿、广仁殿、西清殿、明义殿、龙寿殿、奎文殿、凉殿、便殿、时令殿、祥曦殿、泰和殿、勤政殿、武德殿等诸多楼宇宫

---

① 《大金国志·许奉使行程录》卷四十。
② 《金史·熙宗纪》卷四。
③ 《金史·熙宗纪》卷四。

室，同时还修建了陵寝、宗庙、苑囿等宫廷辅助建筑。这些建筑分布在南北两城，其边长根据 1980 年黑龙江省测绘局绘制的最新地图测定为 11000 米，恰为 22 华里。"其规模是继渤海上京龙泉府后，建在所谓荒漠遐域地区的一代通都大邑。从其废毁之后的数百年间，黑龙江地区历史上再没有出现过这样规模的古代大城市。"①

汉族移民对上京会宁府经济社会发展繁荣的贡献，不仅体现在城市建设上，因为"上京城市形制大体定型于天会初年，主要规划与设计的是汉人。建制和皇城宫禁多受辽上京临潢府影响。熙宗扩建皇城，增广宫室，基本上是仿宋都开封模式营筑的"②。而且体现在人口的迅速增长上，在上京会宁府的南北城近 40 个"井"字形或"十"字形的里坊中，除了商业市肆外"居住着 3 万多户居民，按大定间的人口统计（猛安谋克户）和'牛具税'等推算，平均每户约有 10 口人，总计人口 30 余万。如果按每户 5 口人计算，也在 15 万以上。上京宗室贵族集中，奴婢数量可观，加上技艺、僧道和驻军以及其他人户，总的人口当可超出 20 万，这是上京城最盛时期的人口数量"③。在这些人口中，应该有相当数量的汉族移民。而在一些经营性的里坊中，不仅汉族移民的商业贸易十分活跃，而且有盛行于中原地方的行会组织的存在。在"金源内地"出土的大批银锭中，许多有"行人王林""行人唐公源""行人张德温"等的錾文④，还有镌刻着"上京翟家""邢家记""□家记"字样的银镯出土。⑤从这些錾文、镌刻的姓氏来看，他们都应该是金银首饰行会中的汉族移民。

而民间的文化交流传播，更是要通过移民进行。《靖康稗史·瓮中人语》载："靖康二年丁未正月二十五日，虏索玉册、车辂、冠冕一应宫廷仪物，及女童六百人、教坊乐工数百人……二月十四日，虏尽索……阴阳、伎术、影戏、傀儡、小唱诸色人等及家属出城。"这些歌舞艺人被迁往"金源内地"后，一部分技艺高超者能在殿堂上鸣钲击鼓、奏曲荐觞，另一部分则是在贵

---

① 李士良：《金源故都——上京会宁府》，《金史国际学术研讨会专集》，中州出版社，1996，第 15 页。
② 朱国忱：《金源故都》，北方文物杂志社，1991，第 197 页。
③ 朱国忱：《金源故都》，北方文物杂志社，1991，第 201 页。
④ 郝思德：《哈尔滨市郊及阿城县出土的几件金代银锭的考证》，《黑龙江省文物博物馆学会成立纪念文集》，1980。
⑤ 王德厚：《金上京城市经济初探》，《金史国际学术研讨会专集》，中州出版社，1996，第 59 页。

族宗室中充当倡优歌伎，再有一部分沦落为民间歌舞乐妓。关于这三部分人，正史稗史、笔记小说多有记载。《大金国志·许奉使行程录》载其一部分技艺高超者，作为欢迎外交使节的演出者而享受着较优的待遇，许氏一行"至于宿门，就龙台下马，歇定，酒三行。少顷，闻鼕鼓声入，歌引三奏，乐作，阁门使及祗坐班引入，即奉国书及陈礼物于庭下，传进如仪。赞通拜舞、拊蹈讫，使副上殿，依次就坐，余并退"；宋臣吴激靖康末年使金为翰林侍制，一日他与友人会宴，偶遇沦为歌伎的北宋宫姬，触景伤情，感慨万千，写下了《人月圆》一词，记载了另一部分谋生于贵族宗室圈中的倡优歌伎；宋人洪迈的《容斋三记·北狄俘虏之苦》载沦落为民间的歌舞乐妓道："寻常只团坐地上，以败席或芦借衬之。遇客至开筵，引能乐者使奏伎，酒阑客散，各复其初，依旧环坐刺绣。"正是这些被强制迁徙的歌舞艺人，使中原娱乐文化在"金源内地"得以传播，初步改变了女真人那种"其乐则惟鼓笛，其歌则有鹧鸪之曲，但高下长短，鹧鸪二声而已"[1] 粗陋的娱乐习俗。

三 金石记载的移民文化信息

金代碑刻是重要的女真文化符号，如完颜娄室碑、完颜希尹碑和大金得胜陀颂碑等，都透露着丰富的历史信息。我们下面要谈及的两块石碑，记载着宗教与移民文化在"金源内地"的传播。

一是曹道士碑。曹道士碑发现于松峰山太虚洞，松峰山在阿城东南百余里处，是张广才岭山脉中的一个海拔为 600 米的山峰，也是一道教圣地。曹道士碑身用汉白玉雕琢而成，碑文正身有 270 余字，加题记人名姓氏、碑首字等共约 460 字。碑文字体为楷书，端正遒劲，清秀有力，必是出自对汉文化颇有研究的人之手。依"碑文所记共 34 人，其中 3 人重复出现，实为 31 人，非重姓者 20 人"[2]。对于碑文所记的"先生姓曹讳道清西楼人""甫冠辞亲就师茧足千里金源乳峰古洞""太虚崇道邑"三句话做何解读，学者们的解释见仁见智。"先生姓曹讳道清西楼人"句，言明曹道清是西楼人，西楼系指辽上京临潢府（今内蒙古昭盟巴林左旗）。而道教源起中原，辽统治者几代人对儒、佛、道兼容并蓄，其信仰态度史有明载，故可推定曹道清是来自道教盛行的辽上京临潢府的汉人或汉化了的渤海人。"甫冠辞亲就师茧

---

① 徐梦莘：《三朝北盟会编·政宣上帙三》卷三，上海古籍出版社，2008。
② 朱国忱：《金源故都》，北方文物杂志社，1991，第 221 页。

足千里金源乳峰古洞"句,"甫"是美男子,"冠"以二十为限,解释为曹道清20岁以前从千里之外的上京临潢府慕名求师来到了"金源内地"。"太虚崇道邑"句,"当是以汉人为主的村社邑落,碑文共有人名姓氏34人,去重姓者为20个姓氏。这些人中,除曹道清以外,仅注3人籍贯,即玄菟道士赵玄明,安东进士刘杰和系籍于金源的杨士才。前两人原籍在今辽宁省境"。① 800余年前的一块断裂残破的道士碑文,竟然蕴含如此深厚的移民文化元素,这是值得深入研究的。

二是宝严大师塔铭志。宝严大师塔铭志于1908年发现于金上京会宁府遗址北城西北0.25公里的一个土台之上,对其进行研究的中外学者甚多,如日本的白鸟库吉、园田一龟,俄国的 A. 托尔马切夫、Б. B. 包诺索夫以及国内的周家璧等,他们亦取得颇丰的研究成果。"宝严大师墓塔系用花岗岩雕琢而成,六角顶盖呈六角形,系仿我国古典建筑形式而做,檐部雕有出露的檩、椽,底座亦雕成六角形。塔身呈六棱柱状体,上微细而下微粗,增强了稳定感。高92、上宽56、下宽62厘米,六面皆刻有汉字楷体铭文。每面7行,每行平均20字,全文633字。总的看,该座墓塔采取了佛教的石幢的形式。"② 依其塔铭志所载及前人研究,可供我们研究撷取的素材如下。

墓志铭的第一面记述了宝严大师的著籍与生平。宝严大师姓于,辽上京临潢府保和县人。生于天庆年间(1111—1120年),11岁出家(因此处碑文不清,故有21岁说)到本府兴圆寺,"拜讲律沙门觉宗为师"。其天资聪颖"智慧疏利举止不俗乃异于人也",加之读经刻苦,"常诵法华经,昼夕无替,孜孜香火,未常有懈",已为一修行颇深的出家人。

第二面记述了宝严大师到达上京会宁府的时间及其功德。天德三年(1151),宝严大师"得届上京伏蒙东宫太后旨请往兴王寺开演大华严经讲",听者甚众至"徒满二百""徒满三百",且"皆精锐博学者慕之","内官京仕豪贵人等",有"声名已播动京华"等溢美之词。

第三面记述了宝严大师所受到的皇室恩宠及其圆寂时间。"大德至定三年敕赐紫衣诠圆","大德至定四年荣迁本京都僧录判官","大德至定七年改受都僧录宝严大师"。"大定十五年(1175)六月二十五日午时愿缘而逝","俗寿六十二,僧夏三十五"。

---

① 朱国忱:《金源故都》,北方文物杂志社,1991,第227页。
② 谭英杰等:《黑龙江区域考古学》,中国社会科学出版社,1991,第154页。

第四面记述了佛门中人对宝严大师一生的赞美，如"师之福如山之高水之深师之缘如龙之云虎之风""善守歌者使人继其韵善教者使人继其风"，并作铭，中有"西楼秀出金源荣昌，累迁名职道德馨香"句，感人至深。

第五面、第六面记述了"造塔毕工，灵骨石椁"及时间岁次和为师立碑的沙门与撰文镌书刻石人的姓氏等。

如是，依曹道士碑、宝严大师塔铭志石刻所记，道士与僧人的籍贯均为"西楼人"，从其姓氏与著籍分析，应是汉人或汉化之渤海人。契丹与女真人的原始宗教是萨满教，后来"辽人佞佛尤甚，多以良民赐诸寺"①，而金人更是"浮图之教，虽贵戚、望族，多舍男女为僧尼"②，而道教与佛教之所以能在辽上京临潢府、金上京会宁府盛行起来，正是北方民族与中原文化接触的结果，类似的文化传播和移民有千丝万缕的联系。当然，道士、僧人中能够留有碑记刻石的少之又少，况且曹道士是"辞亲就师茧足千里"来到"金源乳峰古洞"，宝严大师亦是"得居上京"，都是听闻"金源内地"的香火兴盛而来。由此得知，早在他们到来之前"金源内地"就有中原的道士、僧人存在，虽然他们是被动强制迁移来的，这在《靖康稗史笺证·瓮中人语》中亦有记载，③ 从另一个侧面说明此类移民与其宗教受众的数量不在少数，而其主体应是原本就尊崇佛道两教的汉族移民。

第三节 女真猛安谋克户的"徙居中土"

有金一代既有大量汉族人口的北迁，又有大批女真猛安谋克户的南下，由此形成了中国历史上罕见的人口相向大迁徙。其导致分布于中原地区的女真人要多于在世居地东北的女真人，进而产生新的民族大融合。

一 女真民族的迁徙

随着女真人战事的节节胜利，占有了原属辽、宋旧土的黄、淮以北地区后，世居松花江以东的女真人开始逐渐地西徙南下。若在时间和空间上加以细化，可将之笼统地分为对辽西徙和对宋南下两部分。

---

① 《金史·食货志》卷四十六。
② 《大金国志·浮屠》卷三十六。
③ （南宋）确庵、耐庵所著《靖康稗史笺证·瓮中人语》载："虏尽索司天官、内侍、僧道……出城。"

女真人对辽的西徙。金初，太祖起兵伐辽，攻克宁江州（今吉林省松原市伯都纳古城址），收国二年（1116）"分鸭挞、阿懒所迁谋克二千户，以银术可为谋克，屯宁江州"①。不久，又将原居"阿注虎水（安出虎水）的婆卢火部屯种于泰州"（泰州系今黑龙江省泰来县西北塔子城镇），随后又有"拾得、查端、阿里徒欢、奚挞罕等四谋克，挈家属耕具，徙于泰州"。② 天辅二年（1118）金兵下黄龙府（今吉林农安），又迁大批女真人户屯田于此。史载："太祖取黄龙府，娄室请曰：'黄龙一都会，且偏远，苟有变，则邻郡相扇而起。请以所部屯守。'太祖然之，仍合诸路谋克，命娄室为万户，守黄龙府。"③ 天辅四年（1120）金兵攻陷上京临潢府，为了对其实施有效控制，不断地把"金源内地"的猛安谋克户迁徙至今西拉木伦河两岸，在这一地方出现了曷吕斜鲁猛安、赫沙阿猛安、斜剌阿猛安、昏斯鲁猛安、奥隈猛安多尨掴山谋克等建制。史载：

> 蒲察斡论，上京益速河人，徙临潢。祖忽土华，父马孙，俱赠金紫光禄大夫。斡论刚毅有技能。天辅初，以功臣子充护卫……天德初，授世袭临潢府路曷吕斜鲁猛安。
>
> 《金史·蒲察斡论传》卷八十六

> 仆散揆本名临喜，其先上京人，左丞相兼都元帅沂国武庄公忠义之子也。少以世胄，选为近侍奉御。大定十五年……特授临潢府路赫沙阿世袭猛安。
>
> 《金史·仆散揆传》卷九十三

> 徒单阿里出虎，会宁葛马合窟申人，徙懿州。父拔改，太祖时有战功，领谋克，曷速馆军师……（皇统九年徒单阿里出虎助海陵王杀熙宗）。天德二年……世袭临潢府路斜剌阿猛安领亲管谋克。
>
> 《金史·徒单阿里出虎传》卷一百三十二

---

① 《金史·银术可传》卷七十二。
② 《金史·食货志》卷四十六。
③ 《金史·娄室传》卷七十二。

徒单贞，本名特思，忒黑辟剌人也。祖抄，从太祖伐辽有功，授世袭猛安。父婆卢火……海陵既立，以贞为左卫将军……俄授临潢府路昏斯鲁猛安。

《金史·徒单贞传》卷一百三十二

另据《内蒙古出土文物选集》载："在哲盟奈曼旗发现奥隈猛安多尨挝山谋克之印"，以此推之，此猛安当在今奈曼旗一带，地近与临潢府，应属之。多尨挝山谋克，为现奥隈猛安之一谋克，当亦在此附近。①

如此，通过女真对契丹人战事的胜利，为了新领土的稳定发展，金统治者将大批的猛安谋克户迁徙到辽上京临潢府附近地区，即今西拉木伦河两岸地，使女真人成为当地的主要民族之一。

女真人对宋的南下。女真人较大规模地徙居中原有三次。第一次发生在金太宗时，随着女真人对华北地区的占领，大量的猛安谋克户开始迁居黄、淮地区，对此史料有颇多记载。《金史·宗望传》卷七十四载："宗望罢常胜军，给还燕人田业，命将士分屯安肃、雄、霸、广信之境。"《建炎以来系年要录》卷六十八载：绍兴三年（1133，金天会十一年）"是秋，金左副元帅宗维（宗翰）悉起女真土人，散居汉地。惟金主及将相亲属卫兵家得留"。对此，《大金国志·太宗文烈皇帝六》卷八亦载："天会十一年时绍兴三年也……秋，起女真国土人散居汉地。女真，一部族耳。后既广汉地，恐人见其虚实，遂尽起本国之土人棋布星列，散居四方。令下之日，比屋连村，屯结而起。"但此次女真人南下仅限于黄河以北，因为黄河以南地区还在刘豫伪齐统治之下。第二次发生在金熙宗皇统年间（1141—1148年），金熙宗复取河南地，"犹虑中土怀二王之意"，始置屯田军，将大批的猛安谋克户迁往中原。《大金国志·熙宗孝成皇帝四》卷十二载："皇统五年时宋绍兴十五年也……创屯田军，凡女真、契丹之人皆自本部徙居中州，与百姓杂处，计其户授以官田，使其播种，春秋量给衣马。若遇出军，始给其钱米。凡屯田之所，自燕山之南，淮、陇之北，皆有之，多至六万人，皆筑垒于村落间。"女真屯田之人遍及中原，"大名府路、山东东西两路、河北东西路、南京路河南关西路四路皆有之"。第三次发生在海陵王迁都之时，完颜亮不仅将"金

---

① 转引自孙进己、冯永谦总纂《东北历史地理》下册，黑龙江人民出版社，2013，第554页。

123

主及将相亲属卫兵家"悉数迁走，而且"恐上京宗室起而图之，故不问疏近，并徙之南"。①《金史·兵志》另载："贞元迁都，遂徙上京路太祖、辽王宗干、秦王宗翰之猛安，并为合扎猛安，及右谏议乌里补猛安，太师勖、宗正宗敏之族，处之中都。斡论、和尚、胡刺三国公，太保昂，詹事乌里野，辅国勃鲁骨，定远许烈，故杲国公勃迭八猛安处之山东。阿鲁之族处之北京。按达族属处之河间。"《金史·纳合椿年传》中亦载："贞元初，起上京诸猛安于中都、山东等路安置。"有人对《金史·兵志》所载移居山东八猛安质疑，认为1980年山东出土《乌古论窝论墓志铭》，依其所载，"正隆初，起十三贵族猛安控制山东，而非正史所载的八猛安"②。

如此之众的猛安谋克户南迁，致使女真故土上京会宁府地迅速衰败，特别是海陵王迁都时，恐上京宗室"起而图之"，则"命会宁府毁旧宫殿、诸大族第宅及储庆寺，仍夷其址而耕种之"。③《金史·地理志》上京路条下对此记载道："海陵贞元元年迁都于燕，削上京之号，止称会宁府，称为国中者以违制论。"随之又在注文中说："正隆二年命吏部郎中萧彦良尽毁宫殿、宗庙、诸大族邸第及储庆寺，夷其址，耕垦之。"几代人数十年营建的上京会宁府毁于一旦，虽然以后又得以复建，但已不是"国中"，人口、建筑、规模均大不如前，以致金世宗不得不将今绥芬河流域的速频人及牡丹江、松花江下游的胡里改猛安迁入上京。④

二 迁徙猛安谋克户的数量与徙居地

猛安谋克是金朝统治时期女真族的一种重要的政治和军事组织，其具体所指是什么，学界的看法并不统一，有人全面地将其解释为官职、世袭爵衔、户制、军队编制中的两级单位、社会组织中的基层单位五种含义。⑤ 史载："金之初年，诸部之民无它徭役，壮者皆兵，平居则听以佃渔射猎习为劳事，有警则下令部内，及遣使诣诸孛董征兵，凡步骑之仗粮皆取备焉。其部长曰孛董，行兵则称曰猛安、谋克，从其多寡以为号，猛安者千夫长也，

---

① 《金史·世宗下》卷八。
② 刘浦江：《金代土地问题的一个侧面——女真人与汉人的土地争端》，《中国经济史研究》1996年第4期。
③ 《金史·海陵纪》卷五。
④ 《金史·兵志》卷四十四载："上尝以速频、胡里改人骁勇可用。"
⑤ 干志耿、孙秀仁：《黑龙江古代民族史纲》，黑龙江人民出版社，1987，第371页。

谋克者百夫长也……部卒之数，初无定制，至太祖即位之二年……始命以三百户为谋克，谋克十为猛安。"① 由此得知了猛安谋克的性质与需要使用的推算基数。

如此大规模的人口迁移，形成了女真猛安谋克户遍布中原的局面，也导致了东北故土的女真人大为减少。《金史·食货志》载："猛安二百二，谋克千八百七十八，户六十一万五千六百二十四，口六百一十五万八千六百三十六。内正口，四百八十一万二千六百六十九。奴婢口，一百三十四万五千九百六十七。"日本学者三上次男先生在《金代女真研究》一书中，将此条史料解释为：

> 正口数和奴婢口数的比例关系，并不正确。因为大定二十三年调查的目的在于推排土地、奴婢、牛具的多少，用来作为重新课税的基础。因此，拥有众多奴婢的人家自然要作假，把奴婢编入正口数来呈报。当时一个猛安中拥有千口奴婢的人家并不在少数，而前引材料中正口四百八十一万余，奴婢仅一百三十四万余，相形之下，未免太少……如果一户平均为五口，那么当时正口应为三百余万，至多不会超过三百五十万。

如果能把这 300 余万猛安谋克户的分布情况搞清楚，金代女真人徙居中原数量与徙居地问题自然也就迎刃而解了。《金史·李通传》载，正隆年间，海陵王为备战于宋征兵，"遣使分往上京、速频路、胡里改路、曷懒路、蒲与路、泰州、咸平府、东京、婆速路、曷苏馆、临潢府、西南招讨司、西北招讨司、北京、河间府、真定府、益都府、东平府、大名府、西京路，凡年二十以上、五十以下者，皆籍之"。征兵的路府州县也就是猛安谋克的居住地，依此思路去寻找女真 300 余万人（或 350 万人）徙居地，不失亦为一不错的方法。

金上京路的女真人。有学者认为金上京路应该包括上京路、蒲与路、胡里改路、速频路、曷懒路、隆州路等地，大致范围包括了今黑龙江省及吉林省的大部，北至外兴安岭，东至黑龙江流域中下游，② 这一区域是真正的女

---

① 《金史·兵志》卷四十四。
② 孙进己、孙泓：《女真民族史》，广西师范大学出版社，2010，第 186 页。

真故土。这种划分的理由似应源自《金史·食货志》中的记载，明昌四年（1193）十月，尚书省奏："今上京、蒲与、速频、曷懒、胡里改等路，猛安谋克民户计一十七万六千有余"，以每户 5 人计，应有人口 88 万余人。这里尚缺少隆州路的人口数字，已知其有 10 余个猛安，当有 3 万余户，15 万人，如是上京路的女真人口应在 100 万人上下。而当时的女真人总户数是 615624 户，仍以每户 5 人计是 3078120 人，也就是说大规模地迁徙过后，所谓的"女真故土"只有 1/3 的女真人。那么其余 2/3 的女真人去向何方，尚需做进一步考察。

河北地方，是女真猛安谋克户的重点迁入区，而且两地之间的女真人还要根据需要相互移动。此说依据为《金史·食货志》载，贞祐三年（1215）十月，高汝砺言："河北军户徙居河南者几百万口。"《金史·陈规传》亦载：贞祐四年（1216）"比者，徙河北军户百万余口于河南，虽革去冗滥而所存犹四十二万有奇"。这一记载的背景是，在蒙古军队的强力攻击下，金宣宗迁都河南，同时把河北军户也移居河南。但同样是出于正史，然差距在"几百万口"和"百万余口"之间，能否视为前者的数百万口出自"食货志"，是用于课税租赋"制丰约之节"的，应可信但含糊，况贞祐三年（1215）距大规模猛安谋克移居中原的大定二十三年（1183）已有 33 年之久，超出了 25—30 年人口的自然增长周期，贞祐三年的"几百万口"也就约等于大定二十三年的"百余万口"，而后者是"以臣子之分，向上进谏"，从"军户百余万口""革去冗滥"句可推定系纯指军队的精壮而言，是准备用于对元军队作战的？目的不同所导致的统计误差可能是存在的，"几百万口"和"百万余口"亦只是一个推定，在无别的佐证情况下权作一假说而已。

以三上次男先生的"大定二十三年女真正口 300（万）—350 万"计，还有百余万女真人的缺口，《金代女真研究》一书的解释是：

> 如果河北军户的口数是一百余万，那么其余的一百数十万口应该是住在长城以北（上京路除外）或陕西的一部。如果大胆估计一下，可否这样说，即河南及陕西一部分地区住有六七十万口，长城以北住有五六十万口。

总之，金代，特别是以世宗时代为中心的时期，猛安、谋克户的居住地区，除了上京路以外，主要分布在长城以北的咸平、东京、北京、西京四路和华北的中都、南京、河北东西、山东东西、大名等七路。据估计，它的口数是上京路九十余万，其他长城以北各路共五六十万，河北各路一百万余，河南六七十万。①

对《金代女真研究》一书的评价，译者金启孮先生说："三上先生毕生研究《金史》，尤其对金代猛安谋克制的研究，都集中在这本书中。我读后受益甚深，故敢介绍于国人，以为治《金史》者参考之用。"②即便如此，但该书毕竟写作于1937年，其中的一些问题尚可商榷。特别是近年来国内学者成果日多，相关问题研究亦颇有深度。如孙进己、孙泓先生著《女真民族史》，他们对金代女真族的迁徙与分布便有自己的独到见解。其根据《金史·食货志》"猛安二百二，谋克千八百七十八，户六十一万五千六百二十四，口六百一十五万八千六百三十六"的记载，顺理成章地把女真人口每户定为10人。如此，与三上先生女真人口迁徙中原的数量推算迥然不同。《女真民族史》一书对600余万女真人、猛安谋克的具体分布情况做如下阐述：

> 金上京路有60余个猛安，20余万户，近200万人。
>
> 金咸平路及东京路有近40个猛安，约120万人。
>
> 金北京路有20余个猛安，约60万人。
>
> 金西京路、中都路、南京路有23个猛安，约70万人。
>
> 金河北东路、西路，山东东路、西路及大名路有26个猛安，约80万人。
>
> 所居路不明的女真猛安有10余个，约数万户（约3万户，30万人）。③

最后，作者总结道：

> 这样，总计分布在今华北地区的女真以上计有四十万户……这与《金史·食货志》所载"女真猛安谋克六十余万户"，占了三分之二，与

---

① 〔日〕三上次男：《金代女真研究》，黑龙江人民出版社，1984，第451—452页。

② 参见《金代女真研究》，"译者的话"。

③ 孙进己、孙泓：《女真民族史》，广西师范大学出版社，2010，第186—188页。其换算方法是10人为1女真户，300女真户为1谋克，10谋克为1猛安。

东北相比，金末女真人分布在中原者要多于分布在东北地区。

我国著名金史、东北史专家张博泉先生在其所著的《金史论稿》中，引用《金虏图经》记载了另一组数据：

> 迁入中原的十一个路的猛安为一百三十余，占大定二十三年猛安总数的一半以上。大定二十三年平均每猛安为三千六十七强，三万四百六十八余口，每户十口强。一百三十余千户的口数按大定二十三年计算应是三百九十万余口，也占大定二十三年猛安口数的一半以上。这样应有猛安谋克一半以上的人口被迁到长城以南地区。①

高凯军先生在其《通古斯族系的兴起》一书中，对猛安谋克户南迁中原数量在统计上有新方法：

> 这三次大迁徙究竟有多少女真人迁出东北地区，史无明确记载。据三上次男和李薇的考证，共有 88 个猛安，其中 70 个迁往中原各地，18 个迁往内蒙古东部地区（西京路 12 个，临潢路 6 个）。按金代猛安谋克制度的一般规定："三百户为谋克，十谋克为猛安"，据此可知，88 个猛安共有 264000 户，在按金代通常户平均 6.5 口计算，共有 1716000 余口。约占金世宗大定二十三年（1183）猛安谋克人口总数 6314970 口的 27.2%。实际数字肯定比这个还会多，因为正隆四年（1159）海陵王为进行伐南宋的战争，曾在处于东北地区的上京、速频、胡里改、曷懒、蒲与等路的猛安谋克中征兵前往参战，战后仍有一部分士兵被留在河北、大名府、洺州等地（南迁而未回归故里的猛安谋克将士的数目肯定会高于 1716000 口这个统计）。另外，如前所述，《金史·兵志》关于正隆初迁往山东的猛安数不确，把"十三猛安"误记为"八猛安"，少记了五个猛安，也就是少计了约十万人。②

如此，中国学者均认为金代迁往长城以南地区的女真人口在 400 万人左

---

① 张博泉等：《金史论稿》，吉林文史出版社，1986，第 349 页。
② 高凯军：《通古斯族系的兴起》，中华书局，2006，第 244 页。

右，当然他们不是全部出自黑龙江区域，但作为"女真故土"的金上京地方迁出女真人口数量占有相当比重，这一结论应该是不会使人质疑。

第四节　进入中原的女真人的生存状况与民族融合

大批以屯田军形式进入中原的女真人，"杂厕汉地"进行农耕生产，但对于大多数猛安谋克户来讲，这是件生疏的事情。同时，一方面，女真人因土地兼并自然与汉族人发生土地争端，进而激化了民族间的矛盾；另一方面，女真人被较发达的汉族经济文化征服，他们与汉人婚媾，改汉姓、习汉服、用汉语，逐渐产生的民族融合亦是历史发展的必然。

一　女真移民的生存状况

女真人的屯田军移民，最初开始于河北地区。1137 年（天会十五年）刘豫伪齐政权被废后，屯田军便进驻了黄河流域。直至 1141 年（皇统元年）金、宋和议成，猛安谋克户南迁的数量骤增，一时山东、河南、陕西诸处均有了屯田军的分布。他们杂居在汉人间，从官府领回土地耕种谋生。他们由于统治者的身份地位，虽筑垒居于村落间，然其尽得膏腴美产，而且还理直气壮地强取豪夺。金世宗大定十七年（1177）曾说："女真人户自乡土三四千里移来，尽得薄地，若不拘刷良田给之，久必贫困，其遣官察之。"① 但是，一般的膏腴良田，往往是人民久耕的土地，所以女真人"拘刷"的所谓官田也就是强占民地。这种情况，在山东、河北等地表现尤甚。

但对于大多数女真人来讲，他们通晓的是游牧畋猎，这与汉族的农耕经济是相抵牾的。其结果一方面是女真人"括田""拘刷"，将大批良田以"牧地""荒地"名义占为己有；另一方面则是"不谙农耕"的猛安谋克户"豪强之家多占田地"，"山东、大名等路猛安谋克户之民，往往骄纵，不亲稼穑，不令家人农作，尽令汉人佃莳，取租而已"②，进而导致金占领区经济倒退，以致出现"人非习耕之人，地非易耕之地，或与之而不受，或授之而不耕。授田之诏，虽屡见于纪中，俱托之空言，未见实用。卒之口粮廪给仍

---

① 《金史·食货志》卷四十七。
② 《金史·食货志》卷四十七。

不可省，农具牛种反有所增"①。有的猛安谋克户使用粗放的耕作方式经营膏腴良田，或耕而不耘，任其荒废，或斫桑伐枣，以为刍薪。如此，耕者无田，而有田者弃耕，土地和农者相脱离成为普遍现象，严重地破坏了北方农业经济发展。

另外，女真豪族效仿汉人，进行着日益激烈的土地兼并。原本就分作上、中、下三等的猛安谋克户移居中原后，在极为丰富的物质利益面前强烈膨胀着私人占有欲，表现形式之一就是无限制地占有土地。例如，山西的良田，多被权贵所占有，一口之家占田50顷者有之，山东、河北等地的猛安谋克户为夺土地军民交恶的事情亦时有发生。海陵朝为相的纳合椿年贪占土地，正史载：

> 椿年有宰相才，好推挽士类，然颇营产业，为子孙虑。冒占西南路官田八百余顷。大定中，括捡田土，百姓陈言官豪占据官地，贫民不得耕种。温都思忠子长寿、椿年子猛安参谋合等三十余家凡冒占三千余顷。诏诸家除牛头税地各再给十顷，其余尽赋贫民种佃。世颇以此讥椿年云。②

在如此的社会大背景下，渐渐地猛安谋克户内部社会出现分化。对于一般的女真平民来讲，虽然一开始政府给予了他们一定的土地和农具，使之生活有了基本保证。但时日一长，过去尚还隐蔽的猛安谋克户贫困问题逐渐显现。而这个"时日一长"所指，不过也就是一二十年的光景，因为大定七年（1167）七月金世宗诏曰：

> 南路女直户颇有贫者，汉户租佃田土，所得无几，费用不给，不习骑射，不任军旅。凡成丁者签入军籍，月给米钱，山东路沿边安置。③

女真人原本久居山林旷野，以狩猎农耕为主，生活质朴，不事奢华，有自己十分朴素的经济生活。那么，为什么移居中原后的十数年或数十年光

---

① 王圻：《续文献通考》卷四，上海古籍出版社，1995。
② 《金史·纳合椿年传》卷八十三。
③ 《金史·唐括安礼传》卷八十八。

景，猛安谋克户便出现了严重的贫富分化？综合学界研究成果，主要由于下列诸因。（1）社会急剧分化。迁居中原的猛安谋克户，在汉文化影响下门第等级观念日重，财产收益上渐渐产生了差别。享有特权的女真人依靠权势攫取财富，久之出现了一个"往往径居要达，不知间阎疾苦"①的贵族阶层。（2）身份的变化。以统治者身份进入中原的女真人，被优越的汉文化所折服。长期的骄奢淫逸使之丢掉了尚武精神②，整个女真社会是"富家尽服纨绮，酒食游宴，贫者争慕效之"③。（3）生活方式的转变。女真人进入中原后，生活方式有了完全的改变，他们不谙农事却拥有土地，只能把田地租给汉人而食租，既丢掉了农耕，又抛弃了武功，终日沉溺于奢侈懒惰的所谓的文明中，以致女真社会"游惰之人不知耕稼，群饮赌博习以成风"④。懒散和酗酒，成为众多猛安谋克户沦为贫民的根本所在。（4）长期的战事耗费。海陵王迁都之后，仍不忘向南伐宋，统一江南。为了备战，猛安谋克户的20—50岁的男子均在兵役期内，家中没有精壮劳力，部分女真平民户自然也就陷入贫困。当然，原因可能还有一些，也就是在这些及可能还存在的另一些原因的相互作用下，移居中原的女真人的贫困成为不是个别的现象。

关于女真人的贫困生活，是越到底层越为严重，越到边地越为艰难，平年尚可，灾年难挨。《金史·曹望之传》载："如边部遇饥馑……招讨司女直人户或撷野菜以济艰食，而军中旧籍马死则一村均钱补买，往往鬻妻子、卖耕牛以备之。"对于猛安谋克户日益贫困的窘境，女真统治者亦心急如焚，政府一面是循循善诱，一面是制定刑禁，双管齐下地力挽女真社会的贫困颓势。然而，自金宣宗南渡后，河北军民南徙河南，金统治的经济基础动摇，猛安谋克户生活更是雪上加霜。《金史·胥鼎传》载："自兵兴以来，河北溃散军兵、流亡人户，及山西、河东老幼，俱徙河南。在处侨居，各无本业，易至动摇。"当时从河北徙居河南的军户有百万余口，失业百姓无法数计。无奈，政府欲括河南民地来安置河北的军户，随即有人反对："河南民地、官地计数相半。又多全佃官家之地，坟茔、庄井俱在其中。率皆贫民，一旦

---

① 《金史·石琚传》卷八十八。
② 《金史·世宗纪》卷六载："大定十年三月壬子朔，万春节，宋、高丽、夏遣使来贺。丙辰，上因命护卫中善射者押赐宋使射弓宴，宋使中五十，押宴者才中其七……弓矢不习，将焉用之。"
③ 《金史·食货志》卷四十七。
④ 《金史·陈规传》卷一〇九。

夺之，何以自活。"①《金史·食货志》对此有载："自古用兵，且耕且战，是以兵食交足……军户自徙于河南，数岁尚未给田，兼以移徙不常，莫得安居，故贫者甚众。"面对如此大势，史家的评价是："宣宗南迁，天命去矣，当是时虽有忠良之佐、谋勇之将，亦难为也。"②大金王朝的败象已暴露无遗。

金后期，即便是世袭的猛安谋克户亦处境维艰。刘祁在《归潜志》卷三载："乌林答爽，字肃孺，女直世袭猛安谋克也……虽世族家，甚贫。为后母所制，逾冠未娶，恶衣粝食恬如。"如此实例绝非极端，元杂剧《虎头牌》的作者李直夫，原名蒲察李五，是元初时的女真人。其在剧中讲述金代后期的女真社会故事，主人公山寿马的两个叔父的祖上均为金之开国功臣，但到其叔父时已贫困潦倒，忆往思今的唱词写道："我也曾有那往日的家园，旧日的庄田，如今折罚的我无片瓦根椽、大针麻线"，"往常我幔幕纱幮在绣围里眠，如今我枕着一块半头砖，土炕上弯着片破席荐"。虽然记载出自文学作品，但从作者本人的出身以及时间上的相衔接判断，这应是女真社会破落家庭的真实写照。

二 女真民族的同化政策与被融合

女真人迁居中原，把相对落后的制度与习俗也带入了中原，特别是在统治者的强权下，大力推行"女真化运动"，硬性地逼迫汉人改变沿袭已久的生活方式，最具代表性的就是令中原百姓反感的"剃发易服"，即以暴力迫使占领区百姓按照女真方式剪发穿衣。徐梦莘《三朝北盟会编·炎兴下帙三十二》卷一百三十二载：

> 元帅府禁民汉服及削发不如法者死，刘陶知代州执一军人于市验之，顶发稍长，大小不如式，斩之。后贼将韩常知庆源，耿守忠知解梁，见小民有依旧狭鼻者，亦责以汉服，斩之。生灵无辜被害不可胜纪。时复布帛大贵，细民无力易之，坐困于家无敢出焉。

女真人强行实施的同化政策，诱发了汉族百姓的极大愤慨和强烈反抗，怨恨者有之，逃离者有之，啸聚山林抗金者亦有之。史载："时方金人欲剃

---

① 《金史·高汝砺传》卷一〇七。
② 《金史·胥鼎传》卷一〇八。

南人顶发,人人怨愤,日思南归。又燕地汉儿,苦其凌虐,心生离二,或逃叛上山,或南渡投降。自河以北,传布蜡檄,皆约内应。"① 然而,民俗上的抗争是有时限的,时日一久,即便是不接受反抗心理也要相对减弱。宋孝宗乾道六年(1170,金大定十年)时隔金下汴京44年,南宋著作侍郎范成大出使金国,以途中见闻写就了《揽辔录》一书,其中记载:

> 民亦久习胡俗,态度嗜好与之俱化,最甚者衣装之类,其制尽为胡矣。自过淮以北皆然,而京师尤甚。惟妇人之服不甚改,而戴冠者绝少,多绾髻,贵人家即用珠珑璁冒之,谓之方髻。

又,宋孝宗乾道八年(1172,金大定十二年)时隔金下汴京46年,南宋礼部尚书韩元吉出使金国,行至汴梁时金人设宴款待。韩有所感,赋《好事近·汴京赐宴闻教坊乐有感背景》寄陆游,陆游随之写下《得韩无咎书寄使虏时宴东都驿中所作小阕》,其中唱和道:

> 上源驿中捶画鼓,汉使作客胡作主,舞女不记宣和妆,庐儿尽能女真语。

如此可见,女真民族强制的同化政策硬性地逼迫汉族"剃发易服",引起北方人民强烈反抗是事实,但也说明在统治者的高压之下汉人已接受了女真民族的服饰、语言和习俗,这从另一个角度说明,民族间的"殊俗"通过长期的接触与影响是可以转化为"通俗"的。大家知道,民族间的影响是相互的,但不是等同的,采撷吸收是彼此的,但又有主次之分。在高度文明的汉文化吸引下,女真与汉民族的融合是一种积极的选择。

女真人的汉化,最先是从统治者上层开始的。早在太祖阿骨打时代女真统治者对汉文化就十分向往,曾下诏"选善属文者""访求博学雄才之士",任用汉化渤海人杨朴颁定朝廷礼仪官制。太宗吴乞买更是热衷汉文化,他大胆实行女真与汉人的两面官制度,史载:"时金主晟居涞流河御寨,而左右供奉半皆南人。"② 熙宗完颜亶"是第一个受汉文教育而敌视女真旧俗,并用

---

① 徐梦莘:《三朝北盟会编·炎兴下帙二十三》卷一二三,上海古籍出版社,2008。
② (南宋)李心传:《建炎以来系年要录》卷十二,中华书局,2013。

汉官制改革女真旧制的皇帝"①。而海陵王完颜亮"读史书，能诗文，他不抱有民族偏见，不仅要从政治、经济、文化上消除民族对立，而且在思想意识上也力图消除这种对立"②。在金几代统治者中，尤以熙宗完颜亶受汉文化熏陶最深，徐梦莘《三朝北盟会编·炎兴下帙六十六》载：

> 金虏主完颜亶（熙宗）也，自童稚时金人已寇中原，得燕人韩昉及中国儒士教之。其亶之学也……徒失女真之本态耳。由是与旧大功臣，君臣之道，殊不相合。渠视旧大功臣，则曰：无知夷狄也。旧大功臣视渠，则曰：宛然一汉家少年子也。

正是一如此"汉家少年子"，即位之后大刀阔斧地采用汉制，"如定太庙，祭孔子庙，复封衍圣公，详定百官仪制，皇帝御冠服，用宋乐，颁历法，颁用皇统新律，以及百官用朝服等"。③ 然而，仅仅靠几代君主推行汉化是远远不够的，更为关键的是用人政策的制定，特别是在女真、渤海、奚人、汉人的使用上，更能彰显出女真统治者重用汉人的汉化倾向，研究者陶晋生先生在其《女真史论》一书里，仅用3张表格便对"汉人越来越为强势"做出了完全说明。④

女真帝王、皇族、宗室及相当一批的社会上层表现出强烈的汉文化倾向，但真正的民族融合还发生在更为广泛的社会层面，即迁居中原女真人的易汉服、习汉语、易汉姓及与汉民族的相互通婚，这些在中原社会普遍流行。

女真人易汉服。女真服饰的特点是"布衣好白，衣短而左衽"，初入中原时，女真人还穿着这一式样服饰。但时日一久，女真民族浸染华风，"渐有文饰，或裹逍遥巾，或裹头巾，随其所好"⑤。到了金世宗发起"女真本土化"运动时，不得不诏令重申："禁女真人学南人衣装，犯者抵罪。"⑥

女真人习汉语。早在上京时，一些女真宗室贵族子弟便从"儒士"学习

---

① 张博泉：《金史简编》，辽宁人民出版社，1984，第124页。
② 张博泉：《金史简编》，辽宁人民出版社，1984，第146页。
③ 陶晋生：《金代初期女真的汉化》，《文史哲学报》1968年第17期。
④ 陶晋生：《女真史论》中的3张表格分别为"金代统治阶级构成表""金代汉人入仕途径表""金代汉进士依地域分配表"，见该书第49—50页。
⑤ 《大金国志·男女冠服》卷三十九，黑龙江人民出版社，2009。
⑥ 《金史·世宗下》卷八。

汉语。待女真民族大举迁居中原后，由于民族间生产生活中的接触日益频繁，习用汉语已非风雅之举而成为生活所必需，以致在女真人中不通晓本民族语言文字者大有人在。大定十四年（1174）诏令："应卫士有不娴女直语者，并勒习学，仍自后不得汉语。"① 但尽管禁令严苛，然汉语仍是女真族众主要的交流工具。大定二十五年（1185）十二月，后来的金章宗完颜璟"进封原王、判大兴府事。入以国语谢，世宗喜，且为之感动，谓宰臣曰：'朕常命诸王习本朝语，惟原王语甚习，朕甚嘉之。'"② 足见此时的女真人习女真语者已罕见，使用汉语则是十分普遍的现象。

女真人易汉姓。女真人改易汉姓相习已久，据载唐末就有女真人姓拿的，到了金初已有相当数量的女真人改易汉姓。大批猛安谋克户迁居中原后，改易汉姓在女真人中已成"流俗"，迫使统治者不得不屡颁禁令严厉制止。大定十三年（1173）、二十七年（1187），先后"禁止女真人不得改为汉姓，犯者抵罪"。明昌二年（1191），"制诸女真人不得以姓氏译为汉字"。泰和七年（1207），"敕女真人不得改从汉姓"。但由于女真与汉民族生产生活的交往日深，改易汉姓已成为女真社会中一种不可遏制的现象。陈述先生在《金史拾补五种》中写道：

> 总括女真人的汉姓，约有四类：（1）例改之姓，金史附语解（陶九成辍耕录同）所记完颜曰王、乌古论曰商、乞石烈曰高之类。钱大昕廿二史考异称这一类皆大定明昌所译。（2）讹改之姓，如石抹改郑氏、徒单称孟氏、术甲讹赵氏、古里甲易吴氏、乌古论改刘氏之类。金史附语解所称"其后氏族或因人变易，难以遍举"者，即属这一类。（3）省简之姓，若完颜曰颜、温迪罕称温、徒单称单、汪古称汪之类。（4）南朝赐姓或牵附赐姓的，如李氏赵氏之类。后两类的时限较长，上自建国以前，下至金元以后。

女真人与汉民族间的相互婚媾。女真人迁居中原之初，与汉民族间的通婚是为政府所禁止的，但在金皇室的宗族家庭里有诸多的汉族、渤海女子为妻为妾。虽然没有见到统治者颁发的明文禁令，但从金章宗明昌二年（1191），

---

① 《金史·世宗中》卷七。
② 《金史·章宗一》卷九。

"尚书省言：'齐民与屯田户往往不睦，若令递相婚姻，实国家长久安宁之计。'从之"① 条看，此前平民社会中女真与汉族间的通婚是被禁止的。金朝末年，女真人与汉人的通婚实例很多，特别是汉人娶女真女子为妻为妾的亦逐渐增多。如毕淑贤（1191—1246 年）娶纳合氏，杜茂（1208—1272 年）娶完颜氏。而对此有专门研究的陶晋生先生在其《金元之际女真与汉人通婚之研究》文中作如是说：

> 在所有的两族间通婚的实例里，最重要的而且最饶兴趣的是河北永清的史家的婚姻状况了。金末河北一带最有势力的土豪史天泽（一二〇一—一二七五），投靠了蒙古大将木华黎以后，在元初权势显赫，后来做到宰相。史天泽的父亲史秉直娶张氏和纳合氏为夫人。天泽自己有四个妻子，其中有两个女真人——纳合氏和抹撚氏。他的长姐嫁给了木华黎，长兄天倪有一个汉人妻子，和女真妻子完颜氏。天倪的儿子楫，则娶了三个女真女子为妻。从史家的通婚情形看来，金末汉人和女真人通婚已经是一件普通的事。②

女真人思想文化上的汉化。女真人思想文化上的汉化是与其封建化进程同时进行的，对汉文化的仰慕始于女真上层，除了几代帝王尊汉人儒士为师长之外，为便于统治计亦极力推行女真人学习汉文化。如，命精通语言者把《尚书》《易经》《孝经》《论语》《孟子》《史记》《汉书》《新唐书》《贞观政要》等汉文经史典籍翻译成女真文，向女真社会推广。《金史·选举志》载："自大定四年，以女直大小字译经书颁行之。后择猛安谋克内良家子弟为学生，诸路至三千人九年，取其尤俊秀者百人至京师，以编修官温迪罕缔达教之。"女真人中间出现了一批精通汉文化的政治家与文人学者，对此史载："世宗、章宗之世，儒风丕变，庠序日盛，士繇科第位至宰辅者接踵。"③汉文化对下层女真族众的影响，则主要表现在迁居中原的猛安谋克户长期受到汉地习俗的耳濡目染，使之主动地与较发达的生产生活文明逐步趋同，而"女真的故家遗俗，存复无几"④，最终在文化风习上与汉族别无二致。

---

① 《金史·章宗一》卷九。
② 陶晋生：《女真史论》，台北：食货出版社，1981，第 108 页。
③ 《金史·文艺上》卷一二五。
④ （元）许有壬：《至正集》卷五十一。

迁居中原的猛安谋克户，经过了易汉服、习汉语、易汉姓、与汉族通婚及思想文化上的汉化过程，民族间的畛域逐步消失，而共同性逐步加强。居住在同一地域里的不同民族，过着共同的经济生活，有共同的语言文化，相互间和睦相处，彼此血胤，最终不可避免地产生民族融合。自然不同民族间融合是彼此相互的，由此产生出新的文化形式。如迁居中原的猛安谋克户，在与汉民族的长期交往中使女真习俗在中原颇为盛行，北方盛行的"绯色紫衣"影响"中国之人，互相仿效"，"胡乐""胡舞"在南方亦为流行。更有甚者，在南宋的市面上女真产的"番鼓儿""葫芦笛""粘罕胡""发索"等均为时髦之物。另外，如同当年的女真统治者一样，为了防止和杜绝女真习俗的传入，南宋的政府要员也是屡颁律令加以禁止。清代徐松根据《宋会要》编撰的《宋会要辑稿·刑法二》第一六六册载：

〔绍兴三十一年〕五月八日，知临安府赵子潚言：访闻街市无郚（？）之辈，插带掉篦，及著卧棘，用长藤为马鞭，聚众于酒肆，吹唱鹧鸪，手拨葫芦琴，跪膝劝酒，有伤风教。

〔隆兴元年〕七月二十五日，中书门下省言：窃见尔来临安府士庶，服饰乱常，声音乱杂。如插掉篦，吹鹧鸪，拨胡琴，作胡舞之类，已降指挥严行禁止外，访闻归朝、归正等人，往往不改胡服，及诸军有仿效番装，所习音乐，杂以胡声。乞行下诸军及诸州县，并行禁止。从之。

第五节　女真民族的人口流向

1234 年，一度雄踞中国北方的大金王朝为蒙古所灭，时仅距其建国的 1115 年不过 120 年，其间演绎着北方民族那种"其兴也勃焉，其亡也忽焉"的悲喜剧。金王朝的灭亡，对于女真民族无异于灭顶之灾。先是在蒙古人的打击下金之国势益弱，而"括地"引起了民族"憎疾"，以"红袄军"为代表的大起义此起彼伏。《大金国志·宣宗皇帝下》记载其道："两河既为战争所扰，山东群盗大起。"这种民族的"憎疾"是残酷的。《临淄县令完颜公神道碑》记："仇拨地之酷，睚眦种人（女真人），期必杀而后已。若营垒，若散居，若侨寓、托宿，群不逞哄起而攻之；寻踪捕影，不遗余力，不三二日，屠戮尽净，无复噍类。"① 而蒙古人"攻城（汴京）十六昼夜，相传内外死者以百万计"②，如此更加剧了民族间的相互仇杀。金亡国后，迁入中原的女真人分崩离析，为躲避迫害纷纷融入其他各族，独立的女真民族不复存在。

一 融入汉族的女真人

数以百万计的迁入中原的猛安谋克户，在与汉民族交错杂居的长期交往中，相互了解、彼此血胤，不可避免地发生民族融合。然更为广泛的女真融入汉族则发生在金亡以后，虽然这种融合带有女真人的些许被迫与无奈，但元代女真人等同于汉人已是一不争的事实。

元代"汉人"的概念发生了根本变化，统治者强行将治下百姓分为蒙古、色目、汉人、南人四等，把契丹、女真、高丽等合为汉人。关于女真人改汉姓，史料典籍记载颇多，后人研究成果颇多，举其要者，如下。

1. 史料典籍记载

（1）《金史·金国语解·姓氏》载女真改汉姓31个，并强调"其后氏族或因人变易，难以遍举，姑载其可知者云"。

（2）《元史·赵良弼传》卷一五九载："赵良弼字辅之，女直人也。本姓术要甲，音讹为赵家，因以赵为氏。"

（3）《元史·李庭传》卷一六二载："李庭小字劳山，本金人蒲察氏，金末来中原，改称李氏，家于济阴，后徙寿光。"

（4）《金史·刘国杰传》卷一六二载："刘国杰字国宝，本女真人也，姓乌古伦，后入中州，改姓刘氏。"

（5）元人陶宗仪的《南村辍耕录·氏族》卷一载：蒙古72种，色目31种，汉人8种，金人改汉姓31种。

2. 今人研究记载

（1）陈述先生在《金史拾补五种·女真汉姓考》中写道："所改汉姓，多数是比较常见的刘、王、李、赵之类，也有比较罕见的如尤氏、乌氏。严格说，尤、乌两姓，只是原来氏族的简化，不必叫作汉姓，但是他们把自己的氏族全称简为一字姓，显然是受汉姓影响。"

---

① 元好问：《遗山集·碑铭表志碣》卷二十八。
② 《多桑蒙古史》上册，冯承钧译，上海书店出版社，2001，第188页。

（2）《中国社会科学》杂志 1985 年第 6 期发表贾敬颜先生《汉人考》一文，其中补充女真人改汉姓 6 种。

（3）高凯军先生在其《通古斯族系的兴起》一书中，综合前人研究做成"元代女真姓改汉姓对应"表[①]（见表 3 - 1）。

表 3 - 1　元代女真姓改汉姓对应

女真姓	汉姓	女真姓	汉姓
完颜	王、完、颜	裴满	麻
乌古论	乌、商、刘、李	尼忙古	鱼
乞石烈	高	斡准	赵
徒单	杜	阿典	雷
女奚烈	郎	阿里侃	何
兀颜	朱	温敦	空
蒲察	李	吾鲁	惠
颜盏	张	抹颜	孟
温迪罕	温	都烈	强
石抹	萧	散答	骆
奥屯	曹	呵不哈	田
孛术鲁	鲁	乌林达	蔡
移剌	刘、王	仆散	林
斡勒	石	尤虎	董
纳剌	康	古里甲	汪
夹谷	童、仝、佟	古里	吴

同时，高凯军先生还引入计算公式，"从 1153 年海陵王迁都北京并将女真人大规模南迁或西移，到 1284 年女真人的汉化或蒙古化的过程基本完成，历时 131 年。加上此间南迁或西移的女真人的自然增长率，则可知融入汉族和蒙古族的总数是 2061158 人。其中融入汉族的约 180 万"[②]。使用公式为 $S_n = P（1 + 1.40‰）n$。其中 S_n 为终值，P 为现值，这里为 1716000 口，1.40‰为中国封建社会一般人口自然增长率，n 为年数，这里为 131 年。虽然，这里我们可能对一些数据存有认识上的差异，但这种计量方法的引用还

[①]　高凯军：《通古斯族系的兴起》，中华书局，2006，第 245—246 页。

[②]　高凯军：《通古斯族系的兴起》，中华书局，2006，第 246 页。

是让人耳目一新。

（4）《北方文物》1995 年第 2 期发表任崇岳先生《谈晋皖豫三省的女真遗民》一文，其中谈到 20 世纪 80 年代，在安徽肥东县居住着约 2000 名金代完颜氏后裔。据《完颜氏家谱》记载，这支女真人在金亡后流落云内州（今山西大同），为避元朝迫害而改单姓完氏。元末，其族人完佩投朱元璋队伍位至将军。洪武初，率部屯田庐州，从此定居肥东。1983 年，肥东县人民政府应这些女真遗族的请求，批准他们恢复完颜姓氏并将其民族成分改为满族。

二　融入蒙古的女真人

在大批猛安谋克户迁入中原的同时，另有一些女真人移居西北、东北等地方，有人统计临潢府路有 7 个猛安，西北路有 6 个猛安，西南路有 5 个猛安，东北路有 6 个猛安，共计 24 个猛安。[1]若按猛安谋克编制，"三百户为谋克，谋克十为猛安"，24 个猛安应有 72000 户，每户按 6.5 口算，应有 46 万余人。另，李薇刊文认为"有 18 个猛安迁往内蒙古东部地区（西京路 12 个，临潢府路 6 个）"[2]。依上述算式约有 35 万人，换句话说，有三五十万女真人迁入了西北等蒙古人的居住地。

这些迁居的女真人长期与蒙古民族杂居，共同的游牧生活使之很快拉近了民族间距离，生产方式、生活方式、生活习俗相互濡染，以致蒙古人起兵时竟有很多女真人掺杂其间征讨效力。如《元史·粘合重山传》载："粘合重山，金源贵族也。国初为质子，知金将亡，遂委质焉。太祖赐畜马四百匹，使为宿卫官必阇赤。从平诸国有功……立中书省，以重山有积勋，授左丞相。"另，《元史·高闹儿传》载："高闹儿，女直人。事太祖，从征西域；复从阔出太子、察罕那演，连岁出征，累有功，授金符，总管，管领山前十路匠军。"又，《元史·谒只里传》载："谒只里，女直人也。大父昔宝味也不干，登金进士第，金亡，归太宗。谒只里幼聪颖，能记诵，及长，以孝友闻。事世祖潜邸，得备宿卫。"复，《元史·完颜石柱传》载："完颜石柱，祖德住，仕金为管军千户。父拿住，归太祖，从征西域、河西……有功，赐

---

[1] 孙进己、孙泓：《女真民族史》，广西师范大学出版社，2010，第 265 页。

[2] 李薇：《关于金代猛安谋克的分布和名称问题——对三上次男考证的补订》，《黑龙江文物丛刊》1984 年第 2 期。

号八都儿……总管八都军。"除仕于元朝的女真人外，还有一些人托蒙古人名义混迹于乡间社会。即使是假势于蒙古，这些女真人必定要在语言、习俗、生产与生活方式等方面相近或相似，久之其结果可以想象。对此，研究者的田野调查收获如下：

> 另有一个叫三家庄的村子。据传说，在元朝初年"移来三家姓金的蒙古人，故名三家庄"。所谓"姓金的蒙古人"，必是当地人把金国遗民误认为蒙古人，或者是女真人怕引起蒙古人的猜忌，把自己说成是蒙古人，因为蒙古人无一姓金者，姓仝的也绝不是蒙古人。河南濮阳的西夏遗民，在其家谱上都无一例外地说自己是蒙古人。河南"南阳地区的仝姓（夹古氏），分明出自女真，但却自认是鞑子"。这并非他们出于无知而数典忘祖，而是因为身处元代，有意作弊，好侧身于统治民族——蒙古人之中。①

女真人移居融入蒙古民族是一个很快的过程，这应是相近的生产生活方式使然。元王朝建立（1271）后仅十余年的光景，世祖忽必烈便在至元二十一年（1284）要求"自今凡奏事者，必先语同列以所奏……若女直、契丹生西北不通汉语者，同蒙古人。女直生长汉地，同汉人"②。看来，元统治者已经承认了民族融合的事实。另外，蒙古民族效仿中原实行屯田策。史载："古者寓兵于农，汉、魏而下，始置屯田为守边之计。有国者善用其法，则养兵息民之要道也。"③ 而在西北的屯田军里往往可见女真人身影。下面的两条史料足以说明进入西北地区屯田的女真人大多融入蒙古民族中了，因为此后在这些地方很少出现关于女真人的记载，女真人或被统称为蒙古人，或形成了新的锡伯族。

> 镇海，怯烈台氏。初以军伍长从太祖同饮班朱尼河水。与诸王百官大会兀难河……从攻塔塔儿、钦察、唐兀、只温、契丹、女直、河西诸国，所俘生口万计……命屯田于阿鲁欢，立镇海城戍守之。④

---

① 任崇岳：《谈晋皖豫三省的女真遗民》，《北方文物》1995年第2期。
② 《元史·世祖纪十》卷十三。
③ 《元史·兵志》卷一〇〇。
④ 《元史·镇海传》卷一百二十。

丞相名扎哈，即清哈，系出克埒氏或曰本田姓，至朔方始氏克埒……为扎尔固齐征太阳国……赐珠旗、金虎符、银印为埒里巴总属官，金符十人、银符五十人征塔塔尔、钦察、唐古、哲袞、回回、契丹、女直皆有功，承命辟乌梁海等地为屯田，且城之因公名名其地，曰扎哈，又曰清哈。①

对于克埒公屯田的史实，丘处机弟子李志常的《长春真人西游记》及耶律楚材据此编成的《玄风庆会录》中均有记载。这两本典籍为我国学界所重视，从清代的钱大昕、段玉裁、徐松等，到现代的王国维、侯仁之、纪流、陈正祥、于希贤等都围绕于此做了大量的考证、注释、校注工作，极大地推进了西北史地研究工作的开展。1988 年中国旅游出版社以《成吉思汗封赏长春真人之谜》为名出版了这两本书，在其三"戈壁死域白骨甸"章中写道："行到水穷山尽处，斜阳依旧向西倾。邮人告曰：此雪山北，是田镇海'八剌喝孙'也。'八剌喝孙'汉语为'城'，中多仓廪，故又呼曰'仓头'。"纪流随之对文中"田镇海"注译曰：

田镇海，初以军伍长从元太祖起兵。曾上尊号：成吉思皇帝，受太祖喜爱重用。他征乃蛮有功，太祖赐良马。从攻塔塔儿、钦察、唐兀、只温、契丹、女真、河西诸国，俘虏敌兵生口万计，悉以上献。太祖赐御用服器、白金等物，任阇里必总管。后受命屯田于鄂尔浑河，立镇海城，累进右丞相。陈正祥博士认为，其屯田处可能在科布多东南，哈拉乌苏泊南侧。

丘处机一行在图拉河向南转弯处碰到一大聚落，并对这里人们的饮食、装束、民风与生活习俗等做了颇为详细的记载，从中可窥见于此屯田的"塔塔儿、钦察、唐兀、只温、契丹、女真、河西诸国"的"万计生口"，已和蒙古民族融为一体难以区分。纪流先生对原文做了如下注译：

又向前走了十天，值夏至，用八尺之杆量日影，得三尺六七寸。逐

---

① 许有壬：《圭塘小稿·元故右丞相克埒公神道碑铭并序》卷十。

渐看到峭拔耸立的大山，是库伦（乌兰巴托）以南的高山。从这里往西，渐有土山，人烟颇多，也都是以黑色的辘辘车白色的毛毡房为家。当地习俗，既游牧又狩猎。穿的衣服是羊皮白板做成的毳衣，象僧人穿的大袍子，吃的是牛羊肉和奶制品。男人在耳朵上各打一个发结。妇女戴的帽子用桦树皮装饰帽围，帽子高约二尺，往往用黑色、褐色的织物镶裹一番。有钱人家，以红绸缠绕帽上伸出的长角。其角，似鹅鸭伸出的长颈，名称叫"故故"。最忌讳用手触摸，出入蒙古包时须低头，眼能回顾身后，低姿出门，才不会撞到"故故"。这里，没有图文书籍，人们订契约仅凭口头说定，或者刻木为据，借多少钱就在木头上刻几道，算作契约。有食物大家分享，遇战争、灾害则争相奔赴。头人有命令，则服从命令，不借故推辞。说出话来则信守照办，绝不食言，有上古之遗风。丘处机以诗记其风，云："极目山川无尽头，风烟不断水长流。如何造物开天地，到此令人放马牛。饮血茹毛同上古，峨冠结发异中州。圣贤不得垂文化，历代纵横只自由。"[①]

史料记载女真人的西北屯田已是不争的事实，但若干年后其已不见踪影，对此唯一的解释就是女真人融入了当地民族之中。

三 东真（夏）国女真人的聚集与离散

正当中原、西北地区的女真人以各种方式融入汉族、蒙古族时，辽东以北的女真人也在经历着时代的变革。在蒙古兴起灭金的过程中，金辽东宣抚使蒲鲜万奴于元太祖十年、金贞祐三年（1215）自立，先号大真，后改东真（夏）国。[②]据原金曷懒路、率宾路、胡里改路、上京路等地。这一地域内的民族成分主要是女真人，有鸭绿江女真、南女真、曷苏馆女真、北女真等。

---

① 侯仁之、于希贤审校，纪流注译《成吉思汗封赏长春真人之谜》，中国旅游出版社，1988，第52—53页。

② 关于蒲鲜万奴建立政权的名号，学界争论颇多，如王慎荣、赵鸣岐先生认为："金朝已成难以复燃的残烬，如果继续用'大真'这个限于女真民族的旗号不能再起多大作用，若采取中华民族所奉的华夏名义，会增强号召力，以争取多方面可能的拥护，因此，蒲鲜万奴遂改'大真'为'东夏'。"《东夏史》，天津古籍出版社，1990，第79页。而孙进己、孙泓学者则指出："若东真国的民族构成已不以女真族为主，称东真当然不合适，应以改称东夏为宜；但如果东真国的民族构成主要仍为女真族，则改称东夏就失去意义了，仍以称东真为是。"《女真民族史》，广西师范大学出版社，2010，第283—284页。

这里仍依《金史·食货志》所记，兴定元年（1217）时，"上京、蒲与、速频、曷懒、胡里改等路，猛安谋克民户计十七万六千有余"，另咸平路还有女真猛安十几个，总计人口百余万人，而其中的绝大多数是女真人。

金贞祐四年（1216）木华黎率领蒙古铁骑横扫辽东，蒲鲜万奴"伪降"使之"仍保有其已得境土而未受兵"①，然蒙古军屡屡屠城，蒲鲜万奴惧之"率众十余万，遁入海岛"②。关于"海岛"的具体所指，清末史学家屠寄认为，海岛不详何名，当在凤凰厅濒海。日本蒙元史学家箭内亘认为，在今图们江流域。另一日本学者岩井大慧则认为在朝鲜半岛西北的椴岛，即皮岛及其以东身弥岛。③随之成吉思汗诏木华黎撤军转向南伐，用兵中原。蒲鲜万奴"既而复叛"，出"海岛"转战于鸭绿江下游一带，并向辽东发展，迅速形成了割据一方的局面，拥兵自重，建立政权并称之。不出几年，蒲鲜万奴的东真国经过巩固政权、拓展疆域，"势力所及，包有了金的曷懒路、速频路和胡里改路地区，疆域范围大致为东至日本海，西北至胡里改城（金黑龙江依兰县），西至张广才岭，南至婆速府与朝鲜青州（今朝鲜咸镜北道一带）"④。蒲鲜万奴聚众东徙建立东夏政权，其都城所在自然也就是女真族众的新居处。于此，学界有诸多说法，可从王慎荣、赵明岐先生的《东夏史》一书中窥知：

　　就目前已经发表的著述和文章看，大体上可以归纳为五说：一为屠寄、柯劭忞的女真故地金会宁府上京（今黑龙江省阿城县东南白城子）说；一为箭内亘、金毓黻的蒲鲜万奴被擒地南京（今吉林省延吉市城子山山城）说；一为孟森的元开元万户府治因袭地黄龙府（今吉林省农安县）说；一为景爱的既是路治又是都城的开元（今黑龙江省宁安县城子后山城）、南京说；一为张博泉、朴真奭、张泰湘、李健才的"僭号于开元"的开元（张博泉谓即渤海上京、朴说谓在牡丹江中下游、张泰湘谓在今苏联乌苏里斯克附近的克拉斯诺雅尔山城、李说在今绥芬河流域的双城子南面的山城）说。我们认为，东夏都城应为开元，其地点应在绥芬河流域。

　　据此，开元城西南距朝鲜庆源府250里，东距海参崴120里，西距

----

① 《元书·蒲鲜万奴传》卷二十九。
② 《元史·木华黎传》卷一一九。
③ 转引自王慎荣、赵鸣岐《东夏史》，天津古籍出版社，1990，第61页。
④ 王慎荣、赵鸣岐：《东夏史》，天津古籍出版社，1990，第66页。

东京城 370 里。按其方位道里推之，正当绥芬河下游双城子，今苏联乌苏里斯克。这就是蒲鲜万奴东夏国都城上京开元城之所在。

关于东真国的疆域四至，历史上说法颇多，经专家考证后的结论是："东夏国的疆域，在最盛时为南起西逾大岭中经定平东止都连浦的朝鲜古长城东段，北至今黑龙江省的巴彦、依兰以北至黑龙江下游地区，西起今吉林省中部偏西至黑龙江省南部当中一带（后期包括金上京在内），东至日本海。"① 在这一广大地域内，东真国的行政系统仍沿金之旧制，尚书省下辖吏、户、礼、兵、刑、工六部，少府监、引进使、审计院等；军事系统有兵马都元帅、副元帅、同知元帅府事、大将军、都统、副统、军政、兵马按抚使、兵马使司、万户、行军万户等；地方组织有行部、路、府、州、总押所、监造提控所、劝农官、广盈仓、勾当公事等齐全的中央、地方、行政、军事机构。东真国的经济以农业为主，因为牡丹江、绥芬河、图们江、海兰江流域的河谷冲积平原十分利于农业生产，水稻是其主要的农作物品种之一。农业的发展为纺织、矿冶、建材、陶瓷和车船制造业生产创造了条件。而北方民族历史悠久的采捕业和畜牧业，仍是东真国经济生活中的主要部门，东真国依靠着自己的土特产品去与周边进行商业贸易。东真国的城市主要有上京开元城（位于绥芬河南岸、双城子南面山上，今俄罗斯的克拉斯诺亚尔山城）、南京城（位于今延吉市东 10 公里海兰江与布尔哈通河交汇处西北部的城子山山上）、北京城（位于宁安市镜泊湖大瀑布东偏北五六里处的城子后山上）、古州（位于海浪河汇入牡丹江处附近）、运州（位于黑龙江省东宁县附近）、会州（推定为今黑龙江省依兰县）、青州（位于今朝鲜咸镜北道北青）等。关于东真国的人口有人做出的推算数字如下：

> 如果按照速频、曷懒、胡里改三路计算，三路有人口将近一百万人……这是金章宗明昌四年（1193 年）十月时的情况，据蒲鲜万奴立国不过 20 多年；而且这只是女真猛安谋克户人口，如果加上金初从中原迁徙来的汉族、契丹族以及渤海等族人口，三路人口总数可能更多……②

---

① 王慎荣、赵鸣岐：《东夏史》，天津古籍出版社，1990，第 143 页。
② 王慎荣、赵鸣岐：《东夏史》，天津古籍出版社，1990，第 172 页。

金哀宗天兴二年（1233）也就是东真国建立 19 年之后，蒙古兵假道高丽兵围南京，蒲鲜万奴被俘，随后又进击开元、恤品两路，"东土悉平"。不过从史料记载分析，东真国并没有因蒲鲜万奴的被俘而灭亡，在其后相当长的时日里（至 1287 年）仍有"东真"的记载，故又有人认为"东夏十三世纪初期，作为一个独立和半独立的国家出现于东北大地，存在了 70 多年之久"①。东真（夏）国灭亡后，黑龙江区域相对沉寂。为数不多的生女真、水达达、兀里改、斡朵怜、骨嵬以及"北山野人"等族众，在元王朝设置的万户府、元帅府、千户所、捕盗所的统领下，适时地缴纳贡赋，极尽徭役兵役义务，使社会经济有了一定的发展。

四　女真人流往高丽者

由于历史的渊源关系，"高句丽族的主源，是濊貊族解体后东迁的各支后裔，有高夷、夫余、沃沮、小水貊（梁貊）、东濊等"②。正是因为有了这层关系，所以每逢中原遇有战事，败走而加入高句丽者日多。夫余如此，沃沮如此，渤海如此，女真亦如此，且女真人还有辽、金、元朝代延续的人口迁移史。

1233 年［金天兴二年、元太宗五年、东真（夏）大同十年］，元军攻破东真南京城，蒲鲜万奴被俘，东真（夏）国作为蒙古藩国而续存。此后的数十年，东真（夏）国与高句丽的交往是时而频繁互市，时而兵戎相见，权柄完全操控于蒙古人手中，高丽李朝学者郑麟趾的《高丽史》较多的记载了这一段历史：

> 《高丽史·高宗世家》载："高宗三十四年三月，东真国千户牒云：'我国人逃入贵国五十余人，可悉送还。'"
>
> 《高丽史·高宗世家》载："高宗四十年四月……遣东真国人入东界。"
>
> 《高丽史·高宗世家》载："高宗四十四年，东北面兵马使招，东真国三千余骑入登州。"

---

① 王慎荣、赵鸣岐：《东夏史》，天津古籍出版社，1990，前言第 5 页。

② 马大正等：《古代中国高句丽历史论丛》，黑龙江教育出版社，2001，第 31 页。

《高丽史·高宗世家》载："高宗四十五年，东真国以舟师来围高城县之松岛，焚烧战舰。"

《高丽史·高宗世家》载："高宗四十六年正月，东真兵寇金刚城。"

《高丽史·元宗世家》载："元宗十三年，输东真料米七千石，凉助粮料。"①

从上述记载看，东真（夏）国确与高句丽有密切的交往联系，尽管是时而交好时而交恶，但东真（夏）灭亡之际应有数量相当的女真人流入高丽，因为在王慎荣、赵鸣岐先生的《东夏史》"系年纪事"中有"1286年，辽东府总管六十奉诏归女真，高丽王出迎于西郊。高丽遣使往东真推刷流民"的记载。另据孙进己等在《女真民族史》中考证："金代曷懒路所辖今黑龙江省及吉林省南部、朝鲜半岛东北部，当时居住的都是女真人……其中可以肯定的是居住朝鲜半岛东北部的有左申必剌猛安、兀答温猛安、斡合猛安、果法猛安等，其人口当有万余户近十万人。"② 故而，东真（夏）国灭亡后，部分女真人流往高丽似乎也是情理之中的事情。

---

① 转引自孙进己、孙泓《女真民族史》，广西师范大学出版社，2010，第292页。
② 孙进己、孙泓：《女真民族史》，广西师范大学出版社，2010，第316页。

第四章
蒙古民族的外徙内迁

关于蒙古族的起源，史家众说纷纭，始有五说，即源起于鲜卑说、源起于肃慎说、源起于丁零说、源起于乌桓说、自成一系说。① 后来研究又有了突破进展，简约为三说，即东胡说、匈奴说、突厥说。各说都有道理，但我们不是搞民族学专门研究，所以更倾向于"蒙古族是公元十二至十三世纪间在蒙古草原上生活过的许多游牧民族统一后的民族共同体"② 的解读；另有"9 至 12 世纪，原蒙古人从东胡后裔历史民族区向整个蒙古高原扩散，同突厥、铁勒和其他民族结合，因而经历了深浅不同的突厥化过程，终于形成了蒙古民族共同体和古蒙古语言"③ 的论述；还有人更为明确地指出，蒙古源于"东胡说已得到黑龙江莫力达瓦达斡尔自治旗考古发现的佐证。所以，蒙古部与东胡蒙兀室韦之间的亲缘关系，一般已为史学界公认"④。这里我们要予以关注的是，活跃在黑龙江区域的蒙古诸部落、额尔古纳河流域蒙兀室韦的西迁、元屯田时的黑龙江史迹等与本著述相呼应的课题。

第一节　活跃在黑龙江区域的蒙古诸部落

在蒙古族的形成时期，其组成各部及各部分布地域是较为清楚的。除有在鄂嫩河源和肯特山间的蒙古诸部外，还有贝加尔湖以东的土默特部、以南的泰楚特部、以西的卫拉特部，在呼伦湖附近的翁吉剌或广吉剌部，捕鱼儿

---

① 孙秀仁等：《室韦史研究》，北方文物出版社，1985，第 1 页。
② 干志耿、孙秀仁：《黑龙江古代民族史纲》，黑龙江人民出版社，1987，第 419 页。
③ 亦邻真：《中国北方民族与蒙古族族源》，《内蒙古大学学报》1979 年第 3—4 期。
④ 李治安、王晓欣编著《元史学概说》，天津教育出版社，1989，第 184 页。

海附近、一度雄踞漠北的塔塔儿部，色楞格河地区的蔑儿乞部，杭爱山、肯特山周边的克烈部，不儿罕山至呼伦贝尔地区的兀良哈部，长城以北的汪古部，阿尔泰山以南的乃蛮部，叶尼塞河附近的斡亦剌惕部，额尔古纳河和石勒喀河间的羽厥里部，呼伦贝尔地区内的乌古部、敌烈部以及黑车子室韦，等等。这里仅是对蒙古诸部的简要划分，在波斯史学家拉施特的《史集》中有更为详尽的阐述。

一　《史集》中的相关记载

蒙古族及其先世是我国古代北方民族，活动范围包括了黑龙江上游地区，特别是呼伦贝尔地区。拉施特在《史集》第一卷第一分册"概述突厥各民族兴起的传说及其分为各部落的情形，以及各民族祖先生平的详情"中写道："从古到今一直被称为突厥的各民族也完全一样，他们住在草原地带……有很多夏营地和冬营地地区，如斡难、怯绿连、答兰－巴勒渚思、不儿罕－合勒敦、阔客纳－纳兀儿、捕鱼儿－纳兀儿、合儿合惕、槐因、额尔古涅、合剌亦儿、薛灵哥、巴儿忽真－脱窟木、合剌阿勒真－额列惕等河湖沿岸以及中国长城附近的兀惕古黑。"仅从此记述的地名，我们不能得到什么，但从俄译本与汉译本的页面脚注中，可以看出蒙古民族在黑龙江流域及其附近地区的活动轨迹：

> 这里所提到的河湖：斡难河，是与额尔古纳河汇流成黑龙江的石勒喀河的右岸支流。怯绿连河（诸抄本均作 k(a)lūrān），发源于肯特山，流经平坦的蒙古里亚，注入达赉淖尔或呼伦池。答兰－巴勒渚思……大概即现代库伦西南的多山之地多伦……不儿罕－合勒敦，可能即今肯特山脉的山结"古老的布尔罕－敖拉"（那里有鄂嫩河的一条右岸支流布尔哈河，这条河和奎通河之间为山脉所隔开）；与鄂尔浑河右岸支流萨拉果勒相汇的一条小河也名奎通河（蒙语 hüitün），因此，这里所列举的这个地名，可能是指布尔罕－奎通。阔客纳－纳兀儿（C，L，I 本作 küka-nawür；B 本、贝书作 kükeh-nāūr）［波斯文 k 与 l 字形相似，疑当作 kulana，则此即阔连海子。］捕鱼儿－纳兀儿，为前述达赉淖尔南面的湖，在两湖之间有一条从捕鱼儿海子北岸流入达赉淖尔的乌尔顺河相连接。合儿合惕（B 本作 qarqat；L，S，C，l 本作 qārqāt；贝书作 qlūqāt），可能相当于北蒙古的哈拉哈巴之地；槐因（kūyin，B 本作 kūni（？）n），

可能相当于土拉河右岸支流库因果勒河的谷地，从库伦到恰克图去的第一个驿站就在这个河谷里，但另一方面，在呼伦贝尔又有一条伊敏河左岸支流辉河（Хойн‑гол 或 Куй‑голл）。额尔古涅（C.L 本作 azgūn（？）eh‑qūn，I 本作 azgūn(i)eh‑qūn；贝书作 argūn‑en），大概即从达赖淖尔（呼伦池）流出，往北和石勒喀河相汇的额尔古纳河。合剌亦儿（B 本作 q(a)lād；贝书作 q(a)lāir），大概即今海拉尔河谷。薛灵哥，为注入贝加尔湖的一条河。巴儿忽真‑脱窟木（B 本作 irqūjin‑tukrm；贝书作 b(a)rqūjin‑tūkūm，其后文又作 b(a)rǧučin‑tūkūm），可能即今贝加尔湖的主要支流巴尔津及其著名的巴尔古津草原。合剌阿勒真‑额列惕（l 本作 kalajin；B 本作 q(？)lahi(？)n；贝书作 qlāhin‑ālt），该地为我所不知（也许第二词应读作斡罗惕，因为据阿拉伯字形可以有这种读法）；兀惕古黑（B 本、贝书作 ankuh，贝译作 Унгу），通常指中国长城地区。①

二 《史集》的不同版本

这里的 C、L、I、B 本及贝书，分别代表不同国家、不同年代的抄本。虽然《史集》所记地名生疏，但通过注释我们对斡难河（鄂嫩河）、石勒喀河、额尔古纳河、呼伦贝尔（呼伦湖）、海拉尔、伊敏河、贝加尔湖等还是十分熟悉的。9 世纪末 10 世纪初，蒙古室韦的祖先来到三河之源的额尔古纳河，在西起额尔古纳河、东至呼伦贝尔地带的广阔草原上游牧。一些部落已经组成了部落联盟，活跃在呼伦湖、贝尔湖一带草原上。此时，对于蒙古人的经济生活与习俗，《多桑蒙古史》中有朴素而详细的描述：

> 剃发作马蹄铁形，脑后发亦剃。其余发听之生长，辫之垂于耳后。
> 头戴各色扁帽，帽缘稍鼓起，惟帽后垂缘宽长若棕桐叶，用两带结系于颐下，带下复有带任风飘动。其上衣交结于腹部，环腰以带束之。冬服二裘，一裘毛向内，一裘毛向外。女子有高髻，然女服近类男子，颇难辨之。
> 所居帐结枝为垣，形圆，高与人齐。上有椽，其端以木环承之。外覆以毡，用马尾绳紧束之。门亦用毡，户向南。帐顶开天窗，以通气吐

---

① 〔波斯〕拉施特主编《史集》第一卷第一分册，商务印书馆，1983，第 122 页脚注⑥。

炊烟，灶在其中。全家皆处此狭居之内。

其家畜为骆驼、牛、羊、山羊，尤多马。供给其所需，全部财产皆在于是。嗜食马肉，其储藏肉类，切之为细条，或在空气中曝之，或用烟熏之使干。其人任何兽肉皆食，虽病毙之肉亦然。嗜饮马乳酿之湩，名曰忽迷思（coumiz）。

其家畜且供给其一切需要。衣此种家畜之皮革，用其毛与尾，制毡与绳，用其筋作线与弓弦，用其骨作箭镞，其干粪则为沙漠地方所用之燃料。以牛、马之革制囊，以一种名曰 artac 之羊角作盛饮料之器。

此种游牧民族因其家畜之需食，常为不断之迁徙。一旦其地牧草已罄，则卸其帐，共杂物器具以及最幼之儿童载之畜背，往求新牧地。每部落各有其特别标志印于家畜毛上。各部落各有其地段，有界限之，在此段内，随季候而迁徙。春季居山，冬近则归平原，至是家畜只能用蹄掘雪求食。设若解冻后继以严冻，动物不能破冰，则不免于饿毙。马蹄较强，遭此厄较少，故在家畜中为数最众。是以畜养马群为鞑靼种族经济之要源。①

苏联著名的蒙古学研究者 Б. Я. 弗拉基米尔佐夫依据蒙古人经济生活与习俗，"把十二世纪的蒙古部落分为两群，即森林或狩猎部落群及草原或畜牧部落群。显然同样的情况，在十一世纪也可以看到"②。而活跃在黑龙江区域的蒙古人，应是指分布在呼伦贝尔草原和山地的草原或畜牧部落群。当然，狩猎部落与畜牧部落是无法截然分开的，它们之间应该存在一个游牧民族保存狩猎生产残余的过渡带。另有学者更为直接地指出："草原蒙古族的狩猎作为草原狩猎而确立下来，因为以草原的丰富动物为主要对象，所以它并没有衰弱，是以与游牧经济并行的重要领域而持续下来。"③ 这也就是长春真人西行至呼伦湖时所记"积水成海，周数百里。风浪漂出大鱼，蒙古人各得数尾"和"其俗牧且猎"④ 的根源所在。

① 《多桑蒙古史》上册，冯承钧译，上海书店出版社，2001，第30—31页。
② 〔苏联〕Б. Я. 弗拉基米尔佐夫：《蒙古社会制度史》，中国社会科学出版社，1980，第54页。
③ 〔日〕吉田顺一：《蒙古族的游牧和狩猎——十一至十三世纪时期》，《东洋史研究》第49卷第3号，1981。
④ （元）李志常、耶律楚材撰文，纪流注译《成吉思汗封赏长春真人之谜》，中国旅游出版社，1988，第45、48页。

第二节 额尔古纳河流域蒙兀室韦的西迁

一 黑龙江区域蒙古族人西迁史

关于黑龙江区域蒙古族人的西迁，蒙古学学者道润梯步在其新译简注的《蒙古秘史》中，开篇"成吉思合罕之根源"即讲道："渡腾汲思而来，营于斡难河源之，不峏罕哈勒敦。"① 其所讲就是蒙古部离开额尔古纳河右岸密林，渡过腾汲思海（今呼伦湖）到鄂嫩河的不儿罕山（不峏罕，今肯特山）。

13 世纪初崛起于斡难河源头的蒙古人就是唐代蒙兀（蒙瓦）室韦的后裔，这已是学术界的基本共识。据典籍记载，唐代蒙兀室韦原居黑龙江上游以南、额尔古纳河中下游以东的大兴安岭山区。《旧唐书·室韦传》载："其北大山之北有大室韦部落，其部落傍望建河居。其河源出突厥东北界俱轮泊，屈曲东流，经西室韦界，又东经大室韦界，又东经蒙兀室韦之北……东流注于海。"这里的大山应该是大兴安岭，望建河即今额尔古纳河，俱轮泊即今呼伦湖。拉施特在《史集》中亦说："已经知道，〔前述〕〔蒙古〕各部族源起于遁入额儿古涅-昆的两个人；由于生息繁衍，其氏族人数渐众。蒙古一词成了他们氏族的名称，这个名称〔现在〕也移用于和蒙古人类似的其他民族，因为从蒙古人时代起——蒙古人也是突厥民族之一——这个词开始泛用〔于其他民族〕。由于神对他们的佑助，在四百年左右他们〔繁衍出〕许多分支，人数超过了其他〔民族〕；由于他们的强大，这些地区的〔部落〕也渐以他们的名称著称，以致大部分突厥人〔现在〕都被称为蒙古人。"② 在额尔古纳河生息繁衍的这支蒙古人，后来离开了这里。迁徙的部落有捏古思、兀良合惕、弘吉剌惕、亦乞剌思、斡勒忽讷惕、豁罗剌思、额勒只斤、弘里兀惕、斡罗纳兀惕、晃豁坛、阿鲁剌惕、乞里克讷惕、嫩真、许慎、速勒都思、亦勒都儿勤、巴牙兀惕和轻吉惕等，这些蒙古部落逐步西迁到蒙古高原斡难河（今鄂嫩河）源头的不儿罕山（今肯特山）。按照《史集》的说法，在此前后西迁的似乎还有尼伦集团的 20 个氏族或部落，但该书没有做出过多的解释。

---

① 〔日〕道润梯步：《新译简注〈蒙古秘史〉》，内蒙古人民出版社，1978，第 1 页。
② 〔波斯〕拉施特主编《史集》，商务印书馆，1983，第 127 页。

二　自额尔古纳河西迁至斡难河源头的诸说

关于蒙古人自额尔古纳河西迁至斡难河源头史实学界有很多说法，归纳其主要如下。

（1）7 世纪说。蒙古学学者道润梯步在其《新译简注〈蒙古秘史〉》著者序中持此观点，他按蒙古谱系进行了排列，认为自成吉思汗上溯 500 年应是蒙兀室韦西迁的日子。他在《新译简注〈蒙古秘史〉》的序中写道：

> 从成吉思合罕二十二代前的远祖孛儿帖赤那，豁埃马阑勒时起笔，直至斡歌歹合罕十二年时止笔，叙述了大约五百年左右的历史发展过程。它一方面具体地阐述了蒙古社会氏族制时代的生活状况，各氏族怎样发展成为部落，又怎样由部落发展成为部落联盟的进程。另方面生动地描绘了在氏族制内部，怎样发生并发展起了奴隶占有制。掠夺奴隶的战争又怎样推动部落联盟的形成和发展，最后又怎样取代了部落联盟的旧形式，建立起统一的奴隶占有制国家的历史。[1]

内蒙古自治区蒙古语文历史研究所《蒙古族简史》编写组编写的《蒙古族简史》赞同此说，并据此将 7 世纪推定为蒙兀室韦西迁斡难河源头的时间。[2]

（2）8 世纪说。冯承钧先生在其翻译的《多桑蒙古史》第二章"蒙古人之古代传说"中写道：

> 蒙古人不知文字，口传其祖先名称与其历史事迹。据说成吉思汗诞生之二千年前，蒙古人为鞑靼地域之其他民族所破灭，仅遗男女各二人，遁走一地，四面皆山，山名额儿格涅坤（Erguéné-Coun），犹言险崖也。其地肥沃，避难二人之后裔名曰帖骨思（Tégouz）与乞颜（Kiyan）犹言急流者。后人繁盛，分为部落。因地限山中，悬崖屹立，不足以容，乃谋出山……约当 8 世纪中叶时，其已出额儿格涅坤山之数部落，移居斡难、怯绿连、秃忽剌（Tougoula）或秃剌等河沿岸者，其长名孛

---

① 〔日〕道润梯步：《新译简注〈蒙古秘史〉》，内蒙古人民出版社，1978，第 8 页。
② 《内蒙古简史》编写组：《蒙古族简史》，内蒙古人民出版社，1977，第 1 页。

儿帖赤那（Bourté-Tchina）此言苍狼。①

这里"苍色的狼"与"惨白色的鹿"相配的故事，在《蒙古秘史》《史集》等典籍中也有记载，而"此种故事，亚洲凡开国之主多有之"②，其所凸显的无非"君权神授"。

（3）9世纪末10世纪说。南京大学的陈得芝先生撰文认为《旧唐书·室韦传》记载室韦的方位是："其国在京师东北七千里，东至黑水靺鞨，西至突厥，南接契丹，北至于海。"据此推断，至少734年突厥灭亡之前蒙兀室韦依然住在额尔古纳河一带，他们进入蒙古高原当在840年回鹘汗国崩溃以后，从时间上推断蒙兀室韦迁居斡难河源头应在9世纪末10世纪初。③范文澜、蔡美彪先生在《中国通史》中也力主此说：

> 八四〇年，统治着北方草原的回鹘汗国，被黠戛斯攻灭。回鹘部民被迫向天山南北一带迁徙。大约在稍后的一段时间里，居住在额尔古纳河附近的一些蒙古部落便逐渐向西，迁移到原属回鹘统治的广阔草场，直到怯绿连（克鲁伦）河、斡难（鄂嫩）河和土兀剌（土拉）河三河的发源地不儿罕山（大肯特山）一带。此后蒙古各部落即在西起三河之源，东至呼伦贝尔地带的广阔草原上游牧。④

日本学者小林高四郎在其《成吉思汗》著述中亦称，蒙兀室韦"从九世纪末到十世纪，向西方石勒喀河上游、贝加尔湖以南，斡难、客鲁涟及图拉三河源头迁移，游牧于不儿罕山附近"⑤。

（4）11世纪上半叶说。五代后晋人胡峤居契丹7年（947—953年），归中原后写就《陷虏记》一书，成书时间应在10世纪中叶。其书中清楚地记有"簸劫子"（蒙古）在契丹东北，"其国三面皆室韦"，表明那时的蒙古人还在额尔古纳河故地。王国维先生的《辽金时蒙古考》对于此说佐证道：

---

① 《多桑蒙古史》上册，冯承钧译，上海书店出版社，2001，第33页。
② 《多桑蒙古史》上册，冯承钧译，上海书店出版社，2001，第34页。
③ 陈得芝：《蒙古部何时迁至斡难河源头？》，《南京大学学报》1981年第2期。
④ 范文澜、蔡美彪：《中国通史》第七册，人民出版社，1983，第3页。
⑤ 〔日〕小林高四郎：《成吉思汗》，内蒙古人民出版社，1983，第2页。

《五代史记·四裔附录》引胡峤《陷虏记》：契丹东北至袜劫子，其人髡首，披布为衣，不鞍而骑，大弓长箭，尤善射，遇人辄杀而生食其肉，契丹诸国皆畏之。契丹五骑遇一袜劫子，则皆散走。其国三面皆室韦。按此袜劫子，日本箭内博士（亘）《鞑靼考》以《辽史》之梅里急、《元朝秘史》之蔑儿乞惕当之。然元初蔑儿乞惕住今色楞格河流域，远在契丹西北，与此记东北之说不合，其左右亦绝无室韦部落。惟《唐书》之蒙兀室韦，则西有大室韦，北有落俎室韦，东亦与兴安岭东之室韦本部相望，与三面皆室韦之说合。①

宋叶隆礼所撰《契丹国志》是采辑诸多书籍而成，其中多引用 11 世纪中叶赵志忠的《阴山杂录》，里面曾有"契丹正北至蒙古里国"的记载，这从地理方位上已经显示出蒙兀室韦开始了西迁过程，而此时正当 11 世纪上半叶。

（5）10 世纪说。孙秀仁等先生在综合上述诸说的基础上，提出了蒙兀室韦西迁始于 10 世纪说。他们在《室韦史研究》一书中写道：

> 我们认为蒙兀室韦于七世纪西迁说，和诸书所载不合，难于成立。十一世纪上半叶西迁说，又似过晚。所据《契丹国志》、《胡峤陷北记》等所载，大抵不是契丹人的直接记述，而是从契丹归宋之人间接听来的，这其间应有个过程。因此两书记载的可能是为旧闻，而不是新闻。因此，参照诸说定蒙兀室韦西迁斡难河源之时为十世纪为妥（也不取九世纪之说）。②

西迁进入草原的蒙兀室韦经济有了迅速的发展，在畜牧业长足进步的同时，皮革、毡毯、刀枪弓箭、甲胄马具、帐幕车辆等手工业也发展起来。12 世纪末，铁木真崛起即大汗位，称"成吉思汗"，建立了蒙古汗国。东及大兴安岭，南至金王朝境地，西接阿尔泰山，北至贝加尔湖的广大地域，统为蒙古汗国辖地。1233 年蒙古灭东真国，1234 年蒙古灭金，1271 年元朝建立，1279 年元灭南宋，经过了长期的战乱后中国又出现了大一统局面。

---

① 王国维：《辽金时蒙古考》，《学衡》第 53 期，1926 年 11 月。
② 孙秀仁等：《室韦史研究》，北方文物杂志社，1985，第 147 页。

至于究竟有多少蒙兀室韦族众从额尔古纳河西迁至三河源头,真是一个无法回答的问题。不过西迁时蒙兀室韦的社会尚处在野蛮时代的高级阶段,对于族众来说迁徙与否是没有选择的。另从后来形成的蒙古兵制看,是"其法,家有男子,十五以上、七十以下,无众寡皆签为兵。十人为一牌,设牌头,上马则备战斗,下马则屯聚牧养"①,如此一种亦兵亦民的组织方式应该由来已久。所以说蒙兀室韦的西迁,即便不是"罄族""尽族",应该在原居地所剩部族无多。当然这也只是一种推论。

第三节　元朝对黑龙江区域的经营与屯田史迹

蒙古汗国成立后,成吉思汗在其统领的广大地域内实行"领户分封"制,惠及诸皇子、驸马、贵族及有功将领,黑龙江区域的许多地方成为蒙古贵族领地。

一　黑龙江区域蒙古贵族分封地

当时的蒙古贵族在黑龙江区域都占有大片领地,带领分得的一定数量奴仆过着优哉富庶的领主生活。史料记载可见的蒙古贵族分封地有:大兴安岭东西傍近地成为成吉思汗诸弟及其岳丈德薛禅家族的封地;额尔古纳河、阔连海子(呼伦湖)、海剌儿(海拉尔河)成为成吉思汗长弟拙赤合撒儿的封地②;金东北路界壕附近的东接女真,以克鲁伦河为界,北与别勒古台为邻地,成为成吉思汗二弟合赤温之子阿勒赤歹的封地;松花江以北,地跨嫩江,中有黑山(布伦山)地成为成吉思汗幼弟斡惕赤斤的封地;斡难河与克鲁伦河之间,西近成吉思汗大帐,南近阿勒赤歹营地东北,与合撒儿为邻的周边土地,成为成吉思汗异母弟别勒古台的封地。这些"封地"蒙语称"兀鲁思"(成吉思汗所建立的国家称为"也客·蒙古·兀鲁思",汉译为"大蒙古国"。"兀鲁思",在蒙古语中含有"人众""国家"之义,因此成吉思

---

① 《元史·兵志》卷九八。
② 冯承钧译《多桑蒙古史》中引用拉施特《史集》载:"史家阿剌丁,修史于1260年者也,曾言其时成吉思汗之后裔约共有万人。帖木格斡赤斤之封地,与合赤温诸子之封地,皆在蒙古东部,与女真之地最近,而在哈兰真沙陀(Calaltchin Alt)及浯勒灰(Olcouї)河附近不远,盖为亦乞剌思部之旧境。至若拙赤合撒儿诸子之封地,则在蒙古极东北之地,额儿古纳(Ergouna)河、曲烈(Keulé)湖、海剌儿(Caïlar)河等处附近。"《多桑蒙古史》上册,冯承钧译,上海书店出版社,2001,第181页。

汗分封给诸子、贵戚的民户、土地称为诸王"兀鲁思",汉译为"诸王汗国")。在封地之内,受封者有独立管理军队、属民、贡税、牧地的权力。然这里讲到仅仅是"分封",而当时实行的还有"领户"制度。具体内容如下:

> 分配标准以家族内的顺序为准。整治归拢国民劳苦功高者是母后。
> 拙赤是我诸子之兄,帖木格斡脱赤斤是末弟,其分额如次:
> 　母亲、斡惕赤斤　　　一万人
> 　次弟、哈撒儿　　四千人
> 　三弟、阿鲁乞台(哈赤温之子)　　　二千人
> 　异母弟、别勒古台　　　一千五百人
> 　长子、拙赤　　九千人
> 　次子、察合台　　八千人
> 　三子、斡阔台　　五千人
> 　末子、托雷　　五千人①

可见,当时的蒙古贵族是领着自己的"属民"进入分封地的,尽管这种移民带有诸多的强制措施的意味,但对黑龙江区域的人口状况来说其作用还是积极的。

另外,元政府为了对黑龙江区域实施有效的管理,还设立了一系列行政机构加以辖治。元灭金后,统治者在黑龙江区域设立失宝赤万户府和合兰府水达达路,对这里的女真人实行"设官牧民,随俗而治"的政策。因合兰府水达达等路,土地旷阔,人民散居,元初设军民万户府五个,"分领混同江南北之地"。《元一统志》载:"混同江,发源长白山,北流渤海建州,会诸水东北流,经上京,下达五国城北,又东北流注于海。"可见,在《元一统志》里是把松花江和黑龙江下游统称为"混同江"的。元廷在这一广大地域里设立了"桃温(今汤原县固木讷城)、胡里改(今依兰境)、斡朵怜(今依兰马大屯)、孛苦江(布库河)五个万户府;在黑龙江口特林地方设东征元帅府,在乌苏里江流域设阿速古千户所,在滨海地区设鲸海千户府,在黑龙江下游哈尔分之地设兀者野人、乞列迷等处诸军万户府"。② 此时的女真人

① 〔日〕小林高四郎:《成吉思汗》,内蒙古人民出版社,1983,第96—97页。
② 干志耿、孙秀仁:《黑龙江古代民族史纲》,黑龙江人民出版社,1987,第457—458页。

"无市井城廓，逐水草而居，以射猎为业"，虽有耕织，但发展水平较低。元政府把他们编入户籍征收税赋，内容包括缴纳钱粮、进送鹰鹞。《元史·地理志》记载，"元至顺年间（1330—1333）合兰府水达达路交纳钱粮女真人户数二万九百六"，按通常计算应有 10 余万人。这 10 余万女真人及各族人口每年须向蒙古统治者缴纳租赋，同时还要承受沉重的兵役负担，后来以他们为基础形成了海西、野人女真的民族群。

二 黑龙江区域的元代屯田

元代屯田的规模可谓前所未有，统治者是在总结前人成功经验的基础上将其视为攻城略地、戍守之良策而用。《元史·兵志》载："古者用兵于农，汉魏而下，始置屯田为守边之计。有国者善用其法，则亦养兵息民之要道也。国初，用兵征讨，遇坚城大敌，则必屯田以守之。海内既一，于是内而各卫，外而行省，皆立屯田，以资军饷。或因古之制，或以地之宜，其为虑盖甚祥密矣。"据文献典籍所载，元在黑龙江区域的屯田约有如下数处：

> 壬午，水达达、女直民户由反地驱出者，押回本地。分置万夫、千夫、百夫内屯田。①
>
> 浦峪路屯田万户府：世祖至元二十九年十月，以蛮军三百户、女直一百九十户，于咸平府屯种。三十年，命本府万户和鲁古领其事，仍于茶剌罕、剌怜等处立屯。三十一年，罢万户府屯田。仁宗大德二年，拨蛮军三百户属肇州蒙古万户府，止存女直一百九十户，依旧立屯，为田四百顷。②
>
> 壬午，立肇州屯田万户府，以辽阳行省左丞阿散领其事……二年七月，肇州万户府立屯田，给以农具种食。③
>
> 肇州蒙古屯田万户府：成宗元贞元年七月，以乃颜不鲁古赤及打鱼水达达、女直等户，于肇州旁近地开耕，为户不鲁古赤二百二十户，水达达八十户，归附军三百户，续增渐丁五十二户。④

---

① 《元史·世祖纪》卷一七。
② 《元史·兵志》卷一〇〇。
③ 《元史·成宗纪》卷一八。
④ 《元史·兵志》卷一〇〇。

延祐六年七月，命分拣奴儿干流囚罪稍轻者，屯田肇州。①

张君讳成蕲州人氏。至元十二年内附，十六年诏选精锐军士起赴京师充当侍卫，君应诏选时年已壮士矣……二十二年十二月敕授君敦武校尉管军百户。诏赐白银五十两、钞二千五百缗、币帛二，命统所部军，携妻挈轻重，随千户岳公隶宣慰使都之帅来阿八赤，往水达达地面屯田镇守。明年三月，至黑龙江之东北极边而屯营焉。考来阿八赤传言，二十二年授东征宣慰使，而不及水达达地屯田镇守事，惟记其子寄僧曾为水达达屯田总管府达鲁花赤，可为此碑之证。②

当然，上述文献典籍记载有所重复，但它反映了元代黑龙江屯田史实。特别应该指出的是，在这些记载中有"归附军""蛮军""流囚罪稍轻者"等字样。查《元史·兵志》，"其继得宋兵，号新附军"，而在亦集乃屯田条下有"世祖至元十六年调归附军人于甘州，十八年以充屯田军。二十二年，迁甘州新附军二百人以屯亦集乃"。另所谓"蛮军"即元四等人制度中的南人，又称蛮子、新附人等，系指南宋境内江浙、江西、湖广等省份的汉族人口。还有学者直接将"蛮军"解释为"汉人成分的军队"。③ 而"流囚罪稍轻者"，《元史·刑法志》载："其流罪发各处屯种者……诸流远囚徒，惟女直、高丽二族流湖广，余并流奴儿干及取海青之地。"这应该是讲刑重者流放奴儿干及盛产海东青地的黑龙江、乌苏里江流域，而获流刑罪稍轻者则流放肇州屯田。

站赤是元朝的驿传制度，"盖以通达边情，布宣号令"，"凡站，陆则以马以牛，或以驴，或以车，而水则以舟"④，但在辽东地方亦有以狗站代之者。对此多有研究的干志耿、孙秀仁先生在其著述中写道：

《元史·兵志》和《地理志》记载辽阳行省所辖驿站"总计一百二十处，……狗站十五处"。设在黑龙江流域的交通干线基本有三条，可分为东路、东南路、北路。东路：经金上京会宁府故城，循松花江东北下，经元胡里改万户府，复东北入黑龙江，而抵奴儿干城附近的末去站

---

① 《元史·仁宗纪》卷二六。
② 罗振玉、罗继祖：《满洲金石志》卷五。
③ 干志耿、孙秀仁：《黑龙江古代民族史纲》，黑龙江人民出版社，1987，第428页。
④ 《元史·兵志》卷一〇一。

（亦称末吉，明代称满泾站，位于亨滚河口）。从末鲁孙至末去设狗站十五（狗站，夏秋水活舟行，冬日以狗驾橇行冰雪上）。每站置站民二十户，狗二百只，狗车若干辆。朝廷按定额例给饷银。"狗车（即"雪橇"）以木为之，其制轻简，形如船，长一丈，阔二尺许，以数狗拽之"东南路：经建州石敦站（今吉林市境），东至唆吉（吉林省敦化县境）。又分为二支，其北支，稍东北行经东祥州（今黑龙江省宁安县境）、开元，而抵永明城（今海参崴）。北路：经肇州，抵吉答，复又北行经今嫩江县境而达失宝赤万户府。①

如此，元之封地、设治、屯田、站赤等各种事由，又使大批的汉族人口迁入了黑龙江区域。

---

① 干志耿、孙秀仁：《黑龙江古代民族史纲》，黑龙江人民出版社，1987，第429页。

第五章

明际黑龙江区域的人口迁移

　　洪武八年（1375），明军在对元势力毁灭一击的基础上，于辽东地方设立了辽东都指挥使司。自此始，明王朝势力一路向北，相继招抚了嫩江、牡丹江、松花江、海拉尔河、根河、敦敦河、格林河、乌苏里江、黑龙江流域的各族人民并设立卫所，终于永乐九年（1411）在黑龙江口特林地方建立奴儿干都指挥使司①（简称"奴儿干都司"），管理这一区域族属繁多的世居民众。随后女真民族频繁移动，形成了建州、海西、野人三大集团。明后期，努尔哈赤以赫图阿拉（今辽宁新宾）为中心，逐渐统一了女真各部，建立了后金政权。出于对明战争的需要，努尔哈赤、皇太极不断地将被女真民族统一的黑龙江区域人口迁往辽东，而此间也出现了一次汉族人口移入黑龙江区域的小高潮。

第一节　奴儿干都司的设立与黑龙江区域各族

　　明王朝建立后，迅速招抚了黑龙江区域各民族，并设立奴儿干都司对之实施管辖，其境内的蒙古、女真、吉列迷、苦夷（库兀）、达斡尔等族人民

---

　　① 关于奴儿干都指挥使司开设的时间说法不一。于志耿、孙秀仁先生的《黑龙江古代民族史纲》引"永宁寺碑记"，其中记载："永乐九年春，特遣内官亦失哈等，率官军一千余人，巨船二十五艘，复至其地国，开设奴儿干都司。昔金时隆民安故业，皆相庆曰：□□今日复见而服矣。"杨旸先生在其《明代辽东都司》一书中，引《明实录》："宣德三年正月，命指挥康旺、王肇舟、佟答剌哈往奴儿干之地，建立奴儿干指挥使司，并赐都司银印一，经历司铜印一。"对此，孟森先生在其《满洲开国史》中亦指出：时日"往往相差，当缘政事与制度，纪述各别，故会典与实录，时日当不密合"。这里我们采用"永宁寺碑记"载，因为碑立于永乐十一年（1413），所隔时日不多，应该不会有太大出入。

多以渔猎为生，以时朝贡，相当于内地的税赋。奴儿干都司是黑龙江区域的最高地方行政机构，对各族人民进行有效管辖。

一　奴儿干都司的设立

明永乐九年（1411）设立的奴儿干都指挥使司，在西起鄂嫩河、东至苦兀（库页岛）、北达北山（外兴安岭）、南濒日本海的广阔地域内，设384卫、24所及城站、地面等，但这只是《明史·兵志》所载的数字。而研究者考"明代奴儿干都司属下卫所简表"得188卫所，其中黑龙江上游有33卫所，黑龙江中游有83卫所，黑龙江下游有41卫所，乌苏里江流域及以东滨海地区有31卫所，其中还有几个卫所不在黑龙江区域内。[1]明政府任命奴儿干都司的都指挥使、都指挥同知、都指挥佥事等吏员管理建州女真、海西女真、东海女真、野人女真、北山野人、吉烈迷、苦兀、达奇鄂尔及蒙古诸族。

对于"奴儿干"的释义，曾有"弩而哥"或"耦儿干"解，满语作"尼噜罕"，为"图画""山水画"的意思，我国学者罗福颐、孟森及日本的内藤虎次郎、园田一龟等持此说。[2]明王朝建立后，先设立辽东都司对东北及北部边疆各族"累加招谕"，以致元之故臣领其族众来归者日多。永乐元年（1403），明成祖朱棣便派人前往奴儿干招抚世居部落，各酋长在其感召下相率入京受封，永乐二年（1404）置奴儿干卫，这应是明政府在黑龙江下游的设置之始。在随后的几年里，行人邢枢数使奴儿干，内廷官员亦失哈也多次巡视包括库页岛在内的奴儿干地区，结果"斯民归化"，朝廷设卫所管理。到奴儿干都司设置前，鄂嫩河、嫩江、松花江、黑龙江、精奇里江、格林河、亨滚河、乌第河和乌苏里江流域的广大地区，设置的卫所已有130余处，为奴儿干都指挥使司的设置奠定了基础。关于奴儿干都司设立的过程，明行人司行人严从简在其《殊域周咨录》中写道：

> 本朝永乐元年，遣行人邢枢偕知县张斌往谕奴儿干，至吉烈迷诸部落招抚之（吉烈迷进女色于枢，枢拒之不受）。于是海西女真、建州女真、野人女真诸酋长悉境来附。授督罕河卫令马吉你为指挥。上谕胡广

---

① 杨旸等：《明代奴儿干都司及其卫所研究》，中州书画社，1982，第301页。
② 杨旸等：《明代奴儿干都司及其卫所研究》，中州书画社，1982，第39页。

等曰："朕非欲并其土地，盖以此一官，量给赐赉，捐小费以弭重患，亦不得不然。"乃诏自开原东北至松花江以西置卫一百八十四（曰建州、曰必里、曰毛怜等名），所二十，为站为地面者各七，选其酋及族目授以指挥、千百户、镇抚等职，俾仍旧俗，各统其属，以时朝贡。寻复建奴儿干都司于黑龙江之地，设都督、都指挥等官，与各卫所不相辖属。

二　黑龙江区域的各族人口

实际上，奴儿干都司的设立并非针对女真人，在黑龙江西部地区就有治理蒙古民族的泰宁、富余、朵颜即兀良哈三卫设置，辖治着西起兴安岭，"东接海西，西连开平，北抵北海"① 的地域。对于这一地理方位，有研究者指出："海西即今伯都讷（扶余）、哈尔滨、阿勒楚喀（今阿城）之地，开平为多伦诺尔西北地，北海盖指贝加尔湖。"② 兀良哈意为"林中人"，《多桑蒙古史》载："林木中之兀良哈（Ourianguites bischè），盖以其人居广大森林之内，故以为名，不可与蒙古种之兀良哈相混也。"③ 兀良哈人的习俗是不居帐幕，衣兽皮，食野牛羊肉。正因为其部族无牲畜，故而轻视游牧民族。传闻，父母若对女儿失去信心，即扬言要将其嫁给牧羊人，亦有女因此而自缢。兀良哈人迁徙时，用野牛驮负衣物，但从不迁出所居森林。在他们眼中世上的幸福之事就是生活在林中，城居或游牧之人是最为痛苦的。关于兀良哈人的习俗，拉施特在其《史集》"森林兀良合惕部落"中记载道：

> 这个部落不属于其他兀良合惕人：他们获得这个名称是因为他们的禹儿惕在森林中。他们从来没有帐篷，也没有天幕；他们的衣服是用兽皮制的；他们没有牛羊，他们饲养山牛、山绵羊和类似山绵羊的哲兰（瞪羚属、草原岩羚）以代替牛羊；他们把它们捕捉来，［加以驯养］，挤乳、食用。他们视牧羊为一大恶习，以致于父母骂女儿时，只消说："我们把你嫁给一个让你去放羊的人！"她就会悲伤透顶，甚至悲伤得上吊。

---

① （清）顾祖禹：《读史方舆纪要》卷十八。
② 干志耿、孙秀仁：《黑龙江古代民族史纲》，黑龙江人民出版社，1987，第434页。
③ 《多桑蒙古史》上册，冯承钧译，上海书店出版社，2001，第158页。

在迁徙时，他们用山牛驮载，而且从不走出森林。在他们停留之处，他们用白桦和其他树皮筑成敞棚和茅屋，并以此为满足。当他们割开白桦树时，其中流出一种类似甜乳之 [汁]；他们经常用来代替水喝。他们认为没有比这更美好的生活，也没有比他们更快活的人。[①]

在兀良哈三卫地，还居住着成吉思汗之弟哈撒儿的子孙，即"喀喇沁（科尔沁）为乌浪汉济尔默氏，盖即明初所谓兀良哈者"[②]。明洪熙元年（1425），居住在兀良哈地的哈布图哈撒儿后裔奎蒙克塔斯哈喇被厄鲁特蒙古逼迫东走嫩江，扎赉特、杜尔伯特、郭尔罗斯等部皆属于此。

明时，达斡尔族居住在黑龙江上中游地区，大致在西起石勒喀河流域，东越额尔古纳河、黑龙江、精奇里江，至牛满江，北抵外兴安岭，南到大、小兴安岭北麓的广大范围。关于达斡尔族源探讨，史家说法颇多，争论颇多。归纳起来约有如下诸说。

（1）达斡尔、东胡-鲜卑系室韦后裔说。方式济的《龙沙纪略·经制》载："达呼里，索伦属，俗误'打狐狸'。语音与蒙古稍异，闲杂汉语。"西清的《黑龙江外纪》卷六载："达呼尔语多类蒙古。听之既熟，觉其中皆杂汉语。"

（2）达斡尔、索伦-黑水国说。此说源于1833年达斡尔族的花灵柯先生用满文写就的《达斡尔索伦源流考》，其中有："愚考纲目，唐开元时，有黑水、渤海两国。渤海强盛而黑水属之，黑水是达斡尔、索伦根源，渤海国即金之根源，源即两国也。"以后从此说者甚多。

（3）达斡尔-白鞑靼或塔塔儿部后人说。达斡尔族人阿尔坦噶塔根据《元朝秘史》《蒙鞑备录》的记载，于1930年著《达斡尔蒙古考》，力排众议，"以打倒一切混合别裔之诸学说"，认为"达斡尔之民族性，微征于书典之述载，非契丹之后裔，乃达塔儿之遗部也"。

（4）达斡尔-蒙古后裔说。在达斡尔或蒙古人中，有人认为达斡尔人等同蒙古人，同属于成吉思汗本系子孙。另有人持蒙古分支说，如日本人池尻登在其《达斡尔》一书中写道：达斡尔族"从语言学角度上来说，认为属于蒙古族的说法占多数。但在体质方面，有的学者认为和蒙古人的短头相比

---

① 〔波斯〕拉施特主编《史集》，商务印书馆，1983，第202—203页。

② 博明：《西斋偶得》。

较，倒是很象通古斯人的长头。所以目前不好判定究竟属于蒙古人或者通古斯人。现在一般都当做蒙古人看待"。

(5) 达斡尔－契丹后裔说。此说由来已久，早在清雍正年间官修《八旗满洲氏族通谱》时，史官们便把契丹大贺氏与达斡尔联系在一起，认为契丹人便是达斡尔的先民。达斡尔人钦同普在其所著《达斡尔民族志稿》中说："达斡尔昔居西拉木伦、哈拉木伦地方，有萨吉哈尔迪汗者，达斡尔之部长也，避兵阖族徙居黑龙江云。"此说流播甚广，程廷恒在《呼伦贝尔志略》、孟定恭在《布特哈志略》、郭克兴在《黑龙江乡土录》、黄维翰在《黑水先民传》、张伯英等在《黑龙江志稿》等中均主此说。

已故的辽金史专家陈述先生，于 20 世纪 50 年代后相继发表了《关于达斡尔族的来源》[1]《大辽瓦解以后的契丹人》[2]《试论达斡尔族的族源问题》[3]等文章，从达斡尔族的历史、语言、地理、古谣、习俗、信仰、族称、姓氏等 12 个方面，论述了达斡尔是契丹人后裔。

针对这一争论了 200 余年的达斡尔族族源问题，1995 年中国社会科学院、中国医学科学院联合组成"分子考古学"课题组，通过 DNA 技术研究达斡尔是否源于契丹的问题。其具体的操作程序如下：

> 课题组从辽代有墓志可考的或其他手段证明确是契丹人种的耶律羽之家族墓和耶律祺家族墓出土的墓主的牙齿或头盖骨中提取遗传基因做标杆，再从莫力达瓦达斡尔族自治旗民族中学抽取 60 位男生的血样以提取遗传基因。把提取的基因经过测序后进行比较研究。最后得出达斡尔族是契丹后裔的科学结论。这一结论也与历史学、语言学、民俗学的诸多研究结论相吻合。[4]

尽管如此，"但学界仍有不同声音"。所以，有理由认为下面的结论应该更为辩证质朴，也更为接近史实："达斡尔与契丹、室韦、黑水靺鞨均有密切关系，是由以上诸族混合形成的民族，而以契丹（包括东胡—鲜卑—室韦系统）为主源主流，但也不能排斥黑水靺鞨成分……古代民族包括汉族在

---

① 中央民族学院研究部编《中国民族问题研究集刊》（内部资料）第 1 辑，1955。
② 中央民族学院研究部编《中国民族问题研究集刊》（内部资料）第 5 辑，1956。
③ 《民族研究》1959 年第 8 期。
④ 巴图宝音等：《达斡尔族源于契丹论》，中国社会科学出版社，2011，"序言"。

内，很难说哪一个民族绝对纯粹，其在流变过程中必渗入他族成分，只是程度不同而已。"①

此外，在黑龙江区域还有以"黄头室韦为先世的锡伯族"，统为通古斯族系的鄂温克、鄂伦春、赫哲以及苦兀（苦夷）等族，他们对奴儿干都司设立的态度是"自海西抵奴儿干及海外苦夷诸民……皆踊跃欢忻，无一人梗化不率者"。②

第二节　女真人的南迁与初步统一

一　明初女真民族的地理分布

明代女真族分为海西、建州、野人三大部，他们较早的分布情况如下所述。在今长白山北部、牡丹江、绥芬河等流域是建州女真。"渤海大氏置率宾府，领华、益、建三州"，女真因此名，明廷因此设建州卫。③ 海西原为元代行政区域名。明洪武十六年（1383），故元海西右丞阿鲁灰遣人至辽东，请内附。上敕："今而所守之地，东有野人之隘，南有高丽之险，北接旷漠，惟抵元营。"④ 据此敕，可确定海西之地域，"在伯都纳北，松花江大曲折后的江南岸以及哈尔滨以东、阿什河流域一带。海西指黑龙江，就是松花江下游，是元代的旧称"。⑤ 野人女真，"《明实录》于来朝之女真各部，无不称为野人者。自明中叶以来，记载涉东北夷皆云女真……遂以黑龙江境为野人女真之境，其时谓之生女真，以别于建州、海西之熟女真"⑥。对此，莫东寅先生在其《满族史论丛》书中解释道："建州、海西、野人的区别，并不是由于种族的不同，而是或由于地理的形势，或由于生活情况。"徐中舒先生亦说："曰海西、曰建州，就其居处言；曰野人则就其文化言。"⑦ 野人女真又称东海女真或东海窝集部，它的许多部落分布在松花江中游以下至黑龙江

---

① 于志耿、孙秀仁：《黑龙江古代民族史纲》，黑龙江人民出版社，1987，第 444 页。

② 《敕修奴儿干永宁寺记》。

③ 杨旸等在其《明代奴儿干都司及其卫所研究》"简表"下注明，建州卫，永乐元年（1403）十一月设于今绥芬河流域。

④ 《明太祖实录》，洪武十六年四月己亥。

⑤ 莫东寅：《满族史论丛》，三联书店，1979，第 1 页。

⑥ 孟森：《满洲开国史》，上海古籍出版社，1992，第 25 页。

⑦ 徐中舒：《明初建州女真居地迁徙考》，《历史语言研究所集刊》第六本二分册，台北：中研院历史研究所，1987。

两岸，东达于海。

在奴儿干都司辖治下的女真诸部，其经济社会发展状况是极不平衡的。虽有卫所设置，但这些卫所主要用于"羁縻"，"羁縻"即明政府不直接管辖，而授权于部落酋长，政府授以职督之缴纳税赋。由此，女真诸部的发展不平衡也是情理之中的事情。关于女真诸部各自的表现，文献典籍记载零星、抽象、大同小异，下引数种供参考。

明辽东都指挥佥事毕恭创修于正统八年（1443）的《辽东志·卢琼东戍见闻记》卷七载：

> 夫辽阻山带海，诸夷环徼而居……自汤站抵开原，曰建州、毛怜、海西、野人、兀者，皆有室庐，而建州为最。开原北松花江者，曰山寨夷，亦海西种类。又北，抵黑龙江，曰江夷，但有室庐，而江夷为最……建州、毛怜……乐住种，善缉纺，饮食服用皆如华人……海西江寨夷……俗尚耕稼……倚山作寨。居黑龙江者，其俗同山寨，数与山寨仇杀，百十战不休，近砦酋与和难，平其曲直，以马牛羊断云。诸夷皆善驰猎，女真建州多喜治生。

明辽东佥都御史任洛嘉靖十六年（1537）重修的《辽东志》卷九载：

> 生女直，温脑江上自海西，下自黑龙江，谓之生女直。受辖于野人，事耕种，言语、居处与建州类。每聚会，人持烧酒，鱼胞俗名阿剌吉，席地而坐，歌饮竟日。少有忿戾，则弯弓相射。江口有石，名木化石，坚利可锉矢镞，土人宝之。
>
> 可木以下，松江皆榛莽。人无常处，惟逐水草，桦皮为屋，行则驮载，住则张架，事耕种，养马弋猎，刳独木为舟，以皮蠡为市，以貂鼠为贡……
>
> 北山野人，乞列迷之别种，养鹿乘以出入，水产海驴、海豹、海猪、海牛、海狗皮、叉角、鲂须，以为异物昔入贡，今不通焉……
>
> 苦兀，在奴儿干海东，身多毛，头带熊皮，身衣花布，持木弓矢尺余，涂毒于镞，中必死。器械坚利。

明兵部员外郎魏焕（1522—1572 年）所著的《皇明九边考·辽东镇边

夷考》卷二载:

> 建州毛怜则渤海大氏余孽，乐住种，善缉纺，饮食服用皆如华人，自长白山迤南，可抚而治也。海西山寨之夷曰熟女直，完颜之后，金之遗也，俗尚耕稼，妇女以金珠为饰，倚山作寨，聚其所亲居之。居黑龙江者，曰生女直，其俗略同山寨，数与山寨仇杀，百十战不休。自乞里迷去奴儿干，三千余里，一种曰女直野人，又一种曰北山野人，不事耕稼，惟以捕猎为生。诸夷皆善驰射。

这里之所以连篇累牍地引用文献典籍，主要是要提请注意，明代女真人地域分布很广，历史环境不同，地理环境不同，生存环境不同，导致建州、海西、野人女真各部发展的不平衡。不能以一部代全部，也不能以明末代明初，因为在近300年的明代社会里，女真各部的经济社会、活动地域及与明王朝的关系已发生了极大变化，不可与昔日同日而语。而这一切都与女真各部的频繁移动有密切关系。

二 女真各部的迁移

奴儿干都司设立后，曾明令各卫所的移动要得到明政府批示，这可从下述史料中得以证实。正统元年（1436），明廷收到建州卫奏折，说该卫屡受忽剌温人的袭扰，请求迁移别处。明英宗对此的回复是："敕辽东总兵官都督同知巫凯等曰'今得建州卫都指挥佥事李满住奏，原奉恩命在婆猪江住坐，近被忽剌温野人侵害，欲移居辽阳草河。朕未知有无妨碍，而等宜计议安置处所'。"① 明廷吏员准"建州女真迁居苏子河流域"。实际上，在此之前的永乐八年（1410），建州女真是在李显忠的率领下，由绥芬河流域迁居婆猪江（今鸭绿江支流佟家江）的。正统年间的移居，已是27年后李显忠之子李满住率其族众的再次迁移。这次迁移，建州女真进入了苏子河上游的灶突山（今辽宁省新宾满族自治县呼兰哈达）附近。明万历年间（1573—1620），这里成了努尔哈赤对明用兵的根据地。

由黑龙江区域向南迁移的不仅是建州卫的女真人，在此前后其他卫所也是争相奏请"要求内附"。对此，《明实录》的记载比比皆是。如永乐六年

---

① 《明英宗实录》卷十九，正统元年闰六月壬午。

（1408），兀者右卫（今呼兰河流域）贾你等奏请"愿居辽东、三万等卫"，得到明王朝批准后，方才迁徙；① 永乐十年（1412），阿剌山卫（今黑龙江中游左侧与精奇里江右侧中间地区）伯塔木等人"愿居安乐、自在州"，上奏明廷，得到允许后方才迁徙；② 永乐十二年（1414），弗提卫（今黑龙江省富锦西古城）指挥阿剌秃等上奏章"愿居北京"；③ 永乐十三年（1415），古里河卫（今精奇里江上源支流吉柳伊河）女真人牙失答奏请"愿居辽东东宁卫"，得到允许后方迁至东宁卫居住；④ 宣德三年（1428），双城卫（今俄罗斯乌苏里斯克）指挥佥事兀丁哥上奏"愿居辽东自在州"，明廷命"辽东都司给予房屋器皿"⑤；宣德八年（1433），屯河卫（今松花江下游左岸支流汤旺河流域）女真人答必纳等奏请"愿居京"⑥；等等。而进入明正统（1436）后，国内的土地兼并与流民问题日益严重，明廷无力再顾及东北边疆，于是"边事大变，奴儿干都司亦撤退开原。朵颜三卫既视同外国，女真亦渐脱控制。所谓奴儿干辖百八十四卫，亦不过承平故事之布在方策者耳"⑦。女真诸部进入了迁徙活跃期。

据此，另结合史料可将女真诸部的迁徙与初步统一过程做以下表述。永乐八年（1410）始，建州女真初迁婆猪江，继之又迁到苏子河。而居住在依兰附近的建州女真斡朵里部，几经辗转也汇集于浑河流域。明正统七年（1442）设建州左卫、建州右卫，与建州卫合称建州三卫。⑧此后，建州女真首领与明廷虚与委蛇，在高压下谋求生存，然许多人仍没逃脱被杀戮的命运。一个胸怀大略的英雄人物在悄然崛起，努尔哈赤面对女真诸部大小首领各占一地，大首领数百人，小首领数千人的纷乱局面，用兵十年相继统一了建州女真的苏克苏护河部、浑河部、完颜部（王甲部）、栋鄂部（董鄂部）、哲陈部、讷殷部（内音部）、珠舍里部、鸭绿江部等。正是由于此因，明政府于万历十七年（1589）封努尔哈赤为都督佥事。万历二十三年（1595），

---

① 《明太宗实录》卷五六，永乐六年四月戊子。
② 《明太宗实录》卷八六，永乐十年十一月丙戌。
③ 《明太宗实录》卷九三，永乐十二年八月壬戌。
④ 《明太宗实录》卷九八，永乐十三年十月壬辰。
⑤ 《明宣宗实录》卷三〇，宣德三年正月己亥。
⑥ 《明宣宗实录》卷三五，宣德八年十月癸未。
⑦ 孟森：《满洲开国史》，上海古籍出版社，1992，第23页。
⑧ 干志耿、孙秀仁：《黑龙江古代民族史纲》，黑龙江人民出版社，1987，第459页。但此说学界并不统一，杨旸先生等在其《明代奴儿干都司及其卫所研究》书中说，《明实录》永乐十四年（1416）时已有"建州左卫"字样，见该书第311页。

加封努尔哈赤为龙虎将军。而此时的海西女真也在逐步南迁，由黑龙江、嫩江先迁至吉林夫余以东的松花江大曲折处，分为哈达、辉发、乌拉、叶赫四部，即所谓的扈伦四部。不久，扈伦四部又迁至开原以北、吉林省中部地区，与努尔哈赤有了接触。17世纪初努尔哈赤相继征服了扈伦四部，完成了女真民族的初步统一，并于明万历四十四年（1616）称罕，国号大金，以赫图阿拉为兴京，史称后金。

第三节　对野人女真部的招抚与人口迁移

努尔哈赤的崛起过程，就是他取代明王朝统治东北的历史。他先起兵统一了建州女真各部，次第兼并了邻近的海西女真部。随后，他又向其故土乌苏里江以东和黑龙江下游进兵，着手收抚那里的野人女真部。

一　努尔哈赤招抚野人女真部

野人女真又称东海女真或东海窝集部，它包括了许多部落，散居在建州女真和海西女真以北以东的广大地区。在松花江中游以下，至黑龙江两岸，东至海的范围里，分布着野人女真的瓦尔喀、窝集、呼尔哈、萨哈连等部，它们统领着难以数计的路寨城堡。自万历三十七年（1609）始，努尔哈赤派兵相继招抚了窝集部的瑚叶路、那木都鲁路、宁古塔路、尼玛察路、乌尔古辰路等。万历三十九年（1611），努尔哈赤派兵征抚了呼尔哈部的扎古塔城。万历四十二年（1614），努尔哈赤收抚了瓦尔喀部的潭野（户野）、绥芬、木伦、雅揽（鸦兰）、西临（细林）等路。后金天命二年（1617），努尔哈赤剿抚黑龙江中游的萨哈连部，攻取北岸11寨，全胜而归。[①] 经过了努尔哈赤一系列的招抚进剿，野人女真诸部相继归附纳贡。在这一过程里，努尔哈赤是军事进剿与和平招抚恩威并施，如《清太祖实录》天命三年十月丁卯条载：

> 东海呼尔哈部长纳喀答率民百户来归，遣二百人迎之。乙亥始至，上御殿，呼尔哈部众朝见，赐宴，谕令挈家口愿留我国者为一行，未携

---

① 参见干志耿、孙秀仁《黑龙江古代民族史纲》，黑龙江人民出版社，1987，第462页；孙文良、李治亭《清太宗全传》，吉林人民出版社，1983，第252—253页。

家口而愿归者为一行，分别聚立。愿赐留者为首八人，各男妇二十口、马十四、牛十头、锦裘蟒服，并四时之衣，田庐器用诸物必具，部众大悦。其愿归之人，感激乞留甚众。

皇太极继承汗位后，对黑龙江诸部采取了更为积极的招抚政策，大谈"自古女真为一家"的历史渊源关系，诸部归附者日众。然而，历史总是有不和谐的声音存在，一些部族的时降时叛，逼迫皇太极分别于天聪八年（1634）、崇德四年（1639）、崇德八年（1643）三次用兵黑龙江，平定了呼尔哈部和博穆博果尔叛乱，使黑龙江故土尽入后金版图，皇太极对此自诩道：

> 予缵承皇考太祖皇帝之业，嗣位以来，蒙天眷佑，自东北海滨（鄂霍次克海），迄西北海滨（贝加尔湖），其间使犬、使鹿之邦，及产黑狐、黑貂之地，不事耕种、渔猎为生之俗，厄鲁特部落，以至斡难河源，远迩诸国，在在臣服……①

努尔哈赤经过了数十年征战，相继统一了建州、海西女真诸部，形成了新的民族共同体——满族。皇太极用了十数年时间，使黑龙江的野人女真尽入版图，"伊彻满洲"（新满洲）的加入，又扩大了这一民族共同体。从太祖到太宗对诸部的收抚，往往是迁其族众编入牛录，选其青壮年披甲入伍，家眷移入新的安置地。特别是在其对黑龙江野人女真的用兵过程中，自愿或强制性的人口迁移多有发生。此类记载在《清太祖实录》《清太宗实录》中俯首即是，现举荦荦大端如下：

> 是年，上遣兵略长白山之鸭绿江路，尽收其众。
>
> 　　　　　　　　　　《清太祖实录》卷二，万历十九年

> 十月，上以朱舍里路长纡楞格，曾以兵助敌，并力来侵，遂遣兵征服朱舍里路，获长纡楞格等，宽释其罪，迁之以归，加恙养焉。
>
> 　　　　　　　　　　《清太祖实录》卷二，万历二十一年

---

① 《清太宗实录》卷六一，崇德七年六月辛丑。

正月，上命长子台吉褚英、幼弟台吉巴雅喇，与扎尔固齐噶盖、费英东，统兵一千，征安褚拉库路，星驰而往，取屯寨二十余，所属人民尽招徕之。

《清太祖实录》卷二，万历二十六年

正月，东海渥集部之虎尔哈路长王格、张格率百人朝谒，贡黑、白二色貂皮，至此渥集部之虎尔哈路，每岁朝谒。其长博济里，首乞婚，上嘉其率先归附，因以大臣女六，配其六长。

《清太祖实录》卷三，万历二十七年

五月，上命幼弟贝勒巴雅喇、巴图鲁额亦都、扎尔固齐费英东、侍卫扈尔汉，率兵千人，往征东海渥集部，取赫席黑、俄漠和苏鲁、佛讷赫拖克索三路，俘二千人而还。

《清太祖实录》卷三，万历三十五年

十二月，上命侍卫扈尔汉率兵千人，征东海渥集部所属潭野路，取之，收二千户而还。

《清太祖实录》卷三，万历三十七年

十一月，上命巴图鲁额亦都率兵千人，往东海渥集部之那木都鲁、绥芬、宁古塔、尼马察四路，招其路长康古礼、喀克笃礼、昂古、明噶图、乌路喀、僧格、尼喀里、汤松噶、叶克书等，令其家口前行。额亦都回师至雅揽路，遂击取之，俘万余人而还。

《清太祖实录》卷三，万历三十八年

十二月，上命额驸何和里、巴图鲁额亦都、达尔汉侍卫扈尔汉三人，率兵两千，征渥集部之呼尔哈路，围扎库塔城，三日，招之不下，遂攻克其城，斩首千余，俘二千人，其环近各路，尽招抚之，令土勒伸、额勒伸二人，卫其民五百户而还。

《清太祖实录》卷三，万历三十九年

十一月己酉朔，上遣兵五百，征东海南渥集部之雅揽、西临两路，收降民二百户，停千人而还。

《清太祖实录》卷三，万历四十一年

二月，时东海沿边，散居诸部，多未归附，上遣兵四百往取之，悉收其散处之民。其岛居负险不服者，乘小舟，尽取之而还。

《清太祖实录》卷五，天命二年

二月甲戌，往征瓦尔喀之大臣孟阿图，自宁古塔遣人奏俘获人数，男子千二百十九名、妇女千二百八十四口、幼丁六百三名及人参、皮张甚多。

《清太宗实录》卷八，天聪五年

五月甲辰，往征东海一路呼尔哈部落季思哈、吴巴海，遣人奏捷：俘男子五百五十人，妇女幼小共一千五百人……

《清太宗实录》卷十八，天聪八年

九月甲戌，上以季思哈征瓦尔喀，所俘人民，未经分拨，遣英俄尔岱、龙什、穆成格，与大贝勒代善及诸贝勒等会议，谕之曰：此俘获之人，不必如前八分均分，当补壮丁不足之旗。

《清太宗实录》卷二十，天聪八年

十二月壬辰，命管步兵梅勒章京霸奇兰、甲喇章京萨穆什喀，率章京四十一员，兵二千五百人，往征黑龙江地方。谕之曰：尔等此行，道路遥远，务奋力直前，慎毋惮劳而稍怠也。俘获之人，须用善言抚慰，饮食甘苦，一体共之，则人无疑畏，归附必众。且此地人民，语言与我国同，携之而来，皆可以为我用。

《清太宗实录》卷二十一，天聪八年

五月乙卯，叙出征诸臣功。以三等梅勒章京霸奇兰、一等甲喇章京萨穆什喀，征黑龙江，尽克其地，所获人民，全编氓户，携之以归，劳绩懋著。

《清太宗实录》卷二十三，天聪九年

四月戊午，喀恺、塔海等，东征所获瓦尔喀新满洲男子六百九十二名，妇女五百五十七口，幼稚二百口。

《清太宗实录》卷四一，崇德三年

三月乙巳，往征索伦部落萨穆什喀、索海，遣党习、郭查等赍奏至，疏云：臣等前奏获二千二百五十四人，后自额苏里屯以西，额尔土屯以东，又获九百人，共获男子三千一百五十四人，妇女二千七百一十三口，幼小一千八十九口，共六千九百五十六名口。

《清太宗实录》卷五一，崇德五年

类似以上撷取的《清实录》典籍实例，实际上还有许多，完备而周详的记载无以出其右。但这里引用的目的是在表述自愿或强制性人口迁移史实的同时，尽量对这些移民人口的地域、用途与民族成分及时间节点有所交代。

二 后金政权对黑龙江区域各部族的人口迁移

努尔哈赤及皇太极如何处理征剿与招抚的黑龙江区域各部族人口？他们聪明过人之处就是最大限度地将这些人口"为我所用"，用于即将开始的更大规模的对明战争。首先，从移民人口的地域上看，这些归附或被俘获的人口主要是来自乌苏里江及其以东的滨海地区、黑龙江（包括松花江中游）及其以北广大地区的东海女真（野人女真）；其次，从移民人口的民族成分上看，所谓的野人女真，女真本民族除外，还应包括鄂温克、达斡尔、赫哲使犬部、鄂伦春使鹿部等这些"语言与我国同"后来被编入"伊彻满洲"（新满洲）的土著居民；再次，从移民人口的用途上看，努尔哈赤和皇太极将视为同族的"伊彻满洲"编入八旗，用于成其大业的南征北战中，这些人或死或伤，成为功绩卓著的开国元勋。如，"特库尹，瓜尔佳氏，世居黑龙江。天聪时来归，隶正黄旗。崇德八年，从大将饶余、贝勒阿巴泰攻明山东新泰，先登，战死城上，赠骑都尉世职"。"多罗岱，乌札拉氏，世居萨哈连窝集村。崇德八年，从贝勒阿巴泰攻明霸州，先登，殁于阵，赠骑都尉世职。""和图，图色里氏，世居黑龙江穆塔哈村。清初，举族来归，隶正黄旗。崇德三年，从贝勒杜度攻明山东滕县，先登，殁于阵，赠骑都尉世职。"① 最

---

① 黄维翰：《黑水先民传》卷十一。

后，使用史料的时间节点，是从明万历十九年到后金崇德五年（1591—1640），这一时间段里，正是努尔哈赤、皇太极进行民族统一及对明战争的数十年，也正是人力、物力、财力极为匮乏的数十年，所以对黑龙江故土用兵，加快女真民族的统一步伐，亦是情理之中的事情。

努尔哈赤、皇太极征服或招抚黑龙江区域的野人女真，将他们编入八旗军制为之南征北战。太祖、太宗为什么如此倚重野人女真？魏源在其《圣武记》中一语中的："夫草昧之初，以一城一旅敌中原，必先树羽翼于同部。故得朝鲜人十，不若得蒙古人一；得蒙古人十，不若得满洲部落人一。"野人女真也没有辜负所谓的"圣望"，在天聪朝的四次"南略"、崇德朝的三次"南略"中，都有他们骁勇的身影攻城略地，为最终的满族入主中原奠定了基础。

第四节　永宁寺碑记中的汉族移民

永宁寺碑计有两块，一块是立于明永乐十一年（1413）的永宁寺碑，其碑记为《敕建永宁寺记》，另一块是立于明宣德八年（1433）的重建永宁寺碑，其碑记为《重建永宁寺记》，两块均系明朝宦官亦失哈奉旨巡视奴儿干都司时所立，碑记极具史料价值。

一　永宁寺碑记的内容

永乐十一年（1413），明王朝在奴儿干都司所在地特林地方江边上，修建了一座供奉观音的永宁寺。这是一处顶端平旷的断崖绝壁，永宁寺旁曾耸立过两座记事的石碑。一座是由钦差内官亦失哈立于永乐十一年（1413），名曰永宁寺碑，又叫永乐碑。另一座也是亦失哈所立，他于宣德八年（1433）重至奴儿干，见永宁寺碑已倾圮，委官重建永宁寺碑，又叫宣德碑。国内外对永宁寺两碑记的研究者甚众，而其功勋卓著者首推东北边疆地理学者曹廷杰，他于光绪十一年（1885）受吉林将军希元之命考察旧日边地，历时129天，往返行程8000公里，写就了《西伯利东偏纪要》一书，开了永宁寺两碑研究先河，其文第64、65段记载：

一、查庙尔上二百五十余里，混同江东岸特林地方，有石砬壁立江边，形若城阙，高十余丈，上有明碑二：一刻"敕建永宁寺记"，一刻

"宣德六年重建永宁寺记"，皆述太监亦失哈征服奴儿干及海中苦夷事。论者咸谓明之东北边塞，尽于铁岭、开原，今以二碑证之，其说殊不足据。谨将二碑各拓呈一份。

一、查敕建永宁寺碑阴刻有二体字碑文，其碑两旁有四体字碑文，唯"唵嘛呢叭咪吽六字汉文可识，余五体俱不能辨……"今此碑共六体文，非廷杰浅见所能测，谨折呈一份。

事后经过曹廷杰对碑文汉字的逐一辨识，得《敕建永宁寺记》的释文362字，《重建永宁寺记》的释文362字。随后中外学者纷纷加入辨识队伍，《吉林通志》的编撰者，使前者的辨识数达到了468字，后者的辨识数也达到了437个字。《黑龙江志稿》的编撰者更使之分别达到897个字和677个字之多。日本学者园田一龟、鸟居龙藏、内藤虎次郎等对永宁寺二碑也多有研究，特别是内藤虎次郎使《敕建永宁寺记》的释文达到900字，《重建永宁寺记》的释文达到686个字。而我国学者罗福颐在其校录的《满洲金石志》里，分别使辨识字数达到了946个和779个之多。1975年《考古学报》发表中央民族学院钟民岩、那森柏和内蒙古大学金启孮先生的《明代奴儿干永宁寺碑记校释》文章，他们将碑记释文分别补正到1026字和864字。[1]

二 碑记记载的汉族移民

正是在前人研究的基础上，我们逐字逐句地读出了许多汉族移民的信息。如《敕建永宁寺记》载："永乐九年春，特遣内官亦失哈，率官军一千余人，巨船二十五艘，复至其国，开设奴儿干都司。"这也就是说，奴儿干都司的常驻军应有1000余人或更多，其中的大多数应是汉人。另，《敕建永宁寺记》载："先是，已建观音堂于其上，今造寺塑佛，形势优雅，粲然可观。国之老幼，远近济济争趋□□高□□□□□威灵，永无疠疫而安宁矣。"大家知道，野人女真信奉的是萨满教，而建立的"观音堂"，能使"国之老幼，远近济济争趋"，应该说信众是以汉族人口为主。再，《敕建永宁寺记》所载104人、《重建永宁寺记》所载72人中，有少数民族豪酋，也有汉族吏员，有钦差、内官、都指挥，也有画匠、木匠、妆塑匠。不过，仅从姓氏看，他们当中的许多人应是汉族人口，例钻字匠罗泰安、泥水匠王六十、画

---

① 杨旸等：《明代奴儿干都司及其卫所研究》，中州书画社，1982，第52—53页。

匠孙义、石匠余海、铁匠雷遇春、漆匠李八回、烧砖瓦窑匠熊闰等。

实际上，明代还有一些汉族移民进入黑龙江区域。曹廷杰在《西伯利东偏纪要》第108段的记载十分有趣，清楚地描述了居民的姓氏与中原无异、习俗的同中有异及装束的异中有同，这表明在时间的磨蚀下不同民族文化的混化融合，"而这则传说的内容可上溯至宋金之际"：

> 一、查俄镇因拔纳斯克以南、阿勒于以北、伯利以东，纵横各千余里奇雅喀喇地方，共约四五千人，通呼二腰子，语言与黑斤、济勒弥又异，亦无文字、医药，削木为节以记事。男女均蓄发作辫，从耳后分垂肩前，即自耳下用红绳束辫如双椎，令垂乳上。又以彩线或剪鱼皮为穗，上贯五色圆粒如珠，系于椎下颈后，以绳贯珠或小海蚌及铜叩三四串，横连双椎。有丧，则解椎使垂，置棺平地用木掩之，华人以为木葬。知人伦，无西勒弥俗。婚姻由父母定……性皆好洁，勤浣衣沐浴，嗜烟不嗜酒。问姓，多牛与王，自谓系中国牛皋、王贵之后，不知何时人避世来此。①

而在吉林市东南松花江北岸断壁上，存有两处明代摩崖，即阿什哈达摩崖遗址，考之亦与奴儿干都司有关。第一摩崖距江面10米，高约135厘米，宽70厘米，上镌刻三行文字为：

> 甲辰丁卯癸丑
> 骠骑将军辽东都司都指挥使刘
> 大明永乐拾玖年次辛丑正月吉□□

距第一摩崖不远处是第二摩崖遗址，此摩崖上镌刻七行文字为：

> 钦委造船总兵骠骑将军辽东都司都指挥使刘清
> 永乐十八年领军至此
> 洪熙元年领军至此
> 宣德七年领军至此

---

① 转引自李兴盛主编《陈浏集（外十六种）》，黑龙江人民出版社，2001，第1317页。

本处设立龙王庙宇永乐十八年创立

宣德七年重建

宣德七年二月卅日□□①

    两处摩崖镌刻文字记载的史实是，辽东都司都指挥使刘清被"钦委造船总兵"，于1420年、1425年、1432年三次领军到吉林督造"巨舸"，然后满载粮食及朝廷赏赐诸物"顺江而下"，直抵奴儿干都司安抚世居民众。曾在《吉长日报》任职的魏声龢，潜心研究吉林历史地理，其在民国2年（1913）版的《吉林地志》中写道："满语吉林乌拉。吉林，沿近之谓；乌拉，大川之谓……其实，康熙时闻人笔记，如《柳边纪略》，已有土人掘地，常得大木，或古代尝作船厂之说。盖明永乐、洪熙、宣德三朝，累兴水师，招抚东夷，俱出发于此。证之阿什哈达摩崖，可以推定是造船设厂，确远在明初。"② 由此可见，被称作"船厂"的吉林应该是这一地方的经济、文化及造船业中心，自然也是汉族兵丁、工匠聚集的地方。久之，便有一些汉族人口向北部女真人居住地流徙。

    汉族人口向北部女真人居住地的流徙，基本上是通过三条途径实现的：其一，船厂军丁不堪劳役之苦，而亡入野人女真居住区谋生；其二，明苛赋繁多，污吏横行，万历三十六年（1608）太监高淮对辽东百姓"万般克剥，敲骨吸髓"，以致小民"穷极计生，遂率合营男妇数千北走"③；其三，在努尔哈赤到皇太极近30年的对明战争期间，女真人曾七次进入华北地区"南略"，约有100万人的华北人口被北掳到关外，④或被充实八旗做杂役或被分给女真人为奴，因战事的阻隔，他们无法返回中原，许多不安心为女真人之奴的汉人，继续北徙逃入人口稀少的松花江中下游与黑龙江流域谋生，似乎亦是常理中的事情。

---

① 见干志耿、孙秀仁《黑龙江古代民族史纲》，黑龙江人民出版社，1987，第492页。

② 按此说查杨宾《柳边纪略》载："船厂设于顺治十八年，昂邦章京萨儿吴代造船于此，所以征俄罗斯也。而鄞县万季野以为即明永乐间船厂。余初未以为然，既而至宁古塔，闻前省中陈敬尹曰：'吾初至小吴喇，尚无造船之命，而穿井辄得败船板，及锈铁钉，又井水或铁臭'，季野之言乃信。"

③ 《明神宗实录》卷五二四，万历三十六年。

④ 沈一民：《清南略考实》，黑龙江大学出版社，2010，第179页。

第六章

清代黑龙江区域的人口迁移

清王朝统治的 260 余年，是黑龙江区域人口的重要发展变化时期。清前期统治者实行封禁政策，使黑龙江区域人口数量长期停滞不前甚至出现负增长。清后期在内忧外患的交相侵逼下黑龙江区域开禁放垦，数百万计的移民以各种形式"蜂攒蚁聚"般地争相涌入。从清代黑龙江区域移民趋势上看，一方面是编入八旗的"伊彻满洲"的"从龙入关"及清廷对"龙江八旗"的频繁征调，另一方面是发配"流人"与各种形式的"闯关东"移民涌入黑龙江区域。在时间上大致可以分为初期的招垦时期，初、中期的封禁时期和后期的开禁放垦时期三个主要阶段。其中以封禁时期历时最长，在清 267 年的统治史上封禁期即达 194 年之久，这对黑龙江区域的早期开发起了极大的迟滞作用。而后期的开禁放垦时间虽短，但其意义与影响极为深远。

第一节　满族入关与黑龙江区域的人口迁移

1644 年四月二十一日，清军在山海关一役中击败了李自成的农民军，摄政王多尔衮的心目中已经出现了北京城的轮廓。五月二日上午，万马行进的蹄声由远及近，清军的北京入城式开始了。

一　"从龙入关"的龙江八旗

满族人入关无疑是一次大规模的人口迁移，在这支迁移队伍里人员成分十分复杂。有没有编入八旗的黑龙江世居民众"从龙入关"？回答应该是肯定的。曾目睹清军入城的意大利耶稣会士、传教士卫匡国，在其《鞑靼战纪》中写道：

179

大批鞑靼军进入中国，他们不只来自女真国、奴儿干，也来自古老的西鞑靼，以及鱼皮国——它在更东边，位于日本上面。这个民族叫作鱼皮，是因为他们用鱼皮制成防御外套，也就是胸甲，鱼皮坚固耐用。不仅这些人，我还看见许多来自伏尔加河的人，此地的鞑靼人称他们为阿尔加鞑靼，我发现他们认识莫斯科和波兰。他们比东鞑靼人更野蛮。率领这支军队前来的是已故鞑靼王之子，年仅六岁之王。他们与鞑靼主力会合，然后他们宣称要征服这个国家，向世人公开他们的秘密意图。同时声明这个六龄童是中国皇帝，他名叫顺治，新王朝叫大清。①

这一记载清楚地表明，在入关的清军队伍里，不仅有来自黑龙江区域的鱼皮鞑靼（赫哲人），还有来自伏尔加河流域的"阿尔加鞑靼"，这从另一方面拓宽了我们的明清际民族与疆域视野。而西班牙传教士帕莱福（Juan de Palafox y Mendoza），在其《鞑靼征服中国史》中写道："全鞑靼族听到他们年轻顺治在中国获胜的消息，很快涌入中国。现在他们本族人是主子，没有城墙可以阻止他们通行；对功名之热爱，以及与同伴分享余下大城、财富的渴望，让他们不能平静下来，而是从四面八方奔赴中国。"②而朝鲜人眼中的迁移则更为生动："沈阳农民，皆令移居北京，自关内至广宁十余日程，男女扶携，车毂相击。"③正是这种"从四面八方奔赴中国"与"男女扶携，车毂相击"，证实了满族人口的"尽族西迁"源起于定都北京。

多尔衮进入北京后，便与诸王、贝勒、大臣商议迁都之事。有臣在奏折中说："仰荷天眷及皇上洪福，已克燕京，臣再三思维，燕京势踞形胜，乃自古兴工之地，有明建都之所。今既蒙天畀，皇上迁都于此以定天下。"④迁都的事情很快就定了下来，"八月望日移都北京，两宫亦将一时入往"，群臣、将领、兵丁、家眷、奴仆等一并，"尽族西迁"。有研究者根据吴晗所辑的《朝鲜李朝实录中的中国史料》，对迁都过程做了细致的描述：

顺治帝一行迁都起程的时间比预定的晚了五天。八月二十日，大队人马出发，福临居于前列，诸王贵族率八旗人等带辎重器物随于其后，

① 〔西班牙〕帕莱福等：《鞑靼战纪》，何高济译，中华书局，2008，第367页。
② 〔西班牙〕帕莱福等：《鞑靼征服中国史》，何高济译，中华书局，2008，第45页。
③ 吴晗辑《朝鲜李朝实录中的中国史料》，中华书局，1980，第3756页。
④ 《清世祖实录》卷五，顺治元年六月丁卯。

最后则是两宫皇眷。车马道路，络绎不绝，行动十分缓慢，用朝鲜人的话说，就是"寸寸前进"。前程共一千六百余里，一月之内是很难到达目的地的，而且长途跋涉，风餐露宿，十分艰苦。大队人马一直向西，二十一日止辽河边，二十二日渡河后抵开城，二十三日到杨石木，二十四日停留于张古台口，二十五日至广城，二十六日到苏尔济。在这里，察哈尔固伦公主及外藩蒙古的王公、贝勒前来迎接朝见，并贡驼马。次日，福临在原地休息，召开宴会款待蒙古贵族，分赐他们各种财物。二十八日，队伍来到魏家岭关，从这儿拐向正南，行约四十余里，便于次日抵达广宁。二十九日，驻谢家台。九月初一日到大凌河，初二日至小凌河。到此时，经过十一天的跋涉，队伍已离沈阳九百里左右，到北京还有七百五、六十里的路程……

东来的人马继续前进。他们经过塔山、宁远、曲树河堡、沙河驿、前屯卫、老君屯，九月初九日抵山海关，接受山海关总兵高第等的朝见。入关后，再经深河驿、兔儿山河、永平府、王家店、丰润县、梁家店，将近蓟州。多尔衮派学士詹霸、吴达礼、护军参领劳翰及侍卫噶布喇、扈习塔等前去迎驾，奉献马匹果品。福临等从蓟州经三河到通县，多尔衮率诸王、贝勒、贝子、公及文武群臣赴通州迎驾，摆起仪仗，奏响礼乐，对天行礼。多尔衮则率群臣先到皇太后面前三跪九叩，然后见福临，再三跪九叩，多尔衮等再行抱见礼。见面仪式举行完毕，略一休整，大队就起程入京。九月十九日下午，福临车驾从正阳门（今北京前门）入宫。不久，就举行了即位登基的大礼。至此，北京真正换了新主人。①

二　满族入关人口数量推算

入关满族庞大的迁移队伍断断续续走了一个月，那么究竟有多少人"从龙入关"，史书上没有明确记载，只出现过"罄国入关"、"尽族西迁"或"沈阳农民，皆令移居北京，自关内至广宁十余日程，男女扶携，车毂相击"② 及"从盛京迁移北京的人流，三十五六日间络绎不绝。行李俱用骆驼

---

① 周远廉、赵世瑜：《父皇摄政王多尔衮》，吉林文史出版社，1993，第195—197页。
② 吴晗辑《朝鲜李朝实录中的中国史料》，中华书局，1980，第3756页。

运送，亦有用马者，然其马并不施以鞍镫，其行李皆露于外"① 等笼统说法。俄国希腊教僧院长亚金夫（И. Якинв）在《中华帝国统计记》中计算得出，八旗旗籍的妇女老幼、废疾不具者、奴仆人数是壮丁的 9 倍。德国亨利·浦拉德（Heinrich Platt）也在斯坦因和尔叔尔曼（Stein Holschulman）亚细亚地理学统计学提要中引用了这个算法。那么，满洲总人口数是壮丁的 10 倍，可以据壮丁数逆推总人口数。有人根据史料认为，"入关前后，满洲八旗正规兵数，十万左右是不成问题的。《圣武记》卷十一说，'已不下二十万人'，是和满蒙汉而言的"。② 如果按满八旗占半数推算为 10 万人，则满族人口接近百万人。但这不等于说是百万满人入关，因为还有"留居满洲的驻防佐领百八十六，半佐领四个，壮丁数二万八千二百"③。作为壮丁的 9 倍应有 20 余万人的满族人口留在了"祖宗肇迹兴王之所"，如此并不是典籍记载的"罄国"，而入关的满人也就在 60 万—70 万人。

这 60 万至 70 万满人中，一定有来自黑龙江区域的野人女真，因为编入"伊彻满洲"的索伦兵已经成为八旗劲旅随统治者征战有年，而留居原地的各族百姓则统归宁古塔副都统辖制④，宁古塔副都统将他们部分地编入"佐领"。"佐领"，这是一个清廷用来替代明朝卫、所的组织形式，也是八旗制度下军政合一的基层单位，同样负有"出则为兵，入则为民""战时出征，平时生产"的义务。类似的"编旗设佐"遍布黑龙江区域，这表明清政府对这里的有效管辖。如宁古塔设 40 佐领，三姓地方设 4 佐领，将附近的赫哲人编入。另外，"混同江（黑龙江下游）岸及海中大洲（库页岛）居之赫哲、费雅喀、库页、鄂伦春、奇勒尔，不编佐领，辖以三姓副都统，统以吉林将军"⑤。而对黑龙江、乌苏里江流域的各族民众，则是通过"噶珊"制度（"噶珊"为满语乡村的意思，噶珊制度即是姓长、乡长制度）管理，即以村屯或氏族为单位，"各设姓长、乡长，分户管辖"⑥。《吉林通志》载，在伯

① 〔日〕稻叶岩吉：《满洲发达史》，东亚印刷株式会社，1940，第 266 页。
② 莫东寅：《满族史论丛》，三联书店，1979，第 133 页。
③ 《康熙会典》卷八十二。
④ 崇德元年（1636）设宁古塔副都统，顺治十年（1653）升格为宁古塔昂邦章京，康熙元年（1662）宁古塔昂邦章京改称宁古塔将军，康熙十五年（1676）宁古塔将军移驻吉林。康熙二十二年（1683）黑龙江将军衙门设立，将原宁古塔将军辖下的亨滚河上源支流哈达乌拉河、黑龙江北岸的毕占河以及东流松花江等河流以西之地划为黑龙江将军辖区。这些河流以东地区，包括库页岛在内，由宁古塔将军辖制。
⑤ 《钦定大清会典》卷八四。
⑥ 魏源：《圣武记》卷一。

力以下的黑龙江沿岸便有 70 余个"噶珊"。

这些"编旗设佐"的各族民众，由于各种原因也是屡屡迁徙，由此引起他们世居地的变更。如顺治年间，原居贝加尔湖以东赤塔附近的鄂温克人，在哥萨克的侵逼下移居甘河、诺敏河、阿伦河、济沁河、讷谟尔河、雅鲁河等地居住。康熙三十一年（1692），嫩江流域的锡伯族被编入镶黄、正黄、正白上三旗，分驻齐齐哈尔、伯都纳、吉林乌拉；康熙三十六年（1697），又迁往盛京；康熙四十一年（1702），锡伯官兵连同眷属两三千人迁往熊岳、金州、北京等地驻防。乾隆二十九年（1764），盛京十七城锡伯官兵连同眷属 3000 余人，调往伊犁地方驻防。雍正十年（1732）布特哈打牲部落的 1633 名鄂温克士兵，由黑龙江上游的石勒喀河移居呼伦贝尔驻守边卡。乾隆年间，嫩江流域编入布特哈八旗的达斡尔人被调往新疆驻防等。

第二节　清初期的短暂放垦与随后的长期封禁

近 30 年的明清战争，使辽东一带遭到极大破坏，加之后金政权实施的"辽沈弊政"[①]，大批人口逃亡，大量土地荒芜，社会经济萧条到极点。特别是清世祖顺治迁都北京，大批兵丁、家眷、奴仆随之"从龙入关"，使原本凋敝的经济社会更是雪上加霜。为了尽快地恢复"龙兴之地"辽东的经济，清廷曾在东北地区短暂地实施了开禁放垦，而随后的长期封禁则严重地迟滞了东北地方经济社会的发展。

一　清初期的短暂放垦（1664—1667 年）

明时的辽东是军屯地，人口众多，农业发达。后金夺取辽东时，有"户九万六千四百四十一，口三十八万一千四百九十六。土地三百六十八万亩"[②]。后金兴兵侵明，辽东汉族人口为避兵燹而逃亡山海关内。如明天启二年（1622）广宁陷落时，"山海关门四昼夜不阖，军民溃入者且二百八十万矣"[③]。繁荣富庶的辽东，因明清战争尽为荒废，数十年而不得恢复。顺治十八年（1661），奉天府尹张尚贤在上《根本形势疏》折，描述了当时辽东辽

---

① 努尔哈赤在辽东曾推行强令汉族人剃发、大量迁民、清查粮食、征发差役、强占田地、诛戮诸生六项弊政。
② 《全辽志·赋役志》卷二。
③ （明）王在晋：《三朝辽事实录》卷九。

西的景象：

> 合河东、河西之边海以观之，黄沙满目，一望荒凉……此外患之可虑者。以内而言，河东城堡虽多，皆成荒土，独奉天、辽阳、海城三处，稍成府县之规，而辽海两处，仍无城池。如盖州、凤凰城、金州不过数百人，铁岭、抚顺惟有流徙诸人，不能耕种，又无生聚，只身者逃去大半，略有家口者，仅老死此地，实无益于地方，此河东腹里之大略也。河西城堡更多，人民稀少，独宁远、锦州、广宁人民辏聚，仅有佐领一员，不知于地方如何料理，此河西腹里之大略也。合河东、河西腹里观之，荒城废堡，败瓦颓垣，沃野千里，有土无人，全无可恃，此内忧之甚者。①

辽东的残破景象不仅仅是由于明清战争，在很大程度上更是缘于满族人自己。于此，康熙二十一年（1682）陪同清圣祖玄烨东巡的比利时传教士南怀仁，在其《鞑靼旅行记》中写道：

> 在辽东，村镇全已荒废。残垣断壁、瓦砾狼藉，连续不断。废墟上所建的房屋，毫无次序，有的是泥土夯筑，有的是石块堆砌，大多是草苫的，瓦顶的、木板圈房缘的极罕见到。
>
> 战争前的许多村镇，其遗迹早已消失。所以如此，是因为鞑靼王以微小的兵力起事，迅速地大规模地从一切城镇中强募军队，为了使士兵失去回到家乡的一切希望，把这些村镇完全破坏了事。②

正是辽东经济社会的残破，触动了最高统治者的心，使之着力采取措施改变辽东的状况。而实际上早在顺治六年（1649）、八年（1651）、十年（1653）朝廷屡次下令给地方吏员，令其"招徕流民，不论籍别，使开垦荒地，永准为业"③。顺治六年（1649）正月，清世祖福临颁布诏书：

---

① 《清圣祖实录》卷二，顺治十八年五月丁巳。
② 杜文凯编《清代西人见闻录》，中国人民大学出版社，1985，第72页。
③ 《大清会典》卷一六六。

关外辽人，有先年入关在各省居住者，离坟墓，别乡井，殊可悯念。著出示晓谕，凡系辽人，各写籍贯姓名，赴户部投递，听候查收。有愿入满洲旗内，即入旗内。欲依亲戚居处者，听归亲戚。内有通晓文理、堪任民牧者，准送礼部考选。有素善骑者、堪为将领者，准送兵部试用。有人才壮健、愿入行伍者，给予粮饷，照满洲一例恩养。如有愿还故乡者听。①

诏令下达后的效果如何，有多少人返回辽东，无从得知，推断不会有太大的成效。因为在明清战事的影响下，有战争的地方土荒人亡，没有战争的地方派差派粮。人逃地荒的情况十分严重，"一户只存一二人，十亩田只存一二亩者"并非个别的现象。所以顺治六年（1649）的诏令不会有太大效果，否则也不会有顺治十年（1653）九月十七日满汉九卿官员 58 人的联名上奏：

今将辽东为省，先以辽阳城为府，设知府一员、知县二员，招募人民前去收养开垦。若招民一百名者，文授知县，武授守备。百名以下六十名以上者，文授州同、州判，武授千总。五十名以下者，文授县丞、主簿，武授百总。若数外多招者，每一百名加一级。将所招人民详开姓名人数，册报户部，准出山海关，领赴辽东知府、知县处交割，取印信实收，赴吏兵二部，即选与应得官职。如愿在辽东居住者，不管辽东民事，听其居住。其辽东地方广阔，田地最多，招去官民，任意耕种，俱照开荒之例，给与牛、种，待人民集多，田地广种之时，再酌议征粮。②

很快，顺治皇帝就朱批了这个奏折，应该说《辽东招民开垦例》的实施取得了一定效果。虽然无从得知移民的具体数字，但康熙初年辽东地方327459 亩的土地开垦数字，反映出农业经济有所恢复和发展。此时的移民除了大部分从事农业垦殖外，还有一些人以采参、狩猎、淘金等为谋生手段。如采参的被称为"走山者"，他们不顾清廷不得私采人参的禁令，常常成群结队，驮负粮食，深入山林。康熙初年的史料记载："乌拉、宁古塔一带人参挖掘已尽，官私'走山者'非东行数千里到赫哲族居住的森林地带和乌苏

---

① 《清世祖实录》卷四二，顺治六年正月己卯。
② 金毓黻：《静晤室日记》卷一五二，辽沈书社，1993。

里江外，否则是采掘不到的。有些采参、淘金人入山既远，一去不返。年代久了，乌苏里江地区也出现了一些汉族人民以耕种为生的村落和淘金人口集中的居住点。"①

此外，作为移民类型一种的流民，也有相当数量被放逐到黑龙江区域。清军入关后，为了巩固在全国的统治地位，疯狂镇压政见不同者与各类刑事犯罪人员，当时作为"极边苦寒"的黑龙江区域自然成为清廷的流放地。按《大清律例》正刑分作笞、杖、徒、流、死五项，其中与流人有关的是迁徙、充军、发遣。"凡五等，曰附近，发二千里；曰边卫，发二千五百里；曰边远，发三千里；曰烟瘴；曰极边烟瘴，发四千里。"②清初，政府为谋求宁古塔一地的开发，将原来流徙辽东尚阳堡的罪犯，改放宁古塔地方。顺治十四年（1657）著名的丁酉南闱科场案发生，次年，为此而流放的安徽桐城人方拱乾一家数十口出塞抵流放地宁古塔。康熙元年（1662），方拱乾写就了《宁古塔志》（又名《绝域纪略》），在其笔下作为流放地的宁古塔已是"华人则十三省无省无人"。特别是康熙帝准备"雅克萨之战"，使流人遣发数量不断增多。战时他们在水师营里充当水手、船匠与帮儿。对此，当时的流人杨宾解释道："流人奴仆，年壮者皆为爱浑水手、船匠正身，年老文弱者，皆为帮儿。"③方式济在《龙沙纪略》中则说："水手皆流人充役，卜魁三百一十九，艾浑四百二十七。"而平时则"给披甲人为奴"。《清圣祖实录》《皇朝文献通考》等典籍记载，此间黑龙江区域的流人数量有数千人，④官庄、屯田地里的劳作者，主要是被放逐者。后来，随着八旗驻防地的扩大，流人的放逐地也由最初的宁古塔延及三姓、黑龙江城、墨尔根、齐齐哈尔、呼伦贝尔等地方。

由此可见，在清初期的辽东招民开垦时期，流入东北的人口虽然大部分在辽河流域，但也有诸如流人、流民等相当数量的汉族人口进入了黑龙江区域。

二 清初期、中期的长期封禁（1668—1860年）

清初鼓励向东北移民的政策仅仅实行了23年（1644—1667年），康熙七

---

① 中国社会科学院历史研究所编《中国近代史稿》，人民出版社，1978，第277页。
② 《大清会典事例》卷七二三。
③ 杨宾：《柳边纪略》卷一。
④ 参见李兴盛《东北流人史》，黑龙江人民出版社，1990，第180页。

年（1668）谕令，"辽东招民授官永著停止"，这是对东北地区实行了封禁。这不是康熙帝对辽东地区开发的浅尝辄止，而是由其狭隘的民族思想和偏执的民族政策所决定的，后果也是极其严重的。

　　清廷封禁东北的原因主要有三。其一，维持满洲固有风俗。初期的招民开垦，致使大量的汉族人出关谋生，满、汉接触的机会日益增多，民族融合趋势开始出现。在清统治者看来，东北乃大清王朝的"祖宗肇迹兴王之所"，"若听与民人杂处，则至弃满洲之旧道"。①因此，为了维护满民族固有的"国语骑射"，防止满洲民族意识的逐渐减弱，应封禁以保持这一地区的"纯朴习俗"。其二，保护满洲旗人的生计。清初东北人口稀少，而各类资源十分丰富，人参、貂皮、乌拉草素有"东北三宝"之盛誉。其他诸如东珠、鲟鱼、海东青及种种珍禽猛兽等，都是清廷每岁必不可少的贡品。由于清初鼓励移民东北政策的实施，大批的汉族人口出关，并且许多人加入了珍禽贡品的采集队伍，特别是作为满洲旗人"赖以生存的人参采集业"，也有部分汉族人进入分羹谋食。清统治者开始觉察到"关外民人聚积日多，物价较前昂贵，于旗人生计未免有碍"②。故控制物产专利，保护满洲旗人生计，成为清统治者封禁东北的第二个原因。其三，统治者视"肇迹兴王之所"为根本。清军入关后，实行了剃发、易服、圈地、投充、逃人、屠城"六大弊政"，遭到了汉族民众的强烈反抗，虽然统治者进行了"扬州十日""嘉定三屠"等血腥镇压，但还常有类似"江阴八十一日"事件的发生，为此满族人为自己准备了退路。"清人自以为异族入主中原，猜忌之心未泯，畛域之见时存"，认为中原人口"其心必异，故欲保留发祥地之东北（常欲保留为根据地），勿使汉人侵入。则一旦中原有事，可以退守，不致蹈元人覆辙。此种疑忌心理之存在，实封锁东北政策之由来也"。③盛京的"留都"地位及户、礼、兵、刑、工的五部设置，似乎也对此做出了注释。另外，乾隆皇帝在《老边》诗中所作的"征战纵图进，根本亦须防"的诗句，分明也是在说明这个道理。

　　基于上述考虑，统治者于康熙七年（1668）废除《辽东招民开垦例》，封禁东北。封禁令初始时尚不严厉，汉人告知兵部亦可出关。康熙二十八年

① 《三姓副都统衙门档案》卷一八三。
② 《清朝续文献通考·田赋》卷三。
③ 龚维航：《清代汉人拓殖东北述略》，《禹贡》第6卷第3、4期合刊，1936年10月。

（1689）去宁古塔流放地"省亲"的杨宾曾在记述中写道：

> 凡出关者，旗人须本旗固山额真送牌子至兵部起满文票；汉人则呈请兵部，或随便印官衙门起汉文票。至关，旗人赴和敦大北衙记档验放；汉人赴通判南衙记档验放。或有汉人附满洲起票者，冒苦独立等辈，至北衙亦放行亦……至于人参，惟朝廷及王公虽额得入，余皆不得入，入者死……凡走山者，山东西人居多，大率皆偷采者也。每岁三四月间往，九十月间归，其死于饥寒者不知凡几！而走山者日益多，岁不下万余人。[①]

可见此时的封禁只是加强了管理，而冒死偷采人参的"走山者"则愈加难以控制，"偷采者"日炽的现实逼迫着清统治者封禁措施日益严厉起来。为了限制汉族移民出关，"清因明时障塞，加以扩展，修浚边壕，沿壕植柳，谓之柳条边"[②]。即在明代辽东边墙的基础上，又用时十数年修筑数百里的柳条边墙。有研究者写道：

> 柳条边是清统一了广大东北地区之后才修筑的，它的范围主要是在辽河流域，也包括吉林部分地区。辽河流域的柳条边建成于顺治年间，吉林部分的柳条边修成于康熙初年。清代修筑柳条边，是满族贵族统治集团为了保护清皇室所谓的"发祥重地"和独占东北经济上的特权利益，所置定的一条封禁界线。用这条界线，禁止边外的人民自由进入盛京地区；也禁止柳条边内的人民自由流动到分布于边外的皇族的围场和产有人参、貂皮、珍珠等贵重物品的禁区里去。[③]

清政府在山海关、古北口、喜峰口等处皆设有关卡，严行稽查，而在整个柳条边上设了20处边门。各边门均有门楼一座，门楼上方悬有写有边门名称的匾额。门楼中间是过道门洞，两边各有一耳房，一作囚室，一住巡差。门楼内是边门的防御衙门，设文武二职，下有披甲兵数十人，稽查行人

---

① 杨宾：《柳边纪略》卷一。
② 《奉天通志》卷七八。
③ 杨树森等：《清代柳条边》，辽宁人民出版社，1978，第2页。

出入。过往行人均得从门洞出入，否则以"爬边越口罪"论处，从重处罚。

康熙以后，雍正、乾隆、嘉庆、道光数朝对封禁东北事日益严厉，禁令屡颁。如《清世宗实录》雍正四年十二月（1727）辛酉条载："刑部遵旨议定，私刨人参人犯，若仍发往黑龙江等处，与依等犯罪之处相近，嗣后偷参发遣之犯，系满洲、蒙古，发往江宁等处有满兵驻防省城当差，系汉人、汉军发往广西、云南等烟瘴地方当差。"由此，加大了对私采人参者的惩罚力度。又如，乾隆五年（1740）谕旨："奉天地方为满洲根本，所关实属紧要，理合肃清，不容群黎杂处，使地方利益悉归旗人。"①乾隆六年（1741）谕旨："吉林等处系满洲根本，若聚集流民，于地方实无裨益。伯都讷地方，除现在民人勿许招募外，将该处荒地与官兵开垦，或作牧场。"②复如，嘉庆八年（1803）上谕重申："东三省地方为满洲根本重地，原不准流寓民人杂处其间私垦地亩，致有碍旗人生计，例年有禁。"③再如，道光年间，面对趋之若鹜的"闯关"流民，清廷改变策略重申禁例，六年（1826）上谕："我朝根本重地……（迨）流民佃种既多，旗人咸耽安逸，不知力作，必致生计日蹙……其害岂可胜言。"④欲杜绝流民出关，必须双管齐下，认为"与其驱逐于出关之后，不若预禁于迁徙之时"，即一方面要"严饬守关各员谨遵定例查验……并著奉天等处海口营县，凡遇船只收口，诸加查验，如有无照民，即行严拿治罪"⑤，另一方面要将"借贫民名目，迁徙眷属，乘坐大小车辆前往奉天、吉林种地营生者，概行载回"⑥。

如此，在康熙至道光朝的近200年里清廷对东北实行封禁政策。虽然历朝都在封禁东北，但在具体执行时仍是弛禁有别、宽严有别。如在封禁期内，由于关内严重的自然灾害，广大人民处于生存绝境，统治者为了防止社会矛盾的激化，默许流民出关。如乾隆八年（1743），天津府、河南府等地发生旱灾，从山海关、古北口、喜峰口等边门流出者骤然增加，守城官兵循向例阻拦，不准灾民出口，腹中无食衣衫褴褛的众多灾民进退维谷。鉴于这种形式，乾隆帝谕旨："开禁，许流民通过。"⑦《东华录》中"乾隆八年六

---

① 《清高宗实录》卷一一五，乾隆五年四月甲午。
② 《清高宗实录》卷一四二，乾隆六年五月辛未。
③ 《嘉庆朝东华录》卷一五。
④ 《道光朝东华录》卷一四。
⑤ 《清宣宗实录》卷一四六，道光八年十一月庚子。
⑥ 《清宣宗实录》卷二五〇，道光十四年三月乙酉。
⑦ 《乾隆圣训·爱民》。

月丁丑准流民出口就食" 所指即此。乾隆九年（1744），山东、河南、天津等地罹灾，难民求食山海关，亦有上谕"命变通办理"[1]。乾隆五十七年（1792），"京南隅被天灾，仰蒙皇考高宗纯皇帝的格外恩施，准无业贫民出关觅食"[2]。《清高宗实录》亦载："乾隆五十八年，吉林将军上奏河北饥民流入一万五千余人，不得已载之红册，令纳丁粮。"这应与"五十七年京南隅被天灾"之说吻合。这种"禁中有开"的状况，也是对黑龙江区域人口在封禁期内有所增长的最好解释。

关于清初、中期黑龙江区域人口增长状况参见表6-1。

表6-1　清初、中期黑龙江区域人口增长状况

单位：口

时间	黑龙江将军辖区	吉林将军辖区	合计
雍正十二年（1734）	23905	2387	26292
乾隆三十六年（1771）	35284	56673	91957
乾隆四十六年（1781）	36774	135827	172601
嘉庆十七年（1812）	136228	307781	444009

三　清后期的开禁放垦时期（1861—1911年）

清末开禁放垦政策的实施，经过了密许流民出关、部分地区开禁放垦、招民开垦三个阶段，从这三个阶段可以清楚地看出，开禁政策亦不过是清政府的权宜之策而已。

密许流民出关就垦（1860年以前）。清廷为实施封禁的政策，可以说是费尽了心机。从乾隆朝开始，面对东北地区日益增多的流民，地方政府的所谓"清边"之策收效甚微。所查出的流民若全行驱逐，虑及其无以为生，难免又生事端。对此，清廷只好采取了默许的态度，先后几次议定安插流民的办法。例如，"乾隆五十四年在三姓地方查出流民二百四十九户，一千二百四十五口，只逐出王顺等六十一户，三百零三人，九百四十二口则因无力出走，最后被允许留住"[3]。嘉庆年间，一直困扰着清廷的"京旗闲散"问题日益严重，为了解决生活困窘的旗人的生计问题，清廷曾屡有"京旗移垦"

---

① 《乾隆圣训·爱民》。
② 朱偰：《满洲移民的历史与现状》，《东方杂志》第25卷12号，1928年。
③ 《三姓副都统衙门档案》卷六九。

之举。嘉庆十九年（1814）旧事重提，新任吉林将军富俊上奏的《拉林试垦章程》为清廷所批准。第二年，富俊率员详查，提出拉林西北双城子"地土平坦，洵属沃衍，可备移住京旗闲散二三千户之用"。道光元年（1821）富俊又奏《吉林屯田移住京旗闲散章程》一折，指出"八旗生齿日繁，而甲饷没有定额，屡经筹议加增旗人生计，仍没能大有裨益，惟因地利以裕兵食，乃万年之长策"①。富俊筹办开垦阿勒楚喀、双城堡等三城地亩 9000 余垧，准备移住京旗闲散 3000 户。议定：每年移住 200 户，计分为 4 批。清廷为吸引闲散旗人迁往关外垦殖，每户给治装银 30 两，补贴银 15 两，官给车马房屋及受领熟地 20 垧。待遇如此优厚，但经各都统晓谕在京的闲散旗人，实际移垦者甚少。"道光二年移住二十八户，三年移住三十一户，四年移住五十三户，五年移住七十七户，四年合计只有一百八十九户。"②况且"坐食成性的京旗人"，始终视屯垦为危途，即便是耗费重金而来，不久又相率而逃。而留下来的旗人也是"寻以长工，代其耕作，自己咸耽安逸，不知力作"，这已成为京旗移垦地内的普遍现象。典卖土地的现象在移垦地内也开始出现，有时政府也会动用银两为其赎回土地，但"旋典旋卖"的旗人亦大有人在。鉴于这种情况，清廷不得不在道光九年（1829），将谕令中原拟移垦京旗 3000 户改为 1000 户。同时明令，"京旗闲散，素未习耕，著准其契买奴仆，代其耕作，或觅长工，助其力穑。其所应得地亩，不准私人典卖，务使各有专业，以其经久"③。而实际上，早在道光四年（1824）时，即改定由汉族移民充当佃户，"道光五年认垦佃户一一二七户，分拨四十二屯。道光六年认垦佃户九一七户，分拨三十一屯。道光七年认垦佃户一五五六户，分拨四十六屯。计认垦佃户三千户，分拨一百二十屯"④。这些认垦佃户实际上就是汉族移民，正是由于他们的存在，吉林将军富俊一再奏陈，"在旗屯附近，断不能不留民人，以便于招佃开垦和雇工帮垦，以及雇觅长工，多开地亩"⑤。而此时的律令中亦有"雇觅只身民人做工不禁"⑥ 和"只身前往贸易、佣工、就食贫民，仍令呈明地方官给票，到关查验放行"⑦ 的条文。可

---

①　《清朝续文献通考·田赋》卷八。

②　《清朝续文献通考·田赋》卷八。

③　《大清会典事例·盛京户部·田宅》卷二八九。

④　《清朝续文献通考·田赋》卷八。

⑤　《吉林通志·食货志三·田赋下》卷三〇。

⑥　《吉林通志·食货志四·屯垦》卷三一。

⑦　《嘉庆朝东华录》卷十九。

见，嘉庆、道光朝的封禁已由于流民的难以驱逐与黑龙江旗人对劳动力的需求而有所松动，汉族移民已被密放出关或部分地安置，"名为封禁而实早经开放矣"①。

部分开禁（1861—1904 年）。1840 年爆发的鸦片战争，改变了中国社会的性质，其虽然远在东南沿海与内地发生，但对黑龙江区域的影响极其深远，间接或直接地导致了这里的八旗人家生活困顿。光绪九年（1883），黑龙江将军文绪在给朝廷的奏折中说："窃查黑龙江省，地处极北，寒深霜早，旗人屯垦，半难收获，赖山场可以游牧，平原可以捕猎，实为国家养兵之区。向来俸饷，由京部请领发放充足，兵丁无家计之累，得以专事弓马。为久远富强立效，所以屡次出征，骁健为骑兵之最。"② 在如此优厚的待遇下，黑龙江各城兵丁，"坐食饷俸，角力拼命"。然文绪奏折中所说的乃是明日黄花，风光不再。在清初中期，黑龙江兵饷一向由山东、河南、河北等关内省份拨付。"其时海宇宁谧，府库充实，以中原之力，接济边省绰有余裕。"③那时，各省将俸饷解京，例由京部支领，地方足岁有余，黑龙江八旗上下生活得相对"咸耽安逸"。可是，好景不长，鸦片战争后 2100 万两白银的巨额战争赔款，由于此时的朝廷国库空虚、财政困顿，要摊到富裕省份。随之而至的太平天国起义、第二次鸦片战争等，更是雪上加霜地把窘困的清廷财政推到了崩溃边缘。原本由京部支领的黑龙江饷银改由各省拨解，而协饷的江苏、安徽、山东等省份"自身已难卒岁有余，常常是欠饷未还，新饷又欠"，"咸丰癸丑，以至光绪丁亥，积欠遂至二百七十万金矣"。这对于一直得到朝廷恩宠的黑龙江八旗来说，无异于晴天霹雳，因为他们没有一个"自收自支"的过程，没有一个"仰仗自己"的基础，自上而下更没有这样的一个心理准备。为了追讨饷银，黑龙江地方吏员声泪俱下，其情可悯，匍匐吁恳，其状可怜。在如此内外交困的情况下，清廷被迫于咸丰十一年（1861）在黑龙江地方部分开禁放垦。先后开放了西部地区的呼兰、通肯（海伦）、克音（绥化）、柞树岗（青冈）等地，东部地区的五常夹信沟、宾州蚂蜒河（延寿）及双城的部分余荒，宁古塔地方的三岔口（东宁）、穆棱河上游地区（穆棱县）、三姓倭肯河以东及阿勒楚喀所属的蚩克图迤东的围场、闲荒，等

---

① 黄维翰：《呼兰府志·财赋略》卷三。
② 徐宗亮：《黑龙江述略·兵防》卷五。
③ 黄维翰：《呼兰府志·财赋略》卷三。

等。在 1861 年至 1904 年的 40 余年里，呼兰等 9 地共丈放余荒 1983248 垧。① 在土地开发方式上也出现了旗招民垦、京旗民佃、京旗代垦、民垦等多种形式。光绪年间，清统治者已经放弃了限制汉族移民的政策，由过去严禁民人开垦改为招民代垦，准许民人领地纳租。这无疑是承认了汉族移民的合法耕种权和土地所有权，促使黑龙江区域移民进入了发展时期。

由于汉族移民有了合法耕种权和土地所有权，入垦农民日益增多。此间，黑龙江区域人口已经激增到 200 多万人，同嘉庆时期的 44 万人相比，增长了近 4 倍。有人对其记载道："由奉天入兴京，道上见夫拥只轮车者，妇女坐其上，有小孩哭者眠者，夫从后推，弟自前挽，老媪拄杖，少女相依，踉跄道上。丈夫骂其少妇，老母唤其子女，队队纵进通化、怀仁、海龙城、朝阳镇，前后相望也。由奉天至吉林之日，逆旅所共寝食，皆山东移民。"② 这写实的记载，生动地记录了开禁时期汉族移民迁徙黑龙江区域的情景。

全部开禁，招民放垦（1904—1911 年）。1900 年义和团运动以后，清政府在外力的侵逼下，深切感到黑龙江区域大有移民实边之必要。光绪三十年（1904），"日俄交战，外事内侵。经将军达桂、副都统程德全奏准，全体开放。省城设立垦务总局，专司其事。自三十一年至三十四年，所放荒地甚多"。③ 光绪三十四年（1908），升任黑龙江巡抚的程德全奏准《沿边招垦章程》，该章程规定了黑龙江区域开放 19 处地段及垦荒办法。在招垦移民时，分别在汉口、上海、天津、烟台、长春等地设立边垦招待处，对应招者减免车船路费，不征押租。"垦民到段后，遇有青黄不接，则又有官立银行查核实在人口，酌予贷给。"④ 为了鼓励移民，"凡来江省之垦户，携有边垦招待所执照者，乘坐由烟台至营口的招商局轮船均减收船费，由哈尔滨至松花、黑龙两江之官轮及昂昂溪至齐齐哈尔之铁路一律减收半价，至随带眷口概免收费。然垦户须每年三月内到江，以便及时开种"⑤。黑龙江地方长官为了尽快地取得放荒实边的效果，可以说是无所不用其极。如时任呼伦贝尔副都统的宋小濂，在光绪三十四年的《咨呈沿铁道一带荒地征收经费文附章程》中说：

---

① 《清朝续文献通考·田赋》卷八。
② 〔日〕小越平隆：《白山黑水录》，上海作新社，1903，第 124 页。
③ 张伯英：《黑龙江志稿·经政志·垦丈》卷八。
④ 徐世昌：《东三省政略·财政·附黑龙江垦务》。
⑤ 《盛京时报》1908 年 1 月 29 日。

一、领垦荒地，均免交荒价，每垧但交经费中钱五百文，概不多取。丈放后，先给小照，六年后清丈升科，换给大照。

一、领垦荒地，如携眷到此，无力开垦，查系安分良民，勤于工作，由官酌量借给牛力籽种，分年带还，以资补助而示鼓励。

一、自本年开办之日起，三年以内，该处垦荒人等，凡买卖衣食一切日用货物暨采伐自用木植柳条、羊草等项，一概免征捐税。惟售给外人，不在此例。

一、地处边境，村落荒远，所有领垦各户由官酌量地势远近，分设村屯聚处，以资守望，不准随意散居。

一、或在关内直隶、河南、山东等处招有大帮垦户至百人以上，须取道本国轮船者，须先派代表人来本处呈明情形，即派员前往照料，并咨请省署知照该管轮船局只给半价，并只会各关道暨沿途地方官一律妥为保护，以利遄行。[1]

正是由于采取了一些办法，开禁放垦大见成效。1904—1911 年，黑龙江区域共放出荒地 5657083 垧，实际垦荒面积也达到了 300 余万垧。1907 年，全区域人口共有 366679 户，2557390 人（其中西部地区是 201586 户，1386845 人，东部地区是 165093 户，1190545 人）。仅数年后的 1911 年，西部地区人口增至 269443 户，1858792 人，即增加了 47 万余人。此间东部地区人口亦有很大增长，黑龙江区域的人口总数已达到三百数十万人。[2]

第三节　开禁放垦之争与"五短十利说"

清初鼓励向东北移民的政策仅仅实行了 24 年（1644—1667 年），康熙七年上谕"辽东招民授官永著停止"，由此开始了对黑龙江区域近 200 年的封禁。

一　朝廷对黑龙江区域的严厉封禁

清统治者对黑龙江区域的封禁不可谓不严厉，清中期以后奉天、吉林南

---

① 何煜编《黑龙江省垦务要览》，1909。
② 孙占文：《黑龙江省史探索》，黑龙江人民出版社，1983，第 274 页。

部已经部分地开禁放垦，而对黑龙江区域依然是禁令屡颁，没有丝毫的放松。此时的封禁，不仅针对汉族人口，而且对"京旗移垦"可能招致前往民人，朝廷亦做了"细加防范"。如道光二年（1822），吉林将军富俊在伯都讷屯田，准备安置京旗闲散，结果上谕说："吉林乃我朝发祥根本之地，一旦召集无数民人，不知其意何居？且聚之易而散之难，其理易见。即如所言，随时移驻京旗闲散，此项民人，日久安居，又将何以措置？可再明白回奏。"①又如，道光六年（1826），吉林将军富俊为流民"吁恳免其驱逐"，上谕军机大臣等："吉林为我朝根本重地，该将军等既听流民潜住，漫无觉察，迨积渐增多，辄以穷民无籍可归，难令驱逐失所，妄思乞恩……迨佃种既多，旗人咸图安逸，不知力作，必致生计日蹙，且耳濡目染，习成汉俗，不复知有骑射本艺，积重难返，其害岂可胜言？"②再如，道光二十一年（1841），双城堡京旗移垦地有流民潜入，上谕军机大臣等："该处移驻京旗，断不容有眷流民潜入居住，致碍旗人生计。该将军等每届年终具奏一次，倘竟视为年例，虚应故事，恐将来流民携眷潜入，日渐加多，迨至生齿日繁，又称碍难驱逐，从此因循迁就，必致别酿事端，不可不防其渐。"③道光年间，实际上东北的奉天和吉林南部的部分地方已经开禁放垦多年，但对黑龙江区域仍然是禁令屡颁，处于高度的警戒防范之中。然问题总有两个方面，这也恰恰表明封禁效果不好或围绕这一问题存有较大争议。

清廷对黑龙江区域这一"养兵之区"的严加封禁自不必说，但更为主要的是黑龙江籍的一些权重人士，以其一己私利对开禁放垦一事横加阻挠，唯恐社会变迁使旗人特权丧失殆尽。针对于此，徐宗亮在《黑龙江述略》中写道：

> 而黑龙江籍在位者，出入内廷，声气联络，辄举国制法禁，以根本重地旗丁生计为词，力阻开屯，势若拒敌，虽历年内外臣工恺切上陈，不能稍事展拓。推其原故，则以即广民屯，必增民官。久而改建行省，将旗营等，诸内省驻防，举数百年权利，拱手而去，非仅区区一城之得失也。私虑既深，公患有所不惜，古今同之，识者所为抚时而兴概已。

---

① 《清宣宗实录》，道光二年三月。
② 《清宣宗实录》，道光六年八月。
③ 《清宣宗实录》，道光二十一年十二月。

如此看来，黑龙江区域迟迟不能开禁放垦，朝廷的谕令是一个原因，而黑龙江地方吏员害怕变革使之既得利益丧失，亦是其中的重要原因。所以他们一遇有人与之谈及放垦之利，必以各种堂皇理由拒之，表现出对昔日的无比眷恋与对未来的深度恐惧。亦因如此，他们可以置旗人生计的恶化、旗人的群体挣扎，甚至国土的丢失于不顾，去高谈开禁放垦的弊端种种。在他们眼里，黑龙江区域的参山珠河、皇家猎场、国家养兵之区、屯务边务之地，历在封禁之例。但道光年后，战争赔款压得清政府喘不过气来，黑龙江八旗兵丁的俸银拖欠与不足额发放有年，于是以借地利、招民试垦、充裕度支的说法应时而生。然其并非一帆风顺，整个过程恰说明开禁放垦所遇到的阻力重重。

二 黑龙江吏员对廷议的呼应

咸丰初年，直隶、山东游民出关谋生者日益增多。而在奉天、吉林南部放垦的影响下，呼兰地方各屯垦官庄"利其工勤值贱，收为赁佣"，遂有呼兰开荒之请。"始从事于巴彦苏苏，北团林子继之，通肯河又继之。租赋至薄，视内地不及十一。而呼兰一府，岁赋已逾六万金，他税不与焉。"① 另有记载曰："岁收所入，较内省事半功倍。闻风景附，益至蚁聚蜂攒，势难禁遏。"② 咸丰四年（1854），黑龙江将军奕格鉴于试垦的成功，派员查勘，出示招佃，但"由于俄国船只下驶而中辍"。咸丰七年（1857）二月，呼兰放垦之事复起，御史吴焯"以呼兰城迤北蒙古尔山有腴地百余万垧，并非参貂禁地，亦与夷船经由之地无涉。奏请弛禁开荒，所得钱粮以充俸饷"。很快就得到了皇上的批示，"上谕：御史吴焯奏，黑龙江呼兰城迤北蒙古尔山地方，有荒原百余万垧，平坦肥腴，毗连吉林境界，并非参貂禁地……开垦之初，山林木石，听民伐用，樵采渔猎，一概不禁，以广招徕，所得钱粮，可充俸饷等语。呼兰城地方僻远，开垦事宜，是否可行？如果有利可兴，原应预为筹画，以抵俸饷之需。惟事实创始，有无窒碍？著该将军检查从前原案，察看情形，据实具奏"。③ 在时隔不久的六月，咸丰帝又谕："前因御史吴焯奏，黑龙江呼兰城迤北蒙古尔山地方，有荒原百余万垧，可以开垦。当

---

① 黄维翰：《呼兰府志·财赋略》卷三。
② 徐宗亮：《黑龙江述略·贡赋》卷四。
③ 《清文宗实录》咸丰七年二月。

降旨，交奕山将有无窒碍情形，检查从前原案，据实具奏。兹据该将军派员前往踏勘明确，绘图贴说，奏称自绰罗河起，至通肯河止，核计卡伦内外，共有可垦地亩一百二十万三千余垧等语。蒙古尔山等处，向系吉林采参捕珠之地，现据查明可开地亩，既有一百二十万余垧之多，何以历年经久，并未查办？从前或另有深意。该将军请将吉林采参捕珠之地，一并开垦，毋庸封禁，有无窒碍之处……下户部议。寻奏：该处既有荒地一百二十万余垧之多，自于度支有裨，但弛禁开垦，必期有利无弊。应请饬下该将军等，详细妥筹，若于参务、珠务、屯务、边务，一有妨碍，仍请严行封禁。"① 事后，正是这个屡见的"据实具奏"，黑龙江将军奕山会同吉林将军景淳联合上折，将过去的"参貂禁地"借口改为"恐夷人慕膻潜越，不能予操把握"的托词，事复中止。但此时，呼兰地方的屯垦官庄已查出历年旗招民垦地 8000 余垧，民户 2500 余名，大荒沟等处查出私垦地 15000 余垧，民户 4100 余名，"名为封禁而实早经开放矣"。②

咸丰十年（1860），盛京镶白旗特普钦署黑龙江将军，当其走马上任后面对官兵俸饷不足、地方百姓困苦，"奏请招民试垦，借裕度支，兼杜窥伺，奉旨允准在案"，由此掀起了呼兰地方土地开发高潮，几年间便放出毛荒 20 余万垧。但黑龙江地方的开禁放垦并非一蹴而就，同治八年（1869）吉林镶黄旗蒙古德英出任黑龙江将军，"以新荒续领，未甚踊跃，拟请暂行停放，自后屡放屡停"。其间，经历了御史英俊光熙、内阁学士尚贤等人的力主开垦条，也有黑龙江将军定安、文绪等人的陈词封禁说。争论是热热闹闹，没有间断过，而封禁却再也无法像从前那样着力执行了。

三　开禁放垦"五短十利说"

在封禁东北的问题上，由于时代的变迁，最初那些理由即便是荒唐也已不复存在，但一些守旧人士仍是上蹿下跳地鼓噪，并总结出开禁放垦的弊端种种，可将其归纳如下：（1）论地脉则恐碍参山珠河；（2）论牧场则恐妨旗丁生计；（3）垦户杂则盗贼入；（4）揽头出则贩卖架空；（5）奸民易滋勾结勘虞。这即是开禁放垦的"五短说"，无论是在朝廷还是在民间每每言及放垦，这些人总是摇头晃脑条条理由交相为用，说得是想强国人无言，欲富

---

① 《清文宗实录》咸丰七年六月。
② 黄维翰：《呼兰府志·财赋略》卷三。

民者无语。虽然说开禁放垦在私下里没有停止，但朝廷上只是默许而不是首肯，地方上是不能大张旗鼓进行的，所以说该阶段也只是部分地方的开禁放垦阶段。

光绪十二年（1886），恭镗署黑龙江将军，此人虽然只在黑龙江任职三年，但其政绩值得一书。博尔济吉特·恭镗（1837—1889年），字振魁，博尔济吉特氏，满洲正黄旗人，大学士博尔济吉特·琦善之子。因其父而授吏部主事。累迁郎中、内务府银库员外郎、总理各国事务衙门章京等职。同治十年（1871）擢奉天府府尹。光绪三年（1877）赏二等侍卫，充乌鲁木齐领队大臣。光绪五年（1879）迁乌鲁木齐都统。光绪九年（1883）任西安将军，后因病免职。光绪十二年（1886）署黑龙江将军。可能是其在奉天府府尹职上亲眼所见开禁放垦的实际效果，也可能是其在乌鲁木齐的经历使之有丰富的治边经验，恭镗疏请举办漠河金矿，杜绝俄国觊觎，锐意筹边，精心研究黑龙江历史特点后，在奏折中恳切上陈：

> 臣尝反复推求，知其中情事万无一足虑者。卷查呼兰参山，自乾隆五十四年试采一次，稍见参苗，旋即停采。布雅淖罗等珠河，自嘉庆二十二年试采一次亦未得珠，具见将军奕山前奏。况稼穑之与珠宝，孰轻孰重，圣明自有权衡，不待豫计。今通肯地段，界居莽鼐、布特哈、墨尔根、呼兰、北团林子之间，纵横核计，约在百万垧外。较之吉林省所开伊通，地面广狭，大有不同。计将应开地亩之内，酌留围场牧地，宽然有余。就使生齿日繁，亦不至有窒碍。若虑民揽转售，应仿照吉林省章，减去揽头名目，每民只准放五垧至十垧为止，不患不均。至于盗贼有无，则视乎牧令勤惰，将士勇怯，不在荒地垦与不垦，此又理势自然，毋待详审者也。且吉林兴凯湖等处，号称沃区，徒以土旷人稀，竟为他人所有。若使早自经营，屯堡相望，在彼纵欲妄求，在我亦断不轻弃。历代备边，以屯田为上策者，职此之由。即如双城堡、伯都讷等处，经将军松筠富俊条奏开垦，当时或议其难，至今悉蒙大利。奉天东边，试办开垦，将军崇实，亦力排众论而定。不二十年，鸭绿江、凤凰城之间，遂成沃壤，此又近今之明效大验也。臣前在京都，考寻东三省根本大计，无过兴屯。莅任之始，于沥陈本省积困情形折内，声明地旷而利不能兴，微见其端。续准部咨，亦有开放荒地，听察时势兴办等语。兹更博访周咨，并参考乾隆以来大臣梁诗正、舒赫德、福明等条

奏，开垦之举，实为黑龙江省第一美利，敢敬为我圣主备细陈之。[①]

其后，将军恭镗又针对黑龙江区域开禁放垦的"五短说"归纳总结出"十利说"，如下：

黑龙江省旧饷三十七万，呼兰地赋所入，已抵至十有余万，加以扩充，部拨可节，此利国帑者一也；

齐齐哈尔、墨尔根、黑龙江等城，皆恃呼兰粮运接济，收获愈众，积蓄愈多，此利民食者二也；

盗贼之炽，皆由守望之稀，若于放荒时酌定村户，修筑堡寨，严订保甲之法，藏奸无所，此利保卫者三也；

关内外失业游民，所在麇集，或之他邦，一定土著，富者安业，贫者佣工，各治其生，庶免流徙，此利辑绥者四也；

押租缴价，或依旧章，或仿吉林新例，参酌而取，以资办公，此利经费者五也；

开垦既熟，以次升科，查照奉天章程，酌定亩银额数，足济俸饷，此利征收者六也；

呼兰粮产，除接济本省，尚行东南各境，加以地辟年丰，转输益众，此利商贾者，七也；

斗秤、烧锅税捐，诸资补益，积谷日盈，税捐自有起色，此利厘税者八也；

通肯四境，与齐齐哈尔、布特哈、墨尔根诸城相联，户口渐增，人烟日盛，贫瘠荒区，可成殷富大镇，此利生聚者九也；

人有恒业，地无旷土，内守足固，外患不生，此利边备者十也。

如是"十利说"，将非议者的"五短说"评其为，"辄举祖宗法禁，旗丁生计为词，以相煽惑，致使朝廷耳目，几为之淆"。尽管恭镗在奏折中言之凿凿，情之切切，也尽管恭镗在上折时"奉天、吉林两省挟资者而来者麇集，齐齐哈尔、呼兰两城，百万之垧，殆可立放。其时漠河金厂，方议开办，苦无筹资。私计放垧，押荒五十万金，可以立致"。[②]

---

① 徐宗亮：《黑龙江述略·贡赋》卷四。
② 徐宗亮：《黑龙江述略·贡赋》卷四。

黑龙江将军恭镗的"五短十利说",动摇了清廷封禁东北北部的根基。其实这也仅是表象,真正原因就是长期的积贫积弱、内忧外患,已使大清王朝无力回天,所谓的开禁放垦也就成为一种无奈之举。

第四节 "闯关东"移民的数量推算

安土重迁是"乡土中国"最典型的特征。但是,在特定情况下,黎民百姓也不得不背井离乡——费孝通先生说,这是"乡土中国"社会的一种"变态"。[①] 清后期,关内北方数省的穷苦百姓,在自然灾害、兵燹匪患、土地兼并、人口压力等多重打击下,纷纷逃离故土移徙他方。而黑龙江地方经过部分开禁放垦和全面放垦,区域人口有了较大增长,有数千万移民进入东北,特别是近代社会移民浪潮一浪高过一浪,由此构成了"闯关东"移民潮。那么,有多少移民进入黑龙江区域?他们将会展示出一幅什么样的流民移徙的社会画卷?

一 统计数据反映出的问题

历史上的黑龙江地方,最为缺乏的可能就是人口统计数字。原因是"边塞苦寒"的黑龙江地方,传统文化不如关外省份丰厚,没有也不可能有全面系统的人口统计数字。故而,能够看到的史料即便是散乱零星,但亦珍贵异常,当然对其也要谨慎认真处理,加以小心使用。

清中、后期宁古塔、呼兰两地人口状况统计,分别出自《吉林通志·户口》《呼兰府志·人物略》。我们可将其作为个案,从中窥见整个黑龙江区域人口增长趋势。

清代宁古塔城部分年份的人口状况

乾隆二十九年(1764),新收入人丁六百六十一,至三十六年原额新增实在行差人丁七百二十二,征银一百零九两二钱。

乾隆四十六年(1781),原额新增实在行差人丁七百九十四,增银一百一十九两一钱。

道光四年(1824),编定行差人丁一千三百五十,征银一百五十七

两五钱。官庄十三处，壮丁一百三十名。

光绪十七年（1891），编审八旗行差人丁户六千七百七十二，丁口三万二千八百八十三。编定官庄壮丁户八百九十五，丁口二千八百二十四。

另，乾隆三十六年（1771），新编民户六百四十五，丁口一千五百七十一。

乾隆四十五年（1780），编审民户七百九十四，丁口一千九百四十三。

光绪十七年（1891），编定民户一千七百五十三，丁口九千五百二十三。

<h3 style="text-align:center">清代呼兰城部分年份的人口状况</h3>

乾隆元年（1736），由齐齐哈尔移驻满洲、汉军、索伦达呼尔兵三百二十人，水师四十四人。额鲁特二户，他贲二十一户。由伯都纳移驻瓜尔察兵一百八十人。

乾隆二年（1737），由奉天开户旗人移屯垦丁四百人。

乾隆六年（1741），由奉天开户旗人增拨屯丁一百三十八人。

乾隆七年（1742），由奉天开户旗人增拨屯丁五十人，移屯温德亨山并都尔图地。

乾隆三十年（1765），呼兰城八旗、水师营、官屯共户一千零九十一，共男女口五千九百三十一，内八旗男口一千零四十八，水师营四十，官屯三千五百二十一。妇女口共二千八百三十四。

乾隆四十五年（1780），八旗、水师营共户六百七十八，共男女口四千四百三十二，内满洲男口七百零八，女六百五十。达呼尔男口二百七十，女二百六十三。汉军男口六百五十一，女六百二十四。蒙古男口一十六，女一十二。索伦男口六，女十二。瓜尔察男口三百一十二，女三百一十七。巴尔虎男口二十二，女一十八。

他贲男口五十，女四十五。另开户旗丁男口九十六，女七十八。水师营男口一百五十四，女一百零八。

乾隆六十年（1795），呼兰城官屯户六百五十七，男女口五千七百七十五。

嘉庆十三年（1808），呼兰城八旗水师营官屯共户一千六百五十九，男女口计一万一千九百一十四。

道光二十七年（1847），呼兰城官屯户一千三百五十四，男女口一万一千四百五十三。是年，省营拨归呼兰左右翼、苏拉西丹二千九百四十三人。

咸丰十年（1860），官屯附近农民，男二千五百余口。

同治元年（1862），大荒沟等处农民四千二百余口。

同治三年（1864），呼兰城屯二百七十三户，三千六百二十六口。

同治七年（1868），呼兰城民户二百三十二，男女口九百五十四。

同治十年（1871），呼兰城八旗、水师营共户一千九百八十一，男女口共一万四千三百九十一。

光绪二年（1876），呼兰城八旗、水师营、官屯共户三千七百三十一，男女口共二万八千二百五十七。内八旗户一千九百九十一，口一万四千四百八十。水师营户一百二十，口四百二十七。官屯户一千六百二十，口一万三千三百五十。

光绪七年（1881），呼兰城稻、梁两界民户一千零七十二，菽、麦、稷等界未详。

光绪十三年（1887），呼兰城旗户四千零一十五，男女口二万八千二百五十。民户一万零五百零九。呼兰厅旗户九百七十二，口六千四百二十五。民户一万零五百五十。

光绪三十二年（1906），呼兰府旗、汉男女口共一十七万一千二百五十一。

光绪三十三年（1907），巴彦州旗、汉民户一万七千三百九十八，男女口一十七万一千二百五十六。兰西县，屯七百七十三，户一万六千九十六，男女口一十一万一千二百一十七。木兰县，户一万零五百四十四，男女口六万五千五百五十五。

光绪三十四年（1908），呼兰府，屯七百二十九，户三万一千三百四十三，男女口二十万八千九百三十八。巴彦州，户二万八千四百五十九，男女口一十九万六千三百七十四。兰西县，户一万七千四百七十一，口一十二万五千六百八十二。木兰县，户一万零一百七十五，男女口六万六千七百六十四。

宣统元年（1909），呼兰，户三万三千零九，男女口二十二万八千四百零四。巴彦，户三万二千六百一十，男女口二十三万六千一百四十一。兰西，户一万九千九百五十二，男女口一十三万二千七百零三。木兰，户一万四千二百二十，男女口七万六千一百二十二。

全府共户九万九千七百九十一，共男女口六十七万三千三百七十。

从宁古塔、呼兰两地人口增长状况统计中，可以明显地感觉到修于光绪十七年（1891）的《吉林通志》在人口统计上的偏差，设治较早、开发较早、放垦较早的宁古塔地方人口数量是偏低的。其中的偏差，很有可能是由于没有把宁古塔所辖的村屯人口计算在内。为了得到清后期宁古塔地方的人口概数，参阅成书于光绪十二至二十二年（1886—1896 年）的《宁古塔村屯里数》[1]，据此对宁古塔地方的人口数做出修正。依其所载，宁古塔四至计有村屯 102 个，2791 户，若取呼兰府"户九万九千七百九十一，共男女口六十七万三千三百七十"的户人口平均数 6.74 人，那么宁古塔四至村屯的人口概数是 18811 人。如此算来，应该把光绪十七年（1891）前后宁古塔地方的人口数字推定如下：

编定八旗行差人丁户 6772，丁口 32883。

编定官庄壮丁户 895，丁口 2824。

编定民户 1753，丁口 9523。

宁古塔四至村屯 102 个，户 2791 户，户均人口 6.74，计 18811。

合计，宁古塔地方人口 64041 人，接近宣统元年（1909）宁古塔地方 10.6 万人的统计数字。[2]

再者，称谓"东荒"的呼兰地方，开禁放垦后人口增长的势头是迅猛的。其由最初的行差人丁不足千人，历数十年发展到乾隆四十五年（1780）的 4400 余人。而自 1861 年开禁放垦后，同样历数十年至 1909 年时人口则激增至 67.3 万余人，其是由部分开禁放垦到全面开禁放垦所致。

二　清中、后期黑龙江区域人口状况统计

清中、后期黑龙江区域人口统计数字出自《盛京通志·户口》、《大清会

① 李兴盛等编《陈浏集（外十六种）》，黑龙江人民出版社，2001，第 1209—1213 页。
② 《黑龙江省志·人口志》第 57 卷，黑龙江人民出版社，1996，第 105 页。

典·户部》（嘉庆朝）、《黑龙江志稿·经政志·户籍》和《黑龙江省志·人口志》。通过它们的连接比较，黑龙江区域人口的陡然增长一目了然（见表6－1、表6－2）。

表6－2　1909年黑龙江区域人口统计

单位：万人

辖区	府县名称	人口数
原吉林省内		141.8
	双城府	47.1
	五常府	20.9
	宾州府	40.6
	绥芬府（宁古塔）	10.6
	东宁县（三岔口）	4.4
	依兰县（三姓）	18.2
原黑龙江省内		174.9
	呼兰府	38.5
	兰西县（双庙子）	19.3
	巴彦州	30.1
	木兰县	4.4
	绥化府（北团林子）	19.3
	余庆县	19.3
	海伦县（通肯）	44.0
合计		316.7

资料来源：孙占文《黑龙江省史探索》，黑龙江人民出版社，1983，第242页；《黑龙江省志·人口志》第57卷，黑龙江人民出版社，1996，第105页。

表6－1、表6－2充分反映了清中、后期黑龙江区域人口增长趋势，从中可看出开禁放垦的实际效果与移民对垦殖土地的渴望。众所周知，黑龙江区域是清代皇家的封禁地，能够在这里驻足的只有世居民众、八旗驻防兵、给披甲人为奴的流人等，关内北方诸省的贫苦农民虽然处在土地兼并、人口压力、自然灾害的交相侵逼下，但因恐惧清廷的封禁政策而于故里挣扎，这也是清初、中期黑龙江人口增长缓慢的根本所在。清后期的开禁放垦使整个环境为之一变，"燕鲁穷氓闻风踵至"。不足百年，人口由嘉庆十七年（1812）的44万人陡然增加至宣统元年（1909）的316万人，人口增长6.1倍。

三　清后期黑龙江区域的激增人口

这里的人口增长主要指汉族移民。朝廷对世居民众及满洲八旗的频繁征调造成人口伤害，使人口增长缓慢，个别世居人口出现负增长。因而，清后期黑龙江区域的人口增长主要是人口的机械增长，也就是人口增长是大批的汉族移民所致。呼兰地方的民族成分（见表6-3）似乎可以说明这一问题。

表6-3　呼兰地方的民族成分

单位：人，%

民族	乾隆四十五年（1780）		宣统元年（1909）	
	人口	百分比	人口	百分比
汉族	1711	38.7	665336	98.8
满族	1358	30.7	5287	0.8
达斡尔	533	12.1	1261	0.2
索伦	18	0.4	17	
瓜尔察	629	14.2	1211	0.2
巴尔虎	40	0.9	56	
蒙古	28	0.6	126	
他贡	103	2.3	75	
回族			60余户	
合计	4420		约673369	

资料来源：黄维翰：《呼兰府志·人物略》卷九，民国4年（铅印本）。

由表可见，乾隆四十五年（1780）时呼兰地方人口是4400余人，其中汉族人口是1711人，占总人口数的38.7%。而到了宣统元年（1909），呼兰地方人口激增至673369人，而汉族人口数是665336人，占人口总数的98.8%，即呼兰地方百余年间汉族人口增长近400倍。而这增长人口中的绝大多数，应是部分开禁放垦和全面开禁放垦时期迁入的移民。人口相对稠密的呼兰地方如此，为寻求生荒地的移民奔往人口稀疏的边荒地方的情况应该亦然。据统计资料记载，1911年黑龙江区域的人口状况是：总户数为483533户，总人数为3243666人，其中男1800369人，女1443297人，户均人口6.71人。[1]如此，我们的结论是清后期黑龙江区域的移民数量应在250万人以

---

[1]　《黑龙江省志·人口志》第57卷，黑龙江人民出版社，1996。

上，这应该不是一个夸大的人口数量。

第五节 "闯关东"移民的迁徙原因及路线

移民来自何方，历来为研究者所关注。清后期的黑龙江移民多来自河北、河南、山东、山西等关内北方省份，即旧志中常提到的"燕鲁穷氓"。此说是有根据的，在不同时期的历史档案与资料中多有记载。

一 "闯关东"移民迁出地

嘉庆八年（1803）初，大臣巴宁阿从奉天返京，一路上不时遇到北上的移民，或只身前往，或携家带口。从口音上看，基本上是山东人和直隶人。回京后，巴宁阿将此见闻上奏嘉庆帝。三月十四日，嘉庆帝谕令山海关副都统来仪奏报他上任以来的人口出关情况。三月十七日，来仪接到军机处的廷寄。三月十九日，来仪上奏称：他自三月五日接任到本月十七日，登记出关的百姓计 14 户 52 人。四月初一，来仪再次上奏：从三月十八日到二十九日，从山海关放出 70 户 296 人，皆系山东、直隶贫民。同时奏报，前任山海关副都统韦陀保任内，自嘉庆八年二月初一至三月初四，山海关放出 116 户 445 人。[1] 五月初二，来仪又上折子说，自四月初一到初十，山海关放出 48 户 193 人。[2] 此后，"闯关东"的人口数量与日俱增。嘉庆八年十一月十一日，山海关副都统来仪又有奏报称：

> 奴才查得，自十月初一日定限起，至十一月初九日止，共计四十日，共收过直隶、山东、山西各州县及司坊并捕厅印照，放出只身佣工贸易民人及商旅载货民人票照七千一百一十九张，共计人数八千二百一十八名。[3]

---

① 《山海关副都统来仪为遵旨查明出关民人给票验放等事奏折》，中国第一历史档案馆编《嘉庆八年管理民人出入山海关史料选》，《历史档案》2001 年第 2 期。
② 《山海关副都统来仪为查明进出关隘民人实在情形事奏折》，中国第一历史档案馆编《嘉庆八年管理民人出入山海关史料选》，《历史档案》2001 年第 2 期。
③ 《山海关副都统来仪为报山海关并无聚集民人并详查放票情形事奏折》，中国第一历史档案馆编《嘉庆八年管理民人出入山海关史料选》，《历史档案》2001 年第 2 期。

据此，40 天内出关的山东人、直隶人、山西人多达 8218 人，且都是持有票照的合法移民。结合史实，他们应该是奉天放垦时期的出关者。1840 年的鸦片战争，使原本就漏卮般的清廷经济社会更为颓败，内忧外患下的黑龙江区域先部分后全部的开禁放垦。光绪十三年（1887），徐宗亮出任黑龙江将军恭镗幕府，居江三年写就了《黑龙江述略》一书，其记载呼兰地方部分开禁放垦时写道："咸丰同治之间，民屯大起，直隶、山东游民流徙关外者，趋之若鹜。"光绪二十四年（1898）日本人小越平隆"游历满洲"，事后写就《白山黑水录》（又名《满洲旅行记》）一书，他在谈到移民状况时说：

> 而其土不足以养其民，不得不谋移徙者，则山东全部及河南直隶之一部是也。此移徙者，令不能禁，法不能止，冒刑触罪，相迹而来满洲者，络绎不绝。彼此不爱其故土哉，不得已也；满洲旅行，所至辄见山东店。山东店者，为山东移民之所设者……其来也，于道路间，有附汽船者，有由橇克者，有由陆路者，曾无定例。虽不知其详，约岁不下七八万，至十万以上。

光绪三十年（1904），《北华捷报》的记者在直隶永平府的一条大道上，两天里耐心地对移民东北的人群做计数统计，留下了下面精彩文字：

> 旅行中最令人注意的事，为步行到北方去寻找工作的大批苦力。其中很多是往满洲去的……我们当中最老的一位旅行家，在这条大路上来往已有二十五年之久，在他的记忆中从来未见过这样多的人步行流徙。本报记者曾耐心地数过两次，其结果如下：三十五分钟之内走过了二百七十人，又二十分钟内走过了二百一十人。这两个数目是在不同的两天分别数的，可以作为每天旅行人数的一个合理的平均数。①

光绪三十三年（1907）东北改行省，出任东三省总督的徐世昌开商埠、借国债、修铁路，多有举措，另著有《东三省政略》《退耕堂政书》等颇多著述。其在《密陈考查东三省情形折》中，针对黑龙江的民情写道：

---

① 《北华捷报》1904 年 4 月 8 日。

而游惰之习，犹牢不可破。凡劳力事业均不肯为，间有从事牧猎、耕作、刈草、熬碱等事者，为数亦甚寥寥。至由内地移来之民人，则以直隶、山东人为多，皆习苦耐劳，从事耕种，而放荒之地又复土厚脉腴，终岁所得，比诸内地往往事半功倍，间有勤力耕作而致富者。①

宣统二年（1910）出任兰西县知县的阎毓善在《呈报巴彦地方情形折》中写道："境内户口二十四万有奇。旗籍甚少，多山东原籍，次者奉天、直隶，皆咸同年间领荒报垦而来，有资本较厚领荒至一、二千垧者。"② 曾在黑龙江将军衙门任幕府的何煜，于其《黑龙江省垦殖说略》中写道：

日俄之役，奉吉居民由南北徙，松花江流域顿臻繁庶。今则东荒一带（向指兰、苏、林、庆一带为东荒。乾、嘉、道、咸间，京旗徙置及鲁民占垦为多），村屯林立，庐舍栉比，农产物之输出，占满洲重要之位置……自放荒招垦以来，奉吉之民至者渐众。近则每年移入之民不下十余万，具有资者以奉吉直鲁占多数，其无资产以劳力为主者，率皆散布于各金厂及佣工于各地农家，此项以鲁人为最多，吉林次之，奉天又次之，直隶等处之移居者，亦所在多有。③

民国 2 年（1913），魏声和辑注了《鸡林旧闻录》一书，他在谈到吉林人口时阐述如下：

吉林省之土著，除八旗外，大抵山东人居多。百年以来，清廷政令解弛，佣工与挖参者先后纷集，日增月盛。凡劳力之人，几与无地非山东人也。其来时，肩负行囊，手持一棒，用以过岭作杖，且资捍卫，故称之为"山东棒子"。

另《黑龙江省垦殖说略》《黑龙江省清丈兼招垦计划书》《黑龙江省垦务要览》《黑龙江省招垦规则》《黑龙江省放荒规则》《东三省移民开垦意见

---

① 李兴盛等：《退耕堂政书选编》，黑龙江人民出版社，2011，第 58 页。
② 黄维翰：《呼兰府志·艺文略》卷十二。
③ 李兴盛等：《程德全守江奏稿》，黑龙江人民出版社，1999，第 2071 页。

书》等诸多著述均载明，黑龙江"本省沿边兴垦情形，恐内地农民未及周知，拟俟此次章程奏奉允准之日，由本省刊印成册，并绘具荒段图说，咨行奉天、吉林、直隶、山东、山西、河南、江苏、安徽、江西、湖北各省督抚，转饬各属，出示晓谕，并责成劝业员将章程图说广为指导。其有愿赴江省垦荒者，由各属就近指令赴边垦招待处，以期接洽而免观望"。

如此看来，清后期的黑龙江移民主要是来自关内北方诸省的穷苦百姓，应以山东、河北、山西等省份为移民的主要迁出地。虽然我们没有更多的口述史、家族史、社会史方面的田野调查加以实证支撑，但上述史料的引用应该是可信的，足以说明清后期的黑龙江移民部分是由关内北方诸省直接移来，部分是先移居奉天、吉林等省，待略有积蓄后，为寻求生荒地或谋取更大的发展，二次迁移进入黑龙江区域的。这也与奉天、吉林、黑龙江循序开放，关内北方诸省移民相继进入的史实相吻合。

二　移民的迁徙路线

数以千万计的"闯关东"流民，他们的迁徙路线在不同的历史时期有所不同，基本上可概括为"闯关"和"泛海"两条线，也可以说直隶人多走陆路，山东人多走水路，披荆斩棘、劈波斩浪地移民东北。在封禁东北时期，清廷在山海关、古北口、喜峰口等地设有关卡，严查汉人出关事宜，并辅之以新、老"柳条边墙"稽查驱逐，杜绝流民偷渡出关。尽管如此，但仍然无法阻止汉族流民的"闯关"步伐。

山东流传的民间谣谚是"死逼梁山下关东"，二者的等同，意指除了扯旗造反，只有"闯关东"一条活路。其原因何在？传统的说法是，康雍乾三朝盛世后大清国势日衰，在鸦片战争后到辛亥革命的70余年里，关内北方诸省的贫苦百姓在外国商品倾销、自然灾害以及兵燹、苛赋、徭役的交相打击下，不得生息，生活极为凄惨。经济的残破，人民无以为生；连绵的战争，人民无处为生；频繁的灾害，人民无法为生。经济、社会及自然环境的相互作用，把关内北方诸省的贫苦农民一批批地逼迫出来，踏上了颇为艰辛的迁徙之路。浩浩荡荡的移民潮涌向东北，通常被称为"陆路闯关""水路泛海"。有些称呼主要是因为东北与河北、山东相毗邻，有地理交通上的便利条件，从河北的东部到东北的南部只有一关之隔，而烟台与大连又隔海相望、一衣带水。

然随着中国近代社会的发展变迁，同样的"闯关"和"泛海"还是有很大的区别。如 1880 年至 1911 年逐段建成的京奉铁路及 1903 年的中东铁路与1904 年的胶济铁路相继开通，使移民的迁徙之路要比过去容易了许多。

具体地说，冀鲁豫交会处的鲁西是移民聚集地，移民多在此聚集后从陆路移民东北。东西走向的燕山山脉，宛如一道屏障横插在东北与中原之间。"出入南北，唯赖山、海之间狭长的滨海平原，或大凌河、滦河河谷，统称'辽西走廊'。在这条走廊中，有著名的'傍海道'，因途中有临榆关，又被称作'榆关道'。"① 应该说，关内北方诸省的"闯关东"移民多走此道。由此出山海关后，沿着前卫、绥中、兴城、锦州、北宁一线进入东北腹地。在各线铁路没有通车之前，从"陆路闯关"的关内北方诸省的移民多由此出关进入东北。当时的山东、河北、河南移民只能靠两腿跋涉于迁徙之路上，沿途乞讨、卖唱、打短工，所有能够填饱肚子的办法都用上，以支撑那僵硬的双腿机械地向北迈动，奔向那未知的、理想中的"天堂"。

从胶东到辽东的海上通道古来有之，且被视为"捷径"。远的不说，清代的地理名著《读史方舆纪要》对之有详细的记载。从胶东半岛最北端的蓬莱到辽东半岛最南端的铁山岛，直线距离约 100 公里，还有庙岛群岛等点缀其间；从胶东半岛的烟台到辽东半岛的旅顺口，直线距离约 140 公里；从胶东半岛的威海到辽东半岛的旅顺口，直线距离约 160 公里。且在山东境内黄河、运河、小清等内河与各出海口相连，构成了颇为便利的水路交通。相比较，在铁路没有开通以前，关内北方诸省移民东北是愿意走水路的，原因是水路时间短、费用低、路途近、少跋涉艰辛、免风餐露宿之苦等。当年的新闻记者对"乘船而北"的山东移民有如下记载：

> 山东避荒之人，纷至沓来，日难数计。前有一日，山东海船进辽河者竟有 37 号之多，每船皆有难民 200 余人，是一日之至牛庄者已有8000 余名，其余之至他处码头者尚属日日源源不绝。②

而今日学者对山东济南、德州、惠民、潍坊、烟台 5 地市的 9 县 22 个乡33 个村"闯关东"移民做了关于移民路线的访谈，其结论是：

---

① 刘德增：《闯关东——2500 万山东移民的历史与传说》，山东人民出版社，2008，第 182 页。
② 《论山东难民多往奉锦二府事》，《申报》光绪二年八月二十四日。

山东与东三省毗邻，地理条件优越，交通便利。山东在地理位置上靠近东三省，西有陆路，东有海路，两相交往，十分便利。山东移民东三省，有两条路线：一是西路，这是一条陆路，由京奉铁路入关，然后沿京奉、南满、打通、四洮等路分散。此外，还有许多贫苦农民拖儿带女、肩挑步行，从柳条边威远堡门、法库门、辽东边墙的各边口以及喜峰口、古北口等处进入东三省。鲁西、鲁北以及鲁中、鲁南的一部分移民大都走西路。第二条是东路，这是一条海路。移民大都是坐车或步行到烟台、威海、青岛、石臼港，然后坐火轮船到大连登陆，由南满转赴长春、滨江等各地。有的在沿海的小渡口，如黄县的龙口，蓬莱的兰家口、刘家旺、蓬莱城等渡口，移民坐帆船到对岸的营口、丹东登陆。两岸隔海相望，近处只有九十海里，一夜即可到达对岸。由于路程近，交通便利，路费也较便宜，迁移者只要变卖点家产，或亲朋相助即可解决。[①]

走陆路的山东、河北移民多由胶济、京奉、津浦、北宁等线路出关，时而也有山西人加入循此北上。而河南入东北者，则先要在郑州聚集，然后搭平汉线至丰台，换乘北宁线出关，经打虎山－洮南及洮安－昂昂溪两路，分散各地。[②] 移民进入东北后，专门有招垦机构予以安置，特别是到了清后期的全面放垦阶段，政府因为鼓励"移民实边"，对未垦地及行走路线更是做了极为周详的安排。宣统三年（1911）赵尔巽出任东三省总督后，聘熊希龄为屯垦局总办，其在《东三省移民开垦意见书》中做了如下介绍：

1. 垦地区域：

——由松花江北溯嫩江而上，西岸为郭尔罗斯后旗，东岸为札赉特旗，两岸荒地未垦者约百余万垧。再北则为齐齐哈尔，荒地约居十分之七。由齐齐哈尔而西则为呼伦贝尔，荒地约居十分之八；

——由松花江西溯洮尔河而上，直至洮南府，荒地未垦者约居十分之六；

——由松花江东流而下，北岸为郭尔罗斯后旗，荒地约居十分之四。又东则南岸为依兰（即三姓）、临江、绥远等府州，北岸为汤原、

---

①　路遇：《清代和民国山东移民东北史略》，上海社会科学院出版社，1987，第59—60页。
②　何廉：《东三省之内地移民研究》，《经济统计季刊》第1卷第2期，1932年6月。

鹤立等县，荒地约十分之七八；

——又由依兰沿牡丹江至宁古塔、延吉、珲春等处，荒地约十分之七八；

——又由临江而上，溯黑龙江至兴东、瑷珲两道，荒地约十分之八九；

——又由绥远而上，溯乌苏里江至密山、三岔口等处，荒地约十分之七。

2. 移民路线：

——由营口乘京奉铁路至奉天车站，换坐南满铁路、东清铁道至吉林陶赖昭，上松花江轮船为一路；

——由大连湾南满铁路至长春，换坐东清铁道至吉林陶赖昭上松花江轮船为一路；

——由安东口循鸭绿江而上，至奉省长白府境为一路；

——由图们江口附小火轮至土字界碑，由水路赴珲春、延吉为一路；

——由海参崴口东海滨省铁道，分为三路，一至达玛尔河，可达我之龙庙而至密山府为一路。一至驿马口（又负厄瞒），可达我之挠力沟，由挠力沟而至饶河为一路。一至伯力，循江可达我之绥远，由绥远而溯乌苏里江以至饶河、密山、兴凯湖为一路；

——由海参崴口东清铁道至交界驿，可达我之东宁县三岔口为一路；

——又由交界驿至宁古塔为一路，又由宁古塔至依兰为一路；

——由葫芦岛锦瑷铁路至洮南、齐齐哈尔、瑷珲为一路。

另外，移民要根据各自移入地，来决定具体的下车地点。"如赴东荒一带暨汤原、萝北、通河、木兰以及通肯流域从事垦殖者，可在哈尔滨下车，再雇大小车辆或爬犁（橇）前往，夏季并有火轮方便。赴肇州、肇东、兰西等处开垦者，大抵于对青山或甜草冈下车。青冈、安达、拜泉、杜尔伯特等地垦户，多在安达站及附近小站下车。至赴龙江、讷河、嫩江西布特哈等处，同以昂昂溪车站为枢纽。下车之后，各地皆有大小车辆，雇佣甚便。"[1]

---

① 何煜：《黑龙江省垦殖说略》，民国4年铅印本。

"闯关东"的移民路线，大规模地向北发展，这有深刻的历史原因。清中期以前的"闯关东"移民，多散落在东北南部落脚谋生。随着那里的开发人口趋于饱和及黑龙江区域的开禁放垦，"闯关东"的移民路线发生变化，特别是中东铁路开通所带来的便利条件，使移民在空间上得以更为广泛的分布。

三　"闯关东"移民原因

应该说，人口迁移是一个十分复杂的社会现象，安土重迁又是一个非常传统的文化现象，那么非常传统的关内农民为什么不远千里、背井离乡地"下关东"呢？这是我们必须回答的问题。"闯关东"的原因有很多，有经济的、社会的、自然的种种。

首先，至为重要的应是土地对人口的承载力。我国著名的历史学家梁方仲先生在其《中国历代户口、田地、田赋统计》一书中，对咸丰元年（1851）前后关内北方诸省与东三省的人口密度进行统计，统计情况如表6－4所示。

表6－4　咸丰元年（1851）前后关内北方诸省与东三省人口密度情况

省别	人口数（人）	土地面积（平方公里）	人口密度（人/公里）
山东	33266055	147744	225.16
直隶	23455213	325296	72.10
河南	23927764	159408	150.11
奉天	2581951	125064	20.65
吉林	566574	108600	5.21（1820年数据）
黑龙江	167616	228300	0.73（1820年数据）

经过这样的人口密度比较，我们就不难理解"死逼梁山下关东"谣谚的真谛。在单位面积土地上居住的人口数相差如此之大，这是人口流动的根本原因，"移密就疏"维持生计也是人类本能的选择。

其次，人口对土地的压力过大。关内北方诸省"有田者什一，无田者什九"，土地高度集中加速了自耕农向佃农、雇农的转化。经营地主在山东的普遍出现与佃户们的艰难处境，便是农村经济残破的最好写照。光绪二十六年（1900）山东章丘旧军镇经营地主矜恕堂的个案，似乎在告诉人们，不下关东真的就是死路一条：

在生产方面，按照旧军的情况，一个整劳力连带家庭其他成员的补充劳动，如协助解决做饭、养猪、积肥等问题，则可耕种 15 亩左右的土地，但一般佃户租种的土地，大都不足此数。佃户所租种的土地，由于高额的地租剥削，再加上肥料、畜力不足所导致的低产现象，使佃户的生活水平惊人的低下！据了解，当地佃户租种的旱田产量是：每亩产玉米 110—135 斤，高粱 110—165 斤，谷子 165—230 斤，豆子 110—135 斤，棉花 35—135 斤。如以佃户自有土地 5 亩、租种土地 10 亩计算，每个佃户平均每年可收入粮食 2000—3000 斤。除去租粮 550—850 斤，种子粮 150 斤，农具修理开支 50 斤等必要支出，净收粮食数额为 1250—1950 斤。按 5 口之家每人每月平均食用 30 斤计算，上述收入还不能解决吃的问题，当然更谈不上解决衣服、住房、教育、医疗和婚丧等问题。

如以租地 10 亩，每年收粮 1330 斤，缴租 550 斤，种子用 100 斤，肥料折粮 200 斤，农具修理折粮 35 斤，以及佃户在耕种时所食用的粮食 360 （以每市亩用工 12 个，每工食粮 3 斤折合）计算，可算出地主矜恕堂当时对佃户的剥削率为：

$$\frac{550}{1330-100-200-35-360}=\frac{550}{635}=86.6 [1]$$

最后，自然灾害频仍。清后期是关内北方诸省自然灾害的高发期，冀鲁豫等省份几乎无年不灾，一年数灾，灾害的普遍性和连续性为中国历史上所罕见。据邓云特在《中国救荒史》中的不完全统计，道光三年至宣统三年（1823—1911 年），直鲁豫三省遭受各种自然灾害侵袭有 7400 多县次，波及直、鲁两地 670000 多个村庄。在水、旱、蝗、雹、风、疫、地震、霜、雪等多种自然灾害中，以水患袭扰关内北方诸省的次数最多，为祸最烈。如以"善溢、善决、善徙"而著称的黄河，自有清一代溢 83 次、决 383 次、徙 14 次。[2]频发的水患，使河流两岸动辄一片汪洋，"漂没居民田舍无算""溺人甚多""尽成泽国""官厅、民舍仅存十之一二""田禾尽淹、平地深水丈余"等描述，不绝于官修史书及关内北方诸省的州府县志之中。而紧随其后

---

① 罗仑、景甦：《清代山东经营地主经济研究》，齐鲁书社，1985，第 105—106 页。
② 刘德增：《闯关东——2500 万山东移民的历史与传说》，山东人民出版社，2008，第 122 页。

亦顺理成章的便是"大率一村十家，其经年不见谷石者，十实而五，流亡迁徙者十室而三。逃荒乞丐充塞运河，官道之旁倒毙满路"，"十室九空，少壮皆逃亡"，"扶老携幼，结对成群，相率逃荒于奉锦各属，以觅宗族亲友而就食"的灾民移徙图。

当然，还有其他的一些原因逼迫着人们背井离乡，但这只是人口迁出地的"推力"，另外还应该有人口迁入地的"拉力"因素，即关东地方的地广人稀、地大物博，较易获得生荒地，较易生存度日等背景与环境。正是在这种"推拉理论"的作用下，才有了中国近代社会人口三大流向之一的"闯关东"移民大潮，其"势若河决，滔滔不可复止"。①

四　移民的职业变化

在人们的传统意识中，"闯关东"移民多务农，如果说这是清中期以前的认识，应该没有错。但移民的增多、土地开发程度的提高、农产品商品化过程的加速、城镇化的兴起、社会文明的转型等诸因素的影响，人们的谋生职业亦逐步多样化起来。由宣统三年（1911）"黑龙江通省各城旗人丁数分别各项职业并官兵生计股本营业表"可知，各业男丁计有86071人。其中官员274人，占0.32%；兵2574人，占2.99%；裁缺统计官兵11578人，占13.45%；袭职525人，占0.61%；绅713人，占0.83%；仕405人，占0.47%；从事农业者18404人，占21.38%；从事手工业、工业者10655人，占12.38%；从事商业者739人，占0.86%；队兵1088人，占1.26%；巡警453人，占0.53%；从事渔业者60人，占0.07%；从事狩猎业者1498人，占1.74%；从事牧业者658人，占0.76%；无固定职业者36447人，占42.35%。② 从上述可见，黑龙江城镇已经不再是八旗驻防兵、土著居民、流人流民的聚居地，而是内地传统城镇，其中的生计职业应有尽有，不过是城镇发展得晚些、慢些、规模小些，人口少些罢了。但其前提是城镇人口，然"闯关东"移民所从事的职业，总的来说，是以务农为主，"谓百名难民中，85人志在农业，为工者10%"③。在清后期的"闯关东"移民中，应该是时间越早务农的比例越大，因为以农桑为业，是中国传统社会人们的根本

---

① 刘选民：《清代东三省移民与开垦》，《史学年报》第2卷第5期，1938年。
② 《黑龙江省志·人口志》第57卷，黑龙江人民出版社，1996。
③ 朱偰：《满洲移民的历史与现状》，《东方杂志》第25卷第12号，1928年。

所系。

在黑龙江区域，"各城的商人和手工业者，很少是土著的，大多来自关内山西、山东、直隶、河南与福建、江浙等省，逐渐成为山西帮、山东帮、河北帮、福建帮、江浙帮等行帮势力"①。这在黑龙江地方志书中亦多有记载，如西清的《黑龙江述略》中有"商贩多晋人，铺户多杂货铺，客居应用无不备"，徐宗亮的《黑龙江外纪》中有"汉民至江省贸易，以山西为最早，市肆有逾百年者，本巨而利亦厚"，何煜的《黑龙江省垦殖说略》中亦有"本省商人以直鲁两省为最多，其次则山西，又次则奉吉，至本地商人则次之又次也"。研究者于此也有"康熙二十八年（1689）建卜魁城时，由北京找来几家山西商人在卜魁设商号，如福盛公、裕盛公、金银堂、北恒利、西恒利等，以后这些山西商人又陆续在瑷珲、讷河、海拉尔、布西等屯镇设立分号，影响日益扩大"②"雍正年间，开辟海拉尔市场，招山西行商贸易，其后渐行繁衍"③"光绪初年，山西省移民进入兴安岭、布西经商。在布西地区内山西人奠基者为邢姓，故留有邢家窝棚之名"④等诸多说法。过去我们只知道山西人能经商，善经商，素有"西商""山贾"之称，但怎么也不会想到在清代偏远的黑龙江区域，竟会有如此多的山西移民在商品流通与贸易中起着举足轻重的作用。如此质疑在一条档案信息中得以释然，山西人口在黑龙江移民中占有相当比重。同治十二年（1873）九月十八日的《阿勒楚喀副都统衙门造送喀城店铺及种地伙计雇工花名清册》中记载：

> 阿勒楚喀地方开设当铺生理人阎云玉，系太原府太谷县民。伙计聂秉礼，系太原府交城县民；任得才，系太原府交城县民。雇工姚永顺，系太原府徐沟县民；李永臣，系永吉州民；贾永和，系太原府清泉县民；孙继苹，系太原府文水县民；周永生，系太原府祁县民。共伙计三名，雇工五名。
>
> 开设杂货铺生理人范永彦，系太原府太谷县民。伙计张秀生，系太原府徐沟县民。雇工郭瑞，系伯都讷民；王德，系太原府盂县民；杨文荣，系永平府抚宁县民；郭国恩，系永平府临榆县民；马荣，系太原府

① 杨余练等：《清代东北史》，辽宁教育出版社，1991，第387页。
② 吕光天：《清末鄂温克族的社会结构》，《内蒙古社会科学》1982年第5期。
③ 吴希庸：《近代东北移民史略》，《东北集刊》第2期，1941年。
④ 〔日〕守田利远：《满洲地志》，第503页。

平定州民。共伙计二名，雇工五名。

　　开设烧锅生理人李文璧，系太原府平定州民。伙计武荣，系太原府太谷县民；王金义，系太原府祁县民。雇工张永祥，系太原府盂县民；马重锡，系太原府交城县民；李均一，系太原府平定州民；郑玉纯，系太原府太谷县民。共伙计三名，雇工四名。①

　　…………

　　该档案史料共记载当铺、杂货铺、烧锅、黄酒馆、木匠铺、铁匠炉、发货铺、锡器铺、饭馆、帽铺、皮铺、碾坊、油坊、药铺、染坊、烟铺、毡子房、靴鞋铺、豆腐坊、屠户铺等各类生意店铺94家，伙计185人，雇工239人。这些人员的籍贯状况如下：山西96人，山东38人，直隶114人，吉林171人，奉天5人。但这只是对店铺的伙计、雇工籍贯状况的统计，还有另一组统计数字，统计的是店铺的"生理人"的状况，也就是"何方人士开的店铺"。94家店铺得出的数字是：山西人27家，山东人9家，直隶人45家，吉林人12家，奉天人1家。虽然这一档案史料与地方志书记载有了相互呼应，但如此多的山西移民出现在黑龙江地方，还是令人惊诧。因为近代中国人口迁移三大流向中的"走西口"，系指山西、陕西等地的大量民众经长城西段张家口、独石口、杀虎口等关口出关，徙居长城以北的内蒙古地区，从事农耕与商业经营活动的移民运动，而这些人为什么逆势北徙进入黑龙江地方？若加以考证，恐怕与下列因素有关。

　　首先，是移民的二次迁移。"问我祖上来何处，山西洪洞大槐树"，这两句流传于中国北部的民谣，实实在在地道出了千千万万山西洪洞移民后裔对故乡故土的情结，山西移民成为北方乡村妇孺皆知的移民话题。"数百年来随着北方人口的外迁，大槐树移民的后裔又扩散到全国各地，分布于全国8个省、市的227个县，大槐树成为移民心中故乡故土的象征符号，成为沉淀在移民内心深处的思乡情结。"② 另有研究者"根据方志和谱牒资料统计证明，'洪洞古大槐树处移民'分布于11个省市，227个县，其中河南、山东、河北规模最大"③。山西有得天独厚的地理条件，其"东有太行之险，西有吕

①　东北师范大学明清史研究所、中国第一历史档案馆编《清代东北阿城汉文档案选编》，中华书局，1994，第71—82页。
②　段友文：《黄河中下游家族村落民俗与社会现代化》，中华书局，2007，第301页。
③　安介生：《山西移民史》，山西人民出版社，1999，第311页。

梁之阻，南有大河之堑，北有大漠、雁门之蔽，使此地成了中国历史上的'安全岛'"①。正是这种特殊的地理生态环境，使山西成为人口稠密区，洪洞也就成了人口稠密区里的人口大县。为了更好地"移密就疏"，自洪武六年（1373）起至永乐十五年（1417）止，共计移民18次，迁民60万—70万人。据说地方政府把移民机构就设在洪洞县城北边贾村驿旁的广济寺，广济寺门前的大槐树成了移民的聚集场所，久而久之也就成了山西移民的代名词。

山西移民分布在黄淮地区，研究者的结论是："从河南、山东、河北几个移民大省的地方志、家谱、口碑资料以及实地考察的情况来看，移民村落分布范围广阔，由移民形成的村落为数众多。河南省孟县12个乡镇，有自然村395个，其中从洪洞迁去的就有138村，占总村数的34%。济源市有453个自然村，保留下来的明以前的土著村落130个，占28%，其余均为明代移民所建村庄。山东郓城县共有自然村1388个，其中明朝建村966个，有279个直接迁自山西洪洞县。山东滕县、定陶县明代移民所建村落也为数甚多。"② 如此一些山西移民在河南、河北、山东等移入地内平静地生活了数百年，又逢"闯关东"移民的那些来自自然的、社会的种种诱因，难免他们不受环境的逼迫与迁徙大潮的裹挟再次移民东北进入黑龙江区域。另从移民心理上讲，移民脱离了原籍后就犹如风雨中的浮萍，哪里都是栖息地，二次或多次迁徙对于他们来讲是很随意的事情。

其次，是山西人的经商传统使然。黑龙江方志中有"商贩多晋人，铺户多杂货铺，客居应用无不备"及"汉民至江省贸易，以山西为最早，市肆有逾百年者，本巨而利亦厚"等记载。实际上，在东北、西北各地还流传着"先有曹家号，后有朝阳县""先有复盛公，后有包头城""先有晋盛志，后有西宁城"（这里的曹家号、复盛公、晋盛志，均为山西人在奉天、内蒙古、青海等地开设的商号）等俗谚③，意指三晋贾客的鳞集骈至，促进了边疆商品经济的发展繁荣。晋人经商已成习俗，有以山西为枢纽，北越长城，贯穿蒙古，经西伯利亚通往欧洲腹地的陆上国际茶叶商路，有遍布全国各地的票

---

① 张青主编《洪洞大槐树移民志》，转引自段友文《黄河中下游家族村落民俗与社会现代化》，中华书局，2007，第304页。
② 张青主编《洪洞大槐树移民志》，转引自段友文《黄河中下游家族村落民俗与社会现代化》，中华书局，2007，第307页。
③ 王振忠：《祁太溜子》，《读书》1995年第2期。

号钱庄，在日本的东京、大阪、神户，俄国的莫斯科，南亚的新加坡等均有分号，随着"日升昌汇通天下"的叫响，"晋人遂以善贾闻于宇内"。经商风俗习惯积淀成普遍的民众心理，山西巡抚刘于义就说："山右积习，重利之念甚于重名。子弟俊秀者，多入贸易一途。至中材以下，方使之读书应试，以故士风卑靡。"雍正皇帝对此亦朱批道："山右大约商贾居首，其次者犹肯力农，再次者入营武，最下者方令读书，朕所悉知。"① 清代文人纪晓岚在其《阅微草堂笔记》中也记载道："山西人多商于外，十余岁辄从人学贸易，俟蓄集有资，始归纳妇。纳妇后仍出营利，率二三年一归省，其常例也。或命运蹇剥，或事故萦牵，一二十载不得归。"正是在这样一种地域文化的经商风习影响下，黑龙江的山西移民多是以商贾为业，传统文化中的青灯黄卷、皓首穷经的读书人在他们眼中显得相当的微不足道。

第六节　"闯关东"移民的历史作用与黑龙江区域经济社会发展

数百万计的"闯关东"移民进入黑龙江区域，他们筚路蓝缕的艰辛劳作，不仅促进了当地经济社会的发展，使昔日的"边塞苦寒"之地发生了翻天覆地的变化，而且带来了地域社会结构的重建和民众民俗文化的变迁。由关内北方诸省来到黑龙江的移民，不仅是地理空间的移动，还是他们所负载的地域文化的空间移动。先进的生产方式与社会理念，使黑龙江区域有了"论程度则居后，论速率则超先"的大发展。若加以综合考察，其发展变化主要体现在如下的一些方面。

一　黑龙江区域人口的陡然增长

由于历史上的军府制统治，黑龙江各项事业的开发滞后，加之屡变的行政区划，其最为匮乏的就是人口统计资料。要想找到一份完整的黑龙江历史人口统计资料，那几乎就是不可能的事情。即便是清代的人口统计资料，学界也是相互抵牾、前后矛盾，不仅数字悬殊，而且认识亦存有分歧。《中国人口史》的作者列出了清代黑龙江人口推算数（见表6-5），其近代部分还是具有较大的参考价值的。

---

① 《雍正朱批谕旨》第四十七册。

表 6−5 清代黑龙江人口推算数

单位：人

年份	推算人口数	年份	推算人口数	年份	推算人口数
1840	252067	1860	267630	1880	304050
1841	252823	1861	268433	1881	329097
1842	253582	1862	269815	1882	356208
1843	254342	1863	271164	1883	385551
1844	255105	1864	272520	1884	417312
1845	255871	1865	273883	1885	451690
1846	256638	1866	275252	1886	488899
1847	257408	1867	276629	1887	329174
1848	258180	1868	278012	1888	572766
1849	258955	1869	279402	1889	619950
1850	259732	1870	280799	1890	671020
1851	260511	1871	282202	1891	726298
1852	261293	1872	283614	1892	786129
1853	262076	1873	285032	1893	880889
1854	262863	1874	286457	1894	920984
1855	263651	1875	287889	1895	996853
1856	264442	1876	289328	1896	1078972
1857	265236	1877	290775	1897	1167856
1858	266031	1878	293683	1898	1264064
1859	266829	1879	298088	1911	3220544

资料来源：赵文林、谢淑君：《中国人口史》，人民出版社，1988，第 445 页。

这组数据的可取之处，就是其采用了推算的方法使之有了年代上的连续性，提供了一个完整的参照系数，而这恰恰是其他史料所没有的。但这里 1898 年前过低的人口数，一定是没有把黑龙江东部当时属于吉林将军辖制下的人口计算在内，而到了 1911 年仅 13 年间人口增加近 200 万人是又把这部分人口加入所致，让人感到唐突，使人产生怀疑。实际上，黑龙江区域人口数量统计的正确算式为：基础统计人口数（属黑龙江将军辖区人口数）＋应予加入的人口数（吉林将军辖制下的黑龙江区域东部人口数）－应予扣除的人口数（呼伦贝尔、西布特哈、大赉三地人口数）。如此，得出宣统三年（1911）黑龙江区域的人口数量是：黑龙江省西部地区为 269433 户，1858792

人。其中男 1017064 人，女 841728 人，剔除大赉等 5 县后为 256153 户，1763755 人，男为 965699 人，女为 798056 人。黑龙江东部依兰等 20 县人口为 227380 户，1479911 人，男 834670 人，女 645241 人，户占原吉林全省 639461 户的 35.6%，人占 4781766 人的 31.0%。表 6 - 5 中尚缺 2 个县的数字，所占比重偏低。仅据以上统计，黑龙江全境清朝末年为 483533 户，3243666 人，其中男 1800369 人，女 1443297 人。①

二　黑龙江区域快速的土地开发

清后期由于大批移民的涌入，黑龙江区域的土地开发进入了一个快速发展时期。旧志中开禁放垦前的黑龙江区域，满目尽是"弃垂百年""弥望榛无""极边荒寒""地广而荒"等词语，不用说移驻，闻之就让人裹足。然开禁放垦仅数年，一些地方便出现了可喜的变化。光绪六年（1880），吴大澂以三品卿衔随吉林将军铭安办理三姓、宁古塔等地边防和屯垦事务。光绪十二年（1886）其奉旨查勘边界故地重游，在一个叫凉水泉子的地方想到当年的拓殖艰辛，看到眼前的阡陌成行颇有感慨，赋诗一首咏颂了那里的变化与宁谧的田园风光。其写道：

> 我初度地凉水泉，六十里中无人烟。膏腴一片空弃捐，临江四顾心茫然。命工起构屋数椽，曰劝农所三字悬。屋成之岁辛巳年，作者七人始来田。朝出耦耕荷锄便，夜归一饭解衣眠。从此垦辟相蝉联，满沟满车歌十千。自我移师北海边，两年跋涉忧心煎。梦魂不到蟠岭巅，重来一宿有前缘。但见西陌与东阡，鸡犬家家相毗连。五尺童子衣争牵，瞻望使君犹拳拳。遥指一屋小如船，手书篆额犹在焉。嗟我风尘未息肩，白云飞鸟何时还。安得买山古滇川，相望耕凿唐虞天。②

这里，吴大澂以其亲身经历，讲述了 6 年间黑龙江边地从"六十里中无人烟"到"鸡犬家家相毗连"的沧海桑田变化。另有人于大处着眼，从宏观大势上将清末移民垦荒筚路蓝缕的艰辛过程描述为：

---

① 《黑龙江省志·人口志》第 57 卷，黑龙江人民出版社，1996。
② 吴大澂：《皇华纪程》，李兴盛等编《秋笳余韵》，黑龙江人民出版社，2005，第 708 页。

当是时，黑龙江全省，实为榛莽之区，山深林密，人迹不至……呼兰河流域，松花江沿岸，今所称为谷仓者也，在当时惟有灌木丛生，狐兔出没，荒凉寥落，长与终古而已。汉人一至，乃披荆斩棘，以血肉筋力与鸟兽争，与气候争，与洪水争，与土人争，乃至与饥饿疾病争，遂有1906年以后之天地。[1]

无论是从宏观还是从微观，这都是对移民垦殖黑龙江的记载。即便是"移住者接踵而至，滔滔如水赴壑，然零星散处，以全境面积为比例，繁殖程度仍未达于十之一"[2]。还有一些地方是"大率荒段百万垧、数十万垧者所在多有，数万垧以下则视为微末无经理者"[3]。地方政府亦心急如焚，故在放荒时认真筹划，为了取得更好的实际效果，采取了认垦、催垦、抢垦等多种措施，提供籽种、贷款，有减免车船票价等多种优惠。划井开方、认领地亩，量予折扣、计算地数，编号掣签、拨放地段等方法，目的就是鼓励移民多认荒、垦荒，有力地推动黑龙江垦殖的发展。有资料表明，在咸丰十一年（1861）至宣统三年（1911）的50年间，黑龙江区域计放出官荒764万余垧。其中西部地区放出5691063垧，东部地区放出1949268垧（见表6-6）。[4]

表6-6 1861—1911年黑龙江区域计放出官荒面积

单位：垧

时间	丈放面积	时间	丈放面积
1861—1892	1063647	1906	2422627
1893	224622	1907	1359472
1899	231585	1908	47509
1902	47372	1909	150840
1903	21704	1910	112274
1904	226081	1911	1369682
1905	362916	合计	7640331

资料来源：孙占文：《黑龙江省史探索》，黑龙江人民出版社，1983，第269页。

---

[1] 《黑龙江》，汤尔和译，商务印书馆，1931，第2页。
[2] 何煜：《黑龙江省垦殖说略》民国4年铅印本。
[3] 徐世昌：《密陈考查东三省情形折》，《退耕堂政书》卷五，黑龙江人民出版社，2011，第39页。
[4] 孙占文：《黑龙江省史探索》，黑龙江人民出版社，1983，第269页。

虽然此间黑龙江区域的放垦面积已经达到了764万余垧，"但开垦成熟者尚不足十分之四"①。即便如此，从黑龙江区域的自身比较来说其发展变化也是惊人的。

三　黑龙江区域几大农作物产区的初步形成

由于人口的增长、土地耕种面积的扩大，黑龙江区域初步形成了以松嫩平原（呼兰、绥化、克山、海伦、拜泉等县）、三江平原（依兰、汤原、桦川、富锦、绥滨等县）、松花江中游（双城、五常、肇东、肇源、肇州等县）和牡丹江流域为中心的几个粮食主产区。在这些地方，"至农产所宜。其大宗为大小麦、黍、稷、粟、荞麦、铃铛麦、黄豆、黑豆、高粱以及蓝靛、黄烟、芝麻、线麻、稗之类，现亦间有种旱稻者，惟豆类须成熟之地。此外，新垦地亩，皆宜播种。地质以傍松花、嫩江下游及其支流之呼兰、通肯河与讷谟尔河、汤旺河一带，其田大半不用肥料（其用肥料者，率以牛马粪及羊粪或豆饼），不藉灌溉，劳力省而收获丰，可称天然之农国"②。经过黑龙江地方政府大规模放垦与移民胼手胝足的努力开发，清末民初之际粮食主产区几个县份的情况如下。

1. 呼兰县

雍正十二年（1734）呼兰地方设城守尉，同治元年（1862）呼兰添设理事同知，光绪四年（1878）升呼兰厅为府治，民国2年（1913）改为呼兰县。全县计有44429户，男女合计285443人，其中地主20100户，佃农24329户。全县土地面积为623520垧，可耕地面积为300000垧，计有1024个村落。呼兰以人口稠密著称于黑龙江区域，其土地肥沃，农业发达，早有"江省谷仓"的称谓。光绪年间成书的《黑龙江述略》中，即有"惟呼兰垦产为多，各城官运而外，至江冰大合，则粮载之车，日夜不绝，号买卖大宗"的记载。而1914年呼兰土地清查局的统计如下：农作物播种面积为224810垧，粮食收成为1060110石，扣除种子粮、饲料粮、民用口粮、烧酒原料、制油原料，尚有粮336752石。

2. 绥化县

绥化原称北团林子。同治元年（1862）出放北团林子荒地，绥化之开辟

① 《黑龙江官报》宣统三年二月第三期。
② 张国淦：《黑龙江志略·实业》第十一，李兴盛主编《程德全守江奏稿》，1999，第2498页。

由此始。光绪十一年（1885）设绥化厅，光绪三十一年（1905）升格为绥化府。民国2年（1913）改为一等县，全县计有27490户，男女合计176248人。土地面积为367740垧，其中已耕地面积为294240垧，可耕而未垦之荒地为42000垧。经过清末数十年的开禁放垦，绥化地方已经成为黑龙江区域主要的农作物产区。1914年绥化商会的调查结果是：农作物播种面积为250090垧，粮食收成为1473400石，扣除种子粮、饲料粮、民用口粮、烧酒原料、制油原料，尚有粮700563石。这些粮食的外运，陆路是用大车运至满沟、对青山、哈尔滨各站，再通过中东铁路运往各地。水路是经呼兰河、白家亮子向松花江上游运送，或经哈尔滨转铁路运至符拉迪沃斯托克（海参崴）出口，亦有经松花江下游销往黑龙江沿岸各地的。

3. 海伦县

光绪初年，呼兰河流域的汉族移民大批涌向通肯地方。光绪二十四年（1898）黑龙江将军恩泽奏请"勘放通肯河段地亩，暨征收押租数目并定起科年份及旗产招民代垦章程"。光绪二十五年（1899）设通肯副都统，光绪三十年（1904）以通肯河新垦之地设海伦直隶厅。光绪三十二年（1906）升呼兰直隶厅为海伦府。民国2年（1913）改为海伦县，全县计有33874户，男女合计259536人。土地面积为1498500垧，其中已耕地面积为678500垧，可耕而未垦之荒地为196682垧。海伦县的土地开发与农业发展，基本上是仰仗移民之力才得以完成的。据1914年海伦县商会的调查：农作物播种面积为678500垧，粮食收成为3360000石，扣除种子粮、饲料粮、民用口粮、烧酒原料、制油原料，尚有粮1733700石。这些粮食的大部分用马车运往对青山、满沟、安达、哈尔滨等车站，再通过铁路运往外地销售。

4. 木兰县

光绪三十年（1904），黑龙江将军达桂奏请"江省属境辽阔，非添设地方各官，不足以资治理。请于大小木兰达设知县一员，名曰木兰县"。全县计有15053户，男女合计100729人，其中地主9482户，佃农5571户。土地面积为702000垧，可耕地面积为168722垧，已耕地面积为121782垧。木兰县的农业开发较晚，人多是周边县到此寻荒的移民。据1914年的调查，农作物播种面积为122782垧，粮食收成为429150石，扣除种子粮、饲料粮、民用口粮、烧酒原料、制油原料，尚有粮102630石。木兰县的余粮多经石头河、柳树河、索罗章口子三码头由松花江水路运出，送往哈尔滨、伯力、海兰泡、庙街等地。常年在木兰收购粮食的商家，主要有俄国制粉公司、瓦萨特公司、纽曼公司、阿穆尔公司及傅家甸各粮栈油坊等。

5. 汤原县

光绪三十一年（1905），由黑龙江将军程德全会同前任将军达桂奏准专设汤旺河垦务行局办理荒务。汤旺河垦务行局设立后，"虽有领户，半属贫民，殷实大户，尚多视为畏途"。黑龙江将军程德全奏请"莫若急设民官，以广招徕。拟于该处设知县一员，名曰汤原县"，此为设治之始。全县计有4329 户，男女合计 31192 人，其中地主 2655 户，佃农 1674 户。土地面积为1404000 垧，其中山林地为 1020660 垧，草原、沼泽及低洼地为 219665 垧，可耕地为 163675 垧，已耕地为 26425 垧。据 1914 年的商会调查，农作物的播种面积为 26425 垧，粮食收成为 90600 石，扣除种子粮、饲料粮、民用口粮、烧酒原料、制油原料，尚有粮 16810 石。汤原县的粮食，由汽船经水路运往黑龙江、庙街等地方，由舢板送往依兰、桦川、临江等地方。当时的依兰、桦川地方为松花江下游的粮食集散地，集中到这里的粮食利用各种交通工具发往黑龙江沿岸各地或哈尔滨。

6. 肇州县

清时肇州为郭尔罗斯后旗辖地。光绪二十七年（1901）黑龙江将军萨保奏准出放中东铁路两边荒地，光绪三十二年（1906）黑龙江将军程德全奏请添设厅治，"查该处有肇州古城即名曰肇州厅，设抚民同知一员，巡检兼司狱一员。凡铁路交涉局所及铁路附近荒段均归该厅管辖"。民国 2 年（1913）改县，全县计有 17166 户，男女合计 158619 人，其中地主 10227 户，佃农6939 户。土地面积为 1282500 垧，耕地面积为 752100 垧，已耕地为 301500垧。据 1914 年的商会调查：农作物的播种面积为 301500 垧，粮食收成为1069000 石，扣除种子粮、饲料粮、民用口粮、烧酒原料、制油原料，尚有粮 177930 石。肇州县的余粮多向吉、江两省的商业中心地输送，一般水路是由嫩江用帆船运往齐齐哈尔或哈尔滨，陆路是用马车运往双城、伯都讷、陶赖昭及长春等地。

7. 巴彦县

巴彦苏苏清时为呼兰副都统辖地。咸丰九年（1859）始招民开垦，隶呼兰城守尉。同治元年（1862），将军特普钦奏请于呼兰城东北境设理事同知，称"查呼兰所属蒙古尔山等处闲地招垦以来，烟户增多，虽皆殷实良民寓地谋生，自图永业。而往来商贩，游手随之，遂不免良莠间杂。户婚、田土以及命盗案件亦以日繁……请援吉林省属伯都讷成案，设理事同知一员，兼司捕务"。同治三年（1864）同知衙署迁至巴彦中兴镇，光绪三十年（1904）巴彦理事同知升格为巴彦州。民国 2 年（1913）改县，全县计有 37804 户，男女合计 262378 人，其中地主 22994 户，佃农 14810 户。土地面积为 918000 垧，其中已耕地为 324000 垧。因其开发较早，可垦地已尽，所余 594000 垧为房屋、道路、河床、山岳及不能耕种的洼地、沟壑等。据 1914 年的商会调查：农作物的播种面积为 323500 垧，粮食收成为 1670000 石，扣除种子粮、饲料粮、民用口粮、烧酒原料、制油原料，尚有粮 568850 石。巴彦县的余粮由水陆两路运往哈尔滨，另由水路运往黑龙江沿岸。当时哈尔滨及黑龙江沿岸的粮栈、贸易行等，均有人在巴彦地方收购粮食。

8. 兰西县

光绪三十年（1904）黑龙江将军达桂拟请在呼兰厅"迤西之双庙子添置兰西县"，此奏获准后，因地方在呼兰河以西，故名兰西，民国元年（1912）设立兰西县。全县计有 16647 户，男女合计 122543 人，其中地主 8394 户，佃农 8253 户。土地面积为 360000 垧，其中已耕地为 196625 垧，未垦可耕地为 47357 垧，村镇、房屋、道路、墓地及低洼地等为 116000 垧。据 1914 年的兰西商会调查：农作物的播种面积为 196625 垧，粮食收成为 820650 石，扣除种子粮、饲料粮、民用口粮、烧酒原料、制油原料，尚有粮 500350 石。兰西县余粮中的大麦、小麦、苞米等经陆路用马车运往哈尔滨，而大豆则经对青山、满沟、宋站等铁路站点销往外地。

上引呼兰、绥化、海伦、木兰、汤原、肇州、巴彦、兰西 8 县，多为松嫩平原上的产粮区，资料出自中东铁路管理局经济调查处 1914 年的调查，1929 年汤尔和由俄文版译出，名之《黑龙江》，在商务印书馆出版。严格地说该资料已经略超出时限范围，但其调查模式、资料翔实及当时国人还无法企及的方法技术可以成为我们参考借鉴的理由。

黑龙江区域农作物产区的形成另一个原因，就是中东铁路的修筑所带来的交通便利，使大批量粮食的输出特别是国际贸易成为可能。据资料统计，1903—1905 年，中东铁路粮食年平均运输总量为 70300 吨，年平均输出量为 10300 吨，输出量占运输总量的 14.7%。1906—1910 年，中东铁路粮食年平均运输总量为 302400 吨，年平均输出量为 225400 吨，输出量占运输总量的 74.5%。[①] 宣统元年（1909）针对日益发达的满洲运输业，驻沈阳的美国副

---

① 章有义编《中国近代农业史资料》第 2 辑，三联书店，1957，第 234 页。

总领事 F. D. 克劳德撰文说："在没有较好的道路来运输它的农产品之前，满洲将缺乏促成农产商品化的重要因素……有了好的道路和较便利的运输条件，产品才能到达新的市场。这样，生产和销售的费用将降低一半以上。"①

四　有力地推动了黑龙江区域工商经济的发展

清后期，随着关内北方诸省移民大批涌入黑龙江区域，土地开发掀起高潮，农作物产区初步形成，由此带动了以农产品为主要原料的面粉、榨油、酿酒北满三大民族工业的发展。

过去黑龙江的地方政府由于农业开发程度低，是禁止将农产品加工成其他商品的，在辖区内禁开烧锅，对违者予以各种惩罚。如咸丰十一年（1861），呼兰甘沐林子地方将查获私设烧锅的民人张照送省，饬交呼兰照例杖一百、枷号两个月，并销毁烧酒器具。② 然而，曾几何时，30 余年后的光绪二十一年（1895），在呼兰上报黑龙江将军衙门的《为报呼兰等处烧锅清册事咨》中，"谨将呼兰、巴彦苏苏、北团林子三处旧有、新开烧锅的字号、筒数、商人姓名、坐落界址并征课银数目及开烧年期，逐一分析造具细册，咨送大部，计得 84 家，共征得课银 16200 两"③。当时的呼兰、巴彦苏苏、北团林子"酒坊日夜并作，随运各城，时有匮乏之虞，盖边地苦寒，非借酒不足御之"④。呼兰等三城情况如此，其他地方亦然。光绪三十三年（1907）前后，黑龙江区域不完全统计的烧锅数字是：五常厅 17 家，绥芬厅 9 家，三姓 8 家，宁古塔 12 家，宁古塔属三岔口 2 家，阿勒楚喀 7 家，拉林 5 家，双城厅 20 家，宾州厅 19 家，兰西 7 家，木兰 2 家，安达 2 家，海伦 10 家，青冈 6 家，余庆 4 家。⑤

中国传统的制粉业为业户众多的旧式小磨坊，多由粮栈、烧锅、油坊、杂货铺兼营，专门经营者很少。一般为一两盘石磨，以家养毛驴为驱动力，其加工量小，收取少许工本，为周边三五里居民所依赖。在中东铁路修筑以前，黑龙江区域部分地方的传统制粉业状况如下：双城堡 150 家，阿什河 40

---

① F. D. 克劳德：《满洲的农业》，《远东时报》1909 年 2 月。
② 《黑龙江将军衙门档案》，全宗号 20，目录号 6，案卷号 1780。
③ 《清代黑龙江历史档案选编》（光绪朝二十一年—二十六年）。
④ 徐宗亮：《黑龙江述略·丛录》卷六，李兴盛主编《宦海伏波大事记》，黑龙江人民出版社，1994，第 1084 页。
⑤ 孔经纬主编《清代东北地区经济史》，黑龙江人民出版社，1990，第 407—408 页。

家，宾州 20 家，呼兰镇 300 家，三姓 25 家，绥化 90 家，巴彦 55 家，齐齐哈尔 100 家。① 中东铁路修筑，黑龙江区域的机器制粉业应运而生，这在中东铁路枢纽地哈尔滨有完全的体现。1900 年，俄人投资 38.4 万卢布在哈尔滨创建了"第一满洲制粉厂"，"仅迟于上海制粉业诞生四年，在全国范围内也属于发展较早的近代工业之一"。② 1902 年中东铁路公司创办的制粉厂为私人所收购，在此基础上开办了松花江制粉厂。随后又有葛瓦里斯基制粉厂、俄罗斯制粉公司、德丘果夫制粉厂、地烈金制粉厂、东方制粉厂、拉巴切夫制粉厂、伊尔库茨克面粉厂、谢杰斯制粉厂、扎兹林斯基制粉厂等相继开办，使"在 1903 年时由哈尔滨俄人面粉厂加工的面粉在大连，以至中国南方、日本、朝鲜都有销路"③。这既是日俄战争刺激的结果，也是黑龙江区域腹地农作物产区初步形成的根本所在。

榨油业在黑龙江区域也有较早的历史，但都是手工作坊，以小本经营者为多。据 1910 年前后的不完全统计，黑龙江区域的油坊状况如下：哈尔滨 6 家，宁古塔 30 家，宾州 11 家，双城 27 家，阿什河 50 家，五常 20 家，三姓 3 家，呼兰 8 户，安达 1 户，海伦 25 户，兰西 22 户，青冈 7 户，大赉 13 户，余庆 8 户。④ "然以往多旧式之手工业，其应用机器成为现代式之工厂者"，始于"1905 和 1906 年，俄商经营的缶干司古、缶沙特金机器油坊相继开业"。⑤

五　人口分布有了由点到线到面的发展

黑龙江区域在清之流人眼中为"绝域"，原因即在"盖自奉天，过开原，出威远堡关，而郡县尽。外有七镇：曰稽林乌喇、曰宁古塔、曰新城、曰依兰哈喇、曰卜魁、曰墨尔根、曰艾浑"⑥。这也就是旧志中常见的"塞外七重镇"。由于清廷的封禁政策，黑龙江区域人口增长十分缓慢，逐渐又有了呼伦贝尔总管（治所在海拉尔）、布特哈总管（治所在尼尔基）、阿勒楚喀、

① 〔日〕川上俊彦：《北满的工业》，哈尔滨，1909，第 32 页。
② 哈尔滨市工商联：《哈尔滨的制粉业》，《哈尔滨文史资料》第 4 辑，内部发行，1984，第 66 页。
③ 据俄文版《中东铁路 15 年商业活动概观》，圣彼得堡，1912。
④ 参见中西正树《吉林通览》，黑龙江行政公署档案，62 全宗，卷宗号：3—1256。
⑤ 哈尔滨档案馆编《哈尔滨经济资料文集》第 3 辑，内部发行，1990，第 2 页。
⑥ 方式济《龙沙纪略·方隅》文中的七镇分别为今天的吉林市、宁安市、扶余市、依兰县、齐齐哈尔市、嫩江县、黑河市。

呼兰、双城堡等建制，伴之以多条驿站的设置，基本上完成了黑龙江区域人口由点到线的发展。区域人口的连片发展，应该说源起于开禁放垦。为了安排放荒事务与安置大批涌入的移民，政府遵从管理要求设立各地荒务局，后演变成设治局，其职能所在使之最终成为一级地方政府，由此奠定了黑龙江区域行政建制的基础。下面是清末黑龙江区域府厅州县设置情况：

龙江，治所齐齐哈尔，1905 年设黑水厅，1908 年升龙江府。

嫩江，治所墨尔根，1908 年设嫩江府。

呼兰，1904 移呼兰厅于此，改府。

绥化，治所北团林子，1885 年设厅，1904 年升格为绥化府。

海伦，1904 年设海伦厅，1908 年升格为府。

肇州，1906 年设肇州厅。

拜泉，1906 年设县。

讷河，治所东布特哈，1909 年设厅。

庆城，治所余庆街，1905 年设县。

巴彦，治所巴彦苏苏，1904 年设巴彦州。

爱辉，1905 年设爱辉厅。

木兰，治所五站，1904 年设县。

兰西，治所双庙子，1904 年设县。

汤原，治所汤旺河，1905 年设县。

通河，1905 年设大通县。

萝北，治所萝北山，1909 年由兴东道改设。

安达，1904 年设安达厅。

青冈，治所柞树冈，1904 年设县。

滨江，治所哈尔滨，1905 年设滨江关道。

宁安，治所宁古塔，1727 年设泰宁县，1909 年移绥芬厅于此。

五常，治所欢喜岭，1880 年设厅，1909 年升府。

宾州，治所苇子沟，1880 年设宾州厅，1909 年升格为府。

双城，1882 年设双城厅，1909 年升格为府。

东宁，治所三岔口，1902 年设绥芬厅，绥芬厅移宁古塔后，改设东宁厅。

依兰，治所三姓，1714 年三姓协领衙门，1905 年设依兰府。

密山，治所蜂蜜山，1905 年设密山府。

同江，1905 年设临江州。

富锦，治所富克锦，1909 年设县。

宝清，治所宝清河，1909 年设县。

桦川，治所悦来镇，1909 年设县。

抚远，治所伊里嘎，1909 年设绥远州，后改县。

虎林，治所呢吗口，1909 年设呢吗厅，1910 年升格为府。

穆棱，1909 年设县。

方正，治所方正泡，1909 年由大通县析出。

勃利，1909 年设县。

阿城，1744 年设阿勒楚喀副都统，1909 年改设阿城县。①

黑龙江区域县治的逐步设立，正如有的学者指出"一地方至于创建县治，大致即可以表示该地开发已臻成熟"②。至于和人口迁移的关系，更有专门研究者说道："郡县之增设，即可以代表垦务与移民之状况。"③

六 移民文化影响

清初、中期的黑龙江区域，是土著居民、八旗驻防兵、流人流民的聚居地，各项事业开发较中原晚。大批移民的涌入带来了内地先进文化与物质文明，其突出地表现在如下几个方面。

1. 不断进步的农业生产方式

黑龙江区域的土著居民和八旗驻防兵"向习游牧，不讲农桑"，"精于骑射，不谙农事"，农业生产技术十分原始落后。流人笔下的"弃耕法"，既显现出其地广人稀，又反映了生产技术的原始落后。张缙彦在《宁古塔山水记》中写道："其风俗以耕牧为本，地广而民稀，开荒任地则获殖且倍，数年后地力已尽，则弃之，不以粪。"方拱乾在《绝域纪略》中写道：宁古塔"地贵开荒，一岁锄之，犹荒也，再岁则熟，三四五岁则腴，六七岁则弃之而别锄也"。方式济在《龙沙纪略》中写道：齐齐哈尔耕种"尚宛然上古时

---

① 引自孙占文《黑龙江省史探索》，黑龙江人民出版社，1983，第 277—279 页。
② 谭其骧：《长水集》上册，人民出版社，1987，第 404 页。
③ 萧一山：《清代东北之屯垦与移民》，孙进己等编《东北历史地理论著汇编》，内部发行，1987，第 358 页。

代之旧法也。彼等操作于草原肥沃地，连年耕种，至数年后，地力耗尽，再择求新地，仍如前法操作，地力再尽再换"。康熙二十五年（1686）时，曾因"索伦、达呼尔，不谙农事，特遣部院课其耕种"①，然其没有改变土著居民的种植习惯。这种粗放的农业生产"弃耕法"，在汉族移民的生产示范下很快遭到摈弃。"近边诸旗，观汉人之务农，年年余盈，不胜企羡，近年来亦从事于耕植，凡设郡县之区，类皆农重于牧，操作亦仿汉人。"时日一久，土著居民学到了"汉人之耕作，有分休闲、轮作二法，若沙碱地则用休闲法，每年耕作一分，休闲一分。至轮作法最为普遍，即高粱、谷子、黄豆之类，每三年轮种一次，又名翻茬，为与获茬互相轮种也"②。在农作物区曾有农谚曰："今岁豆，明岁粟，三岁谷，周而复始，地力不伤，故曰正权（茬）也；今岁粟，明岁豆，三岁复粟，此为迎权（茬）；今岁粟，明岁又粟，此为重权（茬）。二者既竭地力，故所获每不丰。"③ 黑龙江区域"休闲法""轮作法"的采用，仅为土著居民采用先进农业生产方式实例之一。

2. 不断增多的新农具与农作物新品种

清初、中期，黑龙江区域农业生产的粗放落后不仅体现在生产方式上，农具种类稀缺、作物品种单一等也是问题的症结所在。所以说，不仅仅是"耕种之法拘泥旧制"，就连生产工具也是"耒耜櫌锄朴拙已甚"。在土著居民中农耕生产较为进步的达斡尔人，其农耕生产的主要工具是：四头犍牛拉的抬杠犁、柳编盛种子的筐、木架柳编耙、割地的钐刀、扬场的木锨、脱粒的连枷等。④ 而《黑龙江志稿》的作者在其著述中又续写了辘辘车、爬犁、火镰、弓尺、斗秤、芟刀等农具，加在一起也不过十数种。开禁放垦后，中原农耕社会诸多农具随同移民一起进入了黑龙江区域，极大地丰富了这里农业生产工具的内容。黄维翰在《呼兰府志》中写道："农具，耕地之器曰犁，马三之，牛二之，多用马。曰铁钯，曰铁镐。播种之器曰长柄葫芦，曰柳罐。芟草之器曰锄。收获之器曰镰，曰把心，以铁为之，取谷之穗。晒晾之器曰木权，有三权、四权、五权三种。打粮之器曰扬锨，曰扫竹，曰碾。碾，下置圆石为盘，径七八尺，平面上置石为锤，径尺余，长半，于盘中置

① 西清：《黑龙江外纪》卷四，李兴盛等编《宦海伏波大事记》，黑龙江人民出版社，1994，第 949 页。
② 张伯英：《黑龙江志稿·物产志·农业》卷十六，黑龙江人民出版社，1992，第 698 页。
③ 张英杰：《清代满族风俗史》，辽宁人民出版社，1991，第 269 页。
④ 《嫩水达斡尔人》，内部发行，1989，第 2—3 页。

轴，名曰碾。管心以人或牛马转之，曰石磨。凡推米者俱用碾，做面者俱用磨。曰风车，凡获粮刈而载归，堆积场院中，冬腊月始打之谷子、糜、黍，随打随食。"

同时，关内北方诸省的移民还带来了许多新的农作物品种。康熙元年（1662）流人方拱乾在其《绝域纪略》中写道："开辟来，不见稻米一颗。有粟，有稗子，有铃铛麦，有大麦。"而到康熙四十六年（1707）杨宾定稿《柳边纪略》时，已经是"谷凡十种：曰稗子、曰小麦、曰大麦、曰粟、曰秫、曰黍、曰稷、曰高粱、曰荞麦、曰铃铛麦"。宣统二年（1910）张国淦在其《黑龙江志略·实业·农业》中，列有大麦、小麦、荞麦、铃铛麦、谷子、稻子、糜子、黍子、稷子、高粱、苞米、稗子、元豆、小豆、红豆、绿豆、芸豆、豌豆、黑豆、吉豆、蚕豆、红粱、红粘谷、芝麻、麻子、苏子等数十种。对此，1912 年受俄国科学院委派对通古斯人进行民族调查的史禄国先生在其著述中写道："我们可以有把握地说，满族人和他们的先民从汉族那里学来了农业生产，因为他们所运用的方法以至作物的名称毫无疑问源自汉族。"[1]

3. 不断增强的商品经济意识

清初流人方拱乾在《绝域纪略》中，对土著居民的评价是"质直有信义，商贾赊物，约偿黑貂，千里不爽其约"。他眼里的习尚是"宁古之风，依然技鹿之世，然中土礼仪之邦不及者有五：道不拾遗，一也；百里无裹粮，二也；不用银钱，以布粟交易，三也；躏其田而罚其值，虽章京不免，四也；受所予，必思有酬之，五也"。杨宾在《柳边纪略》中亦载："十年前行柳条边外者，率不裹粮，遇人居，直入其室，主者尽所有出享。或日暮，让南炕宿客，而自卧西北炕。马则煮豆麦、刬草饲之，客去不受一钱。他时过之，或以针线荷包赠，则又煮乳猪、鹅、鸡以进。"这些记载，在反映黑龙江区域淳朴民风的同时，也透露出其闭塞、少交流及商品经济意识弱的另一面。这种状况在移民的冲击下有所改变，《卜魁风土记》中载："商贾初通时，以貂易釜，随釜之大小，貂满于釜，然后肯易，今则一貂数釜矣。"而与汉族接触较少的赫哲族人，为了交易的方便，则雇用汉族移民代之管家。对此史载："最奇者，鱼皮鞑子（赫哲人）以不通语言，不谙交易，每一鱼

---

① 〔俄〕史禄国：《满族的社会组织——满族的氏族组织研究》，商务印书馆，1997，第 151 页。

皮靴子家必用一山东棒子（山东移民）谓之管家人，一切家产皆令掌之。"①
这些变化，与大批移民的到来是分不开的。

４．不断融合的民族文化

黑龙江区域开禁放垦后，随着大批汉族移民的涌入、土地开发程度的提
高、城镇的兴起、工商经济的发展等，出现了极大的变化，然而这些都是物
质的、表层的。但人是文化的载体，人口迁移，同时随之一起移动的还有他
们的价值取向、生产生活方式、语言文字、风俗习惯、宗教信仰等。对此，
有的学者指出："人口在空间的流动，实质就是他们所负载的文化在空间的
流动。所以说，移民运动在本质上是一种文化的迁移。"② 这些随着移民一起
迁移来的文化，超强地表现在如下一些方面。

（１）语言文化。黑龙江区域土著居民语言庞杂，有的属于阿尔泰语系蒙
古语族，有的属于阿尔泰语系满－通古斯语族通古斯语支，有的属于阿尔泰
语系满－通古斯语族满语支，还有的则是有语言而"无文字、医药，削木为
节以记事"③。满语作为清之国语在黑龙江区域通用，"土人于国语，满洲生
之，先天之学也"④。然在与汉族移民的长期交往中，土著居民感觉到生产生
活语汇的匮乏，开始大量地借用汉语词汇。在齐齐哈尔附近的满族村屯三家
子，至今还流传着这样一种近似于笑话的说法："满汉文的书，都是唐僧取
经时带来的，走在途中，满文书有一半掉在河里，汉文书却一本也没有掉，
所以满文书浅，汉文书深。"⑤ 在汉族移民语言文化影响下，一方面，土著居
民"渐习汉语"；另一方面，土著居民不断摈弃本民族的一些词语，如"达
斡尔族以前称大豆为'沙如博尔楚'，荞麦叫做'哈奥勒'，这些词汇逐渐地
变成了废语，现在将前者称'黄豆'、后者叫'荞麦'觉得很方便了"⑥，以
致经过了一段双语使用期后，土著居民本民族语言"完全让位于发展水平较
高，交际功能较强的语言"⑦。对于语言文化的发展变化，黄维翰在《呼兰府

---

① 魏声和：《鸡林旧闻录》（一），吉林文史出版社，1986，第 47 页。

② 葛剑雄：《中国移民史》第 1 卷，福建人民出版社，1997，第 102 页。

③ 曹廷杰：《西伯利东偏纪要》，李兴盛等编《陈浏集（外十六种）》，黑龙江人民出版社，
2001，第 108 页。

④ 西清：《黑龙江外记》卷六，李兴盛等编《陈浏集（外十六种）》，黑龙江人民出版社，
2001，第 1317 页。。

⑤ 金启孮：《满族的历史与生活：三家子屯调查报告》，黑龙江人民出版社，1981，第 18 页。

⑥ 〔日〕池尻登：《达斡尔族》，达斡尔历史语言文学会，1982。

⑦ 景体渭等：《试论东北民族融合过程中的双语现象》，《松江学刊》2000 年第 6 期。

志》中，仅用百言便道出其发展演变过程："旗官档案，自乾隆初至咸丰末年皆用清文，汉军官庄丁虽操汉语而文字仍用满洲，公牍作汉文者鲜能通其音训。同治以后，清、汉文俱有之。光绪中叶，语言文字俱从汉俗。近日满洲人能通清文者不过百分之一，能操清语者则千人中一二而已。"

（2）风俗习惯。过去有人说过："山东农夫，跋涉长途，开垦荒地，有探险之性，具沉毅之力，其质朴敦厚之风，关内农民，不能过也。至于移风易俗，使东北完全汉化，厥功尤伟。"① 此说有一定道理，是汉族移民把一种迥然不同由农业文明养育出的习俗惯制带到了黑龙江区域，影响同化着周边的土著居民。在服饰习俗上，由游牧渔猎得到的服饰原料兽皮、鱼皮向布帛茧绸转化。如"棉花非土产，布自奉天来，皆南货，亦有贩京货者，毛蓝足青等布是以，然皆呼为京靛，而江南来者号抽机布"。此时的绸缎穿用范围仍然局限在少数的达官贵人，"土人以褡裢布制袍，或用茧绸，色尚蓝灰，酱次之，皆缺襟，亦有服绸缎者，十仅二三，则其得之不易可知"②。在饮食习俗上，食材、炊具、条件、方法的变化，进而引起饮食由粗犷豪放向精致细腻的变化。土著居民以肉食为主，有食肉至一二斤者，猪肉、羊肉及各种禽兽之肉等都为其喜食。然其做法简单，食俗简陋，是在汉族移民的影响下饮食习俗方得以改善的。史载，"满洲宴客，旧尚手把肉，或全羊。近日沾染汉习，亦盛设肴馔。然其款式不及内地，味亦迥别，庖人之艺不精也。所谓手把肉，持刀自割而食也。故土人割肉不得法，有'屯老二'之诮"③。在居住习俗上，黑龙江区域受到地理环境、气候条件、生产方式和社会发展水平的制约和影响，"城乡之中，所有建筑房屋，均以朴素御寒为重，华丽壮观次之"。过去土著居民那种"依山作窟""穴居而处"的居舍，已多由窝棚、马架子、土屋、草房、瓦房所替代。"口袋房，卍字炕，烟囱立在地面上"的东北俗谚，是对土著居民房屋样式与室内格局形象生动的概括。一般的城乡家庭，通常是或土屋或草房或瓦房三五间，这些房屋坐北朝南，三间大多在最东面一间的南侧开门，五间多在东起第二间开门，门形如口袋，故这些房屋俗称"口袋房"。土屋、草房、瓦房等室内，多采用"卍"字炕

---

① 黄泽苍编《山东》，中华书局，1935，第112页。
② 西清：《黑龙江外记》卷六，李兴盛等编《宦海伏波大事记》，黑龙江人民出版社，1994，第969页。
③ 西清：《黑龙江外记》卷六，李兴盛等编《宦海伏波大事记》，黑龙江人民出版社，1994，第969页。

式，中空通火，则室内自暖。史载："屋内三面皆炕，烧之室自暖。不然，虽煨红炉，寒气不散。"① 至于"烟囱立在地面上"，系指烟囱建在房山墙之侧，通过孔道与炕相通，这主要是冬季烧火时间过长，出于防火的考虑。一个地方居住习俗的形成有其深刻内涵，如窗纸糊在窗棂外侧，与汉族在里侧糊纸不同，实北方寒风强劲使然。在出行习俗上，土著居民的交通方式无非骑马、乘车、坐轿、乘船等几种，乡村偏僻地也有辐辐车、爬犁、威忽、扎哈等代步工具。如此的出行习俗，在黑龙江区域经济社会发展的冲击下亦有所转变。1903 年中东铁路全线通车，1906 年黑龙江将军程德全主张的呼兰轮船公司建立，1907 年东三省总督徐世昌倡导的汽船官营总局成立，1909 年巴彦商办龙江轮船公司创办，等等。这些现代交通工具的使用，强烈地影响改变着人们的出行习俗。

（3）宗教信仰。黑龙江区域的土著居民主要信奉的是萨满教，而且历史年代久远，肃慎、挹娄、靺鞨、女真等都传承着信奉这一原始宗教的形式，且在南宋史家徐梦莘的《三朝北盟会编》、明代民族史家邢枢的《永宁寺碑记》及《明一统志》、《辽东志》等典籍中多有记载。近世的满 - 通古斯语族的满族、鄂伦春族鄂温克族锡伯人、赫哲族，蒙古语族的蒙古族、达斡尔族以及朝鲜族仍保留着萨满教信仰的遗风和习俗，这在流人著述的《绝域纪略》《柳边纪略》《龙沙纪略》及地方志书《黑龙江述略》《黑龙江外纪》《西伯利东偏纪要》等史料中亦一一载明。萨满教是以萨满活动为主要形式的宗教，是远古时代人们把各种自然物和变幻莫测的自然现象与人类自身联系起来，赋予它们以主观的意识，对它们信仰和祈求，形成的最初的宗教观念。"萨满"一词是通古斯语，有的学者认为其语意为"极为不安、激动和疯狂的人"②。还有的学者通过民族语言志资料考证和田野调查，得出了"萨满"的词根原意为"知道""知晓""晓彻"的结论。③ 萨满作为人神之间的媒介和桥梁，"知道""知晓""晓彻"着一切事情，被人视为传奇式的才智博深的民族圣哲。甚至有人称"萨满是一个氏族的精神、智慧和力量的综合"，是"民族之师、民族之神、民族之魂，承继着民族精神文化的全部遗

---

① 西清：《黑龙江外记》卷六，李兴盛等编《宦海伏波大事记》，黑龙江人民出版社，1994，第 971 页。

② 参见吕光天《北方原始民族社会形态研究》，宁夏人民出版社，1981，第 208 页；宋兆麟《最后的捕猎者》，山东画报出版社，2001，第 333 页。

③ 郭淑云：《原始活态文化——萨满教透视》，上海人民出版社，2001，第 36 页。

产，从而享得全民族的敬重"。①黑龙江区域的萨满教，是土著居民在长期的游猎、游牧、渔猎生产，与恶劣自然环境抗争过程中逐渐形成并完善的宗教信仰形式，它经历了自然崇拜、图腾崇拜及祖先崇拜的发展演变。萨满教活动主要是祭祀、占卜、释兆、跳神等，通过祭祀达到神的世界与人的世界相互渗透，以得到神的恩宠和佑护；通过占卜讨求顺利，卜算吉凶，预知未来；通过释兆去解释灾害、疾病、瘟疫等各种难以预料的事态事象；通过跳神形式并配之以扎针术、放血术、喷化术、冰敷术及土方土药为人治病。土著居民的萨满教信仰是在漫长的游猎、游牧、渔猎经济生活环境中滋生和成熟的宗教信仰，然在外来移民各种宗教信仰的冲击下，一些地方的萨满教出现了断裂、反复、式微的现象。根植于汉族移民心中的释迦牟尼、观世音菩萨、玉皇大帝以及忠勇诚信的伏魔大帝关羽等，随同移民一起进入了黑龙江区域，至于民间信仰的城隍、土地、山神、河神、门神、灶神、九圣、狐仙等，它们的祭祀场所更是遍布乡镇村屯。如在黑龙江将军衙门所在地齐齐哈尔有先农坛、关帝庙、文昌阁、昭忠祠、城隍庙、土地祠、观音庵、关帝庙、万寿寺、大悲庵、普恩寺。墨尔根有城隍庙、关帝庙、龙王庙、马神庙等。黑龙江城有城隍庙、关帝庙、土地祠、观音庵、大佛寺、娘娘庙等。②又如，在呼兰地方，大祠有玉隍阁、文庙，中祠有太阳庙、关帝庙，群祠有城隍庙、土地祠、龙王庙、昭忠祠、火神庙、观音庙、斗母宫、药王庙等，杂祠有财神庙、地藏庙、九圣祠、大仙堂等。③再如，以京旗移垦为源起的双城地方，有佛教的关帝庙、海会寺、会云寺、龙泉寺、龙母庙、庆佛堂等12个祠祀场所，有道教的无量观、无极观、普恩观、清成宫、朝阳宫、保安宫等16个祠祀场所。④由此可见，汉族移民的宗教信仰不断地为土著居民所接受，其已由过去单一的萨满教信仰变成了多元的宗教信仰。当然，这种宗教信仰的影响是相互的，汉族移民信奉萨满教跳神的亦非个例，这表明土著居民与汉族移民在信仰上的逐步趋同。

① 富育光：《萨满教与神话》，辽宁大学出版社，1990，第1页。
② 西清：《黑龙江外记》卷二，李兴盛等编《宦海伏波大事记》，黑龙江人民出版社，1994，第934页。
③ 黄维翰：《呼兰府志·祠祀略》卷六，民国4年铅印本。
④ 高文垣：《双城县志·宗教志》卷十一，李兴盛等编《东游日记》，黑龙江人民出版社，2009，第1620页。

　　这里，我们对黑龙江区域经济社会的发展与"闯关东"移民的关系做了较为充分的论证，但这绝不能理解为汉族移民就是先进的，土著居民就是落后的。民族间文化的交流影响从来就是相互的，也正是这种文化上的相互采撷，导致包含移民文化、土著文化的相互融合的文化形态——新型关东文化的形成。

第七章

民国时期的移民与土地开发

民国以后，黑龙江行政长官深谙移民与地方经济发展、移民与边地安全的关系，极力以各种优惠政策广招移民，相继颁布了《黑龙江省清丈兼招垦章程》《黑龙江省放荒规则》《黑龙江省招垦规则》《黑龙江省清丈规则》等具有法律效力的文书，促使关内移民前往边地从事农业垦殖，由是导致黑龙江区域人口快速增长。民国前期，进入黑龙江区域的移民仍是以务农为主。据中东铁路管理局、南满洲铁道株式会社等机关的调查，每百名移民中有 85 人志在务农，为工者仅占 10%。另有资料统计，民国前期的 20 年黑龙江区域的人口由 344.9 万人增加到 663.1 万人。[1] 近 300 万人涌入黑龙江区域开垦土地，很快形成了以松嫩平原、三江平原、松花江中游和牡丹江流域为中心的粮食产区，带动了农业商品化的发展及促进了围绕农产品资源所形成的北满三大民族工业的发展。

第一节　以移民为主体的人口增长

民国前期（1912—1931 年），是黑龙江区域的人口激增时期，人口总数由 1912 年的 344.9 万人增加到 1932 年的 663.1 万人。综观这一时期的移民，虽然仍是清后期移民的继续，但在时间、空间、移民路线、管理机构及移民生活状况等方面发生了较大变化，与前一时期的移民态势是不可同日而语的。

民国前期，关内各派军阀长期混战，自然灾害频繁发生，致使"民不聊生，于是扶老携幼，迁往东北者，不绝于途"[2]，在约 400 万人的出关移民中

---

[1]　《黑龙江省志·人口志》第 57 卷，黑龙江人民出版社，1996。
[2]　吴希庸：《东北近代移民史略》，《东北集刊》第 2 期，1940 年 10 月。

有近 300 万人进入了黑龙江区域。根据史料的相关记载，将民国前期的移民态势制成图 7-1、图 7-2。

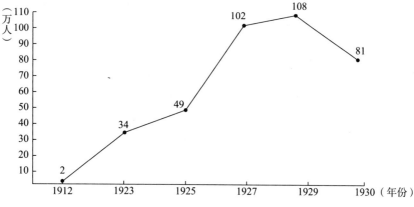

图 7-1 1912—1930 年移民出关数量曲线

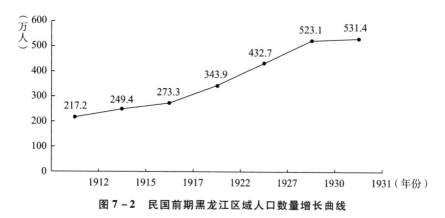

图 7-2 民国前期黑龙江区域人口数量增长曲线

虽然图 7-1、图 7-2 中的人口数量与《黑龙江省志·人口志》的记载有出入，但仍可以此为参考把民国前期黑龙江区域移民态势大致分为缓慢增长时期（1912—1917 年）、快速增长时期（1918—1922 年）、急剧增长时期（1923—1930 年）三个主要阶段。

一 移民的缓慢增长时期（1912—1917 年）

民国成立伊始，清末移民"蜂攒蚁聚"般的余势尚存，每年仍有部分移民进入黑龙江区域。在 1912 年到 1917 年的时段里，黑龙江区域人口增加了 56 万人，平均年增人口 10 万人左右。这一阶段的移民，仍然具有十分浓厚的官办色彩。原因是黑龙江地方政府及部分行政长官，深刻感受到"边疆空虚，外力侵逼”的压力，提出“欲图保存，莫急实边”的主张，并把移民招垦放在“实边”的首位，这一举措收到了显著成效。1913年黑龙江行政公署内专设了“全省清丈兼招垦总局”，制定颁布了《黑龙江省招垦规则》《黑龙江省清丈规则》《黑龙江省放荒规则》等一系列地方规章，以推进移民招垦工作的开展。在这些地方规章里，提出许多优惠措施招徕移民。如《黑龙江省招垦规则》规定：“现在江省提倡招垦，与从前情形大不相同，从前公家重在筹款，现在公家重在垦地，只要能实力开垦，荒价则可分别从缓降低。”地价的低廉，对关内北方各省的贫苦农民是最有吸引力的。同时，黑龙江地方政府还派员去外省招垦，由此逐渐显现出移民向黑龙江区域迁徙的高潮。民国6年（1917）《吉林农报》载：“江省招垦局去春在外省招得垦户万余户，奈地广人稀，不敷分布，又派员分往各灾区招徕垦户。”从中可以窥见移民新一轮的快速增长时期即将到来。

二 移民的快速增长时期（1918—1922年）

1917年以后，黑龙江区域移民从数量上开始快速增长。这一时期涌入黑龙江区域的移民数量分别为1918年12.9万人、1919年13.4万人、1920年14.1万人、1921年14.8万人、1922年15.4万人，5年合计移民数量为70.6万人，年均移民14.1万人。[①] 其间，黑龙江地方招垦机构除继续奉行移民实边的政策外，在招垦方法上也有所改进。民国10年（1921），黑河道尹向黑龙江省督军兼省长提出边疆招垦办法，其中说到“乌云、萝北、绥东三县局，土地膏腴，地利丰厚，而人民未聚，千里萧条”。经分析后又说，招垦“囿于成法，未因地制宜，故提出了特许耕种，宽减赋税，保护治安，厉行奖励”等变荒凉为富庶的诸措施。由于这些措施较过去更为实惠优厚，所以招垦收到了很好的效果。1918年12月某日的《农商公报》记述了黑龙江区域的放荒形式：“吉林东北沿边一带（如依兰、密山、临江等）及黑龙江北中大部分犹复荒凉遍野，渺无人烟。近年来，一方面由于人民发起，一方面由于政府提倡，此等荒野开垦者，已日盛一日，吉、奉殷实富户，聚集资本，多有北赴而买荒地者，一经开辟成熟，无不获利致富。然亦有包揽大段，或开垦无力，或招佃不易，致荒芜如昔者，然开辟而后，每届耕耘之际，又有工人缺乏之患。”从这一报道中可以看出三层意思：一是黑龙江区

---

① 《黑龙江省志·人口志》第57卷，黑龙江人民出版社，1996。

域的放荒招垦有了很大进展；二是现在的移民中有许多是来自吉、奉两省，这与汤尔和在《黑龙江》一书中的记载相吻合①；三是播种收割之际劳动力短缺已为一"患"。正是劳动力的短缺，才导致了这一时期季节性移民的增多。所谓季节性移民，即指春来冬去并无永久居住的打算，稍有积蓄便返回家乡的移民。这种移民的流入时间，一般从每年的二三月开始，直至 5 月，返回家乡的时间大多在秋收以后，10 月、11 月返乡的人最多。这种宛如候鸟的季节性移民产生的原因无外乎两点：（1）移民背井离乡，多数是为生活所迫，所以秋收以后，入关度岁，全家团聚；（2）黑龙江区域既处严寒地带，无霜期短，属一熟作物区，冬季休闲期较长，移民返回家乡，既可避寒，又能冬作，对于小农来说较为经济。关于这种季节性移民数量，一直没见详细记载，所以宽城子（长春）车站统计的旅客流量表，可以说是了解黑龙江区域季节性移民数量最好的参考资料。1921 年，经宽城子车站流入黑龙江区域的人数是 375722 人，流出人数是 329372 人。1922 年流入人数是 327319 人，流出人数是 346198 人。② 虽然这仅是一个参考资料，但仍能反映出季节性移民的数量是很大的。随着黑龙江区域招垦措施的改进及移民对这里认识的转变，季节性移民呈逐年减少的态势。这表现为许多移民改变了过去那种单身闯关东的做法，携家眷同行者日多，因而老人、妇女、小孩的比例大为增加。据哈尔滨移民收容所的调查，在 3 万多移民中，"男子是一万八千人，女子八千人，小孩四五千人"。"另从大连上岸者观察之，女子人数更为增多，无家族同行者特少。"③ 从中反映出移民性别比的变化，进而可见的是移民性质的变化。

三　移民的急剧增长时期（1923—1930 年）

1920 年以后，黑龙江区域的移民数量开始快速增加。特别是在 1923 年以后的几年里，黑龙江区域以年均增长 27 万人的速度，剧增人口 187 万余人。④民国 17 年（1928），黑龙江地方政府颁布了《黑龙江省沿边各属荒地抢垦试办章程》，其要点为移民可免纳 3 年租赋。在免交租赋的刺激下，流入

---

① 汤尔和在其《黑龙江》一书中论述大赉、景星、肇州三县移民的迁出地时，就提及辽宁昌图、怀德两县农民有 990 人，吉林省农安、扶余、长春三县农民有 1240 人。

② 《中华民国史料丛稿·关于东北抗日联军的资料》第二分册，中华书局，1982，第 415 页。

③ 《东北经济丛书·人文地理》，京华印书局，1948。

④ 《黑龙江省志·人口志》第 57 卷，黑龙江人民出版社，1996。

黑龙江区域的移民数量与年俱增，尤其是在 1927 至 1929 年的几年里，移民数量更多达百万人。据国际联合会《中国代表处说帖》统计，1927—1929 年黑龙江区域移民人数如表 7-1 所示。

表 7-1　1927—1929 年黑龙江区域移民

单位：人

地区	1927 年	1928 年	1929 年	合计
中东铁路南线	23000	15000	10000	48000
中东铁路东线	150000	80000	50000	280000
中东铁路西线	100000	70000	80000	250000
松花江下游	120000	120000	80000	320000
乌苏里江流域	20000	120000		140000
呼海路流域	10000	30000	40000	80000
黑龙江流域	2000			2000
合　计	425000	435000	260000	1120000

资料来源：孙占文：《黑龙江省史探索》，黑龙江人民出版社，1983，第 310 页。

从表 7-1 得知，1927～1929 年黑龙江区域的移民数量是 107.2 万人（除去中东铁路南部线的 48000 人），年均移民 30 余万人，这在地方移民史上是个罕见的数字。现代社会学理论告诉大家，促使地方移民增长的原因有两个，即移入地的引力和移出地的斥力。移入地的引力已如上述，那么还需我们对移出地的斥力做一番考察。20 世纪 20 年代后，关内北方数省天灾人祸频仍，交相为害、相互为因，"战争一次凶似一次，战区一次大似一次"。[1]据统计，1923 年战争波及省份有 6 个，1924 年有 8 个，1925 年有 13 个，1926 年有 15 个，1927 年有 14 个，1928 年有 16 个，1929 年有 14 个。[2] 而此间，频发的自然灾害更使中国被称为"灾荒之国"（China, Land of Famine)[3]，史料记载更是触目惊心：

　　1921 年，豫、苏、皖、浙、陕、鲁、鄂、冀 8 省大水，鲁、豫、晋 3 省受灾 148 县，灾民达 9814332 人。

---

[1]　章有义编《中国近代农业史资料（1912—1927）》第 2 辑，三联书店，1957，第 608 页。
[2]　王寅生：《兵差与农民》，冯和法编《中国农村经济论》，《民国丛书》第 2 编第 35 册，上海书店 1990 年影印版，第 362 页。
[3]　文振家：《今年的水灾一瞥》，《中国实业杂志》第 1 卷第 10 期，1935 年 10 月。

1926 年，鲁、豫、冀等省先旱后涝，山东尤甚，加之河决为害，百余县几无完区。

1927 年，鲁省发生旱、蝗灾，灾区达 56 县 24 万平方公里，灾民约 2000 万，这与山东 107 县、人口 3800 万相比，达到 6/10。

1928～1929 年，华北五省大旱。河南全省无一县无灾，重灾区有 40 余县，灾民达 700 万人。此间，山东全省旱、水、蝗、霜、雹等多灾并发，达 244 县次，有 48 县农业收获仅一至三成，被灾人口 410 余万。[①]

灾情频发与流民潮如同孪生兄弟，往往是"每逢灾歉年头，饥民四出，就会有流民潮的出现，大灾大潮，小灾小潮，以致流民潮的潮起潮落，与灾害的消长成正比"[②]。始终窥伺觊觎我国东北的日本人，又以文字评论在山东胶县、莒县路上涌动的流民潮：

> 身着破衣的男主人沿着大路往东北走，紧随其后的是男女老幼各种人。让老婆坐在小车上推着的人，跟着丈夫后面的妻子，背上用绳子捆着小孩的妇人，拉着父亲手的孩子……均是疲于奔命、一言不发的人们凄惨的场面。他们是住在故乡，又要移居他乡的难民。每天近 1 万人的难民行走在往东北去的路上并不稀奇。[③]

在如此斥力和引力的合力作用下，黑龙江区域的移民在数量上达到了高潮。1931 年九一八事变后，黑龙江区域官方极力促进、蓬勃发展的移民事业出现了短暂的停滞局面。

第二节　移民路线与地理分布的变化

近现代的"闯关东"移民依然势头不减，不过由于中东铁路修筑、京奉铁路开通，加之数十年的东北开禁放垦，南部可垦荒地所剩无几，移民为了

---

① 转引自范立君《近代关内移民与中国东北社会变迁（1860—1931）》，人民出版社，2007，第 141—142 页。

② 池子华：《中国近代流民》，浙江人民出版社，1996，第 51、57 页。

③ 南满洲铁道株式会社庶务部调查课编『民国十七年の满洲出稼者』南满洲铁道、1929、130 页。

减少路途劳顿和更加容易地获得生荒地，移民路线与地理分布还是发生了很大变化。

一 移民路线的变化

民国前期，虽然源起于清中、后期的"闯关东"移民势头不减，但由于人口的地理分布、政府招徕移民的目的及交通条件等诸多因素的变化，移民路线与移民地理分布与过去大为不同。据上引《中国代表处说帖》记载："移民到东北，经大连者约占一半，其余皆取道营口、安东或北宁路。抵东北后大半沿中东路北进，到哈尔滨后，则散布于吉黑各县，其余分布于鸭绿江一带，至散南满沿线者不过百分之二三而已。"① 尽管此时的移民仍循"闯关""泛海"的水陆两线，但与清中、后期相比已有了相当大的变化。

民国前期，关内移民通过水路进入东北的路线主要有青岛至大连、烟台至营口、天津至营口、烟台至符拉迪沃斯托克（海参崴）4条航线。山东东南一带的移民多由青岛登船渡海至大连，再转乘南满铁路车辆赴黑龙江区域。烟台一带移民渡海至营口登陆后，分为两路，一路沿南满支线（营口支线）经长春进入黑龙江区域，另一路则由京奉铁路转入四洮铁路进入洮南一带。烟台至符拉迪沃斯托克（海参崴）航线的移民，可从陆路进入黑龙江区域沿边的重点招垦地区。陆路主要是京奉、南满和中东铁路，为移民提供了经济、方便的迁徙条件，当时的东三省铁路除归日本人直接管辖的南满铁路外，其余各线均奉当局命令准许移民半价乘车。这虽然比清中、后期"闯关东"流民的"随处因树为屋，夜或野处爇火自卫，往往膏虎狼之吻，坠岩谷丧生"② 的境遇好许多，但移民的迁徙之路仍然是十分艰辛的。有人对该时段移民原因、迁出地及迁徙之窘况记述道：

> 山东避难民中之最多者，为沂水黄县人；日照、莒县、济宁、临沂、菏泽，定陶次之。沂水之人逃出者，居十分之七，因其地之附近土匪既多，又为红枪会、大刀会势力最强之所，居民既苦于苛税又为土匪所侵扰，年岁不佳，衣食无所出，除铤而走险只身外出外，别无他法，故移住者独多。

---

① 转引自孙占文《黑龙江省史探索》，黑龙江人民出版社，1983，第310页。
② 魏声龢：《鸡林旧闻录》卷一，吉林文史出版社，1986，第41页。

方彼等之出发也，皆弃其家室与田地而行。旅费多者四五十元，少者不过一二元，甚至一无所有乞食而行，因而沿途饿死者不少。由济宁至青岛之道中，饿死之儿童与老人到处皆是，地方官熟视无睹，唯之照常收取租税，于是卖子女以充旅费者往往有之。

在青岛发卖之女儿每名二三十元，到奉天不过十余元，男孩几无问津者。由济宁至哈尔滨，人需二十元内外，无旅费者即由大连步行至长春。[1]

对于一些无亲友投靠的移民来讲，他们并没有一定的目的地，只是在大连上岸后，便开始徒步移动，寻找可留之地，随处可居，发现有不可心之处，便再次迁移。至于移民数量，仅以 1927 年为例，各交通路线的移民数量大致是："在大连上陆者有七十万人，营口上陆者有二十余万人，由京奉路来者有十余万人左右。"另据大连某船长的调查，"北来移民……以由大连上陆者为最多，一月至八月末，由青岛来者有五十二万七千一百人，斯时在青岛候船来者尚有十余万人。由营口上陆者三十一万余人，加上京奉铁路来者总在百万人左右"。[2] 上述几条移民路线，除烟台至符拉迪沃斯托克（海参崴）航线外，其余均要汇集在长春一地，然后移民或换车或徒步多奔往哈尔滨以北、以西、以东的黑龙江腹地。

二　移民的地理分布

民国前期，从整体上看移民进入黑龙江区域后的地理分布，是东部多于西部。例如，1927 年 1—10 月进入黑龙江区域的移民约有 53 万人，其地理分布的状况如下：

中东铁路东部线的乌吉密、同宾、海林及其他之沿线各地约有 26 万人；西部线之安达、齐齐哈尔等地约有 5 万人；从哈尔滨经呼兰移住绥化、海伦的有 2 万人；经哈尔滨乘船至松花江下游的三姓（依兰）、木兰、岔林河、桦川、富锦、虎林者约有 20 万人。[3]

---

① 王慕宁：《东三省之实况》，中华书局，1929，第 5 页。
② 朱偰：《满洲移民的历史和现状》，《东方杂志》第 25 卷第 12 号，1928 年。
③ 王慕宁：《东三省之实况》，中华书局，1929，第 10 页。

民国前期，黑龙江区域移民的地理分布东部多于西部的原因，主要有以下几点。

第一，清后期的开禁放垦重点在西部，大批土地已被先来移民所占有，在靠近铁路、交通便利的地方，荒地所剩不多，后来移民只能租赁别人的土地耕作，或花大价钱购买土地。据调查，"西部地区上等生荒每垧收大洋四元，中等三元，下等一元。而东部地区的宁安、依兰、桦川、穆棱生荒每垧收大洋二元，富锦、密山、额穆、桦甸、勃利生荒每垧收大洋一元五角，虎林、蒙江、宝清生荒每垧收大洋一元，绥远、饶河、同江每垧收大洋五角"①。如此悬殊的地价，对于贫困移民来说，不能不是影响定居地选择的一个重要因素。当然，这和地方政府的干预政策有关，政府为了更有效地实行移民实边，往往是有意放开边疆地区的荒价，以此吸引移民去边地从事垦殖。

第二，黑龙江区域东部地区的森林采伐和矿业开采，给移民带来较多的谋生出路。中东铁路东部线一带拥有十分丰富的森林和矿产资源，许多移民因此成为林业与矿业工人，于是在中东铁路东部沿线形成了许多以移民为主的居住区。这些移民生活比较稳定，他们适时地从事农业生产，冬季则进山伐木或外出做工，以此来增加收入。而无偿或者廉价获得的木材，又使他们不必像西部移民那样因盖房和购置家具而花费大笔款项。

第三，黑龙江区域西部一些地方严重的地方病，令移民望而生畏。如克山、庆安等地"水土恶劣，妇女夭亡，男生奇骨"，即所谓的"大骨节病"，逼迫着移民再次迁移。《黑龙江志稿》载："庆安拉林河东，安邦河西佃户，地已形成大半……讵料过去十余年后，所有妇女幼年与中年者夭亡殆尽，至于年老方可无虞。所有幼孩幸有不死者，均长骨节，粗蠢短矮，且曲伸不便，腰粗身短，不能工作，类如废疾之人。有见机而先逃者，有全家搬移者，将大照（地契）贴于墙上，物件抛于室内，比比皆是。"而这些"逃跑者"，应该有相当数量是去了正在"移民实边"的东部招垦区。

第四，黑龙江区域东部当时属于吉林省辖治，在招垦方法上用心细腻。如民国16年（1927）4月吉林公布的《难民救济简章》中明言："为指导移民者计，设难民指导所于要地，沿途加以保护，对于无一定之目的地而希望耕作者，使移住于荒地较多的依兰道。此地近于日本海，又位于东三省极东

---

① 《吉林省清理田赋报告》，"沿边清丈"，第2—10页。

部，于国防上有重大之意义。"①

上述诸因相互作用，形成了民国前期黑龙江区域移民在地理分布上东部多于西部的局面。

第三节　移民机构的设置与移民的生活状况

民国以后，随着国家政体的改变，机构设置更加务实，边地吏员从国家移民实边的大局谋划，格外顾及移民的生活状况，为移民提供了极大便利。

一　自上而下的移民机构设置

为了更好、更多地招徕、安置移民，黑龙江省行政公署于民国 2 年（1913）专门设立了全省清丈兼招垦总局，下设若干区，几乎各县均依照省公署令设立了招垦分局或招垦处、所，并设置专职委员办理移民垦殖事务。一些无力设分局、处、所的县份，则委托当地商会代为办理移民垦殖事务。各县的招垦机构，可视本地财力状况给移民提供便利条件，以利于开荒垦殖。招垦章程也可根据当地的具体情况斟酌而定，上报经许可后便可施行。除了上述的官办机构外，在民间尚有许多公共组织在办理一些移民事务，譬如民间组织同乡会，便在移民中普遍存在。虽然移民迁徙的原因、形式、移出地不尽相同，但多数移民是由同乡亲朋相引而至，故在一个地方同一乡里的移民十分集中。官办与民间移民机构的任务，都是帮助指导移民赴各县开垦或去各矿区及森林采伐区落脚谋生，因而其工作内容也是烦琐复杂的。哈尔滨由于中东铁路的作用，成为移民进入黑龙江区域的主要枢纽，各地的移民机构都有招垦员常驻于此。而同乡会的工作要更为细致，派员在车站、移民收容所及一切移民可能寄宿的地方，"探听有无由哈尔滨溯江或去东部地区的开垦者，若有之则相待于旅馆"，并随时为之确定船与汽车的开出时间，指导移民乘船搭车的各种事宜。同乡会还代省清丈兼招垦总局发给移民证明，每家一份，上书移民姓名、家眷人口，内容为："今有某某携家族若干名，赴黑龙江某县开垦，特为证明。"② 到达指定地点后，各县也都有招垦员以此证为凭给予安置。由于移民众多，各招垦局对移民的安置也十分简单，

---

① 王慕宁：《东三省之实况》，中华书局，1929，第 15 页。
② 王慕宁：《东三省之实况》，中华书局，1929，第 14 页。

基本上是过渡性的，如"每五人给小屋一所，五百人则掘一井，材料由官方担任，劳动力由移住者负责，另备引水槽与辘轳以备公用。千人以上则另建新村，每壮丁一名贷给农具一套，家庭用具一副，口粮一石五斗。此等用费由县署上呈省署支出公款，移民相互保证，经过两年后，分五年偿还之"[1]。虽然这种安置方法过于简单，但从当时的情况看，能做到如此也实属不易。

民国前期，黑龙江区域移民有一个新情况值得注意，即各地官僚财阀、巨商富贾纷纷投资荒地垦殖，他们采取圈占荒地、低价收买等方法组织富有现代农业意义的垦殖公司。如江浙财阀创办的绥滨火犁公司，江苏官吏陈陶遗投资的东井垦务公司，江浙地主周大榕经营的智远公司，黑龙江吏员吴俊升、鲍贵卿开办的广信公司，等等，均属此类性质。在1913—1926年的10余年里，黑龙江区域创办的农业垦殖公司达18家之多。其状况如表7-2所示。

表7-2　黑龙江区域创办的农业垦殖公司

单位：垧

名称	年份	地点	占地面积
黑龙江垦务公司	1913	拜泉	139
黑龙江垦殖有限公司	1914	拜泉	12960
有益垦殖公司	1914	拜泉	3240
富宁屯垦公司	1910	东宁	
裕宁屯垦公司		东宁	10000
裕华合垦公司		龙门镇	16200
上集厂农业公司		绥化	20000
呼玛县三大公司	1915	呼玛	3600
绥滨火犁公司	1915	绥滨	57000
东井垦务公司	1915	绥滨	2400
智远公司	1915	绥滨	1600
近恩垦殖公司	1915	绥滨	2400
广信公司	1925	绥滨	45000
泰东公司	1929	泰来	8715
南阳垦殖合作社	1929	苇河	15000

---

[1]　王慕宁：《东三省之实况》，中华书局，1929，第15页。

名称	年份	地点	占地面积
建业公司	1914	拜泉	16480
大利同垦有限公司	1914	临江	3600
阜宁公司	1913	东宁	2500
合计			220834

资料来源：此表据孙占文《黑龙江省史探索》《黑龙江国营农场经济发展史》《黑龙江省志·农业志》等资料编制。

这些公司占地之广、佃户之多、资金之雄厚在黑龙江区域是前所未有的，它们均有招募人员在通衢之地哈尔滨招徕移民，其对象多是在黑龙江区域无亲朋可以投靠且目的地尚不明确的移民。据《绥滨地主阶级史的初步考察》一书的不完全统计，仅绥滨火犁公司、东井垦务公司、近恩垦殖公司、广信公司、智远公司 5 家农垦公司就有佃户 950 余户、雇工 930 余人。这些佃户和雇工多是民国前期迁徙来的移民。

二　移民的生活状况

民国初年，处于开发之际的黑龙江区域，若不在现实或短期内给人以相对较好的物质生活水准，也就是说移民没有对美好前途的憧憬，那么谁也不会千里迢迢地来到这里。历史上的中国是一个"以农立国"的国家，黑龙江更是一个以农业、农村、农民为主的区域。经过清后期的开禁放垦，区域人口结构大为改变，原来的游牧渔猎人口因土地开发而减少，士学工商的城镇人口尚不发展，绝大多数人几乎在从事着农业生产或与农业生产有关的营生，故而这里所要论述的是针对人口主流的移民生活。

黑龙江区域土地资源十分丰富，关内移民亦多是奔此而来，希冀着得到土地后靠己力过上心目中的小康生活。对此，黑龙江区域的各级政府做了大量的工作，相继制定了《黑龙江省清丈兼招垦计划书》《黑龙江省清丈兼招垦章程》《黑龙江省清丈规则》《黑龙江省放荒规则》《黑龙江省招垦规则》等地方性法规文件，以多种优惠措施招徕移民。有的地方鉴于移民文化水准不高，还专门编撰了通俗易懂的宣讲材料，在关内诸省农村中宣传，收到了较好效果。如曾任龙江道尹的何煜，在自己编撰的《招垦白话告示》中说：

你们庄稼人，种地为本。但是土地算黑龙江顶号。我把黑龙江省情形，说给大家听听。现在奉天、吉林、关里人，带着家口来到黑龙江种地，为的什么？

一来为的是买地少花钱。奉天、吉林买一垧地，总得几百元钱。若在黑龙江省，上等荒一方才三百多元，中等荒二百多元，下等荒不过一百元钱。你们道便宜不便宜？

二来为的是有粮多卖钱。黑龙江省上等地一垧能打大斗十石还多，中等七石多，下等也打四石多。若像去年年景，当年开的生荒，大斗还打五石。一石粮卖得一百多吊钱，一垧地打粮四五石，就是四五百吊钱。一副犁杖种得二三十垧，就可以得一万多吊钱。粮食没有打出的时候，便有老客到家，给钱定下。你们道便宜不便宜？

三来为的是有闲暇功夫，都能挣钱。正月二月三月半间，这个时候乘冻未开，叫你的年工劳金在山上备办木柴或毛柴，等到冬天无事，拉进城去卖，木柴一大车，卖得三百多吊，毛柴一大车，也是一百多吊。到了六月时候，地里庄稼铲也铲了，趟也趟了，趁这个空，就打羊草，一个劳金可打四千捆。或在甸子卖，或留在冬天卖。在甸子卖，每千二百多吊。到冬天拉进城，至少也卖四百多吊。

一个劳金，帮助打羊草，就与你挣七八百吊钱。到了十月，拉庄稼打场，也就收拾完了。这劳金没有事，牲口也有空了，与人拉脚。

一辆车，几匹马，每日挣得更多多的。你们想想，便宜不便宜？

有此三件好事，故来的人，一年多似一年，一月胜似一月。不说别的，就是从前做官的人，看见黑龙江地方土地肥美，官都不愿意做了，差也不愿意当了。大家忙忙的，买荒地，种庄稼，若果没有好处，他们干吗？

尚有一说，大家要知道才好。黑龙江地方，荒多人少，这是老古的话。现在每年加增的人口，三四万不等，都是来开荒的。再过几年，这荒地可就不多了。大伙趁着这个时候，买几井地，多开几垧荒，子子孙孙便就吃着不尽了。[1]

同样还是这个何煜，为了使宣讲材料上口，让受众容易记住，且能在内地广为传播，还刻意编撰了《招垦四言告示》，其内容为：

---

[1] 何煜：《龙江公牍存略》，《程德全守江奏稿》，黑龙江人民出版社，1999，第1700页。

龙江荒地，最好最贱。每垧六毛，多或元半。林甸嫩江，黑土肥烂。汤原通河，轮船利便。布西江边，吉星河畔。开出膏腴，粮食堆遍。每垧打粮，年收八石。每石五元，大利必赚。直隶山东，连年灾歉。吉奉地昂，人满为患。齐到龙江，将荒踏勘。小试小效，大办大赚。置产兴家，财源万贯。官中保护，处处周便。六年升科，宽予期限。劝尔绅农，迁地为善。早来地多，晚来失算。快快赴江，切莫次慢。①

上述两则"告示"，以通俗易懂的白话方式告诉移民，黑龙江区域土地丰腴且较易获得，而且移民只要勤于劳作，必然致富发家。实际上，何煜道尹所说的亦并非妄言，黑龙江区域的开禁放垦，在划分地亩、计算方法、起科年限、收取押租、金融借贷、往来费用等诸多方面向移民提供了优惠条件，目的就是减轻移民负担，使之尽快安顿下来开荒生产。针对移民对黑龙江区域状况的不了解及前途未卜的心理活动，曾任江省幕府的张国淦还以问答的形式一一做出解释，坚定移民赴江垦殖的信心。严格地说，出自张国淦《黑龙江志略》的移民生产与生活状况的内容，其时限虽为清末期的1910年（宣统二年），但所反映的均为研究者欲知的内容，故此引用权作参考：

一、垦户承领荒地，每垧需价若干两？

答：每段不同，沿边只缴经费，每垧银四钱，不收荒价。

二、例如农夫百人，能开垦荒地若干垧？

答：最多六七百垧，最少二三百垧。

三、例如农夫百人，需住宅若干间？

答：若起造最大土房，共需十五间，最小土房，共需二十间。

四、土房每间需银若干两？

答：最大者需银四十两，最小者需银二十两。

五、农夫每人每月伙食需银两若干？

答：约需二两四钱。

六、农夫每人每月薪工需银若干两？

---

① 何煜：《龙江公牍存略》，《程德全守江奏稿》，黑龙江人民出版社，1999，第1701页。

答：约需三两。

七、每垧地需牛粮籽种费若干两？

答：牛马草每头每年二十吊之谱，籽种费每垧地细粮二十余吊，粗粮三十吊。

八、例如开垦百垧，需牛若干头？

答：二十头。

九、例如开垦百垧，需马若干匹？

答：三十匹。

十、牛每头需银若干两？

答：价值不等，论头牌牛，江钱三百五十吊，二牌牛一百七八十吊，母牛一百二三十吊。

十一、马每匹需银若干两？

答：价值不等，约一百二三十吊即可适用。

十二、用牛开垦与用马开垦比较孰宜？

答：以牛为宜。马行较快，然不耐久，且畏倒毙。

十三、牛每头喂养费需银若干两？

答：江钱二十吊。

十四、马每匹喂养费需银若干两？

答：江钱二十吊。

十五、马犁每架需银若干两？

答：小洋犁一架羌洋四十余元，本地土犁需江钱二十吊。

十六、例如开垦百垧需马犁若干架？

答：三架。

十七、所购马犁，牛马可否通用？

答：牛马皆可通用。

十八、马犁每架需农夫若干人？

答：三人。

十九、用马犁与用火犁比较孰宜？

答：用马犁为宜。

二十、例如开垦百垧需车若干辆？

答：江省运货乃用大车，乡间多用牛车，亦能载货，约需牛车十辆之谱。

二十一、车每辆需银若干两？

答：大车需江钱二百吊，牛车需江钱□吊。

二十二、例如开垦百垧需开井若干？

答：一眼。

二十三、开一井需银若干两？

答：约需三十两。

二十四、例如开垦每垧种豆能收若干？

答：最多二石余，最少一石余。

二十五、例如开垦每垧种麦能收若干？

答：最多三石，最少二石。

二十六、例如开垦每垧种高粱能收若干？

答：最多二石余，最少一石余。

二十七、例如开垦每垧种粟能收若干？

答：最多四石，最少三石。

二十八、例如开垦每垧种谷能收若干？

答：最多八石，最少六石。

二十九、豆每石售价若干？

答：最高的售江钱四十吊，最低三十吊。

三十、麦每石售价若干？

答：最高约售江钱八十余吊，最低约售五六十吊。

三十一、粟每石售价若干？

答：最高约售二十余吊，最低约十余吊。

三十二、高粱每石售价若干？

答：最高约售江钱三十五六吊，最低约售二十五六吊。

三十三、谷每石售价若干？

答：最高六十吊，最低五十吊。

三十四、播种收获时间若何？

答：各处不同，大概三四月，七八月收获。领户须于三月以前到段，以一月之力开垦，即可播种，迟则须至来年。

三十五、每年能收获几次？

答：仅收一熟，远胜南方两熟。

三十六、例如开垦百垧，约计收获粮食应需仓屋若干间？

答：约需三四间。

三十七、仓屋每间需银若干两？

答：砖房每间约百两，土屋约五十两。

三十八、例如开垦以一人计算，通共每年需银若干两？

答：约八十两。

三十九、升科年限若干？

答：自领荒日起，六年升科。

四十、开垦第一年能否收回成本？

答：第一年未能收回，二三年后获利倍蓰。现时东荒熟地售价至银一百余两。[1]

以上仅是黑龙江区域吏员就移民的一些困惑做了简要回答，除此之外他们还适时地告诫移民必须做好心理上的准备，因为这里亦并非天堂，只有那些抱定艰辛、奋斗、创业决心的人才有望成功。"披荆斩棘，变荒芜为良田，其业虽至艰辛，而其利益之厚，实出内地农业之上，故欲入未开垦之原野以从事于开垦耕种者，不可不先具有坚忍刻苦之决心，以前途之乐利为目的。"[2] 此话道出移民黑龙江区域的困难与希望。

三　移民生活水准的基本概念

黑龙江区域的放荒，经过了周详的筹划准备，先确定放荒地段，然后划分地亩。其具体方法是："大段荒边，每三十六方里划为一井，每井划为九区，每区划为四方，每方划为四十五垧，每垧面积二千八百八十弓（合十亩）……每井适中地点，得划屯留基两处，每处两方。大段荒地适中地点，得划留镇基一处，每处六方……生荒每一垧扣除三成（沟洼壕道），按照七成实收地价。生荒遇有沙洼碱甸，量予折扣……一等荒每垧大银元三元，二等荒每垧大银元二元，三等荒每垧大银元一元。"[3] 移民承领荒地后，需要做的事情还很多。首先是要把家安顿下来，不可无居住之所。黑龙江区域一般家居以土平房占多，移民通常的办法是先于荒地附近搭窝棚，以为暂时栖居

① 张国淦：《黑龙江志略·农业》，李兴盛等编《程德全守江奏稿》，黑龙江人民出版社，1999，第 2502—2505 页。

② 何煜：《黑龙江省垦殖说略》，民国 4 年铅印本。

③ 省清丈兼招垦总局编《黑龙江省清丈兼招垦计划书》，第二章、第三章、第五章。

之所，俟开垦数年略有积蓄后再建房屋。窝棚是种简易住房，一般有三种搭建方法，一是支马架（即人字式屋顶），这种方法最为普遍。二是前后两端用木各二为柱，自地向上渐斜，横一梁为上以为勾配，两边用小木若干为支干，小木以树枝或草覆之，再加泥土于上，即可御风雨。其室内之卧炕，就地挖之。马架之大小，依家中人口多少而定，大者可容纳数十人之多。在近山木料易得的地方，只需人工数名即可搭成。其偏远地方，每马架一座需款二三十元、四五十元不等。三是两边略垒土砖数尺，然后上覆以人字形屋顶。这也就是俗称地窨子的房屋，择土岗半坡或平地下挖丈余，三面以土壁为墙，一面为门，横木为上，覆树枝或草以为遮盖。其搭盖之法，视木之大小而定。室内卧炕就地掘沟，用树枝横盖，以草和泥抹之，亦能与砖炕无异，此房尤为省费省工省力。所以，对于初来之移民，仍以先搭建窝棚为宜，实际上他们也是这样做的。

移民的口粮及被服。待略为安定下来后，口粮及被服乃是移民须臾不可离开的日用必需。"平均一人一日之食粮，小米三合乃至四合，一年约计一石二三斗。若从谷子计算，平均每石谷子可得米对成，每年约需谷子二石三斗，再合以鸡豕等之喂养，每年约二石五六斗为近。小米市价，每石约计五元，每户以五人计算，初年每户约需小米五石五斗。又高粱、包谷米、糜子米亦均为食粮之一。惟高粱品质风味较劣，且成饭不能如小米之多，用为平常食粮食者甚少。糜子谷、包谷米之用量与小米亦略相等。其他日用盐杂项，每口每年约计二元内外。"①移民被服一项，一人一年间所需金额为10—15元。在何煜的《黑龙江省垦殖说略》中记载的移民被服支出如表7-3所示。

表 7-3　移民被服支出

项目		尺寸	花费
1. 棉袄			
表	中等毛蓝大布	20尺（木尺）	每尺5.5分
里	下等毛蓝大布	20尺	每尺5分
棉花（锦州产）		1斤	每斤5角
缝工			5角
计			3.1元
2年1件		1年	1.55元

---

① 何煜：《黑龙江省垦殖说略》，民国4年铅印本。

项目		尺寸	花费
2. 棉裤			
表	中等毛蓝大布	13 尺	每尺 5 分
里	次等毛蓝大布	13 尺	每尺 3 分
棉花		1 斤	每斤 5 角
裤腰	白布	4.4 尺	每尺 4 分
缝工			4 角
计			2.42 元
2 年 1 件		1 年	1.21 元
3. 夹袄			
表里同于棉袄			2.6 元
2 年 1 件		1 年	1.3 元
4. 夹裤			
表里同于棉裤			2.02 元
2 年 1 件		1 年	1.01 元
5. 单衣及裤褂			
材料同于夹衣之表面			3 元
2 年 1 件		1 年	1.5 元
6. 靰鞡			
1 年 1 双			3 元

移民所需的生产资料除土地之外，还有农具甚多。然移民远道而来，水陆舟车之费颇多，故除轻巧必须携带者外，其余粗重之物尽可变卖，俟进入迁入地后再另行购置。黑龙江区域各地为方便移民还专设官货店，"根据缓急，量为称贷。所售货物，其计算利益，须较普通商店从轻，不准稍有盘剥"①。官货店经营各种农具价格如表 7 - 4 所示，购置农具应该也是移民一笔不小的开支。

表 7 - 4　官货店经营各种农具价格

种类	数量	币名	价格	种类	数量	币名	价格
洋犁十一号	每具	羌帖	40 卢布	洋斧子大	每个	官帖	12 吊

---

① 何煜：《黑龙江省垦殖说略》，民国 4 年铅印本。

续表

种类	数量	币名	价格	种类	数量	币名	价格
洋犁十二号	每具	羌帖	80 卢布	洋斧子二	每个	官帖	6 吊
土犁	每个	官帖	70 吊	钐刀	每个	官帖	3.5 吊
铧子	每具	官帖	7.5 吊	铡刀	每台	官帖	150 吊
穰耙	每盘	官帖	70 吊	扇车	每架	官帖	170 吊
碾子	每盘	官帖	300 吊	连枷	每柄	官帖	8 吊
磨子	每个	官帖	200 吊	铁叉	每具	官帖	5.5 吊
镐头	每个	官帖	17 吊	筛子	每个	官帖	9 吊
镢头	每个	官帖	80 吊	锄头	每个	官帖	10 吊
铁锨	每个	官帖	60 吊	耙子	每个	官帖	4 吊
木锨	每个	官帖	40 吊	簸箕	每个	官帖	9 吊
石辊	每个	官帖	40 吊	漏斗	每个	官帖	14.5 吊
木辊	每个	官帖	50 吊	锯子	每具	官帖	20 吊
备考	上列各具固不可不全部购置，然犁具碾磨等项，亦可合数家共同置办，彼此通融办理。此外车辆一项需费最多，平均二十垧之户需车一辆。车之价格大小不等，大车专用搬运，价值百数十元。初到段之户，仅备牛车暨辘轳车数辆即足敷用。牛车每辆价值约三十元，辘轳车每辆约十元。牛马每匹折中五十元之谱						

“综计以上各费，为一般农民所必需，移住者不可不分缓急先后，以适合于经济之原则。然江省土地广阔，农业制度素偏于大农主义，故农家需要资本较巨。初到段之民，最少不可不有伍佰元以上之资力，否则事业无从着手，必致辗转支绌，陷于困厄之境，不可不熟察也。”① 这是黑龙江区域地方官吏对移民所提的忠告，但移民多为关内北方诸省的贫苦农民，数百元资金的筹措对其来讲谈何容易。而他们又深受黑土地诱惑急于出关谋生致富，于是引出了黑龙江区域移民垦殖的多种形式。（1）自备资金，购买熟地或生荒地进行耕种；（2）在招垦机构中领得，并借补助金（每垧 4 元到 20 元不等）营建房屋、购置一些农具和生活必需品，3 年后缴纳租金并偿还补助金；（3）由土地的拥有者租借给移民土地和粮食等生产生活必需品，土地垦熟后四六分配，或者由地主出地，移民自备一切费用，土地垦熟后三七分配。在上述类型中，由于移民多是贫苦农民，自备资金者很少，多数移民只能承租土地，成为大土地所有者的“榜青”佃户。有资料表明，“农民大多

① 何煜：《黑龙江省垦殖说略》，民国 4 年铅印本。

数来自鲁奉……自耕兼佃农占 18%，佃农占 27%，雇农占全人口的 13%"①。

如此看来，虽然黑龙江区域各级政府给移民提供了种种优惠措施，但由于其自身的贫困，移民中为佃雇农者依然很多。且当时较重的赋税，亦为移民一大负担。报载："东北农民种地要纳正赋，又要按土地多少摊派警捐、学捐及保卫捐，上交粮食时得交落地捐、车捐、斗捐、经纪费等，养牛马要交牲畜捐，买日用品要交印花税、验契税，清丈土地时除交地价外，还得交清丈费、发契费、注册费等。"② 这样，"耕作十垧土地以下的农户，其全年收入常不足以付其全年之支出。一般称作小康的农户辛苦了一年，流尽了汗水，也只不过混饱肚皮而已……他们平日的饮食十分粗劣，今日吃高粱米咸菜，明日还是照样，一年到头总是如此，这种生活真算是苦到了家。若是问他们说'为什么不要吃的好一点呢？'他们准回答说'若是一生能将高粱米混足还是好的呢'"③。小康农户尚且如此，人数众多的佃农、雇农的生活状况也就可想而知了。

第四节　移民与土地开发及大土地所有者的形成

民国前期，约有 400 万关内北方诸省的贫苦农民出关谋生，其中 300 余万人进入了黑龙江区域落户，外加奉吉两省的流动人口，数十年间便使黑龙江区域人口总数由清末的三百数十万人骤增至 640 余万人。但这不仅是一个人口增长与土地开发的过程，其间大土地所有者阶层的形成为黑龙江区域一大特色。

一　统计资料下的人口地理分布

20 世纪 30 年代前后，黑龙江区域人口增至 600 余万人。而经过数十年的开禁放垦，国家与地方政府倡导移民实边，人们为寻求生荒地而奔赴偏远地，使区域的人口地理分布更加趋于合理。有资料统计，1929 年黑龙江区域各县治人口状况如表 7-5 所示。

① 陈翰笙、王寅生：《黑龙江流域的农民与地主》，《国立中央研究院社会科学研究所专刊》第 1 号，1929，图表。
② 《民国日报》1916 年 2 月 17 日。
③ 陈翰笙、王寅生：《黑龙江流域的农民与地主》，《国立中央研究院社会科学研究所专刊》第 1 号，1929，第 15 页。

表 7 – 5　1929 年黑龙江区域各县治人口状况

单位：户，人

区域	户数	人口数	每户平均口数	男	女	性别比
龙江	31811	191896	6	115323	76573	151
景星	5034	32115	6.4	18043	14072	128
嫩江	2785	14096	5.1	8514	5582	153
肇州	36086	256152	7.1	141092	115060	123
安达	9533	69499	7.3	40242	29257	138
林甸	13126	68329	5.2	40942	27387	149
讷河	16436	106387	6.5	62595	43792	143
克山	24543	134236	5.5	79815	54421	147
青冈	21799	149109	6.8	82250	66859	123
拜泉	34403	209842	6.1	120041	89801	134
明水	15645	105658	6.8	59612	46046	129
依安	9014	52732	5.9	29776	22956	130
肇东	22675	98028	4.3	86890	11138	122
泰来	14262	92259	6.5	52574	39685	132
绥化	37151	246504	6.6	135993	110511	123
绥棱	6152	37885	6.2	21626	16259	133
呼兰	42532	252099	5.9	136420	115679	118
海伦	43628	240824	5.5	136537	104287	131
通北	2515	13390	5.3	8272	5118	162
望奎	27857	178823	6.4	98817	80006	124
巴彦	43579	274637	6.3	149954	124683	120
庆城	19446	124025	6.4	70102	53923	130
兰西	23741	142379	6	78096	64283	121
木兰	15397	87939	5.7	49555	38384	129
通河	10122	57795	5.7	33779	24016	141
汤原	14324	86165	6	50197	35968	140
龙镇	2672	15826	5.9	9278	6548	142
瑷珲	5037	23331	4.6	13653	9678	141
奇克	102	472	4.6	276	196	141
呼玛	399	1165	2.9	658	507	130

区域	户数	人口数	每户平均口数	男	女	性别比
欧浦	80	234	2.9	132	102	129
萝北	1356	7687	5.7	4771	2916	164
乌云	316	2788	8.8	1824	964	189
绥滨	3404	20070	5.9	11567	8503	136
佛山	157	700	4.5	434	266	164
漠河	107	327	3.1	185	142	130
逊河	99	611	6.2	346	265	121
铁力设治局	1369	6992	5.1	4104	2888	142
甘南设治局	3943	44933	11.4	25057	18876	137
泰康设治局	6216	10046	1.6	5554	4492	124
东兴设治局	3943	20278	5.1	12317	7961	155
德都设治局	3411	19050	5.6	11138	7912	141
凤山设治局	246	1205	4.9	621	584	141
富裕设治局	3121	20030	6.4	12118	7912	153
滨江	31063	182712	5.9	127611	55101	282
双城	71136	460573	6.5	249464	211109	118
宾县	44223	297622	6.7	165006	132616	124
五常	34506	230733	6.7	131030	99703	131
延寿	26039	153386	5.9	93765	59621	157
珠河	18484	99907	5.4	66216	33691	197
苇河	4368	23879	5.5	16350	7529	217
阿城	32701	240923	7.4	128520	112403	114
宁安	30410	182514	6	108514	74000	147
东宁	6404	33052	5.2	23126	9926	233
依兰	24798	166795	6.7	96827	69968	138
勃利	7470	57006	7.6	32013	24993	132
同江	3509	21942	6.3	12213	9729	126
宝清	6564	45977	7	25935	20042	129
密山	15397	97896	6.4	56583	41313	137
虎林	3322	26339	7.9	17142	9197	186
抚远	1053	3218	3.1	2204	1014	217
桦川	14736	102875	7	58608	44267	132

区域	户数	人口数	每户平均口数	男	女	性别比
富锦	21256	145057	6.8	79965	65092	123
饶河	2516	9702	3.9	6662	3040	219
方正	7545	40152	5.3	21600	18552	116
穆棱	7723	44970	5.8	28613	16357	175
总计	6184781	994797		3569057	2615121	

资料来源：《黑龙江省志·人口志》第57卷。

人口的快速增长带来村镇的不断膨胀，导致一些原来的招垦设治局、所改为县治，使黑龙江区域所辖县治由 1909 年的 36 县析为 1930 年的 67 县。而数以万计的村屯的设立，使土地耕种面积由 1915 年的 3912 万余垧迅速增至 7314636 垧。[1] 土地的出放、人口的增长、垦殖面积的扩大，也导致了黑龙江区域大土地所有者阶层的形成。

二　史料记载下的大土地所有者阶层

在中国这样一个幅员广阔的农业国里，农户经济的称呼、分类，因时因地是多样的。有的地方叫自耕农、半自耕农、佃农，有的地方叫大农、中农和小农，还有的地方是凡有地的都叫地主，替人种地的都叫佃农。但在这个幅员广阔的农业国，划分标准并不统一。"如在黄河流域，每一农家耕种几十亩或上百亩的土地并不稀罕，但在江浙一带，每户农家在 10 亩以下的便是普通农户。"[2] 由于历史、社会、自然环境等各方面原因，黑龙江区域的农户经济类型则与内地显示出了更大的不同，几方面作用交相为因促成黑龙江区域大土地所有者阶层的形成。

然而，黑龙江区域大土地所有者阶层的形成是有别于内地省份的。内地省份的地权转移多数是在地主与农民、农民与农民之间进行的，而处于商品经济初兴的黑龙江区域乡村社会，本地或外省的一些人从官场厚禄、经商获利、力农致富或投机生财等不同途径集聚了资金，成为第一批从小农社会分化出来的富有者。清末民初之际的黑龙江区域有相当多的县份地主人数是超过佃户的，实际上这只是一个概念上的区分：拥有自己的土地（不论多少）

---

[1]　孙占文：《黑龙江省史探索》，黑龙江人民出版社，1983，第 316 页。
[2]　孙冶方：《论农村调查中农户分类方法》，《中国农村》第 1 卷第 10 期，1935 年 7 月。

即为地主，而租种别人土地者即为佃户。以松花江流域的通河县为例，1914
年时全县计有人口 37804 户，其中地主 22994 户，佃户 14810 户。全县的
324000 垧熟地归 22994 户地主所拥有，其拥有土地的数量分别是：2—5 垧的
地主 7700 户，占地主总数的 33.49%；5—10 垧的地主 5475 户，占 23.81%；
10—15 垧 的 地 主 3850 户，占 16.74%；15—30 垧 的 地 主 4850 户，占
21.09%；30—50 垧的地主 550 户，占 2.39%；100—25000 垧的地主 309 户，
占 1.34%。拥有 25000 垧土地的地主只有 2 户，绝大部分是拥有 2—30 垧土
地的土地所有者。[1] 他们当中的许多人，性质上属于自耕农或半自耕农或土
地小私有者，生活状况也是艰辛困苦的。据中东铁路俄人缅什阔夫 1914—
1915 年的调查："在巴彦地方所统计的农户，在 10 垧以下的占 57%，5 垧以
下的占 34%。按照黑龙江流域农区的情形，耕种 5 垧以下的农户，即使不负
债，不纳租，不施肥料，也很难维持他们的最低限度的生活。"[2] 而现代研究
者也认为："这种小私有者，主要是农村中的一部分贫农和下中农，约占农
村有地总户数的 50% 左右。但占有的土地只占总耕地面积的 4 - 5%，一般占
有耕地 5 垧以下，多数人家只有 1 - 2 垧地。他们既没有牲口，也无农具，靠
自己的劳动力去换取大农户的牲口耕种，生产、生活比较困难。"[3] 如此看
来，《黑龙江》一书所提到的拥有 2—5 垧地的地主，充其量也就是土地小私
有者。而黑龙江区域大土地占有情况，国内其他省份是无法与之相比的。历
史上的开禁放垦与续放余荒，使这里的大土地占有者拥有土地少者几百垧，
多则几千、几万垧，拥有十几万垧地的土地所有者也不罕见。据中东铁路经
济调查局会计师雅西诺夫统计，1925 年时黑龙江区域大土地所有者的状况
如下：

嫩江县　2800—900 垧者 10 笔（共计 17380 垧）。

讷河县　15—45 方里者 15 笔。

克山县　5000 垧者 1 笔，2000 垧者 2 笔，1600 垧者 2 笔，1000 垧
者 1 笔，600 垧者 1 笔，100 垧以上者 500 余人。

木兰县　100—1000 垧地主者 12 人。

---

[1] 《黑龙江》，汤尔和译，商务印书馆，1931，第 226 页。
[2] 陈翰笙、王寅生：《黑龙江流域的农民与地主》，《国立中央研究院社会科学研究所专刊》
第 1 号，中央研究院社会科学研究所，1929，第 6 页。
[3] 《黑龙江省志·农业志》第 7 卷，黑龙江人民出版社，1993。

通河县 土地所有者的四分之一各自领有 2250—18000 垧。

宾　县 500 垧以上者 20 人，100—500 垧者 500 人。

方正县 4000 垧大地主 1 人。

依兰县 850 垧者 1 人，500 垧者数人。

勃利县 1800 垧—3600 垧者 6 人。

桦川县 2000 垧者 2 人，2000 垧以上者 43 人。

肇州县 1700 垧者 1 人，1000 垧者 1 人，900 垧者 1 人，600 垧者 1 人，100 垧以上者 900 人。

双城县 自耕地 300—1000 垧者 100 单位。

五常县 45000 垧者 1 人（在它县尚有 225000 垧），9000 垧者 1 人）。

阿城县 1200 垧者数人。

珠河县 90000 垧者 1 人，45000 垧者 1 人，32500—45000 垧者 6 人。

宁安县 112000 垧者 1 人，3000 垧者 1 人，2000 垧者 1 人，1500 垧以上者 1 人。

穆棱县 1200 垧者 2 人。

密山县 9000 垧者 4 人，4500 垧者 14 人。

虎林县 18000 垧（吉林官银号），630—4500 垧者 4 人。

饶河县 4500 垧以上者 4 人。

同宾县 700—800 垧的经营单位 2—3 个，200 垧以上者 100 余人。[①]

黑龙江区域大土地所有者占有土地之多、人数之众，实为民国前期全国范围所仅有。这种大土地所有形态，加上后来不断涌入的无地新移民，极大地促进了黑龙江区域农村租佃制度的发展。

三　大土地所有者阶层的成因

黑龙江区域在数十年的开禁放垦过程中，形成了大土地所有者阶层，他

---

① 雅西诺夫：《中国农民的北满移民及其前途》，转引自满洲经济调查会《满洲经济年报》，1934，第 44—45 页。

们不仅人数众多，而且均拥有成百上千垧的土地。考其形成具体原因，应该包括如下几方面内容。

1. 先人留下的祖产

在有清一代的大部分时间里，黑龙江区域的土地制度是八旗田制，即土地所有权归国家，使用权则属于分得土地之旗人。其按官职执行授地标准，"协领六十垧，佐领四十垧，防御三十垧，笔帖式三十垧，骁骑校三十垧，领催二十垧，前锋二十垧，甲兵十六垧"①。但开禁放垦后，准许汉人入垦，政府开始大量向私人放卖官荒，任人垦殖，八旗田制由此式微。然而，即便是到了清末旗人的利益仍是黑龙江地方政府考虑问题的重点。早在放荒后的光绪二十二年（1896），黑龙江将军便奏准："四处荒场，另行勘察，并咨商各城副都统，传询所属各旗户，有愿备交荒价领地认租者，先行造册报明，以凭核办。旋据齐齐哈尔、黑龙江、墨尔根、呼兰四城将所属旗户愿领情形陆续咨复。查齐齐哈尔、呼兰两城据报册，领荒之户共五千二百六十七名，核其册报人数，应领荒地共三十五万九千一百五十垧。"②该奏折还指出，对于那些想领地而荒价未备齐的旗户，"拟自开放之日起，予限一年，如限满无人认领，再行招放民户，以示朝廷轸念旗丁有加无已至意"。另在齐齐哈尔、恒升堡、墨尔根、呼兰等地"均自光绪三十一年奏准裁撤屯丁，改归民籍"后，针对旗人实行了计户授田政策，即旗人"每户各授地四十五垧，以十五垧免租，三十垧起科。屯丁、站丁均照此办理"③。正是清末朝廷在黑龙江区域实行针对旗人的偏爱有加的计户授田等优惠政策，以致旗人中携资购地者不在少数，其中不乏大土地所有者的存在。

这种状况即便到了民国也没有从根本上改变，在黑龙江省公署的行政机构中仍有旗务处的设置，由其专理旗人生计。

2. 荒地出放价格低廉

清末的开禁放垦和民国初年的续放余荒，都是采用古井田制的丈放方法。以6方华里为1井，每井划为9区，每区分作4方，每方各纵横260弓，合毛荒45垧。亦即每井划为36方，计1620垧。在每井中央的四方（180垧），作为屯基及公田（学田、义仓）地，其余周围之32方（1440垧）分

---

① 《宁安县志·度支》卷三。
② 《查办大臣延、将军增奏条陈通肯等段荒务办法折》，光绪二十二年五月三十日。
③ 何煜：《黑龙江省垦务要览·划分地亩》第一章，宣统元年大字铅印本。

配给报领垦户。规定 5 年免租，第 6 年起升科纳租，每垧地缴纳大租 660 文。①通常计算地亩的方法是，熟地按实数计算，概不折扣。荒地每垧扣除三成沟洼壕道，净剩七成纳租实地。沙洼碱甸，量予折扣。至于放荒地价，各地方根据土地的硗薄不尽相同：郭尔罗斯旗沿江荒段，每垧收银 2.1 两；杜尔伯特旗沿江暨迤西省界南段，扎赉特旗沿江等处荒段，计分三等，上等每垧收银 5.1 两，中等每垧收银 4.2 两，下等每垧收银 1.4 两；通肯、克音、柞树岗、巴拜、郭尔罗斯旗铁路迤西、肇州厅、依克明安公恒升堡等处荒段，每垧收银 2.1 两；讷谟尔河墨尔根、杜尔伯特旗铁路两旁暨迤东省界南段、扎赉特旗、大赉厅、塔子城、景星镇等处荒段，每垧收银 1.4 两；甘井子、西布特哈、绰勒河、白杨木河、大碰子等处荒段，每垧收银 0.7 两；省城附廓、扎兰屯、瑷珲等处荒段，每垧收银 0.35 两。②每垧地荒价少至几钱多至几两银子是个什么概念？如何证明出放荒地价格低廉？这需要找出一个参照系数予以佐证。恰好在《黑龙江省垦务要览》中列出黑龙江垦务总局员额及薪金如下：

总办月薪 80 两，会办月薪 60 两，提调月薪 50 两，文牍、会计、庶务科员月薪各 40 两，副科员、译员、绘图员月薪各 30 两，司书月薪 16 两，听差月薪 8 两，厨丁月薪 5 两，使役月薪 4 两。

这组数据表明，垦务总局上至总办会办下到厨丁使役，只要想做，每个人的月收入都能置办得起几垧、几十垧乃至上百垧荒地，其原因就是出放荒地的价格过于低廉。民国以后，黑龙江区域续放余荒。龙江、肇州、拜泉、安达、通河、汤原、萝北、乌云、龙门、讷河、嫩江等段，凡未开垦者，均作为安插垦户地方。此时的荒地价目凡分三等，上等荒每垧大银圆 3 元，中等荒每垧大银圆 2 元，下等荒每垧大银圆 1 元。③虽然，民国以后出放荒地价格略有上涨，但就这种价格对于那些想通过土地积累财富的人来说，仍然具有极大诱惑力。

3. 官僚富商及权势人物争相买地

在清末开禁放垦及民国初年续放余荒的过程中，许多官僚富商及权势人

① 《黑龙江将军衙门档案》（1896 年），中央档案馆藏，第 20 号。
② 何煜：《黑龙江省垦务要览·押租》，宣统元年大字铅印本，第四章。
③ 何煜：《黑龙江省垦殖说略》，民国 4 年铅印本。

物借助强权与资本大肆承揽荒地。仅就"黑龙江省招垦总局印收存根"（领荒银存根）第 1 册来看，该册共有 83 张，领荒最多者 4800 垧的计 2 张，由省城正黄旗五佐监生国昌、省城水师营西丹济禄所领。3200 垧的计 4 张，由省城正白旗协领穆等所领。1600 垧的计 23 张，由省城镶黄旗副都统托伦布及五品官普贤保与骁骑校、协领、前锋、领催、监生等大小官员所领。① 另，从"光绪二十四年出放通肯段荣宽信敏惠乾坤等七行毗连册"中也可看出官僚富商及权势人物大肆买地，在这一册中领荒旗人计 115 户，承领荒地共为 74 井，计荒地 118400 垧，平均每户领荒 1000 余垧。② 还有，青冈县的王贵云，"先世本旗籍，世为屯长……领取地亩 2000 垧，县之巨富也"③。阿城旗人恩祥，在光绪二十五年（1899）领得哈尔滨江沿坎下晾网地 350 垧，每垧交荒价为中钱 2 吊，公照费钱为 200 文。④ 阿城、双城一带民垦熟地，多被"仕宦在任旗员置买"，"多则七八千垧，少则三四千垧"⑤。阿勒楚喀副都统庆禄"前本寒微"，光绪十六年（1890）在协领任内"积财巨万"，始在阿城一带以每垧 10 余吊的低价陆续购买"民认旗东地"3000 余垧，后又置买方正县熟地 8900 垧，并在三姓包占荒地 20000 余垧。⑥ 在旗人之外，汉族的一些官僚、富商及权势人物也是"择地之肥美而交通便利者，揽占数百方或数十方"⑦。黑龙江文案处吏员田树春、胡振清二人拨领都鲁河荒段土地 5310 垧。⑧ 该段另有 6220 垧荒地，也"多系官幕两途，前在省城各置及局所充差者"争相购得。⑨ 宝清城北青山堡、本德堡荒地在宣统二年（1910）秋丈放，一孙姓丈放委员"拣选最优荒段私留三十余方"，其中的 9 方转卖给揽头倪占元。⑩ 宣统年间，广信公司一职员在克山县占田 1000 垧，清丈分局一清丈员在克山占地 800 垧。⑪ 幕于将军府的范迪煌在拜泉"置有产业"，由其妻曹

①《黑龙江将军衙门档案》（1896 年），中央档案馆藏，第 203 号。
②《黑龙江将军衙门档案》（1896 年），中央档案馆藏，第 201 号。
③《青冈县志》，抄本。
④ 吉林行政公署档案，档案号：11（7—7）—1926。
⑤ 吉林将军衙门档案，档案号：1（6—1）—157。
⑥ 吉林行省档案，档案号：1（6—1）—250。
⑦《农协公报》第 14 期，1915 年 9 月。
⑧ 黑龙江行省管卷处档案，档案号：21—3—298。
⑨ 黑龙江行省管卷处档案，档案号：21—3—165。
⑩ 吉林行政公署档案，档案号：11（7—7）—1926。
⑪ 满铁调查部：《北满の土地所有配分上不在地主》，第 51 页。

奉昭"襄助经理"。① 双城王鸿猷与其族人王馥德伙领巴拜利贞二字荒段146井（236520垧）。②光绪三十四年（1908），汤原县禀报全县已放荒63万余垧，其中42万垧均被"大户包揽"。如齐家瑞原禀领荒20万垧开办农务公司，后因卖荒得利更大，便领荒转卖。傅忠谓等大户共领荒20余万垧，"无不待价而沽"。③ 密山县李忠福、赵振东等户，在光绪年间放荒时，每人皆领生荒300—400方。④大赉厅光绪三十一年（1905）共放七扣实荒13余万垧，皆由李馨一人包领，除该户自留零卖土地5.5万余垧外，其余7万余垧归广信公司所有。⑤绥化四方台的康振东，在欢喜岭占荒2000—3000垧。呼兰县大方台老田家，放荒后拥有土地8000—10000垧。绥化四方台南城老刘家，光绪年间领得1井荒地，即1620垧地。⑥汤旺河地方有陈子石等10人，在哈尔滨粤商处押荒9000垧，在哈尔滨俄语翻译聂垧岩等13户商绅处押荒10035垧，在齐齐哈尔宝丰长商号处押荒9900垧。⑦由此可见，清末的开禁放荒与民初的续放余荒过程，也就是黑龙江区域大土地所有者阶层的形成过程。

4. 辽、吉两省的富裕农人赴江购地

在民国4年（1915）成书的《黑龙江省垦殖说略》中，何煜在谈到江省移民的迁出地和状况时写道："自放荒招垦以来，奉吉之民至者渐众。近则每年移入之民不下十余万，具有资产者以奉吉直鲁占多数，其无资产以劳动力为主者，率皆散布于各金场及佣工于各地农家，此项以鲁人为最多，吉林次之，奉天又次之，直隶等处之移居者，亦所在多有。"这段话记述了如下史实，即由于辽、吉两省放荒时间要早于黑龙江区域多年，一些先期移入辽、吉两省并略有积蓄的关内北方各省移民，乘黑龙江区域的开禁放垦之机，在不断迁徙中寻觅更大的发展机遇。这可从下述两则实例中得以证实。

实例1　《满铁调查月报》别册第二十三号，记载了绥化县蔡家窝棚苍姓家族的发达史。依其所载，居住在绥化县蔡家窝棚的苍家，是66年前

① 《曹奉昭女士事迹》，转引自孔经纬《清代东北地区经济史》，黑龙江人民出版社，1990，第285页。
② 黑龙江行署公署档案，档案号：5—23。
③ 黑龙江档案馆编《黑龙江历史大事记》，黑龙江人民出版社，1984。
④ 《吉长日报》1914年11月8日。
⑤ 《吉长日报》1914年11月8日。
⑥ 转引自孔经纬《清代东北地区经济史》，黑龙江人民出版社，1990，第286页。
⑦ 黑龙江行省管卷处档案，档案号：21—3—22（1—2）。

（同治十一年、1872）来此定居的。现户主的前五代是随顺治帝入关的旗兵，曾居住在北京城内的草帽子胡同，属镶蓝旗满洲。乾隆年间京旗移垦，苍家亦在行间。初移至热河某处，再移奉天复县西蓝旗屯，道光年间又移至吉林双城堡东官所刘镇窝棚，靠耕种 20 余垧土地生活。在双城堡的 20 余年间，苍家勤力劳作，得以在温饱之外略有积蓄，随之产生了购入土地谋求更大发展的欲望。适时，呼兰府治下的绥化地方正在放荒招垦，苍家的老大苍庆和便伙同 2 人前往考察及办理土地手续。同治十一年（1872），苍家一族 20 余人赶着 10 余头牲畜踏上了北迁之路，来到了蔡家窝棚居住。最初，苍家承领荒地 2 方（合 90 垧），家族中的壮劳力早出晚归，辛勤劳作，一年下来颇有盈余。如此，滚雪球般的积累，每年承领二三方土地，数十年后的苍家，在绥化地方是一个拥有 500 余垧耕地的土地所有者。完成了原始积累的苍家，加大了对土地的投入，成为拥有熟地千余垧、荒地 41 方（合 1845 垧），方圆百里闻名的大地主。

实例 2　中东铁路经济调查局曾用两年（1914—1915 年）时间对黑龙江 28 县进行了实地踏查，最终形成了两卷本调查报告，中东铁路经济调查局采用了先进的调查方法，加之大量人力、财力的投入，使调查报告具有翔实珍贵的价值。汤尔和 1929 年名之《黑龙江》（一名《江省民物志》）并翻译出版，其在论述汤原县人口状况时，用了如下文字予以表述："至 1900 年为止，仅有少数索伦族住在此地以狩猎为生。自 1901 年起，到处可见汉族移民之开垦地，皆彼得自由占有者。1905 年，从巴彦州分离成独立县份后，始正式行殖民之制。其后 7 年间，入住县内者 13803 人，以 7 年计之，每年不过2000 人。1912 年移入 7075 人，1913 年更有新移民 10864 人。故 1914 年本县户数为 4329 户，其中地主 2655 户，佃农 1674 户。"而从 1912 年的 891 户移民迁出地分析，其中长春以南诸县为 869 户，长春以北仅有 22 户。在论述通河县人口状况时，也采用了同样的办法做了如下表述："通河县之殖民，其开始及经过与汤原县同。"1914 年时，其人口总户数是 6114 户，其中地主4878 户，佃农 1236 户。对 1913 年移入的 2187 人的迁出地进行调查，吉林榆树、通化县 439 人，辽宁怀德、辽阳、海城、宽甸、盖平县 1748 人。

由此可见，确有一些先期进入辽宁、吉林的移垦京旗和汉族移民在略有积蓄后，乘黑龙江区域的开禁放垦为谋求大发展而继续向北迁徙。

5. 财阀的大肆承揽荒地

在黑龙江区域的开禁放垦和续放余荒过程中，一些财阀大片承揽荒地创办垦务公司。光绪三十三年（1907）黑龙江省城设立瑞丰农务公司，在讷谟尔河南段承领官荒21井（合34020垧）自行收价代垦，购买外国火犁招民耕种，"当年购买火犁两具，计用价银22250两，先由官家发给价银，而后再将官本分年拨还。令招股本10万两，官商合办"①。光绪三十三年（1907），"广东新会县商人陈国圻创办兴东垦务公司。招集股本15万元，在汤原县境内购得大片荒地。公司兼设行店，其开办经费种植用银57800元，磨面用银40000元，畜牧用银15000元"②。宣统元年（1909），"东宁厅设有富宁屯垦公司，集股小洋50000元，领有东至俄疆，西至穆棱，南至太平岭，北至黄窝集大山之间的官荒5000垧。创办以来成效渐著，派员赴烟台招徕农民，并建有房屋30余所，窝棚多处，垦民路费、种子皆由公司垫给"③。民国元年（1912），江浙集团、美国花旗银行的美国人巴尔穆在绥滨地方创办绥滨火犁公司，占地57.6万亩，其中耕地3.5万亩，雇工380余人，有油犁1台、火犁2台。民国4年（1915），江浙官僚陈陶遗创办东井垦务公司，在绥滨购地2.4万亩，其中耕地6800亩，雇工100余人；江浙地主周大榕在绥滨地方创办智远公司，占地1.6万亩，其中耕地3500亩，雇工100余人；河北财阀朱庆澜创办近恩垦殖公司，在绥滨购地2.4万亩，其中耕地5000亩，雇工100余人；浙江宁波人李云书在呼玛地方购地创办垦殖公司，占地3.6万亩，其中耕地6000亩，有大型拖拉机5台、25马力拖拉机2台、打谷机3台、割禾机8台、播种机8台、大型犁3台，雇工45人从事农业种植。④

四　大土地所有者阶层与租佃制发展

黑龙江区域大土地所有者占有土地之多、人数之众，实为民国前期全国范围所仅有。这种大土地所有形态，加上后来不断涌入的无地新移民，极大地促进了黑龙江区域农村租佃制度的发展。

在黑龙江区域的开禁放垦与续放余荒阶段，货币持有者竞相购地，他们购地的动机无非关系下列几点：一是获得土地地租及经营利润；二是提高自己在乡村社会中的地位，如果能够借此获得更多的话语权，紧随其后的便是政治、经济上的好处；三是把土地作为积蓄财富的手段，一旦时机成熟，他

---

① 徐世昌：《东三省政略·实业·黑龙江省》。
② 徐世昌：《东三省政略·实业·黑龙江省》。
③ 吉林行政公署档案，档案号：11（7—7）—1928。
④ 《黑龙江省志·农业志》第7卷，黑龙江人民出版社，1993。

们便会以更高的价格卖出去。这种购地动机很快便得以应验。随着黑龙江区域续放余荒接近尾声，后来移民不得不租种地主土地生活度日，由此土地的使用权和占有权分离，结果是促进了租佃制度发展。1924 年版的《北满农业》载，根据 1918 年黑龙江省 32 个县的统计，在 370.7 万垧耕地中，租种面积就有 126.9 万垧，占耕地面积的 34.2%。地主出租土地以实物地租为主，即以粮谷交地租，一般视土地的生熟程度、土质好坏来定地租多少。1923 年绥化地主收租采用三种方式：一是固定地租，每垧租粮 18—20 斗，以谷子、高粱、大豆三种粮食平均缴纳，秸草皆归佃户所有，田赋由地主缴纳，地主与佃户平均分摊地方捐，种子、农具由佃户自备；二是全部收入的 60% 归佃户，40% 归地主，田赋由地主缴纳，地方捐按比例分担，种子和农具由佃户自备，但大豆、小麦种子，在播种时由佃户支出，收获时在收获量中扣还；三是将全部收入平均分两份，地主佃户各得其一，农具、牲畜、田赋地方捐由地主负责，全部耕种由佃户负担。然而，随着移民不断涌入，无地农户增多，导致地价上涨，实物地租亦呈现上扬态势。日本"满史会"编辑出版的《满洲开发四十年》载，1911—1923 年的 12 年间，安达县的地租由每垧 10 斗增加到 18—22 斗，拜泉县由 10—20 斗增加到 22—26 斗，五常县由 12—20 斗增加到 15—24 斗，木兰县由 12—20 斗增加到 18—22 斗，宁安县由 2—4 斗增加到 6—8 斗。如此地租或经营利润，更激发了货币持有者的购地热情，导致了地价飙升。例如，"方正的上田价格 2 年内（1912—1914 年）涨 150%，依兰的 5 年内（1909—1914 年）涨 200%，宾县的 7 年内（1907—1914 年）涨 218%。五常、扶余、双城、榆树、呼兰、巴彦、海伦 7 县每垧平均田价 6 年内（1910—1916 年）从 55.85 元涨至 84.71 元，上涨了 52%。1920 年以后，田价涨的更快。例如宾县 1 年（1922—1923 年）内涨 64%，吉黑两省 24 县 2 年（1925—1927 年）中涨 22.3%"[①]。如此的田价飙升，既显示了移民数量的增多、土地开发程度提高，也反映出大土地所有者阶层赚得钵满盆满的发家过程。

民国前期，黑龙江区域农业商品化的发展是靠两轴推动的。一轴是上述的租佃制，另一轴就是在农业经济中同样重要的雇佣制。地主雇工经营土地是一种普遍形式，据《满洲开发四十年》记载，北满 16 个县 230 个村屯的

---

① 陈翰笙、王寅生：《黑龙江流域的农民与地主》，《国立中央研究院社会科学研究所专刊》第 1 号，中央研究院社会科学研究所，1929，第 6 页。

农民雇工情况是，耕种 50—100 垧土地的农户，平均雇工 4.8 人，耕种 100 垧以上土地的农户，平均雇工 11.4 人。雇工一般分为长工、短工两种，长工的雇用期都在一年以上。由于雇工的种类不同，长工有打头的、老板子、跟做的之分，长工在从事田间劳动之外，农闲时还要给雇主干各种杂活，如修缮房屋、抹墙、脱坯、扒炕、积肥、打柴、铡草、出民工等尽在其中。长工的雇用形式主要有 5 种。（1）榜青。在雇工经营土地之外另拨出一定数量的土地交其耕种，收获物归雇工所有作为其报酬，有的地方将其称为榜青的劳金地。劳金地多少，各地标准不一，庆安县 6 垧，青冈县 8 垧，富裕县 10 垧。（2）扛地活。直接分给长工一定面积土地，所获的农产品，按劳动技术与强度进行分配。一般打头的、车老板子给 3.5 垧的粮谷，跟做的 2.9 垧，大户人家的厨师 3 垧，小户人家的厨师 1—2 垧，打更的 2 垧，大半拉子 2.5 垧，小半拉子 1.2 垧，放马的 2 垧。（3）扛粮活。年初定数，秋天付给粮谷，一般以 3 垧地产量为标准。有付给一色粮和两色粮之分，一色粮是打头的、老板子，给大豆 8—9 石，两色粮给谷子 6 石、大豆 5 石。（4）带地年工，也叫半青半活。付给一部分现金，一部分粮谷。粮谷不定量，只定几垧地的秋后实产。青冈县的调查是，打头的给现金 25—27 元、粮谷 2 垧地产量，跟做的现金 12 元，粮谷也是 3 垧地的地份。（5）扛钱活。长工的劳金按不同的工种全部用现金支付。地主雇工经营形式除长工之外，还有短工，即在播种、夏锄和秋收的大忙季节，雇用短期临时工。短工的饭食由雇主供给，家远的短工还可以住在雇主家里，农忙结束后，短工拿到工钱后离开。

黑龙江区域历史上是土著民族的聚集地，加之清初、中期近 200 年的封禁，使这里的农业文明不甚发达，而佃户、佃农、佃作、佃契等租佃契约文化在中原内地已盛行几千年之久。故而我们有理由相信，黑龙江区域近代雇工与土地租种制度，是关内农耕文化随同移民的同步移植。

第五节　移民与农业开发形成的北满民族工商业

民国前期，黑龙江区域继续推行移民垦殖政策，并采取了放荒、招垦、清丈、抢垦同时并举的方针，使移民垦荒大见成效。民国 19 年（1930）黑龙江区域人口已达到 660 余万人，西部地区放荒 7641 万亩，东部地区放荒 2872 万亩，耕地面积达到 8763 万亩，粮食总产量达到 759.5 万吨，比民国 3 年（1914）增长了 1.7 倍，农业生产有了较大的发展。随着社会生产力的发展，农产品日趋商品化。1922 年，中东铁路沿线农户出售的各种粮食比例为，大豆、小麦的销售为产量的 80% 以上，玉米为 55%，高粱为 45%，谷子为 30%。在农户的全部收入中，售粮的收入占 60%。①由于农产品商品化的日趋发展，铁路沿线的各县成为大豆、小麦的集中产区，松花江上、中游地方成为玉米的集中产区。与之相伴而来的是，出现了一个从乡镇到乡村庞大的工商业网络，通过这个网络农产品在被层层收购后被转运到中心城市，或直销海外或酿酒、榨油、制粉，同时城市里的工业制成品又通过这一渠道返回乡村。这时候，从事工商业获利的机会出现了，特别是中东铁路现代交通的产生带动了工商城镇的兴起，农村中的一些富有者或贫穷者开始涌入城镇。富有者携带着在土地上积累起来的财富并将其转化为新的投资方式，而贫穷者则为这些资本提供了廉价的劳动力，帮助资本获得巨额利润，与工商业利润比较起来，传统的土地经营就显得微乎其微了。民国前期，黑龙江区域城镇工商经济迅猛发展，除了政府提倡发展实业、交通条件极大改善外，与移民的观念转变不无关系。在重商思潮与功利思想的影响下，一些观念较为开放的人率先把谋生的希望由土地转向市场，他们深谙"农事之获，力倍而劳最，愚懦之民为之；工技之获，利二而劳多，雕巧之民为之；商贾之获，利三而劳轻，心计之民为之"②的古训，或以小商小贩起家，或投入巨资经商。总之，是移民中的富有者投资方向发生了变化，不愿再在"土里刨食"，"工技""商贾"遂成热门，进而导致北满工商业迅猛发展。对此，可以如下实例做一分析。

一 以呼兰地区为例

呼兰地方是黑龙江区域开发较早、工商经济较为发达的县，素有"江省粮仓"的美誉。而以农产品为原料的酿酒、榨油、制粉的手工业生产加工也甚为发达。在中东铁路修筑以前，呼兰地方计有制粉磨坊 300 家、烧锅 61 家、油坊 8 家。③另有头等商铺十数家，中等商铺数十家，小本经营者百余家，手艺小铺不计其数。④而这种状况到了民国时期有了质的飞跃，此飞跃不是表现在数量上，而是表现在规模上。如汤尔和在他翻译的《黑龙江》一书

---

① 《黑龙江省志·农业志》第 7 卷，黑龙江人民出版社，1993。
② 顾炎武：《天下郡国利病书·江南四》卷十六，上海古籍出版社，2012。
③ 〔日〕中村正树：《吉林通览》。
④ 《黑龙江行省公署档案》，档案号：30000。

中所言："呼兰在中东铁路敷设前，即一七三四年左右，业已设立。占行政上及商业上重要地位，在江省中为齐齐哈尔以次之大都市。自有中东铁路后与铁路中心地哈尔滨相近，又有水陆两路，故其商业上价值更增重要。且为江省西北及东北地方移民之息足地，移民来往盛时，该地之工商业更大活泼矣。"据1913年商会调查，呼兰地方计有蒸汽磨面场1家、烧锅3家、油坊30家、粮商33家、杂货商30家、木工厂20家、锻冶工场10家、蜡烛工场15家、银器工场13家、制毡工场3家、洋铁工场10家、皮革工场31家、染色工场10家、铜器工场5家、染料商9家、盐店25家、药铺3家、鞋铺20家、估衣店7家等。这时的工商业已非昔日可比，如呼兰之蒸汽面粉场，亦称呼兰面粉永业公司，由工商业者合资而成。自1913年建成投产后，年加工小麦24000余石，手工作坊无法与之竞争。商业店铺虽然没有数量上的明显增长，但在货物的输入输出上有质的变化。如1913年呼兰的布匹输入计花旗布2000捆、粗布1750捆、褡裢布800捆、细布3000捆、大尺布7000捆、套布2500捆、泰西缎700捆，其他各种商品170100普特，[1]这表明此时商家的规模大、资本金充足，商业市场的辐射范围广。

二 以绥化地区为例

清末绥化有油坊25家、烧锅18家。[2] 另，绥化地区的主要商业城镇有绥化、双合镇、上集厂3处。其中，绥化有较大商号100余家，双合镇有较大商号10余家，上集厂有较大商号60余家。[3] 到了民国初年，绥化地区的工商经济有了较快的发展，这主要体现在工商店铺的经营规模上。据商会调查，1914年绥化地区输入的大尺布、坎布、棉布、花洋布、泰西缎、火柴、红糖、白糖、毛毯、茶、京货、铁器、肥皂、钟表等诸商品额度达1394600大洋。[4] 当时"商户贩卖之物品，分上杂货铺、下杂货铺及米粮铺等类不一。上杂货铺贩卖褡裢布、花旗布、市布、套布、棉花、尺布、坎布、洋线、宁绸、绫缎、串绸、洋绸、库缎、大缎、花羽绸、泰西缎、各样花洋布，各色糖、茶叶、纸张、香油、火油、磁、铁等物。下杂货铺贩卖烟、麻、毡鞋以及农业上应用之器皿。米粮铺贩卖各色粮米以及油面等项"。特别是"近来

---

① 《黑龙江》，汤尔和译，商务印书馆，1931，第207页。
② 黑龙江行政公署档案，62全宗，档案号：3—1256。
③ 《北满农业垦务志·黑龙江·余庆县商情》。
④ 《黑龙江》，汤尔和译，商务印书馆，1931，第429页。

商人知识日开，对于商务进行之问题能知悉心研究，故商务较前则大有进步焉"。一些有识之士充分认识到，"吾人应用器皿以及布匹等类，莫不仰给于工业，设地方工业发达、制造精美，非特足供本地之需，且可抵制外货之入，关系利权非浅显。绥化天然物产颇饶，然工业不知改良，制造悉拘旧法，是以工业至今并无进化之观。所望有心实业者为之提倡，庶工业或有发达之日"。有鉴于此，"绥化地区金工、银工、铜工、锡工、木工、陶工、民工制造皆有市肆。民国元年，有人提倡创办织布工厂，织有花条布、褡裢布、花旗布、窄幅什锦被面、窄条布、爱国布等，销路颇畅。另有山东人在城内开设机房数处，专织花旗大布供给商号，获利颇丰"①。工商经济如此发展，固然与农业开发、剩余产品增多、人口快速增长、需求加大有关，而与完成了原始积累的众多大中地主跻身实业亦不无关系。

三 以齐齐哈尔为例

康熙三十年（1691），齐齐哈尔作为黑龙江将军衙门所在地，一直是这个区域的政治经济中心。民国时期，黑龙江省府机构亦设治于此，故齐齐哈尔也成为民族资本理想中的投资场所。清末新政与开埠通商，已使齐齐哈尔有了一定的经济基础。进入民国后，大批移民涌入，大面积的土地开发，剩余农产品增多，导致部分的农业资本注入民族工商业为其发展提供了动力。民国 20 年（1931），齐齐哈尔城镇居民已达 12251 户，62335 人，工商业户为 1846 户。在商业网点比较聚集的南大街，有百余商户于此经营。另有机器制米厂（火磨）6 家，小火磨 138 家。较大规模的广记火磨，资本金为大洋 5 万元，每日生产面粉 800 普特、豆油 300 普特，拥有职工 260 余人，产品在本地和省外各地销售，豆油远销至符拉迪沃斯托克（海参崴）。德增盛火磨，于民国 13 年（1924）集股而成，当时设有 4 副油榨和卧机锅炉带动 2 台碾子的小火磨，到民国 20 年（1931）已发展成 80 余副油榨和 100 马力带动 4 台碾子的火磨，职工达 170 余人，生产的羊牌面粉、豆油等产品，质量好，销路广。振昌火磨于民国 8 年（1919）在昂昂溪办厂，计集资 8 万两，建有正规厂房、成品库、账房、宿舍 12 栋，房屋建筑面积为 4600 余平方米，其 5 层主体加工车间一栋达 1450 平方米。工厂从哈尔滨永丰公司购得全套蒸汽锅炉动力设备，新型的上海丰恒公司生产的大型磨粉机 5 台，产出的钟牌面粉

---

① 《绥化县志·实业志》卷八，铅印本，1920。

日产量为 2400 袋，质色俱佳，畅销滨州线各地以及洮南、通辽等地，振昌火磨是嫩江平原上较为著名的制粉企业。富拉尔基的广信火磨，更是从德国进口全部机械，生产面粉和豆油，工厂拥有自己的铁路专用线、粮食晾晒场，并安有发电机以备不时之需。①

四　以哈尔滨为例

机器制粉业是哈尔滨现代工业中发生最早、规模最大的行业，它始创于 1900 年，在全国范围内也属于发展较早的现代工业之一，也是哈尔滨民族资本投资最多的行业之一。哈尔滨的机器制粉业最初由俄人垄断，1900 年以后俄人相继开办了第一满洲制粉厂、葛瓦里斯基制粉厂、俄罗斯制粉公司、德丘果夫制粉厂、地烈金制粉厂、东方制粉厂等。这些俄人资本依仗着北满的小麦资源与冀鲁地区移民的廉价劳力，在短短的几年内，就使哈尔滨产出的面粉行销东北各地及俄国境内，并使这里成为东北地区的制粉中心。日俄战争结束后，在战争刺激下经过短暂疯狂的哈尔滨机器制粉业出现了危机。在南满得势的日本企业极力排斥哈尔滨面粉，而俄国政府战后的经济收缩政策对哈尔滨俄人机器制粉业无异于雪上加霜，少部分企业勉强维持生产，大部分企业关门停业，更有甚者开始转卖工厂。俄人资本垄断机器制粉业的局面出现溃败，机器制粉业开始了向中国民族资本的转移。1913 年，华侨李祖盛、王联卿［符拉迪沃斯托克（海参崴）成泰益号］收买了俄人谢杰斯制粉厂，创办了成泰益火磨。1915 年，华侨张伯源［符拉迪沃斯托克（海参崴）广源盛号］收买了第一满洲制粉厂，创办了广源盛火磨。另外，从俄人手中收购经营的机器制粉厂还有双合盛、成发祥、安裕、世成泰、东胜等企业，加上营口亚义顺商号收购俄人伊尔库斯科面粉厂改建的亚义顺火磨、民族资本收购俄人缶沙特金制粉厂改建的大顺昌火磨等，哈尔滨机器制粉业基本上完成了由俄人资本向中国民族资本的转移。适逢第一次世界大战，在战争刺激下哈尔滨机器制粉业生产的产品供不应求，利市三倍，又有一些民族资本投资办厂。在 1916—1926 年的 10 年间，民族资本相继创办了万福广、义昌泰、奉大、天兴福二厂、福兴恒、厚康、裕庆源、天兴福四厂等机器制粉厂。由于竞争激烈，各制粉厂不惜重金更新机器、改进技术，力争在产品质量上、成本上、信誉上战胜对手，哈尔滨民族资本机器制粉业逐渐进入了鼎

---

① 胡绍增等：《齐齐哈尔经济史》，哈尔滨船舶工程学院出版社，1991，第 109 页。

盛时期。

如何界定工商业者中的移民成分？过去只见到定性史学的分析，认为黑龙江区域的居民成分主要是土著居民、八旗驻防兵、流人、流民，即便是开禁放垦后涌入的移民也大多务农。但后来事情发生了变化，清末民初的许多移民是直接进入了城镇或将农业资本转化成工商资本，而这仅仅是二三十年的事情。于此，我们可以对民国 20 年（1931）滨江商会下属同业公会主持人籍贯做定量史学分析：在滨江商会下属同业公会的 50 位主持人中，河北籍 28 人，山东籍 12 人，浙江籍 1 人，奉天籍 4 人，吉林籍 2 人，黑龙江籍 2 人，籍贯不详者 1 人。① 若再把传统工商业"只招老板家乡子弟为学徒"的因素考虑进去，那么，工商业内的经营者应多是外来移民。

五 工商界移民成功者实例

在中国这个以农为本的社会里，人们崇奉着"故土难离"的祖训，但由于为生计所迫及对美好生活的向往，移民还是不惧路途之遥、人地生疏、水土不服、前途未卜的种种困难，毅然决然地踏上迁徙之路。应该说在黑龙江寻求温饱是不成问题的，这也是移民不绝的原动力。但处于开发期的黑龙江提供的种种机会，为移民铺就了成功之路。

下面仍以哈尔滨工商业界为例，看看移民中的佼佼者的上乘表现。

1. 哈尔滨民族工商业巨子——武百祥

武百祥（1878—1966 年），生于河北省乐亭县何新庄。幼时因家境贫寒，仅在私塾读书 5 年便于光绪十八年（1892）随舅父"闯关东"来到宽城子（今长春），在一家粮米铺当学徒，受到严格的、传统的经商训练。几年后，因其聪颖机敏被提为账房，在粮米铺干了 10 年。当时哈尔滨正在修中东铁路，用他自己的话说，"人们都把跑哈尔滨认作是一件最时髦的事情"，不甘寂寞的武百祥于 1902 年带着 3 包在长春置办的日用百货，只身独闯哈尔滨，开始了他的创业生涯。初到哈尔滨的武百祥，住在傅家店同发街裕成庆小店，并在小店门前摆地摊出售随身带去的袜子、裤带等日用品。当时，哈尔滨处于开发之初，单身"闯世界"的人对日用品的需求大，所以他很快卖光了货品，淘得了"第一桶金"。于是，武百祥不断地往返于长春、哈尔滨之间，利用批发零售的差价进行资本积累。困难时他曾因住不起店蹲过伙房，

---

① 哈尔滨档案馆编《哈尔滨经济资料文集》第 1 辑，内部发行，1990，第 146 页。

生意清淡时也曾挎篮子赶庙会、串大烟馆，靠卖花生、瓜子、糖葫芦等维持生计，意志消沉时入局赌博并萌生了去采石场做苦力的念头。然而，几经周折后的武百祥终于等到了他大发展的机遇。

1904 年日俄战争爆发，战火很快就隔断了南满和山海关一带的交通，当时东北赴京、津、上海等地办货的商家，因交通的阻隔而没有了货物来源，于是转道上哈尔滨置办货物的商家越来越多，因为哈尔滨与符拉迪沃斯托克（海参崴）、西伯利亚乃至欧洲的进货渠道尚通。故而，那时哈尔滨的商业贸易相当繁荣，连武百祥自己也说："做生意的机会可以说是空前的，虽然不敢准说是绝后的，但也差不多。"① 对此，他还用实例加以说明。日俄战争的时候，东三省一般普通人，每人都要有一块双枪牌怀表，凡来哈尔滨置办这种货的有 7/10 是在武百祥的店铺里上货。一次，武百祥到一法国人经营的表行里看货，经理问他是否要尚未到货的表链，武百祥细问是 700 打需价 2600 元的货品，武一核算认为有利可图，还价后用 2575 元把货定下。结果，货到后仅用数小时便卖光，净盈利 4000 余元。用这笔资金，武百祥在道外南头道街盘下铺面，开始了同记商场的创业。

1907 年冬天，在京奉铁路北来的旅客中有人戴英式帽子，当时的哈尔滨人都认为好看，常有人到同记询问。武百祥看出了这里的商机，于是买了缝纫机自己试做，夜间制作白天售卖，夜间做多少白天卖多少，一冬天卖出200 多顶，获利 300 余元。第二年冬天，这样的帽子开始流行，再靠武百祥一人之力已远远不济，武百祥于是买机器雇人，适时地办起了同记工厂。特别是民国后人人都剪去了发辫，帽子更成为必需品。善于创新的武百祥，派人赴日本学习，开发出英式、俄式皮帽，礼帽，便帽，绒帽，毡帽，草帽等一系列产品。同记工厂也成为一个占地 40 余亩、拥有 4 层厂房、雇工 800 余人的大企业，其产品北销满洲里、黑河，南至锦州、山海关。东三省驰名的哈尔滨同记帽子工厂，年营业额在 10 万元左右。

1920 年，武百祥为了扩大营业面积，用巨款竞买有利于商业发展的街基，昼夜施工，终在翌年 10 月于道外北四道街建起了 4 层大楼，名为"大罗新环球百货商店"，实为同记商场分支店。大罗新保持全新风格，商品新颖多彩，明码实价，店员穿戴时尚，待客热情，开业后不久便车水马龙，门庭若市，轰动了整个哈尔滨。1921 年，同记企业经营出现了高峰，盈利多达

---

① 武百祥：《五十年自述》，《哈尔滨文史资料》第 3 辑，内部发行，1984，第 39 页。

现大洋 30 余万元，资本金从 1916 年的 2 万羌帖骤增到 16 万元现大洋。1922 年以后，哈尔滨市面连续几年经济下滑，物价猛跌，商品滞销，许多商家歇业倒闭。武百祥经营的企业也陷入了极度困难的境地，后来采取紧缩开支和裁员减薪的办法，才勉强维持过来。1925 年，市面开始好转，商业开始逐渐繁荣，同记又迎来了它的大发展时期。1927 年前后，同记商店和工厂的员工总数已达到了 1800 余人，这样的规模在哈尔滨乃至整个东北的民族工商界也是少见的。1929 年，同记将在竞争中倒闭的益丰百货店连人带货接手，更名为大同百货店，使之成为同记的又一家分店。至此，由武百祥经营的同记、大罗新、大同 3 家百货店在哈尔滨道外的繁华地段形成三足鼎立之势，经营商品 23 大类 3000 余个品种。"在当时仅有 25 万人口的哈尔滨，这 3 家商店的顾客年达 600 万人次，年销售总额 700 万元现大洋。此时的同记企业拥有职工（包括工厂）已超过 2000 人，在上海、天津、北京、营口、日本大阪等地有 8 处驻庄，总资本 200 万两上海规银，年获利 32 万两上海规银的大型工商企业集团。"[①]

2. 哈尔滨机器制粉业巨擘——邵乾一

邵乾一（1874—1958 年），又名邵尚勤，辽宁金县人。邵家祖居云南，到邵乾一父辈时移民山东，后因生活所迫"闯关东"来到辽宁，在好友帮助下开小杂货店谋生。1894 年爆发了甲午战争，金县成了战争要地，人们纷纷躲避战乱，商家全部歇业，只留些年老弱妇看家守店。说起邵氏家族的资本积累真有点戏剧性。一天，一群日本兵将邵家小铺砸开，闯进来的日本兵东瞅瞅西看看不知道拿点什么好，最后每人拿个乌木杆的烟袋，边比画边往柜台上扔下日本军用角票离去。另有一个日本兵竟往柜台上放了一个大元宝，然后若有所思地拿走一把日本军用角票。晚上，看店的伙计把白天发生的事讲给邵家老爷子听，老爷子立刻意识到发财的机会到了，趁别的商家不知道这事之前，让邵乾一兄弟带上伙计到各店收买烟袋、烟、酒，白天开门营业，晚上继续收购商品。时日不多，邵家的日本军用角票便积蓄了许多。《马关条约》签订后，日军开始撤兵，当时路过金县的日本官兵，都曾在朝鲜和中国劫掠了不少锞子和元宝，嫌带着回国太重累赘，于是纷纷闯入商家换军用角票，邵家积蓄的军用角票由此派上了用场，发了一笔不小的战争财。此时，邵家老爷子已经去世，买卖由邵乾一兄弟接手经营。由于有了资

---

① 哈尔滨地方志编纂办公室编《哈尔滨人物》第 1 辑，内部发行，1989，第 66 页。

金，邵家的小杂货铺已扩大为中型百货店，取名天兴福，并开始在海城、盖平、营口、烟台等地采购货物，业务已有了较大的拓展。1898年后，中东铁路南部线开始修筑，沙俄在旅顺口修军港，在青泥洼（大连）建商埠，一时人口激增，邵氏的天兴福杂货店转销外货，成了名副其实的洋货店。日俄战争结束后，中东铁路南部线及旅顺口、大连等地转由日本人管理，大连遂变为商港，有大好的发展前景。邵氏兄弟看好了这一商机，在大连开办了天兴福支店，把洋货生意进一步做大。

日本人经手大连后，利用长春南北满重镇和大连出海口的地理位置，大做东北粮食作物生意，不仅发了财，还使这一行业日益繁盛起来。善于捕捉商机的邵氏兄弟遂产生了把商业的重点转移到粮食加工业上去的想法，并很快地加以实施。1907年，邵氏兄弟在大连兴建油坊，经过一年的筹建天兴福油坊投产，日产豆油1000余斤、豆饼200枚，产品供不应求，获利颇丰。当时大连油坊业竞争十分激烈，邵氏决定改建机器油坊，结果日产量为豆油2500斤、豆饼500枚，产品仍然供不应求。特别是上海和日本的货商争相抢购，产品非月余前订货不能购得。于是邵氏数次更新设备，到1914年时生产能力为可日产豆饼2500—3000枚、豆油14000余斤，获利甚厚。由于油坊业的快速发展，生产原料十分紧张，如果没有原料的保证，油坊的发展也是妄谈。极具商业头脑的邵乾一，早在1907年时便于长春开办了天兴福粮栈，以此为油坊发展的原料基地，在北满大量收购黄豆发往大连，以保油坊生产之需。同时还借用长春这个在南北满活跃的粮食市场，兼做其他粮食生意。为了粮食转运方便，天兴福粮栈还在长春专门收购了备有2条铁道专用线的仓库，使之在激烈的粮食市场竞争中占得了先机。如在长春买一车大豆价值800元，而发到大连就可卖1600元之多，而其他粮食获利更多。邵氏企业由于在长春有自己的仓库和铁道专用线，货物运输快、资金周转快而发大财。在当时吉、黑两省铁路沿线的下九站、桦皮厂、张家湾（德惠）、甜草岗（肇东）等地都有天兴福粮栈的分支机构，买卖粮食的生意越做越大，财富越积越多。民国4年（1915）前后，天兴福已发展成拥有金州杂货店（老柜）、大连油坊、大连支店、长春粮栈的企业集团。此时，邵乾一的哥哥邵子良已病故，偌大的企业主要由邵乾一主持。

民国3年（1914），第一次世界大战爆发，南满市场上的面粉供应日趋紧张。邵乾一又看到了商机，于是决心在长春投资面粉厂，他十分形象地比喻道："长春是南北满的中枢重镇，我们可以伸出左手取来北满小麦加工成面粉，再伸出右手把面粉投向南满。长春是我们建厂得天独厚的好地方。"①
经过紧张筹备后，1917 年开工建厂，当年竣工开机出粉，取名天兴福制粉
厂，日产"天官牌"面粉2000 袋。天兴福制粉厂投产后，北满小麦连续几
年丰收，邵乾一乘价低之际大肆收购小麦囤积，除制粉厂自用外其余待价出
售。不久，欧洲、美洲小麦歉收，外商涌入东北抢购小麦，邵氏乘机把囤积
的小麦全部高价卖出，获得暴利。当年，天兴福全号总盈利120 万元现大洋，
在其创业史上为最好的一年。

民国 8 年（1919），长春制粉业已有了较大的发展，除民族工商资本外，
日本商人也积极向里渗透。在残酷的竞争下，天兴福惨淡经营，企业生产仍
然保持良好势头，未雨绸缪的邵乾一又开始考虑新市场的开辟。1920 年，邵
氏决定在哈尔滨选址建厂，并于当年在香坊的油坊街盖起了 6 层的厂房及各
种仓库、职工宿舍、八区总账房、营业所楼房32 间，该厂顺利开业。命名为
天兴福第二制粉厂的企业，日产优质面粉6500 袋，为哈尔滨最大的面粉企
业。它的开业，迫使一些小的面粉企业歇业关闭，有些迫不得已只好迁到外
县生存。至此，哈尔滨的制粉业也有了邵氏企业的一席之地。为了便于管理
及业务上的需要，长春厂改为天兴福第一制粉厂，哈尔滨厂改为天兴福第二
制粉厂。民国 12 年（1923），北满因天灾小麦歉收，许多制粉工厂因原料短
缺而停工，面粉亦因供应紧张而价格上涨。邵氏企业仰仗着资本雄厚加上多
年在东北市场上的信誉，通过日商三菱公司从北美和加拿大购得小麦12000
余吨，两个制粉厂日夜加工供应市场，在天灾中又赚了个钵满盆满。而在此
前后，邵氏企业还在扩大，相继在开原建立了天兴福第三制粉厂和符拉迪沃
斯托克（海参崴）天兴东制粉厂。

至此，邵氏企业已成为东北民族资本中的翘楚，拥有 4 个制粉厂、2 个
制油厂、2 个百货店。另在金县有占地 4 平方公里的苹果园，在肇东置有近
万垧土地及天兴福钱庄、天兴福医院等附属企业，在大连、金县、长春、哈
尔滨等地购得大量房产。而对于邵乾一个人的评价，《东北人物志》记载：
"乾一君，惨淡经营，心力交瘁，以致营业骤见发达，商业界推为巨擘，不
独三省人士交口称赞，即东西各国绅商，亦钦佩不已。"②

---

① 邵越千：《天兴福的创立和发展》，《哈尔滨文史资料》第 4 辑，内部发行，1984，第 31 页。
② 李进祚、赵子宽：《我们所知道的天兴福与邵乾一》，《哈尔滨文史资料》第 4 辑，内部发
  行，1984，第 61 页。

3. 哈尔滨民族工业资本首富——张廷阁

张廷阁（1875—1954 年），出生于山东省掖县石柱栏村。家境比较贫寒，学龄时就读于私塾，后因父亲病故无力读书而辍学回家务农。光绪二十二年（1896），21 岁的张廷阁离家去符拉迪沃斯托克（海参崴）谋生，开始在福长兴杂货铺学做生意。此间结识了同乡郝升堂，并受其邀请入股郝升堂经营的双合盛杂货铺。张廷阁由于勤奋好学，很快就当上了双合盛的副经理，并因其经营有方，双合盛有了很大的发展。日俄战争爆发后，近百万名俄国军人进入我国东北与日军作战，军需物资供应十分紧张。张廷阁四方奔走，争取到部分供应份额，由此赚取到巨额利润。靠此积累，双合盛生意日益兴隆，张廷阁成为当地商界首富，因此也被当地华商选为符拉迪沃斯托克（海参崴）华人商会会长。张廷阁由于在符拉迪沃斯托克（海参崴）经常与外国实业家打交道，深受西方大工业思想影响，适逢民国政府倡导“实业救国”，号召海外华侨回国办实业。受此鼓舞，张廷阁于 1912 年携巨款回国考察工商，伺机投资办实业。民国 3 年（1914），张廷阁在北京收购了瑞士人开办的啤酒汽水厂，但效益不是很理想。而此时的哈尔滨制粉业，经过日俄战争的短暂疯狂发展后，开始跌入低谷。其原因：一是日本人占领了南满后，很快用自己生产的面粉将哈尔滨产品排挤出南满市场；二是在战争中失利的俄国政府，被迫采取了经济收缩政策，为了迫使俄国资本向俄国国内转移，取消了符拉迪沃斯托克（海参崴）的港口自由贸易权，增加了满洲小麦、面粉的输入税，撤销了中俄边境 50 俄里的自由贸易区；三是在战争刺激下发展起来的制粉业重归平和，生产能力与需求之间的平衡被打破，发生产品过剩危机，虽然俄商采取多种措施以求自救，但效果并不明显，于是一些俄人制粉企业开始转让工厂。

而早在日俄战争时即于哈尔滨设有分支机构的双合盛的经理张廷阁，对北满面粉市场的变化把握得十分清楚，做大事的商人头脑又使之很快做出决定，回哈尔滨购买俄人地烈金火磨。张廷阁的决策是基于几点考虑：哈尔滨附近的松嫩平原是北满小麦的主产区，虽然当下制粉业不景气，但恢复正常后应该还有广阔前景；张廷阁在符拉迪沃斯托克（海参崴）经营十余年，熟悉俄国人的性格与风俗习惯，接办俄国人的企业，可以最大限度地留用原来的技术人员，能够在最短的时间里投入生产；创办一个新企业需要时间，而商场形势千变万化，能够早日投产就是最大的先机；20 世纪一二十年代，俄国政局不稳，卢布贬值，汇兑价格日趋下行，长期放置大额卢布要冒很大风险，而购得一个现成的企业是规避风险最好的办法。这些理由尽显作为商人的张廷阁思想的睿智和敏锐。

民国4年（1915），张廷阁出资购买了哈尔滨俄侨的地烈金火磨，将其更名为哈尔滨双合盛制粉厂，并将在符拉迪沃斯托克（海参崴）的双合盛总账房迁至哈尔滨，开始了办实业的生涯。张廷阁投资制粉厂的理由很快就得到了验证，时值第一次世界大战爆发不久，面粉很快就成为国内外市场的抢手货，制粉企业就是昼夜生产，面粉也供不应求。张廷阁不失时机地增添机器设备，使面粉产量较前有了成倍的增长，昼夜生产能力达到5000袋（是当时哈尔滨制粉业产量最高的厂家）并且面粉很快销售出去，张廷阁由此获得丰厚利润。赚了钱的张廷阁继续投资，先后买下双城堡火磨和香坊的一家机器制油厂，并于民国8年（1919）结束了双合盛在符拉迪沃斯托克（海参崴）的商务活动，全力经营哈尔滨的粮食加工工业，完成了由商业资本向工业资本的转移。民国9年（1920）后，张廷阁投资100万元现大洋，在松花江边建起了一座大型制革厂；从德国购买全套制油设备，兴建大型精油厂；与人合资创办了奉天航运公司和兴记航运公司，广泛经营房地产业，在东北各地及北京都有双合盛的房产。民国14年（1925），双合盛无限公司正式在政府部门登记，张廷阁出任公司总经理。民国17年（1928），张廷阁投巨资对制粉厂进行技术改造，从德国、瑞士购得全套先进制粉机器并修建了新厂房，使面粉的日产量达到15.4万公斤，居全市同行业之首。而双合盛无限公司不包括厂房、机器设备、房产等不动产，仅账面资金即达247万元现大洋，张廷阁处在哈尔滨民族资本的首富位置。[①]

4. 哈尔滨成记制针厂经理——任守卿

成记制针厂经理任守卿（1893—1946年），山东牟平人。13岁随父"闯关东"去了符拉迪沃斯托克（海参崴），遂在当地学做生意。1909年与山东同乡姜心斋、王盛轩、侯显东等合伙开办了永成商号。由任守卿任经理，王盛轩和侯显东分驻日本大阪和俄国莫斯科负责进货，姜心斋在符拉迪沃斯托克（海参崴）负责海关税务及海关手续事务。永成商号的业务范围主要是靴鞋材料、制鞋工具、棉纱、五金等。由于任守卿善于观察市场，敢于囤积货物，生意做得红红火火。如第一次世界大战后，苏俄国内物资匮乏，货币贬值，任守卿重物不重钱，凡是能够买到的货物统统吃进，并停止销售，进而

---

① 哈尔滨地方志编纂办公室：《哈尔滨人物》第1辑，内部发行，1989，第31页。

形成垄断之势。仅钉子一项就囤积了 3 火车皮，以致全符拉迪沃斯托克（海参崴）的钉子都集中到永成商号。一个外地客商到永成商号买钉子，因价钱太贵回电请示，结果钉价又涨，如此反复 3 次电报请示，钉子价格也上涨了 3 次。客商赌气要到别处去买，岂不知跑遍全符拉迪沃斯托克（海参崴）还是得回永成商号，又气愤又佩服地说：“我跑遍了全市，没有第二家卖钉子的，你们真够一个买卖人。”永成商号开业几年，利润相当可观，总资产达 45 万元现大洋。

有了积蓄的任守卿，个人出资在符拉迪沃斯托克（海参崴）开办了永茂盛针织工厂，工厂交由其亲戚管理，专门生产“洋袜子”。工厂规模不大，有工人 30 余人，但每年都获利不少，由此引起了任守卿等人的注意。当时国内尚无工厂生产“机针”，若开办针厂实为国内之首创，机针生产成本低但售价高，虽费工费时然正符合我国劳动力廉价的特点，在国内开办针厂必有丰厚利润。“首创”和“利润”，激起了永成商号任守卿、姜心斋、王盛轩、侯显东等股东的创业热情。经过商议，资金由各股东按股派发，机器设备在日本订购，厂址初选在山东烟台。经过紧张的筹备后，民国 8 年（1919）中国第一家制针厂——烟台成记制针厂创办，拥有厂房 90 余间，面积约 1500 平方米，注册资金为 12000 块现大洋。成记制针厂在创办的头几年里完全处在产品的试制阶段，经过了无数次的失败，付出了巨大的代价，直到民国 10 年（1921）才把产品制造出来。又经过两年的改进，成记针制厂的产品已经可以和进口机针相媲美。工厂也由开始时的 11 人发展到 210 余人，月产机针 60 万支，并相继在济南、青岛、天津、北京、沈阳等地设立了分支机构。

民国 14 年（1925），符拉迪沃斯托克（海参崴）永成商号歇业，任守卿将全部精力转回国内经营成记制针厂。翌年，任守卿带领部分人员来到哈尔滨，目的一是推销产品，二是考察在这里投资办厂的条件。当时的哈尔滨工业状况尚可，有三十六棚铁路总工厂，江北造船厂，老巴夺卷烟厂，双合盛、天兴福、益昌泰等榨油制粉厂及规模不大的机器制造业几十家。相比之下，傅家甸的民族针织业状况要好许多，计有洋袜工厂 88 家，织机 598 部，工人 781 名，日产洋袜 1569 打；手套工厂 28 家，织机 174 部，工人 225 名，日产手套 322 打；卫生衣工厂 16 家，织机 97 部，工人 140 名，日产卫生衣 167 打。[①]如此一个针织市场对机针的需求量自然不小，但厂家一直使用英、

---

① 程绍璟：《哈尔滨之针织业》，《中东经济月刊》第 8 卷 9 号，1932 年。

德、日等国的进口产品，要打开国产机针的销路困难重重。任守卿使用免费试用的推销手段，即在征得厂家同意后，由他们卸下外国针镶上成记针，一周后再来厂看结果，如果厂家认为质量可以，所镶的针全部免费奉送，如果认为此针不如外国针，再将卸下的外国针重新装好，以保证厂家不受损失。这样做，任守卿是要付出血本的，每台机器的免费试用需现大洋3—6元，外加订货允许赊账，损失就更大。但任守卿就是如此将自己的产品打入了哈尔滨针织市场，从长久看还是获得了丰厚的回报。

民国18年（1929），任守卿在烟台成记制针厂挑选了一批技术工人，重返哈尔滨筹建哈尔滨针厂。几经考察，最终把厂址选在道外北十五道街成泰益制粉厂东侧，建厂资金为12000元现大洋，机器设备全从日本进口。由于有了成记制针厂的经验，哈尔滨成记制针厂很快就形成了规模生产，获利经营数年。后又因债权关系收购了专门生产毛织机、手套机的振昌机器厂和专门生产刨床、钻床、车床、铣床的成源机械厂，任守卿亦由此成为名副其实的民族工业资本家。

任守卿从1909年在符拉迪沃斯托克（海参崴）学做生意起，到1919年在山东烟台创办成记制针厂，直至后来哈尔滨成记制针厂、振昌机器厂、成源机械厂的相继创立，在填补民族工业空白的过程中，也使自己完成了由传统商人向实业家的过渡。

5. 滨江同业公会一览

"都市化之哈尔滨道外之历史，仅近三十年所完成，其间之所建设，集合道外之大部商民。于前清光绪三十二年（1906）有商业公会之组织，继又受所谓公所之影响，乃渐树其各行同业之基焉。"[①] 这里之所以使用此例，主要是此例有各行业同业公会主席的籍贯记载，由此可看出道外商民的迁出地分布。

表7-6 哈尔滨道外工商企业情况

公会名称	主席姓名	籍贯	商号	商号地址	公会地址
杂货业同业公会	李云亭	河北乐亭	天丰永	安埠街	公会院内
京广业同业公会	贾蕴山	河北乐亭	魁升堂	安埠街	附设商会

---

① 赵廷选：《哈尔滨道外各行同业公会概观》，《哈尔滨经济资料文集》第1辑，1990，第146页。

公会名称	主席姓名	籍贯	商号	商号地址	公会地址
磁席业同业公会	万际昌	河北滦县	功同和	五道街	附设商会
粮业同业公会	于佐周	河北乐亭	束合洪	南四道街	南四道街
钱业同业公会	杨泽圃	河北临榆	顺升恒	正阳三道街	南三道街
绸缎业同业公会	张慎明	河北抚宁	同义庆	正阳街	附设商会
布业同业公会	许尧庭	山东蓬莱	仁和永	南三道街	附设商会
杂货代理业同业公会	刘尊三	吉林永吉	万发亿	纯化街	附设商会
五金业同业公会	赵汝贤	山东招远	义成永	五道街	附设商会
当业同业公会	薛春书	河北乐亭	宝隆峻当	北三道街	附设商会
茶业同业公会	蒋雨田	河北昌黎	同记茶庄	南头道街	同记茶庄内
粮食业同业公会	李春禧	河北抚宁	东兴义	太古九道街	东兴益内
钟表首饰业同业公会	蔡兴恒	吉林乌拉	海北天	正阳街	海北天内
金银首饰业同业公会	朱宝山	河北抚宁	海北天	正阳街	海北天内
面粉业同业公会	高升臣	山东蓬莱	双合义	中五道街	双合义内
新衣业同业公会	刘毓田	河北昌黎	天巨成	南大街	附设商会
中药业同业公会	丁煦初	河北昌黎	延寿堂	六道街	延寿堂内
西药业同业公会	曲文华	吉林双城	卫生药房	中六道街	中六道街
粮米同业公会	李绍卿	河北乐亭	天兴德	北五道街	附设商会
酱业同业公会	王松涛	浙江勤县	协兴酱园	正阳十七道街	协兴酱园内
染业同业公会	吴志楷	河北丰润	福兴隆	太康街	附设商会
棉织业同业公会	孙白云	山东掖县	裕生工厂	南十八道街	南十八道
针织业同业公会	赵胜轩	河北乐亭	同记工厂	保障街	同记工厂内
鲜货业同业公会	王捷三	山东掖县	春元永	延爽街	春元永内
皮业同业公会	李绍南	山东掖县	福兴源	太古五道街	福兴源内
制皮同业公会	李海峰	奉天锦县	永发长	太古六道街	永发长内
蜡业同业公会	丁虞南	山东黄县	丰顺公司	升平街	丰顺公司内
卷烟商同业公会	胜顺南	山东掖县	源盛兴	太古街	太古街
印刷业同业公会	汪瑞珊	奉天沈阳	华东印书馆	十二道街	十二道街
木业同业公会	袁珍	河北安国	万昌木厂北	十二道街	北十二道街
木器业同业公会	宋连航	河北元田	庆泰长	中七道街	五道街七号
镜庄同业公会	陈玉清	河北盐山	裕盛涌	正阳七道街	裕盛涌内
屠业同业公会	朱馨山	山东掖县	兴合永南	十六道街	附设商会
猪店业同业公会	白云庆	奉天盖平	万顺庆南	十四道街	附设商

公会名称	主席姓名	籍贯	商号	商号地址	公会地址
铁工业同业公会	潘学洲	河北遵化	鑫大工厂	中五道街	五道街七号
麻袋同业公会	陈聚五	河北霸县	万增盛南	五道街	万增盛内
估衣同业公会	袁国华	河北抚宁	宝隆衣局	丰润七道街	附设商会
饭店业同业公会	朱安东	山东福山	新世界	十六道街	新世界内
铁路运输业同业公会	张瀛洲	河北东鹿	双发合	纯正街	双发合内
运输业同业公会	杨景和	河北乐亭	裕胜厚	南三道街	北四道街
渔业同业公会	童献臣	河北	聚丰乾	北三道街	北三道街
棚铺业同业公会	阎庆和	河北天津	利源齐	北五道街	五道街七号
颜料同业公会	侯元德	山东招远	福兴成	正阳九道街	正阳九道街
估衣业同业公会	王重九	奉天省城	王家床子	南十道街	南十道街
洋铁同业公会	史占一	山东莱阳	义聚成	五道街	义聚成内
浴公同业公会	安如石	吉林宾县	德新池南	三道街	德新池内
破旧衣贩卖同业公会	梁永财	河北肃宁	永发合	南八道街	中八道街
旅店同业公会	冯泽民	河北	荣华栈	长春头道	街南三道街
牛羊肉同业公会	马松廷	河北滦县	宝顺成	保障街	宝顺成院内
东北长途汽车公会	王玉周	吉林方正		南三道街	南三道街

上述工商企业的实例，至少反映出一些问题。

第一，民国前期，黑龙江区域规模较大的工商业经营者均为关内移民，特别是那些较早接触西方文明的旅俄侨商，如张廷阁、任守卿等，深知"实业救国"的道理，投资国内办实业，其既有赚取利润图发展的一面，也有报国热情的一面，二者是不好区分的。而武百祥、邵乾一等，既是商界的佼佼者，又是幸运者，他们凭着聪明、机敏、睿智、胆识，在外国资本的压力下经营现代工业并获得较大发展。

第二，从上引史料可以看出，黑龙江传统的手工作坊和工场，多集中于呼兰、阿城、双城、依兰、黑河、嫩江等那些在清朝时即设有建制且人烟稠密的城镇，这代表了清末移民在稍事务农略有积蓄后便进入城镇经营工商业，安心过起了小富即安的市民生活。而中东铁路沿线情况则截然不同，可能是受到西方资本主义大工业思想的影响，民族工商业翘楚迅速摆脱传统社会的束缚，成为现代社会的领跑者。

第三，清末与民国前期黑龙江区域移民数百万人，移民中的工商业者或完成了农业积累转化而成的工商业者又何止千千万万，但真正能够走出来发展成为社会精英的少之又少。从上引实例看，他们少的十几年，多的数十年，便完成了由白手起家到工商巨子的发展过程。这其中反映出了时代因素，虽然民族工商业内部个体差异很大，既拥有巨资的大贾，也有小本经营的买卖人，既有大机器生产的企业家，也有前店后厂的作坊主，既有携资而来有所发展的商人，也有为数众多白手起家并积蓄起资产的新兴巨头，他们的相继出现，意味着黑龙江区域民族工商资本的经济实力日渐壮大。

第六节 移民实边与黑龙江区域社会的相对稳定

黑龙江区域地处祖国北疆，历史上曾被人称作"边塞苦寒"之地而使中原人士畏惧。由于清政府长期执行的封禁政策，这里的人口稀少，各项事业开发落后于内地。鸦片战争后，东南沿海各省轰轰烈烈的洋务运动对黑龙江地方也没有太大的波及，如此情景可将黑龙江区域形容为一只铁桶，外部世界的电闪雷鸣没有激起桶内的些许涟漪，封建统治体系仍处在稳定的运行之中。在随后的几十年里，相继发生了1861年黑龙江区域部分地方的开禁放垦，1898年中东铁路的修筑，1901年开始推行的"清末新政"和1907年部分城镇的自行开埠通商，它们相互为因才使黑龙江区域与全国相比有了"论程度则居后，论速率则超先"的可喜局面。民国以后"闯关东"移民趋势依旧，对这里的经济社会产生了更为深刻的影响，如人论断"凡有一次广大之移民，则东北之开发，必迈进一步"[①]。这种"迈进"，除了表现为人口增长、农业开发、工商经济发展、社会文化进步等外，还表现在移民实边大见成效与黑龙江区域的相对稳定。

一 人口的快速增长

在民国前期的20余年里，黑龙江区域人口有了快速增长，由清末时的344.9万人增加到1931年的663.1万人，人口密度也由嘉庆二十年（1815）前后的每平方公里1人增加到1931年的每平方公里14.4人，[②]黑龙江区域人

---

① 吴希庸：《近代东北移民史略》，《东北集刊》第2期，1941年，第2页。
② 《黑龙江省志·人口志》第57卷，黑龙江人民出版社，1996。

口占全国人口比重亦由1900年的0.4%上升到1931年的1.5%。①特别是在民国政府"移民实边"的倡导下，黑龙江区域东部人口增长得更为迅猛。如将1914年与1930年的人口数量进行对比，东宁由18000人增加到33122人，密山由17100人增加到97896人，同江由6300人增加到21793人，抚远由1500人增加到7392人，富锦由18900人增加到141439人，宝清由4000人增加到20212人，桦川由33000人增加到101362人，虎林由3000人增加到25904人，饶河由2400人增加到13595人。② 正是由于移民的涌入，东部边地人口稀少的状况才有了极大的改善，"人口渐增，城镇渐兴，商旅渐通"③，"近可为边氓生聚之计，远可备严疆捍卫之资"④，此距黑龙江将军恭镗提出"五短十利说"不过也就二三十年光景。这一沧海桑田的变化，实与清末民初东北历任要员的极力倡导有密切关系。如光绪三十三年（1907）出任东三省总督的徐世昌曾说："黑龙江一带俄人皆于彼岸节节设屯，生聚甚繁，居民渐密，而伐木、刈草则均取给于我境。而我之境内非但无官，亦且无民，非但无卡屯，亦且无房舍……至黑龙江沿岸千余里与俄接壤，彼则居民相望，我则旷土无垠。若不及早经营，后患何堪设想。"⑤ 宣统元年（1909），匡熙民在其著述中亦说："曩者，策骞游黑龙江，见江北俄屯，间六十里而有一，或耕或牧，或开矿为生，条理井井也。反顾江南，祗蔓草荒烟，供狐兔作窟宅；又或老树参天，接连数百里。时见成群俄人，纵斧斤于其中，若有不知为中国领地然者，未尝不叹我政府之罔知国圉国防为何事也。"⑥ 正是在这些舆论的导引下，黑龙江区域加快了移民实边的步伐。

二 移民实边的效果

从大量的地方史料记载中，不仅可见当年黑龙江沿边放荒时的筚路蓝缕，还可见移民对稳定地方社会及实边的效果是明显的。⑦ 这里以人口增长

---

① 胡焕庸、张善余：《中国人口地理》（下），重庆出版社，1986，第355页。
② 孙占文：《黑龙江省史探索》，黑龙江人民出版社，1983，第15页。
③ 张根福：《试论近代移民对巩固中国边疆的作用》，《史学月刊》1997年第5期。
④ 《宁古塔副都统衙门左司移付光绪八年四月初六钦差督办吴大澂恭报由塔启程前赴三岔口查看荒地折》，中国第一历史档案馆藏《宁古塔副都统衙门档案》，档案号：31—859。
⑤ 徐世昌：《密陈三省危迫情形并筹办法折》，李兴盛等编《退耕堂政书》，黑龙江人民出版社，2011，第148页。
⑥ 匡熙民：《延吉厅领土问题之解决》，吉林文史出版社，1986，第256页。
⑦ 恭镗"五短十利说"中有记载："盗贼之炽，皆由守望之稀，若于放荒时，酌定村户，修筑堡寨，严订保甲之法，藏奸无所，此利保卫者三也。"

较快的密山为例，清末与民国前期的移民实边效果可见一斑。光绪三十三年（1907）来密山的刘懋忱君（该人的背景不详）"访诸伙友，粗知梗概"，数年后成就了《密山实事录》一书，其中记载：

> 前清光绪十八年，宁古塔副都统派员来密招垦，赶大牛数百条，并带有耕具籽种，彼时人少，无应垦者，待至牛死粮尽，卷旗而归。二十六年，吉林将军派戴总理出放密山荒地，先派委员来密山，在穆棱河北、果蔡山前建筑局所……二十八年，又派吴总理放密山荒务，设总局于穆棱河（今之穆棱县城），设分局于密山局子街（现在密山大堂房）。其放荒范围，虎林、饶河、宝清、勃力包括在内。密山境拟三十六镇，留有镇基，以备农人集聚盖房之点。三十二年，吴总理亡故，又派田总理接办。前留之镇基其名仅存，事实已废，所遗街基地点均被办荒人员捏名承领……宣统二年，商务会成立，又设立自治研究所，培养自治学员，编练第三区警察（区所设半截河），创办东西沟学堂。政治初备，商贾云集，垦户涌进，生意增多，市房累添，大有蒸蒸日上之势……
>
> 民国元年，修依密桥梁遗路，并路赴穆棱桥梁，道路焕然一新，咸谓改民国矣。修治上古王道，坦坦平平，无坎坷之虞，人民可以享共和幸福矣。又值荒地起色，钱法松活，妓女云集，达十数人，饭馆兴隆，每日高朋满府，四乡安谧，官民同乐……窃密山幅员五万余方里，山不恶而秀，水不泛而清，由内省来密，一过青沟岭，平原广野，东西长数百里，南北宽五六十里，县城居其中焉。南有蜂蜜山屏障，北有穆棱河为围带，东南侧有兴凯湖，一片汪洋，目送无尽。且又泉甘土肥，五矿俱备，鸡冠山发现煤矿，质美苗旺，掘采无穷（经欧人勘验数次，无不啧啧称赞）。兴隆沟开采沙金，兴凯湖渔业，天然利益，黄泥河森林，堪称丰富。凤凰德有芦苇一片，面积数方里，斩苇编席，足够全境之用。经前后任放出荒地七十余垧[1]，垦熟者不及十分之一，俟数年后，户稠地多，粮丰民富，生意发达，市面兴隆，可称繁富之区也。[2]

---

[1] 此处原文中的"七十余垧"，疑为"七万余垧"。在徐世昌的《退耕堂政书》中有"大放（蜂蜜山）河南北生熟荒十三万七千余垧"的记载，另据孙占文教授的《黑龙江省史探索》记载，1915年时密山的耕地面积为21800垧，1930年的耕地面积为46935垧。

[2] 李兴盛等编《陈浏集（外十六种）》，黑龙江人民出版社，2001，第1436页。

1919 年，供职于吉长铁路的无锡人秦岱源受民国政府委派任协约国共管中东铁路技术部委员。其"历碌往来于中东铁路迤东一带者凡数阅月，退食之暇，恒搜集沿线情形，并各种纪略所载、三省要闻，周咨博采，汇为兹编，颜曰《东陲纪闻》"，其中记载：

> 乌苏里江迤南为牡丹、穆棱、绥芬诸河流域，清初系宁古塔副都统管辖地，今为宁安、东宁、穆棱三县。宁安即清初之宁古塔，濒于牡丹江曲，柳边以外之都会，此为最古（渤海龙泉府）。清初设将军于此，实据全省形胜之中枢。自将军移驻吉林，边备稍弛，壤域乃日蹙矣。迨《中俄北京条约》割弃东海滨地，藩篱尽撤，形势益孤。近在宣统初年，始分置东宁、穆棱两县，以为犄角。东宁逼近俄边，绾俄出入路口，颇为扼要。穆棱居东宁、宁安密山之间，为陆路交通之孔道。三方声气藉资联络，乃成要地……
>
> 宁安境内自清初以来，汉旗杂处，生聚日蕃，故牡丹江沿岸已无旷土。晚近经营垦务，多在绥芬流域，其地接近俄疆，山川交错中，颇多腴壤。前清光绪初元，设招垦局于三岔口，是为东宁垦务之发端。设治以后，三岔口一带渐次开辟。至最近，则小绥芬河流域已为垦民麇集之所。其经营此间垦务者，为商办阜宁屯垦公司所垦地亩。沿中东路五六七各站南至大绥芬河，分东西两大段，东段设屯二，曰东前屯，曰东中屯，西段设屯三，曰西前屯，曰西中屯，曰西后屯，于东西适中之地，设立屯垦总公司，已为统辖机关。①

正是由于大批移民的到来，黑龙江区域民国前期的县治数量达到了 67 个，强化了国家控制力，北部边疆得以巩固，从一定程度上抑制了俄、日列强领土扩张的野心。对于我国东北富饶的土地，东西方列强垂涎欲滴，觊觎已久，并且编造出诸多的借口理由。对此，英国学者 F. C. 琼斯曾评论道：

> 在这些理由中，战略性的和政治性的常常是最重要的，对日本军部领袖们来说，这确实是如此。固定的日本农民住户，绝大多数是军事后备人员，将可供正式日本关东军辅助部队之用，特别是在保卫交通路线

---

① 李兴盛等编《东游日记》，黑龙江人民出版社，2009，第 825 页。

上。而且假如与俄国重新发生战事，则他们可成为一种可贵的帮助。俄国也在东北北部沿中东铁路地带提倡自己的移民，而且也同样有大规模俄国人移民的计划。①

而俄、日的阴谋移民计划则受到东北地方当局"移民实边"的遏制，俄国陆军大臣克罗巴特金曾在一次谈话中指出："俄国所最惧者，为中国之移民于蒙古北境盖沿西伯利亚之国境，去平和而稀薄之游牧民，而代以反俄之中国人，实为危险。"② 而国内学界，对 1905 年至 1931 年日本向中国东北进行农业移民侵略失败的原因做了归纳，其中重要的一条如下：

> 日俄战争以后，俄国退据"北满"，形成日俄南北对峙。1907 年，日俄化敌为友，双方缔结了密约，私自瓜分中国东北。密约规定：两国在中国划一条瓜分线，东起珲春至镜泊湖的北端，向西至长春东北的秀水河子，由此沿松花江至嫩江口，再至洮儿河，沿洮儿河向西至该河的东经 122 度。以此线为界，南为"南满"，北为"北满"。"南满"为日本的势力范围，"北满"为俄国的势力范围。但实际上日本在"南满"的势力范围只是"满铁"及其附属地和旅大租借地。日本这一时期向中国东北移民只能限于这一狭窄地区，而这一地区人口稠密，土地有限，地价昂贵，与"北满"相比要高于 30 倍之多。为了解决土地不足，日本殖民主义者千方百计地采取在租借地以外地区进行借用或借贷土地。日本帝国主义侵略者非常清楚，日本人进入"满洲"经营，必然会引起中国人的反对和抵制……③

在全中国人民强烈反对下，"二十一条"从开始就未能生效。东北地方政府制定的《商租地亩须知》明确规定"租地不包含典押、买卖之意义……土地之所有权仍旧归地主，承租人不得享有。"1927 年 7 月吉林省省长对各县县知事发出训令，禁止在商埠以外地区将民房租予日本人，已经租借者，在契约期满后不得续约……日本人矢内原忠雄在 1934

---

① 〔英〕琼斯：《1931 年以后的中国东北》，胡继瑷译，商务印书馆，1959，第 81 页。
② 王慕宁：《东三省之实况》，上海中华书局，1929，第 24 页。
③ 高乐才：《日本"满洲移民"研究》，人民出版社，2000，第 44 页。

年写的《满洲问题》一书详尽地分析了 1905 年至 1931 年间日本向中国东北进行移民侵略活动失败的原因。他强调了二条，其一便是政治原因，即指当时中国官员对土地商住权的否认以及中国民众抵抗运动的高涨。[①]

针对日本的行径，英国《曼彻斯特导报》曾发文评论道："东三省华人既这样发达，日本人欲在这三千万群众之中，施行其自由行动，恐非易事。反言之，倘日本人执迷不悟，遇事横行，东三省人民势必群起而逐之。"[②] 1928 年东三省各地爆发声势浩大的反日护路斗争，就是对外国评论的最好注释。

三 极力推动移民实边的吏员——吴大澂

谈到移民实边，有一个人物不得不说，那就是清末官员吴大澂。吴大澂，字清卿，号愙斋、恒轩，1835 年生，江苏吴县人。光绪六年（1880），以三品卿衔随吉林将军铭安办理三姓、宁古塔、珲春边防和屯垦事务。其在督办吉林边务期间，曾到今天的穆棱地方，选上城子地（今兴源乡）兴办屯垦。除驻扎军队巩固边地外，还设穆棱河招垦局招民开垦，使这里的土地得以开发，边疆得以巩固，人民得以安居乐业。1931 年，兴源乡数十民众联名立碑，既怀念吴大澂筹边功绩，又详细记载了边地开发史。该碑已为黑龙江省级文物，现存于穆棱县兴源乡人民政府院内。其碑文自右而左，计 13 行 328 字，全文如下：

愙吴公筹边遗迹之铭并序

无锡许同莘撰金山陈陶遗书

清光绪七年辛巳吴县吴公大澂督办吉林边务起珲春迄三姓旁达密山相土所宜募民开垦所部巩卫绥安靖边诸军戍列其间建威销萌边患以息公忠勤称天下其功业在东陲尤著傍穆棱河有镇曰兴源镇之南有邱曰粮台高可十寻石壁削立公屯兵设局处也距公之来五十余清光绪七年辛未乡人游滋土者相与景慕遗刻石为铭曰穆棱西东肃慎故虚皆为穷荒今也经途蹇蹇吴公绥滋东服仗节乘边山贼慴伏居民无舍公则治之无耕无犊公则字之公之始来榛莽

---

① 左学德：《日本向中国东北移民史——1905～1945 年》，哈尔滨工程大学出版社，1998，第 22 页。

② Manchester Guardian：《英报之日本帝国主义在满洲的前途观》，《东方杂志》第 25 卷第 24 号，1928 年，第 56 页。

际天公之受代编户以千有券者阿公迹斯在摩挈法物犹怀风采月明水曲籁椒
声林如闻謦欬右玉吉金抱江有楼表界有柱视此丰碑相望万古

　　立碑刻石者

　　任承沉顾次英史光书魏声和范绪良杨寿桐李仲子卞福孙陈浦储镇张
崇纲黄尔宇顾思范王超李芳顾义吴兴基裘维莹顾祖德阚家郎立石孙
永刻①

　　综合上述，民国前期虽然仅有 20 余年光景，但黑龙江区域经济社会有
了很大发展。数百万汉族移民与当地各族人民一道，筚路蓝缕、披荆斩棘，
共同开发建设了边疆，特别是沿边地区的开发对巩固国防有重要意义。在此
期间，由于人口增加，土地开发，形成了几大农作物产区，促进了以农产品
为原料的制粉、榨油、酿酒北满三大民族工业发展，而一大批建制城镇的涌
现，为今天的黑龙江经济社会发展奠定了基础。

第七节　俄罗斯境内的黑龙江移民

　　16 世纪末以前，西起贝加尔湖，北至外兴安岭，东至鄂霍次克海，均在
中国版图内，内陆国家俄罗斯与中国并不接壤。但随着沙俄政府的领土扩
张，沙俄的触角渐渐深入黑龙江流域，先是对江东及乌苏里江地区的领土实
施中俄共管继之独占，使世世代代生活在这里的中国人因土地"割让"而变
成了"华侨"。

一　对中国版图的蚕食

　　自 17 世纪 40 年代起，哥萨克人开始武装进犯黑龙江流域，当时映入他
们眼帘的是："阿穆尔河左岸及其下游，以及沿海的一部分，即乌苏里江以
东地区，则几乎仍旧渺无人烟。唯有原来居住在深山老林里的北方狩猎部族
此时逐渐南移，几乎分布在整个阿穆尔河流域。他们当中一部分同分散各处
的满洲部族有所接触，向之学会了种地，沿着阿穆尔河及其各个支流建立了
许多城寨。"② 这一记述从侧面说明，早在俄国人到来之前我国的北方民族及

---

① 转引自《黑龙江省志·文物志》第 53 卷，黑龙江人民出版社，1994。
② 〔苏〕彼·伊·卡巴诺夫：《黑龙江问题》，黑龙江人民出版社，1983，第 6 页。

少量的汉族人口就在这里世代繁衍生息。关于这一点，俄国皇家地理学会西伯利亚分会的主要成员 P. 马克曾多次"考察"黑龙江，他在"考察报告"《黑龙江旅行记》中写道："俄国人把东西伯利亚的大部分通古斯人称为通古斯人，仅对外贝加尔的某些部族称为奥罗绰人，即对在中国领土（现在已经是俄国的领土）游猎但向俄国纳贡的、数量不多的通古斯人这样称呼……不管怎么讲，我觉得奥罗绰这个名称不是俄国人给他们起的，而是源出于中国。在那里久远以来就知道这族人叫奥伦羌和鄂伦春。"①

经过了如此几次"考察"后，俄国皇家地理学会西伯利亚分会终于"依靠坚持不懈的劳动和积极执行皇上意志的心愿"，"在学术上为俄国取得这块地方（指西伯利亚）"。②随后，沙俄开始了实际的扩张。1849—1853 年，悄无声息地相继蚕食了阔吞屯（马林斯克）、庙街（尼古拉耶夫斯克）、克莫尔湾（迭卡斯特里湾）、哈吉湾（皇帝港）等要地，在这些地方设立哨所、建立军屯、武装移民，为更大规模的侵略扩张奠定基础。1858 年，沙俄借清廷内忧外患之机，以武力逼迫黑龙江将军奕山与之签订了中俄《瑷珲条约》，割取了黑龙江以北、外兴安岭以南 60 多万平方公里土地，乌苏里江以东约 40 万平方公里土地。如此，"原来居住在归属了俄国阿穆尔省的 15000 左右的中国人，滨海省 900 左右的定居中国人及游移不定为数 2000—3000 人的中国渔猎者、挖参者和采金者"③ 的身份就变得复杂起来。而这只是俄国人的算法。另据《瑷珲县志》的记载："江东六十四屯北起精奇里江口，南至孙吴县的霍尔莫勒津屯，面积 3600 平方公里，在 1900 年被俄人割占前约为 3.5 万人。与之毗邻的海兰泡（布拉戈维申斯克）大约有 4 万居民，两地居民总数大约在 7.5 万余人，其中绝大部分为中国人。"④ 他们或为劳工，或经商，涉足资源开采和加工、交通与通信、建筑、服务业、农业等方方面面，大多从事非技术性的体力劳动，如伐木、采石、修路、航运、捕捞、建筑等。他们当中的绝大多数留在了阿穆尔省和滨海省，尤以中俄边境的大小城镇为最多，也为其经济社会发展做出贡献。

---

① 〔俄〕P. 马克：《黑龙江旅行记》，商务印书馆，1977，第 72—73 页。
② 〔俄〕巴尔苏科夫：《穆拉维约夫 - 阿穆尔斯基伯爵》第一卷上册，商务印书馆，1973，第 300 页。
③ 〔俄〕B. B. 戈拉韦：《阿穆尔沿岸地区的中国人、朝鲜人、日本人》，圣彼得堡，1912，第 5 页。
④ 转引自宁艳红《旅俄华侨史》，人民出版社，2015，第 7 页。

二 "割地为侨"的中国移民

虽然《瑷珲条约》的签订使黑龙江北岸划归俄国,但在精奇里江(今俄罗斯结雅河)附近江东六十四屯的中国百姓仍然享有永久居住权,清政府仍对这里行使行政管辖权,所以如何界定他们的身份也变得复杂起来。世代生息繁衍在这里的土著居民及内地移民,一夜之间成为居住在外国土地上的"中国侨民",有学者针对此提出了"割地成侨"的见地:

> 不平等条约签订后,中俄两国远东地区开始出现了漫长的边界线。至此,形成了西起贝加尔湖、东至太平洋萨哈林诸岛,南起黑龙江和乌苏里江沿岸,北到北冰洋的广袤俄国远东地区疆界。从此以后,再到这里谋生的中国人已不再是"季节性移民",他们成了"侨工"、"黄种奴隶"。这些华侨最大的特点就是"非自愿性",是由于边界领土的变更迫使他们改变了自己的身份,这在华侨华人史上具有特殊性。[①]

虽然经过了"割地划界",但在中俄签订的各种条约里,对边境贸易、民间往来未加禁止,年年都有河北、山东、山西以及东三省的流民或渡海直达符拉迪沃斯托克(海参崴)或经黑龙江二次移民远东与西伯利亚地区。俄远东地区的开发与人口稀少,是吸引中国移民前往的主要原因。特别是西伯利亚大铁路的动工修建,这是一条从车里雅宾斯克到符拉迪沃斯托克(海参崴)"共敷设了 11966 公里钢轨(包括支线铁路),挖土 1000 多万立方米,砌石 24 万立方米,修建桥梁 86 公里的大铁路",[②] 工程需要大量的劳动力,俄国政府和企业自然地把目光投向了"满足于最低工资和能够承受最差生活条件"的华工。俄国每年都要从山东等地招募上万人,阿穆尔总督就曾在其著述中写道:"铁路工程的极大部分是由中国工人完成的。工程的各个部门——无论是挖土方,还是架设桥梁,修建车站票房、营房、看守房等,都有中国工人参加施工。"[③] 而在尼古拉耶夫斯克、符拉迪沃斯托克(海参崴)、乌苏里斯克、布拉戈维申斯克等地的金矿开采、城镇营建、筑路工程、

---

① 宁艳红:《旅俄华侨史》,人民出版社,2015,第 7 页。

② 陈秋杰:《西伯利亚大铁路研究(19 世纪中叶——1917 年)》,黑龙江人民出版社,2011,第 108 页。

③ 〔俄〕翁特尔别格:《滨海省(1856—1898 年)》,商务印书馆,1980,第 211 页。

港口修建、农业垦殖等行业里，也有华工的身影。对此，中国的官方统计数字如下："东海滨省近年入境华民人数，日见加增，就所验护照论之，1895年，约 16500 名；1896 年，已逾 35000 名；1897 年，更形倍蓰，盖已增至 7万。而其纷至沓来之故，乃由于海参崴等处修垒筑台，在需人也。"①另外，在 20 世纪初，俄国政府为了掌握阿穆尔河及乌苏里江一带的中国人、朝鲜人及日本人的情况，外交部特派员 B. B. 戈拉韦特别组成"黄种人考察队"。据其统计，"1900——1910 年，进入远东境内的中国人每年在 7.5——20 万之间波动。到 1910 年，约有 15 万中国人成为俄罗斯远东的常住居民，比1893 年增加了 4.2 倍，他们在当地总人口中所占的比例不少于 12%"②。

俄国远东及西伯利亚地区的华商，大多是在 19 世纪下半叶去的"闯关东"移民，他们在俄国远东地区的边城小镇以微少的资本惨淡经营。他们凭借着灵活的头脑及吃苦耐劳的精神建立起自己的、广泛的经营网络，把生意做得红红火火，触角伸向了方方面面。俄国的地方官吏曾评论道："没有任何一个买卖里，我们会看不到中国人，从中国人作为买主的市场提供生活必需品——粮食、肉类、蔬菜开始，到小本经营，市场的货摊，以至省内各主要中心城市，直至乡村的常设商店，到处都可以看到中国人……符拉迪沃斯托克的中国商店，数量与年俱增，小本生意几乎完全由他们操纵。"③ 而在另一著述中则说得更为直白："在符拉迪沃斯托克俄国人的企业同华商的企业特别是小店铺根本是无法竞争。根据 1893 年达塔的一份报告，在符拉迪沃斯托克有中国小店铺 127 家，俄国店铺 23 家。根据阿穆尔财政厅厅长的资料，在 1909 年的海参崴有中国店铺 447 家，俄国店铺 99 家，到 1910 年，这里有中国店铺 625 家，俄国店铺 181 家。在 1883 年以前，双城子尚无一家中国人的店铺。1909 年双城子有华商店铺 245 家，俄国店铺 48 家。到 1910 年，这里的华商店铺为 272 家，俄国店铺 106 家。"④ 1909 年到 1910 年前后，华商总体经济已经占有当地经济总量的 1/3 强。⑤ 1897—1910 年阿穆尔省、滨海

① 倚剑生：《中外大事汇记·交涉汇·俄地华民人数》，广智书局，1898。
② 转引自王晓菊《俄国东部移民开发问题研究》，中国社会科学出版社，2003，第 134 页。
③ 〔俄〕翁特尔别格：《滨海省（1856—1898 年）》，商务印书馆，1980，第 189 页。
④ 〔俄〕B. B. 戈拉韦：《阿穆尔沿岸地区的中国人、朝鲜人、日本人》，圣彼得堡，1912，第 29—33 页。
⑤ 宁艳红主编《华侨在俄罗斯——献给中俄建交 65 周年及反法西斯战争胜利 70 周年》，黑龙江教育出版社，2015，第 3、17 页。

省中俄各类商人数量如表 7 - 7 所示，从中可看出华商对侨居地经济社会发展的贡献。

表 7 - 7　1897—1910 年阿穆尔省、滨海省中俄各类商人数量统计

单位：人

	滨海省						阿穆尔省					
	1897 年		1909 年		1910 年		1897 年		1909 年		1910 年	
	中	俄	中	俄	中	俄	中	俄	中	俄	中	俄
捐客	145	72	31	134	110	502	3	18		17		34
一般贸易者	785	239	1650	787	1877	1264	703	421	321	718	340	881
粮食贸易	18	9	14	92	20	118	2	13		63		61
其他农产品贸易者	1051	409	347	146	431	176	50	213		59		65
建材燃料贸易者	70	70	58	66	100	149	7	121	10	26	12	50
机器工具贸易者	13	26	8	49	13	77		6		16		39
布匹服装贸易者	243	48	334	334	449	429	65	75		94	30	25
皮革贸易者	28	9		18		10		8		10		
零售贩运者	483	37		1			192	35	1	96	56	98
客店小吃酒馆经营者	731	322	155	459	210	376	54	196	19	116	29	119
总计	3567	1241	2597	2086	3210	3101	1076	1106	351	1215	467	1372

资料来源：〔俄〕B. B. 戈拉韦：《阿穆尔沿岸地区的中国人、朝鲜人、日本人》，圣彼得堡，1912，第 363 页。

然而，还有更为众多的"黑工"和"百姓"因其职业状况不稳定而当局无法掌握他们的数量，他们从事着微不足道但又不可或缺的家庭服务业，对于此"娇嫩"挑剔的俄罗斯妇女也有深切的感触。1902 年，军事记者彼得·尼古拉耶维奇·克拉斯诺夫访问了符拉迪沃斯托克（海参崴），在谈及对中国人的印象时写道：

在符拉迪沃斯托克，一群群中国工人在僻静而遥远的街上步履蹒跚，在斯维特兰娜大街，则是买卖人、官员和军官。听得到夹杂着德语和英语的俄语，并被中国人的粗大嗓门所打断。符拉迪沃斯托克所有的"黑工"和"百姓"都是中国人。中国人在市场上做生意，中国人在火车站背东西，中国人是马车夫、船工、送水工、面包师、屠夫、厨师、裁缝、鞋匠、装订工、制帽师傅。只有载客马车夫是俄国人。符拉迪沃

斯托克一位女士对我说："中国人在这里所做的最大的恶行就是他们一下子离开了符拉迪沃斯托克。这比战争还糟糕，我们会死去。"当然，这是夸张的说法。但是，的确，娇嫩的符拉迪沃斯托克女士不得不下厨房，海关官员或其他人不得不自己提水桶、补靴子以及修补办公厅最需要修缮的地方。①

与华工、华商相对应的还有清后期就来到这里从事垦殖生产的华农，他们应该是较早的"闯关东"农业移民。1855 年 4 月，《黑龙江旅行记》的作者 P. 马克率队"考察"黑龙江，其在书中"描述了结雅河口和布列亚山脉之间的地方，认为这是阿穆尔河畔土地最肥沃，人口稠密的地区。这里居住着主要从事耕作和种菜的满洲人和达斡尔人。马克写道：'河两岸，特别是左岸房舍鳞次栉比，村屯到处可见，有的仅靠岸边，有的离岸稍远些，我无法了解这些村屯的名称'"。② 另外，也有人记录了 1859—1867 年勤暮河河谷中国农人的生活状况："满洲人是一个多礼而善良的民族，他们很热心地向俄国人提供粮食和蔬菜种子。""这是一个安静、爱好和平的民族，热情好客，对俄国人很友好。"③ 由此可见，那时的结雅河河口和布列亚山脉之间及勤暮河河谷等地方就有许多从事农业垦殖的中国人，也就是我们这里所要论及的华农。

据载，1879 年时南乌苏里地方就有中国农民在那里耕种着 6312.19 公顷土地，其中兴凯区有 2217.06 公顷，苏昌区有 2798.03 公顷，绥芬河区有 541.73 公顷，阿瓦库莫夫卡区有 755.37 公顷。④ 他们在这些土地上种植粮食、蔬菜，粮食和蔬菜除自食外还拿到市场上出售，在一定程度上满足了城市居民的需要。19 世纪 80 年代，符拉迪沃斯托克（海参崴）一官吏，在滨海地区考察后得出的结论是："符拉迪沃斯托克和南乌苏里边区及其他较大

① 〔俄〕聂丽·米兹、德米特里·安洽：《中国人在海参崴—符拉迪沃斯托克的历史篇章（1870—1938 年）》，胡昊等译，社会科学文献出版社，2016，第 44 页。

② 〔苏〕H. K. 舒利曼：《马克的黑龙江旅行记》，《阿穆尔州地志博物馆与方志学会论丛（选辑）》，黑龙江人民出版社，1978，第 119 页。

③ 〔俄〕E. И. 聂斯杰洛娃：《俄罗斯远东地区南部的管理体制及中国移民（19 世纪下半叶—20 世纪初）》，符拉迪沃斯托克：远东大学出版社，2004，第 75 页。

④ 〔俄〕P. Д. 弗拉迪米洛维奇：《资本主义时代俄远东的华人劳务（1861—1917 年）》，莫斯科科学出版社，1989，第 60 页。

的居民点，依靠蛮子（华农）才获得食品和蔬菜，蛮子是廉价而优秀的雇工。"[①] 移民人口增加，扩大了土地耕种面积，增加了粮食产量，满足了远东与西伯利亚地区人口的需求。诚然，这是俄国东部地区开发的结果，但也是与华农的辛勤劳作分不开的。

三 赴俄留学人员

在晚清推行"新政"的过程中，曾定有条款即"政府宜选派颖秀青年，送之出洋留学，储蓄人才"[②]。从严格意义上讲，留学生不应属于移民范畴，但其人数很少，影响甚大，意义亦非同一般，这里做一简述。1896年，清廷派出两批8人留学俄国，学习语言，为外事交涉储备人才；1900年，中东铁路修筑进入中期，总理各国事务衙门选派京师同文馆学生4人，进入圣彼得堡铁道学院学习；1904年光绪帝颁布《明定国是诏》，全面推行新政。翌年，朝廷学部和湖北地方政府，相继向圣彼得堡国立大学派遣6人学习政法专科。而与俄毗邻的黑龙江则更是派出留学生较多的省份，审时度势的黑龙江将军程德全就是这方面的积极推动者。光绪三十二年（1906），朝廷拟选送青年学子赴俄留学，然"省城中学堂及优级师范选科，均尚未至毕业之期，此外亦无娴习外国语言勘以直接听讲之人，无可通融派遣。程将军先后派客籍学生十人赴俄"。[③] 对此有深刻认识的程德全将军并不作罢，同年又在本省选出数名青年才俊赴俄留学。其在《学生赴俄游学折》中奏道：

> 比来朝廷广开风气，锐意振兴，上年特旨，考试出洋先生优予官职，意在选柬俊髦，以维新政。海内有志之士，闻风兴起，朝欧西而暮东亚，寰球万国，视若户庭。查各省咨送外洋肄业学生，若日若美，若英法德，为数约以万计，独于俄则寥寥无几。亦以内地离俄较远，交际无闻，固不必视为急务。江省界连壤接，密迩周旋，将来两国铁轨大通，界务、商务以及一切交涉事宜，接踵而起。若于彼都政事俗尚不加深究，何以收安内辑外之效？兹据省城俄文学堂肄业生王忠相、车席珍、朱绍阳、王佐文、车仁恭、刘雯、朱世昌等七名，由交涉局试署黑

---

① 〔俄〕伊凡·纳达罗夫：《〈北乌苏里边区现状概要〉及其他》，上海人民出版社，1975，第116页。
② 张星烺：《欧化东渐史》，商务印书馆，2000，第43页。
③ 徐世昌：《东三省政略·学务·黑龙江省》卷九，吉林文史出版社，1995。

水厅同知郑国华转请咨送前来。

〔臣〕查该学生等志趣向上，当饬学务处考验后，取具志愿书暨切实保结，于本年四月咨送赴俄游学。所需川资及常年经费，拟请作正开销，按年拨给。〔臣〕自惭固陋，每当艰巨杂投，则思海外（状）〔壮〕游，扩充识见，以为应世之具。只因权寄封疆未获亲身考察，长子程世模，随任读书，略通俄国语言文字，此次因咨送学生之便，饬令自备资斧，偕同游学，以资历练。

如此封疆大吏，自备资斧，送子游学，还要"伏乞皇太后、皇上圣鉴"，这就是"多事之秋，励精图治，纵横捭阖，政绩卓著"，有清一代"开江省二百余年汉人出任首辅之先例"的程德全。① 随着出国留学不再是一件新鲜事，自费留学的人也越来越多，内地省份也不断地向俄国派遣学生。清末民初之际部分官费自费留俄学生情况如表7-8所示。

表7-8　清末民初部分官费自费留俄学生统计

姓名	籍贯	到俄时间	何处咨送	到学年月	所在院校	专业	毕业时间	毕业去向
柏山	广州驻防镶白旗	光绪三十年五月	京师大学堂译书馆	光绪三十年八月	森堡大学堂	法政科	宣统二年	回国
魏渤	江苏海门厅	光绪三十年五月	京师大学堂译书馆	光绪三十年八月	森堡大学堂	法政科	宣统二年	回国
萧焕烈	湖南衡州府清泉县	光绪二十九年五月	湖北	光绪三十年七月	森堡大学堂	法政科	预计宣统三年	回国
严式超	湖北黄冈府黄冈县	光绪二十九年五月	湖北	光绪三十年七月	森堡大学堂	政法专科	拟于宣统元年	光绪三十四年暑假护送病重同学夏维松回家
魏立功	江苏海门厅	光绪三十年四月	江苏	光绪三十一年八月	森堡中等实业学堂		宣统二年	商务学堂毕业后入军医大学堂
				光绪三十四年八月	森堡商业学堂	商务普通科		
朱世昌	安徽安庆府桐城县	光绪三十二年闰四月	黑龙江	光绪三十三年八月	森堡矿务学堂	勘苗科	民国初年	

---

① 辛培林、王敬荣主编《黑龙江疆域历史与现状问题研究》，黑龙江人民出版社，2006，第174页。

续表

姓名	籍贯	到俄时间	何处咨送	到学年月	所在院校	专业	毕业时间	毕业去向
车席珍	黑龙江省海伦厅	光绪三十二年闰四月	黑龙江	光绪三十三年八月	森堡矿务学堂	矿务专科	民国初年	回国
唐宝书	广东香山县	光绪三十二年闰四月	黑龙江	光绪三十三年八月	森堡大学堂	格致科	民国初年	/
车仁恭	黑龙江省巴彦州	光绪三十二年闰四月	黑龙江	光绪三十三年八月	森堡大学堂	法政科	民国初年	/
王佐文	黑龙江省呼兰府	光绪三十二年闰四月	黑龙江	光绪三十三年八月	森堡大学堂	法政科	民国初年	/
王忠相	黑龙江省海伦厅	光绪三十二年闰四月	黑龙江	光绪三十三年八月	森堡实业学堂	商务法律	民国初年	回国
朱绍阳	湖北武昌府兴国州	光绪三十二年闰四月	黑龙江	光绪三十三年八月	森堡商业学堂	商务专科	民国初年	/
李毓华	吉林省吉林府	光绪三十三年六月	黑龙江	光绪三十三年八月	森堡大学堂	法政科	民国初年	回国
刘雯	吉林省吉林府	光绪三十二年闰四月	黑龙江	光绪三十四年八月	森堡矿务学堂	矿务专科	民国初年	回国
钟镐	吉林满洲镶黄旗	光绪三十三年六月	黑龙江	/	陆军马队学堂	/	照章四年毕业	回国
李宝堂	江苏上海县	宣统元年三月	邮传部	光绪三十三年八月	森堡铁路大学堂	铁路专门科	民国初年	回国
陈瀚	江苏江宁府江浦县	光绪二十五年十一月	外务部	光绪二十八年	俄京道路学堂	道路工程	/	光绪三十一年商部札调，三十二年伊犁将军奏调
范其光	江苏江宁府上元县	光绪二十五年五月	外务部	光绪二十八年九月	俄京道路学堂	桥工铁路等	/	光绪三十一年商部札调，三十二年通艺司行走
李垣	顺天府大兴县	光绪三十三年十二月	吉林	光绪三十四年	森堡大学堂	/	照章四年毕业	回吉林省

以上为公款派遣，下面是自费留学

姓名	籍贯	到俄时间	何处咨送	到学年月	所在院校	专业	毕业时间	毕业去向
程世模	四川夔州府云阳县	光绪三十二年闰四月	黑龙江	光绪三十三年八月	森堡实业学堂	商务法政科	民国初年	回国

姓名	籍贯	到俄时间	何处咨送	到学年月	所在院校	专业	毕业时间	毕业去向
牛文炳	山西汾州府汾阳县	光绪三十三年六月	学部	宣统元年八月	森堡大学堂	物理专科	民国初年	回国
胡世泽	浙江归安县	光绪二十六年	/	光绪三十一年	森堡中学堂	普通科	民国初年	毕业后入专门大学堂
乌铭潜	镶黄旗蒙古霍隆武佐领	光绪三十三年	/	宣统元年三月	森堡商务高等学堂	商务专科	/	/
乌益泰	镶黄旗蒙古霍隆武佐领	光绪三十三年	/	宣统元年三月	森堡商务高等学堂	物理科	/	/
刘泽荣	广东肇庆府高要县	/	/	光绪三十一年	俄南省白通府城中学堂	普通科	预计宣统三年	毕业后入森堡大学堂
毕文彝	汉军镶蓝旗春奎佐领	光绪三十三年四月	/	/	毕业俄国普通中学	兼习俄、法文	/	转赴比利时留学
毕文鼎	汉军镶蓝旗春奎佐领	光绪三十三年四月	/	/	毕业俄国普通中学	兼习俄、法文	/	转赴比利时留学

资料来源：转引自宁艳红《旅俄华侨史》，人民出版社，2015，第116—120页。

四 "一战"时期的华工

"一战"爆发后，北洋政府作为协约国成员宣布参战，方式是派出大批华工进入欧洲"以工代战"。而俄国战事紧张对兵源的大量需求导致劳动力奇缺，远东与西伯利亚地方的许多工程无法开工建设，许多企业也无法正常生产。摩尔曼斯克铁路工地、顿巴斯煤田、白俄罗斯采伐区、远东矿场、沿海捕鱼、各大城市工厂以及挖战壕抬担架的战地勤务等无一不在劳动力告急。俄国政府及私人企业主或委托或雇用多人数次在华招募工人，中国地方档案对此多有记载。"1914年富亚公司在哈尔滨招募华工2500人，进入俄国乌拉尔地区的比尔姆省阿拉白耶夫斯克矿区做工；同年，哈尔滨天成茶庄和商人张波漾代莫斯科—铁路工程招募华工4000人。"[1] "1915年哈尔滨俄商东胜面粉公司执事德利金在奉天私自招收工人数多达8000人，长春华商义成公司代表周冕与俄国采办材料处代表达聂尔签订合同招募华工2万人。此外，还有俄国阿拉伯耶夫斯克工厂总工程师谢苗诺夫委托海城人何国忠在奉天招1203人；俄国人杂尔臣图和中国人席静菴订立合同在奉天招工1600人；

---

[1] 《黑龙江省志·旅游志·侨务志》第59卷，黑龙江人民出版社，2002。

俄国人师拉夫连节耶夫和华商张宝髻、吕泰订立合同在天津、烟台、吉林、长春、阿什河、宁安、海林、奉天、营口、安东、农安、铁岭、西安等处招募 4000 人；俄国人波诺索夫和中国人王同文、杨嵩订立合同在吉林、双城、哈尔滨招工 1000 人；俄郭焦里尼国夫与王作林订立合同在天津招工 2000 人……"① 而当时中东铁路管理局创办的《远东报》更是连篇累牍地发出华工赴俄报道。如 1916 年 3 月 17 日"招觅华工广告"条载：

> 刻在托木斯克省建筑铁路，招觅多数华工。大致泥工二千人，瓦工二百人，石匠二百人。愿就者即至中国大街岑特拉里客栈，由早八点至午间十二点，随时皆有人招待。特此布闻。

招工的不仅有俄国政府和私人企业主，还有在俄创办实业因国内廉价丰富的劳动力资源而回来的华人。如 1916 年 5 月 23 日"伯力渔业招工"条载：

> 伯力附近沿江一带鱼类出产极为畅旺，每年四、五月间内地人民多有前往该处晒鱼者。兹正值鱼类出产旺季，闻该处创办渔场之华人，现特来哈招工扩充渔业，其工资每人每月在羌帖三十五、六元上下，应募者颇为踊跃云。

1916 年至 1917 年，经俄国人设于哈尔滨顾乡屯的卫生监督所"查验合格"出去的华工就有 5204 人。据官方统计，第一次世界大战前后几年间经黑龙江区域各口岸出境的华工华商总数达 502621 人。其中，1913 年为 59399 人，1914 年为 56608 人，1915 年为 85495 人，1916 年为 99957 人，1917 年为 93451 人，1918 年为 107711 人，平均年去俄人数为 83770 人。②

中国移民去俄国的路线有很多，亦因时间的先后、移出地环境的不同、交通条件的变化等而存有差异。这里我们可以中东铁路通车为节点，把移民赴俄路线分为传统与现代两种。传统移民赴俄线路，山东移民多以水路为主。一般是在威海、青岛、烟台等地上船，直达俄境符拉迪沃斯托克（海参

---

① 《赴俄华工章程卷》，民国 5 年，黑龙江省黑河市爱辉区档案馆档案，转引自宁艳红《旅俄华侨史》，人民出版社，2015，第 18 页。
② 《黑龙江省志·旅游志·侨务志》第 59 卷，黑龙江人民出版社，2002。

崴），然后分散开来，这也就是传说中的"跑崴子"。另有一些移民是坐船进入俄境后，再返回黑龙江边地垦殖，这也是一条省时省力省费用的路线。清末民初，俄国西伯利亚和远东地区劳力匮缺，为方便华工的移入，俄国企业和包工头租用外国轮船进行输送。中东铁路的修筑，给移民进入俄境带来了极大的便利，移民可乘船到大连，在那里改乘中东铁路南部线（1905 年后为南满铁路）到哈尔滨，也可乘京奉铁路换乘南满铁路再换乘中东铁路，在哈尔滨再选择具体的出境路线。一般的出境线路有 4 条，分别是：（1）走中东铁路西部线，从满洲里出境，直抵俄后贝加尔地区；（2）走中东铁路东部线，从绥芬河出境，进入乌苏里斯克，亦可继续向前进入哈巴罗夫斯克（伯力）或符拉迪沃斯托克（海参崴）；（3）通过各种路径抵达黑龙江北岸，然后沿江而行寻找口岸过江；（4）从奉天（沈阳）、吉林进入张广才岭，渡乌苏里江去伯力，或者经过珲春及其他中俄交界地出境。不过，中俄接壤地不是任何地方都可以过境的，移民必须在相应口岸，查验护照，有人担保后，才能成为合法的入境者。在阿穆尔沿岸地区，只有下列地点才允许过境：在阿穆尔省有伊格纳申诺、列伊诺沃（加琳达）、切尔尼亚耶沃、拉德、布拉戈维申斯克（海兰泡）、叶卡捷琳娜·利克里斯卡娅和米哈伊洛·谢苗诺夫斯卡娅；在滨海省有克拉斯诺谢里斯基、汉希、波尔塔夫斯基、珲春各海关点、科扎凯维切沃、科兹洛夫斯卡娅、格拉夫斯卡娅村及哈巴罗夫斯克（伯力）。以上均由旱路抵达。由海路抵达的在诺沃基耶夫斯克、符拉迪沃斯托克（海参崴）、苏昌的乌拉基米尔·阿列克桑德廖夫斯科耶村、北奥里基镇及尼古拉耶夫斯克过境。[①] 这些中国移民主要分布在俄国的西伯利亚和远东地区，尤以黑龙江沿岸和乌苏里江沿岸最多。19 世纪，俄国曾有学者著述论道："乌苏里地区华侨主要分布在波西耶茨地区、汉克湖周围、苏城地区（玛依河、勤暮河、苏城、松树河沿岸）、乌苏里江上游（大乌避河、乌拉河、挠头沟子和富锦河附近谷地），整个伊曼地区并一直延伸到西家屯地区、瓦库河谷地带、比金河下游，直到西关和查摩登地区、霍尔河下游塔班多、乌苏里江两岸，尤其是伊曼河入海口附近的后乌苏里地区，沿海岸线到吉尼亚克海角的狭长地带。"[②] 对此，中国吏员在其《吉林边务报告书·五大沟之

---

① 〔俄〕B. B. 戈拉韦：《阿穆尔沿岸地区的中国人、朝鲜人、日本人》，圣彼得堡，1912，第 23 页。

② 转引自宁艳红《旅俄华侨史》，人民出版社，2015，第 55 页。

华民》中说道：

> 棘心、驿马、瓦口、挠头、刀毕五河，皆发源于东海滨省，西流入乌苏里江，土人曰此地为五沟。前数十年居民约五百户，本为我国之领土，自咸丰十一年始割于俄。俄犹虑此土地之地广人稀也，不时四处罗致华人，实行实边之计，以我边村民寥落，时以胡匪为忧，俄于此初入我疆，不谙居民程度，时以种种笼络调停之法，处处济以私恩。而蚩蚩者之不（晤）〔疑应作悟〕彼计之远大，转隐恨华官之不我恤，日请俄兵捕匪以及保护等事，由此感情愈结愈深，群相率其妻子，负其锱基，以入人之版图，不可以千数计也。比年以来，俄人之东下者日以繁，而我民于此布置已数十年，所有庄园、篱落、堤防、沟洫亦多灿然就绪，屯边都种桑柳，青青成荫，风景颇有佳趣。①

根据此记载可知，被土人称为"五沟"地方的 500 多户数千居民，因咸丰八年（1858）《瑷珲条约》签订而成了华人，更由于我边境地方的匪患横行，大批居民逃亡到黑龙江及乌苏里江对岸，在异国的土地上建立了家园，几十年后就形成了"风景颇有佳趣"的华人聚集地。实际上，俄国当局为了加强对华人的控制和管理，也划定区域限制华人自由。1885 年的远东地区有 14 个华人聚居区，分别是：（1）塔兹苏河一带；（2）圣奥耳加海湾；（3）普松河一带；（4）大五河一带；（5）小五河一带；（6）苏扎河一带；（7）乌拉河畔的三道沟地区；（8）乌拉河畔的双叶梢地区；（9）里伏锦河一带；（10）貉头河子；（11）靠近别列佐沃电报站的二壕地区；（12）刀毕河畔的拉扎列沃；（13）靠近上罗曼诺沃的卡瓦利扬地区；（14）兴凯湖的支流三道河子一带。② 而实际上，在俄国的许多地方有这样类似的华人聚居区。

自 19 世纪 70 年代美国发生"华工禁约"运动以后，"弱肉强食论"和"白人优越论"的论调相继在欧美各国不断唱响，③与我们毗邻的俄国也不例外，只不过在"和弦"上做出了自己的调整而已。1885 年，俄国学者伊万·纳达罗夫在一份名为《乌苏里地区（北乌苏里边区和南乌苏里边区）的异族

---

① 姚和琨、汪櫑：《吉林边务报告书》，宣统元年线装铅印本。

② 〔俄〕伊万·纳达罗夫：《〈北乌苏里边区现状概要〉及其他》，上海人民出版社，1975，第 114 页。

③ 〔美〕沈已尧：《海外排华百年史》，中国社会科学出版社，1985，第 8 页。

民族》的报告中特别提到，中国人给乌苏里地区带来的好处与坏处，它们分别如下：

好处

（1）符拉迪沃斯托克和南乌苏里边区其他较大居民点，靠了蛮子才获得食物和菜蔬。

（2）蛮子是廉价而又优秀的雇工，不论要多少这类雇工，随时都可雇到。

（3）彼得大帝湾沿岸各地之间交通，靠了蛮子沿海岸所作的航行，才方便起来。

危害

（1）乌苏里地区几乎所有的小买卖都被蛮子垄断了。

（2）极其严重地破坏着森林，他们为了把木材运出我国，为了采葺，不惜大肆砍伐，可怕地毁灭着森林。

（3）使野兽趋于绝种。

（4）剥削当地的异族，包括俄罗斯居民在内。

（5）啸聚为寇。

该报告的结论是："鉴于政治上的原因，鉴于乌苏里地区应该具有纯俄国的面貌，我们丝毫也不欢迎乌苏里地区的蛮子居民。蛮子离开乌苏里地区，该地区的俄罗斯化也就愈迅速。"[①] 俄国政府对华工娶俄国女子为妻但又不入籍的行为特别反感，因为他们的意图是"不消灭其他种族的人，而是要把他们同我们合成一体，把他们变成俄罗斯人"，甚至还认为"既然帝国的组成中有小俄罗斯和白俄罗斯，那么为什么不可以包括'黄俄罗斯'呢!"[②] 但这一切化作泡影时，"黄祸论"、"黄色威胁论"和"解决黄种人问题"等言论就被大肆宣扬。排华活动源起于"限华"，先是从一系列限制措施入手，禁止华人购买土地，禁止华人居住在边地，禁止雇用华工，实行居留证制

---

① 〔俄〕伊万·纳达罗夫：《〈北乌苏里边区现状概要〉及其他》，上海人民出版社，1975，第119页。

② 斯特维尔斯基：《黄俄罗斯的士兵村》，《东省杂志》第4期，1930年。

度，加强护照管理，提高各种赋税，等等，直至最后演化成驱逐和杀戮华人的惨剧。此类事情不光发生在"江东六十四屯"，凡有华人地方均有可能发生，时间上也不仅限于1900年，1908年时也有驱华惨案的发生。前载"风景颇有佳趣"的"五大沟"500多户数千华民，重演了"江东六十四屯惨案"。据载：

> 俄于光绪三十四年三月十二，忽下逐客严令，限定六礼拜内一律迁移出境。按约章载，我民于此固有之土田渔业，俄则不得占据，且伤我之民生。兹则刑驱势迫，全恃强权，是以此约等于弁髦，无可疑也。忆我民恋旧情深，故土难去，本为固有之性质，则愚民之徘徊眷顾，多耽误出境之期，自不能免。五月中旬，俄督复派华通事孙福率领无数兵勇，分头进沟，肆意妄为，略无忌惮。或黔其庐，或赭其垣，或牵其牛马，或索其财物，则有意抵滞以招枪毙者，实繁有徒。际此全体崩离，财产皆失，妇孺载道哀号，以演成驿障残阳之惨剧，非笔墨所能形容也。[1]

俄国政府的排华措施，除驱逐与杀戮外还有严格限制华侨自由，禁止企业随意雇用华工，实行居留证制度，加倍征收税赋，编造借口，虐待凌辱华侨，由此导致大批华侨回国。不仅如此，俄远东与西伯利亚各地方政府通过驻外机构照会中国政府，告知"俄境内已谋生无路，正在遣返华侨"，而国内的涉外机构也在劝阻民众不要轻易赴俄。

在大批回国的华侨中，一些人由于各种原因落脚黑龙江区域谋生，成为西方文化的传播者。如山东章丘人吴泰，1899年应中东铁路工程局招工到绥芬河，随后又到俄国修筑乌苏里铁路，后进入符拉迪沃斯托克（海参崴）铁路工厂做工。1905年10月因同俄国工人一起参加大罢工被开除。后到哈尔滨中东铁路总工厂机车分厂工作。1907年4月末，以中国工人代表名义联络俄国工人，筹备开展纪念五一国际劳动节活动。5月14日（俄历5月1日），中俄两国工人在江北举行纪念五一国际劳动节大会，并提出8小时工作制的要求。同时吴泰联系了10余名中国工人参加了俄国工人成立的铁路职工联合会。在中俄工人共同反对沙俄的斗争中，吴泰成为哈尔滨工人运动的先

---

① 姚和琨、汪櫄：《吉林边务报告书》，宣统元年线装铅印本。

锋。又如，哈尔滨民族工业资本首富张廷阁，1875 年生于山东掖县石柱栏村。其家境贫寒，学龄时在私塾就读，后因父亲病故辍学回家务农。光绪二十二年（1896）21 岁的张廷阁离家去符拉迪沃斯托克（海参崴）谋生，开始在福长兴杂货铺学做生意。此间结识了同乡郝胜堂，并受其所邀入股郝经营的双合盛杂货铺。由于张廷阁的勤奋好学，很快就当上了双合盛的副经理，并因其经营有方，双合盛的经济实力有了很大发展。日俄战争爆发后，近百万名俄国军人进入我国东北同日军作战，军需物资供应十分紧张。张廷阁多方奔走，争取到部分供应份额，由此又赚取巨额利润。依此积累，双合盛生意日益兴隆，张廷阁成为当地商界首富，被当地华商选为符拉迪沃斯托克（海参崴）华人商会会长。由于在符拉迪沃斯托克（海参崴）经常与外国实业家打交道，深受西方大工业思想影响，适逢清末民初国内倡导"实业救国"，号召海外华人办实业。受此鼓舞，张廷阁携巨资回哈尔滨购买了俄人地烈金火磨并将其做大做强，完成了由商业资本向工业资本的转移。

当然，类似的人物在黑龙江区域还有很多，因为这是一个群体。他们在国外的奋斗经历，必然影响到回国后的言行。于此疏于记载，是由于昔日关注不够而已。

中 篇
黑龙江区域的外国移民

历史上，黑龙江区域还有许多来自世界各地的外国移民，他们有着各自不同的移民原因、动机、背景、路线、类型等，但相同的是，积贫积弱的旧中国在帝国主义列强的压迫下痛苦并无奈地接受了这些平和或野蛮的外国移民。外国移民以朝鲜、日本、俄国（苏联）及部分欧美移民为主，他们在不同的历史时期以不同的移民方式抒写着侨居黑龙江区域的历史。

第八章

黑龙江区域的朝鲜移民

在中国近代历史上，居住在黑龙江区域的朝鲜移民没有统一的称呼，清后期称"垦民""韩人"，民国时称"朝侨""韩侨""朝鲜人""高丽人"等，日伪统治时期称"在满朝鲜人""鲜人"等。中华人民共和国成立后进行了民族识别，才有了统一的"朝鲜族"称呼，但此时他们的身份已经是中国的少数民族了。

由于历史的渊源关系，明末清初以来朝鲜移民大批迁入中国东北，即便是在清廷的封禁期内，仍有部分朝鲜北部边民潜入长白山地区挖参猎捕。时日一久，人数众多，清廷不得不设置朝鲜移民行政区对其实施管辖。清末，《日韩合并条约》签订，日本殖民者在朝鲜实行举世罕见的宪兵独裁统治，整个社会处于令人窒息的白色恐怖之中。另在日本推行的"日人移鲜，鲜人移满"的换位移民政策下，形成了朝鲜移民迁居中国东北的第二次浪潮。九一八事变后，关东军更是对朝鲜移民采取了放任方针，并有朝鲜"开拓民"的入殖计划，由此导致朝鲜移民人口猛增。日本投降后，部分朝鲜移民回国，也有的成为中华民族大家庭的一员。

第一节　黑龙江区域朝鲜移民史

历史上，由于东北古代民族濊貊及扶余人与高句丽民族的渊源关系，不能说朝鲜民族的先民是外国移民。有的学者从国籍法角度提出如下观点：

> 首先要明确两个概念，即"朝鲜人"与"朝鲜族"的称谓问题。按现代国际上通行的国籍法规定，如果称"××人"，意为外国人或外族人；如果称为"××族"，它是属于某国本国的公民，即本国族人。在

民族学上，这两个概念是可以通用的，但在国籍法上，在外交上，是明确的，是有严格规定的。

我国是一个统一的多民族国家，有56个民族，其中，有的民族有史以来就是我国世居民族，如汉族、满族等；有的是跨国民族，如傣族、蒙古族、哈萨克族等；有的是移民民族，如朝鲜族。

中国朝鲜族不是在中国土生土长的民族，而是从朝鲜半岛迁徙到中国的民族。而且是在我国的移民民族中迁移到中国的历史最短的民族之一。①

一 清前期的朝鲜移民

明代的辽东地区就居住着许多朝鲜人，正统八年（1443）所修《辽东志·地理》即载：辽东地区"华人十七，高丽人土著附女直野人十三"。此时辽东地区的朝鲜人，"主要由元代辽阳行省境内高丽族的后裔和从朝鲜平安道避役迁至辽东境内的朝鲜移民组成"。②在辽东都司所属的东宁卫（今辽阳市老城）一度出现朝鲜人聚居区，但这时的朝鲜移民应该没有进入黑龙江区域。随着建州女真的兴起，来投的朝鲜归附人日众，而在萨尔浒战役中又有大批朝鲜援明军队成为后金战俘，加之1627年、1636年皇太极两次用兵朝鲜，掳掠了不计其数的朝鲜军民，对这些朝鲜人处置方式有如下几种：（1）赎还朝鲜；（2）发配满洲庄园；（3）编入八旗。按照后金对朝鲜人的处置方式，天聪八年（1634）、崇德四年（1639）、崇德八年（1643），皇太极三次用兵黑龙江，清初宁古塔地区设立十官庄，其中有没有跟随八旗军队或发配官庄的朝鲜人而进入黑龙江区域无从而知。史载，康熙二十年（1681），"正白旗满洲副都统郎谈疏言，宁古塔捕海獭官明阿纳呈称，明阿纳父尔济肯，幼时为朝鲜国人掳去，娶妻生明阿纳，后蒙敕谕朝鲜，父子得归故土，而明阿纳之母，因系朝鲜人，未许同归，父母分离之时，年仅二十，今将五十年矣，父不在室，母不再嫁，恳恩令父母团聚，以遂终养之情。应如所请，移咨朝鲜国王，查明阿纳之母交送宁古塔将军，令其团聚。

---

① 马大正等：《古代中国高句丽历史丛论》，黑龙江教育出版社，2001，第11页。
② 孙春日：《中国朝鲜族移民史》，中华书局，2009，第32页。

从之"。① 这应是朝鲜移民进入黑龙江区域的较早记载。

在清廷封禁东北期间，长白山、图们江、鸭绿江之中朝边境地区也是封禁重区，其不仅严禁汉族流民进入，而且严禁图们江、鸭绿江以南的朝鲜北部边民迁入。朝鲜政府也颁布禁令，严禁臣民犯越。对此，有史论道："国初时，吉韩界禁极严，两国之民有私越图们江一步者，由两国官吏处死，否亦格杀勿论。则不惟韩民不许越江，即华民之无故渡江者，固亦显于厉禁矣。"② 尽管种种措施十分严厉，但并没有挡住朝鲜边民冒死犯禁闯入我国东北地区，其足迹亦开始进入黑龙江区域。对此，《清实录》《三姓副都统衙门档案》及《同文汇考》《通文馆志》等朝鲜官方史料中多有记载：

1729 年（英宗五年、雍正七年）十月十二日，"据宁古塔将军咨报，海浪河地方有朝鲜国三人……越土门江禁止边界放鸟枪被获……在虎狼基河地方打牲行走被获。"

《同文汇考》卷五十四

乾隆四年（1739）九月丙寅，"礼部奏，朝鲜国人金时宗，行猎为生，潜来内地。另，其未获之朝鲜国民人金成白、金次雄、金成雄……令宁古塔将军严行缉拿。"

《高宗实录》卷一〇一

乾隆六年（1741）九月丁丑，"礼部奏，据宁古塔将军吉党阿咨称，上河拿获高丽国男妇子女西嫩达伊弁等二十五名口，于土门江冰冻时，黉夜偷渡过江，讯明俱系觅食穷人。"

《高宗实录》卷一五〇

1756 年（英祖三十二、乾隆二十一年）六月二十二日，布尔哈屯佐领那尔呼善报，其带兵巡查海兰等处，"至柳道沟拿获越境打鱼高丽人二名……据其供称是高丽中城三凤地方人，因本处连年不收，受饥不过，我等商议偷过江来打鱼剥皮赡家口。"

---

① 《清实录·圣祖实录》卷九十八。
② （清）吴禄贞：《光绪丁未延吉边务报告》，吉林文史出版社，1986，第 60 页。

《同文汇考》卷五十四

道光七年（1827）八月癸未，"谕内阁：富俊奏，拿获朝鲜国越界偷捕牲畜人犯。此案朝鲜国越界人犯延必元、韩贞昌两名，讯据供系奉伊本地州官派捕鹿茸，在不知地名山坡偷越。"

《宣宗实录》卷一二三

上述可见，在清廷封禁期内尽管有着严厉的防范措施，但朝鲜边民仍冒死突破禁区进入我国东北各地，究其原因，主要是由于朝鲜北部尤其是咸镜道一带恶劣的自然条件和社会环境。对此的专门研究者认为："咸镜北道属山区，平均海拔 1000—2000 米，全区崇山峻岭纵横起伏，平地窄小，农业条件非常恶劣。这里的水系，尽管流经山区，流域面积广阔，但因地高水低，几乎起不到灌溉作用。"而从朝鲜历史上看，"朝鲜南方人歧视北方咸镜道住民的意识很强，从而朝鲜北方人不仅很难融入到朝鲜主体社会，升官发财，上升到上层社会更是难上加难……同一时期，朝鲜政府强加于咸镜道农民的各种苛敛杂税，逼得他们喘不过气来。"[1]所谓的禁令与措施，根本无法阻止朝鲜边民的犯越，为求生存而置生死于不顾已成为朝鲜边民的普遍心理。

二 开禁放垦期内的朝鲜移民

咸丰朝，在内忧外患的交相侵逼下，清廷对东北部分地方开禁放垦；光绪初，鸭绿江、图们江流域也相继开禁放垦。而此刻适逢朝鲜北部发生历史上罕见的自然灾害，水灾、旱灾、虫灾相继而至，连年灾害，一年数灾，造成朝鲜北部民不聊生，饿殍遍野，咸镜北道更是饥民丛生，疫病横行，生灵涂炭。难以数计的朝鲜北部边民，借地理之便涌入我国东北已呈不可阻挡之势，朝鲜地方官员也推波助澜鼓动边民犯越寻觅生计。结果，东北境界到处都是逃荒的朝鲜饥民。同治九年（1870），宁古塔副都统接下属卡伦报告中载："现今朝鲜男妇子女，陆续往来不绝。在于各屯遇户，强行乞讨，随经阻止，推拥依然，旋回乞食。问话则言语不通，揆情则饥寒交迫，庚癸之呼，嗷嗷待哺，情殊可悯。"[2] 特别是此时，沙俄为开发远东地方，颁布了

---

[1] 孙春日：《中国朝鲜族移民史》，中华书局，2009，第 67 页。
[2] 《通文馆志》卷十二，转引自马平安《近代东北移民研究》，齐鲁书社，2009，第 106 页。

《俄国人与外国人在阿穆尔省和滨海省定居条例》，以优厚的条件吸引各国移民，由此导致数万朝鲜人移民西伯利亚及沿海州。据记载，"同治六年（1867）时就有一些朝鲜农民，从俄罗斯沿海州一带移入黑龙江支流法别拉河、大公河流域及乌云、孙吴、瑷珲等地，先以狩猎为生，后逐步定居开荒种稻"。① 同治八年（1869），宁古塔副都统咨报："珲春协领讷木津，奉饬前往摩阔崴会晤俄官，面议两国交涉事件，于途中遇朝鲜国男妇四五十人，陆续越界，均由珠伦河前往海沿，问其来历，言语不通，因系俄界，未便拦阻，旋密查沿海严杵河棘心等处，已聚集千余人，续投者尚纷纷不止。"② 问题不在于朝鲜人移民俄罗斯，而是当他们再次迁移时，俄罗斯的西伯利亚及沿海州是进入黑龙江区域便捷的途径。随着延边地方朝鲜移民的增多，黑龙江区域定居的朝鲜人也开始多了起来。光绪六年（1880），有 3 名朝鲜人以采集药材为名，来到饶河大和镇，随后又招来 30 多名朝鲜农民定居本县。光绪八年（1882），朝鲜咸镜北道庆源郡李昌浩一家经由珲春进东宁三岔口定居，随之陆续有朝鲜移民来此，到光绪十四年（1888）时 20 余户朝鲜移民在这里建立了名为高安村的移民点。光绪十八年（1892），一批朝鲜移民进入哈尔滨地区，在此定居下来。光绪二十年（1894），在横道河子、高岭一带，朝鲜移民集聚于"十里四方"的广阔地方。光绪二十一年（1895），一批朝鲜移民经吉林舒兰县的朱其口迁入沙河子小孤山定居。光绪二十四年（1898），又有一批朝鲜移民进入穆棱县，在"韩子村"定居下来。③ 中东铁路修筑后，大批朝鲜移民受雇于俄人筑路，待工程完工后他们便在附近定居下来，"铁路沿线的朝鲜移民不断增加，从事水稻试种等生产，各地相继设立了可供朝鲜人居住的'新韩村'"。④ 以黑龙江区域为主的"北满地区朝鲜移民的成分比较复杂，除了部分从朝鲜直接迁到北满地区的朝鲜移民外，大部分还是从间岛、南满以及从俄境沿海州地区转移而来的。他们移居北满地区的动机也有多种多样，如，对日韩合并不满者、闻知中国人在中俄边境种植罂粟取得成功为栽培罂粟而来者、因南满地方发生旱灾为生计而迁来者

---

① 徐基述主编《黑龙江朝鲜民族》，黑龙江朝鲜民族出版社，1998，第 43 页。
② 《清穆宗实录》卷二七〇。
③ 方衍主编《黑龙江少数民族简史》，中央民族出版社，1993，第 280—281 页。
④ 〔日〕依田熹家：《满洲的朝鲜移民》，满洲移民史研究会编《日本帝国主义在中国东北的移民》，黑龙江人民出版社，1991，第 461 页。

等"。①

三 "日韩合并"后的"换位移民"

民国前期，黑龙江区域的朝鲜移民人数有了较大幅度的增长，其主要原因是日本殖民主义者推行的换位移民政策。清宣统二年（1910），日本强迫朝鲜签订《日韩合并条约》，实现了自明治维新以来吞并朝鲜的野心，由此也给了东洋拓殖株式会社（简称"东拓"）更大的展现机会。"东拓"在朝鲜的拓殖事业，包括农业、土地买卖和借贷、经营和管理土地、招募和分配日韩移民等。然其招募日本移民到朝鲜，收买其大部分的优良地，使原本的朝鲜农民成为佃农或长工，甚至流落街头靠出卖劳动力维持生计。此时，日本早已设计好把中国东北变成自己的势力范围，其依靠强权修筑安奉铁路、开采抚顺煤矿、在鸭绿江采木等种种行径，引起东北地方政府的警醒及防范。"张作霖时代，前后曾以奉天省和吉林省政府的名义，发出严禁日人商租中国土地等训令，多达四十余号。日人虽屡次以商租房地向民间尝试，终无一人应者。在这种情况下，日本向中国东北移殖人口，以达到东北日本化的目的显然遇到了困难。于是，间接移民政策代之而兴。"② 朝鲜总督府为了执行"日人移鲜，鲜人移满"的换位移民政策，奖励朝鲜人代替日本人移民中国东北，采取了两种措施：一是通过宪兵分队、宪兵分遣所对准备渡航日本的朝鲜破产农民严加限制；二是通过日本驻东北各地的领事馆，对朝鲜移民实施帮助。"在枢要地设置普通学校，给各地私立学校及学堂予以补助。又在中心地区设医院，对偏僻地区则巡回医疗，设朝鲜人会对此进行补助，还让朝鲜银行、东拓等机关，设立金融机构等。"③ 有学者统计，"1911 年至1920 年朝鲜破产农民流向海外的移民近 40 万，其中，移往日本的朝鲜移民为 14 万多，移往中国东北等地的为 22 万多，超过了日本"。④

1919 年，朝鲜爆发"三一"运动，这是朝鲜沦为日本殖民地后，民众为了国家独立和民族解放进行的一次大规模的反日运动，但遭到了朝鲜总督府的残酷镇压。血雨腥风使朝鲜的反日志士认识到和平的示威方式，无异于与虎谋皮，武装斗争才是民族独立的唯一出路。在与朝鲜相邻的中国东北地方

① 孙春日：《中国朝鲜族移民史》，中华书局，2009，第 251 页。
② 马平安：《近代东北移民研究》，齐鲁书社，2009，第 109 页。
③ 朝鲜总督府：《朝鲜总督府施政年报》，1918—1920，第 36—37 页。
④ 孙春日：《中国朝鲜族移民史》，中华书局，2009，第 238 页。

创建反日基地，既可以随时袭击朝鲜边境地区，又能够在较为宽松的条件下培养朝鲜民族独立的力量，应该是具有战略眼光的决定。20年代，在东北各地建立了间岛国民会、大韩独立青年党、韩民会、朝鲜人居留民团、正义军、光复团、大韩爱国妇人会、大韩青年团等反日独立团体和武装队伍。这些人的到来，无疑也是一次规模移民，不过大部分活动是在中国的南满地区。面对这种情况，一方面，朝鲜总督府于1925年派出下冈政务长官与三矢警务长赴奉天向东北军阀施压，逼迫其与之签订了《朝鲜、奉天省之间关于取缔不法鲜人协定》（《三矢协定》）；另一方面，又企图把"在满鲜人"置于自己的"主权"之下，积极地制造"在满鲜人的压迫事件"以混淆视听，为更大规模地朝鲜移民进入中国东北大造舆论。

四　日伪统治期的《满洲移民策要纲》（鲜人部分）

1931年九一八事变后，东北进入殖民统治的黑暗时期。一直视"满蒙"为生命线的日本，开始极力推行移民扩张政策。而朝鲜移民又被日本殖民者不失时机地放到了前面。一时间，《满洲移民策要纲》（鲜人部分）、《朝鲜人移民对策案大纲》、《移殖鲜人计划书》、《关于救济东北朝鲜人与将来奖励管制移民计划》、《关于东北朝鲜人问题》等，以"计划""法规"的形式纷纷出笼。其中，"满铁"地方农务课制定的《满洲移民策要纲》（鲜人部分）提到，计划20年内，平均每年输送移民5000户，扶植10万户朝鲜自耕农，预定2万户在吉林省耕种旱田，3万户在北满耕种旱田。[①]"满铁"第二部第一班制定的《朝鲜人移民对策案大纲》中的计划是，"满铁在东北的新京、哈尔滨、齐齐哈尔等地设分局，从1933年着手修筑铁路4000公里，30多条线。委托满洲土建协会和满洲劳工协会招募劳工，计划从朝鲜招募58.5万人，从事桥梁、土木、隧道工程劳作"。[②]东亚劝业株式会社编撰的《关于东北朝鲜人问题》指出，要在满洲创建集团部落，以利于朝鲜移民的自治。"至于建设集团部落的具体地点，该文指出，最理想之地还是满铁本线和中东铁路南部线的东部及中东铁路西部线以南的地区。其中，以间岛地区、南满中部的兴京附近地区、满、鲜国境地区、吉林地区、满铁沿线地区及宁安

① 〔日〕依田熹家：《满洲的朝鲜移民》，满洲移民史研究会编《日本帝国主义在中国东北的移民》，黑龙江人民出版社，1991，第527页。
② 〔日〕竹森一男：《满铁兴亡史》，秋田书店，1970，第135页，转引自孙春日《中国朝鲜族移民史》，中华书局，2009，第438页。

附近地区等六个地方为中心。因为，这些地方不仅已聚集相当多的朝鲜农民，这里的气候也适宜水田农业。"① 特别是九一八事变后，中国东北成为日本的军事占领区，其移民侵略计划可以随心所欲地实施。1937 年，朝鲜总督府制订了 15 年内向中国东北分批输送 15 万户、75 万名朝鲜移民的计划。所有这些，计划也好，实施也罢，均表明九一八事变后的黑龙江区域已经成为日本控制下的朝鲜移民重点安置区。

1945 年日本投降后，国民党东北行辕韩侨事务处对部分朝鲜移民予以遣送。金日成也率领部分朝鲜人回到了朝鲜，成立了朝鲜民主主义人民共和国，在中国人民解放军序列里的朝鲜人也成建制地回国。而中国共产党则特别强调了东北朝鲜人少数民族的地位，"承认中国境内之朝鲜少数民族，是中华民主共和国的一部分"。②

第二节　朝鲜移民的迁徙路线、地理分布与人数推算

清末民初，黑龙江区域有多少朝鲜移民？他们通过什么路线迁徙于此？地理分布状况又如何？这些一直是研究者关注的问题。但相关史料稀少零散，可见的系统论述不多。而其在黑龙江区域移民史上的位置，又难以让人弃之不顾，艰难之中亦只能在对史料梳理的基础上推演估算。

一　朝鲜移民的迁徙路线

关于朝鲜移民进入黑龙江区域的路线，史载今释的几种可用史料如下。

曹廷杰《东北边防辑要·朝鲜沿革与形势考》载：

> 查该国向分八道（京畿道、西北黄海道、平安道、东北咸镜道、正东江源道、正南忠清道、全罗道、东南庆尚道），三面环海。东海一面，礁石甚多，并无宽阔海口，海舟从来不犯。西海一面，亦赖全罗西北各岛错峙海中，海道纡回，帆樯难骋……至西北咸镜、平安两道，与盛京、吉林分据鸭绿、图们之险。由平安道铁山、义州渡鸭绿江，入凤凰

---

① 孙春日：《中国朝鲜族移民史》，中华书局，2009，第 439 页。
② 刘俊秀：《关于民族政策中的几个问题（草案）》，延边朝鲜族自治州档案馆编《中共延边吉敦地委延边专署重要文件汇编》，1985，第 385 页。

门，为该国朝贡要路，即为沈阳边防所关。由咸镜道北青地方西北抵小辰城，镜城地方东北抵会宁，皆有孔道……此由咸镜道至吉林乌拉也。①

曹廷杰《西伯利东偏纪要》载：

> 查江吉两省通俄界之道，在珲春者二：一向南出彦楚河、图们江二口，由海船向东北，抵海参崴，此为水路一道；一向东南至彦楚河俄屯，即由俄人站道东北，至阿济密、蒙古街、虾蟆塘，向北偏东至三岔口，为陆路一道。在宁古塔者三：一向东偏南至三岔口；一向正东至红土岩；一向东偏北至蜂蜜山东，皆陆路。在三姓者三：一向东北出蜂蜜山；一向正东出挠力河，此为陆路。一顺松花江抵徐尔固及伯力，此为水路。②

金颖在《近代东北地区水田农业发展史研究》一书中写道：

> 早期北部地区主要是由移居到远东地区的朝鲜移民再次移居此地而开垦的一些水田，水田规模都不大。1880年饶河县大和镇一带由俄国境内移入的一批朝鲜人，在当地建设村庄，开田种稻。附近的小佳河地主苑福堂看到种稻有利可图，乃从俄国境内又招雇8户引小绥芬河水开发稻田。1889年从俄国远东一带有30多户进入密山一带，开垦了水田。1898年迁居到俄国乌苏里江以东的朝鲜移民，进入穆棱县境内种植水稻形成"新韩村"。③

孙春日在《中国朝鲜族移民史》一书中引用俄国学者的著述论述道：

> 朝鲜移民居住于毗连本国的滨海省波谢特地区，后来搬到绥芬河河谷、兴凯湖附近的低地、伊曼河地带。1900年沙俄贝·克鲁威吉夫说：

① 曹廷杰：《东北边防辑要·朝鲜沿革与形势考》，《东北边防辑要　西伯利东偏纪要　东三省地图说（外五种）》，黑龙江教育出版社，2014，第19页。
② 曹廷杰：《西伯利亚东偏纪要》，丛佩远、赵鸣岐编《曹廷杰集》，中华书局，1985，第95页。
③ 金颖：《近代东北地区水田农业发展史研究》，中国社会科学出版社，2007，第31页。

"在西伯利亚居住着近世到来的朝鲜人、中国人、日本人。""在符拉迪沃斯托克和哈巴罗夫斯克之间的黑龙江流域,居住着已变成东正教徒的朝鲜人千余名,他们照旧维持着过去的习俗、语言和耕作法。"他详细叙述了这些朝鲜移民的住房结构、生活方式等,并指出,当时居住在南乌苏里江地区的朝鲜移民达 14000 多人,他们不分春夏秋冬身着白衣,主食为高粱、小麦、大豆等,几乎未受俄国人影响。居住在沿海州的朝鲜移民更多,大致为 25000 多人。[①]

根据上述记载,我们大致可以推断朝鲜移民进入黑龙江区域的路线有三:一是由朝鲜咸镜北道的南阳、庆源地方过图们江进入珲春界,然后经百草沟、蛤蟆塘、骆驼山、鹿道等奔宁古塔,进而扩散到牡丹江、海林、横道河子、苇河等地方。二是由咸镜北道或陆路或水路直奔俄罗斯的波谢特,然后一路向北,符拉迪沃斯托克(海参崴)、哈巴罗夫斯克(伯力)、萨哈林岛(库页岛)、尼古拉耶夫斯克(庙街)等滨海地方皆有朝鲜移民足迹。他们当中的一些人后来渡过黑龙江、乌苏里江进入嘉荫、萝北、饶河、密山、虎林等边地。三是中东铁路东部线修筑时,俄国人曾雇用了大批朝鲜劳工,他们或从俄远东地区进入,或从吉林地方乘船沿松花江而下,抵达绥芬河、磨刀石、一面坡、阿城、哈尔滨等地,工程结束后他们当中的部分人即留居原地从事水田农业。当然,这里仅是就朝鲜移民进入黑龙江区域的传统的常态路线而言,中东铁路通车与阿穆尔商船公司及中国民族资本的戊通公司在黑龙江、嫩江、松花江、乌苏里江上的运营,不仅为人口流动提供了迅速与便捷的保障,而且使移民的地理分布范围更加广泛。

二 朝鲜移民的地理分布

一般而言,黑龙江区域朝鲜移民的地理分布与其水稻种植区是吻合的,因为对于多数务农的朝鲜移民来讲,不适于种植旱作物且又价格低廉的低洼地是他们的首选。据 1921 年的记载,吉林及"北满"地方的水田几乎全为朝鲜移民垦种。[②] 黑龙江区域在放荒期间,"遇有沟洼沼泽等荒地"是要打折计算数量或降低价款的。这在《吉林全省放荒规则》《黑龙江省放荒规则》

---

① 孙春日:《中国朝鲜族移民史》,中华书局,2009,第 131 页。
② 衣保中:《中国东北农业史》,吉林文史出版社,1993,第 450 页。

里都有明晰的表述，并有在当时影响很大的"富锦成案""宝清成案"① 供各放荒地方参考。如此，过去黑龙江区域农民弃之不顾的沟洼、沼泽、淤滩地，在朝鲜移民眼中稍加改造便成为收获颇丰的水田。20 年代，黑龙江区域的朝鲜移民，主要来自间岛、南满及苏联沿海州，他们是听闻北满水田试种成功及荒价低廉后蜂拥而至的，在北满地方形成了松花江中游稻区、牡丹江稻区、三江平原稻区等几大水稻产区。有研究者遍查《吉林省政府档案》《吉林省长公署档案》等史料中的论述，如下：

> 松花江中游稻区：1927 年，阿城县公民侯国桢呈称："查县属近年开辟水田成千累万，有加无已，每遇春耕之时，往往因筑坝决水酿成事端。"因而呈请设立水利局加以管理。同年，有 60 多户朝鲜农民移入珠河县开垦了约 80 垧水田，翌年又开垦了 100 垧，以后陆续移来大批朝鲜族农民。1930 年时，已有 200 户，种稻 1000 垧。1929 年，阿城县有水田 1326 垧，方正县 202 垧，五常县 523 垧，苇河县 79 垧。从 1929 年到1930 年，双城县水田由 193 垧增至 243 垧，宾县由 1124 垧增至 1712 垧，延寿县由 612 垧增至 954 垧。
>
> 牡丹江稻区：1922 年有大批朝鲜移民从苏联沿海州移入密山县，开垦水田。1923 年李大成等十几户朝鲜族移民移居东京城于家屯，开出水田 150 亩。1924 年，朝鲜族农民在虎林县大桥村附近开辟了大片稻田。1925 年，姜龙八等一批朝鲜族农民从延边迁入宁安县江西乡莲花泡子一带开垦水田。1923 年，穆棱县已开出水田 554 垧，密山县开出 1036 垧。同年，宁安县共播种水稻 2573 垧，其中有 2002 垧分布在海林附近。1930 年，宁安县水田增至 3227 垧。同年，虎林县七里沁子河岸亦垦成水田 61 垧 5 亩。
>
> 三江平原稻区：该区地势低洼多沼泽，宜于种稻。二十年代初，开始大规模丈放洼甸淤滩。1921 年，吉林省实业厅曾派员到富锦等地调

---

① "富锦成案"：1921 年，吉林省田赋局出放富锦县柳树河地方的沟洼、沼泽、淤滩等不易耕种荒地，按照下等荒地予以折扣出售，以该地亩三垧折扣为一垧放出，结果放荒得以顺利进行。"宝清成案"：宝清放荒，山坡水甸地即便减价亦无人认领，1921 年 7 月宝清县知事呈请上峰，将水甸洼地七万垧，不分等级，均按三垧折扣一垧算，全部放出。转引自金颖《近代东北地区水田农业发展史研究》，中国社会科学出版社，2007，第 40 页。

查，回来后与省清理田赋局协商，决定将富锦县柳树河等处两岸淤滩减价出放，以兴办水田。减价标准，三垧淤滩折成一垧收价大洋一元五角，实际每垧仅收大洋五角。1922 年，依兰、勃利、宝清、饶河、同江等五县也依照富锦县成案，减价出放洼甸淤滩。其中宝清县板石河、双柳河等处 7 万余垧洼下水甸，以每垧只收大洋 8 角的低价出放。1923 年，富锦县已放洼地 5500 垧，饶河县已放 400 垧，绥远县已放 6750 垧，勃利县已放 405 垧。①

清末民初，随着开禁放垦的进行，黑龙江区域的农业商品经济进入活跃期，农业成为十分赚钱的产业。一些富商巨贾、政府吏员纷纷投资于此，兴办起各种集约经营的农场。而作为其中一种，以朝鲜移民为主要劳动力的稻田公司在这里的出现与发展，又使其所在地方成为朝鲜移民的相对聚居地。20 世纪 20 年代黑龙江区域稻田公司设立状况如表 8 - 1 所示。

表 8 - 1　20 世纪 20 年代黑龙江区域稻田公司设立情况

名称	地区	设立时间	设立者	备注
华丰水田株式会社	饶河	1921 年	赵世保等	公司认为，如果不为朝鲜移民提供给保护，即便有资本也很难收到实效，公司出资成立护垦队，协助地方警察、保卫团的工作
裕宁屯垦有限公司	小绥芬河	1922 年	张宗昌	原本是北京葛富华所有土地，四年前由绥宁镇抚使陆军中将张宗昌购买后，租佃给朝鲜移民和中国人耕种
东北垦牧公司	宁安县	1923 年	奉天政厅负责管理	没收东京城附件干家屯郭松龄所属地，投资 3 万元种水稻；1927 年，朝鲜移民 40 多户耕种水田 200 多垧
虎林稻田公司	虎林县	1926 年	解金荣	募集大洋 6000 元，推举马芳青为经理购买农具，招徕朝鲜移民；1927 年，在阿布沁河耕种水田 20 多垧，此地水田适宜地多达 400 多垧
惠滨稻田公司	滨江县二区	1927 年	曾子固	公司设在宋家甸子刘家油坊
吉宁水田公社	海林附近	1927 年	吉林省省长	该农社会土地是强制收买或没收滞纳地税长达三年者的土地；水田在海林附近有 50 垧，在八里江附近有 600 垧

① 衣保中：《中国东北农业史》，吉林文史出版社，1993，第 452 页。

名称	地区	设立时间	设立者	备注
惠济稻田公司	滨江县	1929 年		耕种稻田 210 垧，但因大火灾，朝鲜佃农星散四逃，仅能收获 31 垧
珠河农场	珠河县	1931 年	段祺瑞	在吉林珠河经营水田

资料来源：金颖《近代东北地区水田农业发展史研究》，中国社会科学出版社，2007，第 60 页。

黑龙江区域水稻主产区的形成与朝鲜移民的地理分布基本上是吻合的，当然这仅是就 20 世纪 20 年代的状况而言。九一八事变后，随着通往北满地区的铁路铺设加快，黑龙江区域的朝鲜移民数量陡然增长。自 1933 年始，敦图线（敦化—图们）、拉滨线（拉法—滨江）、海克线（海伦—克山）、图佳线（图们—佳木斯）、虎林线（虎头—林口）等铁路线的相继开通，导致朝鲜内地、间岛、吉林、南满等地的朝鲜移民涌入北满。哈尔滨铁路局北满经济调查所编写的《北满经济资料第二四号：在北满朝鲜人移民的流入及定居状况》，将朝鲜移民在北满的分布细化为："东部、松花江下游、中部、呼伦贝尔、黑龙江沿岸地区等。其中，东部地区可分为国境地带和图佳沿线。国境地带包括东宁、密山、虎林、饶河、抚远、穆棱、宝清等县。图佳沿线则包括宁安和勃利等县。松花江下游地区包括木兰、通河、方正、依兰、桦川、汤原、绥滨、富锦、东兴、同江等县。中部地区为滨北沿线、齐北沿线、滨洲沿线、京滨沿线、拉滨沿线、哈尔滨、齐齐哈尔、滨绥沿线、北黑沿线等地区，滨北沿线包括呼兰、巴彦、绥化、庆城、铁骊、绥棱、海伦、望奎、通北等县，齐北沿线包括龙江、富裕、讷河、克山、克东、甘南、拜泉、德都等县，滨洲沿线包括青冈、安达、肇东、林甸、泰康、明水、兰西、景星、泰来、大赉等县，克滨沿线包括双城、榆树、德惠、扶余等县，拉滨沿线五常县，滨绥沿线包括阿城、延寿、珠河、苇河等县，北黑沿线为龙镇等县。黑龙江沿岸地区包括漠河、呼玛、瑷珲、奇克、乌云、萝北、绥东、佛山、欧浦、逊河等县。"虽然朝鲜移民的范围很广，但还是较集中于黑龙江区域的东部和中部地区。其中除了朝鲜总督府把朝鲜移民纳入日本移民侵略计划，把大部分移民安置在伪满洲国与苏联接壤边境地区的因素外，还是历史积累的结果。俄国十月革命后，日本出兵西伯利亚，苏联加强了对远东地方朝鲜移民的控制，采取的各种严厉措施迫使朝鲜移民逃至中国。据 1933 年前后绥芬河日本领事馆的调查，东宁、密山、虎林、绥棱四县的朝鲜移民为 4810 户 25799 人，其中约 70% 是从苏联沿海州地区越境而来，20% 来自间岛和朝鲜内地，10% 来自南满地区。[①]

三 朝鲜移民的数量推算

关于黑龙江区域朝鲜移民数量，由于时间跨度长，自然和人为的变数大，统计数字的零散或地域划分的不固定，人们很难见到准确权威的统计数字，而且相互之间还存在很大的差距。这里将可见的 20 世纪二三十年代几组统计数字展示，希冀能够得出黑龙江区域朝鲜移民人口估算数字。

（1）日本学者依田憙家在《满洲的朝鲜移民》一文[②]中引用《朝鲜统治史料》，将 1922 年末"在北满朝鲜人户数"罗列如下：哈尔滨 132 户，691 人；滨江县（哈尔滨除外）5 户，15 人；双城县 26 户，78 人；同宾县 109 户，423 人；宁安县 953 户，3705 人；穆棱县 172 户，895 人；东宁县 285 户，1544 人；富锦县 13 户，32 人；依兰县 5 户，17 人；密山县 298 户，1192 人；黑龙江省各地 314 户，661 人。合计 2312 户，9253 人。引用《满洲移民方策》，将黑龙江区域（领事馆管内）的朝鲜移民人户数罗列如下：吉林全省，82602 户，455054 人；黑龙江省，2546 户，11285 人。

（2）马平安在《近代东北移民研究》一书中援引"东省入籍韩族同乡会"1925 年的调查，吉林省朝鲜移民人数 70 万人，黑龙江省朝鲜移民人数 10 万人；援引浩浩编《东北的韩侨》，1929 年东三省朝鲜移民统计数字分别为：辽宁省 455125 人，吉林省 566320 人，黑龙江省 363240 人；援引满铁经济调查会编《满洲经济年报》，将 1932—1936 年东北朝鲜移民增长情况记载：1932 年 64.5598 万人，1933 年 67.3295 万人，1934 年 76.1772 万人，1935 年 82.7025 万人，1936 年 85.7701 万人。

（3）金颖在《近代东北地区水田农业发展史研究》一书中援引日本学者金哲所著《韩国の人口と経済》，制作"近代东北地区朝鲜移民人口变化状况"附表，这里以 5 年时限为段，将 1910 年至 1942 年的朝鲜移民人口摘录如下：1910 年 202070 人，1915 年 282070 人，1920 年 459427 人，1925 年 531793 人，1930 年 607119 人，1935 年 826570 人，1942 年 1511570 人。另日本学者高崎宗司制作"1907—1945 年东北朝鲜人口增长状况"表，其中数字

---

① 哈尔滨铁路局北满经济调查所：《北满经济资料第二四号：北满朝鲜人移民的流入及定居状况》第 25 页，1936 年，转引自孙春日《中国朝鲜族移民史》，中华书局，2009，第 444 页。
② 〔日〕满洲移民史研究会编《日本帝国主义在中国东北的移民》，黑龙江人民出版社，1991，第 488、526 页。

与前引完全一致，所多出的是 1945 年东北的朝鲜移民数，为 2163115 人。①

（4）孙春日在其《中国朝鲜族移民史》一书中，援引《满洲开拓年鉴》，朝鲜移民在东北的地理分布"按'满洲国'行政区域看，1936 年间岛省有 47 万人、奉天省 11.2 万人、安东省 11 万人、滨江省 9 万人、吉林省 6.7 万人、三江省 2 万人、龙江省 0.6 万人、锦州省 0.28 万人、黑河省 800 人、兴安各省 200—300 人。② 另据"满洲国国务院"统计处调查，1938 年东北朝鲜人已有 1117892 人。另据其引用 1943 年"满洲国"的人口调查数字，朝鲜移民总数为 163.4 万人，其中"新京"2.5 万人、吉林省 17.5 万人、龙江省 1.2 万人、北安省 3 万人、黑河省 1.1 万人、三江省 4 万人、滨江省 8.5 万人、兴安省 0.8 万人、东满省 81.4 万人、通化省 10.3 万人、安东省 7.3 万人、四平省 5.3 万人、奉天省 16.3 万人、锦州省 2.9 万人、热河省 0.3 万人。③

这里我们援引 1943 年"满洲国"的人口调查数字看到这组数据之后，就有必要先对该时期伪满洲国黑龙江区域的行政区划做一重申。1945 年伪满洲国覆灭时，黑龙江区域共设有龙江、滨江、三江、黑河、北安、东满 6 省，下辖哈尔滨、齐齐哈尔、牡丹江、佳木斯、东安（今密山市）5 市和 74 个县、3 个旗。1945 年 5 月，将由牡丹江省、东安省、"间岛省"组成的东满总省撤销，将牡丹江省和东安省合并为东满省，"间岛省"维持原名，原区划不动。由此，黑龙江区域朝鲜移民的推算数字应在 50 万人左右或者更多一些（龙江 1.2 万人、北安 3 万人、黑河 1.1 万人、三江 4 万人、滨江 8.5 万人、兴安 0.8 万人。因行政区划的不同，在吉林的 17.5 万朝鲜移民中，应有 1/3 左右在今天的黑龙江区域，另鉴于牡丹江省和东安省合并的东满省是朝鲜移民的聚居区，在 1943 年东满总省 81.4 万朝鲜移民中，应有相当一部分是在黑龙江区域）。当然，这也只是一个推算数字。

第三节　朝鲜移民的职业、生活状况与习俗

数十万计的朝鲜移民生活在黑龙江区域，他们的生活状况如何？他们的

---

① 〔日〕高崎宗司：《中国朝鲜族——历史、生活、文化、民族教育》，明石书房 1996 年版，第 16 页，转引自孙春日《中国朝鲜族移民史》，中华书局，2009，第 583 页。
② 满洲文化协会编《满洲年鉴》，1938，第 355 页。
③ 〔日〕陈野守正：《被历史遗忘了的朝鲜人满洲开拓民和义勇军》，梨的木舍，1998，第 191 页。

生活习俗如何？他们的职业状况如何？这些都需要研究者做出回答。

一 朝鲜移民的职业状况

朝鲜移民在刚刚迁来的时候处境十分困难，同中国关内移民一样有着筚路蓝缕的痛苦经历，"农民中百分之九十八为佃农。移居以来一直靠借贷为生，向地主借农业资产和生活费用以维持生活，年年如此"。① 一般的租佃契约以一年为限，随市场行情随时波动。朝鲜移民由于没有土地，面对苛刻的租佃条款毫无办法，只能置身于"傍青""半傍青"的贫雇农行列，待到秋后便要用一年的劳动所得来结算所借款项和交租。朝鲜移民由于是初来乍到，生产生活没有着落，硬着头皮借高利贷的很多。有人调查了黑龙江区域的 201 户朝鲜移民，其中不负债的只有 3 户。② 此外，地租之外的苛捐杂税繁多，主要有地税、附加税、人头税、警察税及朝鲜人税、朝鲜人雇佣税、朝鲜人征地证明税等。税额虽然不高，但对一贫如洗的朝鲜移民来说就显得十分沉重了。但总的来看，黑龙江区域的朝鲜移民状况还要好于其他地方。譬如，在东北的朝鲜移民中，每户占有耕地面积和耕畜头数的平均数分别为 5.9 町和 2.87 头，而黑龙江地区则是 8.78 町和 5.65 头，③ 大大高出辽、吉两省。这也反映出经过了一段时间的艰苦创业之后，朝鲜移民中的许多人在向自耕小农过渡。

二 朝鲜移民的生活习俗

关于朝鲜移民的生活习俗，以大多数务农人口为研究对象，可以说尽管经过了清末的"剃发易服"④，但其大部仍然保持着自己本民族的习俗。夏天一般穿麻衣，即便是富裕的务农者，穿绢织物的亦甚少。妇女所穿衣服更是一年四季无大区别。在朝鲜移民聚居的地方，建有朝鲜人的火炕房屋，黑冠白衣的朝鲜移民比比皆是。朝鲜移民的饮食，主食多为谷子，副食为土豆、蒜等。一般是夏季吃三顿、冬季吃两顿。居住在城镇里的朝鲜移民以米饭为

① 李勋求：《满洲与朝鲜人》，《中华民国史料丛稿·译稿》，中华书局，1982。
② 李勋求：《满洲与朝鲜人》，《中华民国史料丛稿·译稿》，中华书局，1982。
③ 《满洲的农业机构》，《中华民国史料丛稿·译稿》，中华书局，1982。
④ 吴禄贞在《光绪丁未延吉边务报告》中提到："光绪十六年（1890），吉林长将军颁发执照。其文云：'韩民愿去者，听其自便；愿留者，剃发易服，与华人一律编籍为氓，垦地按年纳租。'"

主食，但在乡村只有中等以上生活水平者方能达到。在中等以上生活水平朝鲜移民的副食品中，还可以见到牛肉、猪肉、狗肉、干鱼、白菜、豆类、葱、胡萝卜、韭菜等。而下等生活水平者常食瓜类。[①] 务农的朝鲜移民，其房屋比较简陋，粗糙矮小，四角用圆木立柱，用高粱秆作为墙壁，外面用混有碎石的泥灰抹平。从防漏和取暖的角度考虑，对屋顶的处理是在钉好的椽檩上覆之高粱秆后盖上薄土，其上再铺蒿或稻草等。一般是 3 间屋，2 间为居室，1 间做畜舍兼仓房，居室取暖多为火炕。农舍普遍带有院落，多由高粱秆围圈而成，牛、猪、狗尽养其间。当然，权贵与生活富足者也有庭院深远的大宅门。有研究者根据朝鲜总督府内务局社会课《在满洲及西比利亚地方的朝鲜人事情》、李勋求《满洲与朝鲜人》、朝鲜总督府《满蒙的米作与移住鲜农问题》等史料，对黑龙江区域的朝鲜移民习俗、职业与生活状况做了如下阐述：

> 北满地区的朝鲜移民 90% 以上居住在农村，从事农业。由于这里土地广袤肥沃，为朝鲜移民从事水稻生产提供了不可多得的自然条件。
>
> 位于中俄边境线上的东宁、宁安等地朝鲜移民，多栽培谷子、大豆、高粱、鸦片等，在吉林省方面则多从事水稻生产。主食为小米，副食有狗肉、咸鱼、干鱼等，但这属于上等生活水平。
>
> 居住在北满内地或中东西部线上的朝鲜移民，也有从事其他副业者。一面坡、石头河子一带的朝鲜移民多采集人参和甘草；在小绥芬、八道河子等地则多上山采伐；牡丹江流域则盛行狩猎等。但是，无所事事虚度漫长冬季的朝鲜移民还是占有多数，这与汉农利用冬季从事运输、采伐薪炭等副业形成鲜明对照。
>
> 初期，这里的朝鲜移民多穿朝鲜服装，不久，改穿汉族服装者逐渐增多。但是，生活在哈尔滨等大城市的朝鲜移民很少穿汉族服装，男女都爱穿俄罗斯式服装。至于住宅，大部分租用汉族居民的房屋，屋内设置则与朝鲜国内或间岛相差无几。
>
> 生活在城市里的朝鲜移民，其生活方式和所从事职业与农村比也有很大差异。哈尔滨是朝鲜移民比较集中的北满地区第一大城市，常住者

---

① 朝鲜总督府内务局社会课：《在满洲及西比利亚地方的朝鲜人事情》，1927，第51页，转引自孙春日《中国朝鲜族移民史》，中华书局，2009，第411页。

有 1500 人、1700 人或 2000 人不等，时有变化。其中，10% 从事贸易商、杂谷商、碾米业、杂货商、饮食店、朝鲜人金融业、旅馆、娼妓、医生、学校、民会职员、商店等，而 90% 则从事鸦片买卖或中介及烟馆业。鸦片作为禁品，当局严禁其流通，但是，由于利润丰厚，朝鲜移民暗中大搞鸦片生意。位于中俄边境线上的绥芬河，朝鲜移民在市内居住45 户 300 人；在西毛屯（旧部落）居住着 35 户 270 人，他们大多数从事鸦片中介或走私。居住东宁（三岔口）的朝鲜移民，大多数也从事鸦片生意；中东沿线的一面坡 18 户 130 名、石头河子 10 户 60 名朝鲜移民中的 99% 从事鸦片生意。[1]

三　日伪统治下的朝鲜开拓民

1931 年九一八事变后，中国东北成为日本殖民地，在日本关东军、朝鲜总督府的共同设计下，大批朝鲜移民迁入北满各地的"安全农村"和集团部落。1932 年始，由朝鲜总督府出资，委托东亚劝业株式会社在伪满洲国建立了 5 个用于安置朝鲜移民的"安全农村"，其中 2 个在北满。"安全农村"的建立，客观上使许多无依无靠、漂泊不定的朝鲜人有了归宿，但其生活水准依旧维持在生存线上，且以失去自由为代价。以河东"安全农村"为例，建于 1933 年的河东"安全农村"，是依托珠河、延寿两县部分地区及松花江支流蚂蚁河右岸地区建立。当地原有的汉族农民 548 户 3486 人被赶走，将1932 年北满水灾时在哈尔滨流浪的 851 户 3485 名朝鲜移民迁入，安置在 20个部落中，每个部落定额 50 户。哈尔滨总领事馆警察署投资 8 万元，在村子里设立警察分署，常驻警力 40 余人，负责监视村内朝鲜移民的举动。又如，绥化"安全农村"建于 1934 年 3 月，是东亚劝业株式会社从朝鲜总督府领取 14 万元后又自筹部分资金，在离滨江省绥化县东部 20 公里处建立的计划收容 400 户 2000 多名朝鲜移民的"安全农村"。4 月，第一批朝鲜移民 285户入住，翌年又有 350 户移民入住。在"安全农村"中，有常驻警备力量，受哈尔滨总领事馆警察署辖治，有时伪满洲国也派警官担当警卫，其常驻警力为 15 人。"安全农村"的常住民，还要配合日本守备队、日伪警察出劳役，成立"自卫团"垒泥筑墙。白天，常住民在警察和"自卫团"的监视下

---

① 孙春日：《中国朝鲜族移民史》，中华书局，2009，第 413—414 页。

从事农业生产，晚上回到村内锁好自家门，不许相互走动，外面有人警戒，完全失去了行动自由。"安全农村"建立的目的，是更有效地管理朝鲜移民，使之能够配合日伪当局对朝鲜反日部队及东北抗日联军进行监视、"讨伐"和"宣抚"，是维护其殖民统治的一种措施与手段。

遍布北满的集团部落的情况也与"安全农村"类似，日伪统治者的用意就是要通过集团部落的设立隔断民众与抗日武装的联系，从而达到"整肃"治安的目的。关东军军方即有人指出："满洲之偏僻地区农民，大都以二三农或五六家为一小村落，散处山野间，以此就形成了与匪共居的状况。即是与铁路、城镇较近的平原地方，也有几十户的不统一的零散的现象……在此情况下，不但得不到现代国民的生存与文明的教育，而且也为匪团提供自由活跃的余地。为肃清此弊，建设了集团部落。"① 伪满洲国民政部集团部落的建设计划做得周密详尽，到1937年北满地方的集团部落状况是：滨江省3384个、龙江省1110个、三江省175个、牡丹江省404个、黑河省7个。② 在这些集团部落里，汉、朝农民杂居较多，设有部落长和副部落长，按《保甲连坐法规定》，部落长为甲长，副部落长为自卫团团长，由他们共同监视部落民生产生活。集团部落的生活状况极差，患病与死亡的事情经常发生。口粮和生活用品由集团部落统一发放，数量也仅够维持个人的生存，这样做的目的是防止物资流入抗日武装人员手中。对于集团部落的规模，伪满洲国民政部有着明确的规定，并派出技术人员监督指导。大致要构筑围墙或防御墙、公共房屋、个人住处、开垦用地等，这都是集团部落所必需的，部落民入住后，白天在自卫团的监视下从事农业生产，晚上各自回家，不准聚集，外面有自卫团和日伪军警巡视警戒，"集团部落完全是一种自耕自卫的屯田兵式组织"。③

关于日伪时期黑龙江区域朝鲜开拓民的生存状况，无论是过去还是现在，研究者都很多。1940年，《东亚联盟》杂志发表后藤泽治的署名文章《访嫩江鲜系开拓团》；1943年，《朝鲜》杂志发表文章《大陆花嫁记》；1998年，

① 中央档案馆、中国第二历史档案馆、吉林省社会科学院合编《东北"大讨伐"》，中华书局，1991，第138—184页。
② 中央档案馆、中国第二历史档案馆、吉林省社会科学院合编《东北"大讨伐"》，中华书局，1991，第173页。
③ 孙春日主编《日本帝国主义对东北朝鲜族的统治研究》，中国社会科学出版社，2015，第28页。

陈野守正的专著《被历史遗忘了的朝鲜人满洲开拓团与义勇军》出版；2009年，孙春日的《中国朝鲜族移民史》及其主编的《日本帝国主义对东北朝鲜族的统治研究》出版等等。它们详细记载了黑龙江区域嫩江、穆棱地区朝鲜移民的生存状况：

> ……柏根里（嫩江）开拓地有 23000 町步土地，入殖的朝鲜开拓团有第 1 团和第 2 团，大约有 800 户为先遣队，当时家属尚未到。他们均来自朝鲜南部的庆尚道、全罗道、忠清道和江源道等。住地分几个部落，一个部落有 50 栋房屋，一栋住两户，共 100 户。耕作面积最初每户 6 町步，后增加原野牧草地，共 15 町步，主要耕作的农作物有麦类、马铃薯、蔬菜类，水田则无望。
>
> 柏根里开拓地的建设，从 1939 年 9、10 月开始。首先从朝鲜分两批入殖几千户先遣队。这些先遣队，初期都未带家属，为后入殖者准备建筑材料、燃料及家属入殖所必需的各种设施。起初，这些开拓民入殖北满地区是偏信朝鲜总督府和满拓会社的宣传，满怀希望而来。朝鲜总督府为引诱他们入殖北满地区，许愿许多优惠条件。另外，利用根本未到过开拓地的朝鲜面长添枝加叶地动员村民们，让他们到满洲开拓地发财。
>
> 然而，先遣队到达开拓地后发现，等待他们的是一片荒凉的原野，一切要从零开始。他们住的临时房屋，根本无法抵挡住零下四五十度的寒冷天气，使这些来自南方的朝鲜开拓民不由得对将来的日子产生一种恐惧心理。加之，这一带无霜期短，无法种植水田，只适合小麦生产，将来必须以杂谷为主食，他们只好开小差，最后只剩下几十个人。1940年再次调入 1200 户朝鲜开拓民，但也只剩下 800 户……
>
> 北满地区生活条件十分艰苦，入殖这里的朝鲜开拓民大多数是单身汉或年轻小伙子。为了防止他们再次逃跑，使他们安定下来，朝鲜总督府和日满政府合作，在朝鲜为他们找配偶，以示"关怀"。1943 年朝鲜总督府在朝鲜南部庆尚南道、全罗北道、忠清南道等各道，共招募开拓民配偶候选人 384 名朝鲜姑娘（其中 141 名入殖牡丹江省、132 名入殖北安省、87 名入殖间岛省——引者注）
>
> ……1943 年 10 月 5 日上午 7 时整，8 名穿长裙的朝鲜姑娘在两名朝鲜总督府官吏和两名向导的带领下，乘列车从牡丹江出发前往穆棱县。

车窗外寒风凛冽。到达穆棱后，再向东北走，这里因为是特别地带，必须持有证明才能通过。列车走了1个多小时后，日本宪兵上车查证。8名朝鲜姑娘中，有两个证明已经过期两天，然而，她们不想返回，宪兵问她们到穆棱干什么，其中年龄最小的南英子（16岁，小学毕业）回答，"我们到现地结婚"，宪兵高兴得让她们全部通过。10时到达穆棱站，受到满拓穆棱出张所全体职员和县属、街公署、协和会职员、漆谷屯长以及20多屯民和妇女的欢迎。之后，全体分乘牛车沿穆棱河上游往漆谷屯走。漆谷屯离穆棱车站有2里地，到屯后又受到部落民们欢迎。在屯长办公室吃午饭后，决定7日以基督教仪式举行婚礼。结果，8名年轻女子4人在漆古屯、4人在光义屯结婚。①

以衣食住行为代表的朝鲜移民生活习俗，也因移民的迁出地不同而存在差异。如以居住形态为例，牡丹江地区的朝鲜移民大多来自朝鲜半岛北部，咸镜北道的居住形态与方式也随同移民一起进入牡丹江地区。而在海林市海南朝鲜族乡红星村，其居民祖籍为朝鲜半岛南部的占40%，为朝鲜半岛北部的占60%，居住形态有着明显不同。另延寿县平安乡星光村居住着252户朝鲜人，他们多来自朝鲜半岛的平安北道，其居住形态也有着自己的特色。②

朝鲜移民习俗存在于生养婚娶、饮食起居、服饰冠履、往来应答、岁时节令、游艺竞技、民间工艺、占卜禁忌、丧葬祭祀、信仰崇拜等方方面面，既彰显出朝鲜民族古老的传统文化因子，又丰富和发展了黑龙江区域复合型的多元文化。

第四节　朝鲜"慰安妇"实例

孙春日、马建河等学者主编的著述以无可辩驳的史实，披露了日本军部和朝鲜总督府强征朝鲜"慰安妇"进入黑龙江区域的罪恶行径。"据调查，在黑龙江区域的东宁县东宁镇、三岔口镇、大肚川镇、老黑山镇、绥阳镇、南天门镇等军事要塞区共设有39个慰安所，有1000余名慰安妇。从朝鲜半岛来的有800余人，其中200余人是日本女子。平均每个慰安妇要'接待'

---

① 史料均转引自孙春日《中国朝鲜族移民史》，中华书局，2009，第548—549页。
② 〔韩〕金俊峰：《中国朝鲜族民居》，民族出版社，2007，第62—67页。

130 名日本官兵。"① 2000 年 5 月 4 日，在东宁县举行的"侵华日军中苏边境防线暨东宁要塞群论证会"上，幸存的李凤云、池桂兰、金仙玉（金淑兰）、李光子等老人，以自己的亲身经历面对中外专家学者与新闻媒体，揭露了日本军国主义强制推行慰安妇这一令人发指的兽行制度给各国女性带来的戕害。4 位老人分别以口述的形式，向世人公开了那段不堪回首的悲惨历史。

实例一：李凤云，原名李寿段，1921 年生于朝鲜平壤，现居于东宁县道河镇敬老院，一生无子女。19 岁那年，因母亲常年有病欠了外面很多钱，为还债李凤云以 400 元的价格把自己卖到了哈尔滨。当时人家告诉她是到酒店当侍女，陪客人喝酒、唱歌、跳舞。结果完全是另外一个样子，地点也是在哈尔滨附近的阿城，接待的客人全是日军官兵。1942 年，李凤云得知妈妈病危的消息冒死跑回朝鲜探望。妈妈去世后，李凤云又被拐卖到东宁县石门子慰安所，每天要接待日本兵，少则十几个，多时二十几个，过着非人的生活。1945 年光复后，有家不能回的李凤云只能留了下来，大肚川的一个农民收留了她。1987 年丈夫去世后，无儿无女的李凤云住进了道河镇敬老院。岁月流逝了几十年，李凤云老人的母语已完全忘记，变成了道地的汉族老人。②

实例二：李光子，朝鲜人。1926 年出生在日本东京，6 岁时父亲病逝，便和母亲及家人回到韩国釜山，生活十分艰难。为了贴补家用，年仅 7 岁的李光子就到一家旅店干杂活，15 岁时进纺织厂做童工。一天，一个中国人（也是在中国的朝鲜人）说，有个织布厂招工，工资高，待遇好，16 岁的李光子便随着这个自称老板的人来到了中国的东宁石门子，在一个叫作"爱简所"的地方做起了"慰安妇"。白天接待日本兵，晚上接待日本军官，每天都要在 20 个人以上。痛不欲生的李光子几次要自杀，但都被救下，还要继续接待日本军人。1945 年日本投降后，19 岁的李光子跑到东宁太平川村，和当地的一个农民结了婚，育有一女，1951 年其夫在朝鲜战场上牺牲。31 岁时又嫁给了第二个丈夫金在石，

---

① 孙春日主编《日本帝国主义对东北朝鲜族的统治研究》，中国社会科学出版社，2015，第 93 页。

② 类似报道还见于《历史的血迹，世纪的怨恨——日本侵略军东宁要塞慰安妇的秘密之公开》，《黑龙江新闻》（朝文版）2001 年 5 月 1 日。

生育了一个儿子。1994年其丈夫去世，2002年李光子去世。①

实例三：池桂兰自述，"我的老家在韩国釜山。23岁那年我结了婚，不久丈夫当兵去了，为了生活，1945年3月，我被一个招工的人骗到中国。快到老板家大门口了，我问一起来的姐妹们，这是什么地方？谁也不知道。老板说，一会就知道了。到地方一看，哪是什么工厂。后来才知道是慰安所……我在这做了五个月的慰安妇，事变了，日本人跑了，我就在大肚川嫁给了一个农民，婚后生有一儿一女，生活很幸福"。2003年5月25日，池桂兰老人被韩国挺身队研究所接走，并在首尔安了家。②

实例四：金仙玉（金淑兰），朝鲜人。1921年生，原籍朝鲜平壤。金淑兰家里，除了爸爸、妈妈、爷爷、奶奶外，还有2个弟弟、2个哥哥和1个姐姐，是一个10口人的大家庭。金淑兰19岁那年，有一个招工人员到她家给了家里300元钱，便把她带到了中国东宁。在那里一看，哪有什么工厂，到处都是日本军人，随后便被送到了石门子慰安所。金淑兰回忆说："每天要接待十五六个人左右，达不到这数量，高粱米饭、大葱蘸咸盐都不给吃，只能吃萝卜，有时还要下跪、挨打，达到数量每天只给两顿饭吃。这三年里我就始终在慰安所里每天履行这个程序，就是这样度过的。整个身体受到了摧残，落下了腰、腿、心脏等病。"

实例五：崔英子。1941年，年仅18岁的崔英子被日军从朝鲜半岛以中国纺织招工的名义，骗到中国的绥芬河，做了整整4年的慰安妇。18岁，如花的年纪，能歌善舞的崔英子被关进了日本人的军营，她失去的不仅仅是亲人与自由，在那个虎狼窝里，她还失去了做人的尊严。一起关在那里的还有近20名年轻的朝鲜妇女。她们都被关在单人房间里，不准出去，相互之间不许通话，每个人都要穿日本衣服，只许说日本话，并且每个人都被重新取了日本名字。在那里，慰安妇的生活真是生不如死，稍有不从就会遭到毒打。1945年日本投降后，崔英子跑到绥芬河附近的一个朝鲜族村庄生活了数十年。现在崔英子已经回到了她魂牵梦萦的故乡。③

另外，在黑龙江区域的满洲里、齐齐哈尔、牡丹江等地也都有日军慰安

---

① 马建河：《罪与证——中国慰安妇实录》，陕西人民出版社，2015，第159页。
② 马建河：《罪与证——中国慰安妇实录》，陕西人民出版社，2015，第162—163页。
③ 《羊城晚报》2001年4月12日。

所，许多朝鲜女子或被掠或被骗强迫做慰安妇，实际上也就是日军官兵的性奴隶。慰安妇制度是日本军国主义在对外实施侵略时推行的军事性奴隶制度。在慰安妇制度下，"士兵之所以如此为所欲为，正是日本政府运用国家机器的力量，不惜牺牲女性的血肉之躯以最大限度地激发他们作为杀人机器的能量，制度化地推进和维护了这一性奴隶制度。这是一种令人发指的兽性制度"。① 据研究者调查，在黑龙江区域的东宁要塞附近就有 800 余名来自朝鲜半岛的慰安妇，上述 5 位老人即是她们当中的幸存者。她们的自述表明，虽然战争结束了，但她们被践踏的人格与尊严仍在控诉日本政府，而忧愁与羞辱则伴其余生。

第五节　如何看待朝鲜移民及其归宿

数万、数十万乃至一二百万朝鲜移民在中国东北，以"筚路蓝缕，以启山林"的创业精神，凭借在本国积累的水田耕作经验，开荒发展稻作农业，在中国东北农业经济史上写下了浓墨重彩的一笔。而同样有着失国之痛的朝鲜志士在中国东北组成各种民族主义进步团体，从唤起民众到参加武装斗争，其积极进步意义亦非同一般。然而，如同世界上的所有事物都有着两面性一样，"间岛问题"、日本人利用朝鲜移民的双重国籍问题、伪满洲国期间少数朝鲜移民的为虎作伥问题等，都严重地伤害了中国人民的感情。

黑龙江区域的大面积水稻种植，应该说与朝鲜移民的涌入不无关系。光绪六年（1880），饶河大和镇由俄国境内迁来一批朝鲜人，他们搭盖房舍，开田种稻。附近小佳河的地主苑福堂看到种稻有利可图，于是从俄国招来 8户朝鲜人开发水田。在此前后，朝鲜移民安宗浩等迁入东宁三岔口高安村，引小绥芬河水开发稻田。光绪十四年（1888）前后，五常县沙河子乡也出现了水田。光绪二十一年（1895），又有朝鲜移民从舒兰县迁入五常县沙河子乡小孤山一带种植水稻。光绪二十三年（1897）前后，有参加甲午战争的朝鲜败兵移入宁安渤海镇的上官地区垦种水稻。光绪二十九年（1903）中东铁路全线通车后，部分参加筑路的朝鲜劳工滞留绥芬河、磨刀石、一面坡、哈尔滨等铁路沿线，开荒种植水稻。②到了 20 世纪 20 年代，"北满地区朝鲜农

---

① 马建河：《罪与证——中国慰安妇实录》，陕西人民出版社，2015，"序"，第 1 页。
② 权宁朝：《黑龙江省近代水田的开发与朝鲜民族》，《中国东北地区经济史专题国际学术会议文集》，学苑出版社，1989。

民 1537 户 6603 人，耕作 1500 余町步（1 町步相当于 15 市亩）。至 1936 年，黑龙江密山地区水田共有 8727 町步、虎林有 225 町步、勃利有 498 町步、穆棱一带有 1095 町步、宁安有 9619 町步"，[①]特别是松花江中游稻区、牡丹江稻区、三江平原稻区等水稻种植区的形成，与朝鲜移民的到来不无关系。故而有学者指出，"朝鲜移民是开发和普及东北水田的主力军"。[②] 但是，大批朝鲜移民的到来要明显地晚于黑龙江区域开禁放荒，关内北方各省的汉族移民无论在人口数量上还是在垦地规模上都有了相当发展，只不过他们从事的是大豆、高粱、玉米、粟、小麦等旱田作物的栽培。亦有学者针对此指出：

　　　　近代东北地区水田农业是在关内移民确立旱田农业为主的开发基础之上，由 1875 年进入鸭绿江上游通化地区的朝鲜移民最初试种水稻成功而拉开了序幕。显然东北地区的水田农业较旱田农业开发晚了许久，但因主要由拥有较先进寒地稻作技术的朝鲜移民传入并直接耕作，所以并未经历漫长的发展进程，在短短七十多年的时间（1875—1945 年）里就实现了世人注目的惊人的发展。1945 年日本败降时水稻已成为东北第六大作物，水田遍布除东北北部一些地区之外的全境，栽培水稻最北界线也推到北纬 50°左右。为生计所迫而大量迁入我国境内的穷苦朝鲜移民给东北大地带来了先进的寒地水稻栽培技术，加快了东北土地的开发进程，为东北农业经济发展注入了新的活力，保障了东北地区农业正常持续的发展。[③]

　　毋庸讳言，朝鲜移民自大批涌入我国东北以后，在传统文化与生活习俗上与当地居民的差异自不必言，政治与经济上的纠纷亦在日本殖民者的唆使下时而发生。自康熙五十一年（1712）打牲乌拉总管穆克登在长白山竖立界碑划定边界，朝鲜政府就持有异议，直至光绪九年（1883）正式向清政府提出土门和豆满为两江说，后在日本内阁的策划下酿成"间岛"边务争端。[④] 1907 年，东三省总督徐世昌派新军督练处监督吴禄贞前往延边调查。吴禄贞不负众望，带

①　朴莲玉：《黑龙江朝鲜族文化》，黑龙江教育出版社，2010，第 67 页。
②　孙春日：《中国朝鲜族移民史》，中华书局，2009，第 369 页。
③　金颖：《近代东北地区水田农业发展史研究》，中国社会科学出版社，2007，第 1—2 页。
④　"间岛"系图们江中的一个小岛，中国人没有这一地名，完全是朝鲜人所造。最早出现在朝鲜政府官员李范允行文珲春越垦局说："假江之地为间岛，谓有田五十余结，划在两江之间。"然而，中国地方吏员根本"不知何处为间岛之地，何地有间岛之名"。

着测绘、书记等人员，冒暑就道，跋山涉水，经敦化县、延吉厅、珲春城，沿图们江登长白山后折回吉林城，"先后历时七十多天，纵横奔波二千六百多里实地"，依调查所得写就《延吉边务报告》一书，对"间岛争端"分三期阐述来龙去脉，为边务交涉提供了翔实的历史文献。其在书中写道：

> 自韩民越垦图们北岸之地，我国以优待属国之故，其所以噢咻抚字者无微不至，韩民之感恩怀德安居乐业者固居多数。而其藉端滋衅，欲脱我国政治之范围者亦数数见。光绪七八年间，吉林将军欲将越垦韩民改归地方官管辖，韩皇恳请刷还，韩民以国土逼窄无土可容，遂百方狡展而生豆满、土门之辨，致使两国天然国界从而混淆，而起无理取闹之界务交涉，是为越垦韩民滋衅之第一期。庚子之役，俄军进据珲春，华民多弃家逃避，韩民遂藉俄人势力，侵占华民房屋田产，为久假不归之计。事平后，经中国官吏查禁，始行退还，是为越垦韩民滋衅之第二期。光绪二十九年，韩人李范允煽惑韩民不纳中国租赋，不归地方官吏管辖，且越界敛财，带兵渡江，欲使越垦韩民同时作乱。卒藉军队之力，乱党削平，是为越垦韩民滋衅之第三期。今岁日人越境，又欲师李范允之故智，煽动韩民，以坐收渔人之利。后以极力阻止，始获无事，然后患尚不可预测也。总之，韩民不顾公理，专畏强权，首鼠两端，隐怀异志，虑欲脱中国政治之范围，而不顾他人之伺其后者，且将视为囊中之生产物也。此日人之欲以延吉厅为殖民地者，其故三也。[1]

日本政府更是在"间岛"争端上推波助澜，肆意捏造"东间岛""西间岛""北间岛"之说，使间岛范围超出延吉，扩张到吉林和鸭绿江北岸的奉天境内，目的就是假朝鲜移民之手行侵略扩张之实。奉系军阀控制东北期间，在对日政策上具有投日与排日的两面性，而中日围绕东北朝鲜移民土地商住权、双重国籍、治外法权、教育权等权力的外交纠纷，已经刺激和伤害了中国人民的感情。特别是《田中奏折》的披露和"万宝山事件"的发生，更"使中国官民普遍认为东北朝鲜人是日本侵略东北的'先锋'、'尖兵'，从而造成朝、汉民族间的关系紧张"。[2] 如《田中奏折》将日本称作朝鲜的

---

① 吴禄贞：《光绪丁未延吉边务报告》，吉林文史出版社，1986，第145—146页。
② 朱耀翰：《满洲问题纵横谈》，《东光》第25号，1931年9月。

"母国"，然后又说："朝鲜民移住东三省之众，可为母国民而开拓满蒙处女地，以便母国民进取……按在满蒙之朝鲜人，如扩张至二百五十万人以上，待有事之秋，则以朝鲜民为原子，而作军事行动。"如此阴谋让东北国人警醒，不仅使东北人民的反日斗争达到了空前规模，而且加深了原有的对朝鲜移民的芥蒂。九一八事变后，部分朝鲜移民看到偌大满洲被日军一举吞并，争取民族独立的情绪开始低落，宿命论的悲观主义思想蔓延。加之日伪当局对朝鲜移民的生活"救济"、舆论上"民族协和"的虚假宣传、朝鲜人"皇民化"的"创氏改名"等，一些民族意识、反抗意志衰弱的朝鲜移民开始服务于日伪政权。特别是在伪满洲国，朝鲜人的地位明显提高。日本统治者为了拉拢朝鲜人，在政治上，编造"日朝民众同祖同根"的谎言，使之拥有日本与"满洲国"双重"国籍"，大力提倡"内鲜一体""内鲜通婚"，人为提升朝鲜移民"皇国臣民"的优越感，通过"内鲜通婚"的"血液混交，达到形、心、血、肉完全与日本人融成一体"；[1] 在经济上，粮食、副食、生活用品的配给优于当地汉人，以黑龙江克山地方的大米配给为例，日本人9.4斤，朝鲜人8.2斤，而中国人只配给原粮7.5斤；[2] 在社会文化上，提高朝鲜移民子弟的受教育率和升学率，任用朝鲜官员等。而当"汉鲜两族人民有冲突时，同等是非，要扬鲜抑汉；朝鲜人理曲时要使鲜汉人同其曲直"。[3] 在军事上，通过颁布"陆军特别志愿兵令""义务征兵制""国民义勇兵制"等法令，把大批朝鲜青壮年赶上战场，侵华日军中专门有"高丽联队"。据日本方面统计，在日本侵华的十四年中，应征入伍的朝鲜人（包括我国东北朝鲜族）达116294人。[4] 特别是在日本对我国东北的移民侵略中也有朝鲜人加入，[5] 担负执行与日本开拓团同样的任务。为此，朝鲜总督府、日本关东

---

① 韩俊光：《日本帝国主义的"皇民化"政策和朝鲜族人民反"皇民化"的斗争》，《东北沦陷十四年史研究》，吉林人民出版社，1988，第63页。

② 中央档案馆、中国第二档案馆、吉林省社会科学院：《东北经济掠夺》，中华书局，1991，第598页。

③ 王子衡：《伪满日本官吏的秘密手册》，《文史资料选辑》第39辑，中华书局，1963，第57页。

④ 韩俊光：《日本帝国主义的"皇民化"政策和朝鲜族人民反"皇民化"的斗争》，《东北沦陷十四年史研究》，吉林人民出版社，1988，第63页。

⑤ 1940年，朝鲜南部七道64人组成朝鲜人义勇军中队——山本中队，先后在朝鲜的江源道洗浦"开拓民"训练所和日本的内原训练所接受训练，然后移入哈尔滨训练所接受实地训练；1941年又招募了154人，组成第二批朝鲜人义勇队，于同年10月7日由日本内原训练所迁入哈尔滨训练所实地训练；1942年，又有150名朝鲜青少年在日本内原训练所训练后迁入宁安实地。

军及伪满洲国相继制定了《朝鲜人农业移民纲要方案》《鲜农采用要纲》《东北朝鲜人指导要纲》《移民事务处理委员会鲜农管制和安定实施要领》《关东军东北朝鲜人指导纲要》等特别文件。下面一则史料，道出了朝鲜开拓民的目的与性质：

> 1943 年从朝鲜庆尚北道入殖中俄边境地带的松树沟开拓团，5 月 25 日从汉城出发，同车出发的还有忠清道籍的朝阳开拓团。第二天，他们到达中朝边境第一站安东站，28 日到达白城子站，29 日到达龙境站，在此与朝鲜忠清道朝阳开拓团告别。30 日凌晨 3 点半，松树沟开拓团终于到达黑河站，但这还不是入殖地，还要乘船坐马车走一段路。吃早饭后，当地有关部门在海关广场举行庄严的送别仪式，当地的国防妇人会和朝鲜人 300 多人及黑河省开拓厅长、满拓出张所所长、新京大使馆朝鲜课课长等人出席，齐唱"君之代"后，向宫城遥拜。仪式结束后，这批开拓团乘船航行 13 个小时，再改乘马车，向松树沟开拓地出发。松树沟离此地约 16 公里，出发 5 小时后到达开拓地。在该地他们受到一两年以前先入殖这里的庆尚北道出身的 100 户朝鲜开拓民的欢迎。①

正是这些物质与精神上的特殊，使少数朝鲜移民心甘情愿地充当日本人的鹰犬，以"准高等民族"的身份在伪满洲国"五族协和"的社会里扮演着不光彩的角色，在东北社会里这些人也被称为"二鬼子"。

自 1910 年日本吞并朝鲜后，就不断有反对"日韩合并"的仁人志士、义军及不满日本统治的民众在起义失败后迁入我国东北，他们在这里创立了许多反日独立团体和武装，如间岛国民会、奉天朝鲜人居留民团、大韩独立青年党、珲春大韩爱国妇人会、军务都督府、大韩独立军、义团军、义民团及为数更多的保约社、乡约社、农务契、猎手团等，但他们主要活动在延吉和南满地方。九一八事变后，东北人民在白山黑水间顽强地抗击着日本侵略者。在东北抗联的 11 个军里，都有朝鲜战士出生入死、浴血抗争。如活跃在珠河及松花江下游两岸的东北抗日联军第三军，活跃在密山、东宁、穆棱、勃利等地的第五军，活跃在汤原附近的第六军，活跃在虎林、饶河地区的第

---

① 〔日〕鬼塚一男：《苏满国境的拓士和开拓团输送记》，《朝鲜》11 月号，朝鲜画报社，1943 年。

七军等，这些地方都是朝鲜移民的聚居区，队伍中朝鲜战士的身影随处可见。正如有人评价的那样，"为了抗战，汤原至下江一带，到处都有朝鲜族革命者的足迹和鲜血。特别是战到后来，他们用自己的身躯铺下了通向最后胜利的一块块基石"。① 如 1938 年秋，抗联第五军的 8 名朝鲜族、汉族女战士在敌人的追击下，奋勇作战直到向敌人射出最后一颗子弹，最后投入乌斯浑河，谱写了"八女投江"的壮烈诗篇。又如，《中国人民解放军进行曲》《朝鲜人民军进行曲》的曲作者郑律成，1918 年 8 月 13 日生于韩国全罗南道光州杨林町，自幼学习音乐，1933 年来中国，在南京、上海等地从事抗日活动，同时从师学习声乐和钢琴、小提琴。1937 年到延安，进入鲁迅艺术学院音乐系。抗战胜利后，郑律成回国工作，任朝鲜人民军协奏团团长、朝鲜音乐大学作曲部部长。在此期间，他谱写了许多歌颂朝鲜人民斗争和中朝友谊的作品。1950 年在北京定居，并且加入中国国籍，先后在北京人民艺术剧院、中央歌舞团、中央乐团从事音乐创作，为中朝友谊做出了贡献。

抗战胜利前夕，由中共延安总部领导的华北朝鲜义勇军接受第十八集团军总司令朱德命令挺进东北，义勇军三支队队长金泽明、政委吴永日、副支队长李德山、参谋长金延等 19 人进入哈尔滨。他们在延寿、阿城、五常、巴彦、木兰等地招收了 300 多名朝鲜青年，成立了哈尔滨保安大队朝鲜独立大队。在北满的其他地方，还有牡丹江军区警卫营、合江军区一团二营、穆棱县独立营等多支共产党领导的朝鲜人武装力量。这些武装力量在中国共产党的领导下，为建立巩固东北根据地做出了贡献。

这一时期，黑龙江区域的朝鲜人遭到政治土匪的频繁袭扰，虐杀朝鲜人的事情经常发生，沿边境地方的一些朝鲜人逃往苏联。而更多的朝鲜人则迁居哈尔滨、佳木斯、齐齐哈尔、牡丹江等社会秩序相对稳定的大城市，另有很多人经延边回国。周保中在一篇文章中指出："'八一五'以后迁回朝鲜的估计在 20 万人左右，其中以北满平原及松花江下流迁走最多。"② 面对朝鲜人的回迁，中共中央东北局特别强调了东北朝鲜人的少数民族地位，澄清了社会上的模糊认识，"认为除参加华北抗战的朝鲜义勇军，在东北的朝鲜居

① 赵庸太等：《汤原朝鲜族战士在抗日战争中》，《黑龙江文史资料》第 17 辑，黑龙江人民出版社，1985，第 197 页。
② 周保中：《延边朝鲜民族问题》，延边朝鲜族自治州档案馆编《中共延边吉敦地委延边专署重要文件汇编》，1985，第 332 页。

民一般的是视为中国境内的少数民族",① 并特别强调要尊重朝鲜人的民族感情，允许他们在祖国和中国少数民族之间自由做出选择。同时，应朝鲜民主主义人民共和国要求，将中国人民解放军第四野战军中的3个朝鲜师（几万人，连同全部装备）转制为朝鲜人民军回国。

1953年，黑龙江省朝鲜族人口为23.12万人，占全省人口的比重为1.95%，聚居在五常、尚志、延寿、汤原、勃利、宁安、穆棱、东宁、密山等县，90%的朝鲜族人口在农村从事水田生产。②

---

① 周保中：《延边朝鲜民族问题》，延边朝鲜族自治州档案馆编《中共延边吉敦地委延边专署重要文件汇编》，1985，第327页。
② 《黑龙江省志·人口志》第57卷，黑龙江人民出版社，1996。

第九章

黑龙江区域的俄（苏）移民

　　黑龙江区域的俄（苏）移民历时长，人数多，活动地域广阔，文化交流层次深，此应为其特色。俄国移民进入黑龙江，源于1860年《北京条约》的签订，在其第7、8款中有"俄罗斯国商人及中国商人至通商之处，准其随便买卖"，"俄罗斯国可以在通商之处设立领事官等"的表述。光绪十七年（1891）出版的《黑龙江述略·贡赋》中亦载："中俄分江以后，大黑河屯为通商口岸。俄商则以金砂为大宗，中商则以菜牛为大宗，往来交易，获利均巨。"而"俄国呢料、布匹、煤油等，经由边境渗入黑龙江和吉林地区。外贝加尔的俄国哥萨克越过额尔古纳河，直接到海拉尔出卖牲畜、呢料和俄国标布（一种俄制厚布）。1894年在俄国关卡登记进入海拉尔一带的俄国商品，价值35000卢布。"[①] 可见，中俄黑龙江边境地区贸易通商很早，但都没有明确指出俄国人侨居之初始。根据现已掌握的资料，可将黑龙江区域的俄（苏）移民过程分为7个时期，即清末的俄国淘金移民，中东铁路修筑后的俄国移民，1917年俄国十月革命后的流亡移民，中苏共管中东铁路时期的移民，日伪统治时期的俄（苏）移民，苏联红军进入东北时的（苏）俄侨民及新中国成立后苏（俄）侨民的遣返等，下面分而述之。

第一节　俄国淘金移民

　　俄国人习熟矿务，"在黑龙江左岸开采有年，因勾结华民，越江盗采。如漠河以东阿尔罕河、奇乾河等处，纵横二三百里，辄有坑穴，亦不知起自

---

　　① 〔俄〕吉加马：《同中国的贸易》，托木斯克，1899，第64页，转引自孔经纬、朱显平《帝俄对哈尔滨一带的经济掠夺》，黑龙江人民出版社，1986，第2页。

何时矣"。① 清末，对面俄人故伎重演，复越界开采，并私自建立了所谓的"国家"，后在清廷的强力干预下成为"一枕黄粱"。

一　俄人越界采金

光绪八年（1882）春天，游弋在大兴安岭北麓漠河老沟元宝山附近的鄂伦春猎人，在埋葬死去的马匹时无意中发现金砂。这一消息不胫而走，很快便被俄商谢力德吉获悉。惯于捕捉商机的谢力德吉马上意识到这是一个极好的发财机会，立即约来通晓矿学的工程师赖别特金商量，二人一拍即合，招俄人数十名，越江进入漠河偷偷开采，结果大获其利。于是，漠河一带发现金矿的消息便在俄国的阿穆尔州和外贝加尔一带广为传播，② 这股淘金热浪越过界江席卷了西伯利亚和远东地区，越境而来的采金人越聚越多。"至光绪十年，俄人在漠河山内，召集中俄四千余人，大事工作，造屋七百余间，立窑五百余所，风声四播，远迩悉闻。"而"俄官佯为不知，暗与支持，其智甚深，其谋更狡"。③ 来漠河盗采金矿的人出入无定，全盛期有9000多名俄国人，占采金人总数的60%以上，其他人为中国人、朝鲜人、日本人、德国人、美国人等。在这些人中，既有商人、官吏、军人，也有传教士、矿工、技术人员，还有哥萨克人、西伯利亚土著及流放犯等。这些人都抱着一个发财的既定目标，如同在自己家里一样，毫无约束、肆无忌惮地盗采黄金。为了使盗采黄金合法化，他们还成立了"采金事务所"，下设700余个作业组，分头作业，定期收金，同时还修建、建立了旅馆、浴池、面包房、医院、教堂、游戏场、赌场及与采金相关的服务设施。"全体劳工多数均收容于街道两旁之冬舍……在400以上，有整齐之街道，通过两侧冬舍之间，称为'百万街'，中央空场名曰'鹰野'。"在屡次试探清地方政府的反应后，索性制定法律、设立警察机构、颁布政令，成立了所谓的"热尔图加共和国"。一时间，偏僻荒凉的漠河"热闹"起来，"数月前为荒凉之土地，而忽有欧洲式之天地，发现于其间"，俄国的淘金移民把这里称为"阿穆尔的加利福尼亚"。

二　清廷强力干预收回利权

光绪十年（1884），黑龙江将军文绪就俄人越界盗采黄金事，一面上奏

---

① （清）徐宗亮：《黑龙江述略·贡赋》卷四。
② 《黑龙江》，汤尔和译，商务印书馆，1931，第754页。
③ （清）徐宗亮：《黑龙江述略·贡赋》卷四。

总理各国事务衙门照会驻京俄使，"转饬俄边官，将漠河俄人勒限收回"；一面"筹派兵勇，分道前往漠河，先将华民驱逐"。驱逐华民事进行顺利，而"勒限收回俄人"事则颇费周折。光绪十一年（1885）春，黑龙江地方官与俄人交涉，谢力德吉诡辩道："是经过俄海兰泡城固尔那托尔边官允许的领照过江，如该官来唤，即刻回国。"4月6日，黑龙江将军衙门呈文总理各国事务衙门，要其照会俄使，转催俄官唤回越界俄人。然俄外交公使总是屡屡推诿，又要租借，又要办公司等，不一而足。对此，黑龙江将军衙门幕僚徐宗亮在其《黑龙江述略·贡赋》中做了如下阐述：

> 先是出使英俄大臣曾公纪泽咨称："俄人萨比汤，欲在中国黑龙江之粗鲁图海卡内，约租地段，设立公司，开采金石各矿，递有说帖，应请总理各国事务衙门，设法阻止。""其说帖曰：在中俄边界，正对粗鲁图海界卡，有中国境地一所，计自阿尔坤河起，及一带之港汊涧谷，至阿尔巴西嘎河口，至黑龙江会处为止。现有俄人公司，欲在该地开采金石等矿……"已而出使英俄大臣刘公瑞芬，又咨称"俄国官绅，有思集股，采取粗鲁图海卡界金厂之议，中国若不先事筹办，始而租赁，继而图占，皆在意计之中，贻害甚巨。"云云。时值将军恭镗公莅任，请训之际，奉谕旨，以开办漠河矿务为首……考俄人萨比汤说帖所称，粗鲁图海卡界，即额尔古纳河东至漠河之境，阿尔坤河疑即鄂尔多昆河，与漠河对岸相直。阿尔巴西嘎河口，黑龙江会处，似即今诺尼、松花二江，会黑龙江之黑河口。①

正是在谕旨"以开办漠河矿务为主"的批复下，才有了李金镛黑龙江办金矿之举。但在国有矿开办之前，必须要把几年内盘踞于此的俄国采金人驱逐出去。光绪十一年，黑龙江将军文绪通过总理各国事务衙门约海兰泡俄官一面劝阻俄人不要过江，一面叫回已在中国境内之俄人。少部分俄人回去后，俄官即宣称所余俄人均为"无业匪徒"而不再过问，妄图以此给中国人制造麻烦。7月21日，黑龙江将军调动兵员入山砍树架桥，为驱逐俄人做好准备。8月28日，切断了所有进山及运粮路，逼迫俄人出山。9月6日，清

① （清）徐宗亮等撰《黑龙江述略（外六种）》，李兴盛、张杰点校，黑龙江人民出版社，第65—66页。

军入山强行驱逐俄人并捣毁机器设备及房屋。但俄人没有就此偃旗息鼓，而是反反复复，一直延宕到翌年初，驱逐俄人行动才告一段落。① 随后，在黑龙江沿江处增设卡伦，添加防军，以防俄人再次移入。

第二节　中东铁路修筑后的俄国侨民

1896 年沙皇俄国乘清政府在中日甲午战争中的失败，联合德、法两国上演了"三国干涉还辽"的历史剧。日本在三国的强力干涉下，在清政府追加 3000 万两战争赔款的基础上归还辽东半岛，中日签订了《交收辽南条约》。俄、德、法三国以"干涉还辽有功"为由，寻找各种机会向中国索取"报酬"。最终，德国以"租借"为名强占了胶州湾，法国也占据了广州湾及附近水面，而俄国则是通过《中俄密约》攫取了中东铁路的修筑权。在随后的实际运作中，中俄两国政府又相继签订了《入股伙开银行合同》（5 条）、《合办东省铁路公司合同》（12 条）、《合办东省铁路公司章程》（30 条）、《东省铁路公司续订合同》（7 条）等。通过这些合同，俄国政府至少得到了如下"合法"权益：（1）设立银行以及货币发行权；（2）中东铁路人员使用权；（3）中东铁路附属地的设立权；（4）中东铁路沿线的治安管理权；（5）中东铁路沿线的对俄开放权；等等。借此，俄国开始了假手于此的大规模移民。

一　中东铁路修筑后的俄国侨民

自 1898 年中东铁路全面开工后，黑龙江区域的俄国移民与日俱增。由于是筑路初期，各种专业技术人员为俄国侨民的主体。除筑路人员、管理人员、铁路护路人员等必需人员外，还有一批工商业者、服务人员、医生、律师、教育与宗教工作者等，另有数量不多的眷属。这样说的依据是，直至中东铁路修筑 5 年后的 1903 年，在俄侨聚居的哈尔滨才开办了为侨民子女提供初等教育的"松花江小学"。据相关资料记载，1902 年时哈尔滨有俄国侨民 12000 人（不包括军人和铁路员工）。② 而 1903 年中东铁路全线通车之时，

---

① 参见《黑龙江省志·黄金志》第 22 卷，黑龙江人民出版社，1996。
② 孔经纬、朱显平：《帝俄对哈尔滨一带的经济掠夺》，黑龙江人民出版社，1986，第 11 页。

黑龙江区域的俄侨人数已超过 3 万人。①

中东铁路的修筑，对于清政府来说，不仅是一项耗资巨大的工程，而且受到勘查、设计、原材料及技术人才方面的种种限制。曾任中国技术代表与沙俄谈判中东铁路事宜的詹天佑，虽然自行设计了京张铁路，但那亦只是 1905 年以后的事情。所以，就当时的状况来说，中东铁路修筑的技术问题，基本上是依恃沙俄的工程技术人员得以解决的，作为中东铁路枢纽站的哈尔滨自然也就成了俄国侨民的聚居中心。

1898 年初，中东铁路公司会办克尔别茨最后确定铁路施工方案，并决定马上在哈尔滨建筑房屋，设立与铁路建设相关的机构。第九工段段长希尔科夫公爵派工程师希德洛夫斯基带领技术人员、气象站主任和几十名工人、士兵，于 1898 年 4 月 23 日（俄历 4 月 11 日）早晨进入哈尔滨。而希德洛夫斯基手下的另一部分人已经先期到达，住在"田家烧锅"附近的旅店（大车店）。希德洛夫斯基到哈尔滨后，买下了当地叫"香坊"的一个酒厂的全部 32 间房屋，用银 8000 两，随即动工盖起了俄国气象站。6 月 6 日（俄历 5 月 25 日），俄货轮"英诺肯季"号运来大批建筑材料。6 月 9 日，中东铁路副总工程师依格纳齐乌斯和工段长希尔科夫乘轮船"布拉戈维申斯克"号抵哈，同行的还有一些技术人员。② 随后尤格维奇也来到了哈尔滨，并成立了中东铁路建筑工程局。

由于中东铁路工程需要，在大批技术人员中，不仅有勘查、筑路、气象方面的专家，而且有制材、机械、规划、建筑等方面的人才及数量众多的技术工人。如 1898 年成立的中东铁路制材厂，由俄侨谢明尼科夫出任厂长。同年成立的中东铁路临时机械总厂，由俄侨约凡任厂长。而在当时的中东铁路临时机械总厂 1300 多名工人中，计有 300 余名是俄国当局从国内各工业中心用较高报酬招募来的技术工人。③ 他们分布在机车、客车、货车、机械等分厂中，从事翻砂、锻冶、铆焊以及水箱、车轮及工具制造等技术工作。1900 年，俄侨米奇科夫又从俄国运来机械设备，开办了五金机械总厂，招募来一批俄技术工人，负责安装、修理机器。④ 特别是《中俄合办东省铁路公司

① 《黑龙江省志·外事志》第 69 卷，黑龙江人民出版社，1993。
② 中东铁路局：《东省铁路沿革史》（俄文版），哈尔滨，1923，第 127—131 页。
③ 哈尔滨车辆工厂史编写组：《三十六棚——哈尔滨车辆工厂史》，黑龙江人民出版社，1980，第 7 页。
④ （哈尔滨）《生活报》（俄文版），1927 年。

章程》第6款规定："中国给与铁路所必须之地……由该公司一手经理。准其建造各种房屋工程，并设立电线，自行经理，专为铁路之用。"据此，中东铁路工程局几次征地扩大附属地范围，然后编制城市规划进行建设，这就需要一定数量的城市规划与建筑设计人才。1899年，中东铁路工程局对哈尔滨新市街（今南岗区）进行规划建设，由1893年毕业于圣彼得堡民用工程师学院的A. K. 列夫捷耶夫担任首任规划工程师。一部中东铁路建设史书中，对其做了如下介绍：

> 众所周知，最早的哈尔滨（松花江村）规划图是1899年制定的。松花江新村的第一位建设者是民用工程师A. K. 列夫捷耶夫，他的助手是B. K. 维尔斯。列夫捷耶夫作为主持工程项目的独立施工人，在总工程师的直接领导下工作。1899年春天，列夫捷耶夫将自己的办公室和活动地点迁到了离新建筑工地较近的马家沟村，在即将充公旧民房改建的总指挥部里落了脚。[①]

1901年，列夫捷耶夫辞去了规划工程师职务，接替他的是民用建筑工程师И. И. 奥勃洛米耶夫斯基。1903年，奥勃洛米耶夫斯基被任命为哈尔滨城市建筑师一职，在这个职位上工干了4年后，又调入建筑管理部门，负责城市建设监督，直到1921年因病离职；1904年，民用建筑工程师В. Д. 斯米格尔斯基也被任命为哈尔滨城市建筑师，几年后他成为哈尔滨城市管理委员会的成员之一。由于城市的快速发展，许多商人、教师、东正教传教士、服务人员与人数更多的眷属，也相继迁入哈尔滨，壮大了俄侨队伍。

在中东铁路修筑之初的俄侨队伍里，有一特殊群体令人关注，那就是中东铁路护路队里的军人们。据史料记载，中东铁路护路队约有14个骑兵连队与5个步兵连队，计3200余人，其兵力总数的70%驻守在哈尔滨及其附近地区，其他的驻防在中东铁路东、西、南部线的铁路沿线。1900年义和团运动期间，中东铁路护路队扩充到11000人，在黑龙江区域的驻军又有所增加。从人口学理论上讲，一般是不把军人列为移民加以统计。这里做了如下考虑：（1）中东铁路护路队是在中国东北驻扎的一支外国军队，就1900年前后哈尔滨的人口状况讲，如此数量的一个聚居群体的出现，必将对当地的

---

① E. X. 尼鲁斯编著《东省铁路沿革史（1896—1923年）》第1卷，哈尔滨，1923，第139页。

政治、经济、文化、社会等方方面面产生影响；（2）中东铁路护路队既是军队又出劳务，他们中的许多人都参加筑路、安装电信设施以及在轮船或驳船上充当水手等勤务，因此他们的薪饷是高于正规部队的；①（3）沙俄政府规定，在中东铁路护路队服役2天按照服现役3天计算，所以该部队官兵很快就可以转为预备役。特别是1901年沙皇尼古拉二世的《关于给于驻防满洲应转入预备役的部队士兵自退役日算起免费返俄国5年权利的上谕》及《中东铁路附属地内外阿穆尔军区退役军人士兵村镇条例》相继颁布后，很多转为预备役的中东铁路护路官兵便留下来谋求生路，成为名副其实的俄国侨民。

这样，自中东铁路修筑开始，操各种职业技艺的俄国人就在中东铁路沿线聚集。而随着中东铁路修筑工程的进展及沿线城镇雏形初现，涌入黑龙江区域的俄国侨民越来越多，"至1903年7月14日中东铁路全线通车时，在短短的时间里，俄人总数已超过了3万人"。②

二 日俄战争时期的黑龙江俄国侨民

中东铁路全线通车仅半年，因"三国干涉还辽"而宿仇难消的日本终于在辽东半岛与俄国发生了战争。日俄战争期间，中东铁路的战略位置充分显现出来，进入军事状态的中东铁路全线戒严，军运办公室编制出俄境—哈尔滨—旅顺口军事运行图，各大枢纽站和编组站都成了临时兵站。在战争的刺激下，大批俄国资本涌入黑龙江区域发战争财。这里以哈尔滨为例展开阐述，战时哈尔滨成为俄军需供应的后方基地，原有的制粉厂即便是昼夜生产也供不应求，于是一些牟利性的生产厂家或由俄国迁来，或在本地"自生自殖"。此间"里夫面粉厂""拉巴切夫面粉厂""伊尔库茨克面粉厂""谢杰夫制粉厂""扎兹林斯基制粉厂"等相继建成投产。据不完全统计，1905年前后中东铁路沿线俄人经营的大小制粉厂有19家。这些企业即便拼命生产仍然满足不了俄人的军需民用。俄人企业拼命生产，自然有着甚为可观的利润，以致在哈尔滨"一个小型肥皂厂，一年中赚的钱相当于企业耗资资本的50—100倍。毫不奇怪，乃有大量投资用于新办企业"。③苏联学者B. 阿瓦林

① 〔俄〕B. B. 戈利岑：《中东铁路护路队参加一九〇〇年满洲事件纪略》，商务印书馆，李述笑、田宜耕译，1984，第19页。
② 《黑龙江省志·外事志》第69卷黑龙江人民出版社，1993。
③ 中东铁路经济调查局：《北满与中东铁路》（俄文版），哈尔滨，1922，第398页。

在其著作《帝国主义在满洲》中，曾有过直白的评述：

> 百万大军给养的需要，特别远离自己基地几千公里的俄军的给养，需要在当地购买各种食品和产品，这就是当地生产发展和繁荣的原因，甚至也是建立新工业部门的原因。
>
> 原有的不大的工业企业——半手工业面粉厂、肥皂作坊、机械作坊和成衣作坊等等在俄日战争时期获利极大。俄国企业从军事机关领到大量补助金和预付金。产生了很多具备欧洲式设备和生产的新企业，其中有玻璃厂、制革厂、蒸汽机面粉厂、啤酒酿造厂、通心粉厂等。一般来说，应认为俄日战争时期是满洲的欧洲型工业萌芽的开始，主要在北部，即在哈尔滨。[①]

为了追逐利润，俄国工商业者纷纷采用先进的生产设备。"从 1904 年到 1905 年，哈尔滨出现了采用新式蒸汽机的制粉厂、麦酒厂、葡萄酒厂、酒精厂、肥皂厂、皮革厂、玻璃工厂、通心粉厂、糕点厂、家具厂、铁器和机器厂、锻冶厂、裁缝厂等。"[②] 下面，我们据一份俄侨档案中的实例，来管窥日俄战争时期俄侨进入黑龙江区域的态势。此档案摘自哈尔滨市 1955 年外事部门登录的侨民档案：

> 俄侨费基索瓦·尼娜·格里高利耶夫娜（ФетисоваНинаГригорьевна）
>
> 性别　女　宗教信仰　东正教。
>
> 出生日期及地点　1917 年 12 月 5 日生于哈尔滨。
>
> 国籍　1918 年前俄国国籍，1918 至 1946 年无国籍，1946 年加入苏联国籍。
>
> 民族　俄罗斯。
>
> 教育程度　在哈尔滨陀思妥耶夫斯基中学校毕业，学校 11 年。
>
> 家庭住址　哈尔滨经纬四道街 26 号。
>
> 其主要亲属的姓名、简历、职业、现住址状况：

---

① 〔苏〕阿瓦林：《帝国主义在满洲》，北京对外贸易学院俄语教授室译，商务印书馆，1980，第 111—112 页。

② 日本满史会：《满洲开发四十年》，东北沦陷十四年史辽宁编写组译，1988，第 35 页。

父亲：费基索夫·格里高利·波利卡尔波维奇（Фетисов Григорий Поликарпович）1905 年为做买卖来到中国，其商店名称叫"费基索瓦"，总号设在莫斯科，在日本、海参崴有分号。1905 年来哈尔滨后在道里十二道街 21 号经营五金商品进口贸易，1950 年停业。1955 年在哈尔滨患病死亡。

这是一个非常典型的趁日俄战争移民哈尔滨发财的俄国商人。

《朴茨茅斯条约》签订后，俄国势力退出南满，龟缩回以哈尔滨为中心的北满地区。中东铁路南部线的员工、雇员以及侨民大部分回到北满，另有一部分参战负伤的俄国官兵留在哈尔滨救治后以各种原因滞留于此。多方面原因导致黑龙江区域俄国侨民人口大增。据统计，1911 年中黑龙江区域计有俄人 73635 人。[①] 这应该是一个较为准确的俄国侨民人口统计数字，因为此数字出自中东铁路公司对铁路沿线的各国人口数字统计调查，滨江关道观察李兰舟已"造具清册呈报督抚宪查核"。[②]

三 "一战"时期的黑龙江俄侨

1914 年爆发的第一次世界大战波及许多国家，位于东北亚一隅的黑龙江俄国侨民也受到冲击。俄国政府除将大部分军队派往德奥前线外，还征集了 1400 万劳力组成新军参战，中东铁路护路部队也"大半调回"。为了填补军队调离的真空，1915 年 3 月 5 日俄国政府派遣 12 个国民自卫队与留守的外阿穆尔军区 6 个骑兵连共同担负护路任务。由于沙俄军队在欧洲战场屡屡受挫，铁路沿线的俄国侨民也没有摆脱被招募入伍的厄运。频繁的募集，导致兵源紧张与质量的下降。《盛京时报》采访欧战记者对此专有报道：新兵"老幼不堪，长者已达五十至六十岁，曲腰弓背，步履维艰。幼者不满十五岁，不能御敌，童性甚多，因思亲心切，于防守之际，荷枪啼哭，惨状目不忍睹"。[③] 1915 年 10 月，战事仅进行年余，中东铁路沿线的俄侨已不堪重负，"屡次征召预备兵，现已居民无多。目前俄政府又来电召集第十三次征兵，由中东铁路租界商工界征集兵额一万三千人，经驻哈俄领事与霍尔瓦特将军

---

① 《远东报》1911 年 6 月 7 日。
② 《远东报》1911 年 10 月 27 日。
③ 《盛京时报》1915 年 9 月 15 日。

商议，除在职人员外，已征兵七千至八千人，由西伯利亚送上前线"。[①] 俄侨大部被征召入伍，不仅使侨民数量减少，而且使中东铁路沿线的俄人经济进入前所未有的衰退期。以中东铁路枢纽地哈尔滨为例，报载"其商务，因俄人宣布征兵，商人多歇业入伍，大多货物因之停滞"。[②] 由于俄侨的经济衰退，中东铁路沿线的俄人企业纷纷转手易人。如1915年哈埠民族资本家张伯源收购了俄人企业第一满洲制粉厂，同年海参崴华侨巨商张廷阁回哈收购了地烈金面粉厂，1917年傅家甸商人吕希奇收购了俄人一面坡面粉厂的大部分股权，松浦镇的王品安将双城的一家俄人面粉厂买下，营口的民族资本家买下了俄人伊尔库斯克面粉厂（哈尔滨亚义顺面粉厂）等。可以说，俄人在中东铁路沿线的机器制粉企业大多转为中国民族资本企业。实质上，俄人制粉业的状况只是其工商业的一个缩影，其他行业也是"乱象日炽，人心俱忧，一夕数惊，一蹶不振"。商业方面，沙俄连内地之商业尚且"几无人过问"，对东方贸易更是"无暇顾及"。金融业方面，"俄国纸币流通的最大市场，则包括哈尔滨市场在内的中东铁路附属地地区"。[③] 而"卢布价格涨落不定，闻本埠中国银行为防止亏累计，凡有与卢布交汇者一律停收"，[④] 卢布信誉一落千丈；租户退租，"俄人房地产主纷纷出卖楼房"。[⑤]

由于"一战"影响，俄国过度征兵导致经济全面衰退，黑龙江区域俄侨大为减少。据1917年9月20日《远东报》载："道里总领事馆调查沿路居留外人之数目，俄商民47868名，其中海拉尔俄人5554名，满洲里3257名，横道河子2652名，余则散布于中东铁路沿线。"这与1911年73635俄人的统计数字相比明显减少。

第三节　1917年十月革命后的俄国移民潮

一

1917年俄国十月革命后，大批俄国资产阶级流亡国外，特别是1920～1922

---

① 《盛京时报》1915年10月8日。
② 《远东报》1918年2月2日
③ 据俄文版《俄国卢布在满洲》，转引自孔经纬等《帝俄对哈尔滨一带的经济掠夺》，黑龙江人民出版社，1986，第76页。
④ 《远东报》1917年7月5日。
⑤ 《远东报》1917年6月9日。

年，以帝俄海军上将高尔察克为首的白匪政权在西伯利亚发动的反对苏维埃政权的复辟活动被粉碎后，乌拉尔以东地区的资产阶级分子、地主富农、反动军官、官僚政客及其裹胁下的大批不明真相的平民百姓，经西伯利亚或远东逃往黑龙江区域。

难民在仓促间出走，身无长物，一路艰辛为求生存其情可悯，出乎人们想象的是，竟有一流亡者步行 6000 里，由西伯利亚某地抵达哈尔滨。① 在大批难民逃亡之外，还有数量更多的白匪军队在苏维埃政权的打击下相继溃败，高尔察克、谢苗诺夫等率部分败兵退入中国境内，中国政府军严阵以待，以防发生不测。如建立"远东临时政府"的格里高利·米哈伊洛维奇·谢苗诺夫溃败后，万余人准备从满洲里进入我国境内，我守军告知"如入我境，须先解除武装，庶我可视作难民，给照准予通过。谢初不允，我即严兵以备，布置周密。谢势穷力蹙，又见军士之志切求生也，乃允由我解除武装，检查通过车辆"。② 又如，1921 年 11 月 2 日，"在库伦投降的俄白匪军官兵运到哈尔滨，中国地方当局令其自谋生计"。③ 再如，格列博夫中将率领的远东哥萨克军团溃败后，乘船去了日本人控制的朝鲜港口元山（Гензан）难民营。在元山期间，"俄国难民逐渐分散，大都去了中国的东北地区，特别是在华俄国移民的'首都'——哈尔滨"。④ 为了安置这些难民，中东铁路管理局先后在哈尔滨新建了"纳哈罗夫卡"和"沃斯特罗乌莫夫"移民村。另有少数难民到海拉尔、满洲里定居。

1922 年 10 月，白军残部放弃了最后一个阵地——斯帕斯克达利尼，一路向符拉迪沃斯托克（海参崴），另一路直接向中国边境撤退。10 月 14 日，斯克林将军率领的白军（约几千人）离开了尼科利斯克 - 乌苏里斯克，带着全部辎重和居民向南进发，步行越过边境到达绥芬河车站附近，逐步地分散在中东铁路东部沿线。符拉迪沃斯托克（海参崴）的白军残部也分两路撤退，从陆路越过中国边境，海路则坐船，而他们当中的大部分步行去了波谢特。博罗金将军的第一团和莫尔恰诺夫将军的第三团在那个地方越过中国边境到了珲春附近，共有军人和平民 7000 多人。据外电报道，这批难民"状甚狼狈"，并使珲春一带顿时"粮食大缺"，传闻尚有难民"以儿女售与华人

---

① 《远东报》1920 年 9 月 22 日。

② 于逢春、高月主编《最近十年中俄之交涉》，黑龙江教育出版社，2014，第 55 页。

③ 李述笑编著《哈尔滨历史编年（1763 - 1949）》，黑龙江人民出版社，2013，第 223 页。

④ В. Нетров："Владивосток—Шанхай"（"Новое Русское Сдово"，23.1.1982，с.5）.

者"。按照当时东北主政者张作霖的决定，这批难民后被安置在吉林市及其郊区。他们在那里住了一年，然后便逐渐分散迁居至其他城市，特别是哈尔滨。①

当时的哈尔滨真正是俄侨的聚居中心，因为那里有着浓厚的斯拉夫氛围。不仅俄侨向这里聚集，而且一些地方还向这里遣送俄国难民。如史料中即有"1921年11月2日，在库仑投降的俄白匪军官运到哈尔滨，中国地方当局令其自谋生计"②的记载。如此，随着苏俄国内战争逐渐平息，汹涌一时的难民潮也趋于平静，累年剧增的俄侨人数也达到高峰。此间，有资料记载的哈尔滨俄侨统计数字是：1918年是60200人，1920年是131073人，1922年是155402人。③而到1923年苏俄国内战争结束时，"侨居哈尔滨的俄国人一度多达20万人，甚至超过了当地中国居民人数。哈尔滨成为中国最大的俄侨聚居中心"。④此时，黑龙江区域的俄国侨民人数应该多于这一数字，因为在中东铁路西部线的满洲里、三河、海拉尔、扎兰屯、博克图、牙克石，东部线的绥芬河、牡丹江、横道河子、穆棱、梨树镇等都有俄国侨民。"另外，也有从黑河——北安北部及沿松花江溯航入满的。"⑤尽管如此，黑龙江区域的俄侨还应是在20万人左右甚至更少，因为这个峰值数字仅存在了几年，而随着苏维埃政权的日益稳固，许多滞留黑龙江区域的俄国难民见回国无望，相继去了中国内地的大连、天津、青岛、上海等城市。

二　移民潮中的各类人员

这一时期的俄侨主要是以逃亡的难民为主，昔日的身份是白匪官兵、沙俄贵族、旧政府吏员、知识分子、地主富农及其所挟持的部分不明真相的平民。这些人都是难民，而情况又各有所异。但借助珍贵的俄侨档案，可以找出随军、个人、阖家及辗转迁徙的个案数例，可供研究者参考的案例十分

---

① 《申报》1922年11月4日；В. 内特罗夫："Владивосток—Шанхай"（"Новое Русское Сдово"，23.1.1982，с.5）；В. жманов："Русские в шанхае（1936），с.36；《申报》1922年12月10日，《申报》1922年10月12日；А. 加尔别林："БъомбоубежишаИТен иПроцдтото""новоерусскоесдово"，19.3.1983，с.10。以上均引自汪之成《上海俄侨史》，上海三联书店，1993，第20、22、35、37页等。

② 李述笑编著《哈尔滨历史编年（1763-1949）》，黑龙江人民出版社，2013，第223页。

③ 薛连举：《哈尔滨人口变迁》，黑龙江人民出版社，1998，第142页。

④ А. Гаинерин. Бомбоубежиша и Тени Процлиоге，новое русское сдово，19.3.1983，с.10。

⑤ 〔日〕西原征夫：《哈尔滨特务机关——日本关东军情报简史》，群众出版社，1986，第167页。

丰富。

（一）随军流亡型迁入个案

哈林·亚历山大·米哈伊洛维奇（Харин Александр Михайлович），1896 年 4 月 1 日生于彼尔姆省克拉斯诺吴菲姆斯克县吴特村。1904 年至 1912 年在家乡学习 7 年，之后在当地的"捷姆斯卡亚"菜场当实习生。1915 年被征召入伍，在克拉斯诺吴菲姆斯克县军事处任学习书记，同年被派赴 139 后备兵团一连当战士。1916 年被派赴沙德琳斯克市第 139 后备兵团学习班学习，卒业后到该团一连任下士。1917 年被派到敖夫斯特洛斯基团任中士，随后开赴俄德前线。1919 年退伍回乡，不久又加入了白军。随着战事的溃败，所在部队先撤至赤塔，1920 年 12 月在敖特保尔跟随部队来到哈尔滨。在哈尔滨娶妻生子，1952 年全家提出去澳大利亚的申请。

斯库利金·安德烈·阿列克谢耶维奇（Скурикин Андрей Алексеевич），1895 年 6 月 6 日生于维雅特斯阔伊省谢德伊村。1915 年在莫斯科应征入伍，为第一炮兵后备旅战士，1918 年退伍返原籍。1919 年夏被卡别里雅部队征兵入伍，在沃木斯克师当战士。1920 年该部队由俄境退入哈尔滨，后解散。在商市街 14 号开了一个理发馆，靠理发为生。1922 年同斯库利希娜·费克拉·斯捷潘诺芙娜结婚，生有一子。1955 年提出申请，准备全家移居巴西。

齐加力尼茨基·拉扎尔·鲍利索维奇（Цигалиницкий Лазаръ Борисович），1901 年 7 月生于外贝加尔省日尔赫聂乌金斯基县金腊勒达伊村。1919 年在赤塔被征入伍，服役于东西伯利亚省第六军特别重炮师。1920 年当部队所乘列车经哈尔滨开往格罗捷阔沃站时，私自离开军车留在哈尔滨，先后在卷烟厂做工，在老巴夺商行、俄美商行、列宁格勒烟草代办处做售票员。自 1937 年起办起了自己的商行，先为"莱比锡"毛皮商店的合伙人，不久又开办了布匹贸易所，并在"沃格"美术服装店、"莫斯科"美术服装店、"帕芙洛夫"美术服装店中拥有股份。1955 年在"外侨居留登记申请表"的"拟在华居留期限及居留事由"项下写道："因此处有房产，所以哪儿也不去。"

（二）随军流亡进入黑龙江区域后迁入哈尔滨个案

拉兹多波列耶夫·德米特里·伊万诺维奇（Раздобреев Дмитрий Иванович），1899 年生于俄国外贝加尔省阿诺色尔村。1920 年参加白军外贝加尔第一团，驻防斯列金克。同年底随部队撤退至长春，部队解散后无固定职业。1825 年移居满洲里，在那里的渔场做工。1935 年迁居哈尔滨，在一家私营油漆厂做工。无任何亲属，一直过着独身的侨居生活。

鲁西涅夫·库兹马·安德烈耶维奇（Русинев Кузъма Андреевич），1896年11月14日生于彼尔姆省。1915—1917年在沙俄496维力卡米尔斯基步兵团当兵。1918年在彼尔姆地方参加红军第一炮兵旅，在这里被白军俘虏并被编入高尔察克部队。1922年部队残部退入中国绥芬河后到石头河子林区当了工人。1926年移居哈尔滨，先后在道里马街的泰诺夫与斯阔波林家做清扫工。1955年结婚，生有一女，同年提出回国申请，等待护照签证。

切尔尼亚克·弗拉基米尔·瓦西里耶维奇（Ченяк Владимир Василъевич），1893年1月10日生于俄国布莱夫斯基县符拉迪米拉那村。1915年被征入伍，参加俄德战争，在那拉瓦城第13区任中士。1918—1920年，参加高尔察克海军上将的部队与红军作战。1922年退入朝鲜。1923年移居哈尔滨，在中东铁路机车库烧锅炉。1926年以后，在哈尔滨俄文报馆、教堂、修道院、印刷厂等处做临时工。1955年提出移居希腊的申请，等待护照签证。

（三）流亡型难民个人迁移实例

萨吉利尼里科娃·马尔加力塔·根力霍芙娜（Садилиникова Маргаита Генриховна），1899年7月26日生于俄国Днепропетравск市，后随父母移居西伯利亚赤塔市。1917年毕业于赤塔护士学校并参加工作。1920年随同卫生列车进入满洲里；同年在满洲里结婚并与丈夫迁居哈尔滨。1925—1930年，在中东铁路贸易处当办事员。1930—1946年，在医院做护士工作。1946年转入中长铁路哈尔滨卫生检疫站当护士，并在此退休。1955年提出回国垦荒申请，等待护照签证。

鲁德里特·维克多·奥斯瓦尔多维奇（Рудлит Виктор Освалъдович），1899年8月29日生于库尔兰省米塔瓦市。1906年随父母移居扎勃省特洛伊茨市，并在该地的职业中学毕业。1918年被征入伍，在第三轻炮师当书记员。1920年在海参崴退伍，而当其准备返回原籍拉脱维亚时，大批逃亡开始了。在难民流中移居哈尔滨。先后在建筑队、洋行、皮毛店等行业谋生。一直独居生活，1954年提出回国申请，等待护照签证。

切尔捷科夫·尼古拉·菲利普鲍维奇（Чертеков Николай Филиппович），1902年8月29日生于俄国卡麦涅茨坡多里斯克市。在伯力中学毕业后，赴海参崴寻找工作。1920年见远东地区形势紧张，便跟随难民来到哈尔滨。先在商务企业当技术员，后到哈尔滨工业大学读书，并获得了铁路交通工程师资格。相继在铁路市内段任技术员、苏侨管理局等处工作。1937年在哈尔滨结婚，生育一女。1955年提出全家回国垦荒申请，等待护照签证。

（四）流亡型难民阖家迁移型实例

鲁坚科·柳德米拉·亚历山德罗芙娜（Руденко Людмила Александровна），1919 年生于俄国赤塔市。其父索里力尼果夫·亚历山德·米哈依洛维奇、母索里力尼果娃·叶卡捷琳娜·格里高利耶芙娜在来哈前于赤塔以做买卖为生。1920 年苏俄国内战争临近赤塔，全家会合后随难民流亡哈尔滨。档案登记中为在哈尔滨依靠父母为生，中学毕业后在"玛列"粮食店当店员。1947 年与哈尔滨出生的俄侨鲁捷恩果·鲍利斯·斯捷潘诺维奇结婚，依靠丈夫经营的无线电修理所生活。1955 年全家提出回国垦荒的申请，等待护照签证。

切尔内赫·阿格里平娜·罗曼诺芙娜（Чернъх Агриппина Романовна），1898 年 7 月 24 日生于俄国伊尔库茨克市。1920 年与当地鞋匠切尔内赫结婚，并于当年流亡哈尔滨。在哈尔滨，丈夫依靠手艺经营一家鞋店，而其忙于家务并育有一子。1947 年、1950 年，儿子、丈夫相继病逝，为生活去了松江省民主妇女联合会做临时工。1955 年提出回国申请，等待护照签证。

鲁萨科娃·瓦莲金娜·彼得罗芙娜（Русакова Валентина Петровна），1918 年 3 月 10 日生于俄国乌苏里斯克（双城子）。1923 年随同父母由出生地移居哈尔滨。1934 年于哈尔滨奥克萨柯夫斯基私立中学毕业，后考入第二牙科专门学校读书，先后做过苏联侨民第一诊所牙医、中长铁路局哈尔滨站播音员、苏联民会医院护士。20 世纪 50 年代初大批遣侨时回国。

通过这些俄侨档案，可以看出十月革命后难民潮中各色移民的实际成分要比上述描写复杂很多，美国学者约翰·斯蒂芬教授对此有着十分贴切的描述：

> 在一般人的想象中，俄国移民不过是浩浩荡荡的一大群芭蕾舞女演员、男低音歌剧演员、俄国大公以及自命的阿纳斯塔西娅（伊凡雷帝的第一个妻子——译者注）；其实不然，虽然他们之中夹杂着相当数量的艺术家和贵族成员，而基本成分却是劳动者和中产阶级。从吃了败仗的白军中跑出来的几千名哥萨克骑兵和战士自来就有尚武精神；政治家、记者、律师、医生、工程师、牧师、教授、实业家和店主带来了中产阶级气派；逃荒的农夫给这个队伍增加了农民成份；为数不多的流氓无产者和流窜的恶棍也混进了这个人潮。①

---

① 刘万钧等编译《满洲黑手党——俄国纳粹黑幕纪实》，黑龙江人民出版社，1989，第 13 页。

但他们当中的多数人都是把黑龙江区域当作中转站，停留一段时间后又相继离去，或迁居国外，或移居天津、上海等地。

第四节　中苏共管中东铁路时期的俄（苏）侨民

1924 年 5 月签订的《中苏解决悬案大纲协定》规定"中东铁路纯系商业性质"，明确了"铁路之外的司法、民政、军务、警务、市政、税务、地亩等各项事务，该由中国政府办理"，而铁路的议决机关则由中、苏双方各派 5 人实行共管。这一被中苏两国政府均视为"重大收获"的协定文本，[①] 对于黑龙江区域的俄国侨民来说就不一定是一件好事了。

一　"94 号令"的颁布

1924 年《中俄解决悬案大纲协定》与《奉俄协定》的签订，实现了所谓中东铁路中苏共管。但由于苏方对中东铁路的传统地位与技术优势，"共管"的实质就是由苏方把持。机车、车务、商务、财务等几大处的正职全由苏方人员担任；路局行文使用俄文，待苏方副理事长批阅后再翻译成中文送中方理事长过目；财务上以卢布为核算单位，铁路盈利大多归苏方所有。[②]这些也为以后"中东路事件"爆发埋下了伏笔。

实际上，面对大批俄国难民流入中东铁路沿线，苏联政府是心存芥蒂的，所以在《中俄解决悬案大纲协定》签订后不久，苏联方面的各项工作便紧锣密鼓地展开。7 月 19 日，苏联驻哈尔滨总领事馆在道里经纬二道街临时开设。9 月初，苏联驻华大使加拉罕照会北洋政府，指责"（奉天）地方当局庇护白俄，继续奉行敌视苏联政府的政策……迄今仍有许多白俄在中国政府部门供职"。[③]苏联政府不允许这些"前俄罗斯帝国的臣民"在中东铁路沿线逍遥法外。9 月 23 日，苏联新任命的中东铁路公司会办谢列普里亚科夫和中东铁路管理局局长伊万诺夫抵达哈尔滨赴任。而在他们还没有到来的 8 月 15 日，苏联驻哈尔滨总领事拉基金便急不可耐地发布布告，令愿加入苏联国籍的俄国侨民于两日内到总领事馆注册入籍，否则不承认为苏联国民。这对

---

① 马蔚云：《中俄（苏）关系中的中东铁路问题》，黑龙江大学出版社，2010，第 140 页。
② 程维荣：《近代东北铁路附属地》，上海社会科学出版社，2008，第 283 页。
③ ДВП СССР. Т. 7：1924 Г. М. Политиздат，1963. C. 453 – 454.

于黑龙江区域的俄国侨民来说无疑是一个坏消息，但最初无论是在侨民的心理上还是社会上都没有引起太大的反响，因为布告内容还没有直接影响到侨民的生活，大多数侨民尚处在观望之中。而随着中东铁路公司与管理局苏方代表的到职，问题才有了实质性的变化。

1925 年 4 月 9 日，中东铁路管理局局长伊万诺夫在没有知会中方代表的情况下，单方面发布了第 94 号令，宣布"自 6 月 1 日起，凡未加入中国或苏联国籍之铁路员工均予开除"，后来这个决定延伸为"中东铁路及其附属企业停用中苏两国国籍以外的员工"。94 号令在俄侨社会激起千层浪，因为他们的命运即起始于中东铁路，与之有着千丝万缕的联系。此命令的颁布迫使他们当中的部分人舍弃薪俸优厚、从事了多年的工作，除非他们愿意加入苏联国籍。于是开始申请加入苏联国籍的侨民人数逐渐地多了起来，特别是那些在 1917 年前在中东铁路上工作的侨民，十月革命对于他们来说是模糊的，而薪俸和职业则是现实的。那些因仇视新政权而逃离的旧贵族、官僚、地主及那些曾在西伯利亚和远东地区冰天雪地中跋涉才得以脱离苏联控制的白俄难民，则大多数拒绝加入苏联国籍。一些人为了保住职位宁肯加入中国国籍，而其他既不喜欢加入苏联国籍又不申请中国国籍者，自然失去工作而沦为无国籍侨民，这样的人在中东铁路沿线各大城镇都有，区别只是数量的多少而已。更多的人是把希望寄托在中东铁路中方代表身上，纷纷请愿上书，要求中方加以干涉。5 月 19 日，中东铁路督办鲍贵卿发表布告，宣布伊万诺夫发布的 94 号令无效，这无疑给不愿意加入苏联国籍的俄侨带来了希望，但随即遭到了苏方的反对。5 月 23 日，苏联驻华大使加拉罕照会北京政府外交部，抗议鲍贵卿的言论违反了中俄协定，要求北京政府撤换鲍贵卿中东铁路督办职务，开除中东铁路及其附属企业里所有的无国籍俄人。6 月 4 日，中苏双方就 94 号令问题展开谈判，在相互让步的基础上签署了新的协定，即 94 号令不实行，另发布命令开除无中苏国籍的职员 200 余人。[①] 这个貌似相互让步的协定，却使苏联政府达到了震慑白俄的目的，一些俄侨怕失去工作，违心地加入苏联国籍。

二　无国籍的俄罗斯侨民

中东铁路管理局第 94 号令颁布后，据 1925 年《滨江时报》记载，俄国

① 李兴耕：《风雨浮萍——俄国侨民在中国》，中央编译出版社，1997，第 92 页。

侨民加入苏联国籍者有 846 人。而"依照当地统计，1927 年在哈尔滨的俄国人有 55959 人，其中 30322 人是'失去国籍的'（这就是'白'俄）和 25637 名的苏联人民"。① 另有资料载，在安达、石头河子、牡丹江、扎赉诺尔、亚布力、富拉尔基、横道河子、齐齐哈尔等地的俄国移民，共计有 286 人加入了中国国籍，他们当中有中东铁路技工、技师、路警、办事员、学校校长、煤矿司机、商人、绘图员等，② 他们在俄侨社会里被人称作中东铁路雇用的"小萝卜"（即外皮红、里头白），寓意着迫于生活窘境的俄侨在意识形态方面并没有太大的转变。即便如此，无国籍俄侨仍为多数。根据 1927 年、1928 年、1929 年、1930 年哈尔滨俄侨人口的统计数字，无国籍俄侨/苏联侨民人数分别为 30322 人/25637 人、29652 人/27492 人、30415 人/26704 人、36837 人/27633 人。③

三 大批俄侨迁往中国内地省份

十月革命后，大批俄罗斯难民慌不择路就近越过边境进入黑龙江区域，特别是在俄侨聚居的哈尔滨，浓厚的斯拉夫氛围使之成为俄国境外的"俄罗斯城市"。在这里有十几万俄国侨民，有配套的初、中、高等教育及著名的俄罗斯学者与教育家；有内容庞杂、形式多样的可称为文化景观的俄文出版物；有俄人的文艺演出团体、文学创作团体、学术研究团体。绝大多数俄侨满足于哈尔滨的人文环境，因为在那里他们不用学习侨居国的语言就能自在地生活。1920 年秋，中国记者、作家瞿秋白于赴苏途中在这里逗留了月余，对哈尔滨的俄罗斯文化气息做了如下描述：

> 哈尔滨久已是俄国人的商埠，中国和俄国的商业显然分出两个区域。道里道外市面大不相同。道外是中国人的，道里是俄国人的……俄国人住在这里，像自己家里一样……俄国的哈尔滨，俄国的殖民地——可怜的很，已经大不如天津上海，马路上到处堆着尿粪。街上有许多俄国醉汉和乞丐，连中国人都看不起他们。④

---

① 《现代满洲》第 1 卷第 3 期，1937 年 9 月，第 19 页。
② 东省特别区：《市政月刊》7 月号，1926 年，第 13～34 页。
③ 薛连举：《哈尔滨人口变迁》，黑龙江人民出版社，1998，第 142 页。
④ 瞿秋白：《饿乡纪程》（1922），人民文学出版社，1959，第 33、40、41 页。

瞿秋白眼里的哈尔滨俄侨文化，已经因为大批俄国难民的到来出现了变异，下层社会的俄罗斯人充斥其间，被过去视作"苦力"与"小商人"的中国人"看不起"。而到了1927年，哈尔滨的俄侨文化进一步衰败。此时曾在哈尔滨第一中学任教的诗人冯至，在其创作的叙述诗《北游》中，把这座崛起的华洋杂处的大都会称作"一个病的地方"、一个"不东不西的地方"、一座"阴沉沉的城市"。那里聚集着"犹太的银行，希腊的酒馆，日本的浪人，白俄的妓院……还有中国的市侩"。① 显然，东省特别区的设立加强了对哈尔滨的控制，这里已不再是俄侨的天堂。再者，中东铁路实行中苏共管后，不愿意加入苏联国籍的俄侨处境日益困难，在失去职业的动荡生活外，其精神上的折磨更是苦不堪言，于是他们当中的相当一部分人为另谋生路，或南下天津、青岛、上海等地，或直接移居国外。有资料记载，俄侨"有投入英、美、丹、瑞国籍者，求其保护。有赴日本神户、长崎者"。②但总的看来，去日本的俄侨较少，俄国外交官德米特里·阿布里科索认为，"部分原因是进入日本比较困难，部分原因——虽然我不知道为什么——是俄国人都觉得在中国生活更安适"。有些人在香港、印度支那和菲律宾定居。那些能够获得签证并付得起到海外旅费的人，就继续旅行，前往南北美洲和澳大利亚。有一个俄国难民在雅浦结束旅程，那是密克罗尼西亚加罗林群岛中的一组环礁，第二次世界大战前处在日本的委任统治之下。1977年，他仍然住在那里，是一位自豪的嚼槟榔的父亲，有12名俄罗斯－雅浦后裔。③研究俄侨的资深学者汪之成先生在其著述中分析认为，哈尔滨俄侨大批南下，其主要原因如下：

　　哈尔滨素被称作中国俄侨"首都"，但自20年代末起，哈尔滨俄侨生活日益艰辛，中东铁路当局大批解雇白俄侨民，更使他们濒于走头无路的绝境。与之相反，经过数年的发展，上海俄侨界已日渐繁荣。上海有俄文报纸、俄侨俱乐部俄侨图书馆、俄侨学校和俄侨医院，还有蒸蒸日上的俄侨工商业。因而，当时哈尔滨俄侨普遍认为，除了去国外，上海是最有吸引力的。

① 《冯至诗选》，四川人民出版社，1980，第63页。
② 赵德玖：《哈尔滨近代对外经贸关系史略》，华文出版社，1993，第138页。
③ 刘万钧编译《满洲黑手党——俄国纳粹黑幕纪实》，黑龙江人民出版社，1993，第57页。

有些俄侨曾将上海俄侨的工作收入，与哈尔滨俄侨作过对比。上海的俄侨机匠，无论在简陋的俄商工场，还是在外国洋行，是低级别的月薪也有50元，而在大洋行和著名商号中任职者，月薪可达200元，甚至400元。而在哈尔滨，只需花35元，就很容易雇一名俄侨机匠。哈尔滨的守夜人月薪为20—30元，而上海的守夜人很快便可从75元加至100元或更多。在上海工作有连续假期，而公共租界工部局福利的优厚，甚至是旧俄时代的公职人员也不敢企求的。当然，远非每个上海俄侨都如此走运，但至少人人都有争取和等待成功的机会。在哈尔滨，对上海的概念是很夸张的，似乎到处都能找到幸福，似乎命运之神总在微笑！于是，一批接一批的俄侨奔向上海。①

而美国学者约翰·斯蒂芬教授则分析道：

尽管地位受了损害，在上海的俄国人还是喜欢他们已选择的城市，而不喜欢其他亚洲城市。他们甚至庆幸无需同巴黎的房东讨价还价，也免得在巴尔干半岛的农场过乡下生活。此外，上海还给他们以谋生的机会。律师和医生开办的业务很成功，企业家们在时髦的南京路一带开设药店、服装店和咖啡馆。膀大腰粗的人参加市警察队（像万国租界的俄罗斯巡捕团和法国租界的俄罗斯自愿分遣队），或是受雇当保镖或门卫。许多妇女找到家庭教师、秘书或家庭女仆等工作

当然……不管操什么职业，俄国流亡者都发现上海有一种超道德的活力，人们可以随心所欲、为所欲为，从中清除战争与革命所带来的烦恼。一位从前的圣彼得堡的居民发现，"远东的巴黎"在精神上（虽然不是物质上）补偿了他遗留在俄国的东西。黄浦江沿岸的外滩人行道上，成群的各国游人熙来攘往，这情景连涅瓦大街也输它三分。人们还能在别的什么地方可以同法国人、德国人、英国人、美国人、日本人、朝鲜人、印度人、马来人、安南人（更不用说中国人）擦肩而过吗？一个饮者还能在别的什么地方走进世界最大的酒吧借酒浇愁吗？此外，俄国报纸、商店、饭馆和夜总会全部给流亡生活系上一根红线，使它同已

---

① V. Grosse："Report on Russian Refuaee Situation，"Shanghai，June 25，转引自汪之成《上海俄侨史》，上海三联书店，1993，第60~61页。

消失而又仿佛就在眼前的革命前的往事联系起来。[①]

在上海，俄侨社会组织、政治团体、慈善机构、文艺社团、新闻出版等更为发达。社会组织有保护上海俄难民权利委员会、俄侨委员会、俄国国民总会、俄侨公共联合会、白俄俄侨各机关联合会、旅沪哈尔滨俄侨同乡会等，政治团体有农民俄罗斯党、俄国民主主义全民党远东分部、援助苏联逃亡者协会、上海俄侨国民思想中心、信仰沙皇与人民协会、俄国退职军官联合会等，慈善机构有俄侨救济会、俄侨医疗共济会、俄侨施济所、孤老俄侨妇女收容所等，文艺社团有"星期一"联谊会、"赫拉姆"联谊会、"艺术与创造"联合会等，报刊有《上海新时报》《自由的俄国思潮》《上海柴拉报》《神圣俄罗斯》等。他们当中的一些组织及许多人都是从哈尔滨搬迁或移居过去的，如上海俄国东方学者协会（Общество Русских Ориенталистов в Шанхае）就是因为大批哈尔滨俄侨学者移居上海，使越来越多的人对研究东方学产生了兴趣。原来在哈尔滨不仅有东方学者组织，而且有东方学研究所，后来发展为圣弗拉基米尔学院（Институт Св. Владимира）的东方学系。发起组织上海俄国东方学者协会的就是哈尔滨东方学研究所移居上海的一批毕业生。而该阶段见于记载的由哈尔滨移居上海的著名俄侨有以下几位。

远东俄侨报业巨头列姆比奇（Лембич, М. С.），18岁投身报界。一战时任战地记者，因及时准确报道扬名于俄国报坛。1920年移居哈尔滨，并与人合作创办了《霞报》，即哈尔滨《柴拉报》（"Заря"）。1924年移居上海，在那里创办了《上海柴拉报》。

著名俄侨报人、汉学家阿诺尔多夫（Арнольдов, Л. В.），毕业于托木斯克帝国大学，步入社会后即从事新闻工作。1918年10月被鄂木斯克政府任命为出版局的处长，还在高尔察克政府担任过出版局局长。1920年底侨居哈尔滨，在俄文报馆工作。1925年移居上海，任《上海柴拉报》常任主笔，同时兼任俄国商法专科学校的汉学讲师。

俄侨报人、诗人布舒耶夫（Бушуев, А. А.），1913年从事新闻工作，在西伯利亚多家报社任职。十月革命后侨居哈尔滨，在俄文报刊社任编辑。

① 刘万钧编译《满洲黑手党——俄国纳粹黑幕纪实》，黑龙江人民出版社，1993，第58—59页。

1925 年移居上海，在《上海柴拉报》当编辑，还出版过诗集。

俄侨女报人、作家伊万尼茨卡娅（Иваницкая，А. А.），毕业于哈尔滨奥克萨科夫斯基中学，曾在当地俄文杂志《星火》（"Огонёк"）、《远方》（"Даль"）、《边界》（"Рубеж"）任编辑。1929 年移居上海，在几家俄文杂志当编辑，并在俄文报刊上发表了大量文学作品。

著名俄侨音乐家、合唱指挥马申（Машин，П. Н.），1907—1924 年任哈尔滨商业学校音乐教师，并创办了音乐学校，同时还兼任哈尔滨俄侨合唱队指挥。1925 年移居上海，继续从事音乐教学、指挥活动。

著名俄侨钢琴家兼音乐理论家阿克萨科夫（Аксаков，С. С.），1918 年侨居哈尔滨，曾任格拉祖诺夫高等音乐学校音乐史课教师。1928 年移居上海，任国立音乐专科学校钢琴教授。

著名歌唱家兼声乐家舒什林（Шушлин，В. Г.），8 岁时以"空中云雀"名噪圣彼得堡，15 岁毕业于圣彼得堡皇家音乐学院。1924 年侨居哈尔滨，主演歌剧。1929 年移居上海，在国立音乐专科学校任教。

著名画家基奇金（Кичигин，М. А.），1908 年毕业于莫斯科帝国斯特罗戈诺夫工业学校，1914 年毕业于莫斯科绘画、雕塑及建筑学校。十月革命后迁居哈尔滨，在那里开办了"荷花"画室。1929 年移居上海。"1989 年在俄罗斯雅罗斯拉夫尔艺术博物馆举办过一个特殊的画展，作者几乎全是'荷花'画室培养的学生。"

上述仅是些见于经传的哈尔滨俄侨移居上海的记载，更多的平民移居只能见于统计数据。据统计。上海原有俄侨 1000 人；从滨海地区来了 3000 人；1922—1924 年增加了 1000 人；1925 年五卅运动期间抵沪工作俄侨有 5000 人；1929 年"中东路事件"后上海俄侨又增加了 2000 人。在这 12000 名俄侨中[1]，应该有相当部分来自黑龙江区域。当然，这个统计数字和哈尔滨俄侨锐减的人数是对不上的，只能说明在锐减的哈尔滨俄侨中，还有许多人移居天津、北京、大连、青岛等城市，或者直接移居国外。

第五节 日伪统治时期的俄（苏）侨民

1931 年九一八事变后，黑龙江区域很快沦陷。日本人的到来，给那些仇

---

[1] 汪之成：《上海俄侨史》，上海三联书店，1993，第 79 页。

视苏联的无国籍俄侨带来了希望，因为在苏俄国内战争时期，日本在协约国诸干涉军中是较为活跃的，它最后一个撤离远东地区，是旧势力反苏的积极支持者，并使之残余相信"总有一天日本人将帮助他们推翻苏联政权本身并在俄国恢复君主政体以及正统宗教"，[①] 可以说有相当数量的无国籍侨民对日本人的入侵是持欢迎态度的。

一　"赠给流氓彩球" 后的回报

目睹日军进入哈尔滨的意大利人万斯白（Amieto Vespa），在其著述中写道：

> 一九三二年二月五日，沈阳"事变"四个月后，日军开入了北满重镇哈尔滨。经俄人经营后的哈尔滨，那倒有些像个欧洲城市了。在日本占据的时候，这里一共有十万俄国人，二十万的中国居民。这里是满洲最重要的铁路交通中心，是俄国，高丽，中国，满洲各条铁路的总汇枢纽。
>
> 那天上午十时光景，轰轰的炮声和拍拍的机关枪声，愈来愈响了。日机在华军营房上飞翔，并且扫死了几个无能为力不携枪械的中国士兵，那些士兵是逃命的……
>
> 到了中午，枪炮声忽然完全停止了。二点半钟，就从各方面开到了大批的有边座的机汽脚踏车，以及机关枪部队，跟着就是骑兵队，铁甲车，救护车，以及坦克车。当机关枪部队经过街道时，站岗的中国警察，就给他们解除了武装，在那岗位，另外派二名日兵替代。在这清道工作进行时，几千个俄国亡命者跑到街上来了，他们手里执着日本旗，嘴里对着这班"新客"呐喊着"万岁！"又雇用了许多俄国女孩，来迎接日军行进的行列，鲜花给日军的官长，有些还给他们搂抱接吻呢。当天，后来又有一万个以上的俄国难民，举行了一次游行，走遍了全城的街道，一路替日军喝彩，咒骂且侮辱着中国人。有些人竟被他们打得重伤了，于是满洲曾给过这般人惠泽的反而"恩将仇报"了。除了这班人之外，别的人都将大门关得紧紧的。[②]

---

① 〔英〕琼斯：《1931 年以后的中国东北》，胡继瑗译，商务印书馆，1959，第 76 页。
② 〔意〕万斯白：《日本在华的间谍活动》，文缘社康狄译，国光印书馆，1945，第 20 页。

这里的文字记载应该是真实的，美国夏威夷大学历史系教授约翰·斯蒂芬在其著述中也有过类似的表述：

> 1932年2月5日，关东军兵团进入哈尔滨的时候，遇到了来自白俄社会的吵吵闹闹的欢迎。中央大街沿街的窗户突然飘出太阳旗，成群的俄国人向在他们前面经过的纵队高喊万岁。俄国姑娘们一路上挥舞花束，并且亲吻日本兵那满是尘土的面颊。当晚，一个上万人俄国人队伍以由衷的宽慰心情向日本领事馆聚拢。[①]

但是这种现象只是暂时的，最初的欢乐一旦消失，紧跟其后的便是如虎苛政与血腥残暴。在哈尔滨被占领的几天后，粗通俄语的日本人都被派到俄人企事业里做"顾问"，对其实行实际控制。而在俄侨社会里的一批有劣迹恶行的人被日本人网罗做密探，游走于车站、码头、咖啡馆、舞厅等公共场所，收集只言片语，告密于日本宪兵队，以致在俄侨社会里"二楼"[②]成了走霉运的同义语。日本人的经济统制政策，牢牢地钳制住俄人的企业，使之根本无法自由发展。新闻检查制度控制住了新闻报刊及文化人，令其不敢"妄然造次"。而平民社会难以数计的绑架、强奸，更是让俄侨不寒而栗，人人自危。

1932年2月10日，即日本军队开进哈尔滨5天后的夜晚，俄侨珊妮夫人（Salimen）在街上遭到日本兵的侮辱殴打，日本兵将她衣服撕碎，使她一丝不挂地裸着身。仅隔几天，S.K夫人带着她16岁的女儿走在街上，一群日本浪人袭击了她们，把她们母女两人拖进一间日本屋子里，先将母亲奸淫后，又强迫她看着自己的女儿被轮奸。母女获释后，即向相隔不远的日本领事馆宪兵处一个下级军官报告她们可怕的经历，与这个军官一同值班的还有两名宪兵、一个翻译。"你的女儿被强奸你有什么证据呢？"那个下级军官用讥诮的口吻问。"我可以指出那屋子的所在，医生是可以检验出来的，"母亲回答道。"好！我现在就要检验，请两位都进屋里来。"母女按军官所指，走进了毗连的房间内。两名宪兵占有了母亲，而那下级军官和翻译（也是日本

---

① 刘万钧编译《满洲黑手党——俄国纳粹黑幕纪实》，黑龙江人民出版社，1993，第92页。
② 哈尔滨的日本宪兵队在南岗区邮政街的一幢二层楼，进到那里的人九死一生。

人）则轮奸那人事不省的女孩。事后，母女俩都被拘捕，罪名是无照卖淫。事情过了差不多月余，那不幸的父亲才从中国人那里得悉妻女的遭遇，他被迫拿出500元赎回她们。日本人收了款5天后，即3月28日，日本军事代表团传他去，对他说若有一个字提到日军，便要枪毙他。俄侨妇女受日本浪人、士兵、宪兵、顾问的蹂躏实非想象所及，起初哈尔滨的俄文报纸作为新闻报道这类事件，日伪当局便发出严令，对于犯罪的人不得用日本字样，违者即给予停刊查封的处分。凡提到犯罪的人都必须用"外人"字样，所以此后日本人犯罪都一律改为"外人"。①

　　比奸淫妇女更为可怕的是绑架和凶杀，而这在日伪统治时期也是经常发生的事情。当时在国际上造成相当影响的"卡斯帕绑架案"，便是最典型的案例。1934年，美国记者埃德加·斯诺在一篇《日本建立新殖民地》的文章中写道："哈尔滨以前是愉快的，现在成了著名的人间地狱……生活在这样不安全的地方，恐怕是全世界所没有的。哈尔滨的居民连10万的白俄和赤俄在内，不论到那里去，即使在白天，如果不带武装，就会发生生命的危险，拦劫、抢劫、谋命和绑票，是常有的事。"② 面对日伪当局的暴行，那些"为逃避本国加害来满洲以求安全的俄国难民，每月有数千人向苏联领事馆请领护照回国，而不愿留居满洲，因为日军迫害他们，简直使他们受不了"。③ 当时的日伪报纸报道："在哈尔滨发生了异常现象——常年居住在那里的白俄大批动身到中国、日本和欧洲去……8—9月间有710名白卫军离开了哈市。本月份，离开的趋势在加剧，平均每天有40个人离开。"④ 余下的俄侨只好忍气吞声地屈从"王道"，以俄罗斯人的幽默在背地里抱怨"日本人从树上下来太快了"，聊以慰藉。⑤ 然而，对于绝大多数俄侨来说，他们寄希望于日本人的梦幻很快就破灭了。"日寇到后不上几个星期，成千成千个的俄国难民逃出满洲了；又有成千成千的下了牢狱，成百成百的给枪杀或谋杀了。事实上，又有成百成百的俄国女孩子给日军奸淫了。和中国人交易而得来钱财产业，转到日本人的手里去了。大事搜查之下，几乎每次都弄到被

① 〔意〕万斯白：《日本在华的间谍活动》，文缘社康狄译，国光印书馆，1945，第28~29页。
② 《周末邮报》1934年2月24日。
③ 〔意〕万斯白：《日本在华的间谍活动》，文缘社康狄译，国光印书馆，1945，第52页。
④ 《满洲日报》1933年10月20日。
⑤ 刘万钧编译《满洲黑手党——俄国纳粹黑幕纪实》，黑龙江人民出版社，1993，第98页。

捕，下狱或死亡。"①

二 效力于日伪当局的白俄（无国籍）侨民

无国籍（白俄）人口的失业、低收入的悲惨处境，给日本人的反苏宣传提供了极佳的借口。据统计，"满 17 岁以上的 22526 名俄国人中，10251 人是就业的，12275 人是失业的。铁路职工 712 人，参加工商业的 1968 人，劳工 7571 人。每月平均收入，就男子论，企业中的职工 70.5 元，铁路工作人员为 64.7 元，劳工为 58.3 元。最后这一数字大概等同于中国劳工的收入，而远低于日本劳工所得"。② 为了控制这部分侨民，日本人先在黑龙江区域的哈尔滨成立了白俄事务总局，负责指导海拉尔（包括扎兰屯、满洲里、三河各事务局）、牡丹江（包括横道河子、鸡宁、穆棱、梨树镇、绥芬河各事务局）两个地区事务局。日本人声称，他们在努力改变白俄的处境，"大量的俄国人被雇佣到铁路机关、市政府和工业企业里，并通过金钱和别的帮助改善了俄国人农村移民区的情况"。③ 实际上，日本人招募了大批无国籍（白俄）侨民参加对苏的谍报工作，或在"满洲国"军队里专门成立了白俄支队。

1. 白俄对苏的谍报工作

日伪当局着眼于将来对苏展开秘密战的考虑，极力在俄侨当中建立特务组织。他们将俄侨中的一些头脑敏捷、身体健壮的年轻人吸收到各种特务机构中，培训后派往不同岗位，从事各种间谍活动。在哈尔滨特务机关关东军情报部系统中，至少 3 个部门里有较多的俄侨。（1）"哈特谍"，其全称为"哈尔滨机关特别谍报"，成立于 1936 年，开始的工作内容比较简单，即通过由日本人控制的白俄分子米哈依洛夫接触并收买苏联驻哈尔滨总领事馆报务员，利用苏联本国及派到东京和其他国家的外交官或工作人员，把发往哈巴罗夫斯克（伯力）的电报副本也同时发给苏联驻哈尔滨总领事馆的机会，将电报内容提供给日本情报部门。"哈特谍"经常能够提供可贵的、非同一般的重要情报。实际上，苏联谍报工作与日本相比处于绝对优势地位，"哈特谍"的成功不过是苏方佯作不知的逆用。在 1939 年爆发的诺门罕战役中，

---

① 〔意〕万斯白：《日本在华的间谍活动》，文缘社康狄译，国光印书馆，1945，第 22 页。
② 《现代满洲》第 1 卷第 3 期，1937 年 9 月。
③ 《现代满洲》第 3 卷第 2 期，1939 年 4 月。

苏军就是使用诱饵情报，使日军遭到惨败。① （2）文书谍报班，在哈尔滨特务机关日本关东军情报部内称为第二班。它始创于1935年，主要是通过对印刷品、出版物的分析获得情报，所以人们又常称其为"文谍班"。1941年前后，"文谍班"已发展成有日军官37名、白俄52名的谍报队伍。白俄谍报员多是沙俄军官或其他文化人，具有分析军事资料及从一般文字中窥视其隐语与内涵的能力。在"文牒班"里专门配备了"音秘""音情"的监听人员。"音秘"监听人员主要是对苏联国内局部地区民用、军队、政府机关使用一般无线电话进行监听。"音情"监听人员主要是侦听高速摩尔斯原文电码，然后把这些资料与关东军野战铁道司令部哈尔滨分室及满洲电信电话株式会社收集的情报相互印证，再由"文谍班"对其分析研究，从中发现或判断苏军的兵力调动情况。（3）"北满研究员"，哈尔滨特务机关日本关东军情报部为了对苏进行秘密战，自1933年起实行所谓的"北满研究员制度"，借此培养了大批日、俄、蒙、汉、鲜谍报员。为此，在关东军内设立了由情报部指挥的俄语教育队（第345部队）、关东军情报部教育队（第471部队）、情报部临时航空队（第377部队）和一面坡训练所（第322部队）等。在这些机构里，都有俄侨青年服务其中。特别是一面坡训练所，里面有两个谍报班是针对苏联而设置，每班20人都是选拔出来的白俄优秀青年，培训后潜入苏联收集情报。（4）关东军野战铁道司令部哈尔滨铁道分室，建立于1935年。最初命名为"桃太郎"，1936年改为哈尔滨铁道分局总务部分室，1938年又更名为哈尔滨铁道分室。在领导系统上，其直接受命于日本关东军野战铁道司令部，是一个针对苏联的战略性情报组织。有特工人员130余人，其中白俄青年近70人。哈尔滨铁道分室内设5课（系），白俄青年主要集中在2、3、4课（系），负责收集苏联报纸杂志及公开出版物，从中分析情报；监听苏联电报、电话及无线电广播，研究分析情报；研究铁路技术情报与远东铁路运输能力；分析研究苏联社会、民族、文化等问题。由于任务的需要，哈尔滨铁道分室的特工经常到黑河、海拉尔、虎头等边境地区监听，所以他们采用轮换制。

2. 白俄森林警察部队

日伪针对东北抗日联军的反抗，在中东铁路东部线横道河子附近组织了白俄森林警察队，由哈尔滨特务机关派员对其指导训练。1941年"关特演"

---

① 〔日〕林三郎编著《关东军和苏联远东军》，吉林人民出版社，1979，第78页。

时，将其改编为伪满洲国军队的横道河子部队（步兵队）。为了填补这一
"真空"，又抽调了数量相当的白俄青年重新组织了警察队，后改为白俄森林
警察训练所。1944 年，将白俄森林警察训练所与其前身步兵队合并，使之变
成一支具有本部、1 个通信小队、2 个作战中队的武装力量。"而在中东铁路
西部线的海拉尔地区三河附近是贝加尔哥萨克的活动中心，他们在十月革命
后仍维持帝俄时代的部落组织，紧密团结，坚持反共主义。"① "关特演"之
后，他们主动组织部队，要求日伪当局予以支持。日本关东军情报部海拉尔
支部将其改编为哥萨克警察队。这支约 80 人的骑兵中队，特制了外贝加尔
哥萨克样式的军裤、军衣和军帽，制作了军旗，建有营房，是伪满军事力量
的一支别动队。

　　3. 浅野部队

　　1936 年末，关东军第二课（负责情报）课长河边虎四郎向哈尔滨特务机
关长安藤林三少将建议，"组成一支单一的白俄作战部队，这支部队要从全
体俄侨中吸收人员。他的一般成员要接受日本军官或由他们任命人员的命
令，而不是目前接受流亡者领导人的命令。这支部队经关东军军官的磨炼和
训导可以在谍报活动和破坏活动方面作出重大贡献"。这个建议获准后便开
始执行，编成以哥萨克骑兵为主的白俄部队，任命 20 世纪 20 年代后期毕业
于哈尔滨法学院并在中东铁路当过警察及在伪满洲国部队服过役的亚美尼亚
人久尔根·纳戈仑为这支部队的指挥官，同时将在伪满军中服预备役的日本
陆军军官学校第 23 期毕业生浅野节派到这支部队里担任顾问。为了避免刺
激苏联，这支部队着伪满军服，对外称"浅野部队"。开始时仅有 200 名俄
人在这里训练，很快就扩充到 5 个连队，人数也达到了 700 人，大多是过去
的白匪军官兵、俄国法西斯党党员及一些不谙世事、深受欺骗的俄国青年。
"浅野部队"参加过"关特演"，在边境地区执行过侦查、破坏任务，但与期
望效果相去甚远。还有人说"浅野部队"的长官亚美尼亚人久尔根·纳戈仑
"原来就是一位红军情报处官员"。②

　　4. 特殊移民区的白俄

　　1936 年前后，哈尔滨特务机关长安藤林三少将向关东军司令部提出建

① 〔日〕西原征夫：《哈尔滨特务机关——日本关东军情报部简史》，赵晨译，群众出版社，
　1986，第 145 页。
② 刘万钧编译《满洲黑手党——俄国纳粹黑幕纪实》，黑龙江人民出版社，1993，第
　464 页。

议，在中东铁路西部线的博克图南侧、王爷庙西北约 200 公里处选点，建立一个以外贝加尔哥萨克为主体的约 1000 人的白俄特殊移民村，预备与苏联开战时弥补日伪兵力的不足，这就是绰尔河特殊白俄移民区。出于同样的军事目的，1939 年向嫩江北方约 200 公里处的甘河地方移民白俄 800 人；1939—1940 年向佳木斯北方 100 公里处、汤旺河上游的南叉地方移民白俄 500 人；1943 年向东安北方约 80 公里的十里洼地方移民白俄 300 人。这 2600 余名白俄移民，基本上是流亡的外贝加尔哥萨克人。日伪这样做的目的可以从移民村的设置点上反映出来，基本上靠近"国境"线的战略目的凸显。另外就是通过对白俄移民的安置改善他们的生活状况，以赢得这一群体的好感。用策划者的话说："这个特殊移民区本来是为军事目的设立的，但所在的位置及平时的生产活动不仅可以满足擅长农牧业特别是狩猎活动的哥萨克人的愿望，而且还能进行森林采伐，从而为解决白俄生活困难和开发满洲国边境地区做出重大贡献。"[1]

5. 纷纷逃（撤）离的俄（苏）侨民

1931 年九一八事变后，日本军事当局即认为，中苏共管的中东铁路是日本统治满洲的主要障碍，而面对日本的入侵，苏联除了抗议外就是对中国精神上、道义上、感情上的同情。11 月中旬，关东军进入北满，莫斯科指示中东铁路苏方理事奉行中立原则，不向任何一方提供任何支持。日本独占中东铁路的想法日益强烈，使用各种伎俩排挤苏联势力。在大规模的军事行动之后，日本将大量满铁人员派往黑龙江区域的各铁路线（齐克、四洮、洮昂、呼海等线），同时还沿中东铁路大肆修筑平行线和铁路支线，吸收抢夺中东铁路货源，使其收入日益下降甚至亏损。据统计，1931 年中东铁路经济收益下降 58%，1932 年降幅达到 92%，1933 年更高达 96%。[2]为了尽快把苏联势力逐出北满，日伪当局还唆使白俄在中东铁路线迫害苏联公民[3]、寻衅滋事、制造摩擦、挑起冲突。无奈，经过了一系列接触谈判后，1935 年 3 月 11 日，日本外相广田、伪满驻日公使丁士源、苏联驻日大使尤雷涅夫在东京草签

---

① 〔日〕西原征夫：《哈尔滨特务机关——日本关东军情报部简史》，赵晨译群众出版社，1986，第 156 页。

② 马蔚云：《中俄（苏）关系中的中东铁路问题》，黑龙江大学出版社，2010，第 202 页。

③ 例如，截至 1934 年 10 月 1 日，在北满被逮捕的苏联公民人数达到 167 人，大部分是中东铁路中高级职员，其中包括 32 名站长和各处处长。参见马蔚云《中俄（苏）关系中的中东铁路问题》，黑龙江大学出版社，2010，第 208 页。

《苏满关于中东铁路转让基本协定》。协定自签字之日起生效，中东铁路管理局所有管理人员应立即离职。随之苏联开始撤出中东铁路苏联籍员工及其家属。截至 1935 年 8 月 22 日，共撤出 20535 人，其中既有 1924 年中苏合办中东铁路后来自苏联国内的铁路员工，也有原为俄国侨民而后加入苏联国籍的铁路员工。这批人回国后，苏联籍侨民减少到 7384 人。1936 年再度减少到 6564 人，原因是原中东铁路员工加入苏联国籍后，等于披上了"红萝卜"的外衣，经常遇到毫无缘由的盘查、虐待，动辄关押处死，目的就是逼迫他们早日离开。①

这些撤回苏联的原中东铁路员工，并没有得到公正的待遇，时值 20 世纪 30 年代的苏联大清洗，许多人都接受了审查或被关进了劳改营。此事缘起于 1937 年 9 月 10 日苏联内务部长叶兹霍夫签发的 00593 号行动命令，其大致内容如下：

> 可靠的情报材料显示，已经到达苏联的绝大多数的哈尔滨人都是从前的白俄官员、警察、宪兵以及各种无国籍流亡者、法西斯间谍组织的成员。他们当中的绝大多数人都是日本情报机关的间谍。若干年来，日本情报机关不断把这些人派遣到苏联，进行恐怖、颠覆以及搜集情报的活动……例如，去年一年，在铁路运输和工业部门中，就有 4500 多名哈尔滨人由于从事恐怖、颠覆和谍报活动而被镇压。对这些案件的研究表明，日本情报机关精心策划并着手在苏联领土上建立一个由哈尔滨人组成的颠覆和情报总部……②

苏联政府对这些从哈尔滨返回同胞的清洗，不仅震慑了无国籍白俄，而且使原本就是苏联国籍和后来加入苏联国籍的侨民望而生畏，于是又有一些俄（苏）侨民移居中国内地，特别是上海，尽管不断有俄侨移居国外，但其人数始终保持在 15000 人左右。据上海方面统计，1934 年计有俄侨 16463 人，其中 13463 人已向公安机关缴费注册，2000 人已向公安机关免费注册，另有 1000 人尚未向公安机关注册；③ 1936 年 11 月 30 日法租界进行人口调

---

① 《黑龙江省志·外事志》第 69 卷，黑龙江人民出版社，1993。
② 〔澳〕玛拉·穆斯塔芬：《哈尔滨档案》，李尧、郇忠译，中华书局，2008，第 164 页。
③ "16463 русских змигрантов в Шанхае"（"Шанхайская Заря", 24. 11. 1934, c. 7）.

查，俄侨人数为 11828 人，亚美尼亚、爱沙尼亚、拉脱维亚和立陶宛侨民 192 人，合计 12020 人。加上公共租界和华界，上海俄侨总人数至少仍应在 16000 人以上；[①] 1941 年，上海白俄移民委员会对俄侨进行了全面统计，取得的俄侨真实数据为：旧俄 13217 人，俄籍犹太人 1916 人，华籍俄人 181 人，乌克兰人 116 人，合计 15430 人。[②]

上海俄侨人数的变化增减，与黑龙江区域的政治、经济、社会、文化大势不无关系。而随着国际形势的变化，又有一批俄国青年离开了黑龙江区域。究其原因，一是 1941 年苏德战争的爆发，在俄国侨民中激发了强烈的爱国主义热情，这种热情在年轻的侨民中间表现得尤为强烈，因为他们与布尔什维克之间不存在老一代那么深的积怨，于是一部分年轻的俄（苏）侨民返回祖国投身卫国战争；二是 1941 年苏日签订了互不侵犯条约，使那些妄图与日本人合作以对抗苏联的俄国侨民心灰意冷，特别是一些有组织的团体多作"鸟兽散"，哈尔滨"俄国法西斯党"的覆灭便是最为典型的例子。[③] 如此，在日伪统治时期，黑龙江区域的俄（苏）侨民陆续回国、迁往中国内地或直接去了美国、加拿大、澳大利亚及欧洲各国，昔日的"俄侨首都哈尔滨"1946 年时俄（苏）侨民仅有 29522 人，[④] 已不可与鼎盛期同日而语。

第六节 苏联红军进入东北后的苏（俄）侨民

1945 年 8 月 8 日，苏联根据《雅尔塔协定》对日宣战。8 月 9 日，苏联百万红军和太平洋舰队在抗日联军配合下分三路进入中国东北，总兵力约 75 万人日本关东军成了"稻草人兵团"，土崩瓦解。8 月 15 日中午，日本裕仁天皇发布"停战诏书"，宣告无条件投降。8 月 18 日，苏联远东第一方面军派遣舍拉霍夫将军为方面军军事委员会特命全权代表，率 120 名空降兵飞赴哈尔滨，并占领了哈尔滨机场。8 月 20 日，苏联红军快速集群参谋长尤斯捷

---

① 《法租界外侨人数》，《申报》1937 年 3 月 1 日。

② "Итоги перерегцстрации"（"Шанхайская Заря"，29.9.1941，.c.4）．

③ 俄国法西斯联盟是一个极权主义的反犹太人团体，其组织遍布俄国流亡者的居住地。1925 年刚成立时只有 200 人，后增加到 4000 人，随后又减少到 1300 人。1931 年，俄国法西斯主义者在哈尔滨召开第一次代表大会，宣布俄国法西斯党成立，该组织一直是哈尔滨较活跃的一支反动力量。1941 年以后逐渐衰败，1945 年该组织主要头目被押回苏联处决。

④ 薛连举：《哈尔滨人口变迁》，黑龙江人民出版社，1998，第 142 页。

尔尼克将军率领的坦克部队乘火车抵达哈尔滨。与此同时，由斯克沃尔佐夫将军率领的苏联步兵第二十六军，自横道河子方向以强行军的速度向哈尔滨集结。苏军别洛鲍罗多夫大将率领的苏军第一集团军作战组飞赴哈尔滨，准备开始对哈尔滨日军的受降工作，同时实行军事管制。[①]

苏联政府对待俄侨的态度

随着苏联红军进驻哈尔滨，因对日宣战而关闭的苏联驻哈尔滨总领事馆立即恢复了工作，中长铁路（中东铁路）管理局以及苏联的一些商业、金融、文化机构又得以建立和恢复。恢复后的苏联驻哈尔滨总领事馆第一项工作便是开始重新登记侨民，在新形势下，一些无国籍者特别是青年无国籍者，纷纷申请加入苏联国籍，导致无国籍者明显减少。从统计资料中可以看到，1941 年以前无国籍白俄人数始终在 30000 人左右，1946 年减少到 18000多人，1948 年仅为 2000 余人。然而，这组无国籍白俄统计数字的变化是有着深刻的政治背景的。

1943 年 1 月 20 日，苏联发布最高苏维埃主席团决议，凡是侨居在中国的所有帝俄臣民都可获得苏联国籍。这无疑是一纸"赦令"，等于对帝俄臣民过去的反苏行为既往不咎，而这正是一些流亡侨民最为担心的问题。但最高苏维埃主席团的这一决议，在当时对黑龙江区域的俄国侨民来讲是没有多大实际意义的，因为日伪当局对苏联侨民的迫害远甚于无国籍者，后者躲避"红萝卜"的外衣犹恐不及，更谈不上主动加入了。但 1946 年的情况则不然，苏联成为第二次世界大战的战胜国，苏联的强大激起了国外俄侨眷恋的挚情，因而一些无国籍俄侨纷纷申请恢复苏联国籍。1946 年 5 月，苏联驻华使馆致函中国外交部，具体说明了无国籍俄侨恢复苏联国籍的步骤与方法：（1）恢复国籍者是否归返苏联，由其本人决定；（2）对已取得中国国籍而欲恢复苏联国籍者，须先脱离中国国籍；（3）业已恢复苏联国籍者，由其本人向中国地方政府机关申请颁发居留证；（4）苏方各领馆所发证明书，在补发护照前有同等效力。[②] 这一步骤方法公布后，在苏联驻哈尔滨领事馆重新进行侨民登记时，苏联方面期待的效果立即呈现出来。到 1948 年时哈尔滨的无

---

① 〔苏〕A·П·别洛鲍罗多夫：《突向哈尔滨》，晓渔译，军事译文出版社，1984，第 173 页。

② 转引自汪之成《上海俄侨史》，上海三联书店，1993，第 113 页。

国籍人口仅剩 2303 人，而苏联侨民人数则增至 26625 人①。在这此增彼减的转换过程中，继续敌视苏联、拒绝取得苏联国籍的无国籍俄人已为数不多。1947 年 6 月 30 日，苏联政府做出决议，向旅居中国各地的苏联侨民发出信息：

> 苏维埃政府鉴于旅居中国的苏联公民愿意回到祖国来，特议决：准许居住在上海、天津、北平的三千名苏联公民及其家属和一百五十名苏联公民的孤儿，在一九四七年十月以前分四批遣返回国。决议中提到了各种优惠措施，包括：遣返回国的人，在到达苏联之后，就依照他们的专门技术和熟练程度，安排他们在各企业和各机关工作，供给他们住所、食物以及其他；对于比较贫困的苏联公民发给一次性现款补助金，以购备家用必需品。对于有需求的苏联公民，依照他们的申请，可以发给贷金，以修理和装备分配给他们的住所，及购备家用物品。孤儿则送入养育院或职业学校。从中国回来的苏联公民有属于他们个人的财产，运往新住处，可以免缴关税。又从中国遣返到新住处去的人，旅费完全由国家负担。②

苏联政府的召侨"议决"，并不包括黑龙江区域的苏（俄）侨民，直至"中华人民共和国成立初期，苏联政府仍不允许居住在黑龙江省的苏侨大批回国。凡回国的都是经过侨民个别申请，经苏方审查批准的为数较少"。③ 那么，苏联政府为什么在召侨决定中不允许黑龙江区域的苏俄侨民回国？主要应是以下几个原因：（1）哈尔滨素被称作中国俄侨的"首都"，其侨民人数众多，人员成分极为复杂；（2）哈尔滨一直是白俄反苏势力的基地，在这里他们有形形色色的政治组织，出版自己的刊物，与世界上的各种反苏势力有着密切的联系；（3）白俄一些政治组织的领袖常年在黑龙江区域活动，如康斯坦丁·弗拉季米洛维奇·罗扎耶夫斯基、格里高利·米哈伊洛维奇·谢苗诺夫、列夫·菲利波维奇·弗拉舍夫斯基、阿列克赛·普罗克洛维奇·巴克谢耶夫等，④ 他们在这里有着深厚的政治基础；（4）在黑龙江区域的俄国侨

---

① 《哈尔滨市志·大事记·人口》第 2 卷，黑龙江人民出版社，1991。
② 南民：《谈苏侨归国》，《时代杂志》第 218 期，1947 年。
③ 《黑龙江省志·外事志》第 69 卷，黑龙江人民出版社，1993。
④ 康斯坦丁·弗拉季米洛维奇·罗扎耶夫斯基，俄国法西斯首脑、哈尔滨白俄事务总局文化部部长；格里高利·米哈伊洛维奇·谢苗诺夫，原白卫军中将，赤塔军区司令，白俄远东临时政府主席；列夫·菲利波维奇·弗拉舍夫斯基，原白卫军少将，哈尔滨白俄事务局局长；阿列克赛·普罗克洛维奇·巴克谢耶夫，原白卫军中将，海拉尔白俄事务局局长。

民中，许多人都曾效力于日伪当局，如白俄路警、白俄警察、白俄支队、白俄谍报人员、白俄监听人员等，他们依附日伪当局一道迫害苏联侨民，导致所谓的赤俄、白俄之间形成一条很深的鸿沟。出于上述及可能还没有论及的原因，苏联政府对黑龙江区域即便是已经恢复国籍的苏联侨民亦是存有戒备之心的，担心其中有些人是准备回国进行间谍和破坏活动。虽然有人提出申请，但得到批准的人很少，以致 1948 年 2 月哈尔滨市对外侨进行户口登记时，计有苏联侨民 26652 人，至 1953 年再度登记时仍有苏联侨民 21739 人，没有出现侨民人口的大规模迁移。

第七节　新中国成立后苏（俄）侨民的遣返

随着苏联政治形势的稳定及大规模经济建设的开始，战争中的人员损耗使之感到劳动力的紧张。1954 年 4 月 23 日，苏联驻华大使馆照会中国外交部，告知苏联政府准备在当年的 6—8 月分批召回在华苏侨参加国内经济建设，希望中国政府给予协助。黑龙江省专门在哈尔滨市设立了"协助苏侨归国委员会"，具体负责全省的苏侨遣返工作。根据中央提出的"主动配合，积极协助，适当照顾，给予方便，尽速送走"的方针，在遣返过程中，黑龙江地方政府尽最大可能地提供优惠和帮助，当年就有 5842 名苏侨回国定居。1955 年，再次遣返苏联侨民 8090 人，其中包括 86 名在押犯人和 231 名与苏联侨民有婚姻或亲属关系的中国人。随后的 1956—1959 年，又有 2522 名苏联侨民回国定居。如此，自 1954 年至 1959 年，遣返的苏联侨民及无国籍者共 17586 人，同时去西方国家的计 6672 人。1950—1962 年苏侨及无国籍者出境统计情况见表 9 – 1。

表 9 – 1　1950 ~ 1962 年苏侨及无国籍者出境统计

单位：人

类别 年份	苏侨		无国籍侨民	
	出境人数	其中：去西方国家人数	出境人数	其中：去西方国家人数
1950	29	26	26	3
1951	223	113	42	2
1952	968	157	30	22
1953	1556	882	126	108

续表

年份 \ 类别	苏侨		无国籍侨民	
	出境人数	其中：去西方国家人数	出境人数	其中：去西方国家人数
1954	6403	561	243	66
1955	8371	303	746	62
1956	2073	558	181	93
1957	2947	2748	214	206
1958	1150	724	112	92
1959	1246	847	123	105
1960	784	504	62	47
1961	1554	1362	124	110
1962	305	174	34	15
合计	27609	8959	2063	931

资料来源：《黑龙江省志·外事志》第 69 卷，黑龙江人民出版社，1993。

自 20 世纪 50 年代初大规模遣侨后，黑龙江区域的苏（俄）侨民不断减少。大部分苏联侨民响应号召回到祖国参加经济建设，还有一部分无国籍者去了美国、巴西、澳大利亚及其他西方国家，仅有很少一部分人留居。20 世纪 60 年代，黑龙江省的苏侨与无国籍人口尚不得见，哈尔滨只剩 1134 人，70 年代只有 179 人。特别是这些苏侨和无国籍者都已进入暮年，亲属不在身边，孤独病弱，人口的自然死亡率很高。80 年代初，苏联侨民及无国籍人口仅存 57 人。[①] 而 1997 年的最新统计，仍生活在哈尔滨的俄罗斯侨民仅剩下十几人。这十几名俄罗斯侨民，每到礼拜日只要身体允许，总要聚集在位于南岗的圣母帡幪教堂虔诚地祷告，用他们那已经含混的俄语为自己或是为那远方的亲人低声祈祷。[②]

1997 年 11 月 12 日，俄罗斯总统叶利钦出访北京后回国途经哈尔滨时做了短暂的工作访问。当他向苏联红军解放东北纪念碑敬献花圈时，在此等候的 30 多位俄罗斯侨民沸腾起来。他们当中有的是多年侨居哈尔滨的俄罗斯人，有的是访问交流学者，还有的是专门从外地赶来的。叶利钦热情地打招呼说："噢，我们的同胞。"85 岁的米哈伊尔显得格外兴奋，这位 7 岁就随父

---

① 《哈尔滨市志·大事记·人口》第 2 卷，黑龙江人民出版社，1999。
② 谭雪飞、王孟轩：《老俄罗斯人在哈尔滨》，《黑龙江晨报》1997 年 4 月 7 日。

母来到哈尔滨的俄侨说，他在这里生活得非常安定幸福。一位叫尼娜的俄侨握着叶利钦的手说："能够在这里见到你，我们非常高兴。"叶利钦说："我也非常高兴。目前，俄中两国的政治和经济关系都很好，双方的友好合作发展顺利，两国人民的友好往来日益增多，我将继续致力于这种友好关系的发展。"

随着时间的推移，哈尔滨最后的俄罗斯"莫希干"终将消失，[①] 但俄侨作为这座城市特定历史条件下的特殊居民将被载入史册。

第八节 黑龙江区域俄侨的历史作用与影响

中东铁路的修筑，开启了俄罗斯人大规模侨居黑龙江区域的历史。在铁路沿线的较大站点，从西部线的满洲里、海拉尔、昂昂溪、安达到枢纽站哈尔滨，再到东部线的阿城、亚布力、横道河子、牡丹江、绥芬河等地方，或多或少地都留有俄罗斯人的铁路文化遗产。"两点论"辩证地看待俄侨的历史作用与影响，是解释外国资本主义侵略双重性质的主要环节，也是看待"侵略的西方"和"文明的西方"应持的态度。

一 俄侨在黑龙江区域活动的积极作用与影响

1. 俄侨工商业促进了黑龙江区域经济社会的发展

中东铁路的修筑使资本主义得以安身立命的蒸汽与动力机械较早地出现在这里，而绝大多数俄侨工商业者在黑龙江区域从事合法的经营活动，客观上是中国东北地区资本主义生产方式的先行者，对稍后出现的北满三大民族工业（酿酒、制粉、榨油）起着开风气之先和准备技术力量的作用。列宁曾经说过："资本的输出，在所输出的那些国家中是要影响到那里的资本主义发展，且异常加速这种发展的。"[②] 绝大多数俄侨工商业者遵循资本主义"经商谋利的铁律"，投资于此以获得最大的回报，对此自应是无可厚非的。而他们所拥有的资本主义生产管理经验，以及注重市场预测、品牌创新意识、

---

① 1995 年，在俄罗斯符拉迪沃斯托克（海参崴）出版的一份名为《边界》的杂志，把哈尔滨俄侨称为最后的俄罗斯"莫希干"。"莫希干"意为最后的社会现象，文中系指最后生活在哈尔滨的俄侨。

② 《列宁文选》第 1 卷，人民出版社，1954，第 973 页。

讲究产品质量、在竞争中求发展等理念，对国人的经商传统转型是有启蒙意义的。中东铁路的修筑，完全改变了黑龙江区域社会的自然历史进程，使这里产生了传统社会所不能容纳的新的生产力，使这一昔日封闭的"边塞苦寒"之地发生了"数千年未有之奇变"，"痛苦并快乐地"完成了由传统向现代社会的转型。

2. 俄侨的文化活动，促进了黑龙江区域与世界的沟通，充当了文化交流的使者

许多俄侨在黑龙江区域从事文化教育活动，通过他们"西学东渐"的内容得以丰富，西方的社会科学、自然科学、音乐、美术、戏剧等得以在这里广泛传播。同时，还有一些俄侨是"布尔热瓦尔斯基研究会""满洲俄国东方学家学会""东省研究会""满洲农业学会"等学会的会员，他们长期从事中国的政治、经济、历史、地理、哲学、文学、宗教、艺术等方面研究，有的后来成为著名的汉学家。如考古学界的 B. B. 包诺索夫，他是哈尔滨民族考古学派的奠基人，长期在呼伦贝尔、镜泊湖、顾乡屯、松花江站等地从事考古研究，用英文、俄文撰写论文多篇、论著多部，有利于西方社会了解黑龙江区域历史。又如，法学界的 B. A. 梁赞诺夫斯基教授，1921～1934 年任教于哈尔滨法政大学，从事民法、中国民法教学，一生著述颇丰，主要研究中国法律问题，后移居美国伯克利大学任教。再如，专门从事植物研究的 Б. B. 斯科沃尔佐夫，是哈尔滨商业学校自然科学教师、满洲农业学会主席、哈尔滨地方志博物馆研究人员、中国科学院林业研究所研究人员（哈尔滨）、东北林学院教授，1962 年移居巴西，曾在多种杂志上发表关于中国东北植物学的文章。此外，还有小说家阿尔谢尼·涅斯梅洛夫、诗人兼翻译家瓦列里·别列列申、舞蹈家尼娜·克热芙尼科娃、歌剧表演艺术家 B.E. 瓦林、合唱指挥家 П. H. 马申、肖像画家 H. A. 科万采夫、绘画及雕塑家 M. A. 基奇金、建筑设计师 B. A. 拉苏申、B. A. 普兰松等，数不胜数。正是这些代表人物的侨居生活，奠定了黑龙江区域多元文化特色的基础。

3. 俄侨的革命宣传与活动，促进了中国工人运动的开展

许多俄侨在黑龙江区域从事革命宣传鼓动工作，主张工农革命、民主大同。早在 1905 年俄国社会民主工党、社会革命党就在哈尔滨及中东铁路沿线建立了组织。他们出版的刊物《自由报》《革命思想》《外阿穆尔人之余》，在士兵和工人中广为传播。1907 年 1 月 12 日，哈尔滨铁路总工厂中俄工人

为纪念"流血的星期日"举行罢工。① 1907年，在哈尔滨俄国社会革命党的组织号召下，中俄两国工人举行了庆祝五一国际劳动节的集会，这对中国的工人运动产生了深远的影响。正是有了这些基础，中国工人向往"理想国"，所以才有了后来外国武装干涉军入侵西伯利亚期间，中东铁路沿线的中俄工人多次罢工，破坏了协约国的军事运输，有力地支持了苏俄红军抗击协约国的军事进攻。对于这几次罢工的伟大意义，苏联学者曾撰文论述道："中国人民以自己反对干涉的斗争，给予俄国工农反对外国干涉者和白卫军的英勇斗争以无可估量的、兄弟的帮助。"② 随后，中俄两国工人又联合发动了驱逐以霍尔瓦特为代表的沙俄残余势力的斗争。这些斗争的胜利，在一定程度上促进了黑龙江区域工人运动的发展。1920年，瞿秋白赴俄前滞留哈尔滨，在哈尔滨他第一次听到了《国际歌》，说哈尔滨"先得共产党空气"。他为《晨报》撰文《哈尔滨之劳工大学》，其中写道："哈埠共产党虽仅二百人，而自哈埠至满洲里中东铁路沿线，工人有十二万，对于共产党颇有信仰。"黑龙江区域存在一条由中东铁路架设起来的联结中共和共产国际、宣传马列主义的'红色通道'。"③

4. 俄侨为中国及世界反法西斯战争做出了贡献

一些俄侨在苏联驻哈尔滨总领事馆的领导下，从事共产国际的交通、谍报工作，他们曾为中国共产党在北满的地下组织提供过便利条件或经济上的帮助。特别是在日伪时期，一些俄侨不畏牺牲从事对日谍报工作，有的人被俘后英勇不屈，被"731部队"用作活体试验惨遭杀害，④ 为中国及世界反法西斯战争做出了贡献。

二 俄侨在黑龙江区域活动的消极作用与破坏力

（1）自中东铁路修筑后，少数俄侨依靠不平等条约的庇护，在黑龙江区

---

① 1905年1月9日（公历22日），俄国圣彼得堡市的工人前往冬宫，工人们带着妻子、孩子还有老人去见沙皇，参加罢工请愿的人数达14多万人。沙皇下令向手无寸铁的罢工工人开枪，有1000多名工人被打死，2000多名工人被打伤，由此人们把1905年1月9日称为"流血的星期日"，每年都要举行纪念活动。历史上称这一天为"流血的星期日"，"革命在俄国开始了"。
② 《1918~1920年中东铁路中俄工人反对外国干涉者和白卫军的斗争》，载苏联《历史问题》，1958年第4期，转引自孙占文《黑龙江省史探索》，黑龙江人民出版社，1983，第180页。
③ 郭淑梅主编《黑龙江历史文化资源战略研究》，黑龙江大学出版社，2012，第82页。
④ 韩晓、辛培林：《日军七三一部队罪恶史》，黑龙江人民出版社，1991，第203页。

域各地强取豪夺劫掠财富，严重地损害了中国人民的利益。如光绪二十九年
（1903），俄人多美兰斯基、德力金强行租占四家子地基"开工修造洋房"。
中东铁路绘图处总管俄人姚继煦（音译）私占四家子镶黄旗人富荣喜地
26.84 晌。① 不仅如此，在中东铁路管理局的支持下，还肆意干涉中国税收。
宣统元年（1909），"俄人警察赶走肇州厅所属甜草岗和呼兰厅所属对青山两
处中国税收人员，声言'满洲里至哈尔滨，概不纳税'"。② 宣统二年（1910），
俄人警察又将昂昂溪、富拉尔基、博克图三处税局捣毁，"将博克图税卡查
封，将昂昂溪税局撤匾掳人，富拉尔基分卡闻信先行躲避"，"中国税务机构
被迫远离铁路沿线"。③

（2）俄国十月革命后，沙俄残余势力以哈尔滨为中心疯狂地进行反对苏
维埃政权的活动。他们在这里组建政府、发行货币，严重地干扰破坏了黑龙
江区域正常的经济社会秩序。如 1918 年 7 月，中东铁路管理局局长霍尔瓦特
在格罗捷格沃成立"全俄临时政府"，自任"最高执政官""临时摄政"。这
个短命政府仅仅一年多的时间，在苏联红军的打击下霍尔瓦特逃回了哈尔
滨，以中东铁路界内俄国机关总长官名义发布命令，自称"对中东铁路界内
俄人有国家统治权"。由于政治不稳定，经济紊乱，货币发行更滥，罗曼诺
夫纸币、克伦斯基临时政府纸币、西伯利亚纸币、霍尔瓦特纸币及其各种名
目的债券横行市场，中东铁路沿线百姓深受其害。1922 年，卢布信用丧失殆
尽，几同废纸，仅此一年哈尔滨倒闭的大小工厂、商店、钱铺等，就达 1675
家。④ 商家尚且如此，平民百姓更是惨不可言，"工人所得工资为数几何，自
羌帖（卢布）一落千丈，已大受无穷之损矣"，更有甚者，中国工人"以数
年积存血汗之资数千克券（克伦斯基纸币），一夕化为废纸，有情急自尽者，
被害何止千百万人"。⑤

（3）大批俄侨涌入黑龙江区域后并没有安稳谋生，而是各派势力纷纷建
立组织，一时间相继出现了"远东拥护祖国和宪法委员会""国民自由党远
东会议""新时代民族劳动联盟""哥萨克骑兵联盟""乌克兰委员会""民
族工团联盟""俄罗斯法西斯党"等形形色色的组织。他们常常纠集在一起

---

① 黑龙江省档案馆档案：《俄人姚继煦租地事宜档》。
② 黑龙江省交涉局档案：《俄人阻挠甜草岗、对青山设卡收税卷》，交涉处已字第 258 号卷。
③ 黑龙江省交涉局档案：《俄人不准在昂站征收一成捐卷》，交涉处庚字第 90 号卷。
④ 〔苏〕斯拉德科夫斯基：《苏中经济关系概论》，1957，第 200 页。
⑤ 《黑龙江省长公署档案》4063 号卷甲字号。

进行反苏宣传，并对苏联国籍侨民进行人身攻击。特别是中苏共管中东铁路后，一些俄侨因政治见解的不同遭受了经济上的打击，而这种打击使原本就已亢奋的流亡者变得更加躁动。政治、经济、社会等各方面原因叠加在一起，把"白俄"变成了怒不可遏的群体。"成年男子遭受失业之苦，妇女操贱业以维持全家人的生活，难童们学会用几种语言乞讨，人们还能见到穿花布衫的小女孩按小时收费出卖自己。"被贫穷与动乱逼迫的"白俄"，在黑龙江区域各地惹是生非，四处寻找能让他们泄愤的替罪羊："看看那些有钱的犹太人吧！他们有商店、银行和旅馆。俄国孩子在大街上要饭、卖身，而他们却吃得胖胖的""看看那些红军吧！他们杀了沙皇，亵渎上帝，把我们赶出祖国。他们是如此肆无忌惮地欺凌我们，即使我们流离失所，他们也不放过！"① 正是这种反犹太主义、反布尔什维克主义，为日本人的舆论宣传战提供了肥沃的园地。

（4）一些俄侨参与绑架、凶杀、抢劫等暴力活动，吸毒、卖淫、酗酒等丑恶现象也在俄侨社会中滋生蔓延。种种现象表明，颓废情绪在这一饱受流亡之苦的斯拉夫群体中发酵。在流亡的难民群体里，有相当一部分是白卫军官兵，他们熟悉枪械，生性残忍，杀人越货如同家常便饭。意大利人万斯白在其著述中列出的 12 起轰动哈尔滨的绑票案，均与俄侨有关②。在汪之成先生著述的《上海俄侨史》中，记有早年旅居哈尔滨的俄侨沙基·道斯和巴立斯·道斯兄弟，他们曾给日本人做过杀手，后"因案被逐"，于 1939 年跑到上海，在极司斐尔路（今万航渡路）78 号伪特工总部任特工，"凡'七十六'所执行的一切大暗杀案，皆由道斯兄弟主持"。另有一些则直接为匪，专干打家劫舍的勾当。如 1920 年 9 月，有俄溃兵 7 人，在泰康县境内招募华人与之为匪，地方政府侦知后将其缉捕，搜出步枪 74 支、子弹 7 万发、炸弹 80 枚、地雷 7 个。③

（5）一些俄侨充当日伪统治者的帮凶，与其一起镇压中国人民的抗日运动。在日伪统治时期，以罗扎耶夫斯基为首的俄国法西斯党、弗拉舍夫斯基领导的哈尔滨白俄事务总局以及白俄浅野部队、白俄森林警察队、关东军野战铁道司令部哈尔滨铁道分室、满铁电报局（二四七部队）等，充当了日本

---

① 刘万钧编译《满洲黑手党——俄国纳粹黑幕纪实》，黑龙江人民出版社，1993，第 73 页。
② 〔意〕万斯白：《日本在华的间谍活动》，文缘社康狄译，国光印书馆，1945，第 164 ~ 165 页。
③ 扶余档案馆：《郭尔罗斯前旗电：窜来俄党清剿办法》。

帝国主义的帮凶，直接效力于日伪政权。他们是俄侨社会的渣滓，终将受到人民的唾弃。在苏联红军进入东北之后，紧随其后的"纳卡夫德小分队"将他们悉数捕回苏联接受人民的审判。

曾经在黑龙江区域近现代史上活跃了半个世纪之久的俄侨已经消失，于社会发展的长河中，其功过是非自有评说。

第十章
黑龙江区域的犹太侨民

犹太民族历史上历尽风雨沧桑，但也创造了"有钱的地方就有犹太人"的经济奇迹。黑龙江区域的犹太侨民缘起于中东铁路的修筑，见证了清末民初黑龙江区域社会转型后的勃勃生机。

第一节　俄国"阿什肯纳兹"犹太人缘起

黑龙江区域的犹太侨民基本上属于"阿什肯纳兹"犹太人。学界从历史和地域划分，将犹太人分为塞法迪姆犹太人和阿什肯纳兹犹太人。通俗地讲，塞法迪姆（Sephardim）犹太人的叫法源于西班牙，犹太人在流散过程中曾长期定居西班牙，中世纪末西班牙统治者推行极端的反犹主义政策，一些西班牙裔犹太人又辗转迁移来到地中海沿岸及以巴勒斯坦为中心的亚洲、非洲边缘的广大地区，故有人又将其称为东方犹太人。阿什肯纳兹（Ashkenazim）犹太人又叫西方犹太人，主要指进入中欧和西欧的那部分犹太人。后来欧洲犹太人口东移，东欧的波兰成为犹太人的主要聚居地。

一　俄罗斯东扩后的"阿什肯纳兹"犹太人

考古发现，早在公元 1 世纪前后，为数不多的"犹太移民来到南俄，即黑海和亚速海沿岸，并建立了欧洲最古老的犹太社团。在这里已经发现了许多完整的或残缺不全的有关犹太人生活的铭文，其中最古老的可以追溯到一世纪"。[①] 在随后漫长的时日里，游弋不定的犹太人将居住重心迁移到基辅，

---

① 〔以〕阿巴·埃班：《犹太史》，阎瑞松译，中国社会科学出版社，1986，第 196 页。

"从犹太人的族属看，黑海沿岸和南俄的犹太人主要是来自中东的犹太移民"，[①] 也就是说，这一时段的犹太移民虽然为数不多，但应属于塞法迪姆犹太人，即东方犹太人。阿什肯纳兹犹太人的出现，实则是俄罗斯帝国东扩的结果。

1772—1795 年，俄罗斯帝国、普鲁士王国、奥地利帝国三次瓜分波兰，俄国作为瓜分波兰的主要参与国，三次计从波兰获得土地约 50 万平方公里、人口 600 万人左右，大批生活在波兰的犹太人遂成为俄国统治下的侨民。然而，俄国统治者对犹太人的蔑视是古已有之的，伊凡四世曾说，犹太人"把毒药带进俄国并把基督徒引入歧途"。[②]这一观点，为俄国历代君主所承袭，并没有因疆域的变更而有丝毫改变，改变的只是方法的不同及手段更为严厉。

1792 年，俄国人划出第一块限制犹太人活动的"栅栏区"（Pale of Settlement），即今天的白俄罗斯及拉脱维亚的部分地区，在这一"栅栏区"里生活着约 120 万波兰犹太人。为了防止犹太人向俄国腹地迁移，沙皇叶卡捷琳娜二世多次颁发禁令，规定了犹太人的活动区域，限定其只能在黑海沿岸一带工作生活。由于第三次瓜分波兰，俄罗斯疆土又扩大了 12 万平方公里，又有 120 万波兰犹太人并入俄罗斯。领土疆界的扩大，使俄国的波兰犹太人人数有了很大增加，原有的"栅栏区"已不敷使用。1835 年，扩大后的"栅栏区"范围包括立陶宛、沃吕尼亚、波多里亚、白俄罗斯（部分）、乌克兰、新俄罗斯、基辅省（部分），以及波罗的海沿岸各省。生活在这一范围内的犹太人约有 400 万人。

俄国人对犹太人的偏见与歧视源于多方面，这也是他们设置"栅栏区"的原因。于此，意大利人姜·埃·瓦洛里在其著述里做了较全面的阐述：

> 在莫斯科公国里，早从中世纪起，犹太人的存在就是不能容忍的，也是不能允许的。
>
> 犹太人当时被认为是东正教的主要敌人，当时认为犹太人有皈依天

---

① 刘爽：《哈尔滨犹太人探源》，曲伟、李述笑主编《哈尔滨犹太人》，社会科学文献出版社，2004，第 16 页。

② 〔以〕阿巴·埃班：《犹太史》，阎瑞松译，中国社会科学出版社，1986，第 251 页。

主教徒和沙皇的意图，由于后者是"信仰的保护者"，因而就不允许犹太商人进入俄国。

在司法方面，在沙皇帝国里，犹太人不能得到保护，是因为他们不是斯拉夫人，不能形成具有"同一种语言、同一种宗教和同一种制度上"的"单独一个人民"。

然而，一个绝非次要的问题，这个问题也牵涉纳粹主义思想的某些方面：尽管生活在那些农村里，并且是经济活动发展的主要因素，但由于是自由公民，因而不能生活在农村里，因为根据封建思想，在农村，无论是土地还是人，都直接属于贵族和沙皇的。

因此，亚历山大一世在 1804 年颁布《关于犹太人组织的章程》，其政策是，"犹太人问题"只有两种解决办法：或者强制同化或者开除出那些乡村。①

二 "阿什肯纳兹"犹太人在俄罗斯的境遇

亚历山大一世的禁令，迫使"众多的犹太人只能到处游荡，在贫困和饥馑中挣扎，大多数俄国犹太人由于饥饿正慢慢地走向死亡"。② 被驱赶出农村的犹太人"慢慢地走向死亡"，而朝气十足的犹太青少年则要面临 29 年的兵役之苦。"沙皇尼古拉一世强迫犹太人在军队中服役——今天难以置信的一个时期——即不少于 25 年，以此作为强制同化的措施。俄国的各个犹太人群体必须按预先规定的数目，挑选招募 12 至 25 岁的人，孩子们在天主教－东正教中接受了'再教育'。不管怎样，算起来，在 29 年里，被迫在军队中服务的犹太人小孩的数目至少有 3.5 万。"这里的 29 年兵役之苦是怎么来的？根据 1827 年沙皇尼古拉一世颁布的兵役法，12 ~ 18 岁的犹太青少年必须在义务兵营服预备役，而后再服现役 25 年。之所以要用如此长的时间服兵役，就是要利用兵营苛刻的环境以达到强制同化的目的。沙皇尼

---

① 〔意〕姜·埃·瓦洛里：《犹太人的大灾难》，罗晋标、陆素珍译，世界知识出版社，2007，第 163—164 页。

② 沃尔特·拉克（Walter Laqueur）：《锡安主义史》（*A History of Zionism*），纽约，1972，第 57 页，转引自刘爽《哈尔滨犹太人探源》，曲伟、李述笑主编《哈尔滨犹太人》，社会科学文献出版社，2004，第 17 页。

古拉一世死后，亚历山大二世上台，俄国对待犹太人的政策似乎有了改变，在 1861 年俄国废除了农奴制度，进而结束了农村和城市里封建秩序与犹太人不可相容的关系。随后"俄国在克里米亚战争（1853—1865）中的失败，有助于在银行部门以及在采矿和铁路建设部门中诞生一小批犹太人企业家"。① 同时，令犹太人厌恶的兵役制被废除，部分受过高等教育的犹太精英可以移居莫斯科、圣彼得堡等大城市工作，有一定技艺的犹太人也可以到"栅栏区"之外生活，俄国犹太人有了一个相对宽松的生存环境。

俄国犹太人社会状况的改变，在贵族中间引起恐慌，所谓犹太人用天主教儿童的血来做复活节面包的谎言，会同泛斯拉夫主义汹涌而来。1881 年 3 月，沙皇亚历山大二世被刺身亡，在被捕的嫌疑人当中有一名年轻的犹太女性，这犹如火柴扔进了火药桶，引燃了俄国民众压抑近 20 年的反犹排犹情绪。继任者亚历山大三世的顾问、东正教神父康斯坦丁·波贝多诺斯采夫制订了所谓的"三个三分之一计划"，即将俄国国内的犹太人三分之一消灭，三分之一驱逐，三分之一同化。沙皇政府对此保持沉默，导致全国发生多起排犹、虐犹事件。1882 年 5 月的"临时法律"，重申了对犹太人的歧视和人身迫害，包括把犹太人赶回"栅栏区"，实行犹太教育配额，对犹太人实行职业限制等。伴随着"临时法律"的实施，俄国东南部地区展开了对犹太人200 场之多的大屠杀（Pogrom）。极亲沙皇的反动集团"百黑"（Cento Neri）即"俄罗斯人民联盟"（Unione del Popolo Russo），为 1903—1906 年席卷俄国的对犹太人的大屠杀浪潮炮制了所谓的"理论根据"，即《犹太人贤哲议定书》，这本政治性小册子论及了所谓的"犹太人国际阴谋"。在此煽动下，俄国的反犹活动达到高潮，数百个城市发生了屠杀犹太人事件，成千上万的无辜犹太人被杀，逃离俄国也是犹太人无奈的选择。1933 年，阿道夫·希特勒当选德国总理，立即开展反犹宣传，至 1939 年颁布反犹的法律多达 400 余部，被剥夺了公民权利及基本生存条件的犹太人，除了四处逃亡外别无他法。而随着德国占领区的扩大，波兰、丹麦、挪威、荷兰、比利时、卢森堡及其他被德国占领的国家，无一不在反犹。席卷欧洲的反犹狂潮，又一次使哈尔滨成为犹太难民的"诺亚方舟"。

---

① 〔意〕姜·埃·瓦洛里：《犹太人的大灾难》，罗晋标、陆素珍译，世界知识出版社，2007，第 164 页。

第二节 "阿什肯纳兹"犹太人进入黑龙江区域

生活在俄国"栅栏区"的犹太人,没有人身自由,在生活习俗、宗教信仰、人际关系以及谋生方式等方面受到种种限制,逃离"栅栏区"是每一个犹太人梦寐以求的。

一 西伯利亚与远东开发时期的犹太人

俄国大规模排犹时期,也正是西伯利亚和远东大开发时期,作为苦役流放地的西伯利亚,自然也应该接受被驱赶四处流亡的犹太人。而俄国政府采取了一系列刺激移民的优惠政策,自然也适用于备受排挤的犹太族群,这些应该是犹太人出现在西伯利亚的社会原因。俄国史学家 M. A. 维诺库罗夫在《20 世纪最初 25 年的西伯利亚》一书中写道:"20 世纪初,在西伯利亚生活着近 4 万犹太人。他们通常居住在大城市和大型农贸集镇,如托博尔斯克、托木斯克、克拉斯诺亚尔斯克、伊尔库斯克、叶尼塞斯克、马林斯克和巴尔古津,主要从事商业和采金业。"另一位当代俄罗斯历史学家 Л. B. 卡里米娜在与人合著的《西部外贝加尔的犹太人村社(19 世纪 60 年代至 1917 年 2 月)》一书中,对那一时期外贝加尔犹太人的村社结构以及犹太人的生活状态进行了考察,记述了当时数以万计的犹太人在西伯利亚南部地区的生产和生活状况。① 而我国长期从事俄国史及俄侨研究的学者刘爽则在《哈尔滨犹太人探源》一文中写道:

> 远东南部地区是俄国犹太人较为集中的地方,那里土质肥沃,河流纵横,各种资源丰富,农牧渔业和采矿业占有重要位置。到十月革命前,仅哈巴罗夫斯克边区就聚居了不少犹太人。十月革命后,苏联政府于 1928 年 3 月 28 日在哈巴罗夫斯克边疆区内将比罗比詹划为犹太人移民区,1930 年建立了民族区,1934 年 5 月 7 日改为犹太自治州,属哈巴罗夫斯克边疆区。据统计,20 世纪 80 年代初该自治州尚有 2 万多犹太人,占自治州人口的 12%。除自治州首府比罗比詹外,自治州还设有一

---

① Л. B. 卡里米娜、Л. B. 库拉斯:《西部外贝加尔的犹太社区(19 世纪 60 年代至 1917 年 2 月)》,伊尔库茨克,1999。

个行政区辖市——奥布卢奇耶，此外还有 12 个城镇。犹太自治州的一些城镇就座落在黑龙江边，可以想象 20 世纪初不少犹太人就是通过这样一些途径辗转来到中国的。[①]

二　中东铁路修筑与涌入的犹太工程技术人员

远东和西伯利亚的犹太人应该是黑龙江区域犹太移民的主体。而中东铁路修筑则是犹太移民迁移的最大诱因，最先涌入的还是那些与筑路关系紧密的工程技术人员。中东铁路的修筑是黑龙江区域外侨人口增长的最大诱因，犹太侨民由移入到发展与此也有着紧密联系。由于中东铁路工程需要，在大批的技术人员中，不仅有勘测、筑路、气象等方面的专家，而且有制材、机械、规划、建筑等各方面的人才及数量众多的技术工人。而这些是当时中国社会无法提供的，在俄国涌入的数量众多的技术人员中就有犹太人。如原居哈尔滨的犹太人纳胡姆森·大卫，19 世纪末从拉脱维亚举家迁至哈尔滨，曾在中东铁路工作，在哈尔滨生活直至终老。又如，特里古博夫·摩西，是原居哈尔滨的俄籍犹太企业家，生于基辅附近的一个小地方。20 世纪初，由于听到修建中东铁路的哥哥在哈尔滨生活得很好，年轻的摩西也希望能在哈尔滨找到更好的收入来源，于是就起程向哈尔滨行进。这里讲的不是摩西本人，而是他那修建中东铁路的哥哥。再如，鲁韦尔·雅科夫，20 世纪初从俄国的鄂木斯克来东北修筑中东铁路。铁路通车后，他和妻子哈娜留在了哈尔滨。还有斯基德尔斯基·雅科夫，他是哈尔滨著名工商人士斯基德尔斯基的长子，1898 年于矿业学院毕业后随即来到中东铁路建设工地，成为大兴安岭隧道施工负责人 H. H. 博恰洛夫的助手。施工结束后，由于精湛的专业技术，被中东铁路部门委派主持满洲里扎赉诺尔煤矿的勘探工作。

三　俄国移民政策刺激下的犹太移民

为了谋求在"满洲"的最大利益，俄国政府采取了向中东铁路沿线移民的重大举措。在中东铁路尚在修筑之际，俄国阿穆尔总督、阿穆尔军区司令格罗德科夫，对俄军因义和团运动而占据的中国东北在政治经济、文化地

---

① 刘爽：《哈尔滨犹太人探源》，曲伟、李述笑主编《哈尔滨犹太人》，社会科学文献出版社，2004，第 26 页。

理、民风民俗等进行了全面考察。他在呈报给尼古拉二世的报告中说："俄国保卫象中东铁路这样投资巨大的企业具有困难性"，要改变这种情况，必须向路区移入更多的俄罗斯人，使他们"至少能对受到武装进攻的铁路沿线进行起码的保卫"。① 这个奏折很快得到了沙皇的批准，1901 年 4 月 12 日，尼古拉二世颁布《关于给予驻防满洲应转入预备役的部队士兵自退役日算起免费返俄国五年权利的上谕》。为了进一步推动俄国移民进入中东铁路沿线，俄国政府又相继颁布了《俄国臣民移居中东铁路地段条例》（1903 年 6 月）、《中东铁路附属地外阿穆尔军区退役军人士兵村条例》（1903 年 7 月），以种种优惠措施刺激包括犹太人在内的俄国移民，而在俄国军队中服役的犹太军人也以各种方式脱离部队，这在日俄战争结束后的一段时间里表现得最为明显。1904 年 2 月 8 日爆发的日俄战争至 1905 年 9 月 5 日结束，虽然仅仅进行了 19 个月，但俄军伤亡惨重，投入总兵力 120 万人，以伤亡 27 万兵员告终。俄国的兵役制度及社会现实使我们有理由相信，在参战的 120 万俄军中应该有相当数量的犹太人。战争结束后，根据签订的《朴茨茅斯条约》帝俄势力退居北满，大批俄军参战部队陆续回国，也有相当部分部队与军人因各种原因滞留哈尔滨及中东铁路沿线各地。此说可求证于哈尔滨两座东正教堂的源起，一座是圣索菲亚教堂，其原为驻懒汉屯的东西伯利亚第四步兵师的随军教堂，该部奉调回国时将教堂赠送给了当地俄侨。另一座为圣伊维尔斯卡娅教堂，是时任阿穆尔军区司令的契恰科夫将军为纪念在日俄战争中阵亡的官兵而建，大厅的三个墙面上刻满了阵亡者名录，后也留给了当地侨民。如轰动一时的"卡斯普绑票案"，当事人的父亲就是参加日俄战争的俄军犹太骑兵，战后留在了哈尔滨。1906 年前后，大批犹太官兵散布于黑龙江区域各地。又如，后来的以色列民族英雄、犹太人约瑟夫·特鲁姆佩尔写道，1905 年在日俄战争中受伤被俘，释放归国途中滞留哈尔滨，并在此创办了"巴勒斯坦农业合作社"。再如，米龙·格里戈里耶维奇·梅金，1882 年生于白俄罗斯，其弟约瑟夫·格里戈里耶维奇·梅金，1884 年生于白俄罗斯，早年他们都在俄国军队服役。日俄战争期间随军队进入中国东北，战后留在哈尔滨从事商业活动。当然，这些都是人生轨迹留有记述的犹太人，其他犹太人也

---

① 斯科维尔斯基：《黄俄罗斯的士兵村——沙俄在满洲的军事殖民计划》，转引自刘爽《哈尔滨犹太人探源》，曲伟、李述笑主编《哈尔滨犹太人》，社会科学文献出版社，2004，第 23 页。

并没有湮灭于历史之中。俄罗斯学者切尔诺卢斯卡娅在《1917 年以前满洲俄国各族侨民的人口构成问题》一书中说："1907 年战后俄军离开中国东北时，有相当一部分俄军官兵，包括犹太官兵留在了哈尔滨，他们带着家眷在此成家立业。"① 由此，黑龙江区域犹太人明显增多。

四　大批涌入的犹太工商业者

俄国政府为了鼓励更多的移民前往"满洲"，极力粉饰"满洲"的富庶，特别是针对犹太人提供了"将得到宗教信仰自由、无限制的商业权利和进入没有限额的学校"② 等一系列优惠，由此黑龙江区域成为犹太人心目中的"理想天堂"。犹太工商业者的触觉伸向各个领域，涉及采矿、冶金、炼油、金融、林业、制糖、酿酒、制粉、烟草、毛皮、印刷、运输、仓储、畜牧、肉类加工、房地产、宾馆、零售服务等诸多行业。他们凭借精明与经商天赋，在黑龙江区域开拓出自己的事业。如哈尔滨著名的犹太企业家族斯基德尔斯基家族，其开创者 Л. Ш. 斯基德尔斯基出生于波兰，1891 年受邀于乌苏里铁路创办了斯基德尔斯基家族公司，在俄国远东地区开创出一番事业。1903 年中东铁路全线通车，Л. Ш. 斯基德尔斯基洞察到这里的发展商机，将业务拓展于此并获得了黑龙江区域多处森林采伐权，成为中东铁路全线的主要木材供应商。日俄战争期间，Л. Ш. 斯基德尔斯基又在哈尔滨开办了面粉厂以供军需，1909 年又投资扎赍诺尔煤矿与穆棱煤矿。几次投资下来，Л. Ш. 斯基德尔斯基积累了大量财富，成为黑龙江区域著名的犹太巨商。又如，С. Х. 索斯金，1880 年出生在克里米亚的一个犹太商人家庭。1902 年即中东铁路即将通车之际，来到哈尔滨做生意，随后爆发的日俄战争为其提供了商机，他开始为俄国军队提供粮食。待战争结束后，生意盈利已使之成为在哈尔滨小有名气的粮食贸易商。后来索斯金办起了面粉厂和榨油厂，并经营着一家航运公司，成为哈尔滨工商界举足轻重的人物。再如，Г. Б. 德里金1899 年来到哈尔滨，此前曾在横道河子经营肉铺。在哈尔滨德里金开办了东方机器制粉厂（地烈金火磨），工厂开办十余年后转让给中国民族资本家张廷阁。1917 年，德里金作为发起人之一创办"哈尔滨救助欧战犹太难民委员

---

① 转引自曲伟等著《东方诺亚方舟——犹太人在哈尔滨历史文化研究》（上），中国社会科学出版社，2014，第 24 页。

② 〔美〕马文·托克耶、玛丽·斯沃茨：《河豚鱼计划：二战时日本人与犹太人之间的秘密交往史》，龚方震、张乐天、卢海生译，上海三联书店，1992，第 35 页。

会免费食堂", 1918 年参与创办"米兹拉赫·加 - 拉霍克"股份公司, 1920 年参与创办管理"哈尔滨犹太养老院", 1923 年入股投资"哈尔滨犹太国民银行", 是一位热衷于犹太慈善事业的实业家。黑龙江区域的犹太工商业者还有许多, 如 Л. Г. 齐克曼 (阿什河糖厂总经理)、А. И. 卡干 (金融家、松花江面粉厂经理)、Г. И. 克罗尔 ("梭忌奴"啤酒厂创办者)、伊利亚·老巴夺 (老巴夺父子烟草公司创办人) 等。当然, 还有不计其数的小本经营的犹太工商业者, 只是缺乏历史记载而已。

五 犹太社区所需求的宗教精神领袖

"在犹太族裔前往圣山的道路上, 拉比如影随形, 身兼传道者、解惑者、裁判者乃至心理医生等诸多的角色……拉比早已成为大流散时期各地犹太社区存在与否的标志, 在犹太族裔心中享有崇高地位, 是圣言的倾听者, 是上帝的牧羊者。"[1] 黑龙江区域犹太族群的聚集与社区的形成, 少不了精神领袖及政治领袖作用其间, 尽管他们人数不多, 但也构成一种移民类型。如阿伦 - 摩西·施穆伊洛维奇·基谢廖夫, 1863 年出生在乌克兰切尔尼戈夫区的苏尔杰尼茨, 毕业于沃洛兹经学院。1913 年, 哈尔滨犹太总会堂招募拉比, 基谢廖夫以优异成绩高票当选。1937 年又出任远东犹太社区总拉比。又如, 托伊芭·阿什克纳济, 生于俄罗斯莫吉廖夫省切里科夫镇, 其父索洛维奇是该镇社区总拉比。1914 年"一战"爆发时, 她和家人移民哈尔滨。在哈尔滨她与父亲的学生梅厄·阿什克纳济拉比结为夫妻, 几年后离开哈尔滨。再如, 伊斯拉埃尔·什穆伊洛维奇·加尔佩林, 哈尔滨早期俄籍犹太人士, 积极从事宗教事务, 是犹太社区委员会、犹太宗教公会理事会和犹太丧葬互助会理事会成员。然而, 在犹太社区还有一批政治领袖活跃在民众中间, 彰显着犹太民族的凝聚精神。如阿布拉姆·约瑟夫维奇·考夫曼, 医生、社会活动家, 哈尔滨犹太社区领袖, 1885 年出生在俄国契尔尼戈夫省姆戈林市的一个犹太家庭, 就读于瑞士伯尔尼大学医学系。1912 年, 考夫曼移居哈尔滨, 先后担任哈尔滨犹太人移居巴勒斯坦促进协会主席、哈尔滨犹太社团援助欧战难民委员会主席、哈尔滨锡安主义组织领导人、俄国远东地区锡安主义组织领导人和哈尔滨犹太宗教公会会长等职务, 是一位著名的社会活动家。又如, 吉霞·阿纳托利耶芙娜·利别尔曼, 1902 年生于俄国的尼古拉耶夫斯克

---

① 引自韩天艳等著《哈尔滨犹太家族史》, 黑龙江人民出版社, 2010, 第 32 页。

市，1918 年移居哈尔滨。她是哈尔滨犹太社区组织中的活跃人物，是哈尔滨犹太免费食堂委员会和哈尔滨犹太妇女慈善委员会的积极活动家。再如，M. A. 纳夫塔林，1853 年生于俄罗斯，移居哈尔滨后积极参与犹太社区建设，是创办哈尔滨塔木德 - 托拉小学的发起人之一。

六　来自俄国之外其他国家的犹太人

黑龙江区域的犹太人并不完全是俄籍犹太人，也有相当数量来自欧洲其他国家，特别是纳粹德国对欧洲犹太人实行"大屠杀"以后，进入黑龙江区域的犹太人越来越多。如汉斯·埃米尔耶维奇·鲁滨逊，曾在"一战"时立功并获得铁十字勋章，后进柏林大学学习医学，毕业后在柏林的一家犹太医院工作，1938 年"水晶之夜"后德国迫害犹太人行动升级，鲁滨逊一家经上海逃亡哈尔滨；又如，弗里茨·古斯塔诺维奇·罗森塔尔，医学博士，德籍犹太人，1924 年毕业于柏林腓特烈·威廉大学（即洪堡大学）医学系，1934年为躲避纳粹迫害逃亡哈尔滨，在道里区面包街开设诊所；再如，波利策·罗伯特，奥地利籍犹太医生，"一战"中被沙俄军队俘获，辗转于俄国各战俘营工作，1919 年苏俄内战时期逃亡哈尔滨；复如，原居哈尔滨的立陶宛籍犹太商人列夫·格里戈里耶维奇·布里塔尼斯基，由于 1926 年立陶宛首都维尔纳（今维尔纽斯）发生了严重的排犹活动，列夫和其家人经过了 14 天穿越西伯利亚的旅途劳顿，来哈尔滨投亲。另据伪满洲国外交官王替夫回忆，"由 1949 年春到 1940 年 5 月末，柏林伪满公使馆取得入境查证的犹太人就达12000 多人"。[①] 经由哈尔滨赴上海、美国等地，在哈尔滨应该也有部分滞留的德国籍犹太人。

黑龙江区域的犹太人不是仅集聚于哈尔滨，在其他一些俄侨相对集中的地方，诸如满洲里、海拉尔、齐齐哈尔等地，也聚集了一定数量的犹太人，只不过是哈尔滨犹太历史文化研究开展得较早、较为深入而已，但这并不意味着黑龙江区域其他地方没有犹太人。《哈尔滨犹太简明辞书》记载了其他地方的犹太人：

> 尼哈玛·埃尔兰，1917 年生于满洲里，父亲是满洲里犹太社区早期领导人，1930 年随家人迁居哈尔滨。

---

① 王替夫：《伪满外交官的回忆》，黑龙江人民出版社，1988，第 94 页。

莫尔杰哈伊·约瑟夫维奇·奥尔默特，1917 年随父母从俄国萨马拉移居黑龙江省齐齐哈尔，1927 年考入哈尔滨中俄工业学校（哈尔滨工业大学前身）电气工程专业。

莉瓦·巴辛，1915 年生于满洲里一个知名的信奉锡安主义的家庭，1929 年随家人移居哈尔滨，是"贝塔"组织的积极分子。

沃尔夫·达申斯基，20 世纪 20 年代和妻子离开俄国移居中国海拉尔，在一家香肠厂工作。

奥莉加·丹涅曼，生于满洲里一个有 6 个子女的犹太家庭，1930 年移居哈尔滨。

大卫·弗里德曼，1920 年出生在海拉尔，1940 年来哈尔滨学习，毕业于当时的北满大学，能够熟练地使用日语、英语、俄语等多种语言。

所罗门·莫伊谢耶维奇·拉布金，其家族在海拉尔、沈阳和哈尔滨的犹太社区很有名气，是远东犹太社会和宗教生活中不可分割的一部分。所罗门曾任海拉尔犹太宗教公会的司库和秘书。

莫伊谢伊·阿布拉莫维奇·兰金，1886 年生于乌克兰东部城市戈梅利附近的一个村落，1902 年随家人移居基辅，1906 年应征入伍，1914 年移居满洲里从事皮货生意。

哈伊姆·利特温，1920 年出生于海拉尔，16 岁开始参与批发牲畜产品，很快成为著名的皮毛商人。

罗莎·米绍里，1919 年生于满洲里，父亲是满洲里及哈尔滨犹太社区早期领导人摩西·兰金，1930 年跟随家人移居哈尔滨。

摩西·本·雷博·因季科夫，原居俄国赤塔地区，以农耕为生，生养了 7 个子女。1916 年长子所罗门因病从沙俄军队退役，留居齐齐哈尔，雷博携全家从赤塔移居齐齐哈尔。雷博是一个虔诚的犹太教徒，后来成为齐齐哈尔及海拉尔地区犹太社区宗教领导人。①

这些实例充分说明，19 世纪末至 20 世纪 50 年代前后，黑龙江区域是"阿什肯纳兹"犹太人在远东的"栖息乐土"，他们在哈尔滨、齐齐哈尔、满洲里、海拉尔等地可以自由地从事政治、经济、文化、宗教活动，尽情地享受着前所未有的自由。在旅居黑龙江区域犹太人的记忆里，"哈尔滨是个非

① 曲伟、李述笑主编《哈尔滨犹太简明辞书》，社会科学文献出版社，2013。

常舒适、惬意和令人向往的地方"。①

第三节　黑龙江区域犹太人人数推算及职业状况

有人把黑龙江或哈尔滨称为东方"诺亚方舟"，意指在世界各地排犹之际，是中国人民的友好善良使数以万计的犹太人逃过了人类"充满败坏、强暴和不法的邪恶行为。"

一　黑龙江区域犹太人人数推算

黑龙江区域犹太移民到底有多少，恐怕没有人能够说得清楚，即便是在一度是中国最大犹太聚居区的哈尔滨，确切的犹太移民人数也不得见，所见到的多是"已达""已逾""左右"或两个数字之间的约数。而不同时期的资料统计，由于口径不一、范围不一、标准不一、时限不一，数字或偏高或偏低，差距甚大，权威的犹太人口统计资料没有出现。1916—1930 年哈尔滨犹太侨民人数（见表 10－1）。

表 10－1　1916—1930 年哈尔滨犹太侨民人数统计

单位：人

时间	人数	资料出处
1916	5032	《露亚时报》
1918	7500	《远东报》
1920	约 20000	《露亚时报》
1921—1922	55000 余	《哈尔滨日本商业会议所时报》
1923	15000	《哈尔滨日本商业会议所时报》
1923	5848	《沙俄对哈尔滨一带的经济掠夺》
1925	1400	《滨江尘嚣录》
1926	293	《露亚时报》
1927	1324	《滨江尘嚣录》
1928	765	《露亚时报》
1929	391	《露亚时报》

---

①　〔以色列〕埃胡德·奥尔默特：《我们家族历史的中心和转折点》，曲伟等著《东方诺亚方舟——犹太人在哈尔滨历史文化研究》（上），中国社会科学出版社，2014，第 1 页。

时间	人数	资料出处
1930	114	《露亚时报》
1930	129	《特警统计年鉴》

资料来源：薛连举：《哈尔滨人口变迁》，黑龙江人民出版社，1998，第146页。

表中1921—1922年的55000余人的数字肯定偏高，而1930年114人、129人的数字又肯定偏低，所以也只能作为参考。通常所见哈尔滨历史上犹太侨民人口数字如下：由于中东铁路的修筑，1903年哈尔滨的犹太人已达500人；[①] 日俄战争后，在俄国军队中服役的大批犹太军人以各种方式脱离所在部队，成为哈尔滨的犹太定居者，1908年哈尔滨的犹太侨民人数已逾8000人；1917年十月革命后，又有数十万人犹太人远走异国他乡，1920年哈尔滨犹太人人数在12000—13000人。[②] 另有学者认为，"俄国十月革命后，特别是高尔察克沃木斯克政府溃败后，大批俄籍犹太人由符拉迪沃斯托克（海参崴）等地来哈。侨哈犹太人骤增至20000人"。[③] 还有研究者的结论是："当时的哈尔滨已成为东亚犹太人最大的活动中心，犹太人口最多时达25000人，其影响波及整个世界。"[④] 不能确定上述几组数据中哪一组不是信史，也无法确定哪一组更接近史实，只好暂且把哈尔滨犹太侨民峰值推定为20000—25000人，进而推定黑龙江区域犹太侨民峰值数字为30000人。如此推定的依据是"哈尔滨是近代中国乃至远东地区最大规模、最为兴旺、最具活力的犹太人社区"，[⑤] 研究者通常使用犹太侨民峰值数字，即20000—25000人。推定黑龙江区域犹太侨民峰值数字为30000人的根据有三。（1）从罗马天主教会推行的"犹太隔都制"到沙皇俄国实行的"犹太栅栏区"，非但"没有达到迫害犹太人的目的，却在促进犹太人的集体生活，维系犹太人的宗教信仰、文化

---

①　Tzvia Shickman – Bowman, The Socioeconomic Structure of the Harbin Jewish Community 1898 – 1931 (paper for the Conference on "Jewish Diasporas in China" at the Fairbank Center for East Asian Research Harvard University, August, 1992), p. 4.

②　徐新：《犹太文化史》，北京大学出版社，2006，第375页。

③　李述笑：《哈尔滨犹太人历史年表》，曲伟、李述笑主编《哈尔滨犹太人》，社会科学文献出版社，2004，第107页。

④　张铁江：《哈尔滨：近代东亚犹太人最大的活动中心》，曲伟、李述笑主编《哈尔滨犹太人》，社会科学文献出版社，2004，第50页。

⑤　曲伟等：《东方诺亚方舟——犹太人在哈尔滨历史文化研究》（上），中国社会科学出版社，2014，第67页。

和团结等方面做出了'贡献'",① 所以聚族而居是犹太信仰、犹太传统、犹太信念、犹太文化、犹太团结得以发扬光大的前提条件。（2）哈尔滨俄籍犹太人档案证实，在满洲里、海拉尔、齐齐哈尔等地都有犹太社区，而犹太社区需要有宗教公会、会堂、养老院、免费食堂、医院、商店等方方面面的支撑，这本身就不是一两百人能够办到的事情。（3）在近百年时间里，在华犹太人先后在上海、香港、哈尔滨、天津、满洲里、海拉尔、齐齐哈尔、大连、青岛等城市建立犹太社区。其中，上海犹太社区20000余人（二战前夕），天津犹太社区2500人（1931年以后），哈尔滨犹太社区20000余人（俄国十月革命后），香港犹太社区人数不详。可见，没有千人是很难成为社区的。所以，按哈尔滨、满洲里、海拉尔、齐齐哈尔等地的犹太社区计，推定黑龙江区域犹太侨民峰值为30000人，应该不是一个夸大的数字。

二　黑龙江区域犹太人职业状况

一个民族和个人有着自己的职业习惯，通常是不会有太大改变的。19世纪末20世纪初远东和西伯利亚地区犹太人的职业构成大体如下："一是在城郊农村从事种植业和养殖业的农民，他们可以与俄国农民一样得到一块土地，进行农田耕种或饲养牲畜。他们的农业产业结构与当地的气候、土壤以及犹太人的饮食习惯密切相关，主要是生产大豆、谷物（小麦、燕麦、大麦）、蔬菜、土豆，养蜂业和畜牧业亦很发达；二是从事商业、贸易、工业、银行和运输业的犹太商人、资本家和业主；三是在交通、运输、电力、采金业等部门从事工程技术和管理的工程师、技师和各类工作人员；四是城市中各行业的工人、手工业者、商服人员；五是在沙俄军队里服役的犹太士兵；六是城市中的医生、教师、文化艺术和神职人员等。"② 这里讲的是犹太人在远东和西伯利亚地区的职业构成情况，与哈尔滨犹太人的职业构成情况近似。1925年，俄人K.奥切列京编辑出版了《哈尔滨——博家甸商工与铁路指南》一书，其中讲到哈尔滨犹太人职业构成情况（见表10-2）。

哈尔滨在当时的远东地区来说，应该是一个规模较大的城市，所以在犹太人职业构成中，房产主、工商企业者所占比例最高，占其就业人数的42.87%，

① 徐新：《犹太文化史》，北京大学出版社，2006，第362页。
② 刘爽：《哈尔滨犹太人探源》，曲伟、李述笑主编《哈尔滨犹太人》，社会科学文献出版社，2004，第27页。

单位：人

表 10 - 2　哈尔滨犹太人职业构成情况（1924 年 7 月）

职业 性别	工程师和 技术人员	医生、护士	教授、律师、医师等高级 专业人员	学生	铁路 职员	神职 人员	警察	仆役	房产主、工商企业者	会计、统计师、办事员	各种行业专家、工匠	工人	家务	服务业	小计	儿童	总计
男	19	83	100	92	14	5	—	—	1032	78	355	35	64	449	2326	559	2885
女	—	79	31	53	2	—	—	9	74	17	109	3	1848	86	2311	652	2963
合计	19	162	131	145	16	5	—	9	1106	95	464	38	1912	535	4637	1211	5848

资料来源：转引自李述笑、傅明静《哈尔滨犹太人人口、国籍和职业构成问题探讨》，曲伟、李述笑主编《哈尔滨犹太人》，社会科学文献出版社，2004，第 48 页。

彰显了犹太民族顽强的适应能力和无与伦比的商业智慧。而教授、律师、医护人员、工程技术人员、文化艺术人员、会计统计人员等也占有较高的比例，约占其就业人数的34%，体现出犹太民族较高的文化素质和专业技术能力。相比之下，在黑龙江区域的满洲里、海拉尔、齐齐哈尔等地方的犹太人，恐怕会有一部分是从事种植业和养殖业的农民，这是由地域经济决定的。

第十一章
黑龙江区域的欧美侨民

西方天主教传教士自 16 世纪中叶来到中国，频频活动，历 200 余年，至 19 世纪初期，基督教（新教）布道者相继踏上中国的土地。鸦片战争后传教士乘势涌入，公然在中国大地上划设教区，深入城镇和村庄，开创了欧美移民的先河。

第一节　欧美移民史的上溯

黑龙江区域地处中国北部边疆，由于历史的原因，当内地省份经历鸦片战争、西学东渐、洋务运动等"三千年未有之奇变"时，黑龙江地方还没有从清廷封禁政策的禁锢下解脱出来，能够使欧美移民得以进入的"门户开放"政策更是无从谈起。

一　西方传教士进入黑龙江

那么，黑龙江区域什么时候开始有欧美移民的？有据可查的历史始自清道光十八年（1838）罗马教皇格里高利十六世谕令在满洲设立教区后，外国传教士便纷纷涌入黑龙江区域传教布道，这在地方档案中屡见不鲜。如同治七年（1868）四月二十五日《阿勒楚喀副都统衙门右司为法国人入境活动事致吉林将军三姓副都统咨文呈稿》载：

> 据查街防御珠尔松阿报称，于四月二十四日辰刻，有法国洋人韦廉臣一名，跟随民人四名，小车二辆进街。当即带领查街官兵等向法国洋人韦廉臣盘问，伊称声称由双城堡前来此街上售卖书籍。至午刻该洋人

出城奔往姓城去讫，等情呈报前来。①

光绪元年（1875）八月二十日《左司为法国教士声言明年设立天主大堂，劝教学道等事咨将军衙门文》载：

> 现在身所管之屯，有早年随入天主教之苏拉满洲赵八海之孙、西丹双喜，家中有法国人何兰到此居住；而双喜复又修盖房屋、设立子女学馆，又由巴彦苏苏过来外国人鄂姓来往，与何兰勾通私结，其情难测……现有法国教主何兰在彼居住盖房，设立教馆，随教之子女念经属实。②

实际上，黑龙江区域的外国传教士并不局限于法国，英国、瑞士、德国等国家的神职人员也在这里传教布道。以清末民初的呼兰地区为例，其大致状况是：

> 呼兰天主堂。光绪元年，法国传教士抵呼兰，初赁民房传教。9年后去其他地方布道。光绪二十年后复来，购得土地房产。光绪三十四年传教士戴冶逵新建大楼一座，并在大楼西新建学堂9间，教堂共购买民地665垧。先后任职的法国传教士有贡罗士、舒维尼、薄若望、戴冶逵等。
>
> 呼兰耶稣教堂。在呼兰城西街外，光绪三十四年购地2垧4亩，建造正屋5间。耶稣教士到呼兰始于光绪三十一年，其牧师为英人毕德治。教堂落成，牧师回阿什河，孙牧师继之，亦英人。
>
> 巴彦州天主堂。法国教士抵达巴彦州在同治初年，江省东荒之有法教士自巴彦州始。教堂始建于同治十三年，瓦房草屋共105间，信教男女582名。
>
> 西集厂天主教堂。在州城西35里处，光绪二十八年教民建，驻有英教士。

---

① 东北师范大学明清史研究所、中国第一历史档案馆合编《清代东北阿城汉文档案选编》，中华书局，1994，第40页。

② 中国第一历史档案馆满文部、黑龙江省社会科学院历史研究所合编《清代黑龙江历史档案选编》，黑龙江人民出版社，1986，第52—53页。

此外，还有巴彦州耶稣教堂、兰西县天主教堂、小榆树教堂、东乡库仓沟教堂、乡西华龙山天主教堂、木兰县天主堂等多处。①

据黑龙江宗教界人士介绍，1928 年以前，整个黑龙江区域的天主教统属法国巴黎外方传教会。他们在东北三省先后建立起满洲教区（1838—1898年）、北满教区（1929 年改为吉林教区）。1928 年以后，由德国本笃会控制延吉教区（辖牡丹江）和依兰教区（1937 年改为佳木斯教区），由瑞士白冷外方传教会控制齐齐哈尔教区。黑龙江区域上述教区的管理权限，全部掌握在外国神职人员手中。第二次鸦片战争结束后，被人们习惯称为基督教的新教，亦开始传入黑龙江区域。从1886 年英国苏格兰长老会牧师在双城建立第一座礼拜堂起，丹麦信义会、美国基督教复临安息日会、浸信会、监理会、神召会、约老会等宗派接踵而来。② 如此之众的教派在黑龙江区域传教近百年，其影响是深远的，其作用也不仅限于宗教活动。这里需要讲明两个问题，一是如何看待外国传教士，二是有关国际移民的定义。

首先，有学者认为，传教士在西学东渐中，担当了相当重要的角色，大部分时间里是主角，是他们率先在中国传播数学、物理、化学、地理、地质、生物、医学等知识。晚清来华的传教士对科学与宗教关系的认识是并行不悖、相辅相成的：

科学没有宗教会导致人的自私和道德败坏；而宗教没有科学也常常会导致人的心胸狭窄和迷信。真正的科学和真正的宗教是互不排斥的，他们象一对孪生子——从天堂来的两个天使，充满光明、生命和欢乐来祝福人类。我会就是宗教和科学这两者的代表，用我们的出版物来向中国人宣扬，两者互不排斥，而是相辅相成的。③

二 传教士的身份认定

黑龙江宗教界几位著名人士，都有在神学院学习的经历。如王瑞寰，历

---

① 黄维翰：《呼兰府志·外交略》卷五，1915。
② 金钰：《黑龙江宗教概述》，《黑龙江宗教界忆往》，黑龙江人民出版社，1992，第3—4页。
③ 熊月之：《西学东渐与晚清社会》，上海人民出版社，1994，"绪论"第25页。

任黑龙江教区主教、省天主教爱国会组委、教务委员会主任、中国天主教主教团原副团长等职务；于斌，天主教南京总主教、枢机主教。他们二人，一为宾县人，一为兰西人，都是民国前期毕业于天主教吉林教区神罗学院的高才生。在那里，他们不仅学到了天主教要理，而且学到了数理化文史哲及声光电天地医等知识。通过兴办教育传播福音，是西方传教士普遍采用的传教方式，而在福音传播中汲取西方科学，又是中国现代知识分子成长成熟的路径之一。

国际移民的定义，国际上有统一的认证标准。1922 年，第四届国际劳工大会（The Fourth Session of the International Labour conferenec）对国际移民的"移入""移出"的基本概念进行了界定。1953 年，联合国经济事务统计局明确提出，把在外国居住一年以上者作为"国际移民"的标准。1998 年，联合国经济事务统计局正式公布《国际移民数据统计建议》，其简要定义为："一年以上的为长期移民，三个月以上，一年以下的为短期移民。"而学者的定义是："跨越主权国家边界，以非官方身份在非出生国居住达一年以上的特定人群，即为'国际移民'。"①一般地讲，传教士是没有官方身份的。正如有的学者指出："传教士就是传教士，他们是受欧美各国基督教会团体派遣前来中国传播基督教的……由于在华基督教传教团体不断扩大文化教育活动，使传教士不得不有所分工，除了神职人员外，增加了许多专职的从事文化教育的外国人，但他们的身份仍然是传教士。"②

按此定义解释，19 世纪末 20 世纪初，黑龙江区域部分地方以传教士为主的欧美侨民的国籍及人数如下：法国 7 人，英国 3 人，德国 22 人，希腊 7 人。③

第二节　部分地方自行开埠后的欧美侨民

一位西方国家驻华领事曾直言不讳："我们的商旗是紧跟着十字架的旗号的，谁打击那高举十字架的手，必然损伤我们商旗的利益。"④

---

① 李明欢：《国际移民的定义与类别》，《华侨华人历史研究》2009 年第 6 期。
② 顾长声：《传教士与近代中国》，上海人民出版社，1981，第 450 页。
③ 张国淦：《黑龙江志略·人种》卷二，李兴盛等编《程德全守江奏稿》，黑龙江人民出版社，1999，第 2390 页。
④ 金钰：《黑龙江宗教概述》，《黑龙江宗教界忆往》，黑龙江人民出版社，1992，第 3 页。

一　口岸开放后进入的商业移民

1905 年的日俄战争，为欧美各国提供了机遇。同年 12 月 22 日，中日签订了《会议东三省事宜条约》，在其"附约"第 1 款中写明："中国政府应允，俟日俄两国军队撤退后，从速将下列各地方自行开埠通商。"① 黑龙江区域自行开埠通商的地方是哈尔滨、宁古塔（宁安）、三姓（依兰）、齐齐哈尔、海拉尔、瑷珲、满洲里等。随后这些城镇便成为面向世界开放的通商口岸。

这些地方成为面向世界开放的通商口岸后，欧美各国的工商资本纷纷涌入，打破了昔日沙俄经济的一统天下。由于外籍人口的增加，一些国家开始在黑龙江区域的哈尔滨、齐齐哈尔、黑河、满洲里、绥芬河等地设立领事机构。当时中东铁路哈尔滨附属地内的新市街、埠头区辟建了开办各国使领馆的使领区。1907 年 1 月 14 日，最先设立的是俄国驻哈尔滨总领事馆（馆址在今南岗区红军街龙门大厦）；1907 年 1 月 21 日，美国紧随其后设立了驻哈尔滨总领事馆（馆址在今南岗区秋林商店附近）；1907 年 3 月 4 日，日本驻哈尔滨总领事馆开馆（馆址在今南岗区花园小学校址）；1907 年 5 月 18 日，法国驻哈尔滨领事馆设立（馆址在今南岗区龙江街）；1909 年 1 月 30 日，西班牙驻哈尔滨领事馆设立（馆址在今南岗区铁岭街）；1909 年 8 月 21 日，德国驻哈尔滨领事馆设立（馆址在今南岗区花园街与阿什河街交角处）；1910年 1 月，荷兰驻哈尔滨领事馆设立（馆址在今道里区友谊路）；1911 年，英国驻哈尔滨领事馆设立（馆址在今南岗区东大直街与铁岭街交角处）；1911年 1 月，比利时驻哈尔滨领事馆设立（馆址在今东大直街上，与法国领事馆相邻）；1916 年，丹麦驻哈尔滨领事馆设立，先由俄国领事代行事务，1920年在今道里区田地街 20 号建立新馆，丹麦领事到职理事；1918 年 3 月 5 日，瑞典驻哈尔滨领事馆设立（馆址在今道里区经纬街，后迁往南岗新买卖街）；1919 年 2 月，捷克斯洛伐克驻哈尔滨领事馆设立（馆址在今南岗东大直街 71号）；1919 年 12 月，拉脱维亚驻哈尔滨领事馆设立（馆址在今南岗区比乐街56 号）；意大利驻哈尔滨领事馆设立的具体时间不详，1920 年时的馆址在今省博物馆对面；波兰驻哈尔滨领事馆设立于 1920 年前，馆址在今南岗区风翥街 21 号；1921 年初，葡萄牙驻哈尔滨领事馆设立（馆址在今南岗区东大直

---

① 步平等编著《东北国际约章汇释（1689—1919 年）》，黑龙江人民出版社，1987，第 289 页。

街 44 号）；1924 年 5 月，爱沙尼亚驻哈尔滨领事馆设立（馆址在今南岗区东大直街与阿什河街交角处）；1925 年，立陶宛驻哈尔滨领事馆设立（馆址在今南岗区夹树街与货栈街交角处）。此外，还有远东共和国驻哈尔滨代表部、苏联驻哈尔滨总领事馆及 1943 年设立的匈牙利驻哈尔滨领事馆等。而在黑龙江区域的齐齐哈尔、黑河、满洲里、绥芬河等地方，另有俄国（苏联）、日本等国家的领事馆设立。在一个省份有如此之众的领事馆，实为中国内地其他地方所罕见。

粗略统计，清末民初之际黑龙江区域相继共有 19 个国家设立了 28 个总领事馆、领事馆。领事馆的职能就是保护本国利益，管理和保护本国侨民，办理护照、签证、公证、认证等事宜，欧美国家领事馆等外事机构在黑龙江区域的设立，是这些国家商业经济发展及侨居人口增加的结果。下面围绕北满经济中心哈尔滨，来看一下美、英、法、德等几个主要欧美国家工商企业的投资大势。

二　欧美国家的商业移民

美国在哈尔滨的工商企业。在美国于哈尔滨设立的通商银行、中央懋业银行、花旗银行、美华银行、信济银行等几大金融机构（含中美合办）的支持下，在北满当然主要是在哈尔滨设立的企业公司达 38 家（1931 年末统计数字）。经营的商品，大的有火车头、汽车、发动机、纺织机等，小的有毛皮和日用杂货。此外，还有电气、冶金工厂、制粉厂、制糖厂、金矿、煤矿等。[1]

英国在哈尔滨的工商企业。在英国于哈尔滨设立的汇丰银行、英满投资交易公司、麦加利银行等金融机构（含中英合资）的支持下，相继设立的工商企业情况如下：1909 年，英商葛列廓尔开办进出口贸易总商行，同年粮商查尔金开办查尔金转运公司；1911 年前后，华英东方贸易公司、英商朴自尔洋行、怡和洋行密塞尔商会等先后成立；1913 年，滨江物产英国进出口公司（鸡鸭公司）是当时东北最大的肉制品加工企业；1914 年，英美烟草公司入股老巴夺烟厂；1917 年，英商在哈尔滨成立商务调查局。据 1923 年统计，哈尔滨有英国商社 30 家，主要从事机械、农具、铁路材料、货车、机车等商

---

[1]　哈尔滨市档案馆编《哈尔滨经济资料文集》第 4 辑，1991，第 146 页。

品的经营活动。①

法国在哈尔滨的经济活动以金融业为主。在中东铁路的修筑还处于运筹过程时就不乏法国人的身影，最终在为中东铁路修筑提供资金保障的华俄道胜银行资本金里，俄资占 3/8，法资占 5/8，如此之大的资金投入促使法国不会轻易放弃这里的经济利益。早在中东铁路全线通车之际，法国人就在哈尔滨开办了以经营化妆品和杂货为主的白郎西公司与以经营酒类、食品、药品为主的佛涅尔公司。1906 年，法国化妆品商店在南岗义州街开业。然而，这些都属于零星的个人投入。1915 年，法国加入《英俄协定》②，居住在中东铁路附属地内的法国人履行纳税义务，享有自治权。随后，法国金融业开始大举进入哈尔滨。1917 年，总行在上海的万国储蓄会在哈尔滨设立分会。1925 年，总行在天津的中法储蓄会在哈尔滨设立分会。1928 年，总行在巴黎的中法实业银行在哈尔滨设立支行。1928 年，法通银行在哈尔滨开办。1929 年，总行在巴黎的法亚银行在哈尔滨设立支行。

德国是在哈尔滨投资较早、规模较大的国家之一。早在 1901 年就有俄、德合资开办的哈盖迈耶尔、留杰尔曼啤酒厂。1903 年，德国商人又开办了斯不列颠卡酒厂。随后，德国钢铁与机器制造业开始涉足北满。九一八事变前，"在哈之西洋钢铁商共计 22 家，德国一国即占去 10 个而居第一位，英国居第二位，美国略逊于英，次为捷克、意大利、荷兰等国。其中德国以各种机器及电器机件独得社会之信仰，而亦为该国在满钢铁销路中之主要物品"。③

由于如此之众的欧美企业投资，侨居哈尔滨的外籍业务人员及其眷属亦随之增多。1931 年时侨居哈尔滨欧美人口的状况是：英国 239 人、美国 86 人、德国 290 人、法国 74 人、意大利 59 人、波兰 1090 人、希腊 50 人、荷兰 38 人、奥地利 34 人、丹麦 48 人、捷克 139 人、瑞典 22 人。④而黑龙江区域其他地方的欧美侨民人数付之阙如。

---

① 《满蒙》第 5 卷第 3 号，1924 年，第 29 页。
② 1914 年 4 月 30 日，英国驻哈尔滨领事斯拉依与中东铁路公司代办达聂尔、俄国驻哈总领事特拉乌绍利特无视中国主权和国际公法，公然在哈尔滨签订了《将中东铁路界内自治及纳税章程推行于界内英国人的协定》7 条（即《英俄协定》）。在哈尔滨各国纷纷加入《英俄协定》，从中分得利益。
③ 程绍璟：《以哈尔滨为中心西洋各国在满钢铁势力之消长》，《中东经济半月刊》第 8 卷第 8 号，1932 年。
④ 薛连举：《哈尔滨人口变迁》，黑龙江人民出版社，1998，第 137～139 页。

第三节 "九一八"事变后的欧美侨民

沦陷时期，尽管日伪当局在1932年3月1日的"独立宣言"中保证，"凡居住于新国家领域之内的人民，在种族和阶级上不得有任何歧视。除汉、满、蒙、日、朝诸民族外，其他外国人民经申请后，对其权利给与保障"。其"民权法"中也写道："保证对新国家臣民不论种族和信仰的不同给与同等保护。"① 然而，"独立宣言"的余音在耳，3月11日即伪满洲国成立的第10天，在北满重镇哈尔滨发生了犹太商人高夫曼绑架案，虽然其妻子交付了1.8万美元的赎金，但高夫曼仍没有逃脱暴尸街头的命运。一些富有的犹太人为了保住性命，通过各种途径获得在伪满洲国享有治外法权国家的国籍（英国、法国和美国的国籍最受欢迎）。但是，"护身符"似的外国国籍并没有真正起到护身的作用，1933年著名的卡斯帕绑架案表明，法国的"三色旗"也没有使马迭尔老板逃脱儿子被杀害的厄运。1934年，美国记者埃德加·斯诺在一篇题为《日本建立新殖民地》的文章中写道："哈尔滨以前是愉快的，现在成了著名的人间地狱……生活在这样不安全的地方，恐怕是全世界所没有的。"② "长期住在哈尔滨的美国领事乔治·查尔斯·汉森在他的办公桌上放一只实弹手枪。小心谨慎的打高尔夫球的人，给他们的球童配备了自动步枪。有个逃离哈尔滨最后在洛杉矶住下的人感慨的说'如果你上街而不遇到任何伏击，就会感到相当的安慰'。"③

在人身安全无法得到保证的情况下，欧美侨民如果还不走，那就剥夺你的治外法权。1937年，伪满洲国推行"日满一体化"的行政改组，宣告"满洲国作为一个独立国家，它不受外国与中国所缔结的治外法权条约的束缚，所以外国人就被剥夺了特权而必须服从'满洲国'的法律和法院，这实际上就是他们必须服从日本人的管辖权。抗议亦归无用，唯一的结果就是加速外国商号撤出这个'国家'"。④ 如此，在日伪战时经济统制下，没有治外法权保护的欧美侨民纷纷撤离。1932年，美籍犹太人崔克曼收购了阿什河糖厂，日本人强行入股进行合营，并改名为"北满制糖株式会社"。1938年11

---

① 南满铁道公司：《第四次满洲发展报告》，1934，第248~250页。
② 《周末邮报》1934年2月24日。
③ 刘万钧等编译《满洲黑手党——俄国纳粹黑幕纪实》，黑龙江人民出版社，1989，第72页。
④ 〔英〕琼斯：《1931年以后的中国东北》，胡继瑗译，商务印书馆，1959，第37页。

月，日伪当局封闭哈尔滨英国中学和英国专门学校；1941 年 1 月，美国花旗银行哈尔滨分行倒闭；12 月，太平洋战争爆发，驻哈尔滨美英领事馆关闭。1903 年由波兰籍犹太人 E.A. 老巴夺创办的"葛万那烟庄"，1914 年更名为"老巴夺烟草公司"，同年与"英美烟草公司"合并，改名为"英商老巴夺父子烟草公司"。太平洋战争爆发后，日伪当局将英美烟草公司的现款、存款都作为敌产存入了"满洲中央银行"，英、美人员全部遣送回国。另据《全哈尔滨商工名录》和《哈尔滨商工名录》记载，1936 年哈尔滨的外国资本工业企业为 144 家，而到了 1939 年时则仅剩 28 家。[①] 随着欧美各国经济势力的衰退，侨民人数急剧减少。

沦陷时期，哈尔滨欧美侨民的情况如此，黑龙江区域其他地方状况亦然，整个外部大环境的改变，导致欧美侨民人数越来越少。至 1945 年日本投降时，哈尔滨市共有欧美其他国家（苏、波、无国籍者除外）侨民 1172 人，其中德国 524 人，为最多；其次为希腊，155 人；其余国家的侨民均不足 100 人。[②]

第二次世界大战结束后，欧美各国都忙于经济恢复工作，对劳动力产生了极大的需求。以当时黑龙江区域还有近千余的波兰侨民为例，1949 年 3 月 2 日，波兰外交部克洛索夫斯基以波兰政府代表的身份来到哈尔滨，与哈尔滨市政府就侨民遣返一事进行商谈并达成协议。4 月 6 日，哈尔滨市政府专门成立了遣送波兰侨民委员会，开始遣返侨民。按照双方达成的协议，由地方政府收购侨民的不动产，然后把他们向哈尔滨集中。7 月 2 日，第一批 368 名波兰侨民乘车离开哈尔滨经满洲里回国；10 天后，第二批 402 人离境；7 月 24 日，第三批 17 人回国。三批共计遣返波兰侨民 787 人，其中哈尔滨 605 人，阿城 66 人，一面坡 32 人，佳木斯 7 人，省内其他地方 59 人，省外北京、天津、沈阳、长春、旅大等地 18 人。至此，波兰侨民的遣返工作基本结束。至于其他为数不多的欧美国家侨民，由于时过境迁，更由于意识形态上的差异，在有关部门的安排下，征得他们本人同意后，也都陆续遣返回国。

---

① 赵德玖：《哈尔滨近代对外经贸关系史略》，华文出版社，1993，第 334 页。
② 黑龙江省档案馆档案，档案号：158-1-83，转引自《黑龙江省志·外事志》第 69 卷。

日本与黑龙江区域交往的历史，至迟可上溯到渤海国时期，在上京龙泉府（今黑龙江省宁安市渤海镇）作为渤海国都 160 年的历史中，日本通聘使团数次来此，两地在政治、经济、文化上有着友好交流。另有嘉庆十三年（1808）日人间宫林藏受德川幕府派遣，从日本北海道出发，越过鞑靼海峡对库页岛和黑龙江下游进行了考察，并据此写出了《东鞑纪行》一书，其中记载了"伊彻霍通"（三姓）属下名为"德楞"的满洲行署收缴貂皮的情况。然而，这些都不是移民史研究的内容，真正意义上的黑龙江区域日本移民始于 19 世纪末 20 世纪初。

第一节 "九一八"事变前的日本移民

1858 年《天津条约》的签订，使营口成为通商口岸，帝国主义侵略势力得以由东南扩张到东北，借此机会，三井物产会社、横滨正金银行、松村洋行、赛珍珠商品陈列馆等日本财阀与商业资本率先渗透进营口。甲午战争后，日本资本急剧膨胀，触角开始向东北北部延伸，修筑中的中东铁路枢纽哈尔滨及其周边的横道河子、海林、宁古塔等地都有日本人的身影。

一 日俄战争前后黑龙江区域的日本人

《马关条约》的签订为日本人进入我国东北提供了契机，但随后发生的俄德法"三国干涉还辽"使这一"契机"化为泡影。日本学者冢濑进在其《满洲の日本人》一书中指出，1903 年之前哈尔滨有日本人 681 人，宁古塔有 28 人，横道河子有 88 人。而据金子文夫《近代日本における对满洲投资的研究》一书的记载，哈尔滨的日本人为 1111 人，①如此来看，统计数字即说明了日本移民人口的陡然增长，又暗示着中东铁路修筑后哈尔滨经济社会的快速发展。

1904 年爆发的日俄战争，以俄国人的失败、退出南满告终，而中日签订的《中日会议东三省事宜条约》，将北满地区的哈尔滨、宁古塔、三姓、齐齐哈尔、海拉尔、瑷珲、满洲里等辟为国际性商埠，更为日本移民的涌入提供了便利条件。1911 年前后，黑龙江区域的日本移民大致状况是：哈尔滨 787 人②，黑河府 24 户 126 人，龙江府 28 户 132 人，大通县（通河）1 户 5 人，呼伦厅 5 户 66 人，胪滨府（满洲里）10 户 32 人，西布特哈（扎兰屯）2 户 26 人。③萝北县有日本移民 104 人，共有商业、医院、妓馆 27 家。极边的漠河也有日本妓院 13 家、理发所 1 家、医院 2 家，侨民男 1 人、女 68 人。④

关于最初进入我国东北日本移民的身份问题，有研究者认为，其顺序是日本间谍、手持枪炮的日本军人、抱着算盘的商人、少数扛着农具的农民。与其不同的观点是，最先踏入大陆的日本人不是间谍，而是女性，女性是满洲"开拓的先驱者"。⑤对此，是否可以视为地区不同情况的差异。针对黑龙江区域讲，最早进入的日本移民应该是妓女和间谍，或双重身份兼而有之者。日本的娼妓漂洋过海到国外赚钱，是得到政府支持与扶植的，为帝国搜集情报自然也就成了应有之意。1872 年符拉迪沃斯托克（海参崴）成为沙俄远东地区重要军事基地后，大批日本女性在商人的裹挟下涌入海参崴，以"卖春妇"的身份从事"风俗业"，在日语中叫作"からゆきさん"，意为到中国赚钱。据 1884 年海参崴的人口统计，有日本侨民 412 人，其中女性 276 人，谁敢保证这里没有以妓女身份为掩护向日本提供俄国第二太平洋舰队情报的"西伯利亚阿菊"⑥。1900 年，在哈尔滨开办菊地照相馆

---

① 转引自王希亮《日本在东北的早期贸易活动及人口流入——从营口开港到日俄战前》，《东北史地》2013 年第 3 期。
② 薛连举：《哈尔滨人口变迁》，黑龙江人民出版社，1998，第 150 页。
③ 张国淦：《黑龙江志略·人种》第 2 卷。
④ 《黑龙江省志·人口志》第 57 卷。
⑤ 永田稠：《满洲移民前夜物语》，日本力行社，1942，第 8 页；加纳实纪代：《满洲と女たち》，第 203 页。均转引自王希亮《日本在东北的早期贸易活动及人口流入——从营口开港到日俄战前》，《东北史地》2013 年第 3 期。
⑥ 渡辺竜策『女探·日中スパイ戦史の断面』早川書房、1965。

的石光真清①，其属下的许多情报员就是"满洲阿菊"。另外，还有一些日本军人和所谓的大陆浪人，受命以各种身份为掩护游荡于满洲各地，以其游历之记录侦探情报。小越平隆的《白山黑水录》（1901）、植村雄太郎的《满洲旅行日记》（1903）、吉田平太郎的《蒙古踏破记》（1919 年内蒙古东部及洮南地区的旅行日记）等均属此类。② 紧跟其后或相间进行的是"抱着算盘的商人"。以哈尔滨为例，中东铁路修筑之初，日本人久平光弥带着 8 个徒弟从俄远东地区来到哈尔滨开办洗衣店。其后，来哈尔滨的日本人逐渐增多。1901 年 11 月，日本人在道里中国五道街创办"松花会"（1908 年 4 月改称"日本侨民会"），至 1904 年初哈尔滨的日本人已达到 1000 余人。日俄战争爆发后，"松花会"接到日本驻海参崴贸易事务官电报，命令在哈尔滨的日本侨民撤离。除少数肩负特殊使命的日本人外，绝大多数日本侨民都离开了哈尔滨。日俄战争的结局，使日本人变得更加狂妄，认为应该把大量日本人作为永久居民安置在满洲，"如不出十年能向满洲移出 50 万国民，俄国虽以强大自恃，亦不敢擅自挑起战端"。③

二　黑龙江区域部分地方"开埠通商"时期的日本人

1906 年哈尔滨自行开埠通商，这给日本侨民的重新进入提供了绝佳的机会，三井物业株式会社、南满铁道株式会社、竹内商会、松浦洋行、加藤酱油酿造公司、田中洋行、日本龙口银行、井上药房、大岛电器商店、南海洋行等蜂拥而至。至 1914 年时，哈尔滨仅傅家甸就日本工商企业 29 家，其中玻璃工厂 1 家，药品仓库和药店 10 家，当铺 2 家，瓷器店、布庄、水果店等 15 家，骨头收购店 1 家。④ "一战"期间，控制中东铁路的俄国人忙于战争，日本势力得暇北上，工商企业数量迅速增加。而俄国十月革命后，日本更借出兵远东之机使大批侨民涌入北满。"战前日本在北满的进口中占第四位，大战期间上升到第一位。"⑤ 据调查，1923 年哈尔滨资本金在 5 万元以上的日

---

① 石光真清（1807—?），曾用名菊地正三，日本国熊本县人，毕业于日本陆军学校。日俄战争前夕，1899 年接受日本军参谋本部的派遣，潜伏于俄国西伯利亚及中国东北地区，并以哈尔滨为中心建立了情报网从事谍报活动。
② 张明杰：《近代日本人中国游记总序》，《近代日本人中国游记丛书》，中华书局，2007。
③ 日本满史会：《满洲开发四十年》，东北沦陷十四年辽宁编写组译，1988，第 11 页。
④ 梅尼希科夫：《吉林省》（俄文版），1916，第 626 页。
⑤ 〔苏〕阿瓦林：《帝国主义在满洲》，北京对外贸易学院俄语教研室译，商务印书馆，1980，第 311 页。

侨及与之有关的企业有哈尔滨储金信托株式会社、北满电器株式会社、哈尔滨商品信托株式会社、株式会社哈尔滨交易所、北满制油株式会社、哈尔滨土地房屋株式会社、株式会社哈尔滨仓库、北满兴业株式会社、东华仓库金融株式会社、株式会社北满仓库、株式会社三星商店、株式会社哈尔滨银行、株式会社哈尔滨艺妓管理所、株式会社福田组、株式会社哈尔滨竞马场、哈尔滨制材株式会社、哈尔滨日日新闻社、博罗金·高田酿造株式会社、札免采木公司、庄司合名会社、东亚洋蜡合资会社、哈尔滨电气工业合资会社、哈尔滨铁工厂、丸平洋行、东洋拓殖株式会社哈尔滨分店、三井物产株式会社哈尔滨办事处、日清制油株式会社、株式会社山本商店哈尔滨办事处、日俄实业株式会社哈尔滨分店、协信洋行哈尔滨分行、铃木商店哈尔滨办事处、东省实业株式会社、东洋棉花株式会社、东亚烟草株式会社、松浦商会、八坂商事株式会社、光武商店哈尔滨分店、横滨正金银行哈尔滨分行、朝鲜银行哈尔滨分行、三菱商事株式会社哈尔滨办事处、株式会社龙口银行哈尔滨分行、国际运输株式会社哈尔滨分店。[①] 随着日本工商企业及机构的增多，1931 年哈尔滨日本侨民人数也达到 4046 人。[②] 20 世纪 20 年代后，日本曾以"保护北满日人之商权，增进日商利益"[③] 为幌子，以哈尔滨为中心大肆扩张，寻求在北满腹地开拓日货销售场所，于是黑龙江区域的部分地区纷纷建立日本商会或贸易馆。

> 齐齐哈尔贸易馆（昭和祥）：由哈尔滨松浦洋行水上俊比古创办于 1927 年 12 月。海拉尔贸易馆（昭和盛）：由哈尔滨松浦洋行水上俊比古创办于 1929 年 6 月。宁安贸易馆（高冈号）：由哈尔滨高冈号相见幸八郎创办于 1928 年 12 月。三姓贸易馆（大信号）：由哈尔滨大信号岛崎龟藏创办于 1930 年 1 月。[④]

随着日本工商企业大量涌入，移民人数应该有较大幅度的增加，但 1931 年以前黑龙江区域日本移民的确切数字终不可得，只得借相关资料做一推

---

① 〔日〕山内胜雄：《日本人在哈尔滨的会社商店一览》（日文版），1923，第 1—24 页。
② 薛连举：《哈尔滨人口变迁》，黑龙江人民出版社，1998，第 151 页。
③ 《北满概观》，汤尔和译，商务印书馆，1937，第 337 页。
④ 《北满概观》，汤尔和译，商务印书馆，1937，第 399 页。

算。九一八事变前，整个东北地区的日本移民在 24 万人。此间，根据是英国学者克尔比在其未发表的《满洲国的经济组织》论文里的计算方法，黑龙江区域的日本移民人数应为 6680 人，如下：

> 6680＝240000 人（1931 年以前东北日本移民总数）－119770 人（关东租借地日本移民人数）－100268 人（南满铁道区日本移民人数）－13282 人（其他地方日本移民人数）①

我们理解，这里其他地方的日本移民应该指黑龙江区域的大部②。虽然用这种方法得出的数字不甚准确，但还是具有一定的参考价值。

第二节　日伪统治时期的移民侵略计划与实施

日本觊觎我国东北的野心由来已久，早在日俄战争后为防止俄国势力卷土重来，日本政要儿玉源太郎、后藤新平、小村寿太郎等提出向满洲移民的主张。但舆论终究是舆论，离真正的大规模实施还有着很大距离。那些极不稳定、来去自由、无长期打算的"少数扛着农具的农民"，成为较早进入我国东北日本的农业移民。1905 年日俄《朴茨茅斯条约》签订后，日本在占领的辽东半岛设立了关东军守备司令部、关东都督府及南满铁道株式会社，这不仅使这里的日本人增多，而且使日本的农业移民成为可能。日本移民最初是参加日俄战争、退伍后留居"关东州"务农的日本军人，零散从日本国内来的农业移民也有，不过数量不多，据有关资料统计，至 1914 年"关东州"及其附属地的日本农业移民仅有 61 人。③ 1914 年以后，日本政府开始介入，在"关东州"建立了日本移民村，在《关于招募关东州移民方案》指导下，

---

① 〔英〕琼斯：《1931 年以后的中国东北》，胡继瑗译，商务印书馆，1959，第 80 页。

② 1907 年 7 月 30 日，日、俄两国在圣彼得堡签订《第一次日俄协定及密约》。其"附款"写道："本约第一条所述北满与南满之界线，议定如下：从俄韩边界西北端起划一直线至珲春，从珲春划一直线到毕尔滕湖（即镜泊湖）之极北端，再由此划一直线至秀水甸子，由此沿松花江至嫩江口止，再沿嫩江上溯至嫩江与洮儿河交流之点，再有此点起沿洮儿河至此河横过东经一百二十二度至。"参见步平等编著《东北国际约章汇释（1689—1919 年）》，黑龙江人民出版社，1987，第 320 页。

③ 左学德：《日本向中国东北移民史》，哈尔滨工程大学出版社，1998，第 9 页。

相继建立了爱川移民村、独立守备队退伍兵移民村、大连农事株式会社移民区、公主岭农业实习所、熊岳城农业实习所等。但这些移民活动仅限于南满各地，在北满日本的农业移民鲜见。即便是在南满，其移民侵略活动也受到了限制，并不是完全成功的。

一 大规模移民侵略计划的提出

九一八事变后，东北沦为日本完全占领区，这使日本移民侵略计划的全面实施成为可能。1932 年 1 月，日本移民侵略政策的鼓吹者石黑忠笃（农林次官）、加藤完治（日本国民高等学校校长）、宗光彦（公主岭农业实习所所长）三人密谋策划后，向日本拓务省提出了《满蒙移殖民事业计划书》，主张以在乡军人为主体向全国招募移民。一时间，日本国内向我国东北移民的舆论甚嚣尘上，各种计划书达 84 件之多。同年 8 月 30 日，日本第 63 届临时议会通过了第一次"武装移民"500 人、21.7 万日元的"满洲试验移民费"预算，从而开始了日本移民侵略的最初试验。经过了必要的准备之后，严格地从日本本州北部各县农村中挑选出一批退役军人和后备军人，被选定的移民中有许多是过去在"满洲"执行任务的日军师团的士兵。由 423 人组成的日本"武装移民"团，其领导职务都"由陆军省推荐的预备役在乡将校"担任，除每人 1 支步枪外，还配备迫击炮 2 门、机枪 3 挺。这支武装移民团编成 1 个大队、4 个中队，每个中队以县为单位划分为若干小队，其移民迁出的具体地域与人数为：第 1 中队第 1 小队（青森县）39 人，第 2 小队（岩手县）41 人，第 3 小队（秋田县）35 人；第 2 中队第 1 小队（山形县）39 人，第 2 小队（福岛县）42 人，第 3 小队（宫城县）37 人；第 3 中队第 1 小队（新潟县）40 人，第 2 小队（长野县）39 人；第 4 中队第 1 小队（群马县）41 人，第 2 小队（栃木县）39 人，第 3 小队茨城县 31 人。这支武装移民团的行程是，1932 年 10 月 3 日遥拜完日本皇宫后从东京出发，5 日由神户乘船出海，8 日抵大连，未做停留直奔沈阳，在那里 1 名队员掉队。10 月 10 日移民团乘火车去哈尔滨，休整 2 天后又乘船沿松花江而下。14 日晚抵达佳木斯，与早已等候在那里的 70 人先遣队会合。这支武装移民团在佳木斯度过了 1932 年的冬天，于翌年的 2 月 11 日移居桦川县永丰镇孟家岗，称作"弥荣村开拓团"。类似的移民共进行了 5 次，都是带有试验和准备性质的"武装移民"，其具体情况如表 12 - 1 所示。

表 12－1　日本"武装移民"统计

单位：人，个

入殖时间	人数	团数	入殖地	名称
1932 年 10 月 14 日	492	1	桦川县永丰镇	弥荣村
1933 年 7 月 5 日	493	1	依兰县七虎力	千振村
1934 年 10 月	300	1	绥棱县王荣庙	瑞穗村
1935 年 9 月	500	2	密山县	成子河、哈达河
1936 年 7 月	1026	4	密山县	永安、朝阳、黑台、信浓
合计	2811	9		

资料来源：《满洲年鉴》，1942。

经过了几次"武装移民"试验，日本在乡军人会本部认为，"向满蒙进行邦人农业移民，乃是帝国国策上的一个极其紧要、而又不可缺少的重大问题，这早已不是议论其可行性时候了。而应在周密准备与计划之下，排除万难去努力实行"。1934 年 3 月，在乡军人会在《满洲特别移民之真相》一文中露骨地指出：

> 满蒙无论从国防、经济、思想，以及其它各方面来说，都是皇国日本的生命线，该特种地区的我之既得利益，乃系过去帝国赌国运争来的，此项既得利益如不能得到确保，则帝国之安全亦将难保……为此可采取的手段固然很多，而归根结蒂在于实力问题。培植实力乃为首要条件，征之古来实例，可谓极其明了。如今导致这场满洲事变的最主要原因，不外乎我国于日俄战争之后，徒然相信纸上条约，特别是没有采取增殖邦人的手段而放任自流，导致无日本人实际势力存在的结果。如日俄战争后就积极移进众多邦人，我想这次满洲事变就不致于发生，即使发生也能兵不血刃地结束。因此，今后务必要把培植我之实力放在第一位……而实际势力之培植，首在人口之增殖，而人口之增殖，又必须是移殖由日本精神培育出来的日本人。[1]

这篇文章总结了所谓日俄战争的"教训"，"认为以农业立国的满蒙，必

---

[1]　黑龙江省档案馆编《日本移民侵略黑龙江》，黑龙江人民出版社，2015，第 3 页。

须要以意志坚强的日本农业移民为骨干"。1934 年 11 月 25 日至 12 月 6 日，在伪满洲国首都"新京"（长春）召开了有关东军、南满铁道株式会社、伪满洲国政府、朝鲜总督府、拓务省等部门参加的"第一次移民会议"。会议对前三次"武装移民"的效果进行了总结，通过了《满洲农业移民根本方策案》，对移民政策进行了调整。通过这几次的试验移民，日本关东军治安部认为，"武装移民的移殖，意味着警备力的扩大与巩固，具有抑制匪团活动的力量。只有这种武装移民，才能使全满洲逐渐确立国内治安"。① 这种"屯田兵不仅是兵农兼顾的军人，而且又是具有生产基础的军队。他们一手拿枪，一手拿锹，作为兵的方面不是绝对的消费者，作为农的方面又可以得到补充，是从事武术军事的特殊军人"。② 在这里特别需要注意的是，武装移民的地理分布主要集中在黑龙江区域，这里除有大量可耕地外，还具有更为重要的镇压抗联与对苏作战的军事意义。但仅此不够，还必须迅速完成"试验移民期向正式大量的移民期转变的过渡期"。③

二 百万户移民计划的出笼

1936 年"二二六"事变后，日本军部政治地位大为提高，对政治的介入更加肆无忌惮。在这种形势下，1936 年 4 月关东军又不失时机地在"新京"召开了"第二次移民会议"，参加者有陆军省、拓务省、伪满洲国政府、满洲拓殖株式会社、满洲铁道株式会社等机构代表，会议对关东军制定的《满洲农业移民百万户移住计划案》和《暂行甲种移民实施要领案》进行了讨论。"计划案"提出"日本人向满洲的农业移民以在 20 年间约 100 万户（500 万人）为目标"，④ 同时还对"移民用地""开拓民的区分""移民的入殖""移民的助成""移民的募集""移民的训练"等问题进行具体的分析讨论并形成了统一认识。7 月 9 日，关东军顾问稻垣征夫携带《满洲农业移民百万户移住计划案》《暂行甲种移民暂行要领案》《日本人移民用地整备要

---

① 日本关东军治安部参谋司调查课：《从治安上看日本农业移民》，1937 年 8 月 10 日。
② 〔日〕加藤俊次郎：《兵农殖民政策》，庆应书房，1941，第 174 页。
③ 〔日〕满洲移民史研究会编《日本帝国主义在中国东北的移民》，黑龙江人民出版社，1991，第 42 页。
④ 关东军司令部：《满洲农业移民百万户移住计划案》，1936 年 5 月 11 日。其具体安排为：第一期 10 万户，第二期 20 万户，第三期 30 万户，第四期 40 万户。5 年为一期，每期以 10 万户递增，20 年内为 100 万户，以每户 5 口计，计 500 万人。

纲》三份要件回到日本，先与陆军省、大藏省、拓务省大臣会晤，然后又回答了海外拓殖委员会的咨询。7 月 23 日，海外拓殖委员会会长永田秀次郎召开会议，对关东军"计划案"进行讨论并通过。8 月 25 日，广田内阁审议通过了《二十年百万户移住计划案》，并宣布将之列为日本"七大国策"之一全力推行，从 1937 年正式开始实施。1939 年 4 月，溥仪傀儡政府也将其列为"满洲国"的"三大国策"之一。从中可见，日本移民侵略的真正目的是千方百计地要把所谓的"优秀的日本农民扎根于满洲的土地上，以他们为核心收到民族协和之实，对外则充实国防，对内则谋求产业发展……以此来达到日满两国的实质性的密不可分的关系，而且要永远强化下去"，变"满洲"为日本"国土"。

1937 年 5 月，日本拓务省根据"百万户移民"计划安排，制定了《满洲移民第一期实施计划要领》，对移民种类、移民入殖年度计划、移住预定地区、移民募集、移民训练、入殖形式、营农原则、政府资助等方面做了预案。按照《第一期五年入殖计划》（1937—1941 年）安排及具体实施状况，根据史料制成表 12 – 2。

表 12 – 2　第一期五年入殖计划内容

单位：户

年度（批次）	年份	集团开拓民	集合开拓民	合计
初年（6）	1937 年	5000	1000	6000
二年（7）	1938 年	10000	5000	15000
三年（8）	1939 年	15000	6000	21000
四年（9）	1940 年	20000	8000	28000
五年（10）	1941 年	20000	10000	30000
合计		70000	30000	100000

资料来源：满洲国产业部拓政司、都甲谦介：《满洲百万户移民国策全貌》，黑龙江省档案馆编《日本移民侵略黑龙江》，黑龙江人民出版社，2015，第 36 页。

然而，计划终归是计划，虽然有人对计划执行前两年的移民状况吹嘘道："移民入殖的业绩收到了比预期好得多的成果。即进行了大量的移民，第一年度的集团移民（5000 户），昭和 13 年 3 月本队入殖完了；第二年度的集团移民（5000 户）的先遣队，也于同年 2 月下旬入殖现地。本队的入殖准备也已经开始。而与这一国策并行的每年向满洲输送 3 万乃至 5 万青少年移民（满蒙开拓青少年义勇队）计划，也决定从昭和 13 年起实施。这样，我们的移民事业将有进一步的飞跃。"[1] 但由于 1937 年 7 月日本全面侵华战争的爆发，在扩大兵源的情况下，移民侵略满洲的计划实施受到影响，经过第 6、7、8、9、10 次（接续"武装移民"后排序）移民，加之分村、分乡及分散的"开拓民"在内，计划中的 10 万户实际上只完成了 8 万户。

1941 年底太平洋战争爆发，尽管日本国内兵源紧张、劳动力奇缺，内阁会议还是通过了《满洲开拓第二期五年计划要纲》，计划 1942 年至 1946 年的移民仍以"百万户移民"计划的第一期 10 万户，第二期的 20 万户为既定目标，但由于第一期只完成了 8 万户，缺额部分要在第二期补足，故第二期五年移民计划数为 22 万户。太平洋战争爆发后，尽管日本国内的劳动力资源枯竭状况日益恶化，但还是在 1942 年强力地执行了第二期五年移民计划，也就是第 11 次移民。不过，实际的移入户数要远低于计划数，而且总是用新一年的移民去补上一年的缺额，在第 12、13、14 次移民中，集团开拓民的规模不断缩小，即便如此，达不到移民户数的"虫蛀团"还是越来越多地出现。为了完成移民计划，日本政府一方面在国内推行"特别指导郡运动""转业开拓民运动""满洲建设勤劳奉仕运动"等以扩大招募范围，另一方面把大批的"青少年义勇队"训练生提前补入开拓团充数。实际上，"日本帝国主义的满洲移民事业，在 1945 年 8 月以前便已全面崩溃"。[2] 第二期五年移民计划数和实际移入数的对比见表 12-3，从中可以清楚地看到日本移民侵略步入穷途末路的颓势。

表 12-3　第二期五年移民计划数和实际移入数比值

年份批次	一般开拓团		义勇队开拓团	
	计划数（户）	实际移入数（户）	计划数（人）	实际移入数（人）
1942 年（11）	13000	4526	10500	10110
1943 年（12）	25600	2895	8800	9049
1944 年（13）	33000	3738	11700	11541

---

① 满洲国产业部拓政司、都甲谦介：《满洲百万户移民国策全貌》，黑龙江省档案馆编《日本移民侵略黑龙江》，黑龙江人民出版社，2015，第 36 页。

② 〔日〕满洲移民史研究会编《日本帝国主义在中国东北的移民》，黑龙江人民出版社，1991，第 108 页。

年份批次	一般开拓团		义勇队开拓团	
	计划数（户）	实际移入数（户）	计划数（人）	实际移入数（人）
1945 年（14）	41000	1056	19700	11356
合计	112600	12215	31400	42056

资料来源：〔日〕天泽不二郎：《开拓政策的展开》，河出书房，1944，第 307 页；〔日〕满洲移民史研究会编《日本帝国主义在中国东北的移民》，黑龙江人民出版社，1991，第 102 页。

第三节　日本移民侵略的移住形态、类型与村落设置

在日本百万户移民侵略计划执行期间，黑龙江区域由于土地资源的丰富和战略地位的重要而成为移民重点迁入区。日本移民按移住形态可分为集团开拓民、集合开拓民、分散开拓民三种。移民按类型亦可分为开拓农民、半农开拓民、渔农开拓民、铁路自警村开拓民、青少年义勇队开拓民、开拓新娘等多种类型。而在村落设置上。情况也不尽相同，较大的村落各种设施较为齐全。

一　日本移民侵略的移住形态

日本移民的移住形式，大致上可分为集团开拓民、集合开拓民、分散开拓民三种。日本官方的殖民机构根据移民的不同移住形式，将其安置在不同的地方，提出不同的要求，发放数额不等的移住补助金。

1. 集团开拓民

集团开拓民，即"百万户移民计划"中的甲种移民，是日本移民侵略的主要形式。"原则上甲种移民安置在重要的地段……政府对每户甲种移民包括渡航费、农具费、建房费及购地费等共计补助 1400 日元上下"（见表 12－4），但在具体实施中往往都要超出这一补助金数目。它的前身是始于 1932年的"武装移民"，待日本"百万户移民计划"实施时，日伪统治已进入相对稳定阶段，为了适应更大规模移民侵略的需要，便把过去主要由退伍军人组成的"武装移民"，扩展为既有退伍军人又有经过严格训练挑选出来的日本农民参加的集团移民，而通过名称的转换又可多少掩盖其移民侵略的实质。这种移民由政府出资，先组成 20 户至 30 户的移民部落，然后再形成200 户或 300 户的移民村。政府和军方对这类移民提出了很高的要求，把

他们中的大部分都安排在所谓"开拓第一线地带"（也称"国防第一线地带"）的边境地区。①日本与伪满洲国政府拟在与苏联蜿蜒接壤的2000余公里的地带布满集团开拓民，目的正如殖民鼓吹者饭泽章治所说："满洲移民不是单纯的移民，满洲为对苏国防第一线，一朝有事，可与重要物资就地取给的主义配合，又可作兵力的源泉。"向这一地区的集团移民，"有助于作为第一线皇军的兵站基地、劳动力来源、军马来源、兵力来源、宿舍据点"，"日本农业移民作为关东军的后备兵力，并且作为'活人碉堡'，被投放到增加紧迫度的苏满边境地区"。②由于政府给予集团开拓民较高的补助金，加之军国主义思潮在日本国内的泛滥，许多人都以加入集团开拓民为一荣耀的事情。布置在"开拓第一线地带"的集团开拓民，"占日本移民总数的五成"。③

表 12 - 4　集团开拓民——户当补助金

单位：日元

户数	补助总额	个别补助	渡航费	个人设施费	公共补助	团本部费	产业设施费	医疗设施费	地区道路费	其他
300 户	1411.84	970	240	730	185.42	30.52	64.17	61.13	29.6	256.42
200 户	1570	970	240	730	241.15	41.8	83.75	85.2	30.4	359.63

资料来源：《满蒙年鉴》，1942。

2. 集合开拓民

集合开拓民，即"百万户移民计划"中的乙种移民，在日本移民侵略开始时亦称作"自由移民"，也叫一般性移民。这种移民有的是由民间组织的，政府给予的补助金略低于集团开拓民，一般在1200日元以上（见表12 - 5）。随着日本移民侵略规模扩大，集合开拓民的应募条件由过去超龄的退伍军人放宽为一般的百姓，其年龄也由过去的30岁左右放宽到40岁，并可以一起移徙眷属。此类移民通常被安置在集团移民的后面，也就是"开拓第二线地带"。所谓的"开拓第二线地带"，系指从长白山、哈尔巴岭、老爷岭及大兴

① 日伪当局根据中国东北经济、治安、国防的轻重之要，划分了"国防三线地带"（也称"开拓三线"）。"间岛省"、牡丹江省、东安省、三江省、黑河省、兴安北省和兴安南省为"国防第一线地带"。
② 〔日〕满洲移民史研究会编《日本帝国主义在中国东北的移民》，黑龙江人民出版社，1991，第89页。
③ 〔日〕山田昭次：《近代民众的记录》，新人物往来社，1977，第556页。

安岭内侧至松辽平原外缘一线（也称"国防第二线地带"），"分布在这一地带的开拓民，'占移民总数的四成'，是作为配合关东军'镇压反满抗日武装部队'和'满洲国治安确立、维持的协力者'。'开拓第二线地带'是要造成抗日联军和广大人民群众的隔离带，以'饥饿政策'将抗日联军置于死地"。①1943 年以后，日本可供移民的资源枯竭，不得不将此类移民并入集团移民。

表 12-5　集合开拓民——户当补助金

单位：日元

户数	补助总额	个别补助	渡航费	个人设施费	共同补助	事务所、产业、医疗设施费
200 户	1264.3	870	240	630	154	240

资料来源：《满蒙年鉴》，1942。

3. 分散开拓民

分散开拓民即没有户数限制的分散移民，但这也是要经过日本政府或相关民间组织同意批准的。由于日本国内的战时经济体制，民用工商业萎缩，数以百万计的人失业，于是日本政府便以"转业开拓民"的名义，成立了许多所谓的"大陆归农开拓团"。此类移民在黑龙江区域的表现形式不一、名目不一、规模不一、行业不一，归纳起来也比较烦琐，主要是指那些规模较小、零星分散、以投亲靠友方式迁入的移民。

二　日本移民类型

日本移民按类型可分为开拓农民、半农开拓民、渔农开拓民、满蒙拓青少年义勇队、铁路自警村移民、林业开拓团、大陆归农开拓民、准开拓民等多种。下面择其要者做一简介。

1. 开拓农民

这种类型移民构成日本移民侵略的主体，它主要分布在"开拓第一线地带""开拓第二线地带"，担负着"北边振兴""镇压抗联""完善对苏防御、进攻"等战略任务。《开拓挺身队要纲（草案）》对其提出的要求是："大量募集对满洲开拓满怀热情的日本青壮年去开垦满洲广大的荒地。一方面，以此增加日满的食物与饲料。另外，通过农业劳动掀起一场振奋国民精神运

---

① 高乐才：《日本"满洲移民"研究》，人民出版社，2000，第 172 页。

动，以加快实现满洲开拓政策。"

2. 半农开拓民

半农开拓民即没有户数限制的分散移民，此类移民在黑龙江区域的表现形式不一，归纳起来主要有如下几种。（1）"天理村"移民。天理教是日本神道教的分支之一。为了宗教输出的便利，1934 年日本"天理教"青年会在哈尔滨附近的阿什河畔购买土地准备用于宗教移民。1934～1936 年，计有 62 户 330 人的日本移民入殖。（2）"镜泊学园"移民。1932 年 10 月，伪满洲国文教部批准了由东京国士馆山田理事提出的"办学"申请，校址选在牡丹江附近镜泊湖畔的松乙沟，是"大亚细亚主义青年的实际锻炼场所而创办的特殊的垦殖园地"。① 学园为计划中的 1000 名学员规划征用了土地，并于 1933 年招收了 200 名学员，经过日本和"满洲"的现地训练，然后入殖"镜泊学园"。不过，校址正是抗日武装的活动区，园长山田被击毙，学园不得不在 1935 年 11 月匆匆举办了毕业典礼后停办。200 余名学员有的参军，有的回国，也有的并入其他的开拓团。（3）其他分散的产业移民。1940 年以后，英、美等国与日本的关系日益恶化，随后便对日本采取了经济封锁。这对资源匮乏的日本打击是严重的，国内经济因此急剧恶化，大约有 146 万中小工商业者破产。日本政府为了应对危机，确定了 6 个转业方向，其中一个就是向中国东北移民，由此开启了所谓产业开拓民运动。分散的产业移民过去都不曾务农，故他们中的一些人进入移殖地后，专门经营酪、金、烟、林、渔等地方特产，因而有的史料也分别称其为"酪农移民""采金移民""烟草移民""林业移民""渔业移民"等，还有一些人流入工矿从事各种产业活动。（4）"开拓新娘"（"大陆新娘"）。《满洲开拓政策基本要纲》第 17 条指出："为达到培养旺盛的开拓思想，同时推进调整开拓地的人口结构，应在对一般女性鼓吹积极的'进出'方面，采取适当的积极有效的措施。"据此，日本国内成立了多所"女子拓务训练所"（或称"大陆新娘养成所"），在"满洲"现地也有一些以开拓实习为名的"开拓女塾"，学习的内容为食物烹饪、插花、裁缝、农业实习及《皇国臣民道》《皇国农民道》等精神讲座。在日本战时的舆论宣传中，大肆鼓吹日本年轻妇女去"满洲"做"大陆新娘"是为国家服务的最好途径。当时，中泽藏人的《锅台之歌》就是以"八州义勇队开拓团"一团员为背景，描写由桔梗原女子训练所毕业的 17 岁少

---

① 《满洲开拓年鉴》，1932，第 127 页。

女，只身前往"满洲"，嫁给从未谋面的"义勇军开拓团"团员的故事。"所以越是纯真的姑娘，越是相信这些言辞，年轻的姑娘怀着正义感和对'大陆新娘'美好的幻想，选择自己几乎没见过的对象，成为开拓团青年的妻子。"①

3. 满蒙青少年义勇队开拓团

1934 年，时任依兰警备顾问、有"满洲开拓之父"之称的关东军少佐东宫铁男，会同后来的内原训练所所长加藤完治共同商议发起"义勇军运动"。他们先在黑龙江区域饶河组织了"忧国前卫军青少年突击队"并在那里建立"大和北进寮"移民村，应该说这就是满蒙青少年义勇队的前身。1937 年，关东军召开会议，讨论《关于创设青年农民训练所的方针及要领》，提出"对纯真之日本内地青少年，进行现地训练，锻炼和陶冶真正建国农民所需之精神，同时促进满洲开拓，彻底实现民族协和，以实现满洲国之理想"。②随后，日本国内的农村复兴协会、满洲移民协会、日本青年联合团等联名向近卫内阁递呈《关于满洲开拓青少年义勇军组成建议书》。根据此建议书，日本拓务省、陆军省、关东军及相关机构确定了"实施要纲"。在具体实施中，关东军认为"'满蒙青少年开拓义勇军'的'军'字不合适，尔后改称'满蒙青年开拓义勇队'"。③根据《满蒙青少年义勇队募集要纲》，其招收对象主要为日本内地各县 16—19 岁的青少年，在日本内地和"满洲"现地设立训练所。训练所有"基本训练所"（大训练所）和"特别训练所"（小训练所）之分。入选的青少年先要在大训练所接受 1 年的基本训练，主要科目是皇国精神、满洲殖民问题、军事训练、满洲事情、满洲农业要点、农产品加工、建筑、修路等。合格后转入小训练所再接受 2 年的特别训练，内容为农业、军事和其他技能训练。"特别训练所"分甲、乙、丙 3 种（见表12－6）：甲种训练所 1 个中队定员 300 人，训练结束后转为"义勇队开拓团"，本着所谓"国防第一线的入殖方针"，被安置在"国境线"一带；乙种训练所的队员结束训练后，被安置在"国防第二线地带"，或加入其他

① 〔日〕上笙一郎：《青少年义勇军在东北》，李兆铭等译，齐齐哈尔市社会科学研究所，1992，第 102 页。
② 〔日〕满洲国史编撰刊行会编《满洲国史》（总论），黑龙江省社会科学院历史研究所译，1990，第 682 页。
③ 〔日〕满洲国史编撰刊行会编《满洲国史》（总论），黑龙江省社会科学院历史研究所译，1990，第 683 页。

开拓团，或自己营建"移民村"；丙种训练所为开拓团培养指导员、医生、教师等专业人员，也有的经过特殊训练后输送到重要工矿和其他产业部门。

表 12 - 6　黑龙江区域"青少年义勇队训练所"情况

单位：个，人

训练所种类	基本训练所	特别训练所	甲种务实训练所	乙种务实训练所	丙种务实训练所
训练所数量	4	3	36	16	2
训练所所在地	海伦、嫩江、铁力、勃利	一面坡、哈尔滨	宁安、东宁、瑷珲、饶河、孙吴	逊河、瑷珲、奇克、北安、嫩江、虎林	哈尔滨
训练所人数	30000	13580	8800	3300	600

资料来源：《满洲年鉴》，1942。

日本政府对"满蒙青少年义勇队"寄予厚望，有着庞大的"输送计划"，拟在"百万户移民计划"的第一期将"合计 31 万人的青年向满洲输送"。①但这个"输送计划"还没有执行就屡次修改，最后修定为 8.46 万人。日本研究者曾对 1939 年的青少年义勇队训练所进行调查，结果显示："义勇队员家庭职业最多的是'农业'；队员的学历中，最多的是'高等小学毕业'和'青年学校中途退学'者；而且在年龄中'17 岁'明显高于其他。这个调查，只区分队员家庭职业而未区分阶层，可是，从其子弟仅毕业于高等小学的'农业'家庭情况，其所处阶层立即明朗了。"②

4．"铁路自警村"移民

"铁路自警村"移民与其他移民略有区别，虽然在形式上也是移民，但是以护卫铁路为要务。其起源于"满洲国铁道总局"1933 年推行的"铁路自警村"计划，具体以驻满日军的退伍军人为主体，10 户为一单位，由 1 ~ 3 个单位组成一个"自警村"，然后入殖铁路沿线要地，担负警戒任务。"铁路自警村"的设置宗旨为："铁路总局自昭和 10 年 4 月起，在国铁沿线的 6 个地方，设置了以在满部队退伍兵组成的铁路自警村。铁路自警村员的任务为服务于铁路的警备及其它工作的同时，从事农耕、畜牧，成为铁路的永远

---

① 〔日〕六嘉川细：《殖民史》，东洋经济新报社，1941，第 496 页。
② 〔日〕上笙一郎：《青少年义勇军在东北》，李兆铭等译，齐齐哈尔市社会科学研究所，1992，第 36 页。

卫士。"① 据日伪《第六次满洲发展报告》统计，1939 年东北地区有"铁路自警村" 23 个、"自警村"移民 1285 人。黑龙江区域此类移民的确切数字，可根据英国学者琼斯所著的《1931 年以后的中国东北》一书中的"东北日本农业移民区图"推算，黑龙江区域有"铁路自警村" 9 个，如取其平均数，该区域应有"铁路自警村"移民 500 人左右，主要分布在北满铁路交通枢纽。

三 日本移民的村落设置

关于日本移民的村落设置，关东军与"满洲拓殖委员会"的策划者都有着精心的设计，并根据移民的类型提出不同的要求，这些都散显在诸多的文件中。如《满洲开拓政策基本要纲案》中"关于开拓农民的移住形态"提到："开拓民的移住形态，区分为集团、集合、分散的形态。关于集团的形态，目标是与谋求从集团移住、协同经营的原有经济发展为确立自给自足经济。同时希望建成和原住民部落混居的村。关于集合形态，目标是以集团形态为准的集合部落。关于分散形态，目标是使分散农户自立。"又如，《对满洲移民的训练及移民干部的培养的要领案》指出："移民村经营的顺序，大体以同乡者为一个团，划分成若干班。基干移民根据需要分属于各班。利用原有住房改做集体宿舍，以班为单位集体住宿。"再如，《北满集团农业移民的经营标准案》中说道："在移民村设行政主体的'村'和经济行为主体的'组合'，使其经营村的自治、警备、教育、卫生、集体产业设施、生产物的集体贩卖、必需品的集体购入等。此等集体事业的从业人员，由移民农家中选出，其报酬从各家集的组合费中支出。"如果入殖地无居民村落，建设简易的房舍暂时居住。虽然日本移民侵略的策划者对日本移民村落设置提出了种种要求，但给人的印象仍然模糊，为了增强人们的感性认识，援引其他研究成果会使我们模糊的印象清晰起来。

在鸡西地区，除城子河、哈达河两个集团"开拓团"外，还有分散的"开拓团"。1940 年 4 月迁入柳毛、钏路地区的有 24 户，97 人，"开拓团"团长是金野善吉；迁入兰岭地区的有 27 户，79 人，团长是藤三百一。同年 12 月，迁入梨树的凤山、青森地区的 17 户，66 人，团长是

---

① 日本学术振兴会：《铁路自警村》，1939，黑龙江省档案馆编《日本移民侵略黑龙江》，黑龙江人民出版社，2015，第 118 页。

阿部重雄。1941 年 4 月，迁入平阳地区的 40 户，46 人，团长叫坛上忠彦。1942 年迁入碱场村 20 户，100 多人。这样，鸡西地区除矿区、铁路沿线住有大量日本人外，到处有日本"开拓团"，并且不断扩张。

"开拓团"本部的附属设施有事务所、会议室、仓库、邮政办事处、精米所、酿造所、榨油所、锻工所、蹄铁所、铁板加工所、招待所、本部职员住宅、哈达河病院、兽医室、卖店等为移民们服务部门。"开拓团"的部落建设，是在"开拓团"来东北之前，通过"满拓"强制收买国境沿线的大片土地，包括村屯的所有住宅，把原住中国农民赶出他们世代祖居的地方，强行归乡并村。腾出的房屋就成了日本"开拓团"员的住宅。如哈达河"开拓团"本部地址，就是大地主曹家的庄园，群众叫作"曹家大院"。

当时建立的部落大体分两种，一种是分散式的叫作"分散体制"；一种是集团式的也叫"密集体制"。集团式的部落建设（开始为 4 栋 8 户，后为 1 栋 3 户），是以住宅群为单位，周围筑成外墙，前后有大门，墙高 3 米，宽 2 米，城外侧挖有 2 米深的水壕，土地堤上边设有刺铁线，成为坚固的堡垒。各家之间有一定的距离，各部落之间大约相距 20 米到 50 米之间，周围有宽敞的空地。这种集体式的部落建筑，主要是为了防止抗日队伍的袭击，是"开拓团"初期建设村落的"安全措施"。在他们认为形势初步稳定后，这种集团式建设，就暴露出弱点。它把人们限制在一个有限的空间里，各家之间往往因为一点小事，引起邻里间的不和。因此，以后建筑住宅，大部分在分给自己的土地中间建造自己可心的住宅和畜舍，逐步形成了分散式住宅。"开拓团"也鼓励各部落建造个人家庭住宅。这时，一阵风式的大造房屋的浪潮，开始活跃起来。建筑用的木材，附近森林很多。他们从距林口 15 里的山间密林中采伐，石料都是附近小山上的，烧砖烧瓦的劳役大部分是"开拓团"雇佣中国劳力来完成的。哈达河"开拓团"副团长上野胜在 1940 年建造的住宅，有 2 间卧室，是在火炕上面铺上木板，再放上草垫子的日本卧室，还设有日本型的厨房、浴室、便所。这样舒适的住宅，在当时的日本本国农村，也是为数不多的。①

---

① 李宝山：《鸡西地区日本"开拓团"》，孙继武、郑敏主编《日本向中国东北移民的调查与研究》，吉林文史出版社，2002，第 38～39 页。

第四节　日本"开拓民"人数与地理分布

究竟有多少日本移民进入黑龙江区域？他们都分布在什么地方？近年来这越来越引起研究者注意。而随着史料的发掘、研究的深入，问题也逐步清晰起来。

一　日本"开拓民"人数与地理分布

1932 年，关东军提出了《屯田兵制移民案要纲》，其中的要点之一就是强调北满地区的土地肥沃、开发条件和战略地位；1934 年，日本拓务省出笼的《满洲农业移民根本方策案》，又进一步指出"日本人的集团性移住主要在北满各地……人口稀少的地域实行"；1936 年，日本关东军司令部提交的《满洲农业移民百万户移住计划》，将移民用地 1000 万町步的征地计划中的 700 万町步放在了黑龙江区域；1937 年，日本政府开始推行所谓的"分村分乡更生运动"，即从日本乡村中分遣部分农户迁往中国东北，北满地方又是其重点的移入区；1937 年，日本内阁制定了《满洲青年移民实施要纲》，计划在满洲设立 5 个青年移民训练所，地点为嫩江、孙吴、宁安、铁骊、勃利，全在黑龙江区域；1939 年，日本内阁通过了《满洲开拓政策基本要纲》，其中第五条明确规定，"目前关于日本内地人开拓民原则上是以移住北满为主"；1943 年，日本关东军制定了《关于战时紧急开拓政策实行方案事项》，日本政府据此制定了《为确保入殖应采取之方策》，其中"关于确定入殖重点地区的规定"指出："应在国防方面特别重要的牡丹江省、东安省、间岛省、三江省、黑河省、兴安南省等省，进而在第一线军队驻扎地附近，主要铁路沿线及军用公路沿线集结建设开拓团及义勇队训练所。"这些"要纲""方策""计划""事项"等要件，充分显露出黑龙江区域是日本移民侵略的重点安置区。那么，究竟有多少日本"开拓民"进入黑龙江区域？他们在地理分布上状态若何？这需要研究者以史料为基础做出回答。

从 1932 年第一个武装移民团进入黑龙江区域桦川县起，经过两期"百万户移民计划"，至 1945 年日本投降，日本的大规模移民侵略共进行了 14 次，以集团移民、集合移民、分散移民、"铁路自警村"移民、"满蒙青少年义勇队开拓团"等多种形式移入满洲。据不完全统计，截至 1940 年 1 月，日本殖民主义者在中国东北共建立了89个集团移民区，除伪吉林省6区和伪东安省14区外，其余69区均在黑龙江区域，具体分布情况如下：伪松江省26个区，伪滨江省16个区，伪北安省15个区，伪龙江省7个区，伪牡丹江省5个区。具体的移民数字由于统计的角度不同，故而存在较大差距，通常使用的是日本外务省和"满洲拓殖委员会"的两组统计数字。据1945年日本外务省的调查，各种开拓民送出的计划户数如下：一般开拓团团员52428人，家属167829人；义勇队开拓团员69457人，家属10422人。加上训练中的义勇队员21738人，总计321874人。但这组数字是日本外务省根据历年的移民计划数所做的统计，与实际执行的数字有出入。1937年在"满洲国新京设立了满洲拓殖委员会"，它是"满洲"现地"对移民政策拥有全面的强有力发言权的机关"。①它的调查统计结果如下：日伪统治时期，计有近千个不同形式、各种类型的"开拓团"进入我国东北，包括695个集团开拓团，123个集合开拓团，94个分散开拓团，53个青少年义勇军训练所，23个铁路自警村开拓团，约60个大陆归农开拓团，18个开拓农业实验所，74个"报国"农场，17个开拓女塾。移民总人口实数如下：开拓团方面167091人，义勇队方面58494人，合计225585人。②1943年10月，日伪对黑龙江区域日本移民做了全面详尽的统计，现有41110户265026人。③

　　然而，究竟有多少日本移民人口进入了"移民侵略的重点安置区"黑龙江区域？对此数字虽不统一但相差不大。根据日本"满洲开拓史刊行会"编《满洲开拓史》，1945年5月东北日本开拓团人数为192492人，而黑龙江区域的日本开拓团人口数则为148219人（见表12-7）。

表12-7　黑龙江区域日本开拓团户数人口调查（1945年5月）

地区＼类别	开拓团数（个）			户数（户）			人口（人）		
	单独	混合	合计	指导员	团员	合计	指导员	团员	合计
伪三江省	81	34	115	314	9543	9857	904	31866	32770
伪东安省	64	45	109	350	10209	10559	840	27503	28343

---

① 〔日〕满洲移民史研究会编《日本帝国主义在中国东北的移民》，黑龙江人民出版社，1991，第159页。

② 满洲开拓史刊行会编《满洲开拓史》，转引自《黑龙江文史资料》第30辑，黑龙江人民出版社，1991，第295页。

③ 黑龙江省档案馆编《日本移民侵略黑龙江》，黑龙江人民出版社，2015，第415页。

地区＼类别	开拓团数（个）			户数（户）			人口（人）		
	单独	混合	合计	指导员	团员	合计	指导员	团员	合计
伪牡丹江省	35	13	48	133	3371	3504	306	10837	11143
伪黑河省	8	13	21	194	3948	4142	318	5076	5394
伪北安省	102	59	161	558	10420	10987	1236	25005	26241
伪龙江省	54	18	72	251	6508	6759	611	14148	14759
伪滨江省	62	23	85	252	6991	7223	705	23129	23834
伪兴安北省	1	5	6	8	304	312	15	408	423
伪兴安东省	31	3	34	133	1866	1999	450	4859	5309
合计	438	213	651	2193	53160	55143	5385	142811	148219

依其所载，能否做出如下推断：1937 年全东北日本移民约为 22 万人，由于后几年的继续移民，仅黑龙江区域便增加到 265026 人（1943 年统计数字），由于日本战败前夕东北的日本开拓移民不断应征入伍、失踪、死亡等，黑龙江区域的日本移民人数由 1943 年的 26 万余人减少到 1945 年的148219 人，但仍占东北开拓民总数的 77%。他们主要分布在密山、虎林、桦川、富锦、依兰、嫩江、汤原、鹤立、萝北、宁安、宝清、牙克石、呼伦贝尔、布西、三河等地，预备"一旦有事之际作为关东军的后备兵力充当牺牲品"。

二　史料附录

关于日本移民侵略的相关资料，"满洲日报社"编辑出版的《满洲年鉴》（1944 年 12 月）、"满洲建设勤劳奉仕队实践本部"出版的《满洲与开拓》（1941）、日本农林省经济更生部出版的《新农村建设》（1939）、"满洲开拓史刊行会"编的《满洲开拓史》（1966）、"满洲移民史研究会"编的《日本帝国主义下的满洲移民》（1976）等中都有大量的记载。其内容详细到日本移民侵略的入殖地、开拓团名称、开拓团团长名、开拓团类别、移民移出地、入殖时间、计划户数、现有户数、现有人口、最近车站及入伍人数、死亡人数、未回国人数、回国人数、失踪人数等，还完整地记录了日本移民侵略的发生、发展与消亡过程，也完整地反映了黑龙江区域日本移民的数量与分布。我们将其附录于后。

附录 黑龙江地区各省日本开拓团一览（康德 10 年 12 月）

龙江省

单位：户、人

县名	地区名	团名	团长名	种别	出身地（府县）	迁入时间	计划迁入户数	现有户数	现有人口	最近的车站码头
龙江县	六间房	六间房宫城	佐佐木长三郎	集团	宫城县	康德 7 年 5 月	300	84	414	齐齐哈尔
龙江县	岗子屯	南风原	野原广知	集合	冲绳县	康德 7 年 5 月	50	54	181	齐齐哈尔
龙江县	岗子屯	恩纳	伊波得成	集合	冲绳县	康德 7 年 5 月	50	90	373	齐齐哈尔
龙江县	岗子屯	恩纳		集合	冲绳县		50			齐齐哈尔
龙江县	岗子屯	今归仁	西平守守藏	集合	冲绳县	康德 7 年 5 月	50	49	196	齐齐哈尔
龙江县	青云	冲绳乡	伊敷盛荣	集团	冲绳县	康德 10 年 3 月	200	42	42	富拉尔基
龙江县	甘南县	朝阳山	猪股多久次	集团	新潟县	康德 6 年 3 月	200	155	600	齐齐哈尔
甘南县	奥隆泉村	阿伦河	国安一三	集团	新潟县	康德 6 年 2 月	300	138	443	齐齐哈尔
甘南县	太平山村	三合	关谷诚三	集团	爱知县	康德 7 年 2 月	300	149	438	拉哈
甘南县	太平山村	义合	山田宪太郎	集团	茨城县	康德 7 年 2 月	300	87	274	拉哈
甘南县	太平山村	协和	太田丰三郎	集团	山形县	康德 7 年 2 月	300	130	488	拉哈
甘南县	太平山村	大和	大场敬治郎	集团	山形县	康德 8 年 2 月	300	115	306	拉哈
甘南县	太平山村	新发	佐久一一	集团	山口县	康德 7 年 2 月	300	97	355	拉哈
甘南县	太平山村	东汤	村田胜	集团	熊本县	康德 7 年 2 月	300	86	272	拉哈
甘南县	平阳村	兴隆	山本实	集团	福冈县	康德 7 年 2 月	300	155	584	拉哈
甘南县	平阳村	兴亚	松冈和市	集团	福井县	康德 7 年 2 月	300	85	248	拉哈
甘南县	平阳村	吴山	岛田次郎右卫门	集团	福岛县	康德 7 年 2 月	300	74	244	拉哈
甘南县	平阳村	太平	土屋智美	集团	福岛县	康德 7 年 2 月	300	102	395	拉哈

县名	地区名	团名	团长名	种别	出身地（府县）	迁入时间	计划迁入户数	现有户数	现有人口	最近的车站码头
甘南县	西宝山	西宝中蒲原	野崎芳卫	集团	新潟县	康德8年2月	300	67	198	宁年
甘南县	音河	音河坂井	林十卫	集团	福井县	康德9年3月	200	27	54	齐齐哈尔
甘南县	兴亚	兴亚	松冈和一	集合 义开	柴阳	康德8年10月	100	69	69	拉哈
富裕县	富裕	亚州	铁车吉次	集团	石川县	康德6年2月	200	192	545	宁年
富裕县	官店村	班代	仲泉六郎	集团	石川县	康德6年2月	200	162	431	宁年
富裕县	宁年	宁年	岸初一	集团	宁年	康德8年10月	300	242	242	宁年
富裕县	五棵树	五棵树	草野定雄	集团	东宁	康德9年10月	300	154	154	宁年
讷河县	北学田	大河村 北学田	小森忠左卫门	集团 组合	福岛县	康德5年2月	200	188	660	老来、讷河
讷河县	上学田	上学田	北泽潜	集团	青森县	康德6年2月	200	80	229	老来、讷河
讷河县	下学田	下学田	会泽良一郎	集团	福岛县	康德6年2月	300	162	297	老来、讷河
讷河县	三头山	三头南会津		集团	福岛县	康德8年3月	200	40	139	老来
讷河县	讷河	讷河	佐藤留冶	自警	山形县 石川县	康德8年4月	30	17	87	讷河
讷河县	锡英	南英	长谷川年美	集团 义开	大岭	康德8年10月	300	183	183	讷河
讷河县	连桂	连桂	新保正雄	集团 义开	大额	康德8年10月	300	183	183	八州
讷河县	龙河	龙河	大江晋	集团 义开	孙吴	康德8年10月	200	152	152	八州
讷河县	大雅	大雅	长谷切次郎	集团 义开	耿家冈	康德8年10月	200	211	211	八州
讷河县	南学田	南学田	及川军平	集团 义开	二井	康德8年10月	300	205	205	讷河
讷河县	聚和	聚和	西井信男	集团 义开	聚和	康德8年10月	200	195	195	讷河
讷河县	宝满	宝满	吉川美岳	集团 义开	小东	康德8年10月	200	160	160	老来

续表

县名	地区名	团名	团长名	种别	出身地（府县）	迁入时间	计划迁入户数	现有户数	现有人口	最近的车站码头
讷河县	上多金	紫苑	青柳文弥	集团 又开	归流河	康德9年10月	300	257	257	讷河
讷河县	三头山	头山		集团 又开	嫩江	康德9年10月	50	53	53	老米
泰来县	好心	好心平毗	最上大造	集团	秋田县	康德8年2月	300	63	148	老米
白城县	白城	白城子	黛平八	自警		康德2年4月	11			白城子
镇东县	套堡	龙山福田	矢崎秀一	集团	静冈县	康德8年2月	300	113	484	套堡
镇东县	周家	周家中川根	板谷维吉	集团	静冈县	康德9年4月	300	66	281	套堡
镇东县	幸昭	幸昭	三好太郎	集团 又开	冯家	康德8年10月	200	112	112	东屏
镇东县	大岗	佐藤省三	"	集团 又开	大岗	康德8年10月	300	218	218	镇东
镇东县	二昭	二昭山梨	饭岛茂治	集团 归农	山梨县	康德8年4月	300	80	160	洮南
洮南县	永平	永平岩国		"	山口县	康德9年5月	200	43	108	索格营
洮南县	黑顶	防长乡	森田光	"	山口县	康德10年4月	200	18	18	索格营
洮南县	七道岭	七道岭	远藤威文	又开	大和	康德10年8月10日	300	256	256	索格营
镇东县	白昭二幸	滨松乡	大井泰三	集团 归农	静冈县	康德10年3月	200	41	41	套堡
镇东县	套堡	骏府乡	片冈清志		静冈县	康德10年3月	200	94	94	套堡
合计		51					11591	5795	12477	

北安省

县名	地区名	团名	团长名	种别	出身地（府县）	迁入时间	计划迁入户数	现有户数	现有人口	最近的车站码头
北安县	二龙山	二龙山	黑崎彦治郎	集团	新潟县	康德7年2月	300	76	232	龙山

续表

县名	地区名	团名	团长名	种别	出身地（府县）	迁入时间	计划迁入户数	现有户数	现有人口	最近的车站码头
北安县	孙船	孙船八岳	藤森丁吾	集团	长野县	康德 8 年 2 月	300	103	387	龙山
北安县	南六马	龙镇金木	山口甚三郎	集团	青森县	康德 8 年 2 月	200	23	86	龙镇
北安县	龙镇南	龙镇河边	堀井礼洽	集团	秋田县	康德 9 年 5 月	200	25	99	龙镇
北安县	向阳	冈谷乡	六波罗吾平	集团 归农	长野县	康德 10 年 4 月	200	23	48	二龙山
北安县	东龙镇第一	二户乡	小泽泰洽	集团 马产	岩手县	康德 10 年 4 月	150	12	12	龙镇
北安县	北安街	北安		集团 农工	各府县	康德 10 年 4 月	50			北安
北安县	八荣	八荣	小林济	又开	尾山	康德 9 年 10 月	200	105	105	尾山信号站
北安县	龙镇	龙镇	石山幸助	自警		康德 3 年 4 月	15	12	62	龙镇
北安县	白家	白家	高桥武雄	自警		康德 4 年 4 月	30	29	117	白家
通北县	新潟	新潟村	堀忠雄	集团 组合	新潟县	康德 4 年 6 月	200	172	702	通北
通北县	埼玉	埼玉村	出井菊次郎	集团 组合	埼玉县	康德 4 年 6 月	200	116	449	绥棱
通北县	东火梨	东火梨	佐藤益章	集团	新潟县	康德 7 年 2 月	300	92	297	通北
通北县	西火梨	西火梨	丸山政雄	集团	新潟县	康德 7 年 2 月	300	90	264	通北
通北县	天乞公司	天乞	鹤冈龟之助	集团	千叶县	康德 7 年 2 月	200	62	190	通康
通北县	九道沟	九道沟	挂川金藏	集团	群马县	康德 7 年 2 月	300	96	341	通康
通北县	赵木匠	赵木匠	山本秀市	集团	埼玉县	康德 7 年 2 月	200	48	154	通康
通北县	十一道沟	十一道沟 东京		集团	东京	康德 8 年 3 月	300	93	215	海北
通北县	鸡走河	鸡走山县	伊藤辉三	集团	岐阜县	康德 8 年 4 月	300	54	125	通北
通北县	柳毛河	毛柳惠那	市川秀吉	集团	岐阜县	康德 8 年 4 月	300	70	265	通北

县名	地区名	团名	团长名	种别	出身地（府县）	迁入时间	计划迁入户数	现有户数	现有人口	最近的车站码头
通北县	东柳毛	东白川乡	今井好夫	集团	岐阜县	康德10年3月	200	27	33	通北
通北县	实岗	伊势崎乡	荻原章三郎	集团 归农	群马县	康德10年3月	200	65	104	杨家
通北县	平安	平安土岐乡	中井教龙	集团 又开	岐阜县	康德9年3月	100	27	128	通北
通北县	十道沟	十道沟		集团 又开	大石头	康德8年10月	200	50	52	海北
通北县	七道沟	善邻	见田喜三郎	集团 又开	通北	康德9年10月	300	36	150	杨家
通北县	鸡走沟	曙	富樫与太郎	集团 又开	老莱营	康德9年10月	300	230	236	通北
通北县	天原	天原		集团 又开		康德10年10月	300	234	234	通康
通北县	小柳			集团 又开		康德10年10月	200	156	156	通北
绥棱县	瑞穗	瑞穗村	林恭平	集团 组合	各府县	康德元年10月	300	208	934	绥棱
绥棱县	四国	四国村	河野野岩	集团 组合	四国	康德4年6月	300	131	634	绥棱
绥棱县	香川	香川村	林崎阳一	集团 组合	香川县	康德5年2月	300	91	349	绥棱
绥棱县	四海店	东黑马刘	小柳龟楠	集团	四国	康德5年2月	200	75	304	绥棱
绥棱县	双泉镇	双泉镇	藤川利一	集团	德岛县	康德7年2月	200	38	166	海伦
绥棱县	马家店	马家店	木桥平次郎	集团	岩手县	康德7年2月	300	65	160	海伦
绥棱县	诸敏河	诸敏河	西泽香寿美	集团	爱媛县	康德7年2月	200	86	335	海伦
绥棱县	安古镇	安古镇群马	松田丰治	集团	群马县	康德8年3月	300	18	23	海伦
绥棱县	棱西	神户乡	田中重平	集团 归农	兵库县	康德10年4月	200	72	278	东井边
绥棱县	瑞穗邻接	布施乡	春日繁矩	集团 归农	大阪府	康德10年4月	100	26	53	绥棱
绥棱县	绿丘	东瑞穗	平野友见	集合		康德8年5月	50	72	124	绥棱

续表

县名	地区名	团名	团长名	种别	出身地（府县）	迁入时间	计划迁入户数	现有户数	现有人口	最近的车站码头
绥棱县	王荣庙	王荣庙	森崎阳一	集团 义开	柴河	康德 8 年 10 月	300	61	66	绥棱
绥棱县	长英屯	长英屯	沟口利水	集团 义开	取荣河	康德 8 年 10 月	200	54	69	海伦
绥棱县	安石镇	昭和	藤泽黄藏	集团 义开	铁力	康德 9 年 10 月	300	130	146	海伦
绥棱县	张家湾	三荣		集团 义开		康德 10 年 10 月	200	150	150	绥棱
庆安县	安拜	安拜	大桥宗光	集团 组合	宫城县	康德 5 年 2 月	200	149	538	田升
庆安县	拉林	拉林	龟山寿	集团 组合	宫城县	康德 5 年 2 月	300	203	804	高老
庆安县	韩家	韩家	佐藤谦吉	集团	宫城县	康德 6 年 2 月	300	123	402	铁山包
庆安县	横泰	横泰	佐藤喜藏	集团	宫城县	康德 6 年 2 月	300	61	218	田升
庆安县	东安拜	青叶	佐佐木金治	集团	宫城县	康德 6 年 2 月	300	77	234	王阳
庆安县	老永府	老永府	佐野明满	集团	岩手县	康德 6 年 2 月	300	68	264	铁山包
庆安县	周包	华阳	知花弘治	集团	静冈、爱知、岐阜	康德 6 年 2 月	300	142	546	高老
庆安县	依吉密	依吉密	河野岩	集团	鸟取、岛根、山口	康德 6 年 2 月	200	85	309	田升
庆安县	赵家店	赵家店	松本源三	集团	宫城县	康德 7 年 2 月	300	105	362	庆城
庆安县	欧根	欧根	白井常吉	集团	高知县	康德 7 年 2 月	200	41	128	庆城
庆安县	下欧根	下欧根	和田黄治	集团	高知县	康德 7 年 2 月	300	102	339	庆城
庆安县	卫羊	卫羊	佐藤藤吉	集团	宫城县	康德 7 年 2 月	300	45	157	庆城
庆安县	四合城	四合城	五十岚启次	集团	岛根县	康德 7 年 2 月	300	73	306	高老
庆安县	依吉密	上欧根	河野岩	集团	鸟取县	康德 7 年 2 月	200	25	36	高老
庆安县	李包店南方	铁力岩手	伊艺孙右卫门	集合	岩手县	康德 9 年 2 月	50	46	183	石长

续表

县名	地区名	团名	团长名	种别	出身地（府县）	迁入时间	计划迁入户数	现有户数	现有人口	最近的车站码头
庆安县	第一区桃山	桃山	镰田直治	集合	桦太、北海道	康德5年4月	70	62	272	桃山
庆安县	岩手驿南方	杜陵	及川锑三郎	集合	岩手县	康德6年4月	50	8	28	石长
庆安县	北斗	北斗	佐伯贞雄	集团 又开	北斗	康德8年10月	300	87	117	铁山包
庆安县	依吉密	依吉密		集团 又开	孙吴	康德8年10月	200	59	83	高老
庆安县	大罗镇	卧龙	丸山新治	集团 又开	大额	康德8年10月	300	61	86	庆城
庆安县	横泰	横泰		集团 又开	李家	康德8年10月	100	21	32	田山
庆安县	五花	五花	中泽重雄	集团 又开	五花	康德9年10月	200	59	62	铁山包
庆安县	图南	图南	堀口又己	集团 又开	图南	康德9年10月	200	48	50	铁山包
庆安县	不二	不二	赤羽源夫	集团 又开	不二	康德9年10月	200	58	66	庆城
庆安县	志贺	志贺	岛林忠五郎	集团 又开	志贺	康德9年10月	300	143	154	庆城
庆安县	衔羊	庆山	山本治良	集团 又开	铁力	康德9年10月	300	108	108	高老
庆安县	山前	山前		集团 又开		康德10年10月	200	172	172	田升
庆安县	平头山	平头山		集团 又开		康德10年10月	200	155	155	庆城
庆安县	铁山包	铁力畜产	石坂博	分散	北海道、桦太	康德6年7月	30	29	115	铁山包
依兰县	冷家店	冷家店	木村实	集团	茨城县	康德7年2月	300	50	172	泰安镇
绥化县	绥化	绥化	上条四吉	自警		康德2年4月	10	10	48	绥化
海伦县	群马	群马村	石田伊十郎	集团 组合	群马县	康德4年6月	300	132	552	绥棱
海伦县	绥丘	实验开拓团	平山由太郎	集团	北海道	康德10年3月	50	9	35	海伦
海伦县	绥丘	桐生乡	平山由太郎	集团 归农	群马县	康德10年3月	200	72	224	海伦

续表

县名	地区名	团名	团长名	种别	出身地（府县）	迁入时间	计划迁入户数	现有户数	现有人口	最近的车站码头
海伦县	三井	三井	中岛利雄	集团 又开	三井	康德 8 年 10 月	300	87	115	海伦
海伦县	万顺	万顺	冈本留吉	集团 又开	万顺	康德 8 年 10 月	200	59	82	海伦
海伦县	叶家	广根	迁正吉	集团 又开	叶家	康德 9 年 10 月	200	59	59	海伦
海伦县	水师营村	694 部队退伍兵	堀正晴	集合	各府县	康德 9 年 10 月	50	14	14	海伦
拜泉县	大平庄	备南乡	渡过庄三郎	集团 归农	广岛县	康德 10 年 3 月	200	36	49	海伦
拜泉县	诚实	诚实	内纯武	集团 又开	李家	康德 8 年 10 月	200	94	97	李家
拜泉县	于家	旭日	月馆信良	集团 又开	饶河	康德 8 年 10 月	200	16	17	杨家
克山县	刘大柜	刘大柜	市川秀水	集合	长野县	康德 7 年 2 月	300	99	368	克山
克山县	北克	武仪乡	加藤庄三郎	集合	岐阜县	康德 10 年 3 月	300	32	32	克山
克山县	东刘大柜	昭明	寺田忠二郎	集团 又开	龙镇	康德 8 年 10 月	300	36	39	克山
克山县	泰安	泰安		自警		康德 2 年 6 月	10	7	29	泰安

黑河省

县名	地区名	团名	团长名	种别	出身地（府县）	迁入时间	计划迁入户数	现有户数	现有人口	最近的车站码头
嫩江县	杨家	杨家	手冢骏一	集团 又开		康德 8 年 10 月	300	61	100	嫩江
嫩江县	老珉沟	老珉	畑中浩	集团 又开		康德 8 年 10 月	300	61	75	嫩江
嫩江县	哈拉巴	哈拉巴	关场德治	集团 又开		康德 8 年 10 月	200	48	68	嫩江
嫩江县	东清山	佐嘉荣		集团 又开		康德 8 年 10 月	200	81	82	八洲
嫩江县	伊拉哈	伊拉哈	筒井光美	集团 又开		康德 8 年 10 月	300	80	170	伊拉哈

续表

县名	地区名	团名	团长名	种别	出身地（府县）	迁入时间	计划迁入户数	现有户数	现有人口	最近的车站码头
嫩江县	高根	高根	狩谷隆雄	集团 又开		康德8年10月	300	95	98	八洲
嫩江县	八洲	八洲	折山松市	集团 又开		康德8年10月	300	130	145	八洲
嫩江县	柏根	柏根	吉田传治	集团 又开		康德8年10月	300	63	136	柏根
嫩江县	南柏根	柏原	石守金一郎	集团 又开		康德8年10月	200	57	93	嫩江
嫩江县	阁泡	阁泡	安乐黄彦	集团 又开		康德8年10月	300	82	110	阁泡
嫩江县	坐虎难	共荣	渡边光男	集团 又开		康德8年10月	300	112	126	泥秋[鳅]
嫩江县	大南山	大南山	三木芳雄	集团 又开	大南山		300	122	134	嫩江
嫩江县	大椅山	弥千代	菅野芳平	集团 又开	大椅山		300	135	153	嫩江
嫩江县	四十里河	丰里	长沼藤右卫门	集团 又开	四十里河		300	126	139	嫩江
嫩江县	南伊拉巴	长州		集团 又开		康德10年10月	200	135	135	伊拉哈
嫩江县	西鸡山	西鸡山		集团 又开		康德10年10月	200	200	200	伊拉哈
嫩江县	嫩江	嫩江		集团 农工	各府县	康德10年3月	150	35	106	嫩江
合计		17					4650	1623	2070	

三江省

县名	地区名	团名	团长名	种别	出身地（府县）	迁入时间	计划迁入户数	现有户数	现有人口	最近的车站码头
桦川县	永丰镇	弥荣村	工藤仪三郎	集合	各府县	康德元年10月	500	295	1630	弥荣
桦川县	湖南营	千振街	吉崎千秋	集合	各府县	康德2年7月	500	462	1753	千振
桦川县	七虎力	七虎力	伊藤厚坪	集合		康德5年2月	200	159	620	简家

续表

县名	地区名	团名	团长名	种别	出身地（府县）	迁入时间	计划迁入户数	现有户数	现有人口	最近的车站码头
桦川县	柞木台	柞木台	林鹿平	集团	四国	康德 6 年 2 月	200	130	521	千振
桦川县	公心集	公心集	松原专重	集团	长野县	康德 6 年 2 月	200	714	737	简家
桦川县	大八浪	大八浪	会泽大八智	集团	长野县	康德 6 年 2 月	200	241	899	简家
桦川县	小八浪	中川村	堀口辰三郎	集团	埼玉县	康德 6 年 2 月	200	164	689	简家
桦川县	柳树河	柳树河	佐伯正雄	集团	冈山县	康德 8 年 2 月	300	124	433	柳树镇
桦川县	板子房	板子房		集团	山形县	康德 7 年 2 月	200	76	337	柳树镇
桦川县	西大桥	须藤村	远藤忠群	集团	栃木县	康德 10 年 3 月	200	15	15	佳木斯
桦川县	弥荣	八富里	细川孙作	集团	各府县	康德 5 年 4 月	150	102	360	千振
桦川县	弥荣	八富里	细川孙作	集团	各府县	康德 5 年 4 月	50	102	360	千振
桦川县	干振	西弥荣	栗田实	集合	各府县	康德 5 年 4 月	150	113	364	八富里
"	"	"		"	"	康德 5 年 4 月	50	113	364	"
桦川县	弥荣干振	日高见	宗光彦	集团		康德 6 年 10 月	100	94	336	千振
"	太平镇	绿丘		集团 义开	熊本县	康德 8 年 4 月	70	13	54	追分
"	追分	丰粮	小林稔	集合 义开		康德 8 年 10 月	300	125	125	千振
"	大林	大林		"		康德 8 年 10 月	300	113	125	"
"	日高见	新生	伊藤繁藏	集团 义开		康德 9 年 10 月	50	21	21	佳木斯
"	腰林	国美	佐藤刚吉	集团	山形县	康德 9 年 10 月	300	139	139	佳木斯
富锦县	宝山	宝山	金田舍男	集团	山形县	康德 7 年 2 月	200	130	552	新城镇屯
"	笔架山	笔架山	市川孙十郎	"	福岛县	康德 7 年 2 月	200	94	323	佳木斯

续表

县名	地区名	团名	团长名	种别	出身地（府县）	迁入时间	计划迁入户数	现有户数	现有人口	最近的车站码头
"	铜星	桥引乡	上野原作	"	山形县	康德 10 年 3 月	200	23	27	依兰
依兰县	马太屯	马太屯	土田嘉右卫门	集团	山形县	康德 6 年 2 月	200	154	626	"
"	北靠山屯	北靠山屯	高桥清十郎	"	"	康德 6 年 2 月	300	197	937	"
"	裕家	黄砂村	横山正造	"	岛根县	康德 10 年 3 月	200	52	116	"
"	大顶子	东仙道村	花田直二郎	"	山梨县	康德 10 年 3 月	250	30	40	"
依兰县	广富山	南都留乡	佐藤传长	"	山梨县	康德 10 年 3 月	250	23	58	"
"	西河	西河群山		集团 归农	福岛县	康德 10 年 4 月	200	27	66	"
"	松木河	依兰岩手	小森茂穗	集合	岩手县	康德 7 年 4 月	50	78	392	佳木斯
"	长岭子	依兰天山	和田昌纯	"	京都	康德 7 年 5 月	50	38	136	三姓港
"	南靠山屯	南靠山	工藤重吉	"	北海道、桦太	康德 6 年 4 月	100	112	525	依兰
依兰县	南舒东镇	依兰桦太	中岛市三郎	集合	桦太	康德 7 年 4 月	50	32	160	依兰
方正县	大罗勒密	大罗勒密	寺坂清隆	集团	鹿儿岛县 冲绳大岛	康德 7 年 2 月	300	110	391	方正港
"	伊汉通	伊汉通	安田宗辛	"		康德 7 年 2 月	300	248	880	伊汉通
通河县	大古洞	大古洞	大久保奏	"	长野县	康德 6 年 2 月	300	221	888	清河通
"	小古洞	小古洞	田中新吉	"	"	康德 6 年 2 月	300	139	599	"
"	新立屯	上大坚村	岛冈米男	"	"	康德 6 年 2 月	300	219	739	通河港
"	张家屯	张家通	远山元四郎	"	"	康德 6 年 2 月	200	270	447	木兰镇
"	太平山	太平山	官林正志	"	山形县	康德 6 年 2 月	200	119	475	清河镇
通河县	大通河	大通河	森田今惠	"	长崎县	康德 7 年 2 月	200	95	369	通河县

续表

县名	地区名	团名	团长名	种别	出身地（府县）	迁入时间	计划迁入户数	现有户数	现有人口	最近的车站码头
"	漂河	漂河	（缺员）	"	佐贺县	康德 7 年 2 月	200	53	246	清河镇
"	玛琅河	玛琅河筑磨	所贞门	"	长野县	康德 9 年 2 月	300	50	169	通河港
"	槟榔	槟榔柏崎	小熊启太郎	集团 归农	长崎县	康德 9 年 4 月	200	74	229	清河镇
通河县	浓浓河	饭田乡		集合 归农	长崎县	康德 10 年 4 月	50	8	38	通河
"	浓浓河	饭田乡	远山原次郎	集合	"	康德 9 年	100	8	40	通河
汤原县	三道溜	河西县	平国正人	集团	石川县	康德 9 年	100	27	74	木兰
"	连丹岗	香兰	清水直夫	"	"	康德 6 年 2 月	200	106	437	竹帘镇
"	凉台	连丹岗		集合	长野县	康德 6 年 2 月	300	123	437	"
汤原县	舒兰镇	凉台	奥村耕一	集团	冈山县、兵库县	康德 6 年 2 月	200	13	31	舒兰镇港
"	巴兰河	舒兰镇	岛村末治	集团	青森县	康德 6 年 2 月	300	125	463	依兰港
汤原县	泽洞	巴兰用地	广田登	"	冈山县	康德 8 年 3 月	200	78	330	浩良河
"	日生	浩良大岛	芹田政吉	"	新潟县	康德 8 年 3 月	250	110	246	佳木斯
"	带岭	共荣乡	井上秀雄	集合	青森县 秋田县	康德 10 年 3 月	100	48	101	带岭
"	南叉	带岭	山田与四郎	集团 义开		康德 8 年 5 月	200	92	417	南叉
"	晨明	南叉		集团		康德 8 年 10 月	100	51	51	晨明
鹤立县	桦阳	晨明	中村秀市	"		康德 10 年 10 月	50	67	47	莲江口港
"	熊本	桦阳	长冈龟三郎	集团 组合	熊本县	康德 9 年 10 月		42	42	"
"	宫城	熊本村		"	宫城县	康德 4 年 7 月	300	225	1004	
		宫城村				康德 4 年 7 月	200	189	941	

县名	地区名	团名	团长名	种别	出身地（府县）	迁入时间	计划迁入户数	现有户数	现有人口	最近的车站码头
"	福岛	福岛村	松本良信	"	福岛县	康德4年7月	200	164	783	鹤立
"	茨城	茨城村	铃木米司	"	茨城县	康德4年7月	200	139	613	"
"	静冈	静冈村	得能数三	"	静冈县	康德4年7月	200	138	533	"
"	东北	东北村	野泽喜代太	"	秋田县 青冈县 岩手县	康德4年7月	300	228	801	"
"	东海	东海村	广部永三郎	"	关东、中部、三重县	康德4年7月	300	227	521	"
鹤立县	四合屯	肥后村	井田武	"	熊本县	康德3年2月	200	127	327	"
"	吉祥	吉祥大光寺	古川泰夫	集团	青森县	康德9年4月	300	50	176	"
"	德祥	德祥百万石	木本荣松	集团	石川县	康德9年2月	200	52	145	"
"	黄花	黄花球磨	下林宗	"	熊本县	康德9年2月	300	45	242	"
"	东骏德	东骏德津南	本间利文	集合	新潟县	康德9年2月	300	63	201	骏德
鹤立县	半截河	鹤立熊屯	北原高枝	集合	鹿儿岛县	康德8年7月	50	17	89	鹤立
"	静冈村邻接	西静冈	金元宽	"	静冈县	康德8年4月	50			鹤岗
萝北县	梧桐	梧桐	矢泽善熊	集团 义开		康德9年10月	200	180	180	鹤岗
"	北山	桧山		集团		康德10年10月	300	80	80	"
"	凤凰	凤凰	斋藤义夫	集团 义开		康德9年10月	200	150	150	兴山
"	南段	朝日	木场静	集团		康德9年10月	300	205	205	"
"	东风翔	野州				康德10年10月	300	80	80	鹤岗
萝北县	凤鸣	凤鸣				康德10年10月	300	80	80	"
汤原县	桦阳	筑紫	渡边弥荣	分散	北海道熊本县	康德7年7月	30	1	3	桦阳
合计	79						16300	8701	29234	

东满总省

县名	地区名	团名	团长名	种别	出身地（府县）	迁入时间	计划迁入户数	现有户数	现有人口	最近的车站码头
宁安县	北甸子	桦林	三好武男	集团	香川县	康德6年2月	300	185	638	桦林
"	东三家子	榆林	林田胜太郎	"	埼玉县	康德2年7月	200	110	444	兰岗
"	家屯	宁古河	吉田胜三郎	"	秋田县	康德5年2月	300	137	620	山市
"	卢家屯	卢屯	村井友八	"	香川县	康德6年2月	200	126	489	石头
"	三道沟	兰岗	有藤竹松	"	各府县	康德6年2月	300	86	367	兰岗
"	土豆甸子	七星	吉村千代	"	岐阜县	康德6年2月	200	134	447	七星
"	大荒地区	马连河	马场明大	集团		康德6年2月	200	110	436	马连岗
宁安县	哈达湾屯	哈湾屯	佐佐木忠一	集团	秋田县	康德7年2月	300	80	383	东安城
"	马四屯	五林河	原数荣	"	香川县	康德7年2月	300	135	425	五林河
"	太平沟屯	太平沟	宇井角三郎	"	和歌山县	康德7年2月	200	56	244	东京城
"	羊截沟	羊截香川	谷本熊太郎	"	香川县	康德8年2月	200	60	178	"
"	长岭子	长岭八大	石井房次郎	"	东京	康德8年2月	300	122	372	"
"	营城子	营城由利	佐佐木三郎	"	秋田县	康德8年2月	200	40	166	"
"	尔粘	金城	锦户理平	集团 义开	吉山	康德8年10月	200	104	234	"
"	南山市	高干穗	赤石清	"	南山市	康德8年10月	300	21	235	南山市
"	镜泊学园	镜泊湖	岩崎安忠	"	镜泊学园	康德8年10月	300	163	277	东京城
"	海浪	海浪	伴野竹重	"	海浪	康德8年10月	300	151	292	宁安
"	拉哈密	金刚	古川健藏		拉哈密	康德8年10月	300	99	272	东京城
"	万丈	万城		"		康德10年10月	300	121	230	"

县名	地区名	团名	团长名	种别	出身地（府县）	迁入时间	计划迁入户数	现有户数	现有人口	最近的车站码头
"	金抗	金抗旭川	大林胜由	集合	北海道	康德6年10月	200	40	141	马连河
"	石头河	镜泊湖秋田	藤原幸之助	"	秋田县	康德6年10月	50	10	34	东京城
宁安县	马连河	喜见多	真野黄一	集合 组合	北海道	康德7年4月	60	46	287	东京城
"	小牡丹	牡丹江神奈川	高桥宇三郎	集合	神奈川县	康德7年4月	50	26	110	兰岗
"	镜泊湖畔	镜泊湖学园	铃木五郎	"	各府县	康德2年11月	50	31	82	东京城
"	松沟乙	"	铃木三郎	分散	"	康德2年11月	50	32	77	"
"	仙洞	仙洞	菊地喜三郎	分散 组合	秋田县 青森	康德3年9月	150	136	708	仙洞
"	山市	山市	池永武熊	自警		康德3年4月	20	19	75	山市
宁安县	宁安	宁安	佐藤健三郎	"		康德4年4月	20	19	82	兰岗
"	东京城	东京城	大村义男		东京	康德4年4月	25	24	104	马连河
穆棱县	亮子河	亮子河协和	寺岛贞彦	集合 归农		康德6年11月	50	72	214	八面通
"	梨树镇	凤山青森	阿保重雄	集合	青森县	康德7年12月	50	15	91	梨树镇
"	马桥河	下城子源	小池毅	"	新潟县	康德7年5月	50	29	137	马桥河
"	磨刀石	磨刀石拓振	池田保太郎	"	北海道	康德7年7月	100	35	172	磨刀石
"	康吉屯	伊林山城	谷庄正太郎	"	京都	康德8年4月	100	37	126	梨树镇
穆棱县	城城	城城岳南	铃木仪依	"	静冈县	康德8年4月	70	15	69	"
"	仁里屯	穆棱青根	高井威好	"	神奈川县	康德8年5月	50	29	116	二道河子
"	六里地	穆棱青野原	山崎诚之	"		康德8年5月	50	23	84	马桥河
绥阳县	寒忽河	寒忽河石川	志贺哲藏	"	秋田县	康德7年10月	50	35	144	绥芬河

续表

县名	地区名	团名	团长名	种别	出身地（府县）	迁入时间	计划迁入户数	现有户数	现有人口	最近的车站码头
穆棱县	高子河	高子河协和					50	38		八面通
密山县	永安屯	永安村	森实友	集合组合	各府县	康德 3 年 7 月	300	280	1177	永安
"	朝阳屯	朝阳村	古幡影美	"	"	康德 3 年 7 月	300	226	1029	庄内
"	黑台	黑台村	加藤熊治郎	"	"	康德 3 年 7 月	200	201	876	黑台
"	信浓	信浓村	青木虎若	"	长野县	康德 4 年 6 月	300	307	1398	连珠山
"	长野	长野村	平泽千秋	"	"	康德 4 年 6 月	300	243	1328	密山
"	北五道岗	山形村	熊谷伊三郎	"	山形县	康德 4 年 6 月	300	277	1410	裴德
"	广岛	广岛村	藤本俊才	"	广岛县	康德 4 年 6 月	200	134	157	杨岗
"	东光村	东光村	大冢稔	集团	九州东京	康德 4 年 6 月	400	250	1195	湖北
"	西五道岗街	西五道岗	佐佐木二男	"	长野县	康德 7 年 2 月	200	37	128	东安
"	七虎林	七虎林乌取	森本国义	集合	乌取县	康德 9 年 3 月	200	41	130	湖北
"	连珠山	千曲川	菊地实	集合	长野县	康德 7 年 4 月	100	148	579	黑台
"	连珠山	千曲川		"		康德 7 年 4 月	50	148	579	"
"	白泡子	兴凯湖岛根	门胁良男	"	岛根县	康德 7 年 4 月	50	49	95	东安
"	哈达河缘放	东哈达钏路		"	各府县	康德 6 年 4 月	150	87	274	滴道
"	柳毛河	密山钏路	今野善喜	"	北海道	康德 7 年 3 月	60	52	359	黑台
"	信德村西村岗子	破竹	三泽与内	分散	长崎县	康德 8 年 2 月	50	32	120	林口
林口县	龙爪	龙爪缘故		集合	乌取县	康德 8 年 3 月	25	10	16	林口
"	七虎力	敦化西伯				康德 8 年 4 月	50			湖北

续表

县名	地区名	团名	团长名	种别	出身地（府县）	迁入时间	计划迁入户数	现有户数	现有人口	最近的车站码头
"	虎山	虎山		又开		康德8年10月	300	151	180	虎山
"	小兴凯	小兴凯	三泽重宏	"		康德8年10月	300	244	257	东安
林口县	杨谟	秋津岛	山崎定一	又开		康德8年10月	300	163	151	东安
"	新立屯	度云		"			200	186	196	宝岛
"	保安	八云		"			300	258	262	"
"	大桥	船上		"			300	224	228	东安
"	勤农	勤农		"						"
密山县	临湖	临湖		分散	各府县	康德6年4月	200	74	76	兰岭
"	峰南	兴凯湖	坛上忠彦	集团组合		康德2年6月	200	72	72	鸡宁
"	滴道村	兰岭	贝沼洋一	"		康德2年6月	30	22	107	东海
鸡宁县	鸡西	鸡西		集合	各府县		100	59	267	"
"	哈达河村	哈达达河		又开	"		200	256	1290	平阳
"	东哈达河	东樱					50			龙爪
林口县	永庆	北樱	和田章藏	集团组合	各府县	康德4年6月	200	164	177	青山
"	龙爪	龙爪村			熊本县	康德10年3月	300	250	1114	"
"	青山	青山熊本		集合		康德6年3月	50	250	1114	古城镇
"	古城村	青山共荣	石井松五郎	"	北海道县 桦太	康德6年3月	50	15	43	
"	青山	青山共荣	荻野忠行	"	高知县 熊本县	康德7年4月	50	50	252	
"	湖水别	湖水别					50	48	243	古城镇

续表

县名	地区名	团名	团长名	种别	出身地（府县）	迁入时间	计划迁入户数	现有户数	现有人口	最近的车站码头
林口县	青山	青山高松乡		集合 归农	香川县	康德 3 年 9 月	100	3	3	青山
"	古城镇	古城镇	高村郡太郎	分散 组合	青森县 秋田县	康德 7 年 2 月	150	145	818	古城镇
勃利县	罗圈河	罗圈河	高桥二郎	集团	长野县	康德 8 年 2 月	200	156	628	勃利
"	搭金	佐渡	利野左门	"	新潟县	康德 10 年 3 月	300	42	107	"
"	王金	耕野乡	远藤市记	"	宫城县		200	9	13	"
"	长兴屯	长兴鹿岛台	谷津冬藏	集合	"	康德 7 年 5 月	50	76	227	"
"	"	长兴耕野		"	"		50	76	227	"
"	万龙	万龙	萩野 x 治	又开		康德 8 年 10 月	300	129	149	"
"	大隅	大隅	永井伊势治	集合		康德 8 年 10 月	200	66	89	"
"	龙头	大东	泊清忠	"		康德 8 年 10 月	300	109	152	"
"	长兴屯	长兴屯耕野		"			50			"
"	东万龙	龙湖	羽贺厚一	又开		康德 8 年 10 月	200	135	145	"
"	北星	北星	高桥精市	集合	宫城县	康德 8 年 10 月	200	148	170	"
宝清县	大索伦	尖山	正村秀二郎	集团	长野县	康德 7 年 2 月	300	102	407	兴凯
宝清县	万金山	万金山	山本直右卫门	集团	长野县		300	176	664	"
"	索伦	索伦河	田中勇冶	"	山形县		300	127	541	"
"	大梨树沟	小城子	上杉虎寿	"			200	108	420	兴凯
"	杨营团子	杨营庄内	富橿直太郎	"			300	85	304	"
"	东绥河	东植纮科乡		"	长野县		200	59	240	"

445

续表

县名	地区名	团名	团长名	种别	出身地（府县）	迁入时间	计划迁入户数	现有户数	现有人口	最近的车站码头
"	大主	大主上房	大冢荣	"	冈山县		200	80	197	"
"	王福岗	王福岗庄内	小野木健太郎	"	山形县		300	40	168	"
"	小主	小主南安昌	堀田六枝	"	长野县		300	45	122	"
"	珠山	珠山上高井	永井正雄	"	"		200	66	158	"
"	东横林	南信浓乡	水上福市	"	"	康德10年3月	300	60	60	"
"	南蛤蟆	笠同村	山口喜正	"	茨城县	康德10年3月	200	30	34	"
"	南横林	填科乡	池田健太郎	"	长野县	康德10年3月	200	7	12	"
宝清县	头道	头道	田底竹吉	义开		康德8年10月	300	95	11	"
"	龙头	龙头	河野喜代国	"		康德8年10月	300	106	129	"
	宝石	宝石	樋口庄三郎	"		康德8年10月	200	110	172	"
	大和镇	大和镇	野村民良	"		康德8年10月	300	119	132	"
延吉县	亮兵台	亮兵台石城	小野吉次郎	集合		康德7年3月	70	45	222	亮兵台
汪清县	后河	汪清芳野	山内泰二郎	集团		康德10年3月	200	48	185	大兴沟
汪清县	春阳村	秋荣	安腾信次	集团		康德10年3月	50	2	7	天桥岭
"	大院铺	汪清确冰	松浦茂	集合		康德7年3月	130	46	177	北荒屯
"	道岔东南岔	汪清安佐	粕井富雄	分散 组合		康德8年6月	70	37	121	汪清
	春阳村	秋荣				康德3年9月	80	37	235	天桥岭
和龙县	二道口	新秋田	石井秋太郎			康德3年9月	80	42	214	龙井
安图县	十骑街	十骑大野	中山芳冀	集团		康德8年2月	200	75	162	明月沟

续表

县名	地区名	团名	团长名	种别	出身地（府县）	迁入时间	计划迁入户数	现有户数	现有人口	最近的车站码头
"	大甸子	大甸新川	长田俊一	"		康德8年2月	300	96	352	"
合计	115						20740	11005	34756	

滨江省

县名	地区名	团名	团长名	种别	出身地（府县）	迁入时间	计划迁入户数	现有户数	现有人口	最近的车站码头
哈尔滨	哈尔滨一号	东京乡	石清水昌郎	集团归农	东京府	康德10年3月	200	40	71	王岗
"	郊外长岭子基督教	长岭子基督教	堀井顺次	集合		康德7年12月	50	34	111	哈尔滨
呼兰县	方台三富	方台三富	荻要原	"	山梨县	康德8年7月	50	15	57	沈家
"	大泉子	大泉子	芦立勉	集团	富山县福井县	康德6年2月	200	140	498	哈尔滨
阿城县	财神	寄居乡	松村德次郎	集团	埼玉县	康德10年3月	200	42	55	新甸
"	四道河	四道河	小泉美见	"	山梨县	康德7年2月	200	60	168	平山
"	天城第一	冈山乡	中村八七	集团归农	冈山县	康德10年3月	200	30	68	三棵树
"	天城第二	第一天理村	长谷川次郎	集团	奈良市	康德10年4月	200	47	106	"
"	天城第三	第二天理村	泷野喜四郎	"	"	康德10年3月	200	60	130	"
"	双河村	阿城大谷	加藤荣吾	"	山形县	康德10年3月	200	158	553	阿城
"	八户长屯	阿城高柴	大友春三	集合	北海道	康德10年3月	200	106	450	"
"	马沟站南方	八纮	魁生哲二	分散组合	各府县	康德6年2月	150	120	565	亚沟
阿城县	天理村	天理村		集合		1932年	100	73	380	三棵树
"	八户长屯	阿城高柴		集合		康德7年4月	100			阿城

447

续表

县名	地区名	团名	团长名	种别	出身地（府县）	迁入时间	计划迁入户数	现有户数	现有人口	最近的车站码头
"	阿城	阿城	藤原岩吉	自警	中部	康德4年4月	20	20	76	"
五常县	朝阳川	天岭	丰田宇一	集团 组合	青森县 岩手县	康德5年2月	300	222	822	山河屯
"	太平川	太平川	佐藤伊右卫门	"		康德5年2月	200	127	545	五常
"	小山子	九州	山野源次	"	九州	康德5年2月	200	132	539	山河屯
"	三个顶	三个顶 广岛	上地普次郎	"	广岛县	康德6年2月	200	170	612	山河屯
"	东山小子	熊本	荒尾龙起	集团	熊本县	康德6年2月	200	104	434	平山
"	龙王庙	龙王庙	佐佐木朝起		秋田县	康德7年2月	300	221	1015	五常
"	冲河	冲河	林俊一	"	富山县	康德7年2月	300	153	555	"
"	南朝阳川	南朝阳川	武田收三	集团 归农	广岛县	康德7年2月	200	133	469	山河屯
"	沙河子	沙河子仙台	菊地硕夫	"	宫城县	康德9年4月	200	130	544	"
五常县	杜家	杜家岐阜	山崎源十郎	集合	岐阜县	康德7年5月	50	32	111	杜家
五常县	水泉村	五常和歌山	里村健佑	集合	河歌山县	康德8年10月	50	27	59	五常
"	杜家	耕绿园	濑下才治	分散	新潟县 佐贺县	康德6年2月	30	29	129	杜家
"	小莗沈河	光世	水城伊三二	集团 义开	黑顶	康德8年10月	200	60	69	五常
"	杜家	杜家新潟	高野末吉	分散	新潟县		30	29	110	杜家
"	南冲河	神利		集团 义开		康德10年10月	300	207	207	五常
双城县	周家	周家	长谷川政治	自警	各府县	康德10年3月	100	15	78	周家
"	双城堡	双城堡	长谷川政治	农工		康德3年4月	10	11	63	双城堡
"	五家	五家	深堀卯八	"		康德4年4月	20	15	61	五家

续表

县名	地区名	团名	团长名	种别	出身地（府县）	迁入时间	计划迁入户数	现有户数	现有人口	最近的车站码头
肇州县	升平	大阪乡	冢本健治	集团 归农	大阪	康德10年3月	400	99	325	安达
"	临安	临安	村崎义隆	集团 又开		康德8年11月	300	64	134	安达
安达县	萨尔图	萨尔图	关根栖雄	又开		康德8年10月	300	72	73	萨尔图
肇东县		肇东瑞光	滨村伊总治	分散	山形县	康德5年3月	10	8	33	尚家
"	尚家	尚家	畠山松治	集团 又开	尚家	康德8年10月	300	77	94	尚家
安达县	安达	安达	气田松太郎	自警		康德3年4月	10	10	37	安达
东兴县	北二屯	北二屯	桥本快藏	集团	兵库县	康德7年2月	200	84	439	木兰
巴彦县	大营	大营	斋藤勇	"	山梨县	康德7年2月	300	128	565	兴隆镇
"	太阳	太阳	大港专一	"	石川县	康德7年2月	300	160	383	"
"	双龙	双龙	大屋新三郎	"	三重县	康德7年2月	300	164	534	"
"	裕德	裕德	中村晋一	"		康德7年2月	300	246	814	"
木兰县	老布房	老布房	清水清	"	长野县	康德6年2月	200	175	578	木兰港
"	王家屯	王家屯	樋口隆次	"	"	康德6年2月	300	196	841	"
"	欢喜岭	欢喜佐久	草间为太	"	"	康德8年2月	300	132	431	"
木兰县	源兴台	源兴	渡边美江	集团 又开	黄金子	康德8年10月	200	47	66	木兰港
延寿县	中和镇	延寿信浓村	松村朝信	集团 组合	长野县	康德5年2月	300	255	997	亚布洛尼
"	李花屯	李花小县	竹下繁松	"		康德8年4月	200	76	862	驿马河
延寿县	长发	长发大塔	梅本国又	集团	奈良	康德9年2月	200	54	120	珠河
"	宝兴	长野乡	胜田利夫	集团 归农	长野县	康德10年3月	200	23	41	"

续表

县名	地区名	团名	团长名	种别	出身地（府县）	迁入时间	计划迁入户数	现有户数	现有人口	最近的车站码头
珠河县	三股流	三股流 庄内村	佐藤繁作	集团 组合	山形县	康德 5 年 2 月	200	196	794	乌吉密
"	六道河	六道河	前田万四郎	集团	"	康德 5 年 2 月	300	232	1073	一面坡
"	大青川	大青川 水府村	山田郁郎	集团 组合	茨城县	康德 5 年 2 月	200	124	475	"
"	元宝镇	大分村	盐田美夫	"	大分县	康德 5 年 2 月	200	124	475	平山
"	帽儿山	帽儿山	小林雅平	集团	山梨县	康德 6 年 2 月	300	191	626	珠河
"	南元宝镇	中武藏		"	大分县	康德 10 年 4 月	100	18	58	"
"	帽子山 张家店 青蒙山	蒲原	清原哲	集合	大分县	康德 7 年 5 月	100	45	143	密峰
"	帽子山	"	木村吉	"	新潟县	康德 6 年 2 月	100	75	331	"
"	金库	金库和德	木村平太郎	"	青森县	康德 9 年	50	31	159	一面坡
"	红石拉子	红石拉子 东村	涩谷山内藏之助	"	山形县	康德 8 年 9 月	50	53	216	密峰
珠河县	大青顶	大青顶清水	细谷多仲	"	神奈川县	康德 8 年 5 月	80	36	119	帽儿山
"	北帽儿山	帽儿山中乡	八木弥平太	集合	新潟县	康德 8 年 5 月	50	32	109	平山
"	六道河	六道河 河缘故	前田武二	分散	山形县	康德 7 年 5 月	30		（七次包括在 六道河内）	一面坡
"	元宝镇	元宝镇	后藤春一	集合 又开	李家	康德 7 年 5 月	100	32	34	珠河
"	于家营	扶桑	上野满	"		康德 8 年 10 月	50	20	20	一面坡
"	周家营	周家营崎玉	芦泽知	集团	埼玉县	康德 5 年 2 月	200	113	437	苇河
"	万山	十川村	竹内智义	"	高知县	康德 10 年 4 月	200	55	55	"

续表

县名	地区名	团名	团长名	种别	出身地（府县）	迁入时间	计划迁入户数	现有户数	现有人口	最近的车站码头
"	大连泡	大连泡高知	岛崎直猪	集合		康德 7 年 5 月	50	24	93	"
"	平阳川	松荫	冈田关治	"	山口县	康德 6 年 4 月	120	27	30	双阳屯 马河
"	九江泡	九江神奈川	秋本稀代二	集合 归农	神奈川县		50	24	73	九江泡
"	四顺堂	四顺堂福井	南出架三	分散	福井县	康德 5 年 6 月	30	36	198	青云
珠河县	牙布力	牙布力	岛肇作	分散	福井县	康德 6 年 4 月	25	25	118	亚布洛尼
珠河县	长岗	长岗	崎上福一	集团 义开	长岗	康德 8 年 10 月	300	133	147	双阳屯
珠河县	平阳	平阳	堀内宅藏	集团 义开	平阳	康德 8 年 10 月	200	109	126	双阳屯
珠河县	三道冲河	三道冲河	高桥政治	集团 义开	哈尔滨	康德 9 年 10 月	300	114	144	苇河
珠河县	苇安	瑞代	斋藤政文	集团 义开		康德 9 年 10 月	300	122	122	苇河
合计	79						13515	6935	23281	

注：以上数据摘自档案原文，为保持原貌，故不做修改。

第五节　日本移民侵略的迫害及中国
人民的反抗斗争

日本移民侵略政策的制定和实施，给黑龙江人民带来了极大的痛苦和灾难。移民侵略和土地掠夺相结合，使黑龙江的广大农民失去了赖以为生的土地，沦落为佃农和雇农。如此的殖民压迫统治，必然遭到中国人民的强烈反抗。

一　移民侵略与土地掠夺

日本的移民侵略，给中国人民带来的灾难之一是对移民用地的掠夺。而通过什么手段获得大量的移民用地，更是日本"移民国策"实施成功与否的关键。为此，满铁经济调查会在1932年10月专门制定了日本移民的《一般农耕地的选定及获得对策案》，针对"移民选定土地的目标""未耕地分布和各地带""获取移民土地的方法""土地的选定及获得的对策"等问题做出分析论证。在此基础上，制定了《日本人移民用地整备要纲案》《满洲农业移民百万户移住计划案》等具体实施方案。如《满洲农业移民百万户移住计划案》明确规定，掠夺移民用地1000万町步的11个地带涉及黑龙江区域的有7个，面积在800万町步左右，具体划定如下地带[①]：

1. 三江省地带		300 万町步
2. 小兴安岭南部山脚地带		100 万町步
3. 齐齐哈尔以北及松花江上游地带		200 万町步
4. 黑河瑷珲地带		50 万町步
5. 旧北铁东部地带		20 万町步
6. 京图线及拉滨线地带		80 万町步
7. 三河地带		50 万町步
合　计		800 万町步

而实际执行情况也是一样，日本移民"开拓整备"的土地，主要以东

---

① 《满洲年鉴》，1940。

满、北满地带为主，"其中最大的收买地区为三江省，约 231 万晌，其次为滨江省 98 万晌，东安省约 96 万晌占第三位，北安省为 59 万晌占第四位，此外兴安西省、龙江省、吉林省皆在 30 万晌左右，除黑河省、牡丹江省约收买了 20 万晌土地之外，其他都没有达到 10 万晌"。① 据"满洲国国务院弘报处"《旬报》第 166 期载，1944 年末，日本开拓移民共占地 1521000 公顷，约占当时全部耕地面积的 1/10，而且还都是可耕的熟地。"当时东北大部分的可耕土地座落在黑河和龙江两省"，② 关东军及伪满洲国政府自然也就把寻找移民用地的目光投向了黑龙江区域。

关东军及伪满洲国政府掠夺土地的手段，最先是通过所谓的"地籍整理"，侵占了旧有的官地、公地和无主荒地。紧随其后的就是所谓的"收买"，而这种"收买"是以"指山卖磨""跑马占荒"的野蛮方式进行的。如在指定的南至河、北至山、西至沟、东至道范围内，土地所有者都要在指定的时间内将地照交到伪县公署。说是"收买"，所付地价实与侵占无异。以伪三江省依兰县为例，当时的地价是熟地上、中、下三等每晌分别为121.4 元、82.8 元、58.4 元，荒地上、中等每晌价格分别为 60.7 元、41.1元。而收地的"满洲拓殖公社"等机构，仅以每晌 1 元至 10 元不等的价格强行"收购"。在伪东安省的密山县，仅以当时土地价格的 1/5 至 1/10，便将全县 80% 的私有地掠夺一空。如此低廉的地价，不仅令中国百姓苦不堪言，就是日本的土地"收买"官员也觉得"手段之野蛮"和"价格惊人的便宜"。时任伪东安省勃利县参事官、兴农合作社中央理事的泷本实春在《土龙山事件》中写道：

> 自 1934 年 1 月，开始大规模收买土地。第一次永丰镇和第二次湖南营附近土地，多属李杜等财产和国有地地区，而此次收买广泛波及一般农民土地……军方则不通过政府机构，竟然直接利用东亚劝业公司（本社属奉天满铁子公司）做为工具收买土地。最初的地价是熟地、荒地一律每晌 1 元，当到依兰时听说熟地每晌 15—16 元、荒地 1.5 元（这是土龙山事件后调整的地价）。对不愿缴地契的地主，采取相当强制的手段，

① 满铁奉天调查室：《满洲农地造成及改良事业实施状况调查》，1943，第 23 页。
② 〔英〕琼斯：《1931 年以后的中国东北》，胡继瑗译，商务印书馆，1959，第 90 页。

甚至令士兵荷枪实弹到居民家去搜查，捅破墙壁抢走隐藏在里面的地契。[①]

而伪北安省绥棱县副县长赖田幸三郎在《回忆收买开拓用土地》一文中写道：

> 担当收买开拓用地工作的（开拓总局——引者注）用地课隶属总务处，……跑外的用地收买班班长则是本人，课员人数实际上有100多人。外务班的人员，因一年到头奔波于全满洲，所以在课里连张办公桌都没有……用地课的用地收买班分成南满班和北满班……北满以收买吉林、滨江、三江、牡丹江、北安、黑河、龙江等各省内的旱田和放牧地为主要目标……当时的收买地价，因地区（南满、北满）、人口密度、交通、耕作地状况等因素，有相当大的差异，而且还有要价和实际价格的差异……大体上，熟地分为上、中、下三等来定价，平均地价一垧为70～80日元，未耕地、荒地是在20～30日元左右。然而所买之地全都是以惊人的便宜价格收买的，就连我本人都甚感惊讶。[②]

除了土地价格"惊人"的便宜外，还要把列入日本移民计划地带里世代居住的中国农民强迁出去，时下把这种被迫迁移的中国农民称作"内国开拓民"。如在日本第一次武装移民入殖地的桦川县永丰镇，时任第三中队长的工藤仪三郎在其回忆录《弥荣十年志》中写道："该地原有居民99户、500余人，为了给日本移民倒出开拓用地来，大部分居民被迁走，只剩下40余户。"又如，1941年日伪统治者以维持珠河县"治安"为名，强令该县的600户居民迁往伪三江省鹤立煤矿做苦工。这种现象在黑龙江区域几乎普遍存在，仅虎林、密山、穆棱、绥阳、东宁5县，被强制迁出的中国居民就有4000余户。据《满蒙开拓年鉴》记载，到1943年时"内国开拓民"达40771户之多，若按每户5口计，亦在20万人左右。由于迁徙时间多在冬季，许多贫苦农民冻死、饿死，患病死于非命的不在少数。如1942年伪牡丹

---

① 〔日〕泷本实春：《土龙山事件》，《黑龙江文史资料》第30辑，黑龙江人民出版社，1991，第278页。

② 〔日〕赖田幸三郎：《回忆收买开拓用土地》，《黑龙江文史资料》第30辑，黑龙江人民出版社，1991，第288—290页。

江省宁安县当局将该县卧龙山和芦家村两地划为日军驻宁安510部队用地和开拓用地后,该地2000余户居民要迁移到伪黑河省瑷珲和呼玛两县,在自1942年到日本投降的三年半时间里,从宁安县芦家村去的300户、约1500人中,死于冻饿疾病的达287人之多。输送"内国开拓民"的方式更是骇人听闻,"每辆闷罐车装20户、约100人,家具、用具堆在四周,人们坐在中间。车门上锁,全车100号人的吃、喝、住、便全在车内,空气混浊,呼吸困难。嗟叹声、哭泣声、责骂声、怨恨声、呻吟声交织在一起,汗酸味、呕吐味、尿骚味混合在一块"。① 据时任伪满洲国交通大臣的谷次亨战后供称,在某一车站,有一闷罐车移民,车门上了锁,被甩在一条闲道上,过了两天开门看时,里面的移民已全部冻饿而死。对于这种野兽般的行径,就连当时伪绥阳县的日本县长桥本龙太郎也受到了良心的谴责,抱怨"北边振兴委员会"不该在寒冷的天气里逼迫当地居民搬家。他说:"这种违反人道的行为,怎么能算是民族协和王道乐土的政治呢?"② 仅1939—1944年,"被迫到不毛之地服苦役的中国农民就有51482户"。③

二 中国农民佃农化与雇农化的态势加剧

由于日本移民侵略对土地的掠夺,失去土地的中国农民无以为生,不得不把一线希望寄托于伪满洲国政府。例如,"1938年春季,在长春伪国务院大门前,汉奸总理张景惠在下班途中,道旁突然出现十几名农民拦住汽车说:'我们是密山县代表,我们的土地被官家收去,生活无路,请总理开恩,还给我们土地,或者另给土地,否则我们只有死于总理车下。'由于事出突然,张景惠一时大窘,挥之不去,纠缠多时,来了十几名警察将农民抓走"。④ 类似的事情很多,1930年初至1940年3月,伪滨江省阿城县双河村移入日本"大谷开拓团"89户、"高柴开拓团"40户,"他们占据了阿什河下游西岸水资源丰富、土地肥沃、南北长24华里、东西宽5华里的近3万亩耕地"。为此,沿河一带15个村屯的中国人几乎全部被赶走,如双河村管旗

---

① 梁常军:《苦难的开拓民》,《黑龙江文史资料》第9辑,黑龙江人民出版社,1991。
② 谷次亨:《所谓北边振兴计划的内幕》,《文史资料选辑》第39辑,黑龙江人民出版社,1980。
③ 孔经纬:《东北经济史》,四川人民出版社,1986,第45页。
④ 王子衡:《日寇在伪满进行掠夺的三光政策》,《文史资料选辑》第39辑,黑龙江人民出版社,1980。

屯的 32 户、167 口农民，除 1 户地主外，其他全都迁往八里川开荒。而八户张屯近 30 户农民，只留了 2 户有马车的富户和 1 户车老板、1 户铁匠为其服务，其余 20 余户都被赶到外地开荒去了。无法生活的农民，只好三次赶赴"新京"（长春）告状，但在当局的威逼哄骗下次次都是无果而返。①

在日本"开拓团"入殖地附近的中国居民，即便是没被赶走，大多也都沦为日本移民的佃户或长工。调查资料显示，日本移民每户占有耕地面积在 4 町步至 12 町步之间，入殖时间越早占有耕地越多。由第一次和第二次武装移民建立的"弥荣村"和"千振村"，移民每户平均占有耕地都在 12 町步左右。而以当时的日本农作法，每户依靠自己的劳动力只能完成耕地数的 1/3，剩下的"占百分比的 66%，多半依靠雇佣劳动力完成"。据 1943 年的《满洲开拓年鉴》记载，日本各种类型"开拓团"共雇佣中国劳动力年工 10470 人、月工 91798 人、日工 870785 人。而有的日本移民更是不愿意付出管理上的劳苦，直接把土地租给当地农民，毫不费力地收取高额地租。以第三次武装移民团入殖的伪北安省绥棱县"瑞穗村"为例，1934 年 10 月移民，计划入殖 300 户，1940 年前后有 208 户，934 人；占有耕地面积 3917.3 町步，其中自耕土地面积 1367.1 町步，出租土地面积 2550.2 町步。②被日本移民雇佣的中国农民，"劳动强度大，时间长，但工钱低得可怜，一天也就三五毛钱，稍有差错还要遭到打骂与克扣工钱"。曾在伪东安省鸡西哈达河"开拓团"做过雇工的中国农民回忆道：日本移民当时家家都雇佣中国农工，不少"开拓团"员实际上变成了经营地主。在哈达河居住的佟双臣，原来家里的四五方地被日本人以每垧 3 元的地价强行收买，他只得租日本人高桥家的地种，每垧地收成 2 石，要用 1 石缴地租。当年的另一位雇工李奎恒说，日本人熊人的办法可多了，租了他们的地，除了要租，还得给他干零活，年节还得送礼，不然来年就不租给你地种。③

日本帝国主义对中国东北的移民侵略，带给中国人民极大的灾难。难以数计的中国农民被剥夺了土地，被赶出世代居住的家园，成了流离失所的"内国开拓民"。还有部分人被掠夺土地后，又成为日本移民掠夺劳动力资源

① 石德庆、张勤：《双河人民反对日本"开拓团"占地的三次请愿》，孙继武、郑敏主编《日本向中国东北移民的调查与研究》，吉林文史出版社，2002，第 165～168 页。

② 满洲国立开拓研究所：《瑞穗村综合调查》，1941。

③ 李宝山：《鸡西地区日本"开拓团"》，孙继武、郑敏主编《日本向中国东北移民的调查与研究》，吉林文史出版社，2002，第 42 页。

的雇工，生活在水深火热之中。如此的掠夺、剥削、压迫，必然激起中国人民的强烈反抗。

三　中国人民的反抗斗争

黑龙江区域人民反抗日本移民侵略的斗争，从侵略者足迹一踏上这片土地就已经开始，并且随着压迫日甚，反抗日益强烈。如袭扰"第一次武装移民团"、烧毁"瑞穗开拓团"团部、袭击"镜泊学园"，直至"土龙山事件"的发生。此起彼伏的反抗日本移民侵略斗争，以1934年3月9日发生在伪三江省依兰县境内的"土龙山事件"最为著名。土龙山当时是依兰县的一个行政区（第三区），"土龙山事件"完全是由日本移民强占农民土地引起。在这次行动中，击毙了关东军第63联队饭冢大佐及其以下21名日军。以"土龙山事件"群众组成的民众救国军，于4月1日又袭击了驻扎在依兰孟家岗的"永丰镇开拓团"（第一次武装移民团）和"千振村开拓团"（第二次武装移民团）。据第二次武装移民团团长宗光彦回忆，"1934年4月1日拂晓，千振开拓团突然遭到袭击。此后，千振、弥荣一带自不必说，包括三江省在内的北满一带，经常有此事发生，致使很多移民团员不断丧命"。① 此后，抗日民众类似的袭击不断，而每次都有开拓团员在袭击中丧生。据日本有关方面1939年7月的统计，"集团开拓团"死亡人数为：第一次移民团20人，第二次移民团19人，第三次移民团1人，第四次移民团5人，第五次移民团6人，第六次移民团13人，第七次移民团2人，合计66人。②

在抗日民众的不断打击下，日本开拓团员情绪低落、精神萎靡，有的食欲不振，有的长期失眠，有的整日昏睡，有的甚至因悲观失望而自杀，日伪当局把这种现象统称为"屯垦病"。"屯垦病"在日本开拓团中迅速蔓延，自杀和逃跑事件屡屡发生，团员退团人数也不断增多。"第一次移民团的退团人数加上以前的达到了200人，第二次移民团退团人数加上被打死、病死的超过了200人。"③ 日本移民的"屯垦病"，在"满蒙开拓青少年义勇队"里表现得更是带有强烈的攻击性。据伪黑河省嫩江伊拉哈青少年义勇队训练所

① 〔日〕宗光彦：《开拓团的建立与崩溃》，《黑龙江文史资料》第30辑，黑龙江人民出版社，1991，第285页。
② 日本拓务省拓务局：《集团开拓团人口统计表》，1939。
③ 转引自朱海举《九·一八事变日本帝国主义对我国东北的武装移民》，《东北师大学报》1980年第1期。

统计，在 1938 年至 1939 年一年左右的时间里，训练所内发生火灾 21 起、枪击事件 21 次、危险行为 12 件、自杀和自杀未遂事件 6 起，擅自逃跑者 50 人，违章开除者 137 人。①曾在孙吴训练所做过"寮母"的上条夏在其回忆录《走过的路》中写道：

> 一个秋天的早晨，她的脚刚刚踏进宿舍，见一少年倒在血泊中，旁边放着一支枪，少年是把枪挂在打在屋地中的桩子上，用脚勾动扳机击中自己头部。这样的事件至昭和十四年（1939）8 月，包括未遂的共发生 6 起。②

满蒙青少年义勇队训练所频发的"恶性案件"，引起日本拓务省和"满洲拓殖会社"注意，承认"屯垦病"是"在远离故国的气候地理环境严酷的满洲，青少年对一味强行要求遵守军队式的纪律和忍受艰苦生活的不满和反抗"。一度曾在各训练所内实行"寮母"制度，试图改善环境，遏制"屯垦病"的发展蔓延。所谓的"寮母"制度，就是 16～19 岁青少年义勇队员缺少"女性的、母亲的温柔"，应该设立青少年义勇队女指导员。为此，专门颁布了《满蒙开拓青少年义勇队女子指导员（寮母）募集要纲》，募集了176 名"30 岁至 45 岁的孀妇或独身妇女"，到"满洲现地"的大小训练所做"寮母"。但这并没有从根本上解决问题，因为"屯垦病""不只是缺乏母爱和女性的爱所引起的，所谓青少年义勇队过的是极为不自然的非人的集体生活，所以才出现这种综合性弊端"，③而更为重要的应该是侵略别人国家并进行疯狂的掠夺和残酷的镇压，在被侵略奴役人民的沉重打击下形成的心理疾病，他们也是日本军国主义发动侵略战争的牺牲品。

第六节 梦碎"满洲"的日本移民及其大遣返

1945 年 8 月 8 日苏联对日宣战，沿东、北、西北三面猛烈突进黑龙江区

---

① 满洲开拓史刊行会编《满洲开拓史》，转引自高乐才《日本"满洲移民"研究》，人民出版社，2000，第 359 页。

② 〔日〕上笙一郎：《青少年义勇军在东北》，李兆铭等译，齐齐哈尔市社会科学研究所，1992，第 61 页。

③ 〔日〕上笙一郎：《青少年义勇军在东北》，李兆铭等译，齐齐哈尔市社会科学研究所，1992，第 70 页。

域的苏军，瞬间使在侵华战争中"骁勇彪悍"的关东军成为"稻草人兵团"，土崩瓦解，被抛弃的日本农业移民闻讯后开始以"开拓团"为单位向齐齐哈尔、牡丹江、哈尔滨等大城市集结，希望在军方的协助下结束"满洲"噩梦回到日本。然而，他们成为战争的弃儿。

一　梦碎"满洲"的日本移民

对于满怀"开拓"梦想的日本开拓民来说，苏联军队的炮声击碎了他们的美梦。虽然，关东军没有具体的"弃民要件"公之于世，但战后忙乱中无暇顾及开拓民的做法无疑就是一种放弃行为。另《满蒙终战史》卷末遣返年表显示，"从8月9日到12日，关东军的军人和家属17116人，10日满铁机构家属16700人，11日日本大使馆和关东军军属750人，12日满洲国政府职员应招军人家属765人，13日国策会社及一般民间家属23029人乘坐避难列车撤退"。① 这清楚地表明了战败后的撤退顺序：首先是关东军军人及家属，其次是政府要员及家属，最后是工商界人士及家属，而作为日本政府重要国策之一的开拓民则在没有任何人的帮助下经历了"梦碎满洲"的全过程。

在哭天喊地的绝望中，开拓团民自杀事件屡屡发生。1945年8月17日，入殖阿城山河乡四道河子的日本"丰村开拓团"百余团员及眷属在团长名取美郎的带领下引爆炸药自决。② 1945年8月的一天，入殖伪三江省方正县赵炮屯的日本"永建开拓团民"老少82口集体自焚。③ 而据《满洲开拓史》的不完全记载，死亡人数在15人以上的开拓民集体自杀事件达77起，其中发生在黑龙江区域人数较多的集体自杀事件如表12-8所示。

表12-8　日本开拓团在黑龙江区域部分集体自杀事件

时间	名称	自杀地点	自杀人数
1945年8月10日	东安驿事件	黑龙江省密山县	200人

---

① 转引自杜颖《跨越战后——日本遗孤问题的历史与现实》，黑龙江人民出版社，2012，第14页。
② 周福臣：《日本丰村"开拓团"爆炸自决的前前后后》，孙继武、郑敏主编《日本向中国东北移民的调查与研究》，吉林文史出版社，2002，第152页。
③ 王绍德：《"鬼子营"自焚目睹记》，《黑龙江文史资料》第30辑，黑龙江人民出版社，1991。

时间	名称	自杀地点	自杀人数
1945 年 8 月 12 日	麻山事件	黑龙江省鸡西市	500 余人
1945 年 8 月 16 日	坂房子事件	黑龙江省集贤县丰乐乡	280 人
1945 年 8 月 17 日	高桥事件	黑龙江省兰西县	299 人
1945 年 8 月 18 日	大泉子事件	黑龙江省宾县	251 人
1945 年 8 月 20 日	小古洞事件	黑龙江省通河县	400 人
1945 年 8 月 20 日	赵炮屯事件	黑龙江省方正县永建乡	82 人
1945 年 8 月 24 日	凤凰事件	黑龙江省德都县	200 人
1945 年 8 月 24 日	亚洲事件	黑龙江省富裕县	356 人
1945 年 8 月 27 日	佐渡开拓团事件	黑龙江省勃利县	420 人
1945 年 9 月 7 日	大塔事件	黑龙江省延寿县	149 人
1945 年 9 月 10 日	韩家事件	黑龙江省庆安县韩家乡	160 余人
1945 年 9 月 17 日	瑞穗事件	黑龙江省绥棱县长山乡	459 人

资料来源：转引自杜颖《跨越战后——日本遗孤问题的历史与现实》，黑龙江人民出版社，2012，第 15 页。

更多的开拓团员及其眷属则是在开拓团的组织下，以入殖地为单位开始"撤离"。由于大多数青壮年男子应征入伍，"撤离"中开拓团中的青年妇女扶老携幼、拖儿带女。① 黑龙江区域的日本开拓团，基本上是 8 月 9 日后开始陆续"撤离"入殖地，其路线、方式与结局大致如下：

入殖萝北、鹤立、汤原、桦川、富锦的开拓团先是徒步向佳木斯集中，然后乘火车经绥化、哈尔滨、长春、沈阳，最终在大连被收容。

入殖桦川、勃利、宝清的一部分开拓团徒步经依兰逃到方正，其中大部分成员留下过冬，其余部分徒步经延寿逃到珠河，在珠河改乘火车经阿城、哈尔滨、长春到沈阳，被那里的难民收容所收容。

入殖依兰县的开拓团徒步经方正、延寿，逃到珠河，在珠河改乘火车到哈尔滨，在哈尔滨被收容所收容过冬。

入殖在虎林铁路沿线的开拓团乘火车经林口、牡丹江、哈尔滨、长春到沈阳，被当地收容所收容。

---

① 〔日〕满洲国史编纂刊行会编、黑龙江省社会科学院历史研究所译《满洲国史》，内部发行，1990，第 846 页。

入殖密山、宝清、勃利、林口的部分开拓团徒步经勃利、林口、仙洞、二道河子、老爷岭、山中到横道河子。在横道河子分成两部分，一部分徒步经拉古逃到牡丹江，后乘火车经哈尔滨、长春，最后在沈阳被收容。还有一部分徒步经新站，最终在吉林被收容。

入殖东宁的开拓团徒步经东京城、牡丹江，最终在哈尔滨被收容。

入殖穆棱、勃利的开拓团徒步经老松岭、图们，最终在延吉地方被收容。

入殖逊克的开拓团徒步穿越小兴安岭到达海伦，后又经绥棱、绥化，最终在哈尔滨收容所过冬。

入殖孙吴的开拓团徒步经嫩江、北安、哈尔滨、长春，最终在沈阳市被收容。

入殖德都、克山的开拓团徒步经北安、哈尔滨、长春，最终在沈阳收容所过冬。

入殖克东、通北、绥棱、铁力、庆安的部分开拓团徒步经哈尔滨、长春，在沈阳收容所过冬。

入殖嫩江的开拓团徒步经北安、哈尔滨、长春，在沈阳收容所过冬。

入殖讷河的开拓团徒步经嫩江、北安、哈尔滨、长春，在沈阳收容所过冬。

入殖阿荣旗、布特哈旗扎兰屯、索伦、泰来等地的开拓团都集结到齐齐哈尔，在那里的收容所过冬。

入殖三河的开拓团徒步越过兴安岭，经布西抵达嫩江。①

所谓的"撤离"，状况之悲惨是难以想象的。日本山形县天童市人松田千卫，1941年随丈夫到伪三江省依兰县北靠山屯的"舞鹤部落"开拓团落户，1944年其丈夫应征入伍。日本投降后留居中国，曾写有《开拓残留妻子的证言》一书并在日本出版，其中详细地叙述了"撤离"的凄惨状况：

我们这支逃难队伍，扶老携幼，拖儿带女，怀着恐惧的心情匆忙地行进在田间小路上，谁也不说一句话，只能偶尔听到一两声幼儿的

① 左学德：《日本向中国东北移民史》，哈尔滨工程大学出版社，1998，第224~226页。

哭声和妈妈的安慰声。当我们登上附近的一座小山岗时，大家都不约而同地停下脚步，回首向我们上午还居住着的小村庄望去，村庄的轮廓还隐约可见，那就是我们的"舞鹤部落"，是我们生活了4年的家园……

一天、二天、三天，已经在山林中走了七天，就好像老天爷也和我们作对，雨一个劲地下，山谷里潮湿泥泞，我们每个人带的仅够3天吃的干粮很快就吃光了。没有吃的，就采野果、野菜来充饥，最后就连葡萄蔓子和葡萄叶子也采来充饥。孩子们一个劲地哭喊着，"妈妈，我要吃饭"，都饿得头重脚轻，全身无力。我们这些做母亲的身上背着孩子，手里还要拿着简单的行李，迈着艰难的步伐，一步一晃地踏着泥水努力跟上前进的队伍，穿行在山林之中。又过了3天，已经是第10天了。雨住了，但天空还是阴沉沉的。傍晚我们宿营在一个山坡上，我背靠着一棵大树坐下休息，一天的疲劳使我很快睡去。不知过了多长时间，我迷迷糊糊地睁开了眼睛，四周一片漆黑，一点动静也没有，只能听到附近几个人睡觉的呼噜声。在朦胧中我看见前面不远处有一个黑呼呼的东西倒在地上。我想也许是有人太累，躺在湿地上睡着了，我站起来慢慢地走过去想叫醒他，来到跟前仔细一看，原来是两个男孩紧紧地抱在一起倒在地上，我推了推他们，他们一动不动，我用手在他们的鼻子前试了试，早已停止了呼吸。这是我在逃难中第一次看到尸体，也许他们是两个亲兄弟。我非常难过，他们的妈妈哪里去了？也许她比孩子更早地倒在路上了吧？明天倒在路上的又会是谁呢？多么可怕呀！我们在一步一步地走向死亡……

多日吃不到一粒粮食，人们已经饿得面黄肌瘦，走起路来东摇西晃的，青年人扶着老年人和体弱多病的人，母亲背着孩子，一步一步向前迈着艰难的步子，看样子随时都有倒下去，而再也起不来的危险。有一个叫结城正吉的妇女，背上背着两个孩子，可其中那个小的已经死了，她还不知道。几天来，在我们所走过的山坡上、树林里，经常可以看到被抛弃的死孩子和倒在地上停止了呼吸的大人。我们都默默地从他们身边走过，用泪水向他们告别，希望自己千万不要象他们那样……①

---

① 《梦碎"满洲"——日本开拓团覆灭前后》，《黑龙江文史资料选辑》第30辑，黑龙江人民出版社，1991，第37、39—40页。

　　这个"撤离"的开拓团，在方正县会同其他"开拓团"被难民收容所收容。由于寒冬来临，收容所里的难民因冻饿疾病而死的人越来越多，至翌年3月死亡人数竟达数千人，松田千卫6岁的女儿也死在那里，奄奄待毙的她后来改嫁中国人才得以幸免。后来由方正县人民政府派出民工将死亡的开拓民尸体运至郊外火化，1963年5月，黑龙江省的相关部门将收集到的开拓民遗骨安葬，这就是最初"方正地区日本人公墓"的由来。

　　另据《满洲开拓史》记载，日本投降前后黑龙江区域部分日本开拓团状况见表12-9。

表12-9　黑龙江区域部分日本开拓团状况

单位：人

地区名	开拓团在籍人数	死亡人数	未回国人数	回国人数
桦川县	10272	3715	1548	4952
哈尔滨市	1714	280	180	1254
五常县	6446	1742	345	4352
阿城县	3072	843	403	1826
延寿县	1940	1119	396	425
依兰县	3829	1609	1051	1165
方正县	1287	356	572	359
富锦县	1341	488	195	658
北安县	2438	630	198	1610
绥棱县	4640	1917	395	2328
龙江县	1301	43	10	
饶河县	657	61	96	500
宁安县	10343	3273	1260	5812
鸡宁县	1634	27	45	
密山县	12349	4229	2042	6078
宝清县	6749	2833	1261	2655

　　注：原表中的"入伍人数"项未列其中。

　　资料来源：《梦碎"满洲"——日本开拓团覆灭前后》，黑龙江人民出版社，1991，第330页。

　　1945年8月15日日本投降后，黑龙江区域除了10余万人的"开拓团"移民及其眷属外，大中城市里还有10余万名日本侨民。据《黑龙江省志·

人口志》载，1943 年黑龙江区域日本人总数是 246809 人，其中男 158841
人，女 91070 人。时隔两年之后的 1945 年，黑龙江区域的日本侨居人口达到
366663 人，当然这也只是一个参考数字。

二　日本移民遣返

长达 14 年的日伪统治，已使东北社会经济残破、民不聊生，百姓生活异
常艰难困苦，国共两党还要负担残留在东北数十万日本侨民的救济任务。
1946 年 8 月初，国共两党及美方的"军调三委员"达成遣送日本移民回国的
协定。随后东北民主联军总部"遣送日人办事处"处长李敏然（即李立三）
与美方代表斐尔上校签订了《遣送现在东北中共管制区内之日人之协定》，
国民党方面的代表也予以承认。由于国共两党在军事上已经形成以松花江为
界的对峙态势，黑龙江区域需要遣送的日本侨民只能在国共双方于陶赖昭、
拉法等地设立的办事处进行遣送。遣送日本侨民"协定"，涉及黑龙江区域
的主要内容有以下几方面。

1. 国共双方之交接

（1）日人之遣送每日由哈尔滨及其附近地运送 7500 人至松花江。

（2）为了保证 9 月 30 日遣送完毕，国共双方应协助松花江以北之日本
人，于 9 月 20 日以前完全遣送至松花江以南。

2. 中共方面应负之责任

（1）在陶赖昭及拉法设立办事处，负责督查监管日人之交接事宜。
（2）由铁路自哈尔滨及附近区域至松花江北岸遣送日人的日期安排，8 月 20
日 2500 人，8 月 21 日 5000 人，8 月 23 日起至遣送截止日每日 7500 人。另
由哈尔滨至拉法线，每日运送 2500 人。（3）运送车辆可用敞车及闷子车
（货车），每车厢不得超过 70 人。（4）运送路线，所有齐齐哈尔、北安、佳
木斯、牡丹江、松花江之日人经过哈尔滨运送。

东北民主联军总部和各级民主政府为顺利地把日本人遣送回国，发动青
年学生 700 余人参与工作，他们组成"遣送日人办事处检查队"，负责交接、
安排、转运日人的遣送工作。据当时的《东北日报》报道："自从 8 月 19 日
开始之后，除 21、26 两日，因国民党方面违背条约未按数接渡，被迫停送两
天外，每日均照常遣送，迄于 27 日止，共送走日人达 4 万多名。其中由哈尔
滨发出直赴松花江的 13 列车。其他，尚有双城一列车 2560 名，拉法一列车
2427 名。24、25 两日，齐齐哈尔两列车 4837 名"。在二十几天内，顺利地将

松花江以北的 20 多万名日本侨民全部遣送回国。为此，东北民主联军总部
"遣送日人办事处"专门在哈尔滨召开了表彰大会，庆祝遣侨工作顺利圆满
完成。①

---

① 徐建源：《东北解放区遣送日本人归国之概况》，程舒伟等编《解放战争与东北》第 2 辑，
　　黑龙江人民出版社，1994，第 707 页。

黑龙江区域的现代移民

第十三章
移民黑龙江垦区的艰苦创业

1945 年日本投降后，经过了东北解放战争、新中国恢复和发展国民经济、"文革"浩劫、拨乱反正、改革开放，40 余年里黑龙江区域各种表现形式的移民活动从来没有停止过。首先是为了"建立巩固东北根据地"，黑龙江各地出现了公（国）营农场，继而是接收河北、平原等关内省份的移民，再就是各种形式的移民开发北大荒，另附从来没有间断的自流人口。

第一节　公营农场的艰苦创业拉开了移民垦区的帷幕

黑龙江区域公营农场的创立，应该说是迫于当时东北国共两党战争一触即发大势下的无奈之举，也是中国共产党审时度势、攻坚克难的必然结果，其中蕴含了对新中国经济成分构成的理论探索，是一个富有历史意义的伟大抉择。

一　战争形势的逼迫

1945 年 12 月 28 日，毛泽东同志在《建立巩固的东北根据地》一文中科学地分析论述了解放战争的艰巨性，明确指出：东北的"党政工作人员估计在一年内，将达到 40 万以上。如此大量的脱产人员，专靠东北人民供给，是决不能持久的，是很危险的。因此，除集中行动负有重大作战任务的野战兵团外，一切部队和机关，必须在战斗和工作之暇从事生产。1946 年决不能空过，全东北必须立即计划此事"。[①] 这是战略上的高瞻远瞩，如果连进入东北部队的口粮都解决不了，其他事情更是无从谈起。当时创办公营农场，是迫

[①]　毛泽东：《建立巩固的东北根据地》（1945 年 12 月 28 日），《毛泽东选集》（合订本），人民出版社，1967，第 1127 页。

于武装斗争形势的需要，各部队机关都要组织自己的生产委员会，订出生产计划、生产任务，完成自给财政任务的 10%、20%、30%。①由此，拉开了中共中央东北局、地方党政机关大办公营农场的帷幕。

二 农业经济发展的需要

1945 年后，被日伪统治严重破坏了的黑龙江农业经济，经过反奸清算、平分土地、土地改革等运动，逐步地恢复发展。特别是"耕者有其田"的土地制度，变革了封建半封建落后的生产关系，但必须承认的是，土地改革后的农村经济仍然是分散的、个体的经济，土地改革的结果只是废除了封建私有制，代之以农民的私有制。土地改革后农业经济如何发展，需要东北解放区率先做出尝试。1947 年 12 月 25 日，毛泽东同志的《目前的形势和我们的任务》一文发表，文章中指出：新民主主义国家的农村经济是"从封建制度解放出来、虽则在一个颇长时间内在基本上仍然是分散的个体的、但在将来可以逐步地引向合作社方向发展的农业经济"，强调"新中国的经济构成"中就有"由个体逐步地向着集体方向发展的农业经济"。

三 "示范农民"的大势所趋

1947 年底《中国土地法大纲》公布后，农业经济如何发展是新生政权必须考虑的问题。虽然在各级政府的积极倡导下，一家一户的小农经济逐步向互助合作的集体化方向发展，但仅凭农民自己发展生产是远远不够的，是与新民主主义性质的农业经济有很大差距的。为了农业经济的发展远景，十分有必要摸索大规模机械化农业生产的经验，需要培养大批懂得农业生产技术和管理的干部，特别是黑龙江地区有着大片荒芜土地，非常适合土地国有制和公有制的大农业经营，用如此的生产实践作为示范，教育农民，摆脱旧有的小农生产方式束缚。在东北行政委员会的一次会议上，有领导同志在讲话中指出，"为迎接全国解放，组织亿万农民走集体化、机械化生产道路"，"在北满创办一个粮食工厂"。②

---

① 王首道：《目前财经工作的方针与任务》，《东北解放区财政经济史》编写组：《东北解放区财政经济史》第 1 辑，黑龙江人民出版社，1988，第 24 页。

② 《党和国家关于开发北大荒建设黑龙江垦区的部署》，黑龙江农垦党史资料编辑部编《黑龙江农垦党史资料》第 1 辑，1987，第 7 页。

四 安置荣誉军人和解放团官兵的需要

在东北解放战争中,参战人员、战勤民工的阵亡和伤残规模均达到前所未有的程度。而随着战争的节节胜利,国民党军队的投诚、起义、被俘人员也日益增多。如何做好大批伤病员的医疗、教养、安置工作,是后方支援前线的一项重要任务,而收容、教育、安置解放官兵也是一项全新的艰巨任务。特别是作为老根据地的北满、西满,社会形势稳定,正在开展农业大生产运动,通过开办机械农场对荣军和解放官兵予以安置,这在当时的情况下也是一种创举。

正是由于上述政治、经济、军事形势的迫切需要,黑龙江区域的公营农场在艰难困苦的情况下创办,拉开了移民垦区的帷幕。

第二节 黑龙江区域公营农场的类型

1947 年主持中共中央东北局北满分局工作的陈云同志,在哈尔滨召见来自延安的青年干部陈重时说:"现在我们在北满,国民党在南满,南满有棉花但缺少粮食,所以他们有衣服但没有饭吃。相反,我们在北满,这里有粮食但没有衣服穿。现在作战损失最大的是冻伤,因为冻伤致死致残的很多。你的任务就是去尽快地发展皮毛动物和亚麻产品,以解决部队的手套、帽子、袜子和军装。"根据这一指示,陈重同志在萨尔图创建了第一个公营种畜场。[①] 这是在这些理论和实践的指导下,黑龙江区域的公营农场如雨后春笋般蓬勃发展起来。初创期的黑龙江区域公营农场大致可分为三类。

一 黑龙江区域县营农场

黑龙江区域各省的县营农场始建于 1946 年初。当时,北满、西满的民主政权刚刚建立,发展生产、实现自给是各项中心工作的重中之重,机关、部队只要条件允许都要千方百计地组织生产,因而有人说:"黑龙江的机关农场,地、县营农场,是在东北解放战争最困难的时候,为打败国民党军队大

---

① 《黑龙江省国营农场经济发展史》编写组编《黑龙江省国营农场经济发展史》,黑龙江人民出版社,1983,第 45 页。

举进攻的产物。"① 县营农场的创办，从无到有，从小到大，从开荒到收获，从组织到管理，为后来国营机械农场的大发展做了全面的前期准备工作。1946—1950 年，黑龙江区域共创建县营农场 106 处（其中原松江省 63 处，黑龙江省 43 处）。②这些县营农场的共同特点是起步早、数量多、规模小、生产点广、铺的面宽。几乎所有县都有自己的农场，在以齐齐哈尔为中心的西满地方，有的县"示范农场"多达三四个。县营农场多是为了减轻当地人民的财政负担，作为政府机关、部队、人民团体的副食品及粮食的补充基地而创办的。政府投入不多，因而其规模小，机械化程度低，多以人力、畜力为主，在生产上亦只求自给。虽然"县属的这类公营农场，就其经济地位来看，不是黑龙江农垦经济的主体"，③但它却伴随着我党政军民度过了东北解放战争最为艰苦的阶段。

二　黑龙江区域各省创办的农场

根据东北行政委员会的决定，黑龙江区域各省也克服种种困难，创造条件，千方百计地办了机械农场。黑龙江区域 5 省相继办起的机械化农场有以下几个。

花园农场。1946 年 2 月，出于建立巩固东北根据地的需要，黑龙江省委在德都县花园区设立了直属机关生产点，用日本"开拓团"丢弃的 3 台拖拉机，在撂荒地上开荒生产。1947 年秋，随着战争形势好转，黑龙江省委领导认识到"机关农场的性质要改变，由干部参加劳动为主，改变成固定工人为主，由机关性质改为企业性质"。④为了完成这一转变，将生产点命名为花园农场，专门用粮食从苏联换来一批拖拉机及各种农具，使农场的拖拉机总数达到 17 台。兴办机械农场的目的是"培养干部，积累经验，创造典型，示范农民"，黑龙江省直各单位与各县选送 70 余名文化青年，在花园农场举办拖拉机手训练班，为农业经济发展培养了人才。

---

① 杨清海：《农垦生活四十年拾遗》，黑龙江美术出版社，2011，第 40 页。
② 关于黑龙江区域县营农场数字，有不同的统计，1952 年 6 月东北局农业部发布的《东北区国营农场基本情况统计资料》，登载黑龙江县营农场 113 个。另杨清海同志在《农垦生活四十年拾遗》中提到："黑龙江五省一市期间，查到县营农场共计 252 个。"该时期县营农场的具体数字尚待考证。
③ 《黑龙江省国营农场经济发展史》编写组《黑龙江省国营农场经济发展史》，黑龙江人民出版社，1983，第 45 页。
④ 杨清海：《农垦生活四十年拾遗》，黑龙江美术出版社，2011，第 12 页。

赵光农场。1947 年 3 月，为适应前方战事需要，黑龙江省军区供给部部长张觉率警卫部队的 40 余名战士到通北县柳毛青地方，利用日本开拓团遗弃地开荒种药材供应前方部队。同时，还修复废旧拖拉机 3 台，开荒种地供给所在部队。1948 年 3 月，因省军区供给部办场人员战勤调动，黑龙江省委派人继续经营，在此基础上建立了赵光农场。4 月，为了使农场更好地发展，上级拨给苏联进口的拖拉机 5 台，壮大其实力。到 1949 年底，赵光机械农场开荒 45000 亩，基本建设各类房屋 300 余间，职工 200 余人，拥有拖拉机及各种农机具 100 多台（件）。

萌芽农场。1947 年春，黑龙江军政干部学校教育长高衡为培养农村师资，在德都县创办了乡村师范学校。这是一所亦学亦农的学校，农活忙时学员务农，农闲时节组织学习，因其是新生事物，故有"萌芽学校"的名称。1948 年初，以萌芽学校为基础创建萌芽农场。黑龙江省政府在北安举办拖拉机手培训班，萌芽农场的梁军即毕业于此，成为全国第一个女拖拉机手，并组建了闻名遐迩的梁军女子拖拉机队。1950 年 9 月，梁军出席全国英模代表大会，毛泽东主席为之题写了"萌芽学校"的校名。1951 年 2 月，中共中央办公厅在给萌芽学校的回信中写道："萌芽学校对新式农业的建设事业有着非常重要的意义。"

宁安农场。1947 年 6 月，松江省政府主席冯仲云召集建设厅等相关部门，商讨建设一个大规模的机械农场。经过紧张筹备后，建场工作开始。最初场址选在尚志县一面坡东太平沟小山子，命名为松江省第一农场。但由于计划不周，经过一段时间的艰苦劳动，开荒近百垧后便无荒地可开，离建场时的荒地预计数相差甚多，只好弃之另选新址。1948 年 3 月，农场迁至延寿县的朱家店，这里是日本开拓团的撂荒地，经简单勘测后，在 8 号和 18 号马架处建立作业区。5 月，10 台拖拉机开荒作业一段时间后荒原告罄，无奈只得再次迁场。接受"两年三次迁场"的教训后，同年 8 月农场又在宁安石头站一带选址开荒 23500 亩，又将原县大队牧羊场土地 2600 亩、护路警察队耕地 5200 亩划拨农场。有了丰足土地后的新农场，遂更名为松江省宁安农场。

查哈阳农场。1947 年初，嫩江省政府将筹建机械化农场的任务下达给建设厅。同年 9 月，省建设厅在齐齐哈尔举办拖拉机手培训班，为还在筹建中的农场培训人才。同时，建设厅、财政厅联合派出干部，带领省行政干部学校 12 名学员及 4 名水利技术人员，到查哈阳诺敏河地方修复日本"开拓团"

残留的输水工程——溢洪闸，为农场建设先行开路。在距水利工地不远的平阳镇，农场筹建工作也在紧锣密鼓地进行。1948 年 1 月，西满军区二分区派来干部，又从甘河煤矿抽调技术人员，招收农场工人，正式组建平阳农场。4 月，上级调拨进口拖拉机 24 台，加上原有的 4 台，平阳农场成为当时机械化程度较高的农场之一。1949 年底，更名为松江省查哈阳农场。

五大连池农场。1948 年 3 月 15 日，德都县派出 7 名干部在二区火山堰塞湖五大连池畔建立五大连池农场。农场创建初期，经常遭到残余土匪的骚扰，为了保障生产秩序，德都县派出 27 名联防队员进驻农场，附近的花园农场派出 5 台拖拉机支援开荒 400 余垧，基本建设同时进行，农场生产生活步入正轨。1949 年改为省属农场。

桦南农场。1948 年秋，合江省政府在桦南县八虎力地方筹建大洼农场。建场之初只有 79 人，在极其困难的情况下开荒 7035 垧。桦南农场开发的八虎力地区，原是日本"开拓团"用地。1949 年 2 月，佳木斯市政府将接收的 100 垧"开拓团"用地和 1 栋砖房移交给桦南农场，使之可以连片开垦。农场相继从富锦、依兰、阿城、呼兰等地招收机务人员，又从苏联进口了一批农机具，机械化程度达到规模，建场第二年耕地面积就达到 5.04 万亩。1948 年末 1949 年初，先后有合江军区八家子机关农场、佳木斯市政府半截河机关农场并入，由此大洼农场规模扩大。5 月，合江、松江两省合并，农场易名为松江省桦南农场。

在省属机械农场中，除查哈阳农场种植水稻外，其他农场均以大田作物为主，加之东北行政委员会及地方政府的资金投入，具有较高的机械化程度。1949 年末查哈阳农场拥有拖拉机 69 台，赵光农场拥有 13 台，花园农场拥有 14 台。拖拉机型号有斯特兹、斯大林 80、福特、法尔毛、万国、卡特彼乐、兰兹等。虽然机械品牌庞杂，但在农场创建之初，已经对周围农村起到了农业先进生产力的示范作用。

三 荣誉军人与解放团在黑龙江区域创办的农场

在东北解放战争中，解放区计建立各种卫生机构 206 个，收容战伤病员 354207 人，完全治愈 232036 人，占战伤人员的 78.84%。① 没有痊愈和尚在痊愈中的还有 12 万余人，如何安置这些伤残的荣誉军人，中共中央东北局、

---

① 朱建华：《东北解放战争史》，黑龙江人民出版社，1987，第 291 页。

东北行政委员会和东北民主联军总部十分重视，召开会议、做出决定、发出指示，专门成立了东北行政委员会荣军管理委员会，下设荣军管理处，负责管理荣军事宜。1947 年 11 月 12 日，中共中央东北局等部门通过的《关于处理荣誉军人的决定》要求各级政府"在思想上必须认识到，随着战争形式的发展与扩大，荣誉军人的数量势必增加。因此在政治上与组织上，必须把荣誉军人处理工作当作战争的任务来完成。应把动员参军，治疗负伤，安置残废，看成一连串的支援战争任务。对荣誉军人采取任何应付不负责任的态度，就等于对战争不负责任"。在"决定"精神的指引下，黑龙江地区各省的荣军工作轰轰烈烈地开展起来。

对于如何安置伤残军人，黑龙江地区各省主要是通过建立残废军人休养院、荣军学校等途径予以妥善安置。从 1947 年开始，到 1948 年底，黑龙江区域各省先后在阿城、宾县、汤原、佳木斯、齐齐哈尔、安广（原属嫩江省，今吉林白城）、铁力等地建立残废军人休养院，收容安置重度伤残军人；从 1946 年下半年到 1948 年底，黑龙江地区各省相继在依兰、绥滨、同江、集贤、鹤立、富锦、佳木斯、牡丹江、东宁、五常、阿城、延寿、方正、木兰、苇河、齐齐哈尔、北安、镇赉、东屏、讷河、哈尔滨等地建立 20 余所荣军学校，收容那些没有丧失独立生活能力，但又不适合重返前线的荣誉军人，通过短期集中的文化学习后安置工作。

随着荣军学校学员身体的康复，如何安置他们的工作又成了新的问题。1949 年 3 月，东北荣军管理处召开荣军工作会议，讨论荣军投身经济建设问题。会议确定了以"农业为主""农场为重点"的基本原则，以"改善荣军生活，减轻人民负担"为基本目的安置方式。此时黑龙江区域已划分为松江、黑龙江两省，筹建荣军农场事宜随即在两省展开。

1949 年 4 月 1 日，齐齐哈尔荣军学校政治部主任郝光浓和侯祥宽、汪立国等人挑选了 26 名负伤痊愈、思想坚定的学员，前往东屏（原属黑龙江省，今吉林省白城市镇赉县东屏镇）试办荣军农场。经勘查，在嫩江西岸的五棵树地方开荒 1500 亩，播种 525 亩。秋收后，为谋求更大的发展，报经省民政厅荣军管理处批准，将东平荣军农场移交地方，人员全部迁往土地条件更好的嫩江县伊拉哈区向阳堡东沟，新建伊拉哈荣军农场。为了支持农场创建，东北人民政府财政部拨款 85 亿元（东北币，折合人民币 8.95 万元），购置退役军马 200 匹、大车 210 辆、拖拉机 9 台、汽车 6 辆，建房 3500 平方米。同年 12 月 20 日，举行建场典礼，中共黑龙江省委、省政府，镇赉、嫩江县委、县政府等送来了贺信和锦旗。到 1950 年发展到 6 个分场，安置残废等级较轻和慢性病治愈军人 745 人。1953 年 2 月，荣军农场与九三农场合并，改名为"九三荣军机械农场"，实现了当年开荒、当年生产。近千名身残志坚的荣誉军人，在短短两年时间里，将昔日荒芜土地变成麦浪滚滚的大农场。当时的《人民日报》《大公报》等多次发表消息、通讯，介绍荣军农场为社会主义建设做出的积极贡献。

1949 年下半年，绥滨、富锦、依兰、汤原、鹤立等地荣军学校的 1100 余名学员，在松江省鹤立县境内建立起荣军机械农场，因其傍依伏尔基河畔，后命名为伏尔基河荣军农场。当时，由省财政厅拨款 80 亿元（东北币，折合人民币 8.4 万元），购置役马 550 匹、大车 220 辆、拖拉机 11 台、康拜因 2 台和播种机、圆盘耙、犁等各种农机具。拨给基本建设费 94 亿元（东北币，折合人民币 9.89 万元），建房 108 间，安置残废等级较轻和慢性病治愈军人 816 人。20 世纪 50 年代的第一个春天，伏尔基河的原始荒野得到开垦。当年开荒近 3 万亩，超额完成计划，超出 19%，按农时提前 10 天完成 29082 亩的播种任务，粮豆产量达到 322 万斤。①荣军农场以其汗水与骄人的业绩引起国人关注，中央新闻电影制片厂专门拍摄了专题片《荣军农场》并在全国放映。

1947 年东北民主联军发起的夏、秋、冬季攻势，从根本上扭转了东北战场局势，国民党军军心涣散，毫无斗志。而随着东北全境解放，被俘、投诚、起义的国民党官兵有数十万人之众，东北人民政府、东北军区对他们的安置工作十分重视：对一般士兵，经教育后愿参加人民解放军的，当即编入人民解放军参战；对自愿返家的，发给路费，予以释放；对军官和少数敌伪官员，以及不愿参军又因家乡在国民党统治区"有家难返"者，则集中组建了"解放军官教导团"，予以收容、审查、教育，并给以"出路"。1949 年 8 月，东北军区政治部专门召开了"解放军官教导团"会议，宣布成立军区生产部，并决定"解放军官教导团"以北大荒为目标，兴办机械化农场。由于"解放军官教导团"创办农场，是受到荣军农场的影响与启发，所以东北行政委员会荣军管理委员会也负责"解放军官教导团"的农场创建工作。1949—1951 年，在东北军区生产部的直接领导下，先后有荣誉军人、警卫部队（5000 人）、"解放军官教导团"（14000 人）等近 2 万人在北大荒创建了

---

① 郑加真：《北大荒六十年》，黑龙江人民出版社，2007，第 32 页。

7 个解放团农场,他们艰苦开发的业绩同样记载于北大荒的开发史。其大致情况如下。

1. 东北军区政治部解放一团(宝泉岭农场)

1950 年 4 月 5 日,东北军区政治部解放一团奉命从鞍山起程,开赴北大荒萝北荒原创办机械化农场。在这支近 5000 人的队伍里,中国人民解放军现役军人约 1700 人,国民党被俘、投诚、起义的解放官兵 3258 人。解放一团团长兼政委王世英,是一个年仅 26 岁的老革命,而萝北荒原是其 1949 年冬天前期踏查时选定的场址。1950 年当年进行了大规模的基本建设,修建了鹤(岗)宝(泉岭)公路、梧桐河大桥、俱乐部等基础设施,还用从苏联进口的 7 台拖拉机开荒 1375 垧。1951 年,解放一团粮食大丰收,收获小麦 363 吨、大豆 3119 吨、高粱 54 吨、玉米 75 吨。1952 年 5 月,取消东北军区政治部解放一团番号,正式命名为"国营宝泉岭机械农场",归东北人民政府国营农场管理局领导。随着解放一团转为农场,全团的 3258 名学员(除死亡、返乡人员外,实为 3200 余人)全部转为农场职工。

2. 东北军区政治部解放二团(香兰农场)

1949 年夏,东北行政委员会荣军工作委员会决定,将驻扎在吉林省西安县(今辽源市)的东北军区政治部解放二团,全建制地转为农场,开发北大荒,参加即将成立的新中国的经济建设。同年 9 月,团长兼政委向俊选率500 余人先遣队深入北大荒腹地勘查选址,最后在汤原县香兰区的原《东北日报》生产农场处落脚,沿用东北军区政治部解放二团的番号。原《东北日报》生产农场创建于 1948 年 3 月,耕地面积 4500 亩,种植小麦、大豆、水稻等作物。解放二团加入后,生产规模有所扩大。1951 年,归属东北国营农场管理局。

3. 东北军区政治部解放二团(铁力农场)

1949 年春,东北行政委员会荣军管理委员会决定成立铁力农场安置革命荣誉军人,当时的农场干部由解放二团调入 20 余人。抗美援朝开始后,铁力农场先后有 500 余人入朝参战,所剩荣军或复员回乡或转入其他部门工作。1952 年 3 月,以铁力荣军农场为基础,调入解放团青年军人 300 余人,组建"国营铁力机械农场",隶属于东北国营农场管理局。①

---

① 铁力农场场史编审办公室:《铁力农场史(1955—1985)》,内部资料,1985,第 34 页。

4. 东北军区政治部解放三团（孟家岗农场）

1949 年 9 月，按照东北行政委员会荣军管理办公处指示，将东北军区政治部解放二团一分为二，留在香兰农场的那部分仍为解放二团。另外 1400 余人由向俊选带领转赴桦南县孟家岗地方创建新场，建制上也变为东北军区政治部解放三团。1950 年播种面积为 45000 亩，主要种植物有小麦、大麦、甜菜等。1951 年东北行政委员会荣军工作委员会撤销后，划归东北国营农场管理局领导。

5. 东北军区政治部解放四团（笔架山农场）

1950 年，中国人民解放军炮兵一师在集贤县笔架山、丰乐镇、红堡一带开荒生产，当年开荒种地 22500 亩，但没有等到收获季节便因朝鲜战争爆发而开赴前线，开垦的荒地交由东北军区政治部解放四团管理。1950 年 11 月该团进入垦区，在丰乐镇建立了临时场部，1951 年 1 月上旬又将场部移至笔架山。在团党委的号召下，全体干部和学员为不误农时边建设边生产，在冰天雪地里割芦苇搭窝棚，用 20 天时间突击修建了一部分工棚，接着便投入春耕。由于农机没有及时调来，全团人员依靠人力开荒生产。投入劳力 2100 人，耕种土地 26835 亩。当年收获粮食 261.2 万斤，同时建设房屋和暂建工程 9500 平方米。1952 年，农场归属东北国营农场管理局领导，定名为"国营笔架山机械农场"。

6. 东北军区政治部青干一团（二龙山农场）

1949 年 9 月，东北军区政治部青年干部教导一团官兵，在政委房定辰率领下到德都县七区日本"开拓团"旧址附近勘查，准备开荒生产。1952 年 5 月 1 日，东北军区政治部决定青干一团全体官兵就地转业，正式成立"国营二龙山机械农场"，隶属东北国营农场管理局。

7. 东北军区政治部青干一团三大队（东西火犁农场）

1950 年 3 月，东北军区政治部青年干部教导一团三大队于通北县东西火犁地方正式创建农场，1951 年 10 月命名为"东西火犁农场"，1952 年定名为"国营红星机械农场"，隶属东北国营农场管理局。

这些由荣誉军人及"解放军官教导团"创建的农场，虽然后来都合并入东北国营农场管理局或其他系统，然其为黑龙江垦殖事业的进一步发展奠定了基础，创造了必要的条件，也为和平时期部队安置与经济建设探索出了一条新路。

第三节　农建二师移垦黑龙江

1952 年 2 月，中央人民政府人民革命军事委员会主席毛泽东同志根据国内外形势颁布命令："今天，我们人民解放军，将在已有的胜利基础上，站在国防的最前线，经济建设的最前线，协同全国人民，为独立、自由、繁荣、富强的新中国而继续奋斗！为此目的，除各特种兵和大部分陆军，应继续加强正规军，现代化的训练，警惕的站在自己的战斗岗位，保卫祖国国防外，我批准中国人民解放军×军×师转为中国人民解放军×××师的改编计划，将光荣的祖国经济建设任务赋予你们。"[①] 根据此命令，中国人民解放军有 31 个师转为生产师，其中参加农业生产建设的有 15 个师，中国人民解放军第 97 师转为农建二师后不久即开赴黑龙江参加垦区建设。

一　农建二师移垦黑龙江

农建二师原为中国人民解放军第 97 师，这支部队所属的 289 团、290 团、291 团，解放战争时期转战于山东各地，参加过孟良崮战役、张店战役、昌潍战役和济南战役，是一支屡立战功的英雄部队。改为生产师后的农建二师随即开赴以盐碱地闻名的广饶地区，在条件十分艰苦的黄泛区开荒造田 1.3 万亩。但山东人多地少的现实，严重阻碍了农建二师耕地面积的扩大。

1954 年 5 月，时任铁道兵司令员的王震将军到黑龙江汤原视察工作，把深情的目光投向了黑土流油的北大荒。随之有了开发黑土地的战略构想，并向农业部提出了建议。同年 8 月，农业部召集了有东北国营农场管理局魏震五局长、王世英副局长，黑龙江省农业厅厅长田澍，农建二师政委晏成山、参谋长杨苏及东北水利局等有关方面同志参加的座谈会，就农建二师现状、东北地区荒地情况、大规模兴垦的准备工作与农建二师移垦黑龙江的问题进行了热烈讨论，王震同志参加会议并讲话。会议首先就农建二师的现状做了实事求是的分析，最终形成报告，要点如下。

（1）东北全区荒地面积 1000 万公顷，其中大多数荒地位于黑龙江省东部的密山、虎林、富锦、集贤、萝北、绥滨等地方和西部的嫩江、讷河、北

---

① 转引自黑龙江农垦总局史志办公室《复转官兵开发建设北大荒》，内部资料，2004，第 52 页。

安、甘南、龙江、景星等地方，约有 500 万公顷，自然条件较好，是适于发展农业的地区。如能有计划地加以经营，对国家建设是有利的。

（2）会议拟定在第一个五年计划时期内，在东北由东北国营农场管理局负责，成立一个负责荒地勘测设计的专管事业机构，增加勘测设计人员，组织 1200 人的勘测设计力量，制订荒地勘测计划，基本上完成黑龙江省东、西两大块荒地 300 万公顷农田的勘测设计任务。

（3）会议按照邓子恢部长的指示，讨论了调动农建二师前往黑龙江省密山、虎林地区进行垦殖的问题。今年先去一部分搭盖房屋，做好明年生产和建设的准备工作。建议黑龙江省委与地方党政机关在他们初去时，帮助他们，将在密山城内或近郊原日伪兵营中能容纳 4000~5000 人的房子拨给他们。另一部分留在山东，继续原地生产，待东北打好基础后，全部移去。

（4）农建二师移垦密山后，生产任务初步拟定为在第一个五年计划期间开垦土地并种植 3 万—3.5 万公顷，实行边生产边建设的方针，充分利用劳动力，生产粮食，发展畜牧，经营渔业，植树造林，发展以农业为主的多部门经营，力求自给，并逐步实现盈利。

（5）会议建议以农建二师作为垦殖密山、虎林地区的骨干，即以二师师部作为领导该地区垦殖工作的机构。铁道兵团抽调一部分人员转移东北兴垦问题，拟请王震同志斟酌后再与农业部具体商定。

此后，农建二师的移垦进入实质性阶段，经过短暂的动员与准备，农建二师的数千官兵便匆匆地告别了山东广饶地区，开赴密山、虎林地方，加入了黑龙江垦区的开发队伍。农建二师多系山东子弟，后来建制转为地方，为山东移民进入黑龙江垦区创造了更好的社会条件。

二 农建二师艰苦创业在完达山下

虽然中共中央农村工作部及农业部"关于农建二师移垦东北"会议召开的时间是 1954 年 8 月，实际上早在此前的 6 月，农建二师就组建了由第五团副团长娄锡均率领的一个 500 余人的先遣团进入黑龙江密山县北大营踏查。

1954 年 9 月，农建二师由山东广饶地区开赴黑龙江省密山县。部队到达密山后的大致分布是：四团（289 团）驻扎火车站，五团（290 团）驻扎北大营，六团（291 团）驻扎知一镇，师部驻扎密山县城。时至冬季，场址勘测和建场准备工作紧锣密鼓展开。

1955 年初，农建二师四团（289 团）挺进宝清荒原，一边勘测一边抢修公路，2000 余名官兵苦战 3 个月，修路 15 公里。时至 8 月，恰遇 80 年一遇的特大洪水，平地积水深达 30 厘米，住房被淹，荒原一片汪洋，建场工作根本无法进行。经黑龙江省委会商省农业厅，9 月黑龙江省农业厅发文《农建四团与铁力机械农场合并的通知》，通知还对合并后的场界、建制、总场场址做了初步规划。9 月下旬，农建二师四团（289 团）的 2000 余名官兵迁入铁力县城及附近村屯。虽然是与铁力机械农场合并，但对农建二师四团（289 团）来说仍是一张白纸，等待着他们画出最美的图画，创业同样是艰苦的。

农建二师五团（290 团）在黑龙江省委及省勘查队的帮助下，将场址定在了富锦县绥东乡附近的一片荒原上。其理由是：位于松花江与黑龙江之间的这片荒原集中连片，地势平坦，适于机械化作业；土质肥沃，适于作物生长的有机质和养分储量高；水源充足，黑龙江、松花江傍其而过，为生产生活提供了丰富的水资源；交通较为便利，荒原轴心距绥东镇约 20 公里，距富锦县城约 40 公里，夏天有水路通航，冬天上冻后车辆可直达富锦和福利屯火车站。经反复论证，确定在场区中心太平山建立总场场部。同年 9 月，五团（290 团）留守山东的一、二营及团机关也全部抵达，1700 余名官兵开始了垦荒建场的历史伟业。

农建二师六团（291 团）团长宋光、副政委张积文等将机关工作人员分为三路到东林子三甲、四甲、五甲一带勘测场址。另从各营、连中抽出骨干，组成了 300 多人的木材运输队，来到虎林县二道山头下的小清河打捞木材，那里有大量日伪时期砍伐的还没有运出去的木材。正值 10 月，黑龙江已进入冰冻期，战士们凿开封冻的河面，进入布满冰碴的水中拴绳捆绑原木，然后潜水挂钩用自制绞盘将其拖曳上来。由 100 多匹役马组成的马爬犁运输队，冒着零下三四十度的严寒，往返于二道山头和虎林吉庆村木材加工地，没有道路的 130 余里地，一次就得一天一夜，由此冻伤的战士很多。由于交通不便，战士们经常咸菜、咸盐水下饭，主食多是大碴子、高粱米、玉米面。即便如此，战士们还是用革命的乐观主义同严寒困苦抗争，终于将 1000 多立方米的原木运回加工成材，为农场的创建做出了贡献。1955 年 6 月，经黑龙江省委批准，农建二师六团（291 团）将场址定在集贤县，1800 余名指战员由密山迁往集贤福山地区。这里除福山有几户人家外，其余皆为原始荒原，地势低洼，遍地沼泽，天水相连，一望无际。大家就是在这样的土地上搭起帐篷、支砌炉灶，在亘古荒原上开出了第一犁。

三　农建二师官兵的集体转业

1954 年 8 月 21 日，中共中央农村工作部在《同意中央农业部党组关于开发东北荒地和农建二师移垦东北问题的报告》中明确指出："农建二师今后应逐步走向企业化，这一方向应在领导干部中明确起来，经过充分的思想准备，采取若干过渡办法，逐步由供给制改为工薪制，部队的组织形式，应逐步地由军事编制转变为适合生产经营的社会主义农业企业的组织形式。"中央对农建二师的转制问题，从一开始就有着深入长远的考虑。然而，转制为生产部队以后，有相当部分的指战员思想波动很大。1955 年 4 月，中共中央农村工作部召开了农建一师、二师、四师部分师、团、连三级干部会议，专门讨论了有关农建师的彻底转业和实行工资制的问题。农业部在 6 月 4 日写给国务院周恩来总理、邓子恢副总理的《中华人民共和国农业部关于农业建设师彻底转业与实行工资制问题的报告》中，对移垦黑龙江的农建二师情况做了如下汇报：

> 农建二师现有干部、战士共 8300 余人，去冬由山东搬到东北，尚未进行开荒工作。由于该师原计划开垦的密山地区，须修建巨大的排水工程才能种植，工程时间估计要 3 年以上，故经会议讨论，由黑龙江省委提出在宝清以东的索伦岗，以北的张家炉，集贤的和尚屯和富锦的七星岗，建立三个或四个谷物农场，基本以团为单位建厂。该师师部和黑龙江农场管理局合并，多余的部分干部送学校或训练班学习。

> 二师改农场经营后，也实行工资制。因当地的工资分的分值较低，完全按地方标准，则不如五四年的供给水平，并与国防军的工薪标准相差太远，故根据"低于国防军，稍高于地方，不低于 1954 年的供给部分"的原则，经会议反复讨论，及会后与财政部商量的结果，基本同意农建二师在黑龙江省委开会后所报的工资标准方案。战士工资由 39 元提至 41 元，副班级由 41 元提至 42 元，正班级仍为 43 元。此方案干部工资高于地方 10% ~ 25%……

1955 年 10 月，中央军委命令农建二师就地集体转业，干部、战士告别了供给制，按行政级别套改薪金制。农建二师党委做出决议，强调指出

"部队转业的目的是：开发东北富源，发展国营农场，建设社会主义农业企业"，要求各团逐级传达中央批示的转业方案，根据上级"尽量多留场"及"对每个人负责到底"的指示精神，进行了复员教育，并采取"个人申请，小组讨论，组织批准"的方法，把干部、战士的复员工作落到实处。结果如下：六团（291 团）原有干部、战士 1800 余人，此次复员 707 人，调出排以上干部 121 人；①五团（290 团）原有干部、战士 2461 人，此次复员 694 人；②四团（289 团）据《铁力农场史（1955—1985）》记载，1957年时职工人数由 2454 人减至 2012 人，原因是干部和技术人员的调出，推测应该与农建二师干部、战士大批复员有关。③如此大量人员的复员转业，对部队的影响很大，但本着上级"对每个人负责到底"的指示精神，还是做出了妥善安置。

在短短几年的时间里，屡立战功的中国人民解放军第 97 师，转为"生产待命"的农业建设第二师，由富庶的内地省份来到人迹罕至的北大荒，士兵成为脱离现役的农场职工，面对如此大的转变，个人的"思想混乱、情绪波动"是自然的。但农建二师不愧是英雄的部队，它继承了人民军队的光荣传统，成为整建制转业到黑龙江垦殖的第一支部队。在经过了短时期的思想整顿后，就做好了在北大荒安家落户的准备，许多人纷纷返回老家接来眷属，在农场安家落户，既稳定了职工情绪，又为农场的发展增添了力量。1958 年春，成都军区 800 名专业官兵及 350 名家属来到 290 农场，成为农场发展的主力。后人评价道："1955 年的转业官兵是开发荒原、创建 290 农场的元老，1958 年的转业官兵则是高速发展、扩建 290 的生力军。"另外，国家计划中的事情也发生了。1954 年，农业部在《关于开发东北荒地和农建二师移垦东北问题的报告》中提到："二师系山东子弟兵，又可为山东家乡移民东北进行必要准备，建设祖国，造福家乡，二师的任务是光荣的。"转制后的 291 农场，1959 年从山东郯城调入支边青年 540 人。④同年 7 月，290 农场接收山东蒙阴、沂水、沂南等地支边青年 850 人；10 月，接收山东梁山县移民 360 户，约 1800 人。⑤由于 290 农场、291 农场建立在靠近边境地区的

---

① 二九一农场史编审委员会：《二九一农场史（1955—1985）》，内部发行，1987，第 5 页。
② 黑龙江省二九〇农场场史办公室：《二九〇农场志（1955—1985）》，1990，第 42 页。
③ 铁力农场史编审办公室：《铁力农场史（1955—1985）》，内部资料，1985，第 59 页。
④ 二九一农场史编审委员会：《二九一农场史（1955—1985）》，内部发行，1987，第 5 页。
⑤ 黑龙江省二九〇农场场史办公室：《二九〇农场志（1955—1985）》，1990，第 45 页。

荒原上，所以他们在进行垦荒生产的同时，还要搞自给性工业，还得修路架桥，建设通信设施，兴办文化教育及边境管理等各项事业，故而形成了以农场为中心、辐射周边的繁荣的"小社会"。如此，转业后的农建二师更加强调屯垦戍边、繁荣边疆的伟大任务。

第四节 铁道兵复转官兵移垦黑龙江

铁道兵农场是我国北大荒国有农场的重要组成部分。创建于战争年代的铁道兵经受了战火的考验，在朝鲜战争结束回国后旋即又参加国家的经济建设，扎根北大荒，创办国营农场。

一 铁道兵五师移垦黑龙江

在东北解放战争中，民主联军于1946年开始整合各地武装护路队伍，并以地方铁路员工为技术骨干，成立了最初的铁道部队——东北护路军。1948年7月辽沈战役前夕，为了保证铁路安全，在护路军的基础上组建铁道纵队。随着解放区域不断扩大，1949年5月16日，中央军委发布命令，将铁道纵队扩编为铁道兵团，铁道兵团在全国的解放战争中转战南北，立下了赫赫战功。1950年8月，兵团进行整编，支队改称师，总兵力30000余人。朝鲜战争爆发后，铁道兵团又随同进入朝鲜战场，统编入中国人民志愿军序列。1953年9月，中央军委决定成立中国人民解放军铁道兵。至此，铁道兵正式作为一个兵种编入中国人民解放军序列。

第一野战军第七军十九师，在参加完抗美援朝后改为"中国人民解放军铁道兵第五师，集结于黑龙江的绥化、庆安、铁力等地方休整，然后开赴大兴安岭地区，承担汤旺河林业铁路的修建任务"。① 铁道兵五师是在1954年春夏之交入驻工地的，不久上级又抽调部队大部去福建参加鹰厦铁路建设，6月铁道兵司令员王震到五师做动员工作，随后五师留下一批老战士，由副师长余友清带领在汤旺河林业铁路工地施工。部队风餐露宿，克服了种种困难，完成了路段的修筑工作。不久铁道兵九师回国，接替了五师的任务。整个铁路修建任务在同年10月6日完工，实现通车。实践证明，铁道兵五师是

---

① 中国人民解放军历史资料丛书编审委员会：《铁道兵：综述，大事记，表册》，解放军出版社，2000，第68页。

一支特别能战斗的部队。

铁道兵司令员王震同志，有着在新疆历时 4 年，建成 8 个农业师、43 个农牧场屯垦戍边的显赫功绩，他从五师回来后就运筹北大荒的开发问题。时值五师汤旺河筑路施工结束，王震司令员遂指示五师副师长余友清，命其带领一支先遣队深入虎林、密山、宝清、佳木斯一带实地考察。余友清组织了 800 余名复转官兵和从四川接来的 198 名支边青年，接收了公安部河南劳改支队在伊春劳改的 5000 余名劳改人员及 200 余名管教干部，在虎林地方建立了 850 农场并取得了可观的经济效益。

当时，在朝鲜的铁道兵部队陆续回到国内，和平时期的铁道兵部队除部分要参加国内经济建设外，还面临精简整编。1954 年 5 月 13 日，铁道兵领导机关在北京召开"编制问题会议"，本着精简机关、减少层次、充实连队、向专业化发展的精神，取消了营一级建制。整个铁道兵部队保留 10 个师，精简了 88 个营和 187 个连队，复员战士 14256 人，转业干部 2620 人。① 如何对复员转业官兵进行妥善安置，850 农场的成功经验，坚定了王震司令员安置复转官兵开发北大荒的信心。

1955 年 8 月 14 日，王震司令员向中央递交了《关于开发北大荒问题的报告》，其中提到："通过开发建设北大荒，协调铁道兵部队从战时向和平时期过渡，消化过剩的兵员，为他们谋出路，也可以节省军事训练资源，减轻国家的经济负担。"② 王震司令员的报告引起了中央领导的高度重视，也是对解决移民就食和屯垦戍边两大实际问题的有益探索。

二　黑龙江垦区"8"字头农场群的建立

1955 年 5 月 17 日，中央召开华东区、中南地区和河北、天津、北京等 15 个省市委书记会议。会议按照毛泽东的建议，提出深化推动发展农村合作化。7 月 31 日，中央召开省、市、自治区党委书记会议。毛泽东主席做了《关于农业合作化问题》的报告，阐述了党关于农业合作化的理论和政策，并对合作化的速度提出新的要求。报告提出"国营农业在第二第三两个五年计划时期内，将有大规模的发展"，要进行"包括由国家组织的使用机器的

---

① 中国人民解放军历史资料丛书编审委员会：《铁道兵：综述，大事记，表册》，解放军出版社，2000，第 293 页。
② 黑龙江省农垦总局史志办公室：《复转官兵开发建设北大荒》，黑龙江农垦日报社，2004，第 54 页。

移民垦荒",在"三个五年计划期内,准备垦荒四亿至五亿亩"。[1] 当时中共中央农村工作部部长邓子恢、副部长廖鲁言向毛主席建议:希望以王震同志为领导,组建"国营农场部",隶属国务院,将从朝鲜战场归来的退伍兵组织到东北开荒。毛主席的意见是将"国营农场部"改为"农垦部",由王震任部长,当时的农业部副部长张林池和新疆生产建设兵团副政委张仲瀚任副部长。随后,又召集邓子恢、廖鲁言、王震等人研究组建农垦部的具体事宜。

农垦部的成立标志着中央对国营农场工作的重视和肯定,强调"因陋就简,勤俭持家",这对国营农场占农业经济主体的黑龙江省来说是一个促进发展的大好机会。1956年6月6日,黑龙江垦区相应在密山成立了铁道兵农垦局(还有合江农垦局),属于农垦部直属垦区,王震同志十分重视铁道兵农垦局的工作。1956年6月25日,王震还以铁道兵司令员和中央农垦部部长的身份主持了农垦局在密山召开的成立大会,并要求全面做好铁道兵复转官兵的安置工作。

1956年6月29日起,铁道兵二、三、四、五、六、九、十一师官兵共17400人先后从南方转业来到北大荒。[2] 铁道兵农场的创业成功,依靠的是铁道兵官兵战争时期不怕苦、不怕死的大无畏精神;依靠的是对党、国家和人民的无比忠诚以及部队的严明纪律;依靠的是日复一日、年复一年的辛勤劳作和从实践中获得的技术经验;依靠的是官兵同心同德、同甘共苦,生生用双手在北大荒开辟出了一片新天地。在完达山南北、穆棱河两岸的各开荒点,相继成立了851、852、853、854、855、856、857、858、859、8510、8511农场,加上以前成立的850农场,形成了12个"8"字头由铁道兵组成的农场群,有力地促进了北大荒的农业开发。到1957年底,铁道兵农垦局管理的农场职工有2.28万人,人口6.7万人,拖拉机960混合台,耕地面积260多万亩,播种面积107多万亩,收获粮食1.25亿斤。移民就食、屯垦戍边的目标基本实现。

三 铁道兵农场的人口构成

在铁道兵农场建场初期,解放军官兵整建制转业为各个农场的职工,人

---

[1] 中国共产党第七届中央委员会第六次全体会议(扩大)《关于农业合作问题的决议》,《人民日报》,1955年10月18日。
[2] 黑龙江省国营农场总局农垦史志办公室:《黑龙江农垦》(上编)卷2《黑龙江农垦大事记(1947—1984)》,1985,第11页。

口成分比较单一。随着垦荒、播种等任务量的加大，对劳动力的需求日益紧迫。同时，复转官兵也都进入了婚龄，婚姻问题也成为农场稳定发展的大事。出于开发北大荒的需要，中央以各种形式向北大荒移民，使铁道兵农场的人口成分发生了重要的变化。

850 农场初期职工只有 800 人，后来接收了公安部河南劳改支队在伊春劳改的 5000 余名劳改人员及 200 余名管教干部，另外还有 198 名四川籍支边青年。1958 年，850 农场职工数为 17081 人，人口总数为 23902 人。

1956 年 6 月，黄振荣等老红军带领 7000 名铁道兵创建 852 农场。同年，农场接收四川和河北支边青年 405 人，1957 年 7 月接收 70 名支边青年，1959 年 9 月接收来自上海的 120 名支边青年。另外，还有从山东威海、招远、曲阜、范县等地陆续来场的支边青年和梁山移民，共有 5533 人，20 岁以下青年占到 90% 左右。[①]

建场初期，853 农场人口主要以人民解放军复员和转业军人为主，其籍贯除了西藏和台湾之外，其他各省、市、自治区都有。其次是河北、四川、山东等地的支边青年。此外，还有各个时期来场的盲流人员。1958 年，农场总人口数达到 13994 人。

854 农场在建场之初是清一色的铁道兵官兵，共有 1700 人。1957 年，农场又接收了 20 名四川青年。1959 年秋，农场又接收山东支边青年 1600 人。到 1960 年共有 4328 户，人口总数为 17520 人。[②]

855 农场的职工队伍形成于密山县农场和勃利种羊场，1955 年共有干部职工 250 人。1956 年，黑龙江省农管厅为了充实农场的管理和技术力量，分别从永安农场调入干部 5 人和技工 30 余人，从曙光农场调入干部 7 人和技工 50 余人，从农建二师调入干部 20 余人，从勃利种马场调入干部 4 人；8 月，农场从勃利县招收学生和木瓦工 200 人；10 月，铁道兵四师转业干部 18 人进入农场担任生产队领导职务；11 月，农场又从河北招收青年工人 120 人。1957 年 5 月 20 日，农场从福建调入劳改犯人 300 人。同年，从吉林招收复员军人 150 人。1958 年 6 月，农场又从山东莱阳、掖县招收 1464 名支边青年；10 月，密山县富源公社全部社员并入农场。[③] 这样，职工人数逐年增加，

---

①　八五二农场志编审委员会：《八五二农场志（1956—1984）》，1986，第 59 页。
②　八五四农场场史办公室编《八五四农场史：1956—1982》，1985，第 290 页。
③　孙文信主编《八五五农场史：1955—1985》，1989，第 234 页。

从 1956 年最初的 967 人增加至 1959 年的 11561 人。855 农场总人口数逐年增加，从 1956 年的 253 户 1267 人增加至 1959 年的 4332 户 21662 人。

1955 年，通过密山农场和其他援建单位调入和人员支援，青山农场（856 农场前身）共有干部 35 人和部分工人，年末职工总数达到 192 人。初期主要劳动力是劳改犯人，1956 年至 1961 年，每年在押犯人有 1000 多人。铁道兵农场后期职工成分大体如下：1957 年，铁道兵五大队转业官兵 572 人和农建二师复员士兵 80 人入场工作；1959 年，山东支边青年 2056 人进场工作；1959 年安排职工家属就业 833 人。1955 年，856 农场人口数为 1114 人，至 1959 年达到 21185 人，增加人口多为移民。

857 农场的前身是劳改农场，1951 年时有 165 名管教干部和职工，后陆续接收劳改犯人 2393 人。1953 年总人口 4600 人，其中干部、职工及其家属 396 人，其余均为劳改人员。1956 年，总户数增加到 550 户，总人口达到 7300 人，劳改人员 4253 人。随着铁道兵复转官兵到场，总人口数达到 17533 人。1959 年，随着山东支边青年、移民、投亲人员陆续进场，人口猛增至 25983 人。

858 农场职工队伍构成如下：原有的劳改人员 1666 人，1956 年入场的铁道兵复转官兵 115 人，1959 年接收的山东支边青年 2093 人，以及 1959 年场社合并时并入的周边农民。1959 年职工总数为 10927 人，人口总数为 19934 人。

1956 年铁道兵九师 1236 名官兵集体转业北大荒，创建了 859 农场。1957 年又从二龙山、友谊、集贤、伏尔基河、查哈阳、永安等国营农场调入 200 名拖拉机手，1958 年场社合并时并入周边农民 2432 人，1959 年山东支边青年 2698 人进场，由此农场总人口数达到 19000 余人。

8510 农场的前身，是 1947 年牡丹江省建设厅和省军区派转业干部 25 人（日本籍 5 人）、密山独立团派战士 6 人创办的兴凯农场。1948 年，在密山等地又招工 240 人。1949 年改建永安农场时，从哈尔滨、沈阳招收学员 120 人。1956 年以后，相继接收山东沂南农村青年 120 人、铁道兵复转官兵 140 人、某撤销单位留下的河北青年 307 人。1957 年，鸡西示范农场归并永安农场职工 240 人。1958 年，招收盲流人员 2700 人。[1] 1959 年，农场总人口数为 6768 人。

---

[1] 黑龙江省八五一〇农场史编写办公室：《八五一〇农场（1948~1983）》，1985，第 229 页。

8011 农场原为青年农场。1956 年铁道兵复转官兵入场，随后又有周边农民、支边青年及青年集体农庄并入，由此构成农场人口主体。

综合来看，铁道兵农场人口构成是多元的，仅资料反映就有铁道兵复转官兵、青年垦荒队员、支边青年、招收的技术与农业工人、场社合并时并入的农民、劳教干部及服刑人员与社会盲流等。从宏观上看，无论是哪种类型人员，绝大多数都是外省流入的移民。

第五节　劳改农场的建立

人口学研究的人口流动只限于由居住地点迁移而产生的流动现象。除正式的迁居之外，还包括较长时期的参军、出征、屯戍、外出就业、赴任、劳役、流放等。[①] 显然，劳改农场是移民研究范围内的问题。1950—1955 年，在黑龙江区域陆续建立了第一批劳改农场。在"改造第一，生产第二"方针的指导下，劳改农场取得了成功。国家有关部门给予了高度重视，要求从 1955 年开始建立第二批劳改农场，由此形成了劳改农场群。而随着国内外形势的变化，劳改农场逐步向国营农场转制，绝大多数劳改人员也随之转变为农场职工，公安干警也由管教干部变为农场管理干部，这一身份的转变使其进入了移民研究的视野。

一　黑龙江区域第一批劳改农场的建立

1948 年，随着解放战争的节节胜利，新生的人民政权改造罪犯的任务日益严重。在原有的监管场所已不敷使用的情况下，黑龙江区域人民政府就开始在农村、矿山筹建新的改造罪犯场所，"福安犯人劳改队""双鸭山矿山犯人劳改队"等就是在那个时期创建的。

1949 年 9 月 29 日，中国人民政治协商会议第一届全体会议通过了《共同纲领》，其中明确指出："中华人民共和国必须镇压一切反革命活动，严厉惩罚一切勾结帝国主义、背叛祖国、反对人民民主事业的国民党反革命战争罪犯和其他怙恶不悛的反革命首要分子。对于一般的反动分子、封建地主、官僚资本家，在解除其武装，消灭其特殊势力后，仍须依法在必要时期内剥夺他们的政治权利，但同时给以生活出路，并强迫他们在劳动中改造自己成

---

① 　赵文林、谢淑君：《中国人口史》，人民出版社，1988，第 632 页。

为新人。假如他们继续进行反革命活动，必须予以严厉制裁。"① 《共同纲领》具备临时宪法的作用，为以劳动形式对反革命犯人和刑事罪犯进行惩罚和改造提供了法律基础和依据。据此，公安系统决定筹建一批劳改农场。按照国务院和公安部制定的方针——"改造第一，劳动第二"，劳改农场的首要任务是通过劳动将罪犯改造为能够自食其力的新人，在完成罪犯改造政治任务的同时，通过组织罪犯生产劳动，为社会创造一定的物质财富和经济利益。后者是第二位的，是为改造罪犯的政治任务服务的。在当时国家经济比较困难的时期，罪犯的生产劳动也是减轻国家经济的负担、巩固人民民主专政的现实需要，而与北大荒开发相结合更是一件政治稳定、经济发展相得益彰的好事。当时的黑龙江省和松江省处于东北边疆，与社会主义国家苏联相邻，最为重要的是拥有广阔无边的可供开垦的荒原，因此很快就成为创建劳改农场的重要地区。为创建农业农场由劳改犯人组成的开荒队伍，在很多文献中被称为"一支特殊的垦荒队伍"。劳改农场既是专政机关，又是生产单位。对外称农场，对内称劳改支队。通过劳动生产这个手段，达到对罪犯实行政治改造的目的。在这个前提下，把生产搞好。

自 1949 年中华人民共和国成立至 1951 年 6 月，在不到 2 年的时间里，松江省新建的劳改队有梧桐河劳改队、背荫河劳改队、康金井劳改队、密山劳改队；黑龙江省新建的劳改队有花园劳改队、凤凰山劳改队、北安劳改队、查哈阳劳改队、新建劳改队等。

1951 年 11 月，劳改管理体制改革，由法院系统移交公安机关，至 1954 年，松江、黑龙江两省共接收、调整、新建劳改场所 25 个，它们接收全国各地送来的劳改人员。其中，监狱 9 个，分别是哈尔滨监狱、牡丹江监狱、北安监狱、齐齐哈尔监狱、佳木斯监狱、海伦监狱、拜泉监狱、讷河监狱、白城子监狱。劳改队 16 个，分别是梧桐河劳改队、花园劳改队、北安劳改队、凤凰山劳改队、阎家岗劳改队、背荫河劳改队、查哈阳劳改队、密山劳改队、鹤立河劳改队、岔林河劳改队、笔架山劳改队、香兰劳改队、玉泉劳改队、富拉尔基劳改队、新建劳改队、铁力劳改队。

二 黑龙江区域第二批劳改农场的建立

黑龙江省劳改场所特别是劳改农场的成功建立，得到了中央和国家有关部

---

① 《中国人民政治协商会议共同纲领》，人民出版社，1952，第 3—4 页。

门的高度重视，它们下达给黑龙江省 3800 多万亩的开荒任务，指示黑龙江省公安厅新建一批劳改农场。当时除了黑龙江省，还有其他省、市决定创建劳改农场。1955 年 8 月 15 日，经黑龙江省委同意，报请北京市委批准，北京市公安局决定开发兴凯湖以东地区，①建立兴凯湖农场。1955 年 9 月 7 日，黑龙江省公安厅召集会议，传达了中央的指示："明年黑龙江省需要建 24 个 10 万亩耕地以上的大型劳改农场。任务十分艰巨，为了作好安置犯人和生产准备工作，省委根据省厅工作组现场勘测查定资料，确定在嫩江、讷河、德都、绥棱、泰来等县境内第一批先建 6 个劳改农场，第二批在嫩江等县再建 10 多个。"②

1955～1958 年，适逢我国农业社会主义改造高潮，为适应人民民主专政日益巩固和发展的需要，中央做出了"南犯北调"的战略部署，10 余万名犯人从湖南、江苏、江西、浙江、广东、福建、湖北、上海、山东、河南、北京、天津、辽宁等 10 余个省市调入黑龙江省进行劳动改造。相继在北安、嫩江、合江、哈尔滨等地新建劳改场所（含劳改农场）29 处，分别是海伦劳改支队、龙门劳改支队、龙镇劳改支队、绥棱劳改支队、苏家店劳改支队、格球山劳改支队、二道河劳改支队、尾山劳改支队、引龙河劳改支队、长水河劳改支队、朝阳劳改支队、门鲁河劳改支队、永丰劳改支队、襄河劳改支队、老莱劳改支队、六三劳改支队、科洛河劳改支队、嫩江劳改支队、嫩北劳改支队、三岗劳改支队、青山劳改支队、龙江劳改支队、虎山劳改支队、七星泡劳改支队、山河劳改支队、柏根里劳改支队、音河劳改支队、依安劳改支队、莲江口劳改支队。其间，东北行政委员会公安局、北京市公安局、沈阳市公安局、哈尔滨市公安局等机关也在黑龙江区域开办了劳改农场。1955 年黑龙江区域劳改场所统计见表 13－1。

表 13－1　1955 年黑龙江区域劳改场所一览

对内名称	对外名称	建立时间	所在地	企业性质
第一劳改队	梧桐河农场	1950 年	汤原县	农业
第二劳改队	密山农场	1951 年	密山县	农业
第三劳改队	花园农场	1951 年	德都县	农业
第四劳改队	鹤立河农场	1952 年	汤原县	农业

---

① 黑龙江省兴凯湖农场史办编《兴凯湖农场史》，1987，第 41 页。
② 郑加真：《北大荒六十年（1947—2007）》，黑龙江人民出版社，2007，第 100 页。

续表

对内名称	对外名称	建立时间	所在地	企业性质
第五劳改队	北安农场	1949 年	北安县	农业
第六劳改队	香兰农场	1950 年	汤原县	农业
第七劳改队	笔架山农场	1950 年	集贤县	农业
第八劳改队	海伦农场	1955 年	海伦县	农业
第九劳改队	青山农场	1955 年	密山县	农业
第十劳改队	岔林河农场	1952 年	通河县	农业
第十一劳改队	铁力林采队	1952 年	铁力县	林业采伐
第十二劳改队	富拉尔基砖瓦厂	1953 年	齐齐哈尔市	砖窑
第十三劳改队	新建公司一工程队	1954 年	哈尔滨市	土木建筑
第十四劳改队	新建公司二工程队	1954 年	哈尔滨市	土木建筑
第十五劳改队	佳木斯新生工厂	1951 年	佳木斯市	被服、铁工
第十六劳改队	新建勘测队	1953 年	哈尔滨市	勘测
第十七劳改队	新建筑路工程队	1953 年	呼伦贝尔盟牙克石	筑路
第十八劳改队	安达畜牧场	1955 年	安达县	畜牧
第十九劳改队	凤凰山农场	1949 年	北安县	农业
第二十劳改队	老莱农场	1955 年	讷河县	农业
第二十一劳改队	嫩江农场	1955 年	嫩江县	农业
第二十二劳改队	龙镇农场	1955 年	北安县	农业
第二十三劳改队	六三农场	1955 年	泰来县	农业
第二十四劳改队	绥棱农场	1954 年	绥棱县	农业
第二十五劳改队	苏家店农场	1955 年	北安县	农业
第二十六劳改队	科洛河农场	1955 年	嫩江县	农业
第二十七劳改队	三岗农场	1955 年	嫩江县	农业
第二十八劳改队	虎山农场	1955 年	嫩江县	农业
第二十九劳改队	七星泡农场	1955 年	嫩江县	农业
第三十劳改队	格球山农场	1955 年	德都县	农业
第三十一劳改队	二道河农场	1955 年	德都县	农业
第三十二劳改队	门鲁河农场	1955 年	嫩江县	农业
第三十三劳改队	柏根里农场	1955 年	嫩江县	农业
第三十四劳改队	山河农场	1955 年	嫩江县	农业
第三十五劳改队	尾山农场	1955 年	德都县	农业
第三十六劳改队	引龙河农场	1955 年	德都县	农业

对内名称	对外名称	建立时间	所在地	企业性质
第三十七劳改队	朝阳农场	1955 年	德都县	农业
第三十八劳改队	龙门农场	1955 年	德都县	农业
第三十九劳改队	襄河农场	1955 年	德都县	农业
第四十劳改队	福安农场	1948 年	克东县	农业
第四十一劳改队	莲江口农场	1955 年	汤原县	农业
第四十二劳改队	依安农场	1955 年	依安县	农业
第四十三劳改队	鹤岗矿新建工程队	1955 年	鹤岗市	矿业
第四十四劳改队	桥涵工程队	1955 年		桥涵
省第一监狱	齐齐哈尔监狱	1949 年	齐齐哈尔市	机械、服装
省第二监狱	北安监狱	1949 年	北安县	机械
省第三监狱	哈尔滨监狱	1941 年	哈尔滨市	电器

资料来源:《黑龙江省志·司法行政志》第 65 卷,黑龙江人民出版社,1998。

三 劳改农场的转制

1953 年,针对新中国成立初期由于各种原因存在大批犯人的情况,毛泽东同志做出"不让犯人坐吃闲饭"的指示。根据这一劳改工作精神,党中央做出决定:将大批关内的犯人押解到黑龙江省开发北大荒,在全省范围内建立劳改农场群。其目的在于既通过劳动手段,将犯人改造成为自食其力的未来的社会普通一员,也要通过劳动生产创造价值和财富,替国家分忧,减轻国家负担。此外,很多犯人都是政治犯,成分复杂,将其调出,有利于加强无产阶级专政、巩固人民政权、稳定社会秩序。因此,劳改农场既是牢房,又是农场,既是"战场",又是讲堂,对改造犯人的价值观、世界观、人生观,帮助犯人今后重新走上生活道路、适应新社会起到了特殊的作用。然而,随着全国形势的变化,政治日趋稳定,经济日益发展,劳改体制亦非一成不变。劳改农场在经济发展壮大的同时,也面临着巨大压力,其突出表现为各农场难以承受来自全国的数量众多罪犯的巨大压力。梧桐河农场建立之前,1950 年 3 月由沈阳押送来的 1300 多名犯人就被分散到国营农场打短工,8 月农场正式成立后又转至该场。同年,来自沈阳、抚顺、鞍山等地的犯人 1000 多人到场。从 1953 年开始,全国性的调犯来场,分别来自河南、山东、江西、湖北、广东、江苏、浙江、上海等。1950 年 8 月至 1965 年 6 月 30 日,梧桐河农场接收犯人 1.4 万多名。[①] 1953 年到 1963 年，笔架山农场接收的犯人来自山东、广东、河南、辽宁、江西、江苏和本省，至 1963 年末计有 2089 人。[②] 1955 年 8 月始，龙镇农场接收山东、广东、湖南及本省犯人 5810 人。兴凯湖农场建场之初犯人人数为 2000 多人，在 1955 年到 1968 年的 13 年间共接收各类犯人 14279 人、劳教人员 5635 人、嫩江农场 1955 年收押山东犯人 1400 人，又从广东调入犯人 800 多人；1956 年又接收来自江苏的犯人 599 人。1955 年至 1969 年，农场共计收押犯人 40003 人。[③] 引龙河农场 1956 年在押犯人为 2266 人，其间又不断调入调出，至 1965 年犯人人数为 1950 人。七星泡农场犯人来自山东、山西、广东和四川等 21 个省市，从 1955 年到 1969 年共收押犯人 73892 人。老莱农场 1955 年建场，1968 年以前共收押 4463 名罪犯。凤凰山农场 1949 年建场，到 1968 年累计改造罪犯近万人。华山农场建于 1955 年，后来改名为苏家店农场，接收外省罪犯 2200 人。莲江口农场建于 1955 年，至 1969 年收押罪犯 11053 人。六三劳改农场建于 1955 年，至 1962 年关押省内外反革命犯、各种刑事犯及劳动教养分子 15795 人等。[④] 综合以上不完全的数字统计，黑龙江区域兴办劳改农场期间，约计有 20 余万名各类犯罪分子在这里服刑改造。

全国的劳改人员集中于一地，由于他们身份特殊，对黑龙江的劳改管理工作是一个严峻的考验。犯人成分比较复杂，所犯罪行不同，这也加大了劳改工作的难度。嫩江农场关押的犯人原则是 5 年以上 15 年以下的反革命犯、惯盗惯窃犯以及 15 年以上的一般刑事犯。梧桐河农场的犯人主要分为两大类：反革命犯和刑事犯。反革命犯多是伪满和国民党的军、警、宪、特、党团骨干分子，刑事犯多为盗窃、土匪、强盗、杀人、放火、强奸、烟赌、投毒、流氓歹徒等，另有少量交通肇事、渎职、贪污腐败等触犯刑法人员。1950 年，接收了 50 多名从苏联遣回的犯人，多为苏军于 1945 年抓捕的日伪军、警、宪、特分子。1952 年，农场接收了一批军纪犯，以及国民党起义、投诚、俘虏人员等。笔架山农场的改造对象主要是历史反革命分子、刑事犯和一般刑事犯。最后，阶级斗争和"敌我矛盾"影响了劳改工作，表现为暴

---

① 梧桐河农场史编审委员会：《梧桐河农场史》，1987，第 43 页。
② 黑龙江省笔架山劳改支队志编纂委员会：《笔架山劳改支队志（1953—1990）》，1995，第 86 页。
③ 黑龙江省国营嫩江农场场史办公室编《嫩江农场史（1955—1989）》，1998，第 522 页。
④ 《黑龙江省志·司法行政志》第 65 卷，黑龙江人民出版社，1998。

乱劫狱和反革命集团活动，手段多种多样，包括私下串联、组织暴动、毒杀干部和武警、拒绝劳动、放火造成混乱伺机逃跑、夺取枪支等。梧桐河农场在成立最初的 10 年里发生对抗改造的案件 341 起。

由于劳改犯人众多，改造任务繁重，各级政府感受到巨大压力，亟须根据实际情况做出必要的变革。劳改犯人向农业工人转型、劳改农场向国营农场转制、公安干警向管理干部转变成为该时期变革的大趋势。

1. 劳改犯人向农业工人转型

1954 年政务院颁布的《中华人民共和国劳动改造条例》规定："劳动改造生产列入国家建设的总计划，亏损由国家补贴，剩余上缴国库。"犯人刑期届满后如何安置？这始终困扰着劳改部门上上下下所有人。全部由劳改场所解决不现实，而劳改场所应该是其主要的安置地，因为有相当一部分人由于以前的恶行遭到社会歧视，被家人疏远，以致无家可归、无业可就，只能留在劳改地生活。为此，劳改农场专门制定了"刑满释放人员就业"政策，就是要根据国际、国内形势，按照公安部和省公安厅的相关政策以及"多数留场、少数回原籍安置"的精神，根据服刑期满释放人员的政治身份和表现，直接编入刑满释放人员中队，即"农工中队"，同时给予一定的工资报酬。这个过程实际上就是由劳改人员向农场职工转变的过程。如梧桐河农场在 1956 年实际在押罪犯人数为历史最多，达到 5000 余人，而刑满留场工作人员已达 1000 余人，工作场所分布农场的各个单位。1960 年，农场内犯人人数减少到 2500 多人，刑满留场工作人员却增加到 2700 多人。1965 年在押犯人只剩 1000 多人，留场人员达到 3000 多人。[①] 又如，[②] 从 1953 年起香兰农场留队就业人数占刑满释放人数的比例逐年上升，除 1957 年的 33% 和 1962 年的 39.3% 是较前一年下降外，直至 1960 年每年增速都高于 10%。从 1961 年开始到 1964 年，这个比例基本都保持在 50%—60%。[③] 再如，兴凯湖农场在 13 年的劳改农场期间共接收各类罪犯 20364 人，而安置就业人数达到 14424 人。

2. 劳改农场向国营农场转制

"入场"犯人人数逐渐少于"释放"人数，且多数被释放犯人获得了农

---

①　梧桐河农场史编审委员会：《梧桐河农场史》，1987，第 50 页。

②　梧桐河农场史编审委员会：《梧桐河农场史》，1987，第 50 页。

③　刘宗喜、郭熙瑜编《香兰劳改支队志（1953—1990）》，内部发行，1993，第 144 页。

场正式职工身份，这种比例的变化直接导致农场性质的变化。随着国内外形势的变化，新中国成立初期判处有期徒刑的犯人陆续刑满释放，多数在农场就业，转为农场职工，新进罪犯也大量减少，劳改农场逐步改变性质。1966年，"文化大革命"开始，黑龙江省对边境地区进行清理，人员内迁，并疏散遣送了一批劳改从业人员，有的遣送原籍，有的疏散到省内非边境地区的农场或农村。劳改就业人员内迁后，劳改农场体制随之发生变化，撤销了管教机构，调入农场干部和职工，接收城市知识青年，转变为国营农场，正式归属省国营农场系统，① 完成了由"劳改农场"向"国营农场"转型的质的变化。

1964年7月，中央召开了第六次全国劳改工作会议；8月，黑龙江省公安厅根据会议精神制定了"四留、四不留"政策，对四不留现象开始整顿，这造成一部分就业人员离开劳改农场。此外，1969年10月9日，黑龙江省革命委员会召开城市青年上山下乡会议，提出改变劳改农场性质、疏散刑满就业人员的意见，这又一次促使一部分人员离开劳改农场。1968—1969年，嫩江农场根据上级指示精神，组织大批就业人员返籍。② 1969年，格球山农场遣送返籍，场内仅剩895人。③ 1968—1969年，七星泡农场根据上级指示，将大批就业人员组织返籍，先后遣返辽宁、河南、湖南、江苏、广东、山西等省，共有1370人。梧桐河农场进行了两次疏散工作，第一次是在1968年10月，尚需清理就业人员945人，连同家属共有3491人；第二次是在1969年秋天，清理到原籍约有400人。笔架山农场从1961年开始至1965年，共清理刑满就业人员712人；在贯彻第六次全国劳改工作会议精神后，至1970年又清理就业人员1750人。1968年10月，省革委会提出改变劳改农场性质，根据文件精神，农场又将就业人员及家属2128人迁出。④ 在同一时间内，香兰农场将3385名就业人员及家属子女从农场迁出。1967年8月，绥棱农场将全部犯人调出，由劳改农场改为国营农场。⑤ 这些就业人员的迁出

---

① 《黑龙江垦区发展简史》编委会：《黑龙江垦区发展简史》，北方文艺出版社，2002，第65~66页。
② 黑龙江省国营嫩江农场场史办公室编《嫩江农场史（1955—1989）》，1998，第531页。
③ 格球山农场志编审委员会：《格球山农场志（1986—2000）》，1993，第172页。
④ 黑龙江省笔架山劳改支队志编纂委员会：《笔架山劳改支队志（1953—1990）》，1995，第175页。
⑤ 黑龙江省国营农场总局农垦史志办公室：《黑龙江农垦》（上编）卷2《黑龙江农垦大事记（1947—1984）》，1985，第10页。

进一步淡化了各个农场的劳改性质，劳改农场已经基本转型为国营农场。

3. 公安干警向管理干部转变

随着农场体制的进一步调整，国家开始清理边境地区，劳改人员相继迁出劳改农场，劳改农场相继转制为国营农场，这样农场中原有的公安干警的身份也发生了变化，管理的对象由犯人变为农场，很多干警成为优秀的农场管理者。劳改农场中的公安干警来自全国各地。在不同的时期，公安干警的人数根据任务需要不断调整。1950 年 2 月，省内各市、县公安系统的 30 多名连排干部以及荣军学校的 20 多名干部调任劳改干部。这些干部年龄都比较小，大多数在 25 岁以下，且学习能力强。在公安厅统一培训后，于 3 月末就都被分配到各个犯人接收点等待犯人的到来。梧桐河农场成立之后，其中的一些干部就成为农场骨干力量。随着犯人人数的增加，1951 年劳改干部人数增加到几十人，看押武装人员人数增加至一个连。1952 年 8 月，100 多名转业干部又陆续进入农场担任劳改干部。1953 年 2 月 15 日，通河农场（岔林河农场前身——作者注）成立后，各县公安系统干部都会集到农场，其中宾县 13 人，巴彦 4 人，方正 6 人，通河 16 人，木兰 8 人。1954 年秋天，省劳改部门从哈尔滨新建工程公司抽调 60 名干部参加农场建设。[1] 笔架山农场的管教干部也是来自黑龙江省各市、县公安系统和部队转业复员官兵等，此外还有河南、江西、广东、江苏、山东、辽宁等省的干部，以及黑龙江省第四劳动改造管教队下放劳动锻炼的干部。[2] 干警人数基本保持在 120～130人，最多时达到 145 人，最少时也有 98 人。每个干警基本上负责看管 5 名犯人。格球山农场 1963 年从依安调入 9 名干部，从六三农场调入 6 名干部；1964 年，从张家口调入 6 名干部；1965 年 3 月，从依安农场调入 24 名干部，从岔林河农场调入 27 名干部；1965 年 11 月 1 日至 1970 年 12 月 13 日，从工人中吸收干部 7 人，从复员退伍军人中吸收干部 21 人，从知青中吸收干部18 人，接收大专院校毕业生 4 人；1968 年 4 月，共接收 30 名老战士到劳改农场担任干部。[3] 干部总数逐年增加，1968 年达到 309 人。1955 年，七星泡农场共有干部 54 人，其中从劳改系统调来 22 人，军人转业 12 人，其他单位调入和学校分配来场 20 人。由北京市公安局五处党委直接领导的兴凯湖劳

① 岔林河农场史志编审委员会：《岔林河农场志（1953—1983）》，2001，第 36 页。
② 黑龙江省笔架山劳改支队志编纂委员会：《笔架山劳改支队志（1953—1990）》，1995，第75 页。
③ 格球山农场志编审委员会：《格球山农场志（1986—2000）》，1993，第 27 页。

改农场，在 13 年里从北京调来 702 名公安干警，还从农垦系统调入干部 541
人，他们绝大多数是从部队转业的军人。截至 1969 年底，引龙河农场的管教
干部包括：从黑龙江省公安干校分配来的转业官兵；从公检法三个机关调入
的干部；根据文化素质选拔的有领导能力的工人和青年学生。这些公安干警
在各农场成立之初便进场工作，熟悉农场的基本情况，在劳改农场时期是进
行劳改工作的主力，在国营农场时期也是农场建设的中流砥柱。

　　应该说，黑龙江区域在自劳改农场建立至 1966 年"文革"前后的 20 余
年时间里，共接收全国各地转送来的劳改人员及公安干警 20 余万人，经过
时间不等的"改造第一，生产第二"的劳动改造后，他们当中的多数人被安
置在当地就业，完成了由罪犯向公民的转变或由公安干警向管理干部的转
变，也完成了外来人口向当地居民的转变。

第十四章
移民北大荒掀高潮

黑龙江区域具有发展现代农业的先天优越条件：土地资源丰富且大多集中在人烟稀少的边境地区。但由于劳动力匮乏，根本无力开发，通过铁道兵农场的建立，已经积累了许多军垦经验。为此，新一轮移民实边开发北大荒的正剧拉开了序幕，内容包括十万名官兵及其家属移民北大荒、二十万名支边青年与部分知识分子进入垦区。

第一节　十万名转业官兵开赴北大荒

在国家统一部署安排下，十万名复员转业官兵进入北大荒，在黑龙江垦区开发建设上奉献青春年华，奏出了时代最强的垦荒曲。

一　复转官兵的创业篇章

1958年1月24日中央军委发出的《关于动员十万干部转业复员参加生产建设的指示》和3月20日成都会议通过的《关于发展军垦农场的意见》成为加快北大荒开发的"动员令"。在农垦部部长王震与中国人民解放军总政治部充分交流意见后，总政治部在对如何配备转业官兵进入农场劳动的通知中指出："经与农垦部商议，农垦部所属农场今年可以接受6万名军队转业的连、排干部，2万名班以下的工农骨干、青年知识分子学员，到国营农场参加生产建设。""由于东北地区国营农场所需人员数量很大，因此，凡去国营农场的排、连干部，应尽量动员到东北地区的国营农场，到黑龙江密山农垦局所属农场。"①

---

① 《王震传》编写组编《王震传》，当代中国出版社，2001，第73页。

1958 年初，中国人民解放军进行全军总动员，在短短 3 个月的时间里，10 万名复员转业官兵，从东海之滨、黄浦江畔、云贵高原、大别山下等四面八方向北大荒聚集。他们来自不同的军种、兵种，其中包括院校学员。到了 5 月底，进入黑龙江垦区的复转官兵共近 8 万人，其中排以上军官约 6 万人，包括 7 个建制预备师、4 个部队医院以及家属、未成年的军人子弟等，号称"十万"大军。近 6 万人充实到牡丹江农垦局；1.7 万多人分配到合江农垦局。① 以铁道兵新建的"8"字头国营农场为基础，谱写了他们垦荒创业的篇章。

这一移民壮举，在中国引起强烈反响。3 月 23 日，郭沫若以诗篇《向地球开战》，赞誉了十万官兵转战北大荒的壮举。诗中写道：

> 卓越的人民解放军将士们，英雄们！
> 你们是六亿人民中的精华；
> 你们在党的领导下，在毛主席的教导下，把帝国主义、
> 封建主义、官僚资本主义的联军打个流水落花。
> 你们把中国的天下变成了六亿人民的天下……
> 现在你们有不少同志解甲归田，
> 不，你们是转换阵地，向地球开战……

4 月 20 日，农垦部部长王震同志在密山广场的万人大会上，提笔重写他 1956 年底赠给铁道兵转业北大荒战士的一副对联：密虎宝饶千里沃野变良田，完达山下英雄建国立家园。横批是：艰苦创业。② 王震在欢迎词中鼓励大家："大家来开垦北大荒，这个任务是很艰苦的。可是，在这里盘踞了 14 年的日本帝国主义者，被苏军消灭了，日本强盗蒋介石匪徒，都被我们消灭了，现在这里没有人烟的地方，我们盖了房子开了荒。能完成艰苦任务，就能得到光荣，英雄的人民解放军是能战胜艰苦困难的。"王震同志还为复转官兵题写了"红军不怕远征难，万水千山只等闲，英雄奔赴北大荒，好汉建设黑龙江"的诗句，勉励官兵向困难开战。

---

① 《黑龙江省国营农场经济发展史》编写组：《黑龙江省国营农场经济发展史》，黑龙江人民出版社，1984，第 127 页。
② 黑龙江省国营农场总局农垦史志办公室：《黑龙江农垦》（上编）卷 2《黑龙江农垦大事记（1947—1984）》，1985，第 16 页。

二　英雄史诗的唱和

1958 年 5 月 7 日，《人民日报》发表了河南信阳步兵学校少尉徐先国同志的《答郭沫若十万复转官兵壮行诗〈永不放下枪〉》，诗中写道：

> 感谢郭老称赞，
> 我们去向地球开战。
> 举起科学大旗，
> 冲破艰难战胜自然。
> 一颗红心交给党，
> 英雄解甲重上战场。
> 不是当年整装上战艇，
> 不是当年横戈渡长江。
> 儿女离队要北上，
> 响应号召远征北大荒。
> 用拿枪的手把起锄头，
> 强迫土地交出粮食。
> 让血迹浸染的军装，
> 受到机油和泥土的奖赏。
> 让子弹穿透的疤伤，
> 在黑土地上泛红发光。

徐先国同志在诗中表达的高昂的斗志、坚定的信念、忘我的激情和革命的乐观主义精神，是对十万名复转官兵的精神风采的生动写照。

复员转业官兵进入垦区是十分艰苦的，小小的密山县城一下子聚集了数万名官兵，4 月 12 日的誓师会后，由于运力紧张，一时无法把官兵输送到垦荒地，而这些人员的后勤保障给当地的物资供应带来了极大压力。预备六师的复转官兵发出倡议，"迈开双脚，徒步进军荒原"，得到了全体官兵的热烈响应。一批分配到 850 农场的转业官兵，从密山下火车后，挑着行李，扛着背包，有的还抱着孩子，步行 100 多里，到达农场新建点；分配到 853 农场的转业官兵，听说大地上冰冻未化，没有道路，就手提肩扛，徒步跋涉 90 多里，穿过山林和沼泽，到达了目的地；分配到 854 农场的转业官兵，开始东进，拖拉机上装着笨重物品，人跟在车后步行，由于路途遥远，天黑时也没有到达营地，队伍只好露宿野外，围着篝火度过北方初春寒冷的夜晚……如此，"短短的二三个月的时间里，号称十万的移民队伍迅速进入荒原腹地。这无疑是移民开发史上壮丽的一页。大部队进军，大面积铺开！成千上万人马在同一时间从祖国各地汇聚边隆县城，又几乎在同一时间兵分几路徒步进军，撒向茫茫大荒。这是一场没有硝烟的战役，是一场携家带口的进军。有准备，也无准备，有计划，也无计划。匆忙，而又沉着，混乱，而又有序"。①在这支队伍里，有南腔有北调，有老有少，有穿单衣的，有戴棉帽的，有配军衔的，还有着便装的，但目的只有一个，那就是早日开荒生产，向国家上缴粮食。当年的十万名复员转业官兵入垦区，就是以这样一种忠诚和勇敢，对待我们年轻的共和国，同时也谱写了北大荒开发史上的辉煌篇章。

第二节　北大荒农业开发的生力军

十万名复员转业官兵进入北大荒，为北大荒的农业开发增添了生力军，也为原有的国营农场注入了新鲜血液，使边疆地区屯垦事业出现了一个大的高潮。

一　对复转官兵的安置

黑龙江省国营农场管理厅把从广州军区、兰州军区、福州军区、武汉军区、济南军区等军区接到的4500多名复员转业官兵，分配到所属农场参加建设。②1958年4月，中国人民解放军转业官兵800人被分配到赵光地区办事处所属农场。红星农场接收了来自广州军区司令部、政治部、南海舰队、战士歌舞团、话剧团的军官和演员140人。官兵们向工人学习，严格要求自己在劳动中接受锻炼。他们为农场增加了力量，增添了经济建设和思想建设的新的活力。③原属农建二师的290农场于4月30日接收了成都军区800名专业官兵以及350名家属。这些官兵大都参加过西藏平叛的战斗，接受过军政训练，从事过多年的机关工作，具备一定的素质和实际工作能力。官兵到达农场

---

① 李平凡等：《十万官兵转战北大荒》，《黑龙江档案》2001年第2期。
② 《黑龙江省国营农场经济发展史》编写组：《黑龙江省国营农场经济发展史》，黑龙江人民出版社，1984，第127页。
③ 鲍大成：《红星农场志（1947—1984）》，1988，第215页。

后，留下 120 名在场部外，其余人员都被分配到一、二、三分场的生产队。官兵们不怕苦、不怕累，虚心求教，专研经营管理和业务技术，很快就成为骨干力量。800 名转业官兵的来场，对农场的建设和发展起到了决定性的作用。据后人反映，1955 年的转业官兵是开发荒原、创建 290 农场的元老；1958 年的转业官兵则是推动农场高速发展，扩建 290 农场的生力军。

铁道兵农场是接收转业官兵的主要承担部门。当时上级分配到 850 农场的转业官兵有 12000 人左右，其中党员 6960 人、团员 1490 人、干部 4781 人、军校学员 2000 人、军工技术人员 1400 人。老红军、战斗英雄、功臣模范都和普通士兵一样，率先奔赴新的岗位，陆续充实了老分场和新建的一、二、三分场。有 4000 多名官兵直接奔赴云山水库工地，日夜苦战，提前一年完成了施工任务。分配到 853 农场的转业官兵有 2827 人，他们积极申请到最艰苦的地方去，到开荒生产第一线去。这些人员很多来自装甲兵、军事院校、政工干部和后勤科技部门，本身素质很高，极大满足了基层对干部的需要。854 农场接收转业官兵 3460 人。官兵到达驻地后，自己动手，搭起马架子，建点 21 个。855 农场接收的是来自北京、武汉、济南、南京、志愿军和海军、空军的转业官兵，他们顶着料峭的寒风，唱着战歌进入农场。从 3 月初到 4 月中旬，共有 2600 余人进场，其中军官 2159 人，这极大地缓解了农场在干部、劳力和技术等诸多方面的问题。青山农场（856 农场）实际接收官兵 5479 人，他们来自三大总部、各军兵种，副排长以上军官 3898 人，随军职工 1022 人。官兵们吃的是馇子饭、窝窝头，喝的是草甸里的水和咸盐汤，就是在这样的环境里也没有人叫苦，彰显了军人本色。859 农场接收了 3475 名转业官兵，1958 年底场、社合并后，这些转业官兵被分配到 9 个分场。8510 农场接收官兵人数相对较少，只有 370 人。8511 农场接收军官 2176 人、工资制干部 86 人、士兵 396 人，共计 2658 人，主要来自广州、武汉、济南、兰州、南京、上海、沈阳等 17 个军区，随军家属 20 人。众多的转业官兵作为一支生力军，无论在机关工作还是在生产队参加劳动，都保持和发扬了军人的光荣传统，克服了工作上、技术上的各种困难，很快成为骨干力量。

二　老农场重新焕发生机

十万名官兵开赴北大荒在世界移民史上也是少有的案例。首先，它是有组织的移民活动。这样大规模的移民无论走到哪里，都对后勤保障提出更高的要求，而这一壮举新中国在国力尚弱的时候做到了，这得益于中共中央和中央军委的得当安排。此外，复转官兵自身的素质也是能够实现这一目标的重要因素。中国共产党领导下的人民军队自诞生以来，穿过重重战场硝烟，凭的是不怕苦、不怕难、不怕牺牲的革命精神，凭的是严明的军纪、良好的素质、坚强的意志和过硬的工作作风，凭的是永远忠于党、永远跟党走的政治素养。其次，它是在短时间内完成的移民活动。从全国各地集结汇聚，徒步进军，深入北大荒腹地到迅速扎根，也仅仅3个多月的时间，这是其他移民活动所无法相比的。最后，它是巩固共和国农业和工业基础、加强国防安全以及为黑龙江省未来发展奠定基础的移民活动。这次移民活动极大地充实了原有农场的干部队伍，为粮食生产提供了必要的劳动力。此外，通过转业官兵充实东北边防也是未雨绸缪之举。十万名官兵进入北大荒不仅增加了黑龙江省的人口数量，而且这些官兵中的很多人都是军中的精英分子，在科研、文艺、管理、军事等领域也为黑龙江省积累了人才资源。

十万名官兵进入黑龙江垦区，一部分补充进入铁道兵农场群和省国营农场群，另一部分则在上级要求下成立了新的农场，如延兴农场、军川农场、名山农场、江滨农场、青年农场、北兴农场、勤得利农场、云山农场、五九七农场和龙头农场等。

转业的7个预备师中，预一师和预七师的任务是在萝北地区新建农场。1958年4月，王震将军在汤原召开的预一师和预七师营以上干部大会上任命了农场的各级干部。4月27日，正式成立了预一师农场（后来的延兴农场）。王震将军动员部队到萝北县开辟新的农场。30日，预一师师长王玉海便抵达凤翔镇进行勘测，准备利用黑龙江沿岸良好的土质、山上生长的大树，以及日伪时期留下的伪警察署遗址在萝北大干一番。5月10日，大部队到达萝北县等地待命，23日进驻农场驻地。英勇的转业官兵自迈出奔向驻地的第一步便开始克服种种困难，身担重负，徒步前行，搭建草舍。农场建设初期，官兵们一方面要担负重体力劳动的任务，另一方面还要克服吃住方面的困难。1958年当年，预一师完成播种面积4336亩，其中杂粮面积3670亩。亩产87公斤，总产32吨。有猪142头、马97匹、牛41头、羊15只。① 军川农场的命名时间是在1963年，其前身是在莲花分场基础上成立的萝北农场下设的三队，其驻地便在军川地区。在"十万官兵"转业北大荒后，1958年5月3日

---

① 黑龙江省延军农场场志办公室编《延军农场志》第1卷，第20页。

志愿军军直单位 200 多复员士兵到达包括第三生产队在内的基层组织进行生产，这是对生产队人力上的有力补充。9 月，萝北农场三分场改称九分场。官兵们发扬不怕苦、不怕累的优良作风，在几个月内建起了 20 多栋土木结构的住房，"三九"寒天在田间脱谷，毫不计较伙食条件，一心扑在农场建设上。在建场之后的两年时间内，农场不仅开垦出大片良田，还建立了粮油加工厂、酱菜厂、商店、银行等机构，① 极大方便了职工生活。1958 年 3 月 5 日，隶属铁道兵农场的 856 农场正式成立，驻地是勤得利地区。3 月 8 日，先锋队 30 余人先行出发为后续部队做好食宿安排。15 日，800 多名转业官兵、老农场骨干和技术人员到达农场场部。5 月，农场归合江农垦局管理，同月王震将军来到勤得利农场视察，指示解决了发电机问题，由此照明得到保障，生产顺利开展。1958 年，勤得利农场设立 18 个生产队，开荒 230935 亩，播种粮豆 3405 亩，总产 18000 斤。② 其他新建农场的情况基本相同，它们或是白手起家，通过广大转业官兵借鉴以往农场建设的经验和坚持"五边"（边开荒、边生产、边建设、边积累、边扩大）的工作方针，很快就焕然一新；或是在原有农场的基础上，通过转业官兵的人员补充，重新焕发生机。

第三节　知识分子移民北大荒

对北大荒的大规模开发，光有饱满的革命热情和艰苦奋斗的精神是不够的，还要有严谨的科学态度和无数掌握各种专业知识的人。否则，辗转而来的移民要么因为千辛万苦开垦出的荒地被水淹没，要么就是因为荒地规模不够而再次迁场。早出晚归播下的种子，由于品种、土壤、气候等条件，不是低产就是绝收，在先进的机械面前束手无策，在肥沃的土地上不能实现高产，人们真实地感受到办农场种地并不比扛枪打仗轻松容易，在困难和挫折面前意识到了文化知识的重要。

一　自己培养农业技术人员

早在黑龙江垦区创建之初，东北行政委员会就十分重视技术人员的使用

---

① 军川农场史编写办公室：《军川农场史（1958—1985）》第 1 卷，内部出版，1989，第 74 页。

② 黑龙江省勤得利农场志编审办公室编《勤得利农场志（1957—1983）》，内部出版，1987，第 48 页。

和招聘，干部任命的原则即是"用人所长"。最早负责公营农场组建工作的农业部农产处处长张克威（东北人民政府成立后任农业部副部长、沈阳农学院院长），就是一位革命经验与专业知识都十分丰富的管理人才。其曾留学美国，明尼苏达大学农学院、芝加哥大学研究院畜产品制造专业毕业，1931年回国后在哈尔滨中东铁路农事试验场当副场长。1936年去延安，历任八路军总司令部高级参谋、一二九师民运生产部长、边区农林专科学校校长、东北干部总队副队长等职。在负责东北公营农场建设期间，编写了《东北农业建设的意见》《正确地掌握与运用农业科学技术》等书。在这样一个行家里手的领导下，东北公营农场是垦区初创时的根本保障，特别是在各机械农场领导干部的任用上，都是尽可能地挑选一些知识分子及革命斗争经验丰富的同志；1947年春，萌芽乡师机械农场的创始人高衡同志，是从延安来的知识分子，运用陶行知先生的理念创办了一所半农半读的新式学校；1947年夏，松江省建设厅农业科科长刘岑被上级任命为松江省营第一农场（宁安农场前身）副场长。刘岑1940年2月毕业于华北农业专科学校，1941—1943年在北平大学农学院学习，1945年投身革命来到东北解放区。创建宁安农场后，刘岑在垦区一线工作了40年，后来成为农垦科学院创办人之一；1949年初，东北行政委员会农业部派农产处秘书丰年同志筹建鹤山机械农场。丰年同志是华北人民革命大学毕业生，接受任命后从农场干部训练班挑选了奉天农大农学系1941年毕业生栾宝琛，奉天农大兽医系1945年毕业生金玉璞，长春畜牧兽医大学1944年毕业的任殿鸿、孙鲁石、高广智，哈尔滨农业大学兽医系1945年毕业的袁希震6名优秀学员，赴黑龙江鹤山创建机械农场；1949年初，牡丹江省试办永安机械农场，其首任场长常永年既是老抗联战士，又在苏联农场开过拖拉机，熟悉农机业务；1949年7月，东北机械农场管理处选派业务股股长、原奉天农业大学毕业生李晓南，带领"北满荒原考察队"（由14名农科大学生组成），在嫩江双山地方创建了815农场等，也正是因为有了一批具有专业知识和实践经验的带头人，垦区科技事业的发展才得以打下良好基础。

各机械农场对技术人员需求迫切，但一时又无法解决，无奈之下只好自己举办培训班，培训青年技术工人，以解农场的燃眉之急。1947年11月，松江省营第一农场在亚布力举办拖拉机手训练班，招收学员110名；教师队伍里有开办汽车修理厂的俄罗斯侨民彼得罗夫及其助手沃内廓夫、巴力斯，由他们来传授一些农机技术；1948年2月，查哈阳农场利用冬闲之际，在齐齐哈尔崔家庙开办"火犁训练班",培养学员 170 人;1948 年春,黑龙江省政府在北安举办拖拉机手训练班,学员来自花园农场、五大连池农场及萌芽乡师等,其中全国第一位女拖拉机手梁军便结业于此。1948 年 5 月,东北行政委员会为了发展壮大垦区,从苏联进口斯特兹、纳齐拖拉机 100 台,其中80 台分配给黑龙江地方。1949 年初,第二批从苏联进口的 C-80 拖拉机 14台,纳齐拖拉机 80 台,C-6、C-4 联合收割机 14 台,以及犁、耙、播种机等 355 台进入垦区,使原本就已不足的机务人员更加紧张。

二 招收大学生等技术移民

1949 年春,东北行政委员会机械农场管理处在沈阳举办拖拉机手学习班,学员毕业后大部分被分配到黑龙江垦区各机械农场;1949 年 9 月,赵光机械农场在全省范围内招收学员 108 人,经过几个月的拖拉机操作技术培训全部留场工作;等等。正是通过如此紧锣密鼓地开办农机技术培训班,才解了垦区初创期技术人员严重短缺的燃眉之急,但与科学的农机、技术人员匹配仍明显不足。事实表明,黑龙江垦区经济要有大的发展,组织大批的专业技术人员及大学毕业生移民是解决问题的关键。

农业技术人员的缺乏,严重迟滞了初创期垦区的发展,自己培养人才固然稳妥,但远水解不了近渴,如果能让旧政府的技术人员及一些农业院校的学生出来工作不失为一便捷的途径。日伪投降后,东北社会失序、学生失学。国民党接收部分大中城市后,为了稳定社会秩序,收拢学生使之复课,开办了"东北临时大学补习班"和"东北大学先修班"。其中,前者成立于1946 年 3 月,5 月 8 日在沈阳开班,计有学生 3078 人,其中农学专业学生178 人。后者成立于 1946 年 7 月,学生中有一些是伪满国高农科毕业生。1946 年夏,国民党接收人员在伪满奉天农业大学校址创办东北大学农学院,内设农艺、森林、畜牧 3 系,招收学生 200 余人。东北战事吃紧后,国民党政府曾将部分学生空运至北平,1948 年东北全境解放这部分学生又陆续地返回东北,进入东北农学院和沈阳农学院。另外,1946 年 10 月长春大学开办,其农学院开设有农艺、森林、畜牧、兽医、农业经济等专业。1948 年东北人民解放军围困长春,部分学生前往北平和天津,平津战役后这部分学生又先后回到东北,进入东北农学院和沈阳农学院。他们都是垦区建设急需的宝贵人才。

而在 1948 年 6 月 15 日东北行政委员会发出的《东北农业建设的意见书》指出:"动员伪满时期学过农林技术的人员出来参加工作……使之能为

人民服务。"为了扩大影响，还通过报纸登载招聘启事广而告之。1948 年 11 月 2 日沈阳解放，翌日东北行政委员会便发表公告："原国民党机构人员一周内到指定地点报道。"当时，东北行政委员会农业部农产处接管了东北屯垦总局及其所属的东北机耕大队、铁西农具厂、农药厂等单位的农机专业人员 120 人，农林牧水利气象专业人员 380 余人。这些技术人员经过短暂培训学习后被录用，然后被派往成立不久的各机械化农场。在这支技术人员队伍里，应该有上述经过系统学习的农学院校学生的身影。

在形势较为稳定的北满，农业教育更是得到足够重视。1946 年 2 月，东北大学农学院在本溪创办，迫于形势于同年 6 月即迁往佳木斯，内设农经、农艺、畜牧、兽医、森林 5 系，有学员 99 人；1946 年 5 月，东北科学院在哈尔滨成立，内设农林系，招收学员 40 人；1948 年下半年，松江省农林学校招生，这是一所培养农业、畜牧、水利人才的中等专业学校，分为速成、专修 2 班，分别开设农林、畜牧、水利等课程，计招生 500 人；1948 年 8 月在伪满洲国哈尔滨农业大学校址上创建东北农学院，这所正规的高等院校发展很快，原因是随着东北全境及平津沪宁等大城市相继解放，接收了一些过去修农学的学生，陆续调入资深的农学专家，教学实力大为增强。当年 9 月正式录取 280 名本科生、636 名预科及 1 年制的训练班学生，分设农艺、森林、畜牧、兽医等系及农机专修科和预科。1949 年上半年，成立不久的沈阳农学院也合并入东北农学院。与此同时，由于各地对农业科技人员的需求，一些中等农业学校自行筹建起来。如黑龙江农业专科学校、佳木斯农校、松江农林学校、哈尔滨林科高级职业学校等，相继招生开班授课。

这些高等、中等农科院校，培养了一批又一批思想素质高的高、中级农业干部和技术人员，充实到垦区各机械农场贡献自己的聪明才智。1950 年秋，为了发展农业经济，东北人民政府农业部专门组织了西南、中南和华东招聘团，赴重庆、武汉、上海等地招聘技术人员和农科院校大中专毕业生，在招收与定聘的 235 名大专学生及技术人员中，有部分进入垦区农场工作。

据不完全统计，垦区初创期方方面面拥有专业知识的技术干部与知识分子有：

> 刘岑，1940 年 2 月毕业于华北农业专科学校，1941—1943 年在北平大学农学院学习，1945 年投身革命来到东北解放区。创建宁安农场后，刘岑在垦区一线 40 年，后来成为农垦科学院创办人之一。

栾宝琛，奉天农大农学系 1941 年毕业生。

金玉璞，奉天农大兽医系 1945 年毕业生。

任殿鸿、孙鲁石、高广智，长春畜牧兽医大学 1944 年毕业生。

袁希震，哈尔滨农业大学兽医系 1945 年毕业生（上述 6 人 1949 年赴鹤山创建农场）。

李晓南，奉天农业大学毕业生，1949 年率"北满荒原考察队"队员王明尧、马垦、姜丽泽等 14 名农科大学生，创建 815 农场。

徐一戎，1943 年毕业于奉天大学农学科，后又考入东北大学农学院农学系。1947 年毕业后在莲江口农场开始水稻种植研究工作，后来成为黑龙江省农垦科学院学术委员会副主任，被誉为"寒地水稻之父"。

谢民泽，1944 年毕业于济南大学农学院农学系，后参加中国人民解放军。1949 年任东北军区政治部北满荒地勘查组技术组组长，曾在五大连池、二龙山等地勘测荒原，后调入九三农场工作。

1949 年 4 月，东北机械农场管理处处长顾绍雄到沈阳农学院动员、选拔、抽调 43 名尚未毕业的大学生来农场工作。

1950 年，东北人民政府农业部专门组织了西南、中南和华东招聘团，此次招聘来的人员有复旦大学农学院早年毕业生张显卿及华中农学院的孙仕利、聂惠兰、毛健群等，江南造船厂总工程师吴文彬以及杨柏寿、丁履枢等，还有日本早稻田大学农学系毕业生刘延鸿等。

1950 年，中国医科大学内科 39 期毕业生韩学忠，哈尔滨医科大学李济民、刘萍等成为第一批进入垦区的医科大学毕业生。

……①

中央组织部、农垦部、黑龙江省委及各农垦局也都利用各种机会从全国各地调配了一批知识分子，参加黑龙江垦区建设。在国营农场建设的 10 余年里，先后有来自北大、清华、复旦、哈军工等高校的优秀毕业生和来自全国各农业机械院校的大中专学生，以忠于祖国的赤诚之心，进入垦区奉献聪明才智和青春年华。

---

① 黑龙江省地方志编纂委员会：《黑龙江省志·国营农场志》第 14 卷，黑龙江人民出版社，1992；黄宏等主编《北大荒精神》，人民出版社，2012。

1955 年，北京农业大学 12 名优秀毕业生自愿来到黑龙江集贤县，参加国营友谊农场创建工作。同年，东北农学院附属农业机械化学校选拔了 50 名优等生提前毕业进入友谊农场工作。

1957 年，南京农学院 7 名毕业生结伴来到垦区，在北大荒工作了 45 年，奉献了青春，奉献了终身。①

1959 年 8 月，农垦部发布《关于成立科学技术研究机构和确定科研项目的决策》，决定就在垦区内开展机械化、电气化、畜牧业良种培育、大豆选育和良种推广等课题进行立项研究，随后全国大专院校与科研系统的一批专家来到垦区，进行系统的科学研究工作。

---

① 《黑龙江省志·国营农场志》第 14 卷，黑龙江人民出版社，1992。

第十五章
国家组织的集体移民

在不同的历史时期，国家和地方政府曾组织不同类型的集体移民。组织和安置不同类型的集体移民是一项具体而又复杂、细致而又艰巨工作。特别是我们要阐述的几次大规模移民都发生在新中国成立前后，其数量、规模在黑龙江移民史上占有一定位置。

第一节　1948 年后的城市移民

一　哈尔滨城市移民的安置

哈尔滨作为全国最早解放的大城市，为即将诞生的新政权在城市接管与社会改造方面做出了许多有益探索，而组织城市移民到省内农村从事农业生产就是其中之一。

1946 年 4 月 28 日，东北民主联军进驻哈尔滨市后，面临大批失业工人、灾难民、城市贫民、游民乞丐的生存问题，他们衣食无着，闲散街头，无生活来源，给城市治安、社会稳定带来很多问题，也是对新生政权执政能力的一个考验。为了解决这一问题，哈尔滨市委和人民政府根据东北局和东北行政委员会的"组织移民，促进农业生产，减轻城市压力"的指示，从 1947 底到 1948 年上半年，开展了有组织、有计划、深入细致的移民工作。1947 年 11 月 23 日，哈尔滨市委召开会议，做出《关于移民工作的决定》，其细则如下：

（1）为了解决城市失业与半失业贫苦群众生活困难，减轻城市的消费，并配合明春各省的大生产运动，增加农业生产，市委决定从哈市向外移民 15000 户——20000 户。

（2）第一批动员 2000 户——3000 户，其中以 2000 户移送松江省苇河、五常、尚志、宾县、延寿 5 县，余者分移其他省份，取得经验，以奠定明年 3 月大移民工作的基础。

（3）第一批从现在起到 12 月底止，作为突击任务、各区抽调主要力量做这个工作（但也必须注意照顾其他工作），此后 1、2 月份各区将移民工作应作为经常任务的一部分，继续进行一般的动员组织，陆续登记，准备明年 3 月大移民运动。

（4）移民动员方式，基本采取政治动员，各区（根据任务有重点的）开大会号召并组织工作队以组间为单位开小组会解释酝酿深入到每户说明。掌握积极分子，带头发动，争取做到完全自愿。避免命令强迫。说明政府帮助大家解决生活困难，下乡分地生产，才能安家立业。

（5）动员对象：以失业工人，完全无业的贫民、跑小市、卖破烂、赶斗车、蹬三轮为主要对象，发动组间互动，原则上可以强迫逃亡地主捐出浮产援助赤贫户一同下乡。

（6）关于黑人黑户、逃亡地主、汉奸特务、地痞流氓等坏分子，在移民的后期要用一切力量将他们移到农村去参加生产。

（7）市委成立移民委员会，以张观、刘成栋、陈龙、吴铁鸣、唐景阳为委员，以张观同志为主任委员，负责领导全市移民工作。各区以区委为中心，由区政府、公安局负责同志参加成立委员会，领导工作队计划布置本区移民工作。街上有必要者，可以街干部为中心（包括群众在内），有重点的组织街移民委员会深入动员工作。

（8）青干校学员、小学教师、小学生，可以组织工作组、宣传队，帮助各区进行动员宣传工作。①

为了保证移民工作紧张有序、积极稳妥地进行，哈尔滨市委、市政府相继做了大量宣传、准备、调查、护送、安置等组织工作。

第一，做了深入细致的移民宣传工作。哈尔滨市政府相继颁发了《移民宣传提纲》《移民暂行条例》《移民护送条例》等，并在《哈尔滨日报》上

---

① 哈尔滨市档案馆编《中共哈尔滨市委文件选编（1946—1949）》，内部出版，1986，第63页。

发表了《努力做好移民工作》的社论，广而告之，并组织若干宣传组深入街间宣讲，让全市人民知道。

第二，是调查摸底，深入动员。哈尔滨市委、市政府于 1947 年 11 月 15 日组织干部深入区街进行调查摸底，对象是失业工人、苦力、贫民、车夫、跑小市者等平民阶层，目的就是要摸清他们的思想动态和对移民的反应。结果如下：赞成的有 10%—15%，满足要求可以下乡的占 30%—40%，对移民持反对态度的高于 40%。为此，各级组织做了大量耐心细致的工作。

第三，下力气做好移民的接收安置工作。移民并不是将人口迁出哈尔滨就完事，接收安置是工作环节的重中之重。市移民委员会派出人员赴各省县移民接收单位对接联系，落实移民耕地住房、粮食烧柴、牛具籽种、春耕农贷等事宜，务必使移民移出、住下，取得好的效果。

第四，确保运输护送工作万无一失。为了使移民顺利地进入移入地，各级组织者联系铁路部门、组织汽车、马车，进行移民输送。成立护送大队、中队、小队，按移民人数多少予以配备。派出医生、护士重点看护病人、孕妇、老人、孩子、残疾人等，对移民无微不至。

正是在如此精心的组织下，移民工作顺利完成。此次移民的去向如下：第一期移民松江省各县 2200 户，黑龙江省、牡丹江省各县 1200 户，计 3400 户、12863 人；第二期移民牡丹江省、黑龙江省、合江省、嫩江省 5970 户，19063 人。两期合计 9370 户，31886 人。其移民分布范围是松江省 5 个县、牡丹江省 8 个县、黑龙江省 6 个县、嫩江省 6 个县。当时的新闻媒体，对此次移民活动有过连篇累牍的报道：

　　1947 年 11 月 24 日，松哈移民联席会议在哈尔滨召开，决定首批由哈市移出 2000 户到外县从事农业生产。其中，分送五常县 400 户、苇河县 500 户、尚志县 400 户、宾县 300 户、延寿县 400 户。

　　12 月 8 日，哈市首批移民 580 户 2300 人乘专车去苇河安家落户，从事农业生产。

　　12 月 12 日，哈市居民 430 户 1942 人迁移至五常县。

　　12 月 16 日，哈市 400 余户移民赴尚志县从事农业生产。

　　12 月 29 日，哈市决定移民 1200 户至黑龙江和牡丹江省，两省各 600 户。本日移往克东、克山各 100 户，由哈市出发。

　　1948 年 1 月 3 日，哈市移民 300 户去穆棱和庆安县落户。

1月10日，哈市移民300户离哈，去密山落户。

2月15日，哈市第二期移民2400余户移往穆棱、镜泊湖等地。

3月22日，哈市最后一批移民离哈。自1947年11月至本月止，哈市共移出7000余户30000余人到外县从事农业生产。[①]

1948年9月，中共哈尔滨市委召开移民工作总结会，在肯定成绩的基础上又找出了许多不足。其中提到移民的时间要适当，指出"移民在夏季挂锄最适当，那时农民也空闲，房子缺乏也容易盖，移民也能帮助农民秋收，在冬冷前也可做些准备工作，但决不可以在冬季移民。经验证明：在冬季移民困难很多，无论城市和农村都不易克服这些困难"。[②]

二 省内（外）其他城市移民的安置

在哈尔滨动员城市移民下乡的同时，其他城镇也在开展这项工作。1948年2月，合江省的佳木斯等13个市县动员城镇移民8734户26000余人下乡参加农业生产。中华人民共和国成立后，工农业生产百废待兴，同时又面临城市赋闲人口过多的沉重压力。为了减轻城市负担，解决城市失业、半失业人口及城镇贫民的生活问题，可行的办法只有移民，即动员城镇人口下乡参加农业生产。

1950年2月，齐齐哈尔市第一届人民代表大会第二次会议专题讨论研究了"组织失业劳动力下乡生产问题"，随之对动员原则、安置办法、下乡对象等做出规定。上报黑龙江省人民政府批准，颁布了《齐齐哈尔市组织失业劳动者从事农业生产办法》。原则上是在自愿的基础上，提倡下乡投亲靠友，酌情补助迁移费用。移民对象主要是"九三"抗战胜利后，从农村迁入市区又无固定工作的（包括摊贩）生活困难者。为了加强城市移民的组织领导工作，市政府成立了由主要领导牵头的移民委员会，并抽调干部组成工作队，开展动员组织工作。经过50余天耐心细致的工作，全市移民720户，2647人（劳动力1640人）被安置在讷河县农村。

1952年，按照东北人民政府统一部署，黑龙江省的安达、林甸、景星

---

① 李述笑编著《哈尔滨历史编年（1763－1949）》，黑龙江人民出版社，2013，第601～610页。

② 哈尔滨市档案馆编《中共哈尔滨市委文件选编（1946—1949）》，内部出版，1986，第151页。

（今龙江县景星镇）等县接收沈阳市移民 245 户 592 人。三县政府对其进行了妥善安置，做到了住房暖和、口粮充足、农具齐全、适龄儿童有学上，移民较为满意。

1955 年，黑龙江省人民政府议定，从下辖城市（包括矿区）动员一批剩余劳动力参加农业生产。动员对象以城市基建临时工、流入城市的无稳定工作的小商贩、手工业工人及无业青年为主。工作人员由各市、县、区抽调干部和街道积极分子组成，在调查摸底的基础上进行了深入细致的思想工作，收到了很好的效果。据统计，1955—1956 年，全省 5 个城市及 2 个林矿区动员城市移民 19412 户 72311 人到农村参加农业生产，分别为哈尔滨市移出 11808 户 44106 人，齐齐哈尔市移出 3291 户 12728 人，佳木斯市移出 1618 户 6652 人，牡丹江市移出 969 户 3956 人，鹤岗市移出 480 户 1714 人，鸡西县移出 946 户 2068 人，伊春县移出 300 户 1087 人。另有返回原籍和投亲靠友的移民 19000 余人。各地市政府将移民安置在 4 个市郊区和 53 个县农村。

1956 年，黑龙江省对资本主义工商业进行了大规模的社会主义改造，由此裁汰一些手工业工人、小商贩、小业主等，他们的出路之一就是下乡务农。哈尔滨、齐齐哈尔、牡丹江、佳木斯、鹤岗等城市计动员了 13886 户 59107 人，其中单身青年 2608 人，分别安置在省内 38 个市、县参加农业生产。

1955—1956 年黑龙江省城市移民移出情况如表 15 - 1 所示。

表 15 - 1　1955—1956 年全省城市移民下乡移出情况统计

单位：户，人

移出市区	户数	人口数	
		合计	其中单身青年
哈尔滨市	13459	52682	1532
齐齐哈尔市	3941	15900	284
佳木斯市	2062	8400	309
牡丹江市	1571	6942	309
鹤岗市	542	1917	
双鸭山市	233	1050	
鸡西县	1731	5005	
伊春县	1482	5700	

移出市区	户数	人口数	
		合计	其中单身青年
其他各县城镇	8161	33893	483
合计	33218	131489	2917

资料来源:《黑龙江省志·民政志》,第62卷,黑龙江出版社,1993,第468页。

第二节　1949年接收关内移民

1949年秋,东北人民政府为了发展农业生产,结合关内北方省份的灾情,做出了接收河北省、平原省①向东北移民的决定。

1949年5月后,黑龙江5省已合并为松江、黑龙江两省。同年秋,松江省、黑龙江省政府根据东北人民政府的要求,向下属各县下达接收河北、平原省移民的任务。松江省人民政府、黑龙江省人民政府分别在1950年2月相继颁发《安置移民暂行办法》,提出若干要求安置移民。如松江省规定,因移民多为灾民,生产生活资料要由移入地政府帮助解决,其他困难要本着"以民救民"的精神,依靠当地群众协助解决。1949年冬,输送移民工作开始,直至翌年春天结束。对于移民运送,各级政府做了周密细致的安排。在分工上,锦州以南由移民迁出省负责,锦州以北移民由东北人民政府负责。在沈阳、长春、双城、哈尔滨、齐齐哈尔、佳木斯等地都设有饮食供应站,沿途有医生、护士照料病人、产妇。这既保证了移民安全抵达,也得到移民交口称赞。移民抵达时,县的党、政领导到车站迎接,村干部到村口迎接,移民进入村屯后,当地民众打扫房屋,清扫庭院,送生活用具,给予移民以无微不至的照顾。第一批计2万多名河北、平原移民移入松江、黑龙江两省。其中,松江省接收2439户10620人,分别被安置在桦南、密山、集贤等8个县;黑龙江省接收2318户9652人,分别安置在海伦、讷河、绥棱等7个县。每个行政村少的安排4户,多的安排17户。政府拨出专项资金,在住房、棉衣、口粮等生活资料及土地、农具、耕畜等生产资料方面或借或贷予以帮助。

移民住房问题的解决。由于移民迁移时间已进入冬季,天寒地冻无法盖

---

① 平原省,旧省名,仅存续3年余。平原省人民政府成立于1949年8月20日,划山东省西南部与河南省黄河以北地区为平原省行政区域,省会设于新乡(今河南省新乡市),1952年撤销。

房，多数只好借住在当地群众的家里，虽然感觉不太方便，但也只能如此，待来年开春再盖新房。

棉衣问题的解决。移民来自关内省份，所带棉衣抵御不了北方的严寒。当地政府募集了一部分棉衣发给移民，各供销社也向移民伸出援助之手，先借贷给移民棉花布料，然后再由他们用农副产品抵偿。

口粮问题的解决。移民口粮由政府贷给，"政府共拨贷粮 1.8 万吨，移民安置以后，每人贷粮半吨（500 公斤），3 年还清。安置后第一个生产年度酌减公粮和公役负担"。[①]

土地问题的解决。在移民之初所定的原则即是向人少地多的县安置，所以移民分得土地不成问题。每户移民平均分得 0.5—1 垧熟地，还可以尽可能地多开荒，多者可得 2—3 垧土地。

耕畜问题的解决。农民种地离不开耕畜，当地政府集中到内蒙古购买马匹，然后贷给移民，每户 1 匹马或 1 头牛。所需费用待移民安定后分若干年偿还。

由于各级政府的关心照顾，移民很快安定下来，后来有人总结道："1949 年冬接收安置的移民，大部分都搞了一些冬季副业生产，再加上政府贷给吃粮、籽种、马匹、农具及群众互助，基本上解决了生产、生活上的各种困难。据对方正、延寿、克山 3 个县 1 个区、7 个村 135 户移民的调查，每户平均解决住房 0.8 间。1950 年绝大多数移民参加了当地互助组或自编组，平均每户耕种土地 2.4 公顷，初步打下了安家立业的基础。"移民的基本情况见表 15 - 2、表 15 - 3。

表 15 - 2　松江、黑龙江两省接收安置移民户数人口统计

单位：户，人

数字 单位　　　时间		1949 年		1950 年		合并		移出 省份
		户数	人口数	户数	人口数	户数	人口数	
松江省	桦南县	557	2139			557	2139	河北省
	密山县	445	1743			445	1743	河北省
	集贤县	360	1489			360	1489	河北省
	延寿县	156	647			156	647	河北省

① 《黑龙江省志·民政志》第 62 卷，黑龙江人民出版社，1993。

数字 单位	时间	1949 年		1950 年		合并		移出 省份
		户数	人口数	户数	人口数	户数	人口数	
松江省	尚志县			190	947	190	947	平原省
	方正县			179	897	179	897	平原省
	汤原县			278	1387	278	1387	平原省
	五常县			274	1371	274	1371	平原省
	合计	1518	6018	921	4602	2439	10620	
黑龙江省	海伦县	270	1146			270	1146	河北省
	泰安县			108	449	108	449	平原省
	甘南县	206	969			206	969	河北省
	德都县	256	1038			256	1038	河北省
	克山县	326	1252	105	426	431	1678	河北省 平原县
	讷河县	449	1818			449	1818	河北省
	绥棱县	282	1201			282	1201	河北省
	庆安县	253	1093	63	260	316	1353	河北省 平原省
	合计	2042	8517	276	1135	2318	9652	

资料来源:《黑龙江省志·民政志》第 62 卷,黑龙江人民出版社,1993。

表 15-3　松江、黑龙江两省移民生产情况（典型调查）统计

数字 单位	项目	移民数		劳动 力数	耕畜数 （匹）	生产方式		耕地面积		
		户数 （户）	人口数 （人）			开荒 （公顷）	熟地 （公顷）	参加当 地组 （户）	移民自 编组 （户）	单干 （户）
松江省	方正县 南天门区	10	42	11.5	4	15	8.8	1		9
	延寿县 第五区	159	637	211.5	80	263.1	70.3	37	121	1
	汤原县 万庆村	9	52	13.0	5	2.0	21.0	9		
	桦南县 二道沟村	13	43	17.0	10	9.9	9.9			
	合计	191	774	253.0	99	290.0	110	50	121.0	10.0

续表

数字单位	项目	移民数		劳动力数	耕畜数（匹）	生产方式		耕地面积		
		户数（户）	人口数（人）			开荒（公顷）	熟地（公顷）	参加当地组（户）	移民自编组（户）	单干（户）
黑龙江省	讷河县第十三区	101	444	102.0	67			66	27	8
	泰安县通宽区	4	14	4.0	2	5.0	5.0	4		
	克山县三个区	328	1271	395.5	192	323.2	553.6	290	38	
	合计	433	1729	501.5	261			360	65	8

资料来源：《黑龙江省志·民政志》第 62 卷，黑龙江人民出版社，1993。

第三节　1950 年后的河北、平原、热河、辽东移民

一　安置河北、平原两省移民

由于 1949 年冬季移民取得了不错的效果，东北人民政府于 1950 年 8 月23 日再次发出《关于接收平原省移民的指示》，按分配指标，黑龙江省接收1.2 万人，松江省接收 0.8 万人。同时，还提出要求，移民安置要适当集中，把有荒地可开、生产有发展、有发展前景的地方作为移民安置点。接到东北人民政府的指示后，松江省在双城、牡丹江、佳木斯、鹤岗、密山等县市的火车站附近设立移民供应站。黑龙江省成立了以副省长杨英杰为主任的移民安置委员会，具体负责指导移民的安置工作，下面的县、区、村也都成立了有相应领导参加的移民安置领导机构。黑龙江省还在白城子、泰来、齐齐哈尔、绥化、海伦、北安等地设立移民供应站，负责移民的接待工作。

同年秋，黑龙江、松江两省共接收来自河北、平原省的移民 2 万余人，其中黑龙江省的德都、讷河等县安置了 1 万多人，松江省的富锦、宝清、汤原等县安置了 6745 人。以后又有移民陆续到来，到 1951 年底，黑龙江、松江两省共接收安置河北、平原两省组织移民 6519 户 27968 人。由于有了 1949年的移民经验，两省的移民安置工作进行得比较顺利。在黑龙江、松江两省政府的安排部署下，每户移民得到 50 斤粮食作为安家补助费，每人借给 150公斤口粮。在各级政府的组织下，移民都参加了打柴、拣粮、副业生产等自救活动。在政府的扶助和当地群众的帮助下，翌年春天每户移民都种上了

2—3 垧地,通过借贷移民也都有了自己的牲畜、农具,手中也有了部分余粮,生活一天天好起来。针对 1951 年部分安置移民县份发生的灾情,黑龙江省政府专门下拨贷粮 9 万公斤,帮助移民恢复生产。为了使移民尽快安定下来,能够稳定地生活,当地政府还组织他们上山打柴、采集山野菜,上农场、矿山做小工,以增加收入早日还清贷款。

移民群体也不是不存在问题,譬如因劳力弱、种地少、不适应北方生产生活方式,返乡返籍的移民也占一定比例。据调查,"黑龙江省克山县长发区有 17 户 69 人离开当地,占安置移民总数的 9%。海伦、讷河、甘南三地返籍移民 115 户 638 人,分别占安置移民户数、人数的 11.9% 和 15.6%"。①

二 安置热河、辽东等地移民

1952 年 9 月至 1953 年上半年,黑龙江、松江两省又接收安置热河省、辽东省及沈阳市等省市的一批集体移民。其中,松江省安置了热河省、辽东省单身劳动力 2258 人,分别安置在桦川、依兰、汤原 3 个县,分散插入当地的劳动互助组。黑龙江省接收了热河省和沈阳市移民 2611 户,分别安置在讷河、铁力、嫩江、德都、通北、林甸、安达、景星等 8 个县。大一点的村屯最多安置了 43 户,小一点的村屯只安置了 4 户。此时的移民安置,条件上可比前几年好了许多,由松江、黑龙江两省的民政部门牵头,为移民发放了全新的棉衣、棉鞋、棉帽、棉被等御寒物品。由于这批移民多数是单身劳动力,带家户较少,没有太多的拖累,所以很快就组织起生产。当地政府积极为其调剂熟地,并配给了大牲畜,为来年开春的农耕生产打下了基础。为了稳定移民的情绪,当地政府把工作做得细之又细,接收移民县都举办了欢迎大会,由当地领导出面讲话,向移民介绍了移入地的自然状况、习俗惯制和发展前景,鼓励移民安心生活、扎根生产。此外,还召开移民座谈会,让移民提出困难,由政府帮助解决。

1953 年春,东北移民工作会议召开,针对辽东、热河两省移民中尚有带家眷者,且多是不能参加重体力劳动的老弱病疾者,违背了依靠移民开发荒地的初衷,加之动员工作仓促,很多移民并非出于自愿,在社会上产生了不好的影响,松江、黑龙江两省又开始做移民家属的迁出动员工作,到 4 月中旬有部分移民家属返回原籍。为了弥补返籍移民的空额,辽东省又移出自愿

---

① 《黑龙江省志·民政志》第 62 卷,黑龙江人民出版社,1993。

移民 324 户 1485 人；从热河省移来 598 户 2281 人。两省共计移民 922 户
3766 人，分别安置在松江、黑龙江两省。

三　朝鲜归国华侨

与此同时，朝鲜族聚居的松江省还接收了辽东省宽甸县朝鲜族移民 556
户 3226 人，集中安置在方正、延寿两县的水稻种植区。[①] 另中国人侨居朝鲜
的历史很早，但自 20 世纪 50 年代以后，侨居朝鲜的 2959 户 11611 人分作几
批回国，大多数被安置在黑龙江、松江两省农村从事农业生产。地方政府对
这次归国侨胞的安置十分重视，从当时的生活水平来看已实属不易。据对黑
龙江省安达、依安两县安置的 92 户 372 名归侨的调查，分地多的可达 7 垧，
少的不足 1 垧，平均 2.7 垧，原则是按家庭人口的多少而定。归侨多借住在
当地户家，待政府补助款下拨后，少数盖了新房，多数买了旧房作为过渡。
一些归侨还从补助款中预留出一部分，单独或合伙购买牲畜、农具。同村农
户也伸出援助之手，或送或借以帮其度过最初的安置期。而安置在松江省
林口、桦南、密山、汤原 4 个县的 361 户近 1500 余名归侨情况略差，土地
问题解决得不好，以致部分归侨生活困难。此事引起了东北行政委员会的
重视，派出工作组赶赴各安置地协助解决。

另外，1954 年从苏联回国到黑龙江省定居的华侨有 174 户 177 人，其中
回乡生产的有 62 户 64 人，由政府安置的有 112 户 113 人。

1952—1954 年黑龙江省归国华侨人数见表 15 - 4。

表 15 - 4　黑龙江省归国华侨统计

单位：户，人

地区＼类别	1952 年从朝鲜归国华侨		1953 年从朝鲜归国华侨		1954 年从苏联归国华侨	
	农村	城市	农村	城市	安置生产	回乡生产
桦南	164	655				
汤原	543	2073				
依安	121	435	278	1113	8	20
克山	118	414				
克东	81	396				

[①]《黑龙江省志·民政志》第 62 卷，黑龙江人民出版社，1993。

地区	1952年从朝鲜归国华侨				1953年从朝鲜归国华侨				1954年从苏联归国华侨			
类别	农村		城市		农村		城市		安置生产		回乡生产	
	户	人	户	人	户	人	户	人	户	人	户	人
富裕	62	301										
通北	46	198			109	485	2	5	66	66		
铁力			14	68								
北安			7	19			6	31				
龙江			23	76								
齐齐哈尔			17	71			27	106				
肇东					211	799	15	44				
安达					209	798	20	82	33	34		
海林					11	72	15	68				
勃利					171	693	24	88				
密山					249	918	2				6	6
林口					155	590	5	18				
集贤					35	153						
宁安					93	423						
依兰					16	61						
牡丹江							76	373				
五常							12	43				
佳木斯							39	136	3	3	1	1
鸡西							22	47			4	4
鹤岗							20	62			4	4
绥化							18	72				
海伦							23	89				
富锦									4	4	10	10
抚远											1	1
萝北											1	6
东宁									3	3	2	2
通河									1	1		
虎林									1	1	2	2
方正									1	1	4	4
双城											2	2
总计	1135	4472	61	234	1537	6105	334	1339	112	113	62	64

第四节 1955 年的山东移民

山东省是人口大省，1930 年全省的人口密度是 239.5 人/平方公里，之后又相应增加。如此高的人口密度，决定了其为人口净迁出省之一。特别是在多灾低产区，生产生活条件很难改善，传统上"闯关东"的移民，也成为山东人外迁的中介。

一 安置山东灾民

1955 年 3 月，国家为了解决山东灾民生产、生活困难，决定向黑龙江省组织移民 1 万户 4.5 万人，并提出一定要做好移民安置工作的要求。黑龙江省人民委员会于 4 月中下旬连续召开移民工作会议，向下属地市发出切实做好接收安置山东移民工作的指示，要求各地宣传安置移民工作的重要意义，做好各项准备工作。黑龙江省选择有荒可垦的地区统一规划，由国家投资或向银行贷款，建立新村集中安置。当年春季，在佳木斯、鹤岗市郊区和集贤、逊克县共建立 5 个（其中集贤县 2 个）移民新村。为了切实做好移民接收安置工作，加强对移民工作的领导，专门成立了垦荒移民工作委员会，由副省长于杰任主任委员，省民政厅设立移民处，作为垦荒移民委员会的办事机构，并派出工作组到山东省协调移民运输等问题。为了使移民能够平稳抵达黑龙江，由铁路局安排移民运输专列，省民政厅移民处于沈阳、四平、德惠、白城子以及哈尔滨等沿途大站设立接待站，做好移民饮食饮水供应和医疗保健工作。

从 4 月 31 日到 5 月 17 日，黑龙江省共接收移民 10085 户 44919 人，分别安置在 37 个县的 7488 个农业合作社和 827 个常年互助组。由国家给移民调集粮食 770 万公斤，因山东人不愿吃粒米，所以按移民要求部分加工成面粉。省、地、市、县各级银行按国家规定，以低息向移民发放贷款，每人 15 元，全省共计 68 万余元。在移民的安置上，有些县做得十分周到，涌现出一批先进单位。如勃利县的安置任务是山东移民 198 户 822 人，将他们分散安置在 11 个区 40 个村屯，其中农业社接收 171 户，互助组接收 27 户；为移民划拨耕地 395 公顷，调剂菜田 25 公顷，调拨粮食 1.5 万公斤。在住房的安置上，有 123 户移民住上了宽敞明亮的大房子，移民情绪比较稳定。随后当地政府为移民举行了欢迎会、座谈会，向他们介绍情况，倾听他们的想法，使他们消除了顾虑，很快便参加了生产。又如，黑龙江移民垦荒工作委员会给富裕县的任务是2年内建设55个移民新村，调配机器专门成立了富裕拖拉机垦荒站。省财政厅、民政厅拨付专项资金安置移民，购买农具、耕畜、籽种、口粮、被服及生活用品。由副县长巴图（蒙古族）带队，县民政局设立移民科，抽调83名干部负责移民安置工作。全县倾力支援移民新村建设，挑选有经验的老农入住新村，充实农业生产骨干力量，移民反映很好。

二 黑龙江省政府帮扶移民的积极措施

考虑到移民的经济条件不太富裕，黑龙江省人民委员会决定从现有土地里调剂熟地7326公顷，为移民新开荒地2038公顷，能够使每户移民拥有2—3公顷土地。对各安置单位还提出要求，移民到村要做到"五有"，即有房住、有米吃、有菜吃、有柴烧、有必需的家具。由于有了这些措施，移民很快就安下心来参加生产，满勤出工率维持在一定的水准。据当年11月底的统计，全省移民大多数劳动力工作了150—180个劳动日。据对兰西、青冈等5个县44个村168户移民的调查，121户移民秋收粮食在2000公斤以上，最多的达到6500公斤。很多移民由于收成好，盖新房、买牲畜扩大再生产。移民也在劳动中得到了村民的信任，不仅优秀者当选为劳动模范，还有很大一部分人当上了村委会委员、生产合作社主任等基层干部。如在青冈县安置的400户移民中，当选为劳动模范和基层干部的有54人。龙江县在筑路工程中评出7名劳模，其中6人为移民。同年12月2日，副省长陈剑飞在黑龙江省第一届人民代表大会第三次会议上，就移民垦荒问题做了专题报告。他说："发展农业的重要途径就是扩大耕地面积，发展垦荒移民事业。建立新村，一步实现高级农业合作社。为节约投资，加速见效，便于移民安家立业，首先接收山东单身青壮年男女劳动力，经过生产，有些基础，建房接家，永远安家立业。"

黑龙江省各县的移民安置工作成绩是主要的，但问题也不少，移民返籍现象也很严重。据对安达、肇东、桦南、克山等22个县的调查统计，安置移民6561户，返籍或外迁的有1064户，占移民安置户的16.2%。这一比例引起了各级领导的注意，黑龙江省人民委员会召开全省移民工作会议，针对存在的问题采取措施，下拨建房贷款以解决移民住房问题，抽点省直机关干部下乡蹲点解决实际困难。安达县委领导在党代会上就"巩固移民防止返籍问题"做了专题发言，还多次召开区、乡干部会议就存在的问题狠抓落实。肇州县主要领导在全县乡长会议上讲解移民政策，并就移民安置工作中存在的问题一一做了解答，并派出了 3 个工作组深入基层做返籍劝阻工作，移民稳定工作取得了效果。

为了帮助黑龙江省做好移民安置工作，国家投放了一大批移民经费，开荒、耕畜、农具、住房、打井等生产生活花费，均由政府投资或向银行贷款解决，省里也做了有益于移民的相应调整，减轻了他们的负担。

第五节　1956 年垦荒移民规划及方案的实施

新中国成立前后，国家和东北政府为什么三番五次地向黑龙江移民？这既与关内北方诸省的灾情实际关联紧密，也与国家长远的经济建设规划分不开。

一　国家与地方政府的移民规划

一方面，历史上山东、河北就是我国的人口稠密省区，而热河省因降水条件不好，湿润与半湿润地区很少，土地生产效益较差，故而就有人提出了"移密就疏""移次就好"的想法。另一方面，黑龙江省是新中国新兴的重要农业地区之一，地域辽阔，土地肥沃，交通便利，地势平坦，宜于大片机耕开垦。即便是经过了几次移民，1955 年时全省仍有可垦荒地 600 余万公顷（相当于已有耕地面积），其中 500 万公顷左右分布在松花江下游两岸、穆棱河流域、嫩江、北安、黑河等 5 个地区；其余 100 万公顷左右为小片零星的荒地，分布在全省各地。这些荒地大体可分为如下类型：（1）小片、零星靠近村屯附近的荒地，其中大部分是"撂荒地"，少许是生荒地，由于靠近村屯，交通方便，开垦比较容易；（2）离村屯较远、比较集中的所谓"撂荒地"，其中有一部分为日本人经营的"开拓地"，多数是未开垦的大片处女地，需要建设简便的排水工程才能开垦；（3）地处偏僻、人烟稀少、交通不便的大荒地，并且有相当一部分属于轻湿地或重湿地，常年积水，必须先兴修大量的水利工程和解决交通问题后才能开垦。此外，气候雨量也适于农作物生长，适于种植玉米、水稻、大豆、小麦等作物。所有这些肥沃的荒地，都是国家和人民的宝贵资源财富。因此，国家要求地方政府必须全面规划，有计划地大量移民，充分开发利用，以便增加粮食产量，支援国家工业化和满足人民生活水平不断提高的需要。

二 规划方案的实施

据此，黑龙江省人民委员会制定了移民垦荒方案，其具体内容分为垦荒移民规划、1956 年开荒移民方案和关于移民问题三部分。

1. 垦荒移民规划

初步规划在今后的 12 年里移民 80 万户，垦荒 668 万公顷，为全省现有耕地面积的一倍。其中，第一个五年计划（1953—1957 年）内开荒 168 万公顷，自 1953 年至 1955 年，3 年内已开出 41 万公顷，按计划在剩余的 2 年里还要垦荒 127 万公顷，除国营农场和劳改农场自行开荒 37 万公顷外，拖拉机垦荒站为移民开荒 60 万公顷，安置移民 30 万户。第二个五年计划内开荒 300 万公顷，其中兴办的大量国营农场和劳改农场开荒 160 万公顷，拖拉机垦荒站开荒 120 万公顷，组织合作社和移民开荒 20 万公顷，合计为移民开荒 140 万公顷，安置移民 50 万户。第三个五年计划内开荒 200 万公顷，主要由国营农场和集体农庄开荒，兴办大量各类型农牧场。

2. 1956 年开荒移民方案

首先确定的是 1956 年开荒移民计划：（1）根据本省今后 7 年（1956—1962 年）内开荒 427 万公顷的计划，确定 1956 年开荒任务为 79 万公顷，其中为移民开荒 42 万公顷，国营机械农场开荒 12 万公顷，劳改农场开荒 15 万公顷，当地群众开荒 10 万公顷。（2）根据今后 7 年移民 80 万户和明年为移民开荒 42 万公顷的计划，确定 1956 年接收和安置移民 15 万户。其中本省城市移出 3 万户（3000 名青壮年、27000 户带家户），省外（主要是山东、河北、河南等省）移入 12 万户（都是青壮年，青年和壮年各占一半）。同时，要求在明年青壮年移民中女青壮年应当占 1/4 左右。（3）为了迅速增加粮食产量，明年应当尽量扩大开荒移民的春开春种面积，要求在上述 79 万公顷开荒任务中春开春种面积要达到 25.5 万公顷，其中为移民开荒 10 万公顷（拖拉机站担负 4 万公顷，当地群众担负 2.5 万公顷，移民担负 3.5 万公顷），国营农场 2.5 万公顷，劳改农场 5 万公顷，群众 8 万公顷，加上今年为移民开垦的 11 万公顷，国营农场开垦的 5 万公顷，劳改农场开垦的 4 万公顷，群众开垦的 2 万公顷，明年春季一共可以扩大播种面积 46.5 万公顷，至少可增产粮食 50 万吨。根据此项计划，明年 15 万户移民中 3 月底以前应移入 12 万户，其余 3 万户在明年 7 月底前全部移入。（4）根据现有荒地资源，确定甘南、萝北、德都、富裕、林甸、肇东、肇州、安达、郭尔罗斯后旗、龙江、集贤、密山、克山、通北、讷河、嫩江、勃利 17 个县和黑河专区为明年开荒移民的重点地区,其余 40 多个有荒可开的市、县也要分担一定的开荒移民任务。其次确定了垦荒原则:(1)大量移民垦荒,由国营农场、拖拉机站、先来的移民和当地农民把荒地开好,待大批移民来耕种。(2)为了保证按时完成开荒任务和合理利用荒地资源,必须认真做好荒地勘测工作。以县为单位进行全面规划,确定开荒地段、移民新村村址、修建桥梁道路等合理布局。(3)为了确保粮食增产,必须提高开荒质量。机械开荒深度要在 18—22 厘米,畜力开荒深度要在 12—15 厘米,要做到翻耙结合,做好荒场清理工作,提高垦荒技术。(4)适时修好通往荒区的公路、桥梁和荒区内部的农用道路,公路干线和桥梁由交通部门负责修建,村庄及农田道路由移民和当地居民修建。要求明年内完成齐市—甘南、宁年—杜旅、鹤岗—萝北、绥滨—萝北、兴隆镇—宝清等主要公路的加修或补修。

3. 移民问题

黑龙江省人民委员会针对移民问题制定了若干方案:(1)明年移民拟先移入青壮年劳动力进行生产,待生产发展,修建了必要的房屋后再迁移家属。这样不仅可以保证移民质量,易于动员和安置,还可以为国家节省大量资金。同时,先移入青壮年劳动力,就可以减轻修建房舍的负担,使之迅速投入生产,很快就能在农业生产上取得成效,从而为将来的安家立业打下基础。(2)根据明年多数开荒地区集中、片大、距居民点较远的特点,对移民拟采取以集中建立新村安置为主、分散安置在原有村屯为辅的方法进行安置。明年计划建立移民新村 350 个,集中安置青壮年劳动力 123000 人;扩村扩社分散安置 27000 户带家户。(3)接收移民的方法,拟统一由省制订计划,统一和兄弟省接洽,然后再由各县和移出地区接头,具体安排移出时间、数字和安置地点,以便在省统一领导下发挥各县的主动性和积极性。(4)关于建场建村问题。(5)关于移民新村的建设问题等。

三 出色的移民安置实例

1956 年是黑龙江省接收安置移民较多的一年。原则是携带家眷者分散安置,单身青壮年集中安置到移民新村,理由是携带家眷者分散安置到村屯,住户多有益于生活,熟地多有益于生产。而单身青壮年有理想有抱负,安置在移民新村可多开荒地。黑龙江省对 1956 年的移民工作十分重视,为了做好移民的接待安置工作,在哈尔滨、齐齐哈尔、牡丹江、佳木斯各市建立了移民垦荒接待联合办公室，统一办理有关移民过往换车、转运、饮食和医疗等事宜。从 4 月开始移民便陆续进入，至年底全省共接收外省移民 200520 人，其中山东 17648 户 180165 人，河南 3112 户 15904 人，河北 1146 人，辽宁 658 户 3305 人。这些移民被分别安置在全省 58 个市、县的农村。除山东省移入 10 余万名单身垦荒队队员进入新建移民新村进行集中安置外，携带家眷的移民都被分散开来，做了插社（农业社）安置。克山县全年接收山东省移民 4219 户 10534 人，其中带家户 1784 户 8099 人；分散安置在 22 个乡 82 个农业社，安置 30 户以上的农业社有 13 个。

富裕县的移民安置工作做得十分有特色。从 1956 年下旬开始，山东省嘉祥、邹县、藤县、曲阜、东阿、薛城、峄县、金乡、渔台等县的移民分批乘车陆续抵达富裕县城。富裕县委、县人委主要领导到车站迎接，中小学师生列队夹道欢迎扛着"青年垦荒团"旗帜的山东移民。在车站和移民安置点之间设立了必要的生活用品临时供应点，移民到村后受到了当地民众的热烈欢迎。移民们也很自强，抵达住地后很快就建立起党团组织。全县 55 个移民新村建立起党团组织的有 54 个，党团干部基本上是在移民中选举产生。新建的党团组织充分地发挥了其作为战斗堡垒的作用，在春播和住房建设两大任务中掀起了劳动竞赛高潮，4 月至 7 月初，仅用了 3 个月时间就建起住房 3098 间（绝大多数是土坯房和"干打垒"），播种粮食作物 25 万亩，新村每名劳动力平均 19.5 亩，为夺取全年农业丰收打下了基础。为加强对新村工作的领导，中共富裕县委于 1956 年 6 月向全县每个移民新村派出两名干部，（县乡干部各一名）长期驻村指导，协助当地党支部开展工作。从加强生产经营管理入手，制定实施了各项规章制度，建立起正常的生产经营秩序。对生产经营实行定额计件，贯彻多劳多得、少劳少得、不劳不得的按劳取酬的分配原则。每个新村都成立了财务管理小组，按照财务制度的规定，实行日清月结；按季公开账目；对新村集体所有的各种物资实行登记造册，由专人管理，对人为造成损坏损失的予以追究责任，严肃处理，从而杜绝了集体财物的损失浪费现象，使绝大多数新村建立起了正常的管理经营秩序。县文化部门派出电影放映队定期到各新村放映 16 毫米电影。各新村普遍成立了业余文化小组和业余小剧团，经常开展文化娱乐活动，活跃了移民文化生活，使广大移民在艰苦的环境中仍保持乐观向上的精神风貌。他们业余排练演出了山东评书、山东梆子、吕剧《借年》《李二嫂改嫁》等曲目，受到当地群众的欢迎，使当地群众感受到了齐鲁文化的魅力。在各级党委政府的关怀支持下，经过新村干部群众的艰苦创业，全县垦荒移民工作取得了巨大成绩，实现了当年开发、当年播种、当年有收成的建设目标。历时3年的大规模垦荒移民获得了空前成功，富裕县耕地、农户及向国家交售的商品粮数量分别比垦荒移民前增长30%、35%和50%以上。

同年9月30日，黑龙江省人民委员会批转省民政厅《关于接收一九五六年移民家属工作报告》，要求各地做好移民的思想教育工作，劝说移民主动写信动员家属来新村落户，防止各地冒进强迫移民接家属；要求1957年基本接完，移民多的县份可延至1958年。黑龙江省人民委员会办公厅还转发了《关于垦荒移民家属迁移乘车优待办法》，按此"办法"，移民家属购买硬席车票减价50%，托运物品不受重量限制。各县按照省人民委员会要求，派出专门干部赶赴移民迁出地讲移民新村建设、黑龙江农村发展前景，帮助移民办理迁移手续、处理原籍财产，最后由省统一安排接待、转运安置。由于各项工作安排得周密稳妥，移民家属对此较为满意，移民情绪就此稳定下来，安心生产。

1956年，全省共建立移民新村447个，集中安置移民112175户142899人（多数是单身垦荒队员），分布在全省6个地区的44个市、县，其中多数集中在嫩江专区。接受安置任务最多的甘南县新建90个新村，安置22296户、26256人。林甸、富裕两县各建移民新村55个，接收安置人数都在1.5万人左右。克山县建立了11个移民新村，接收安置青年垦荒队员2464人。

表15－5　1956年全省各市县建村安置移民统计

市县	建新村数（个）	安置户数（户）	安置人数（人）
省直辖市县	63	17082	26691
齐齐哈尔市	3	904	3037
佳木斯市	1	500	500
鹤岗市	1	267	750
阿城县	1	420	2100
肇东县	19	5134	5583
肇州县	25	6856	7851
肇源县	7	1819	2257
伊春县	6	1182	4613

续表

市县	建新村数（个）	安置户数（户）	安置人数（人）
嫩江专区	299	75880	86423
讷河县	6	1716	1773
龙江县	17	4075	4403
青冈县	7	1844	1936
依安县	26	7647	7647
克山县	11	2464	2464
安达县	18	5622	7017
明水县	3	709	709
泰来县	8	1653	3361
甘南县	90	22296	26256
克东县	1	427	427
林甸县	55	13386	14795
富裕县	55	13554	15148
嫩江县	2	487	487
合江专区	47	9420	16129
桦川县	2	326	1373
集贤县	11	2706	5239
富锦县	3	351	365
依兰县	1	300	300
汤原县	3	601	2957
宝清县	3	569	608
萝北县	24	4567	5287
绥化专区	25	6683	8789
海伦县	2	511	1494
呼兰县	2	500	500
兰西县	6	1825	1825
北安县	5	1104	1104
庆安县	2	493	493
绥棱县	3	973	2033
木兰县	1	299	311
通河县	2	418	418
德都县	2	560	611

续表

市县	建新村数（个）	安置户数（户）	安置人数（人）
牡丹江专区	10	2237	5669
宁安县	3	492	2680
尚志县	2	521	521
密山县	5	1224	2468
黑河专区	8	2442	3461
逊克县	3	1035	2006
瑷珲县	3	837	885
呼玛县	1	288	288
孙吴县	1	282	282
合计	452	113744	147162

注：1. 本表含1955年建的新村5个，1569户4263人；2. 垦荒队员1人为1户。

资料来源：《黑龙江省志·民政志》第62卷，黑龙江人民出版社，1993。

第六节　移民中存在的问题与国家投入的增加

为了使移民在移入地尽快安下心来生产生活，国家不断地加大资金投入力度，尽可能地满足其合理要求，以帮助他们顺利地度过各种变化带来的不适应期。

一　国家投入不断加大

在黑龙江省人民委员会相关部门的主持下，加大了移民资金投入力度。省农业银行对各项贷款指标做了重新调整修订。生产资料贷款：新式农具，每60公顷地配1套；小农具，每户按15元计算，由农业生产合作社统一掌握使用；耕畜，每4公顷地贷给马1匹，每匹马按250元计算；每30公顷地1台大车，包括马具在内，计350元；种子每公顷贷给10元，产麦区可贷给15元；牲畜饲料，每匹马5个月可贷款58元。生活资料贷款：粮食按6个月计算，整户移民每人28元，单身移民每人30元，边远县份可略微提高。安家费用支出：确有困难的户，按人均2元贷给，按移民人数一次下拨。黑龙江省人民委员会对1956年、1957年移民经费指标和使用办法提出了新的要求，其投资、贷款范围和指标如表15-6所示。集中安置移民的经费包括开荒成本费、移民旅运费、新村行政经费、移民工作管理费、移民房屋建筑材料费、打井费、安装碾磨费用、副业基金、生产杂支费、生活日用费、医药费等。将原来的安置 1 户移民国家投资 164 元、贷款 626 元，改为国家投资 530 元、贷款 260 元，原来的建房及购置耕畜、新式农具、车辆等大项改由国家投资，极大地减轻了移民负担。

表 15 – 6　1956—1957 年移民经费修订标准

单位：元

序号	项目	新村青壮年标准			计算根据
		1956 年	1957 年	合计	
	总计	593	197	790	
	投资小计	358	172	530	
1	开荒成本费	141		141	人均 3 公顷地，平均 47 元
2	旅运费	10		10	
3	新村行政经费	6	6	12	
4	移民管理费	1		1	省、市、县行政部门使用
5	建房材料费	90	60	150	户均 1.5 间，每间平均 100 元
6	新式畜力农具	22	10	32	平均 120 公顷 1 套，1265 元
7	车辆	24	16	40	
8	耕畜	64	80	144	
	贷款小计	235	25	260	
9	籽种	200	15	215	每公顷平均 11.5 元
10	饲料	67		67	每匹耕畜 11.1 元
11	小农具	27	10	37	村均 1.1 万元
12	打水井	8		8	村均 3—4 眼
13	安装碾磨	4		4	平均 50 人 1 个磨，100 人 1 个碾
14	生产杂支	2		2	
15	副业基金	2		2	
16	伙食与食具	52		52	人月均 7 元，按 7 个月计算；食具人均 3 元
17	生活日用和被服	50		50	两季衣帽，不能平均拨发
18	医药费	3		3	

资料来源：《黑龙江省志·民政志》第 62 卷，黑龙江人民出版社，1993。

按此规定，黑龙江省两次下拨移民经费 10243.7 万元（包括分散安置移民款项在内），细目则是国家投资 6607.5 万元，银行贷款 3636.2 万元。正是在国家大量财力、物力的支持下，移民新村才有了较大发展。1956 年底，全省移民新村拥有的资产如下：开垦土地 28.3 万公顷，购置牲畜 4.3 万头、大车 5300 台、新型农具 1143 套。翌年耕种 14 万公顷，粮食产量达到两亿多斤。移民还利用冬季农闲组织副业生产，人均收入约在 200 元，与原籍相比有了较大提高。少数自然条件较好的新村收入的提高是明显的，如宝清县的河南新村在留足了生产费用和口粮外，每个劳动力还得到 400 元的分红。同时，公共积累、文教卫生设施也有了大发展，全省移民新村新建房屋 2.5 万间，新建小学 20 处、卫生所 56 处，此外还有农业技术推广站、良种站、广播站和供销社等。

二　移民中存在的问题

尽管移民工作取得了很大成绩，但我们还应该看到，由于 1956 年时间仓促紧张、移民规模较大，迁出地的计划偏高，给安置地带来许多意想不到的困难，教训也是深刻的。

1956 年，接收单身移民最多的甘南县，由于新村建设缺口太大，导致众多的单身移民只能住在临时搭建的草窝棚里，面对荒野青天，加之开荒任务繁重，劳累了一天的移民休息不好，加之青黄不接伙食不好，后悔来黑龙江的思想在移民群体中滋生蔓延，终由最初的几人结伴返籍酿成最后的骚动事件。5 月 20 日至 26 日，甘南及其附近县移民新村的 8000 多人，先将移民新村的农具砸坏、粮囤捣毁、辱骂当地群众、捆绑驻村干部，然后手持棍棒成群结队地向齐齐哈尔方向集结，要求返回山东。省、专区、县反应迅速，各级领导亲自出面，组织大批干部深入移民中去，进行说服和劝阻工作。经过 10 余天的耐心细致工作，移民的情绪逐渐稳定下来，陆续返回移民新村。随后，省、专区、县派出数百名干部会同移民迁出地派来的工作队，一同进驻移民新村，倾听他们的意见。类似情况在其他县的移民新村里也有反映，区别只是程度不同而已。

8 月初，黑龙江省人民委员会召开全省移民工作会议。会议肯定了前期移民工作的成绩，也指出了存在的问题，认真总结了经验教训，形成了稳定巩固移民的 7 项措施。（1）在保证农业生产的前提下，组织好农副业生产，以增加移民收入；（2）加速移民新村的房屋建设，尽快尽可能多地接来移民家属，费用全部由国家承担；（3）加强移民新村的农业经营管理，抽调当地有生产经验的老农参与；（4）加强移民新村基层组织建设，做好移民的思想政治工作；（5）做好过冬准备工作，逐步改善提高移民生活水平；（6）继续调整国家投资和银行贷款指标，减轻移民负担；（7）建立健全各项规章制度，加强领导。会后，各地要抓紧落实会议精神。对于移民返籍事件所造成的损失，由省下拨专款 85.5 万元给 28 个市、县，具体分为调剂移民新村村址支出 11.9 万元、医药费支出 10 万元、火灾等其他损失 63.6 万元。

第七节　1957—1958 年的移民安置工作

有鉴于黑龙江移民工作的实际状况，国家和黑龙江省地方政府商定，1957 年、1958 年，一方面要根据取得的经验教训，认真做好移民的稳定工作；另一方面对移民工作要做到"长远规划，从小到大，在巩固的基础上有计划的逐年发展"。

一　移民的稳定工作

1957 年 1 月上旬，黑龙江省民政厅召开了有 57 个市、县移民办公室主任参加的座谈会，就移民稳定工作、移民新村管理混乱、搞好收益分配、春耕生产准备等问题展开座谈讨论。会议决定：（1）对于人均收入不足 50 元移民新村，不留生产费用，全部分给社员，其生产、生活费用缺口由银行贷款或社会救济款解决；（2）帮助移民解决好住房问题，使之能够安全过冬；（3）摸清移民思想动态，对坚决要求返籍的移民，可以让他们回去，不伤感情，欢迎再来。会后，由省民政、公安、教育等部门抽调干部与嫩江专署干部一道深入甘南县移民新村，组织移民开展冬季副业生产，并为春季生产进行物资准备工作。

2 月上旬，黑龙江省委、省人民委员会召开有地委专员、各县县长参加的移民工作会议，主管移民工作的副省长于杰和书记处书记冯纪新分别做了工作报告和会议总结。首先是肯定了移民垦荒成绩，其次在移民垦荒的方针和出现的问题上统一了认识，重点是明确了今后的工作目标：1957 年移民工作的重点是"集中力量巩固移民，整顿新村，争取大丰收，为国家增产粮食，为移民增加收入"；具体目标是"移民新村每个劳动力种上 3 公顷地，每公顷产粮 1 吨，每个劳动力收入达到 300 元至 400 元"。考虑到 1956 年的"甘南事件"，确定 1957 年移民计划由 15 万户减少至 5 万户。鉴于当前移民新村的实际困难，决定分散安置移民 3.5 万—4 万户，新建 30—40 个移民新村集中安置 5000—10000 户，剩余 5000 名单身青壮年交由国营农场安置。

另调查得知，全省尚有 6.1 万名垦荒青壮年没有接家属，这是不利于移民安心生产的主要因素。省人民委员会决定，在新建移民新村中增加建设房屋 2.5 万间，安置移民家属 2.5 万户。黑龙江省民政厅于 3 月 19 日发出了《关于移民接家属的通知》，讲明各地要在 4 月至 10 月分批完成。同时，"通知"要求，要把宣传工作做到实处，切实做到移民自愿接家属。接家属户数在千户以上的县份，要由主要领导带队到移民移出地做好宣传动员审核工作。还要注意招收新的整户移民，经验告诉移民组织者，整户移民思想准备充分，处理完家乡财产义无反顾，进驻移入地后安心生产，稳定性强。如泰来县大榆树新村原有居民 14 户，1957 年春迁来带家移民 218 户，全村计 232 户 1016 人，有 350 个劳动力。新村建立时国家投资 7 万元，购买大型农具，建房 303 间，开荒种地 678 公顷，户均种地 3 公顷。秋收收粮 32.5 万公斤，留足口粮、种子粮和饲料粮外，尚有余粮卖给国家。每户平均收入超过原籍，移民看到了希望，写信或捎话让家乡人来。到 1957 年底，全省共接来移民家属 7315 户 27047 人，新迁来整户移民 3400 户 12777 人，单身青年 363 人，总计 40187 人。就此次全省接移民家属情况来看，嫩江专区工作做得扎实细致，计接收安置移民 30101 人，占全省移民人数的 74.9%，其中接家属移民 5070 户 18528 人，整户移民 3057 户 11303 人，单身青年 270 人。

由于家属的陆续到来使移民合家团聚，原来的移民安下心来努力生产，新来的移民充满希望干劲十足，当年全省移民新村的播种面积达到 20.9 万公顷，产粮 1.5 亿余公斤。同时，为下一年度接收新移民备妥木料与建成半成品房 7046 间，开荒 14895 公顷。移民出工率在 90%—95%，许多移民开始偿还银行贷款。

二 新移民的安置工作

1957 年 10 月 9 日，黑龙江省人民委员会批准了省民政厅《关于 1958 年接收安置移民方案》，方案提出 1958 年接收安置山东移民 1 万户 5 万人。安置方针是："长远规划，从小到大，在巩固的基础上有计划的逐年发展。"新村建设的原则是："必须选择土质较好，不加工程即可开发的荒原，无地方病，交通方便的地方。"移民方法是："先接收少量移民，留有余地，顺应移民的自身习惯，自行串联亲友，逐年扩大，3—4 年后达到计划规模。"安置移民的要求是: "盖好住房, 备好备足所需种子、饲料以及车辆、农具和耕畜。做到移民到后有住、有吃、有烧、有家具用。" 有安置移民任务的各县, 按照省人民委员会要求纷纷行动起来。根据本地具体情况, 逐乡逐村逐屯地落实安置计划, 勘测荒原开荒, 选定村址建房, 安排籽种、农具, 购入耕畜饲料, 等等, 事无巨细地做了周密安排, 等待移民到来。

1958 年初春, 山东移民 10421 户 54230 人抵达黑龙江省, 被安置在 33 个县的农村。其中, 进入移民新村 3964 户 21118 人, 安置插社 5990 户 30702 人, 新建移民新村 4 座, 安置移民 467 户 2410 人, 接收原有单身移民家属 4811 户 19473 人。此次移民安置, 由于各地动手早, 工作做得充分扎实, 移民较为满意。如克东县安置移民 1000 户, 其中 26 户住上了新房, 买房的 190 户, 借房住的 784 户。密山安置移民 301 户 1645 人, 分别安置在 15 个乡 67 个生产合作社, 其中 70 户住上了新房, 买房住的 28 户, 借房住的 203 户。新建立的移民新村, 盖好的新房等着移民入住。1958 年 3 月, 勃利县接来山东省曹县移民 108 户, 全部入住移民新村。移民安置工作进行得比较顺利, 得益于先期移民动员工作做得深透, 移入地情况讲得清楚, 让移民做到心中有数, 对要遇到的困难有思想准备, 所以移民思想安定, 移入后很快就参加了劳动生产。肇州县移民自己开辟了田园, 养上了鸡鸭, 过上了富足的生活。截至 1958 年底, 黑龙江省接收安置整户移民 13958 户 71884 人, 接收单身移民家属 11386 户 43870 人, 全年合计移民 115754 人, 远远超出原定约 5 万人的计划数 (见表 15-7)。

表 15-7 1958 年接收山东移民及垦荒队员家属情况统计

单位: 人, 户

安置地区	人口合计	整户		接家属户	
		户数	人数	户数	人数
呼兰	549	40	171	93	378
肇东	1254			353	1254
海伦	579	105	522	16	57
庆安	483			118	483
肇州	4329	433	2334	522	1995
肇源	12129	2344	11740	94	389
兰西	1187	111	577	146	610

续表

安置地区	人口合计	整户		接家属户	
		户数	人数	户数	人数
绥棱	912			248	912
木兰	1012	198	992	5	20
通河	709	103	616	11	93
密山	1920	301	1645	67	275
宁安	1295	221	1095	57	200
尚志	595	105	563	10	32
林口	1987	401	1987		
东宁	918	201	918		
延寿	2890	546	2890		
方正	1528	303	1528		
齐齐哈尔	2254	200	1073	332	1181
龙江	6431	677	3952	647	2479
讷河	4358	441	2296	481	2062
依安	5941	674	3493	683	2448
青冈	315	3	18	63	297
克山	994			271	994
安达	257			96	257
明水	1277	204	1084	48	193
泰来	978	162	829	46	149
甘南	13973	767	3931	2485	10042
克东	11273	2317	11273		
林甸	9474	1052	5765	943	3709
富裕	8441	331	1572	1811	6869
嫩江	150			38	150
北安	3183	433	2160	244	1023
爱辉	2412	302	1603	192	809
呼玛	293			70	293
逊克	1437	233	1313	34	124
孙吴	534	92	421	31	113
嘉荫	518	100	518		
勃利	1350	151	909	151	441

续表

安置地区	人口合计	整户		接家属户	
		户数	人数	户数	人数
集贤	489	103	489		
依兰	1033			259	1033
宝清	120			35	120
萝北	601	100	478	35	123
抚远	3392	204	1129	651	2263
合计	11574	13958	71884	11386	43870

资料来源:《黑龙江省志·民政志》第62卷,黑龙江人民出版社,1993。

第十六章

20 世纪 50—70 年代上山下乡的知识青年

20 世纪 50—70 年代，一大批有文化的年轻人或以支边青年或以知识青年的身份来到黑龙江省的"广阔天地"，从最初的"萝北八大庄"到"文革"中的接受贫下中农再教育，200 余万名知识青年"战严寒、斗酷暑"奋斗在祖国的北部边疆。他们在这里挥洒汗水，奉献青春，虽然若干年后他们大部返回了原籍，但黑龙江开发史上将永远镌刻他们的英雄业绩。

第一节　知识青年上山下乡运动中的新移民

20 世纪 60 年代初，城市知识青年开始上山下乡，在邢燕子、董加耕、侯隽等典型事迹的感召下，全国各地不断地传出知识青年上山下乡的消息。1964 年，黑龙江省计划动员 3 万余名知识青年上山下乡，实际有 22434 名知识青年奔赴农村，其中 3/4 以上被安置在农村生产队。1965 年，全省安置下乡知识青年的主要形式是投亲靠友、分散插队、集体插队或由生产队派干部带领知识青年开荒建立新村。

1966 年席卷全国的"文化大革命"开始后，工厂停产，学校停课，正常的生活秩序遭到严重冲击。因为废除了高考、毕业制度，到 1968 年时滞留在校的 1966 届、1967 届、1968 届初、高中毕业生达数千万人。如此众多的学生闲散、游荡、无所事事，给社会、家庭带来许多不安定的因素。1967 年 7 月 9 日，《人民日报》发表社论《坚持知识青年上山下乡的正确方向》，目的就是说服城乡群众支持或欢迎知识青年上山下乡。1968 年 4 月，中共中央发文，要求各地方、各部门、各大中小学面向农村、边疆、工矿、基层，即"四个面向"，及时做好毕业生的分配工作。而当时的长期动乱已使国民经济全面衰退，工矿、基层根本无力招收工人，所谓的"四个面向"也就只能是

539

农村、边疆。1968 年底，毛泽东同志发出了"知识青年到农村去，接受贫下中农再教育，很有必要"的号召，全国随即掀起了知识青年上山下乡的热潮。黑龙江省上山下乡知识青年新移民的特点归纳如下。

一 移出地范围广

在从 20 世纪 60 年代中期开始的上山下乡热潮中，黑龙江省安置了来自省内外的知识青年 192 万人，占全国上山下乡知识青年总数（1776 万人）的 1/10 强。其中，安置跨省、地区上山下乡知识青年 80 余万人，[1] 其中黑龙江省本省知识青年 40.3 万人，北京市 10.4 万人，天津市 6.7 万人，上海市 16.98 万人，浙江省 5.28 万人，四川省 0.4 万人。

二 文化层次高，政治上成熟早、进步快

在这场面向边疆、农村的人口大迁徙中，移民对象是大中专毕业生，他们是有知识的一代人，用知识文化改变着边疆农村的落后面貌。他们当中的优秀者入党入团后很快成长起来，很多人进入各级领导班子成为垦荒事业的中坚力量。知识青年是那个特殊年代和环境造就的具有一定社会特质的人群，他们注定只能是奋争、奉献和进取的一代。

表 16 - 1 黑龙江省上山下乡知识青年政治状况统计

单位：人，%

年份	共产党员		共青团员		参加各级领导班子	
	合计	占在乡知青数比例	合计	占在乡知青数比例	合计	占在乡知青数比例
1974	22380	2.5	215733	24.1	16446	1.8
1975	25155	2.5	298155	29.4	20349	2
1976	29632	2.8	354226	33.5	31011	2.9
1977	33422	3	379352	34.2	29146	2.6
1978	23554	3.2	315502	31	20107	2

资料来源：李德滨等《黑龙江移民概要》，黑龙江人民出版社，1987，第 204 页。

三 大批迁入大批迁出

知识青年上山下乡运动以知识分子大返城落下帷幕，其经历了一个什么

---

[1] 李德滨等：《黑龙江移民概要》，黑龙江人民出版社，1987，第 203 页。

样的时间表，黑龙江省友谊农场知识青年数量的变动情况（见表 16 - 2），基本上就是大迁入和大迁出的缩影。

表 16 - 2　黑龙江省友谊农场上山下乡知识青年迁入迁出统计

单位：人

年份	1966	1968	1969	1970	1971	1972	1973	1974
迁入	250	3188	3499	3157	2			4
迁出						1840	722	537
在场数	250	3438	6937	10094	10096	8256	7534	7001

年份	1975	1976	1977	1978	1979	1980	1981
迁入	76	12	6		62		
迁出	806	598	1030	1236	2364	283	39
在场数	6271	5685	4661	3425	1123	840	801

友谊农场对上山下乡知识青年的人数统计是整个运动的缩影，表 16 - 2 中清楚地反映出 1968 年、1969 年、1970 年这三年是上山下乡运动的高潮期，友谊农场每年迁入的知识青年都有 3000 余人，1971 年时友谊农场的"知青"达到 1 万余人。而从 1972 年起就陆续有"知青"返城，1977 年、1978 年、1979 年这 3 年达到高潮，知识青年上山下乡运动"发起"与"收官"的时间脉络大致如此。

四　已婚知青逐年增多

随着知识青年年龄的增长，解决婚姻问题的逐年增多。他们有的是"青梅竹马"，有的是来自不同城市"相识相恋"，还有的是找了当地青年以示"扎根农村"的决心。从表 16 - 3 中可以看出，1978 年时已婚知青已达 14 万多人，占到知青总数的 14.1%，这表明知青绝大部分已经进入婚龄期。

表 16 - 3　黑龙江省上山下乡知识青年婚姻状况统计

单位：人，%

年份	知识青年总数	已婚知识青年		已婚插队知识青年		已婚农场知识青年	
		人数	占知青人数比例	人数	占插队知青人数比例	人数	占农场知青人数比例
1974	895000	36500	4.1				
1975	1015678	56275	5.5	17378	2.9	38897	9.1

年份	知识青年总数	已婚知识青年		已婚插队知识青年		已婚农场知识青年	
		人数	占知青人数比例	人数	占插队知青人数比例	人数	占农场知青人数比例
1976	1058185	96209	9.1	19337	3.3	76872	16.5
1977	1110003	126074	11.4	24942	3.8	101132	22.7
1978	1016697	143267	14.1	34247	5.4	109021	28.5
1979	341824	32399	9.5	30267	11.6	2132	2.6

资料来源：李德滨等《黑龙江移民概要》，黑龙江人民出版社，1987，第 205 页。

第二节　新移民运动的"收官"

近 200 万名知识青年来到黑龙江上山下乡，给这里带来了文化知识，使北大荒融入了天南地北的文化基因。但从宏观上看，知识青年在农村的作用并非都是积极的，其对全局的负面影响也是存在的。仅以黑龙江生产建设兵团为例，其存在以下几个问题。

其一，劳动力增长过快。1968 年，黑龙江生产建设兵团接收知识青年 3 万人，1969 年接收知识青年 18 万人，至 1972 年又陆续接收知识青年 10 万人。1968 年至 1972 年，黑龙江生产建设兵团计接收安置了 31 万余名知识青年，为原来职工总数的 1—2 倍。在如此短的时间内，接收安置了如此大量的知识青年，在生产生活以及方方面面都超出了兵团所能负担的实际能力，由此各种矛盾日益突出。

其二，劳动生产率下降。由于劳动力骤增，和 1968 年相比，1971 年兵团劳动生产率呈现出巨大的落差。一方面是职工总数、工资总额、播种面积、粮豆总产、生产总值增加；另一方面是人均耕地面积、人均生产粮豆、人均创造产值、人均上缴粮豆减少。这种局面，加剧了兵团经济形势的恶化。

表 16-4　1968—1971 年兵团劳动生产率比较

	1968 年	1971 年	1971 年与 1968 年相比	
			增（+）减（-）	%
职工总人数（万人）	39.1	60.7	+21.6	+55.2
农工人数（万人）	18.1	32.2	+14.1	+77.9

续表

	1968 年	1971 年	1971 年与 1968 年相比	
			增（＋）减（－）	%
播种面积（万亩）	1295	1560	＋265	＋20.5
粮豆总产（亿斤）	26.7	26.9	＋0.2	＋0.08
生产总值（亿元）	5.6	6.9	＋1.3	＋23.2
工资总额（万元）	16580	26191	＋9611	＋58
职工负担面积（亩）	54	28.8	－25.2	－46.6
农工负担面积（亩）	71.4	48.4	－23	－32.2
职工生产粮豆（斤）	10400	4440	－5960	－58.3
农工生产粮豆（斤）	14721	8359	－6362	－43.2
职工创造产值（元）	1442	1137	－305	－21.2
农工创造产值（元）	2089	1170	－919	－44
职工上交粮豆（斤）	6080	1800	－4280	－70

资料来源：《黑龙江省国营农场经济发展史》编写组：《黑龙江省国营农场经济发展史》，黑龙江人民出版社，1983，第217页。

其三，劳动力质量低下。知识青年到农村，面临的是他们从没有经历过的农业生产，对机械化作业一窍不通，加之兵团只抓政治、忽视技术培训，几年下来，空有一身力气的小青年中不识五谷、不懂铲趟、不谙农事的大有人在，至于不懂机务流程、作业标准、使用保养的更不是个别现象。结果是，尽管出工也出力了，但劳动的质和量效果并不理想。

其四，劳动纪律涣散。知识青年到农村，使劳动力过剩，过去一个人干的活变成3个人干，过去2个人开的车变成4个人或者更多的人开。尽管如此，仍有一些人没事干，只好用干零活或政治学习来打发时间，非生产用工人员占很大比例，劳动无法用定额管理，劳动纪律涣散。领导有意见，职工不满意，特别是农场老职工更是看不顺眼、看不惯。由此，干坏的受不到惩罚，干好的积极性受到伤害，人心已经不在农业生产上。

其五，农场职工的生活待遇长年得不到改善。由于劳动生产力的骤然增长，国家拨付的安置费用又有较大缺口，一些基层连队不得不将俱乐部、库房改造成宿舍安置知青。日用品、文化卫生设施、职工住房长期短缺，生活欠账越来越多，压力也越来越大。

知识青年上山下乡给农村所造成的负面影响是客观存在的，但问题还不止这些。1972年底，福建省的一名知青家长李庆霖给毛主席写信，反映自己当知青儿子的生活窘境，引起了中央的重视。1973 年 5 月，根据周恩来指示，农林部迅速抽调中央党政军各部门得力干部 70 余人，组成 13 个调查组，于 5 月分赴黑龙江、内蒙古、陕西、云南、福建等省区，调查了解知识青年上山下乡情况，为召开全国知青工作会议做准备。6—8 月，全国第一次知青工作会议召开，实际上会议没有从根本上解决问题，只是就知识青年上山下乡运动存在的问题，提出了 6 条措施：总结经验，加强领导，解决口粮、医疗等方面的实际困难，加强对知识青年的培养教育，刹住"走后门"等不正之风，对破坏知识青年上山下乡的犯罪活动做坚决斗争。

1978 年 5 月，中国理论界开始了"实践是检验真理唯一标准"的大讨论。

1978 年 11 月 23 日，刚刚恢复出版的《中国青年报》以本报评论员名义发表文章《正确认识知识青年上山下乡问题》，以实事求是的科学态度，评论了知识青年上山下乡。理论界如此，中央高层也多次召开会议商讨知青问题。1978 年九十月间，国务院和中共中央政治局关于知青问题有过 3 次深入讨论：第 1 次（9 月 22 日），国务院副总理李先念、纪登奎、陈永贵召集国家劳动总局、国务院知青办、共青团中央等有关部门负责人讨论了知识青年上山下乡的大政方针问题；第 2 次（10 月 9 日），李先念主持国务院会议，讨论国务院知青领导小组为召开全国知青工作会议报送的《关于知识青年上山下乡问题的汇报提纲》；第 3 次（10 月 18 日），华国锋主持中共中央政治局会议，讨论了《关于知识青年上山下乡问题的汇报提纲》。在每次会议上都提出，知识青年上山下乡的路子越走越窄，要找出新办法、走出新路子。最后一致认为，召开全国知青工作会议，统筹解决知青问题。

1978 年 10 月 31 日至 12 月 10 日，全国第二次知青工作会议在北京召开，会议形成了《全国知识青年上山下乡工作会议纪要》和《国务院关于知识青年上山下乡若干问题的实行规定》两个文件，提出了城市中学毕业生的安排，要实行"进学校、上山下乡、支援边疆、城市安排"即新的"四个面向的原则"，释放出"要缩小上山下乡的规模"及"将来不搞这样的上山下乡"的信号。

1979 年初，数十万来自北京、上海、天津、浙江、四川等地的知青，重又踏上返回城市的归途。有资料统计，60 年代末 70 年代初到黑龙江插场、插队的知青有 40.3 万人，其中北京知青 10.4 万人（国营农场 10 万人，插队 0.4 万人），天津知青 6.7 万人（国营农场 5.08 万人、插队 1.62 万人），上海知青 16.98 万人（国营农场 14.29 万人、插队 2.69 万人），浙江知青 5.82 万人（国营农场 4.3 万人、插队 1.52 万人），四川知青 0.4 万人（国营农场 0.4 万人）。从 1972 年开始，黑龙江农村、农场的知识青年开始返城，于 1977—1979 年形成风潮。据 1979 年末的统计，北京知青返城 9.8 万人，天津知青返城 6.2 万人，上海知青返城 15.9 万人，四川知青返城 1000 余人。所剩不多的知青之后也陆续返城。①

---

① 《黑龙江省志·人口志》第 57 卷，黑龙江人民出版社，1996。

第十七章
进入黑龙江区域的自流人口

在解放后的黑龙江区域，国家为了谋求开发、巩固边疆，组织了一系列有计划的移民，包括农建二师移垦、建立劳改农场、铁道兵复转、十万官兵垦荒、青年支边、知识青年上山下乡等，累计迁移人口总数（包括家属）已逾数百万之众。但这种有组织、有计划的人口迁移绝大部分涉及的是城镇人口、复转军人，对农村人口从没进行过有组织的移民（水库移民除外）。然而，农村人口自发性的迁移始终存在，他们中的绝大多数是由于家乡土地短缺、社会经济无法承受人口压力之重、自然灾害或迫于地方"苛政"而远走他乡的农民。以对自流人口吸引力很大的黑龙江来说，其移民状况如何，需要研究者做出考察后回答。

第一节　"推拉理论"下的自流人口

改革开放前30年，我国实行计划经济，对户口进行严格管理控制，在几近僵化的体制下，自发性的人口迁移始终存在。对于这样一种客观存在的社会现象，必须实事求是辩证地看待。应该承认，我国社会存在促发人口迁移的经济需求，即地区与地区之间存在人口、资源和生产力对劳动力需求的不平衡，进而导致生活水准的不平衡，只要这种不平衡存在，必然就有自流人口的存在。

一　人口的"推拉理论"

西方学者在研究移民问题时，提出了一系列人口迁移的理论模型，其中以英国学者 E. 雷文斯坦（E. G. Ravenstein）于 1889 年提出的"推拉理论"（Push-pull Theory）较为著名。该理论认为，自发性人口迁移存在两种力量，一是人口迁出地的推力，一是人口迁入地的拉力，正是这种推、拉力的合力驱动，才导致人口迁移行为的发生。下面，我们尝试用 E. 雷文斯坦的推拉理论来阐释解放后黑龙江流域的自流人口。

人口迁出地的推力因素，一般是指移民对居住地的各种不满意因素，主要包括人口密度、人均耕地、自然条件、社会安定、生存环境、经济收入等。这些因素要件只要有一两个方面是负数，就会对人口和劳动力产生外向推力；人口迁入地的拉力因素，是指迁入地的某种条件能够满足迁入者意愿，最终导致移民行为发生，如经济上的高收入、优越的就业机会、宜居的生活条件、潜在的上升空间、更好更多的文化环境与公共设施等，都会对人口和劳动力产生拉力作用。正是在推、拉力的合力驱动下，在积极、消极因素的比较中，经过对得失利弊的权衡，才做出移民的抉择。人口迁移的"推拉理论"通俗易懂，在移民动因研究中还是贴切适用的。

二　移民迁出地自流人口的推力研究

黑龙江区域的自流人口，多来自山东、河北、山西、河南等地，而这些地区人多地少，人口压力大；自然灾害频发、生存环境欠佳；自然资源匮乏，经济来源单一。下面我们从移民迁出地的自然、人口、资源、社会及乡土文化等几个方面加以研究。

1. 自然因素

山东省地处我国东部海滨，总面积15.3万平方公里；总人口7494万人；全省平均人口密度为486.4人/平方公里，是全国平均数的4.5倍（1982年统计数字）。即便如此，省内的人口分布亦极不平均。如山东南部的桓台县，经济发达，人口稠密，每平方公里多达872人。而临近黄河口的垦利、利津、沾化等县，人口稀疏，人口密度分别为182人/平方公里、191人/平方公里和195人/平方公里。

河北省位于我国华北东部，总面积18.8万平方公里，总人口5356万，全省平均人口密度为282.4人/平方公里，在全国各省、市、自治区中居第10位。太行山东麓平原是人口高度密集带，正定、定县、无极、藁城、栾城、魏县等县每平方公里达700人以上。

山西省位于黄河中游，总面积15.6万平方公里，总人口2546万人，全省平均人口密度1964年时为115人/平方公里，1982年增至161.5人/平方公里。

河南省位于黄河中下游地区，总面积16.7万平方公里，总人口7520万。

全省人口分布极不平衡，河南省西部丘陵地区占全省总面积的 44.3%，居住人口只占 25.6%，人口密度为每平方公里 257.2 人；而东部平原面积仅占全省总面积的 55.7%，人口却占 74.4%，人口密度为每平方公里 595.4 人，是丘陵地区的 2.3 倍。

上述 4 省的人口数量在全国各省、市、自治区的排位是河南第 2 位、山东第 3 位、河北第 7 位、山西第 19 位。

2. 经济因素

山东、河北、河南等省如此高人口密度的背后，是农业人口比重偏高，经济不发达、城镇化水平低。在 1953 年进行第一次人口普查时，山东省共有 10 个市 283 个镇，而到 1982 年第三次人口普查时，山东省还是 10 个市，但镇减少到 97 个（尽管镇的规模有所扩大）；1949 年时，河北省城镇化水平并不高，全省非农业人口比重仅为 6.7%，且长时间发展缓慢，1963 年时城镇人口比重为 11.3%，1982 年为 13.7%。在 1953 年进行第一次人口普查时，河北省计有 10 市 351 镇，1982 年的第三次人口普查显示，省辖市增加到 11 个，但镇仅剩 50 个；河南是我国城镇发祥地之一，古代 6 个百万人口城市中，河南的洛阳、开封占了两席，此外郑州、安阳、许昌、南阳也是历史名城。但在 "靖康之难" 后，河南城市走上了衰败之路。解放前夕，河南全省计有城镇 128 个，城镇人口比重只有 7.4%，明显低于全国水平，河南有些地方如许昌县农业人口比重则达到 98%（1982 年统计数字）。

3. 资源因素

由于自然条件的限制，人口压力过于沉重，农业人口比重偏高，土地资源显得十分重要。山东省的耕地面积 1949 年时为 13092 万亩，垦殖指数高达 60。而到了 1983 年耕地面积下降为 10802 万亩，垦殖指数也下降为 47。30 年间耕地减少了 1/5，而人口却有了较大增长，一减一增，使山东人均占有耕地面积由 1949 年的 2.88 亩下降到 1983 年的 1.43 亩，而人均占有粮田不过 0.95 亩。河北省的情况亦然，1952 年计有耕地 11424 万亩，此后虽然开垦了 500 多万亩荒地，但由于数十年间对已耕地的不间断占用，1982 年全省耕地面积仅为 9.962 万亩，人均占有耕地面积亦由 1952 年的 3.5 亩减少到 1.9 亩，其中有些地方则减少到 1 亩以下。1949 年时，河南省计有耕地 11017 万亩，人均占有耕地 2.64 亩。由于连年的开荒垦殖，1952 年全省耕地增至 13434 万亩，人均占有耕地面积也增至 3.07 亩。之后的 30 年间，耕地年年减少，到了 1982 年人均占有耕地面积下降到 1.43 亩，加之农业产量低，农民生活水平相当低下。

4. 灾害因素

据邓云特先生的《中国救荒史》统计，在自道光三年至宣统三年（1823—1911）的88年间，直、鲁、豫三省受灾数达7400多县次，直鲁两省则达67万多个村庄次。中华人民共和国成立后，虽然经过了治淮、治黄等工程建设，受灾次数大为减少，受灾区域大为缩小，但局部的灾害还是严重的。如山东的德州、惠民，盐碱土比重大，易涝易旱。而靠近黄河口的垦利县，地势低洼，河汉纵横，盐渍土比重大，土地垦殖指数仅为16.1。又如，河北省水资源严重不足，人均水资源量仅为全国水平的1/5，农工牧副渔业发展受到严重影响。解放后河北省内陆水面大幅度减少，著名的白洋淀水面面积由原来的40万亩减少到目前的27万亩，缺水之苦长时期困扰着河北民众。再如，河南的丘陵山区原本人口就稀少，当地自然生态十分薄弱，又经过了数十年的开发，森林减少大半，水土流失日益严重，生态环境逐年恶化，人民生活负担沉重。较为典型的山区县栾川县，人口外流，女青年和独居户外迁现象普遍，这与恶劣的自然环境显然有着很大的关系。①

5. 社会及文化因素

在人口迁移的动因上，有些是由社会与文化因素形成的。这是一个过程，没有这个过程，部分移民活动不会产生。例如，山东、河北、河南"闯关东"的移民潮，虽然已成为历史，但在现代社会里仍然起着无法替代的作用。早年迁移出去的亲朋好友，往往是新移民的信息源，特别是在"富贵不归故乡，好似衣锦夜行"传统文化的影响下，早出去的移民总是"装点门面"似地回家炫耀一番。"×××在关外发大财了"，"在黑龙江能挣大钱"等信息，传播得又广又快。另外，在直、鲁等省"闯关东""跑崴子"已成习俗，祖祖辈辈都是如此，黑龙江成为这些移民心理上的第二故乡。正是这种乡土观念，使移民感到在黑龙江"除了气候寒冷外，其他与故乡没大区别"。社区文化等方面的相同与近似，是消除移民"前途未卜"心理的一剂良药。

三 黑龙江区域自流人口的引力研究

运用推拉理论研究自流人口，仅有移民迁出地的推力作用是不够的，既

---

① 胡焕庸、张善余：《中国人口地理》下册，华东师范大学出版社，1986。

然是自流人口，那么他们为什么来黑龙江就是要讨论的另一点，即移民迁入地的引力作用。

1. 资源因素

黑龙江省位于东北北部，总面积 47 万平方公里（包括归黑龙江领导的加格达奇、松岭 2 区），其中山地约占 38.7%，丘陵占 16.2%，平原（含内陆水面）占 45.0%。全省耕地面积 1.3 亿亩，多数是较好的农业土地。有大小河流 1700 多条，水利资源十分丰富，其中黑龙江为我国第三大河流。黑龙江省不仅有发展农业生产的良好条件，而且林业资源也得天独厚，森林覆盖率高达 39%，木材蓄积量占全国 1/6 以上。黑龙江省的农、林业生产在国内占有重要的位置。矿产资源也很多，石油、石墨、沙金、玄武岩、黏土等储量均居全国第一位，煤炭、铜、钼、钨等矿藏的储量也名列前茅。这里必须指出的是，历史上的"边塞苦寒之地"，近现代以来已经有了很大的改观，已不再是明清之际那种"万木排比，仰不见天，老根乱石，断冰结连，不受马蹄"①的原始形态，人们的生存环境和条件有了翻天覆地的改观。否则，地域再大、资源再丰富、人口密度再低，但缺水、乏氧、高寒、土地沙漠化、高原反应强烈等，不适宜人类生存，也会受到移民的排斥。不难看出，黑龙江的自然资源及人类生存和发展的环境和条件，是吸引移民迁入的物质前提。

2. 人口因素

与如此丰富的自然资源相比，黑龙江省的人口密度在全国省、市、自治区中仅列第 24 位，1949 年为 21.6 人/平方公里，1964 年为 42.8 人/平方公里，1982 年为 69.5 人/平方公里，远低于全国平均人口密度 105 人/平方公里，仍可以说是地广人稀的省份。人口密度低并不是吸引移民的绝对因素，因为新疆（每平方公里 7.9 人）、青海（每平方公里 5.43 人）、西藏（每平方公里 1.55 人）等省区的人口密度更低，然相较之下移民更愿意迁往黑龙江省，因为后者在生存条件上是远优于西北省区的。另外，中华人民共和国成立后黑龙江大型工业企业的建设、煤炭产业的扩张、大兴安岭林木的采伐、大庆油田的开发、农垦企业的建立等，对劳动力产生了极大的需求，无一不吸引省内外移民前往。

3. 经济因素

黑龙江地区谋生容易，生活门路多。黑龙江人均土地面积（2.5—6 亩）

---

① 转引自李兴盛《东北流人史》，黑龙江人民出版社，1990，第 170 页。

远远高出全国平均水平，人均占有口粮也远高出外省。例如，20 世纪 50 年代，全国人均粮食拥有量在 600 斤左右，而黑龙江省却在 700—800 斤，个别地方能达到 1000 斤。对于农业人口来说，只要有一定数量的口粮就是宜于生活的好地方。而生活门路多，则更是黑龙江一些地方的优势。1984 年，中国社会科学院人口研究中心的马侠教授，针对加格达奇南边白桦公社的生活状况分析道："粗放经营每亩可收土豆 3000 斤，当地作价每斤 0.04 元，每亩可得 120 元。3 口之家耕种 10 亩土豆，可得千元。农闲时还可进山采摘木耳、蘑菇、药材等山货。在采摘季节的一个半月时间内，一个人每天可采摘鲜木耳 30 斤，一人共可采摘鲜木耳 1350 斤，晾晒后每 15 斤鲜木耳可得干木耳 2斤，共合 90 斤，按当地售价共值 500 元。仅此两项，三口之家一年可得1500 元。这样的收入水平，对于关内每个劳动日十个工分，当时只值几角钱甚至几分钱的农业社员是有吸引力的。"[1] 另有黑龙江移民研究成果表明，"在林区，谋生门路较多，拉运木材，一天挣得少的一、二十元，挣得多的五、六十元。上山采山货，象木耳、猴头、贝母、黄芪等也很来钱。1982 年在加格达奇区，贝母公家收购 8 元一斤，个人私卖的有 13—14 元一斤的。在矿区，据 1982 年在七台河煤矿调查，在井下背煤的一天能挣 5—10 元，在井下掌子面工作的一天能挣 10—15 元。另据 1984 年对呼玛金矿干活的自流人员的调查来看，无论是在矿上采金，还是干各种零活，一般日工可达 5 元左右。由于人少活多，谋生之路较广。在城市里谋生路子更广，有力气的去砖厂托大坯、去建筑队当力工；有技术或专长的到各种街道办、校办工厂当顾问、作技术指导；头脑灵活的去做买卖，搞商业，其生计都是不错的。即使在城市里捡破烂、收旧瓶子、卖茶水或冰棍，日收入也至少在二至五元以上。在城市里干什么都可以维持生活，各种各样的社会需要，为黑龙江移民提供了广阔的谋生之路"。[2]

4. 社会因素

"闯关东"几百年来，在黑龙江地区积淀了厚重的移民文化，不同时代的官修史书与野史稗史对此多有记载。徐宗亮在光绪十五年（1889）成书的《黑龙江述略·建置》中写道：

---

① 马侠：《论自发性人口迁移》，《科技导报》1985 年第 5、6 期，第 37 页。
② 李德滨等：《黑龙江移民概要》，黑龙江人民出版社，1987，第 287 页。

呼兰辖境，四周一千五百余里……东面多山，余皆平原极望，土脉膏腴，长河支港，足资灌溉。咸丰同治之间，民屯大起，直隶、山东游民流徙关外者，趋之若鹜。

日人小越平隆著述的《白山黑水录·山东移民之情状》（1903）记载：

其土不足以养其民，不得不谋移徙者，则山东全部及河南直隶之一部也。此移徙者，今不能禁，法不能止，冒刑触罪，相继而来满洲者，络绎不绝。彼岂不爱其故土哉，不得已也。满洲旅行，所至辄见山东店，山东店者，为山东之所设……由奉天至吉林之日，逆旅所共寝食，皆山东移民。

魏声龢《鸡林旧闻录》（1913）记载：

吉林省之土著（此时松花江南皆属吉林），除八旗外，大抵山东人居多。百年以来，清廷政令解弛，佣工或挖参者先后纷集，日增月盛。凡劳力之人，几于无地非山东人也。其来时，肩负行囊，手持一棒，用以过岭作杖，且资捍卫，故称之为"山东棒子"。

山东学者路遇在其《清代和民国山东移民东北史略》一书中记录对"闯关东"移民郭宏华的采访，据其回忆：

1940年家乡又逢大旱，父亲带着母亲和我及二姐又去东北吉林省北部的一个县，在那儿和山东的同乡合伙种地。不久，即1941年又转到吉林内蒙交界的王爷庙开荒种地。当时同我家住在一起的只有7户人家，叫"山东村"……"山东村"的7户人家，原先有3家先到那里，后来又去了4户……这个"山东村"发展很快，1953年我们回来时已有200多人，1968年我回东北看望老乡时，村里已有1000多人了，除几户是河北人外，其余全是山东人。有些是临时户口，现在户口紧了，再去就不容易了。

黑龙江省学者李德滨等在《黑龙江移民概要》一书中，根据田野调查采撷到了一手资料：

> 我们通过调查发现，无论是在人口集聚的哈尔滨市郊，还是在人口疏散的祖国边陲——呼玛，一个社区里的移民常常是来自相同的一、二个地方。大多是乡友乡亲。地缘关系和血缘关系，把移民揉在一起。在这种社区，会使人感到人与人之间，老乡观念非常强烈。地缘关系促进了移民感情的融洽。只要是老乡，就要彼此帮一把，这几乎成了移民社区中人们生活的一个准则。

不同年代的史料和著述，都记载反映了一个问题，那就是直、鲁、豫、晋等省与黑龙江有着难以割舍的社会联系，为人口流动提供了广泛深厚的社会基础。从上述记载可知，所谓移民进入黑龙江区域，越到后来越要以某种社会关系为媒介，进入社区，取得谋生手段，进而扎根落户，完成移民过程。

四　黑龙江区域自流人口考察小结

西方学者提出的人口迁移"推拉理论"简便易行，在其相互比较下，人口迁移动因较为清晰地体现出来。在中国传统文化影响下，"故土难离"的观念在人们心中根深蒂固，那么自流人口为什么还要离开"故土"？从分析中不难看出，迁出地种种令移民感到生存不利的条件，犹如磁体的同名极产生排斥力。而迁入地种种令移民感到有利于生存的条件，则如同磁体的异名极产生吸引力。正是在这种"斥力"和"引力"交相作用下，自流人口通过对两地差异、优劣的比较做出选择，从而导致迁移行为的发生。老一代移民研究者亦曾说："内地人民之赴东三省者，皆由于移民原籍之驱使及东三省之吸引力使然。"[1] 这应是中国版的人口迁移"推拉理论"。当然，用"推拉理论"并不能解释移民的全部动因，因为人口自流是一种非常复杂的社会现象，移民抛家舍业、扶老携幼，告别故土，前往前途未卜的陌生地方，需要克服心理上、生理上、社会上、舆论上的诸多困难，不是一件简单的事情。

1. 迁移原因是多方面

人口迁移的原因是多方面的，包括经济、政治、社会、人口、自然等诸

---

[1]　何廉：《东三省之内地移民研究》，《经济统计月刊》第1卷第2期，1932年，第235页。

多因素，若从宏观上分析，可归纳为自然和社会两大类。这里所说的自然环境系指围绕人类社会的自然界，包括作为生产资料和劳动对象的各种自然条件，诸如环境、地形、地貌、水系、植被、土壤、矿藏，是人类生活、社会存在和发展的自然基础；同时，气候、气温、瘟疫、地方病及各种自然灾害等，也是人口迁移不可忽视的原因。而社会环境主要包括政治、经济、人口、军事、文化、宗教多方面，其中以国家经济政策引起的人口迁移最为常见。如20世纪50年代大兴安岭开发、农场群建立，60年代大庆油田开发，70年代沿边战备工程修筑、小三线建设，80年代市场经济下的金矿开采等，除国家有组织的移民外，还吸引了成百万的自流人口聚集。自1982年上溯50年，黑龙江全省人口增长了3.8倍，松花江地区同期仅增长1.2倍，而大兴安岭地区则增长了79倍，伊春地区增长了159倍。而世界闻名的石油城大庆是1960年在一片荒原上钻探建设的，1982年人口已达到78万人。这种由国家经济建设诱发的大移民，生动地反映出解放后黑龙江移民的特殊性。

2. 经济原因为根本原因

在自流人口的诸多迁移理由中，经济因素为其根本，人们经常是以此来衡量迁移的利弊得失。黑龙江的自流人口中，多数是想通过空间移动改变原来的贫困生活。20世纪80年代以前，人们的物质生活是匮乏的，内地省份"衣不蔽体、食不果腹"的地方很多。他们向往"棒打狍子，瓢舀鱼，野鸡飞到饭锅里"的北大荒的富庶，即便是20世纪70年代野生动植物资源减少，谋生的难易程度仍要好于内地省份。至于建设中的煤矿开采、金矿开发、林业采伐等，更是些能挣大钱的行业，"到了双鸭山，棒打不回还""老金沟胭脂矿，装满腰包上街逛""跟上林业老大哥，走到哪里不愁喝"等谣谚，就是自流人口对黑龙江地方"好挣钱、挣大钱"的描写。

3. 多种复杂原因的交织

人口自流是一个复杂的动态过程，往往是各种原因（自然、经济、政治、社会、文化等因素）纠结在一起。即便是移民个体，迁移的原因也是有所不同，甲可能是因为经济原因；乙可能是因为政治原因，乙也可能是因为社会原因；丙亦可能是各种原因的综合。还有另一种情况，即移民个体从甲地迁往乙地是由于经济原因，而从乙地迁往丙地可能是因为社会原因。所以，自流人口的迁移原因是千差万别的，而不是千篇一律的，用甲替代乙，或用乙代替丙，都是简单片面的。

如果说，用"推拉理论"能够对人口迁移原因进行较有说服力的分析，那么用来解释自流人口的动因就显得更为贴切，因为这种非组织的自流人口对迁入地的选择有着更大的自由，能够更好地体现出迁入地的"引力"作用。

第二节　黑龙江区域自流人口的概况

自流人口通常指自由迁徙、移动谋生的谋业者，这种人口流动形式古已有之，解放后也从来没有中断过，只不过是以不同于以往的形式呈现。农村人口自发地流入城市，是中国现行户籍制度造成的，长期居民可分为城市户口与农村户口，盲流一般为农村户口。在计划经济体制下，农村人口转入城市是在统一计划下进行的，盲流在进入城市后一般无长期正式工作，亦非城市企事业单位雇用之合同工，其生活无可靠来源。20 世纪 50 年代初期，每年都有大量农村人口因贫困流入城市，1953 年 4 月，国务院发出《劝止农民盲目流入城市的指示》，首次提出"盲流"的概念。1956 年秋，鉴于农村人口外流到大城市和工业建设重点区域的现象已发展到十分严重的程度，国务院于年底再次发出《防止人口盲目外流的指示》，并于 1957 年初对该指示做了补充再次下发，可见国家对自流人口的重视，同时也是人口科学研究的重要内容。

解放后 30 多年来，黑龙江省的自流人口有四五百万人。其数量是庞大的，远非政府组织的集体移民可比。由于自流人口数量大、人员杂且不间断，可大致从宏观上做如下阶段划分。

一　大规模经济建设时期的自流人口 （1953—1962 年）

我国实行第一个、第二个五年计划时期，是黑龙江基本建设大发展时期，也是人口迁入的高峰时期。此间，由于苏联援建及抗美援朝战争引起的"南厂北迁"以及鸡西、鹤岗、双鸭山、七台河"四大煤矿"的建设、大兴安岭、北大荒开发与大庆油田的开采，对劳动力产生极大需求，国家曾多次组织大规模移民参加生产建设，其中有工程技术人员、管理干部、工人、复员转业官兵及其随迁家属。与此同时，自流人口也大批涌入。据 1954 年对流入富拉尔基的自流人口迁出地和职业的调查，山东、河北两省占 63.6%，吉林、辽宁两省占 13.8%，本省占 18.7%，其他省份占 3.9%；自流人口按职业分，农民占 69.7%，一般工人占 20.7%，学生和复转军人占 9.6%。特别是由于关内一些省份连年发生自然灾害，逼迫着灾民不断流入黑龙江省。1954年流入10万人，比1953年增长1.2倍，1955年流入22.8万人，比1954年增长1.28倍，出现了自流人口的流入高峰。1953年至1957年间，黑龙江省共流入自流人口60余万人，年均流入15万人左右，其中58.3%即35万人左右流入城镇，41.7%即25万人左右流入农村。

黑龙江省各级政府从全国一盘棋考虑问题，积极帮助内地省份解决困难，对自流人口本着"积极处理，妥善安置"的原则，有计划有组织地进行了积极安置。对于流入的自流人口，有亲友可投的帮助其投亲靠友；有技术、有手艺可在城市谋生的准予在城市就业；无技术、有力气的安置到农村务农。按照这一原则，1954年全省安置在城市厂矿当长期工、临时工的自流人口有2.3万人，分散安置在农村从事农业生产的有5.9万人。为了稳定这部分自流人口，地方政府支持鼓励他们从家乡接来眷属，黑龙江省民政厅相继给山东、河北、安徽、河南等省发出公函，为自流人口联系家属迁移，对准备长期定居者准予安家落户。考虑到自流人口的困难处境，银行拨出贷款62万元、政府增发救济款50万元，帮助他们渡过生产生活难关。从1953年至1957年，全省计在城市、工矿就业人数约为15万人，参加农业生产的约为38万人。

国家的户籍管理制度是禁止人口盲目流动的，政府对自流人口亦是持劝阻态度，1957年，国务院根据全国日益增多的自流人口状况，发出了《关于继续防止农村人口盲目外流的补充指示》，据此黑龙江省政府也制定了《关于处理和安置流入灾民、农民的方案》，对自流人口中不适合参加农业生产，既无亲友可投又缺少生产门路，完全仰赖政府救济的，以县为单位组织遣返原籍。

1958年，党中央召开八届二中全会，通过了"鼓足干劲，力争上游，多快好省地建设社会主义"的总路线。黑龙江省也召开会议，提出"全面发展、全面跃进、全面奋斗、全面紧张，掀起跃进新高潮"的口号，黑龙江省的铁路、森工、基建、水利、煤矿等工程纷纷上马，劳动力显得十分紧张。据1958年哈尔滨市民政局报告，由于劳动力奇缺，在哈尔滨火车站前就有省建一、二、四公司，市建一、二、三公司，小岭采矿场，松江电机厂，耐火材料厂，水泥厂，锅炉厂，第一、二工具厂，电线厂等26家单位插旗招工，争抢从外地进入黑龙江省的移民。而山东、河北、河南、安徽等省的农民，也开始大量流入黑龙江省的煤矿、林区、农场以及更为广阔的农村。1958—1959年，全省流入自流人口34.8万人，其中进入城市22万人，安置到农村

12.7 万人。紧随其后，黑龙江省又迎来了新一轮人口流入高峰，因为在这里日子远比关内好过得多。据统计，1960 年流入 44 万人，1961 年流入 77.4 万人，1962 年流入 37 万人，3 年流入人口 158.4 万人，年均流入 52.8 万人。其间，黑龙江省工矿业开发也吸引了自流人口，最具有代表性的就是"四大煤矿"建设。"一五""二五"时期，国家投入大量资金进行新矿井建设，"一五"时期建成投产新矿井 13 处，"二五"期间建成鸡西二道河子矿、正阳矿、大通沟矿、鹤岗富力矿、双鸭山方台矿、宝山矿等一批矿区，同时开始了七台河矿区的建设。随着矿区的发展、人口的增多，原有的市镇规模不断扩大，配套的卫生教育、商业服务、文化设施陆续建立起来。人口规模的扩大，引起了建制上的变化，"四大煤矿"除鹤岗建市较早外，双鸭山建市于 1956 年，鸡西建市于 1957 年，七台河建市于 1970 年。而建制上的变化又吸引了更多的外来移民。从 1954 年到 1961 年，双鸭山市吸引外来人口 36 万人，鸡西市吸引外来人口 27 万人，煤矿建设与人口增长相得益彰，同步发展。

二　自流人口迁入的低潮阶段（1962—1968 年）

1961 年，党的八届九中全会正式通过了调整国民经济的"调整、巩固、充实、提高"的"八字方针"，之后我国国民经济进入调整阶段。其间，黑龙江省自流人口流入呈趋缓态势，由于人为的"大跃进"带来盲目的人口大量流入，城市负担过重。据统计，1957 年黑龙江省有职工 148.9 万人，而 1960 年竟达到 364.8 万人，增长近 1.5 倍。当然，这种情况在全国各地都不同程度地存在。为此，中央政府认识到"迅速地精简职工，动员城市人口下乡"的重要性。黑龙江省委发出号召，要下决心，紧急动员起来，大刀阔斧地精兵简政，调整各项企业事业，精简职工，减少城镇人口。原则是"以遣送为主，实行从严控制"，要求各城市及有关县政府，对剩余劳动力进行登记清理，严格控制用人，以减少和杜绝外省人口盲目流入。特别强调指出："精简对象主要是 1958 年以来来自农村，经过动员又自愿下乡的职工。全省 1961、1962 两年共减少城镇人口 1946 万余人，精简职工 110 余万人。"[1] 此次调整，使大兴安岭伊勒呼里山以北呼玛尔河及其沿江一带森林资源采伐停止，曾参加建设的近万名林业工人撤出大兴安岭。1962 年全年，黑龙江省净

---

① 张向凌主编《黑龙江四十年》，黑龙江人民出版社，1986，第 313 页。

迁出人口 54.8 万人，"这是黑龙江解放后迁移史上第一次出现的'大倒流'，即有 50 多万人口从黑龙江迁出而返回原籍"。[①]

此次对盲目流入流动人口的遣返取得了一定成绩，但也要看到工作难度还是很大的，因为有相当数量的流动人口已经安顿下来，若硬性遣返会引发一定程度的混乱。为此，1964 年 12 月黑龙江省委下发了《关于做好农村自流人口安置工作的指示》，规定不再动员已经安置的自流人口返回原籍，对于新来的自流人口，若本人坚决不愿返回原籍的，还要适当地予以安置，同时明确了对相关问题的具体解决办法：（1）凡流入人少地多或人多地少，但有荒原的公社和生产队，采取就地安置、分散插队的办法，由公社、生产队有计划地开垦荒地，做到增人的同时增加耕地面积；（2）流入人多地少又无荒可开的地区，可在专区、市、县、公社范围内进行平衡调剂；（3）在有条件的国营农场、牧场，可利用剩余畜力、机械开荒，扩大耕地面积，有计划地吸收一部分自流人员，作为农牧场的一个生产队，按人民公社评工记分，以按劳分配制度计酬，条件成熟时再过渡为农工。同时，黑龙江省还下拨了 144.5 万元的自流人口安置救济费，帮助他们解决生产生活困难。各地创造性地贯彻执行了省委的指示精神，有条件的地方还组织了远征队开荒，建立新村安置自流人口，取得了很好的效果，涌现出一批安置自流人口的典型地区或单位。牡丹江专区的安置工作十分繁重，但由于党政领导的重视，采取新老队员搭配的办法，组织远征队开荒建立新村 142 个，安置了 1.1 万人，开荒 1100 多垧，取得了好收成，做到了增人、增地、增产；勃利县小五站公社大义生产大队，几年来安置自流人口 157 人，增加了开荒地，开展了多种经营，粮食总产由 1961 年的 55 万斤增加到 1963 年的 71 万斤，生产工分日值也由 1.6 元提高到 1.9 元，成为困难队变富裕队的典型；嫩江县塔溪公社光明大队第二生产队，1964 年安置自流人口 17 户 63 人，劳动人口的增多使之转年便多种了 26 垧地，粮食总产量由 1964 年的 13.8 万公斤增加到 15.2 万公斤。从 1960 年到 1965 年，黑龙江全省安置到农村的自流人口为 161 万人，安置在城镇的为 1.4 万人，尚有数十万名自流人口浮在农村和滞留城市、工矿、林区，没有得到安置。虽然没有关于安置的统计，但这些自流人口绝没有闲着，因为此次自流人口的增加，与国家经济形势的好转有着必然的联系。1964 年，国家决定对大兴安岭进行二次开发，由铁道兵调拨 3 个师，林

---

① 李德滨等：《黑龙江移民概要》，黑龙江人民出版社，1987，第 179 页。

业部从吉林、内蒙古等省区抽调近万名干部、工人，以此为班底组建了大兴安岭地区特委、特区、林业公司及下属采伐场。以后又有人员调入，应该说有大量的自流人口流入大兴安岭地区参加开发建设。1966 年 4 月，中共中央、国务院批转《五省座谈会纪要》，根据"纪要"精神，黑龙江省明确规定，凡是 1961 年 1 月底以前流入黑龙江省农村的自流人口一律就地予以安置。

三 自流人口流入趋缓阶段（1969—1979 年）

1966 年开始的"文化大革命"扰乱了黑龙江省经济社会的正常秩序，对流动人口的管理也处于失控状态。山东、河北、河南、辽宁等省的灾民及其他人口从 1970 年开始大量涌入黑龙江省。在 1970 年至 1974 年的 5 年间，黑龙江省计流入自流人口 146 万人，平均年流入 29 万多人。特别是劳动力紧缺的偏远地区，如呼伦贝尔盟的阿荣旗，5 年间流入自流人口 10 万人，比原有人口增长一倍多。一切事物都具有两面性，大量的自流人口涌入黑龙江省也产生了许多负面影响：治安混乱，刑事案件居高不下；乱砍滥伐严重，森林资源遭到破坏；流动人口增多；个别地方物资供应十分紧张；等等。1974年，国务院根据黑龙江省反映的情况，批转了国家计划委员会《关于解决黑龙江省安置处理自流人员问题的意见》。黑龙江省据此文件精神，对自流人口采取了安置与控制相结合的方针，各地普遍开展了劝阻、堵卡、清理、遣送自流人口工作。新的安置政策规定，凡 1974 年 1 月 15 日以前流入的自流人口，除市镇、工矿、林区尚未参加集体农业生产的单身外，符合安置条件、愿意在农村安家落户的，安置到农村；对 1974 年 1 月 15 日以后流入的自流人口，已经在农村参加集体生产、符合安置条件、愿意在农村安家落户的，一般给予安置，其他自流人口都要动员返籍；1974 年 9 月以后流入的自流人员原则上不再安置。对于本省的自流人口，严格按照 4 月 25 日黑龙江省革命委员会颁发的《关于制止省内农村社员盲目流动的紧急通知》执行，没有安置的一律遣返原籍。

由于严格控制自流人口的流入，1975—1979 年的 5 年间，黑龙江省流入自流人口 47.3 万人，平均年流入 9.5 万人，比前五年下降 67%。1969—1979年 10 年间，外省流入黑龙江省的自流人口为 193.3 万人，其中参加农业生产劳动的 92 万人，各县为安置这些自流人口，新建了 14 个农村公社、269 个生产大队、1123 个生产队。分析 20 世纪 70 年代后期流入黑龙江省的自流人口，不难看出，在人口流向、自流人口成分及流动原因上都有明显的变化。流入农村谋生的人口减少，进城找工作的人口增多。据1980年对近几年来流入黑龙江省的43.2万自流人口的调查，其中农民23.3万人，占54%；无业者及学生14万人，占32%；没有正式工作和做临时工的6.1万人，占14%。另外，自流人口的主要流向是鹤岗、鸡西、七台河、双鸭山矿区和伊春、海林及大兴安岭林区，计8.4万人，占流动人口总数的20%。黑龙江省的民政部门还对1978、1979年度各市镇收容的9.27万自流人口流动的原因进行了分析，如下：受灾导致生活困难的占18%，外出谋生的占31%，常年以流动为生的占15.5%，老弱病疾、有智力障碍者、不良少年等占13.5%，其他占22%。对流动人口的人口构成做进一步分析，其结果是：性别构成是男性多于女性；年龄构成是青壮年多于少年、儿童和老年；社会构成是农民多了，灾民少了，单身多了，带家眷的少了。

四 流动人口形式上迁出实际上迁入阶段（1980—1982年）

1980年，国务院批转了国家农委《关于东北商品粮基地建设座谈会纪要》。根据"纪要"精神，黑龙江省政府多次召开会议"商讨控制自流人口问题"，为了贯彻中央从严控制自流人口的指示精神，专门制定了《处理盲目流入人口暂行办法》，采取"严格控制、彻底清理、坚决遣送"等措施，取得了一定的效果。但人口流动是一个复杂的社会现象，单从户口统计上看，1980—1982年是黑龙江省由人口净迁入变为人口净迁出的拐点，3年净迁出总人口为7.3万人。而实际上，居留1年以上脱离户籍控制的自流人口全省有41万余人，两相冲抵后，3年间应有30多万自流人口涌入黑龙江各地流动谋生。之所以会导致这种现象发生，主要是因为黑龙江省采取了"严格控制、彻底清理、坚决遣送"的限制人口迁入政策，也就是说，即便是流入黑龙江省也上不上户口，如此一来，反映在户口统计上就是"形式上的迁出"。而改革开放后，全国各地农村普遍实行了家庭联产承包责任制，人多地少的一些省份有很多空闲劳动力，他们以各种形式纷纷涌入黑龙江各地经商、做工，居住一两年的有之，居住四五年乃至十来年的亦有之，户口对于他们来说根本不重要，对于这些流动人口，仅凭户口统计并不能反映全面情况。[1]

---

[1] 此节统计数字出自《黑龙江省志·民政志》第62卷，黑龙江人民出版社，1993。

从上述中华人民共和国建立后黑龙江省自流人口诸阶段不难看出，自流人口既有其客观需求，又有其范围广泛的人口来源，在我们国家存在一定数量的自流人口，是比较正常的社会现象。从积极方面观察，自流人口无需国家花钱，自发迁移的人口自谋生路，其高涨的劳动热情使之愿意从事条件艰苦的工作，如采金、伐木、采煤、筑路等，弥补了劳动力不足，有助于边疆开发。反之，自流人口的自发性也必然带来人口迁移的盲目性、不稳定性、无政府性及一定程度的破坏性。他们对计划经济产生冲击，给人口控制带来困难。特别是自流人口社会成分和政治状况复杂，"不服管理者大有人在"，令地方政府十分"操心劳神"。对自流人口如何做到既不"统得过死"又不"放任自流"，克服"一统就死""一放就乱"的混乱局面，对此黑龙江省是有经验教训可供总结吸取的。

第三节　黑龙江区域自流人口的安置

黑龙江省在对待自流人口问题上，始终本着安置与遣返相结合的原则，基本上是从国家经济社会发展的大背景出发，需要安置时安置，需要遣返时遣返。如1960年黑龙江省人民委员会颁布《关于切实做好已安置的自然流入农民巩固工作的通知》，特别强调做好已安置自流人口的巩固工作，通知指出：（1）对待流入人员应与原有临时工和社员一视同仁，对这些流入人员，今后不再称"盲流"，从现在起，应一律视为临时工或新社员。（2）关于流入人员的户口与粮食关系问题，在流入人员的户口转来之前，可由各地公安机关予以落下临时户口。已经落了临时户口的人员，按当地粮食、棉布供应标准给予供应。（3）为了充分发挥流入人员的生产积极性和鼓励他们在此长期安家落户，对安置在企业、事业单位中时间已经超过一年以上，并已掌握一定生产技术、思想进步、劳动积极者，可以根据本人意愿与生产长期需要，经省里批准，转为长期工。（4）各单位对已办理临时户口的人员，不得随意辞退或送回原籍。

黑龙江省地方政府在安置自流人口方面有着较为成功的实例，研究者将其总结归纳为以下几种模式。[1]

---

[1]　黑龙江省自流人口安置与遣返的实例均取自李德滨等著的《黑龙江移民概要》一书，因其田野调查的不可复制性，故经其本人同意在这里加以引用，特注明致谢。

一 牡丹江地区农村安置自流人口和老屯带建新村模式

据 1965 年 4 月统计，自 1964 年以来，流入牡丹江地区农村的自流人口为 47850 人，已先后安置 27455 人，占流入总人数的 57%。对于尚未安置的自流人口，当时地委提出两条主要安置途径。一是要求安置的重点县，有条件的地方，仍以就地分散插队安置为主，安置 10200 人。二是通过建立新村来进行安置，规划当年建立 136 个新村，计划安置自流人口 10193 人。这样就可将全部尚未安置的自流人口安置下来，并为今后再来新户创造安置条件。对于流入城镇而当地无力安置的自流人口和一些县流入过多安置不了的自流人口，地区和县采取了调剂措施。例如，林口县将流入林口镇中兴公社的 90 多户，分配给非铁路沿线的莲花等公社负责安置；尚志县将流入尚志镇的 26 户（80 余人），分配给三阳公社安置；地区专属将流入穆棱县安置不了的 400 户，分别分配给方正、延寿两县安置。

建立新村，是当时许多社、队的迫切要求。由于地广人稀，生产队耕地离居民点太远（如相距七八里或十几里路），把干活时间都浪费在路上，功效低，粪肥也送不上去；有的耕地隔河隔水洼地，来往很不方便。加上人口自然增长和自流人口增加，人均占有耕地面积逐年减少（人均 4.7 亩，甚至人均 2.9 亩）。因此，农民迫切要求从老居民点分出一部分人来建立新村，再开一些荒地，或全部耕地靠开荒，做到增人增地增产。对建新村，分出一些户出去，大家都是赞成的。但让谁去呢？生活好的人不愿去，怕孩子上学不方便的不愿去，怕苦怕累的人不愿去，去的多是一些人多劳力少生活困难的、房屋破烂无人整修或无房的、无亲友拉扯帮助的新老自流户。故在新村中，自流户的比重都比较高。林口县建堂公社东兴大队的第五生产队和西北楞大队第五生产队中，自流户占 61%。尚志县元宝公社东风大队共有 78 户，其中老户 37 户；自流户 41 户，占 52%。

老屯带建新村，即以老屯为基础，调出一部分人去筹建新村。采用这种方式建设新村，一般是两年或三年才能基本建成。头一年，劳动力上去"搭架子"，搞地窝棚，站住脚，集中力量开荒，争取赶在开春前就能种上。农闲时盖部分房子（马棚、仓库、单身集体宿舍、生产队用的房子）。在建新村期间，拟往新村安置的自流人口，其生产、生活仍由所在社、队予以安排。劳动力去开荒，家属的吃住由老屯子大、小队安排负责。第二年建房后接家属，如条件不够，到第三年再大批建房接家属。盖房子有两种办法：一种是个人备料，生产队组织帮工，或由生产队包建（料和工都由集体筹划），个人按价逐年还款；另一种是生产大队公建，房木由生产队解决，所费工时由集体和个人各负担一半。搬入新村后，就要视情况在第二年或第三年同老村彻底分家，成为独立的核算单位。经验告诉人们，新村、老村"分家"要做到合情合理，既要有利于生产，又要有利于团结；既要保证老村生产的正常进行，又要照顾新村建设的需要；既不能对老村"平调"，又要老村见困难就帮。

老屯带建新村是一个安置自流人口的好办法。一方面，这推进了新村的建设，盖新房，建学校，添车买马，扩大耕地，发展了生产，改善了农民生活。据林口县刁翎、建堂2个公社对1962年建成的4个新村的调查，三年共安置了110户529人，内有自流人口45户215人；新建房240间，牲畜由38头增加到93头；耕地200垧，内有新开荒地72垧。三年共产粮112.5万斤，卖给国家46.56万斤。另一方面，这也给老村带来了好处：减轻了人口压力，人均占有土地增多，对国家贡献更大，集体收益也有所增加。显而易见，建设新村是自流人口和老屯居民共同努力的结果。其中，自流人口是骨干力量，是新村的开拓者。没有他们的辛勤劳作，就不会有后来新社区的出现。

二　呼伦贝尔盟布特哈旗和阿荣旗模式

关于20世纪70年代农村自流人口的安置及国家对建立新社队的扶持，据1979年统计，自1970年以来流入黑龙江省的自流人口为178万人，其中来自山东省的占31%，来自辽宁省的占17%，来自吉林省的占9%，来自河北省的占8%，来自其他省的占35%。就地安置参加生产劳动的为92万人，其中分散插队的34万人，集中安置到新建社队的为58万人。当时新建公社14个（纯自流人口的公社4个，自流人口占半数以上的公社10个），辖属大队269个、生产队1123个。除就地安置外，动员遣返49万多人，滞留工矿、林区和农村的有38万人。

为了妥善安置70年代的自流人口，使新建社队能迅速健康地发展起来，国家从人力、物力和财力方面给予了积极扶持。比较突出的是对阿荣旗、布特哈旗、莫力达瓦旗、鄂伦春自治旗等地新建的公社，投放了大量资金。如以当时归黑龙江省所辖的呼伦贝尔盟布特哈旗和阿荣旗为例，1974—1978年，国家给这两个旗新建社队的农业贷款就达506.8万元，无偿救济资金73万元，民政社会救济款402.3万元，合计982万多元。正是在党和政府的关怀下，新建社队居民的生产生活面貌很快发生了变化：从一无所有到有了 23 台拖拉机、342 台牛马车、3100 多头牲畜，开出荒地 34.49 万亩，平均每人 2 亩土地；两个旗共安置 17 万人，90% 以上的住户住上了新房；过去荒僻的山区变成了周围有农田、中间有公路的新社区。

三　大兴安岭地区白桦公社模式

白桦公社位于大兴安岭地区的加格达奇南部，是一个远近闻名的"盲流"公社。白桦公社是 1978 年 9 月建立的，公社除十几名干部外，有近万人，从大小队干部到社员，都是自流人员。到 1982 年，已发展为一个拥有 6 个大队、33 个小队，在册 1305 户 7370 人，可耕地 15457 亩的规模较大的公社。

白桦公社是怎样建立起来的呢？1971 年前，白桦排基本没有人家。自 1971 年起，自流人员开始流入白桦地区。1972 年进入较多，高潮是 1975 年和 1976 年。当时这些自流人员大部分居住在甘河两岸、铁路沿线的加南、白桦排、额尔格奇、老道口等地，也有的居住在山区的五岔沟，以及防火公路两侧，还有的流入森林腹部隐居。据 1975 年末清理自流办调查，白桦地区自流点有 43 个，自流人口 458 户，计 2538 人。五岔沟有 7 个点，自流人口 22 户，计 105 人。这些自流点少则三五户，多则五十多户，星罗棋布地散居各处。各自流点的命名也五花八门，有以原籍省、县、公社命名的，如吉林点、河北点、嫩江点、海伦点、肇源点、望奎点、洮南点、莫旗（莫力达瓦旗）点等；有以当地山、河命名的，如五岔沟点、黑桦梁点等；有以所谓"点长"姓氏命名的，如张家点、李家点、杜向春点、张加吉点、周长先点等；有以民族命名的，如回民点等；还有。此外，八路点、大洋马点等。大批自流人员的流入给该地区带来了一系列社会问题。可是由于自流人员处于放任自流状态，无法管理，无人管理，也不便管理。为了解决这个问题，该地区有关部门经过调查摸底，报请有关领导机关批准，决定于 1975 年筹建白桦公社。当年批准 1221 户落户（这里除居住在白桦的自流人口外，还包括在加格达奇街道登记的自流人口），组建 4 个以农为主的生产大队，自筹盖房（经有关部门同意，盖房木材由自己上山伐运。住房多数是年底盖完的），划地开荒（当年开了几千亩荒地）。开荒费和农机费由国家贷给。口粮是国家贷给的 3 年返销粮。1978 年 9 月，白桦公社正式成立。经过清理自流人口，1979 年地委根据政策又批准加格达奇区自流人口 373 户 2157 人落户。

为避免森林火灾发生，把在森林腹部的鄂伦春自治旗的 50 多户自流人口，以及加格达奇区镇内的自流人口动迁到五岔沟，这样便很快地形成了五岔沟大队；加南原来有 100 多户山东五莲县来的集体自流户，后来发展为加南大队。这便是白桦公社 6 个大队建立和发展的概况。据 1982 年调查，白桦公社 6 个大队由于人多地少（以在册人数计，人均土地仅 2 亩），加上土地贫瘠、无霜期短（只能种小麦和土豆）、亩产太低（小麦 1980 年亩产 20—30 斤，最高亩产 43 斤。1981 年亩产 60 多斤），口粮尚不能自给。其中，前 4 个大队中最好的 5 个小队，1981 年人均口粮也只有 200 斤。为此国家又贷了 40 万斤粮。1982 年，白桦公社党委从当地的实际出发，在组织和经济上采取了一系列新措施，决心尽快改变白桦公社落后贫穷的面貌。

1981 年，公社党委组织干部走访了 120 家农户，做了半个月调查。他们把这些人员按生活状况分为三类：第一类是生活较好的住户，占 20%。这其中有靠搞农副业致富的，如四大队副队长刘××，8 口人，4 个劳力，1981 年除集体收入外，加上副业收入（采贝母、木耳、猴头，养猪、鹅，种土豆），全年总收入 8000 余元。也有靠长途贩运、投机倒把发财的，如一大队三小队的饶××，7 口人，2 个劳力，他和妻子近在加格达奇，远到乌鲁木齐，专以掺假、倒卖木耳为生，据反映，家中存款上万元。当地群众把这种搞贩运活动的称为"跑车板"，在白桦公社靠"跑车板"谋生的比较多。第二类是生活一般可以维持，大体过得下去的，占 55%。第三类是生活困难、吃穿成问题的，占 25%。这其中，一种是属于人口多、劳力少、不会谋生的，如二大队第二小队黄××，40 多岁，身体不错，非常本分，除农业劳动外，啥也不去做。家中 7 口人，5 个孩子，每年靠国家救济，从棉衣棉裤到被褥，每年都要救济 200 元。另一种是遇上天灾人病或家庭发生剧变的，如 1981 年在四大队四小队当队长的王××，当年死了老伴和一个女儿，剩下他带着两个年幼的孩子，欠债 1600 元。我们在白桦调查期间，共走访了 8 家，其状况与该公社党委所调查状况大体相似。

自流人口靠什么谋生呢？由于白桦具有"天然优势"，靠近铁路沿线，"跑车板"四通八达；附近有森林，采集山货方便；河汉交错，便于种田捕鱼；等等。这就造成白桦谋生较易，"地下刨、树上挠、河里捞、车上跑"，搞副业、找包活、耍手艺、运木材，生财之道较多。所谓"地下刨"，主要是指种土豆、种菜。此地种土豆高产，亩产一般达 3000 斤，最多可达 5000 斤。用塑料大棚扣点菜秧子或种些细菜，都很来钱。所谓"树上挠"，主要是采集药材贝母（收购价每斤 1.8 元）、猴头（每斤 8 元）、木耳等。所谓"河里捞"，主要是指打鱼摸虾。所谓"车上跑"，主要是指做倒手买卖，搞贩运，像倒卖木耳、菜板及农副产品。所谓搞副业、包工活等，有由小队组织的，如一大队第四小队组织的副业队，常年在外包活干，以副养农，生产队较富，队里竟没有人进山、跑车板；也有个人出去找活干的，像运木材、搞运输。较突出的是三大队二小队，由于该队离白桦林场近，多数劳力给林场拉木头，搞单干。生产队穷得叮当响，光欠国家的贷款就有 3 万多元。而个人手里并不穷，因为一个人一挂车，一天挣二三十元不成问题；用手推车拉木材的，一趟 17~20 元，一天拉两趟也是没有问题的。总之，在白桦谋生路子较多，许多自流人员反映说："白桦再困难，也比我们在原籍生活好混。"

自流人员是怎样进入白桦的呢？大体有以下几种类型。（1）占地为"长"。1974 年以前来的那些所谓"点长"，大多是属于这种类型。他们一般是先在一个地方搭个马架子或挖个地窖子，然后盖房招人。如望奎点点长田××，便盖了 1100 平方米的大房子，即成了当时远近闻名的"望奎大旅社"。他是在一趟北炕间隔出十几个炕来，以拉人进点。（2）花钱进点。有"点长"的地方，要想进去都要先向"点长"交进点费，一般要 150 元左右，没有进点费是进不去的。进点后，"点长"还经常进行敲诈勒索。（3）街道登记。1974—1975 年，要在白桦筹建公社的消息传开后，在加格达奇区及郊区的自流人口登记处报名去白桦的很多。他们大多是登记报名后第二年（1975）春天来到白桦，划地盖房，开荒种地。这些人在白桦占的比例很高。（4）投亲靠友。无论是已落户的还是尚未落户的自流人员，多数是通过亲戚老乡关系先在白桦落脚，而后再通过这个媒介扎根落户。在亲戚老乡家，少的有待三五天或十来天的，多的有待一年半载的。之后，或盖房，或租房，逐渐自立门户，进而"挤"进白桦。

四 安置自流人口的建业农场（游民改造农场）模式

1962 年 3 月，在黑龙江省政府下发的《优抚、社会福利事业工作会议纪要》明确规定，民政部门举办农场，收容对象应是无家可归、到处流浪、生活无着并有一定生产能力的人；自流人口中无家可归或屡遣不归，又不够强制生产条件并有一定劳动能力的人。收容入场劳动的人员均不戴游民帽子。经过一年左右的教育和劳动，表现好的人分别进行处理：（1）有家可归并且家在农村的，允许回乡生产；（2）家在城市的，首先动员其迁到农村安家落户，确有特殊情况的允许回家；（3）对无家可归或不愿回家、场内生产又需要的，可留场长期安置生产。为了落实"纪要"精神，同年 10 月将原进行游民改造的黑龙江省克东新生农场改为收容惯流人员的克东农场，专门收容屡遭屡返、屡遭不归的自流人口。新生农场有管理干部 46 人、职工 127 人、原有场员 659 人，1962 年又新收容 399 人。1963 年 5 月，克东新生农场更名为建业农场。同年底，场员增加到 1320 人。随后，建业农场声名远播，致使许多自流人口主动投靠各地收容站，如果分配到建业农场就欢天喜地，如果遣送原籍就千方百计地跑回来。而农场方面也愿意收留这些人，因为他们既好管理又是好劳力。为此，1964 年省编委核定建业农场干部编制 118 人，生产编制 297 人，场员也成倍增加。"文革"期间，建业农场的收容安置工作基本停止，并陆续地把原有场员清理出场。1972 年省民政机构恢复后，建业农场又开始了正常的自流人口收容教育和安置工作。1972—1979 年，收容自流人口 3385 人。经过一段时间的劳动、学习教育改造后，视具体情况进行了分别处理。（1）安置就业。场员通过学习提高认识后，确实无家可归的，身份改为农工，安置在农场参加农业生产。有亲可投或愿意到农村去的由国家提供安置费用，分散安置到农村就业，参加农业生产劳动。1976 年，建业农场将 297 名场员安置在嫩江地区农村，1979 年又将 300 名场员安置在合江地区农村。（2）遣返原籍。对有家可归但本人不愿意回去的场员，原则是强制遣返原籍。1976—1979 年，建业农场将教育学习后的 282 名场员遣返原籍。（3）回乡生产。对于一些达到了改造条件，但本人又不愿意留在农场，经过联系原籍也可以接受的，准许其回乡参加生产劳动。1975—1979 年，建业农场的回乡场员有 667 人。

但自流人口终究是一个复杂的社会群体，他们当中仍有相当一部分人习惯于不劳而获的游荡生活，对政府教育改造有着强烈的厌倦情绪，场员外逃出场浪迹社会的事件时有发生。1973 年以后，随着建业农场入场人数的增加，逃跑人数也在增多，到 1979 年，7 年间共逃跑场员 1220 人次。由此亦可知流动人口安置工作的艰巨性、复杂性。

从以上实例中可以看到，自流人口的安置，多数是靠自己和亲友接济，国家不用花钱或花很少的钱。国家花钱安置自流人口是属少量的，但从效益上看，一般也都是值得的。对于这种花钱少、扎根性强的移民类型，应给予特别的重视和研究。如果能在政策和措施等方面很好地加以引导，这种移民方式在安置移民方面是能发挥很好作用的。

第四节 黑龙江区域自流人口的遣返

而在对自流人口的收容遣返上，国家相继发布了《关于继续防止农村人口盲目外流的指示》（国务院，1957 年），《关于城市收容遣送外流农民工作座谈会的报告》（国务院批转内务部，1961 年），《关于解决黑龙江省安置处理自流人员问题的意见》（国务院批转国家计划委员会，1974 年）等。而由黑龙江省地方政府颁发的相关文件有《关于处理和安置流入灾民、农民的方案》（黑龙江省政府，1957 年）、《关于做好农村自流人口安置工作的指示》（黑龙江省委，1964 年）、《关于制止省内农村社员盲目流动的紧急通知》（黑龙江省革命委员会，1974 年）、《处理盲目流入人口暂行办法》（黑龙江省政府，1982 年）等。在对待自流人口问题上，黑龙江省各级政府经历了一个积极安置到劝阻、堵卡再到"严格控制、彻底清理、坚决遣送"的转变过程。但在 1982 年黑龙江省政府的文件中，还是做出了要区别对待的政策区分，提出符合下列情况之一的可不再清理。（1）流入到地多人少有地方病和贫困生产队员，并已经在那里安家落户，参加集体生产劳动的；（2）已和当地社员结婚，并已参加集体生产劳动的；（3）投靠子女并赖其赡养的老人或投靠父母、亲友并赖其抚养的未成年的子女或孤儿；（4）经过各级领导部门审查批准，正在履行合同期内参加生产劳动的；（5）由省内人口稠密的地方流入人口稀少的地方，并已参加生产劳动的。除此之外，应当动员返籍的自流人员，坚决动员遣返回原籍。

黑龙江省的自流人口，由于没有固定职业，多处于无政府状态，他们生产搞单干，居住无户口，结婚不登记，生育无计划。特别是那些滞留在煤矿的自流人口，他们被人雇用乱开小煤窑，破坏了国家煤炭资源。靠近林区的自流人口随意滥建居民点，到处毁林开荒，穆棱县八面通三星林场的 3000 多公顷林地，基本被自流人口砍光。1973—1980 年，大兴安岭地区发生森林火灾 460 起，毁林 2.4 万平方公里，多数都是由自流人口烧荒或做饭跑火引起的。1979 年，黑龙江省 7% 的刑事案件是由自流人口所为。所有这些都表明，自流人口对流入地的生态环境、经济社会、治安管理等方面产生的负面影响是严重的。为此，自流人口不断，对其收容遣返工作也从来没有停止。1962 年底，黑龙江省遣送回原籍的自流人口为 22.6 万人；1963—1965 年，黑龙江省遣送回原籍的自流人口为 25.5 万人；"文化大革命"初、中期，遣返工作处于瘫痪状态；1973 年，遣返工作恢复，黑龙江省 9 个地区设立了收容处理自流人口工作办公室，69 个市、县、（旗）设立了收容遣送站。到 1980 年底，黑龙江省遣送返籍自流人口 61 万人，尚有 40 万人滞留在省内城乡各地。

移民遣返是一政策性很强的社会工作，既牵涉移民迁入地的经济社会发展稳定，又要考虑到移民迁出地的社会承受力及省际关系；既要关切自流人口的切身利益，又要顾及当地的实际情况，具体情况具体分析，灵活处理，切忌一刀切。对此，黑龙江省县、市、林业、矿区自流人口的遣返工作各具特色，现就几个具有代表性的成功个案做一简介。

1. 穆棱县清理动员农村遣返移民

穆棱县是一个"九山半水半分田"的农业、林业兼有的县，绝大多数地方是山区或半山区。现有 42 万亩耕地，多数是贫瘠的"白浆土"和"破皮黄"，单产很低。全县人口 27 万人，其中农业人口 17 万人，人均不足 2 亩地。近十年来，每年平均递增 1.4 万人，丰年对国家略有贡献，平年只能自给，遇到歉收年份其口粮只好靠国家返销。如何把人口增长率降下来，特别是如何清理和控制自流人口成为县委和县政府关注的一个大问题。

为此，从 1980 年 3 月起，他们开始了清理、动员自流人口返籍的工作。首先是县政府成立清理自流人口领导小组，各公社大队也都成立了相应的组织。全县抽调近千人组成工作队，把公安、民政、林业等各方面力量组织起来，开展了全面清理自流人口工作。据 1982 年统计，已动员返籍 16129 人，占总流入人口（20558 人）的 78.5%。

在动员和遣返移民工作中，他们主要紧抓以下三点。

第一，抓宣传教育。除利用广播、板报、宣传车和发布告、通告等各种形式进行宣传外，还举办流动人口及其亲友和房东参加的学习班。一方面宣传清理自流人口的意义和方针、政策；另一方面进行热爱祖国、热爱社会主义、热爱家乡和同乡人民共同建设四化的思想教育。

第二，抓政策落实。根据上级既定的方针和政策，结合本县的实际情况，确定了如下遣返移民的具体原则。

对于农副产品，采取自行处理和组织协助处理相结合的办法。凡自己处理不了而又带不走的，就地出售给国家。粮食可卖议价，也可卖平价，兑换全国粮票。

房产——建在森林中的简易住房一律拆除；建在生产队居民点且已缴纳育林费的，可以出卖。一时卖不了的，可委托亲友或所在生产队代卖，卖出后将款如数汇给本人。未缴纳育林费的，由接收单位酌情给一些报酬。

青苗——连同其小块地一并收交给当地生产队或农场、林场，由接收单位合理付给种子费。

债权、债务——个人或集体欠自流人口的，要提前偿还。一时无力偿还的，可优先贷款偿还。自流人口欠集体的，尽力偿还。如实属无力偿还的，可予减免。个人之间的债务，由个人自行处理。

遣返办法——采取收容遣返、自费返籍和亲友资助返籍相结合的办法。属于邻近县份的直接遣返。

缓清对象——（1）夫妇一方为自流人口者；（2）投亲靠友抚养的孤儿；（3）投靠子女抚养的老人；（4）正在患病休养治疗的人；（5）正在产期或临近产期的妇女。对于上述 5 种人，可以缓清或不清理。

由于认真落实上述具体政策，热情帮助自流人口解决实际困难，被动员返籍的自流人口及其亲友、房东和生产队干部都感到很满意。

第三，抓组织纪律，奖惩分明。凡对清理动员自流人口返籍工作做出优异成绩的单位和个人，给予表扬奖励；凡对清理工作有抵触、蓄意破坏、造成不良后果的，给予批评教育和处分。

在清理工作中，为搞好遣返工作和人口控制工作，还向全县干部和群众提出了"四不要"和"一要"的要求。所谓"四不要"，即一不要招引自流人口；二不要招用自流人口干活；三不要腾房子给自流人口住；四不要让自流人口毁林开荒。所谓"一要"，即要积极参加并做好清理和控制自流人口的工作。为此，许多地方还采取了"三包"的办法。所谓"三包"，即公社包大队，大队包小队，小队包自流人口。这些要求和做法，在当时对清理自流人口工作都有一定的效果。

2. 佳木斯市动员城市遣返移民

佳木斯市不只是合江地区的政治、经济中心，而且是三江平原商品粮基地和 3 个煤矿城市的门户。作为枢纽，它不仅吸引着自流人口源源不断地流入，而且是自流人口流向矿区和三江平原国营农场的必经之地。据 1981 年底统计，佳木斯市已清理、动员自流人口返籍 399 户，计 2655 人，占应动员返籍人口总数的 78.4%。

为了抓好清理遣返移民工作，佳木斯市成立了市清理自流人口领导小组，抽调了大批干部，举办了招用单位领导和有关人员参加的学习班，召开了自流人口及其亲友座谈会。特别是注意做好统筹安排，坚持"清流"和生产两手抓。对于一些在企业中顶岗的自流人口，市政府通过劳动部门从市内招用季节工的指标，先后给建材局所属砖、瓦、砂、石场调剂解决 120 名。同时，还采取亦工亦农的办法，从就近农村社、队多余劳动力中临时安排解决 220 名劳动力，替代被清理返籍的自流人口。对暂时不能替换的，也做了妥善安排，限期辞退。

在控制流入人口方面，采取"把五关"的措施。所谓"把五关"，即一把住流入关。铁路、航运、交通、客运等部门，要密切配合，对旅客上车、船要验票，沿途要查票，出站要收票。凡在车、船站住宿、沿街乞讨和在自由市场进行投机倒把活动的自流人口，发现一人收一人。二把住招收关。工厂、企事业单位的自办农场，郊区社队，砖、瓦、砂、石场和林场等单位，要严格执行有关招工政策的规定，一律不准以任何借口私招滥用自流人口。今后各用工单位（包括区社队企业）在招用、调配临时工、季节工时，一律持本人户口、粮证、介绍信，经劳动部门对照审查无误后，方可录用，严防冒名顶替。凡私自招用自流人口者，每招一人罚款 50—100 元；对经办者也要给予纪律处分或经济制裁，并限期遣返原籍。对屡教不改者，要加重处罚。郊区社队或个人都不准以任何理由招引自流人口入队。每招引一人罚款 30—60 元，并负责遣返原籍。上述罚款 80% 上缴地方财政，20% 由市控制自流人口办公室支配，对揭发、检举有功单位或个人给予适当奖励。三把住粮食供应关。今后凡流入城市的自流人口，不论有无工作，凡没有取得合法定居资格的，一律不供应口粮。流入农村的自流人口，不经公社以上粮食部门批准，也不准分配口粮。四把住落户关。各级公安部门和农村社队在审批落户时，一定要坚持原则，符合落户规定、手续完备的才予以落户。任何部门和单位都不准私自收留或出具假证明，违者以罚款处理。五把住居住关。对流入城市的自流人口，必须在其亲友主动到居委会和派出所挂条后方可留住，并限期离去，逾期不走者收容遣送；流入农村的，其亲友要及时向大队和公社公安特派员报告留住的期限，逾期不走者收容遣送。任何部门、单位或个人一律不准留自流人口干活，不准租借房屋，不准开荒种地，不准批给建房场地，不准办理结婚登记手续，违者予以罚款。

3. 鹤岗林业局动员林业遣返移民

鹤岗林业局是一个以植树造林、抚育采伐生产为主的经营局，共有职工 2000 多人，家属 3000 多人。针对林区特点，由于认识到清理自流人口有利于护林防火、保护森林资源，有利于维护林区社会治安，有利于安排待业青年从事生产劳动，有利于增加职工群众的经济收入，有利于安全生产和调动广大职工、家属的积极性等，林业系统认真紧抓自流人口的清理工作。截至1981年底，鹤岗林业局共清理自流人口20户，计246人，占应清理自流人口的96.1%。

在动员和清理遣返自流人口中，他们主要做了以下工作。

首先是摸清情况。（1）摸清了自流人口的流入时间和流入地点。经摸底了解到，1974年以后流入256人，来自9个省、市的84个县，这些人大部分属于清理对象，即遣返移民。（2）摸清了流入去向和生活来源。其中，投亲靠友的28人，占11%；进山采木耳、松子的115人，占45%；干临时活的80人，占31%；参加林场生产劳动的33人，占13%。（3）摸清了清理对象。按规定要求，应立即动员返籍的有246人，暂缓动员的有10人。

其次是开展清理工作。本着先易后难的原则和分两步走的办法，开展了清理工作。第一步是对难度小的自流人口动员先走。第二步是动员难度大的、牵扯面广的。既做亲属工作，也做自流人口工作。坚持以思想教育为主，不搞强迫命令，反复做动员，直到打通思想，自觉自愿地走。为避免清理工作走过场，采取了"三结合"的工作方式。一是清理工作和防林防火、武装搜山结合进行。他们组织了一支24人的武装搜山队，清理私自进山搞副业的自流人口21人，拆除小窝棚12个。二是清理工作和全市整顿社会治安结合进行，遏制了来回流窜。三是林区清理和全市清理工作结合进行，即在同一时间统一清理，有助于消灭"死角"。

在清理遣返自流人口过程中，坚持按政策办事。对自流人口参加劳动生产所得报酬，如数交给本人；对他们采集的山产品不予没收，不占用；对流入时间短、没挣着钱，返回原籍没路费的，安排他们做点临时活，挣够路费时再遣送；对于形迹可疑、情况不明的，则送市民政部门审查处理。

在动员清理自流人口返籍的同时，从林区的实际情况出发，在控制措施方面提出了"五个不准"：一不准自流人口到林区长期居住，凡进林场人员必须报告，由人事保卫干事负责登记，探亲访友时间一般不能超过15天；二不准林场、家属生产队招用自流人口干活；三不准林区职工、家属支持和安排自流人口进山搞副业；四不准将自流人口安排到外部委托单位从事生产；五不准自流人口在林区建房。

4. 鸡西市清理动员矿区遣返移民

鸡西市是一个以煤炭生产为主的工业城市，拥有丰富的煤炭和山林资源。由于多年来对煤炭等资源管理不严，大量自流人口流入。从 1980 年起，该市抽调 260 名干部从事清理动员自流人口返籍工作。截至 1981 年 11 月，已动员返籍自流人口 3717 人，占应动员返籍人数的 77%。鸡西市还采取收容、堵卡与控制继续流入相结合的措施，随来随收 1888 人，遣送回籍 1608 人，遣送率达 85%。

鸡西市在动员清理遣返移民的过程中，主要做了以下工作。

第一，利用各种宣传工具大造舆论，如编印宣传提纲，报纸、电台、广播站予以配合，宣传车巡回宣传等，使受教育人数比例达到 90% 以上。

第二，制定和发布《关于严格控制外地人口继续流入的布告》，并适时下发了两个文件，指导清理遣返移民工作。

第三，发动群众检举、揭发私招滥用自流人口的单位和个人。

第四，举办基层干部、自流人口亲属和自流人口学习班。全市共举办基层干部学习班 154 期，受教育人数 2500 人；举办自流人口亲属学习班 176 期，受教育人数 2980 人；举办自流人口学习班 232 期，受教育人数 3700 余人。

第五，组织动员自流人口返籍。全市（包括各区、矿）组织了 24 个临时工作队，分别在 1981 年春节前、春耕前和夏锄后三段时期，掀起动员自流人口返籍高潮。

第六，严格执行政策。本着先易后难、先单身后带家户的原则，采取成熟一户走一户、成熟一人走一人的办法。对遣返移民的房屋、财产、劳动收入、口粮等实际问题，都按政策规定妥善予以解决。在动员返籍过程中，注意做好思想政治工作。

第七，制定 6 项具体控制措施。（1）对已经流入的自流人口要继续清理，限期返籍；（2）任何单位和个人都不准把房屋租借给自流人口居住；（3）单位和个人一律不准私招滥用和勾引自流人口，违者视情节轻重给予罚款或纪律处分；（4）发现私开煤窑或毁林开荒、破坏森林资源的自流人口，要送公安部门依法查办；（5）对揭发检举私招滥用、勾引自流人口的要给予奖励；（6）收容站在做好收容、堵卡工作的同时，要经常检查各单位的盲流控制工作。一经发现私招滥用，即通知银行冻结其账户，限期辞退，并负责路费动员遣返。

改革开放以后，自流人口问题基本解决。这种基本解决不是自流人口没有了，而是需要国家花费财力、物力、人力解决的自流人口逐年减少。1983 年 10 月，黑龙江省控制自流人口领导小组撤销，收容遣返工作的重点也变为收容处理惯流和城市流浪乞讨人员。1982—1984 年，黑龙江省计收容流浪乞讨等各类人员 11.7 万人次。其中，遣返回籍 5.2 万人次，自费返籍 4.7 万人次，遣送乞讨流浪儿童等 6276 人，建业农场安置 1139 人，社会福利院安置 749 人，公安部门处理 370 人，另有万余人按照相关政策规定分别进行了安置。

第五节　自流人口的净迁出态势

　　黑龙江的人口不仅从历史上看绝大部分是从外地流入的，即是以近年的情形说，流入的人口还是大量的。黑龙江解放时是一千万人，自然增长一千万，外面流入一千万，现在一共有三千万人。解放后外来的一千万人是从哪里来的？为什么来？怎样来？如何定居下来的？对黑龙江的发展起了什么作用？为什么每年仍有大量人口流入黑龙江？"盲流"的消极作用有哪些？怎样合理遣返？用什么办法可以有组织地根据需要输入智力和劳力？流动人口问题的解决对其他问题的解决又有何影响？[①]

　　上述是 1983 年 8 月 6 日 "费孝通先生在同黑龙江省社科院和哈尔滨市社科所有关同志座谈时的讲话摘要" 中的一段话，费老还预见性地谈到了人口流动、生态保护、经济开发之间的相互关系。30 多年过去了，对费孝通先生的 "几问"，我们在《黑龙江移民概要》中做了初步回答。如今，情况有了很大变化，新情况、新变化仍在等待着我们回答。

　　我国著名的人口地理学家胡焕庸先生对移民问题有着颇为深入的研究，他曾指出：黑龙江 "全省人口 1949 年仅有 1014 万人，30 多年来，增加了 2000 多万人，其中自然增长约 1400 万人，外来移民约 750 万人"。[②] 而提到黑龙江移民，胡焕庸先生在另一著述中则有着更为精辟详细的阐述：

　　解放前，黑龙江是我国受人口迁移影响最大的一个省。解放后，移民继续大量涌入，其规模之大，在国内仍为首屈一指。如 1949—1956 年

---

① 李德滨等：《黑龙江移民概要·代序》，黑龙江人民出版社，1987，第 2 页。
② 胡焕庸、胡崇庆：《黑龙江省的人口密度与人口规划》，《胡焕庸人口地理选集》，中国财政经济出版社，1990，第 251 页。

间，从关内移入 60 万农民，在同期全国农业移民总数中即占一半。这一时期工业移民规模也很大，哈尔滨市 1953 年人口的净迁入率为 36.7‰，1954 年为 65.4‰，鹤岗市达到 151.7‰，伊春市则更高。此后，除 1962 年因前一年粮食大减产，人口转为净迁出以外，其余各年始终保持净迁入。从 1954 年到 1981 年，全省累计净迁入 667 万人，独占全国人口迁移总数 1/4。其中 1954—1961 年间年净迁入 53.0 万，1963—1968 年间年平均净迁入 9.4 万人，1969—1978 年间由于"上山下乡运动"上升到年平均 22.3 万，1979—1981 年间因前期移民大量迁出，年平均净迁入人数下降到只有 6.2 万人。从总的看来，移民迁入的规模是越来越小了，这固然是国内总的经济形势发生显著变化所致，但也说明黑龙江省吸引移民的潜力已是强弩之末，看来今后也不可能再有大的回升了。[①]

解放前，黑龙江是我国移民人口最大的一个省份，数百万计的"闯关东"移民涌入这里寻觅生计。解放后，移民继续大量涌入，其规模之大，在国内首屈一指。如 1949—1956 年，从关内移入 60 万名农民，占同期全国农业移民总数的一半以上。这一时期工业移民规模也很大，哈尔滨市 1953 年人口净迁入率为 36.7‰，1954 年为 65.4‰，鹤岗市达到 151.7‰，伊春市则更高。此后，除 1962 年因灾情严重粮食减产、人口转为净迁出以外，其余各年始终处于人口净迁入状态。1954—1981 年，黑龙江全省累计净迁入 667 万人，占全国人口迁移总数的 1/4，其中 1954—1961 年年均净迁入 53 万人，1963—1968 年年均净迁入 9.4 万人，1969—1978 年由于"上山下乡运动"上升到年均迁入 22.3 万人，1979—1981 年因前期移民大量迁出，年均净迁入人口只有 6.2 万人。总的看来，移民迁入规模越来越小，这固然是国内总的经济形势发生显著变化所致，但也说明黑龙江省吸引移民的潜力已近枯竭。然而，世界上一切事物都具有两面性，改革开放后的 30 年，黑龙江省的人口形势出现了大逆转，黑龙江省由一个持续了一个半世纪之久的接受移民省，变成了人口净迁出省。其迁出人口规模之大，恰是黑龙江 30 年来经济萎靡不振的缩影。

2000 年进行的第五次人口普查资料显示，黑龙江省户籍人口 37005571 人，常住本地人口 32196116 人，流出人口 4809455 人；全省各市县外来人口

---

① 胡焕庸、张善余：《中国人口地理》下册，华东师范大学出版社，1986，第 363—364 页。

3768411 人, 净迁出 1041044 人, 年均 10.4 万人。

2010 年进行的第六次人口普查资料显示, 黑龙江省户籍人口 38312224 人, 外省流入人口 50.6 万人, 流出人口 255.4 万人, 净迁出 204.8 万人, 年均 20.4 万人。与第五次人口普查相比, 人口净迁出态势扩大。

如此一种人口流出态势, 相当于黑龙江省每年流失 2 个中等县的人口。但这也不是令人惊诧的事情, 因为英国学者 E. 雷文斯坦提出的人口迁移"推拉理论"在这里仍起着决定作用。该理论认为, 自发性的人口迁移存在两种力量, 一是人口迁出地的推力, 一是人口迁入地的拉力, 正是这种推拉合力的驱动, 才导致人口迁移行为的发生。如同解放后 30 年来黑龙江接受 750 万名外来移民一样, 那时人口稀少、资源丰富, 林业开发、矿业开发、油田开发、农业开发如同磁铁一样, 吸引着方方面面的人员, 加上计划经济下的国家支持, 将人口迁移的"拉力"作用发挥到极致。但随着国家经济由计划经济向市场经济转型, 大、小兴安岭封山育林, 石油开采大幅缩减, 煤炭市场急剧下行, 黑龙江垦区建设现代大农业等, 昔日的"引力"逆转为"推力"。由于就业难、待遇低, 发展空间小, 上升机遇少, 自然与社会环境相对恶劣, 人口的净迁出也就成为必然。我们应该从以下几个方面冷静分析看待黑龙江省的人口净迁出态势。

第一, 高素质劳动力短缺与庞大就业群体的矛盾。2014 年, 黑龙江省城镇劳动力约有 165 万人待业, 而劳动力市场只能提供 85 万个就业岗位, 供需之间缺口很大。再者, 高素质、新技术劳动力短缺, 就业结构性矛盾十分突出。另外, 高校毕业生和农村劳动力转移、资源型城市转型、厂办大集体改革等产生的待就业人口多达一二百万人。宏观经济环境下, 黑龙江劳动力市场的就业状况仍是不容乐观的。

第二, 建设现代化大农业与人均占有耕地逐年减少之间的矛盾。黑龙江省担负着国家粮食安全的重大责任, 然而移民的大量涌入与农业开发, 使人均占有耕地面积越来越少, 加之近年来国家大力推行"退耕还林"、"退耕还湿"及建设现代化大农业所必须进行的土地流转, 由此还会使大量的农业劳动力转移出来, 流向省内外城镇转变成城市居民。

第三, 资源枯竭、产业衰退与安置就业、社会稳定之间的矛盾。国家实施"天保工程", 由此大兴安岭、伊春林区及众多的森工企业职工下岗; 煤炭企业亏损严重, 需要大规模裁员; 大庆油田连年减产; 哈尔滨"三大动力"、齐齐哈尔"七大厂"都是最早实行计划经济的国有大企业, 转型升级动作慢、结构单一、活力不足，必定还会在新一轮老工业基地的振兴中承受裁汰"冗员"的阵痛。

如何破解黑龙江经济下行与人口流出的难题，我们认为应该紧紧抓住国家发改委连续发出《关于全面振兴东北地区等老工业基地的若干意见》的有利契机，在转变经济发展方式和结构性改革的过程中考察黑龙江经济社会发展的"适度人口"，综合考虑国家对黑龙江省的远景规划、本省的自然资源现状，生态系统的荷载能力及与其动态平衡相适应的人口规划。

"适度人口理论"思想由马克思和恩格斯提出的，此后由英国学者 E·坎南系统创立并加以发展，最先使用"适度人口"术语的则是瑞典经济学家 J. G. K. 维克塞尔，而后于法国人口学家 A. 索维的《人口通论》一书中得以完善。其核心观点是一个国家或地区，在不同的历史时期，应有与其相适应的适度人口。人口过多或过少都不利于国家和地区的发展，在过多或过少之间一定有一个最合适的人口数量。一个国家或地区的适度人口数量是使人均产量或人均收益最大化的人口数，与这个人口数相对应的人均产量或人均收益最大的点称为"最大收益点"。人口增长在未达到"最大收益点"之前是人口不足，超过"最大收益点"则是人口过剩。这一理论还提出了衡量适度人口指标，譬如财富增长、个人福利、就业占比、文化素质、寿命平均数、人口结构等，如果说过去我们不重视或忽略了这些，那么现在就应该予以正视。在人口问题上，"一代人失误，三代人弥补"的教训是深刻的。① 事实上，世界上还没有一个国家确定出自己的适度人口，主要是因为适度人口是可变的，因社会生产力发展水平、物质资料的供应能力以及经济发展对劳动力数量和质量的要求变化而有所不同。但这这不等于说，一个国家或地区对"适度人口"的探讨就失去了意义。

确定、制定符合本省实际的人口发展数量、质量规划，其意义无疑是积极的。而经过了两轮的东北振兴，黑龙江科技创新重点谋划了"五大规划"和"十大重点产业"这"两大模块"，"科技强省""民生科技""优势科技"的理念得到进一步强化。为配合新一轮的全面振兴东北老工业基地，黑龙江省在相当一段时期里的人口政策应该是"智力引进""劳力输出"，极力扭转当下人口"高出低进"的不利局面；利用一定比例国家振兴东北老工业基地的资金投入，提高创新型人才的生活待遇，筑巢引凤，力求"南雁北飞"。

---

① 王冰：《我国对适度人口理论的研究》，《经济文稿》1983 年第 3、4 期。

后 记

　　我步入社会科学研究领域接受的第一个大课题，就是1983年费孝通先生交办的黑龙江移民研究，在亦师亦友李德滨兄长的提携扶持下，与之共同完成了《黑龙江移民概要》一书，屈指一算，那已是30多年前的事情了。虽然之后我又独自或与人合作完成了《中国人口迁移史稿》《近代中国移民史要》《哈尔滨俄侨史》等著述种种，但也只是在移民学术研究长河里的片片涟漪而已。

　　现在呈现给大家的《黑龙江移民史》一书，是对黑龙江移民研究的学术总结，它基本上说清了历史上黑龙江人口来源、去向及在中华民族融合中的贡献与作用，这首先得益于黑龙江历史文化研究工程的立项与资助，还要感谢社会科学文献出版社的诸位编辑老师，没有他们的努力付出，恐怕也是难以付梓的。

　　近十数年来，随着黑龙江自然资源的减少与国家实行的各种保护措施，人口态势也在悄然变化，已经从一个人口流入省份变成人口净迁出省份。随着共和国长子、老工业基地、资源大省等地位的式微，其人口增长态势也是"风光不再"。人口的流失特别是高素质精英人口的流失及人口的老龄化指标高于全国的平均数，这是一个关系到黑龙江振兴与边疆稳定的大问题，希望能够引起决策者与学界的关注。

　　最后，特别让人兴奋的是我那美丽聪颖可爱的小孙女，其蹒跚学步、叽叽絮语的萌态也成为本书得以顺利完成的动力，谨以此书出版祝愿她幸福健康快乐地成长。

石方

2019 年元月

图书在版编目（CIP）数据

黑龙江移民史／石方著. －－ 北京：社会科学文献
出版社，2019.11
ISBN 978－7－5201－4198－7

Ⅰ.①黑…　Ⅱ.①石…　Ⅲ.①移民－历史－黑龙江省
Ⅳ.①D69

中国版本图书馆 CIP 数据核字（2019）第 017064 号

黑龙江移民史

著　　者／石　方

出 版 人／谢寿光
责任编辑／谢蕊芬
文稿编辑／肖世伟　侯婧怡

出　　版／社会科学文献出版社·群学出版分社（010）59366453
　　　　　　地址：北京市北三环中路甲 29 号院华龙大厦　邮编：100029
　　　　　　网址：www. ssap. com. cn
发　　行／市场营销中心（010）59367081　59367083
印　　装／三河市尚艺印装有限公司

规　　格／开　本：787mm × 1092mm　1/16
　　　　　　印　张：37　字　数：644 千字
版　　次／2019 年 11 月第 1 版　2019 年 11 月第 1 次印刷
书　　号／ISBN 978－7－5201－4198－7
定　　价／198.00 元